유통관리사 3급

한권으로 끝내기

(주)시대고시기획

Always **with you**

사람의 인연은 길에서 우연하게 만나거나 함께 살아가는 것만을 의미하지는 않습니다.
책을 펴내는 출판사와 그 책을 읽는 독자의 만남도 소중한 인연입니다.
SD에듀는 항상 독자의 마음을 헤아리기 위해 노력하고 있습니다. 늘 독자와 함께하겠습니다.

머리말

유통관리사 시험이 매해 어려워지는 추세입니다. 그러다 보니 봐두어야 할 이론도 매해 늘어나 수험생들의 부담이 커지고 있습니다. 하지만 전 과목 평균 60점 이상이면 자격증을 취득할 수 있기에 유통관리사 3급 자격시험은 시간을 효율적으로 사용한다면 최소한의 시간 투자로 합격을 얻어낼 수 있을 것입니다.

이에 2024 개정판에서는 수험생들의 학습효율을 높이기 위하여 많은 부분에 신경을 썼습니다.

01 최신 경향 이론 추가 수록

최근 기출문제의 출제경향을 분석하여 이론을 추가적으로 수록하고, 기출표시를 통해 최신 경향에 대비할 수 있도록 힘썼습니다.

02 최근 기출문제 수록

최근 3회분 기출문제를 상세한 해설과 함께 수록하여 수험생 스스로 최근 출제경향과 어느 부분이 중요한지를 파악하고, 실제 문제유형에 익숙해져서 실전에 대비할 수 있도록 하였습니다.

03 주제별 기출문제 구성

기출문제야말로 가장 중요도 높은 내용이라 할 수 있습니다. 개정작업을 하며 몇 개년 간 축적된 기출문제를 전면 분석하여 주제별로 수록하였고, 시험을 1주일 정도 앞두고 경중을 가려 정리한다면 부담을 많이 줄일 수 있을 것입니다.

04 시험장에는 이것만 가져가면 된다.

구색맞추기 식의 서브노트가 아닌 시험장에는 이것만 가져가면 되는 핵심요약집을 준비하였습니다. 시험장 가는 길 어깨를 가볍게 해 줄 핵심특강 100 + 100선 그리고 빨간키와 함께하세요.

독자 여러분께 한권의 책 이상의 도움을 드리고자 정성을 다하고 있습니다. 독자님들의 말 한마디 한마디에 귀 기울여 업그레이드된 도서를 펴내는 데 힘쓰겠습니다. 진심으로 독자님들의 합격을 기원하겠습니다.

집필진 · 편집진 일동

주 관

산업통상자원부

시행처

대한상공회의소

응시자격

제한 없음

검정기준

유통에 관한 전문적인 지식을 터득하고 관리업무 및 중소유통업 경영지도의 보조 업무 능력을 갖춘 자

합격기준

매 과목 100점 만점에 과목당 40점 이상, 전 과목 평균 60점 이상

가점 부여기준

유통산업분야에서 2년 이상 근무한 자로서 산업통상자원부가 지정한 연수기관에서 30시간 이상 수료 후 2년 이내 3급 시험에 응시한 자에 대해 10점 가산

2024년 시험일정

회 별	등 급	원서접수	시험일자	발표일자
1회	2·3급	04.11~04.17	05.04	06.04
2회	1·2·3급	08.01~08.07	08.24	09.24
3회	2·3급	10.24~10.30	11.16	12.17

※ 시험일정은 변경될 수 있으니 시행처의 확정공고를 확인하시기 바랍니다.

원서접수방법

인터넷 접수 – 대한상공회의소 자격평가사업단(http://license.korcham.net)

1과목 유통상식

대분류	중분류	세분류
유통의 이해	유통의 이해	•유통의 기본개념과 기초 용어 •유통산업의 환경과 사회적, 경제적 역할 •도소매업의 유형과 특징 •도소매업의 발전추세 •유통업태의 유형과 특성
판매원의 자세	판매원의 자세	•판매의 개념 •판매원의 자세와 마음가짐 •판매원의 역할 •판매원과 고객과의 관계
	양성평등의 이해	•사회발전과 성역할의 변화 •양성평등에 대한 이해
직업윤리	인간과 윤리	•윤리의 개념 •윤리의 기능과 성격
	직업과 직업윤리	•직업윤리의 개념과 성격 •직업윤리의 필요성과 중요성 •직업윤리의 특성
	상인과 직업윤리	•상인의 지위 •상인의 윤리강령과 거래수칙
유통관련법규	유통산업발전법	•유통산업발전법에서 규정하는 용어의 정의 •유통산업시책의 기본방향 •체인사업 관련 규정 •상거래질서
	소비자기본법	•소비자의 권리와 책무 •소비자단체 •소비자안전 •소비자분쟁의 해결
	청소년보호법	•청소년보호법에서 규정하는 용어의 정의 •청소년유해매체물의 청소년대상 유통규제 •청소년유해업소, 유해물 및 유해행위 등의 규제

📊 2과목 판매 및 고객관리

대분류	중분류	세분류
매장관리	상품지식	• 상품의 이해 • 상품분류 및 상품구성(진열) • 브랜드의 이해와 브랜드전략 • 디스플레이와 상품연출
	매장의 구성	• 매장 레이아웃 계획 및 관리 • 매장 공간 계획, 관리 • 매장 환경 관리 • 온라인 쇼핑몰 구성 및 설계 • 온라인 쇼핑몰 UI, UX
판매관리	판매와 고객서비스	• 고객서비스의 특징　• 고객서비스와 고객행동 • 고객서비스의 구조와 품질　• POS의 이해와 활용 • 판매의 절차와 특성　• 정산관리 • 디스플레이 기술과 응용 • 상품에 대한 지식과 판매전략
	촉진관리	• 촉진관리전략의 이해 • 프로모션믹스 관리 및 전략적 활용 • 접객판매기술 • POP 광고(구매시점 광고)
	고객만족을 위한 판매기법	• 고객유치와 접근 • 고객욕구의 결정 • 판매제시 • 상품포장 • 판매 마무리 • 고객유지를 위한 사후관리
고객관리/응대	고객의 이해	• 고객의 욕구와 심리 이해 • 고객의 유형분석과 구매행동 • 고객관계관리(CRM)
	고객응대	• 고객응대 및 접객화법 • 커뮤니케이션 • 전화응대 예절과 고객칭찬 • 고객만족과 충성도 관리
	고객의소리 관리	• 고객의소리(VOC) 대응 및 관리 • 고객불만 대응 및 관리

시대고시 한권으로 끝내기로
10일 공부해서 유통관리사 3급 합격!!

2020년 2회 시험 합격자 **김*연**

시대고시에서 나온 유통관리사 3급 한권으로 끝내기 책으로 10일 공부해서 합격했어요.

책 이름대로 정말 한권으로 끝내고 싶어서 이 책을 구입했는데 개념 한 번 훑어보고 딸려있는 문제들만 대강대강 풀었는데도 평균 80점 이상으로 무난하게 합격!!!

이 책은 이론 + 문제로 구성되어 있는데 이론은 정독까지도 아니고 그냥 틈나는 대로 한 번씩 쭉 훑었어요. 이론에 기출표시가 되어 있어서 그 부분은 좀 더 자세히 보고 나머지는 대강 훑고 지나갔어요.

이론이 끝나면 뒤에 기출유형이랑 적중예상까지 문제가 꽤 많이 실려 있는데 이 부분은 빠르게 풀면서 문제랑 정답 위주로 외우다시피 하면서 공부했어요. 웬만한 유형의 문제는 다 실려 있어서 개념이 이해가 안 되더라도 문제랑 답만 외워도 시험볼 때 보니까 비슷하게 출제되더라구요.

3급은 어려운 시험이 아니라 합격률도 높고 이 책 한권으로 10일만 봐도 무난하게 합격하는 시험입니다. 절대 시간 많이 잡고 공부하지 마세요!

1과목 유통상식

출제영역	2019	2020	2021	2022	2023	합 계	비율(%)
제1장 유통의 이해	18	18	14	23	21	94	31.3
제2장 도·소매업의 이해	17	16	18	15	12	78	26
제3장 판매원의 자세	13	13	18	14	13	71	23.7
제4장 직업윤리	6	6	6	4	9	31	10.3
제5장 유통관련법규	6	7	4	4	5	26	8.7
합 계(문항 수)	60	60	60	60	60	300	100

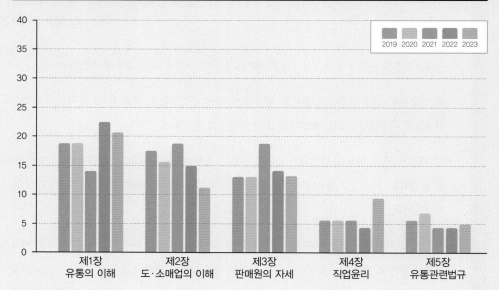

영역별 평균 출제비율

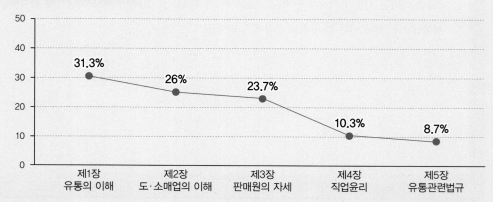

2과목 판매 및 고객관리

출제영역	2019	2020	2021	2022	2023	합 계	비율(%)
제1장 매장관리	16	33	27	27	26	129	34.4
제2장 판매관리	42	30	31	39	36	178	47.5
제3장 고객관리와 응대	17	12	17	9	13	68	18.1
합 계(문항 수)	75	75	75	75	75	375	100

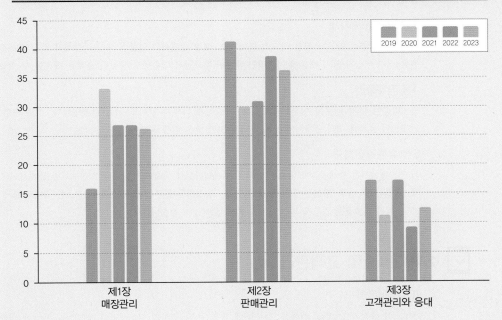

영역별 평균 출제비율

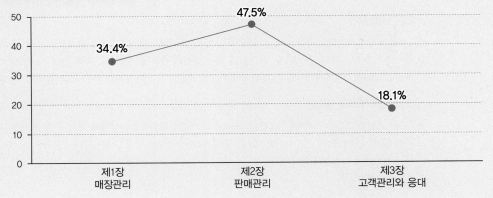

1과목 유통상식

1장 유통의 이해

1과목에서 출제비중이 가장 높은 부분으로 유통경로의 필요성과 유통경로별 특성 구분, 최근 유통환경의 변화 등을 중점적으로 학습해야 합니다. 최근에는 물류와 관련된 문제도 간혹 출제되고 있으니 이러한 출제경향을 파악하여 물류와 관련된 기출 이론을 함께 학습해 두면 좋습니다.

2장 도·소매업의 이해

1장에 이어서 출제비중이 역시 높은 부분으로 소매업과 도매업이 수행하는 기능에 대한 구분, 도매기관의 종류, 유통업태 및 신유통업태 각각의 특징에 대해 중점적으로 학습해야 합니다.

3장 판매원의 자세

판매원이 갖춰야 할 기본적인 태도와 판매기술, 매장 내에서의 역할에 대해 학습해야 하는 부분으로 내용은 그리 어렵지 않기 때문에 기본적인 내용만 훑으면서 학습해도 충분히 문제를 해결할 수 있습니다.

4장 직업윤리

출제비중이 낮기 때문에 이론적으로 그리 중요하게 다루지 않아도 되는 부분입니다. 주로 기업윤리와 판매원의 윤리에 대해 출제되며 문제 난이도 또한 낮은 편에 속합니다.

5장 유통관련법규

최근 시험에서는 출제비중이 다소 낮아져 유통산업발전법, 소비자기본법, 청소년보호법 등에서 주로 문제가 출제되지만 종종 '방문판매 등에 관한 법률', '양성평등에 관한 법률'과 같이 생소한 법에서 출제되기도 하니, 최근 기출문제 경향을 파악하여 공부해 두는 것이 좋습니다.

 2과목 판매 및 고객관리

1장 매장관리

브랜드의 특성과 '편의품, 선매품, 전문품'에 대한 구분, 진열과 디스플레이, 레이아웃 방식에 대해 자주 출제되는 부분입니다. 출제비중이 다소 높기 때문에 자주 출제되는 이론을 중심으로 충분히 학습해야 합니다.

2장 판매관리

2과목에서 출제비중이 가장 높은 부분입니다. 서비스의 특성 및 서비스품질 측정모형, 상품 특성에 대한 판매전략, 바코드와 POS 시스템, 촉진관리 전략 등에서 자주 출제됩니다. 특히 POS 시스템에 대해서는 과목을 넘나들며 1과목에서도 간혹 출제되고 있기 때문에 잘 알아두어야 하는 이론입니다.

3장 고객관리와 응대

고객관계관리(CRM)와 고객충성도관리, 고객의 소리(컴플레인) 처리 방법에 대해 주로 출제됩니다. 다른 장에 비해 출제비중이 낮은 편이며 난이도 또한 어렵게 출제되지 않는 편이지만 기본적으로 중요한 내용은 숙지하면서 학습해야 합니다.

이 책의 차례

CONTENTS

이 책의 차례

빨간키

빨리보는 간단한 키워드

제 1 과목 · 유통상식 핵심특강 100선

01 유통의 개념

상품과 서비스(Goods & Service)는 여러 사람을 거쳐 소비자에게 전달되는데, 이러한 과정을 유통(流通)이라고 한다. 즉, 유통은 생산과 소비를 이어주는 중간 기능으로, 생산품의 사회적 이동에 관계되는 모든 경제 활동을 말한다.

02 유통의 분류

① **상적 유통** : 상품의 매매 자체를 의미하는 것으로, 상거래 유통이라고도 하는데, 이를 줄여서 상류(商流)라고도 한다.

② **물적 유통** : 상적 유통에 따르는 상품의 운반, 보관 등의 활동을 물적 유통이라고 하는데, 이를 줄여서 물류(物流)라고도 한다.

③ **금융적 유통** : 유통 활동에서 발생하는 위험 부담이나 필요한 자금 융통, 거래 대금 등의 이전 활동을 말한다.

④ **정보 유통** : 거래 상품에 대한 정보를 제공하거나 물적 유통의 각 기능 사이에 흐르는 정보를 원활하게 연결하여 고객에 대한 서비스를 향상시키는 활동을 정보 유통이라 한다.

03 유통의 역할(기능)

유통은 생산과 소비 사이에 발생하는 사회적, 장소적, 시간적인 불일치를 해소시켜 주고, 생산자와 소비자를 모두 만족시킬 수 있는 매개체 역할을 수행한다.

① **사회적 불일치 극복** : 생산과 소비 사이에는 생산자와 소비자가 별도로 존재한다는 사회적 분리가 있으나 유통은 생산과 소비 사이에 발생하는 사회적인 간격을 해소시켜 주는 역할을 한다.

② **장소적 불일치 극복** : 생산과 소비 사이에는 상품이 생산되는 생산지와 소비되는 소비지가 서로 다르다는 장소적 분리가 있으나 유통은 생산지와 소비지 사이의 장소적인 차이를 해소시키는 역할을 한다.

③ **시간적 불일치 극복** : 생산과 소비의 사이에는 생산 시기와 소비 시기의 차이라는 시간적 분리가 있다. 생산 시기와 소비 시기의 시간적인 차이를 해소하기 위하여 보관 등의 유통이 필요하다.

04 소매업의 역할

① 소비자에 대한 역할

- 소비자가 원하는 상품을 제공한다.
- 적절한 품목을 구성한다.
- 상품의 재고량을 유지한다.
- 상품 정보, 유행 정보, 생활 정보를 제공한다.
- 구매 장소를 제공한다.
- 구매할 때 즐거움을 제공한다.
- 서비스를 제공한다.

② 생산자 및 공급업자에 대한 역할

- 판매 활동을 대신해준다.
- 올바른 소비자 정보를 전달한다.
- 상품 배달, 포장, 대금 결제 등의 업무를 수행한다.

05 도매업의 역할

① 생산자에 대한 역할

- 소매업과 직거래에 따른 생산자의 불편 및 비용을 제거한다.
- 상품 보관에 따른 비용 및 재고에 따른 부담을 절감한다.
- 생산이 끝나는 즉시 대금을 지급함으로써 자금 융통에 도움을 준다.
- 소매업과의 접촉을 통해 상품 개발에 대한 정보를 제공한다.
- 수요와 공급이 일치하도록 조절해주는 역할을 한다.

② 소매업에 대한 역할

- 소매업과 생산자와의 직접 거래에 따른 불편제거와 비용 절감을 한다.
- 소매업에 자금을 대주거나 외상 판매를 함으로써 금융상의 혜택을 준다.
- 경영 지도나 보조를 함으로써 소매업의 경영합리화에 기여한다.
- 소매업 대신 상품을 보관·저장하거나 상품을 수집해주기도 하고, 수량을 분할해줌으로써 소매상에게 편의를 제공한다.

06 상적 유통의 담당자

상적 유통은 상품의 매매에 의한 거래이므로 소매업과 도매업이 상적 유통의 주담당자가 된다.

① **소매업** : 생산자나 도매업자로부터 구입한 상품을 소비자에게 판매하는 것을 주된 업무로 하는 유통업이다. 여기서 말하는 소비자란 최종 소비를 목적으로 하고 있는 소비 구매자를 말한다.

② **도매업** : 최종 소비자 이외의 구매자에게 상품 및 서비스를 판매하는 유통업으로, 생산자와 소매업을 연결함으로써 상품의 수요와 공급을 원활하게 유지시키는 역할을 수행하고 있다.

07 물적 유통의 담당자

물적 유통은 상품의 운송, 보관, 하역, 포장, 유통 가공 등을 말하며, 육상, 해상, 공중의 운송업과 창고업이 주담당자가 된다.

① **운송업** : 운송로에 따라 운송을 담당하는 주체를 운송 기관이라 하고, 운송 기관이 담당하는 업무를 운송업이라 한다.

② **창고업** : 재화를 소비 시기까지 보관할 목적으로 보관 시설인 창고를 소유하고 상품을 보관하는 업무를 창고업이라 한다.

08 유통경로의 개념

유통경로(Distribution Channel)는 제품이나 서비스가 생산자로부터 소비자에 이르기까지 거치게 되는 통로 또는 단계를 말한다. 생산자와 소비자 사이에는 상품 유통을 담당하는 여러 종류의 중간상들이 개입하게 된다. 이러한 중간상에는 도매상, 소매상과 같이 소유권을 넘겨받아 판매 차익을 얻는 형태도 있지만, 생산자의 직영점이나 거간과 같이 소유권의 이전 없이 단지 판매 활동만을 하거나, 그것을 조성하는 활동만을 수행하는 형태도 있다.

[유통경로의 뜻]

09 유통경로상 중간상의 필요성

① **총 거래 수 최소화의 원칙** : 중간상의 개입으로 거래의 총량이 감소하게 되어 제조업자와 소비자 양자에게 실질적인 비용이 감소한다.

② **집중 준비의 원칙** : 유통경로상에 도매상이 개입하여 소매상의 대량 보관기능을 분담함으로써 사회 전체적으로 상품의 보관 총량을 감소시킬 수 있고, 따라서 소매상은 최소량만을 보관하게 된다.

③ **분업의 원칙** : 다수의 중간상이 분업의 원리로써 유통경로에 참여하게 되면 유통경로상에서 다양하게 수행되는 기능들(수급조절기능, 보관기능, 위험부담기능, 정보수집기능 등)이 경제적·능률적으로 수행될 수 있다.

④ **변동비 우위의 원리** : 무조건적으로 제조와 유통 기관을 통합하여 대규모화하기보다는 각각의 유통 기관이 적절한 규모로 역할분담을 하는 것이 비용 면에서 훨씬 유리하다는 논리로, 중간상의 필요성을 강조하는 이론이다.

10 중간상의 분류기능

① **집적(Accumulation)** : 여러 원천에서 비슷한 제품을 모아 크고 동질적인 공급을 가능하게 한다.
② **할당(Allocation)** : 동질적 공급을 보다 작은 단위로 분할한다.
③ **구색 갖추기(Assorting)** : 고객에게 서비스하기 위하여 여러 원천으로 제품의 구색을 갖춘다.
④ **분류(Sorting-out)** : 이질적 공급품을 비교적 동질적인 것끼리 분류한다.

11 유통경로(소매업)의 마케팅 기능

① **소유권 이전 기능** : 유통경로가 수행하는 마케팅 기능 중 가장 본질적인 기능으로 생산자와 소비자 간의 소유적 격리를 조절하여 거래가 성립되도록 하는 기능이다.
② **물적 유통 기능** : 물적 유통 기능은 생산과 소비 사이의 장소적, 시간적 격리를 조절하는 기능으로 장소적 격리를 극복함으로써 장소 효용을 창출하는 운송과 시간적 격리를 극복하여 시간 효용을 창출하는 보관의 두 기능을 수행한다.
③ **조성 기능** : 조성 기능은 소유권 이전 기능과 물적 유통 기능이 원활히 수행될 수 있도록 지원해 주는 기능으로 표준화 기능, 시장 금융 기능, 위험 부담 기능, 시장 정보 기능 등 네 가지 기능으로 구분할 수 있다.

12 유통경로의 사회 · 경제적 기능

① 교환 과정의 촉진
② 제품 구색 불일치의 완화
③ 거래의 표준화
④ 생산과 소비 연결
⑤ 고객 서비스 제공
⑥ 정보 제공 기능
⑦ 쇼핑의 즐거움 제공

13 소비재 유통경로

14 산업재 유통경로

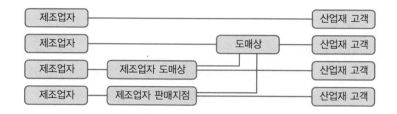

15 서비스의 유통경로

서비스는 무형성과 생산자와의 비분리성이라는 특성이 있으므로, 직접 마케팅 경로가 가장 일반적이다. 다만, 특별한 경우에 한해서 생산자와 소비자 사이에 하나의 중간상이 개입하는 형태가 있을수 있다. 의료, 자동차 수리, 미용, 호텔, 여객 수송 등 대부분의 서비스는 생산과 동시에 소비되며,또 생산자와 상품이 분리될 수 없다.

16 소비자의 유통 서비스 기대 수준 분석

① 기다리는 시간의 단축

② 취급 제품의 다양성

③ 입지의 편리성(점포의 수와 분포)

④ 구매 단위의 최소화(구매 및 보관의 편리성)

17 유통경로의 흐름

유통경로상의 여러 경로기관의 유통 흐름은 크게 나누어 다음과 같은 5가지 유형의 흐름에 의하여 연결되어 있다.

① 물적 흐름 : 생산자로부터 최종 소비자에 이르기까지의 제품의 이동(물적 유통)

② 소유권 흐름 : 유통기관으로부터 다른 기관으로의 소유권의 이전

③ 결제(지급) 흐름 : 고객이 대금을 지급하거나, 판매점이 생산자에게 송금

④ 정보 흐름 : 유통기관 사이의 정보의 흐름

⑤ 촉진 흐름 : 광고, 판촉원 등 촉진관리 활동의 흐름

18 포화효과

① 집약적 유통경로는 가능한 많은 소매상이 존재하고, 시장의 범위를 최대화하여 대량으로 판매하기 때문에 낮은 마진, 재고 및 재주문관리의 어려움, 중간상에 대한 통제력이 낮다는 특징을 가지고 있다.

② 기업이 집약적 유통경로를 활용하는 경우, 중간상에 대한 통제가 불가능해져 궁극적으로 손실을 보게 되는 포화효과(Effects of Saturation)가 발생할 수 있다.

③ **포화효과 발생에 따른 현상** : 중간상의 이익감소, 중간상의 제조업체에 대한 확신 감소, 중간상의 제품 가격 인하, 소비자에 대한 중간상의 지원 감소, 소비자의 만족 감소 등

19 유통경로의 전략과 특징

전략 구분	의 미	특 징
개방적 유통경로	자사의 제품을 누구나 취급할 수 있도록 개방	• 소매상이 많음 • 소비자에게 제품 노출 최대화 • 유통 비용의 증가 • 체인화의 어려움 • 식품, 일용품 등 편의품에 적용
전속적 유통경로	자사의 제품만을 취급하는 도매상 또는 소매상	• 소매상 또는 도매상에 대한 통제 가능 • 긴밀한 협조 체제 형성 • 유통 비용의 감소 • 제품 이미지 제고 및 유지 가능 • 귀금속, 자동차, 고급 의류 등 고가품에 적용
선택적 유통경로	개방적 유통경로와 전속적 유통경로의 중간 형태로, 일정 지역에서 일정 수준 이상의 자격 요건을 지닌 소매점에만 자사 제품을 취급하도록 함	• 개방적 유통경로에 비해 소매상 수가 적고 유통 비용 절감 효과 • 전속적 유통경로에 비해 제품 노출 확대 • 의류, 가구, 가전제품 등에 적용

20 유통경로의 길이 결정 요인

영향 요인	긴 경로	짧은 경로
제품 특성	• 표준화된 경량품, 비부패성 상품 • 기술적 단순성, 편의품	• 비표준화된 중량품, 부패성 상품 • 기술적 복잡성, 전문품
수요 특성	• 구매단위가 작음 • 구매빈도가 높고 규칙적 • 편의품	• 구매단위가 큼 • 구매빈도가 낮고 비규칙적 • 전문품
공급 특성	• 생산자 수 많음 • 자유로운 진입과 탈퇴 • 지역적 분산 생산	• 생산자 수 적음 • 제한적 진입과 탈퇴 • 지역적 집중 생산
유통비용구조	• 장기적으로 안정적	• 장기적으로 불안정-최적화 추구

21 유통경로의 갈등 관리

① **수직적 갈등** : 유통경로상에서 서로 다른 단계에 있는 구성원 사이에 발생하는 갈등
② **수평적 갈등** : 유통경로의 동일한 단계에서 발생하는 갈등
③ **갈등 해소책** : 경로 리더의 지도력을 강화하거나, 경로 구성원간의 공동 목표의 제시로 협력을 증대시키고, 경로 구성원간의 커뮤니케이션 강화 및 중재와 조정 등을 통하여 유통경로의 갈등을 감소시켜야 한다.

22 유통 구성원 간의 갈등 해소방안

① **채널기능의 차별화** : 부가가치가 높은 업무에 영업사원의 기능을 집중시키고 단순주문접수 업무는 인터넷을 적극적으로 활용한다.
② **고객가치의 차별화** : 온라인과 오프라인의 유통채널에 대해 고객가치에 있어 차별화된 제품을 제공함으로써 이들 간의 갈등을 줄인다.
③ **표적시장의 차별화** : 전통적인 시장세분화에서 활용되는 세분시장별 차별화 원칙은 인터넷이라는 새로운 유통채널에도 적용된다.

23 유통경로의 힘(권력)

기존 유통경로상에서 다른 구성원의 마케팅 전략상의 의사결정변수를 통제하는 능력으로써 한 경로 구성원이 다른 경로구성원의 의사결정이나 목적달성에 영향을 미치거나 변경시킬 수 있는 영향력 행사수단이라고 할 수 있다.

24 유통경로 힘(권력)의 원천

① **보상적 권력(Reward Power)** : 한 경로구성원이 다른 경로구성원에게 여러 가지 물질적 또는 심리적인 도움을 줄 수 있을 때 형성되는 영향력

② **강압적 권력(Coercive Power)** : 한 경로구성원의 영향력 행사에 대해서 구성원들이 따르지 않을 때 처벌이나 부정적 제재를 받을 것이라고 지각하는 경우에 미치는 영향력

③ **전문적 권력(Expert Power)** : 한 경로구성원이 특별한 전문지식이나 경험을 가졌다고 상대방이 인지할 때 가지게 되는 영향력

④ **준거적 권력(Referent Power)** : 한 경로구성원이 여러 측면에서 장점을 갖고 있으면 다른 경로구성원은 그와 일체성을 갖고 한 구성원이 되고 싶어 하며 거래관계를 계속 유지하고 싶어 할 때 미치는 영향력

⑤ **합법적 권력** : 합법적인 조직구조나 계약관계에서 오는 영향력(상표등록, 특허권, 프랜차이즈 권리, 기타 법률적 권리)

⑥ **정보적 권력(Informative Power)** : 다른 경로구성원이 이전에 얻을 수 없었거나 알 수 없었던 정보나 일의 결과를 제공해 준다고 인식하는 경우에 갖게 되는 영향력

25 수직적 유통경로(Vertical Marketing System)

생산에서 소비에 이르기까지의 유통 과정을 체계적으로 통합하고 조정하여 하나의 통합된 체제를 유지하는 것을 의미한다. 이는 중앙 통제적 조직구조를 통해 유통경로가 전문적으로 관리되고 규모의 경제를 실행할 수 있으며, 경로구성원 간의 조정을 기할 수 있는 시스템이다.

26 수평적 유통경로(Horizontal Marketing System)

동일한 경로단계에 있는 두 개 이상의 기업이 대등한 입장에서 자원과 프로그램을 결합하여 일종의 연맹체를 구성하고 공생·공영하는 시스템을 의미하며 공생적 마케팅(Symbiotic Marketing)이라고도 한다.

27 복수 유통경로(Multichannel Marketing System)

상이한 두 개 이상의 유통경로를 채택하는 것이다. 이는 단일시장이라도 각기 다른 유통경로를 사용하여 세분화된 개별시장에 접근하는 것이 더 효과적이기 때문이다.

28 전통적인 상거래와 전자상거래의 비교

구 분	전통적인 상거래	전자상거래
유통채널	기업 → 도매상 → 소매상 → 소비자	기업 → 소비자
거래대상 지역	일부지역	전 세계(Global Marketing)
거래시간	제약된 영업시간	24시간
고객수요 파악	• 영업사원이 획득 • 정보 재입력이 불필요	• 온라인으로 수시획득 • 재입력이 필요 없는 Digital Data
마케팅 활동	구매자의 의사에 상관없는 일방적인 마케팅	쌍방향 통신을 통한 일대일 상호 대화식 마케팅
고객대응	고객 요구 포착이 어렵고 고객 불만대응 지연	고객 욕구를 신속히 파악, 고객 불만 즉시 대응
판매거점	시장, 상점 전시에 의한 판매	네트워크 정보에 의한 판매
소요자본	토지, 건물 등의 구입에 거액의 자금 필요	홈페이지 구축 등에 상대적으로 적은 비용 소요

29 수직적 유통시스템의 형태

① **회사형 시스템(Corporate VMS)** : 유통경로상의 한 구성원이 다음 단계의 경로 구성원을 소유에 의해 지배하는 형태

② **계약형 시스템(Contractual VMS)** : 수직적 유통시스템 중 가장 일반적인 형태로 유통경로상의 상이한 단계에 있는 독립적인 유통 기관들이 상호 경제적인 이익을 달성하기 위하여 계약을 기초로 통합하는 형태

③ **관리형 시스템(Administrative VMS)** : 경로 리더에 의해 생산 및 유통 단계가 통합되어지는 형태

④ **동맹형 시스템** : 둘 이상의 경로구성원들이 대등한 관계에서 상호의존성을 인식하고 긴밀한 관계를 자발적으로 형성한 통합된 시스템

30 소매상의 분류 기준

① **소유권** : 독립적 소매상, 체인 소매상, 프랜차이즈, 소비자 조합

② **점포 전략 믹스** : 편의점, 슈퍼마켓, 양판점, 재래시장, 전문점, 연금 매장, 백화점, 슈퍼스토어, 할인점, 하이퍼마켓

③ **무점포 소매상** : 자동판매기, 통신 판매

31 소매업의 수레바퀴 이론(Wheel of Retailing)

사회·경제적 환경이 변화됨에 따른 소매상의 진화와 발전을 설명하는 대표적인 이론이다. 새로운 형태의 소매점은 주로 혁신자로 시장 진입 초기에는 저가격, 저서비스, 제한적 제품 구색으로 시장에 진입한다. 그러나 점차 동일 유형의 새로운 소매점들이 진입하여 이들 사이에 경쟁이 격화되면 경쟁적 우위를 확보하기 위하여 보다 세련된 점포 시설과 차별적 서비스의 증가로 성숙기에는 고비용, 고가격, 고서비스 소매점으로 위치가 확립된다. 이 결과 새로운 유형의 혁신적인 소매점이 저가격, 저마진, 저서비스로 시장에 진입할 수 있는 여지를 제공하게 되고, 이 새로운 유형의 소매점 역시 위와 동일한 과정을 따르게 된다는 것이다.

단 계	도입기	성장기	취약기
성 격	혁신적 소매상	전통적 소매상	성숙 소매상
시장지위	유 치	성 장	쇠 퇴
영업특성	• 저가격 • 최소한 서비스 • 점포시설 미비 • 제한적 제품 구색	• 고가격 • 차별적 서비스 • 세련된 점포시설 • 제품 구색 욕구충족 • 번화가 위치	• 고가격 • 고품질, 고서비스 • 고비용, 대자본 • 보수주의 • ROI(투자수익률) 감소

[소매상 수레바퀴 이론의 단계별 특징]

32 소매점 아코디언 이론(Retail Accordion Theory)

소매점의 진화 과정을 소매점에서 취급하는 상품 믹스로 설명한다. 즉 소매점은 다양한 상품 구색을 갖춘 점포로 시작하여 시간이 경과함에 따라 점차 전문화된 한정된 상품 계열을 취급하는 소매점 형태로 진화하며, 이는 다시 다양하고 전문적인 제품 계열을 취급하는 소매점으로 진화해 가는 것으로 보며, 그 진화과정, 즉 상품 믹스가 확대 → 수축 → 확대 과정이 아코디언과 유사하여 이름 붙여진 이론이다.

33 소매 수명 주기 이론(Retail Life Cycle Theory)

소매 수명 주기 이론은 제품수명주기이론과 동일하게 소매점 유형이 도입기 → 성장기 → 성숙기 → 쇠퇴기의 단계를 거치게 된다는 것이다. 즉 새로운 소매점 유형은 도입 초기에 높은 성장률과 성장 가능성을 보유하게 된다.

구 분	도입기	성장기	성숙기	쇠퇴기
마케팅목표	제품인지도증가 제품 사용 확대	시장 확대 제품계열 확대	가격인하 서비스증대 유통경로 확대	촉진비용절감 서비스 감소 가격 인하
경쟁 강도	매우 낮다	높 다	높 다	점차 약화
마케팅비용	매우 크다	크 다	보 통	거의 없다

[소매점 수명 주기 이론의 단계별 특징]

34 소매점의 변증법적 과정(Dialectic Process)

> (정) 고가격, 고마진, 고서비스, 저회전율의 특징을 가진 백화점의 출현
>
> ∨
>
> (반) 저가격, 저마진, 저서비스, 고회전율의 특징을 가진 할인점의 출현
>
> ∨
>
> (합) 백화점과 할인점의 특징을 절충한 형태의 할인 백화점으로 진화

35 세계 유통 산업의 동향

① 선진국의 유통시장 주도
② 할인 업태의 급성장
③ 전자상거래 등 무점포판매의 성장
④ 정보화 및 전략적 제휴

36 마케팅의 정의 및 기능

마케팅이란 상품과 서비스를 생산자로부터 소비자 및 사용자에게 유통시키는 기업 활동의 수행이다. 마케팅의 기능이란 재화가 생산자로부터 소비자에게 이전되어 가는 과정에서 대행되는 특화된 활동을 말하며, 마케팅 기능은 중간상은 물론 생산자와 소비자가 대행하는 경우도 있다.

37 마케팅상의 위험부담(Market Risks)

여러 가지 잡다한 우발적 사고와 자연적 내지 사회적인 제반 사정의 변화로부터 야기되는 상품 내지 서비스의 감가 또는 생산 내지 거래 과정에서 일어날지도 모르는 손실의 발생을 의미한다. 위험 그 자체는 감가 내지 손실이 일어날 수 있는 하나의 가능성과 불확정성을 의미하는 것이며, 반드시 손해 그 자체를 의미하지 않는다.

38 도매 기관의 형태

① 상인 도매 기관(Merchant Wholesaler) : 취급하는 제품에 대해 소유권을 가지는 독립된 사업체의 도매기관을 의미한다.
- 완전기능 도매 기관
- 한정기능 도매 기관

② 대리 도매 기관(Agent) : 제품에 대한 소유권은 없이 단지 제조업자나 공급자를 대신해서 제품을 판매해주는 도매 기관이다.

③ 제조업자 도매 기관(Manufacturer Wholesaling) : 제조업자가 직접 도매기능을 수행한다. 이는 일종의 제조업자 내부에 있는 도매기능으로, 대개의 경우 제조업자의 생산자나 고객이 있는 시장에 가까이 위치하는 것이 특징이다.

39 도매 기관의 형태와 특징

구 분	상인 도매 기관	대리 도매 기관	제조업자 도매 기관
통제 및 기능	도매 기관이 도매기능을 통제하고 많은 또는 전부의 기능을 수행	제조업자와 도매 기관이 각각 약간의 통제와 기능을 수행	제조업자가 기능을 통제하고 모든 기능을 수행
소유권	도매 기관이 제품을 소유	제조업자가 제품을 소유	제조업자가 제품을 소유
현금 흐름	도매 기관은 제조업자에 대금을 지불하고 제품을 구입하며 다시 그 제품을 고객에 판매	제품이 판매되면 도매 기관은 대금을 제조업자에게 지불하고 커미션이나 수수료를 받음	제조업자가 판매하고 대금을 회수
최적 이용	제조업자가 많은 제품계열을 보유하고 있거나 지역적으로 분산된 고객에 판매할 때에 적당	제조업자가 소규모 마케팅이 부족할 때, 그리고 상대적으로 고객에 지명도가 약할 때 적당	고객의 수가 적을 때 그리고 지역적으로 집중되어 있을 때 적당

40 한정기능 도매 기관 분류

구 분	현금판매 도매 기관	트럭 도매 기관	직송 도매 기관	선반 도매 기관
상품의 물리적 보유	있 음	있 음	없 음	있 음
판매원의 소매점포 방문	없 음	있 음	없 음	있 음
시장정보제공	없 음	약간 있음	있 음	있 음
고객에 대한 조언	없 음	약간 있음	있 음	있 음
고객의 점포에 상품저장 및 관리	없 음	없 음	없 음	있 음
신용판매	없 음	약간 있음	있 음	있 음
배 달	없 음	있 음	없 음	있 음

41 백화점의 영업 특성

① 현대적인 건물과 시설

② 대량 매입의 경제성

③ 기능별 전문화에 의한 합리적 경영

④ 균형 있는 상품 구성과 다양한 서비스

⑤ 엄격한 정찰제 실시

⑥ 대량 판매 촉진과 명성을 배경으로 한 고객 유치 및 강력한 재정 능력

42 연쇄점 경영의 특질

① **중앙 본부의 관리 체제** : 각 점포는 중앙 본부의 통일적 방침 하에 관리·운영되며, 각 점포는 판매 기능만 가진다.

② **상품화의 동질성** : 각 점포에서 제공되는 상품은 정형화·표준화된 상품이며, 제시 방법도 표준화된다.

43 연쇄점의 분류

① 회사형 연쇄점(Corporate Chain Store)

② 가맹점형 연쇄점

- 임의형 연쇄점(Voluntary Chain Store)
- 협동형 연쇄점(Cooperative Chain Store)
- 프랜차이즈 가맹점(Franchise Chain Store)

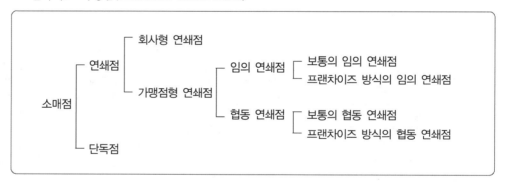

44 슈퍼마켓의 특성

① 셀프서비스와 자기 선택식 진열

② 보통 체크아웃 카운터(Checkout Counter)에의 고객 서비스의 집중화

③ 저가격 소구(訴求)

④ 대규모의 시설

⑤ 넓은 구색과 다양한 상품

45 쇼핑센터의 개념

쇼핑센터란 전문적인 개발자(Developer)에 의해서 계획적으로 개발·소유·관리·운영되고 있는 소매업의 집단으로, 이러한 쇼핑센터 내에는 백화점이나 대형 슈퍼마켓 등이 핵점포로서 포함된다. 더 나아가 각종의 전문점을 위시해서 레저 시설·공공시설 등이 임대 점포로 입주하고, 넓은 주차 시설을 갖추고 있으며, 원칙적으로 도시 주변 또는 교외에 위치하고 있는 계획적 상점가이다.

46 편의점의 기본 조건

① **입지의 편의성** : 주택 근처에 입지하여 고객이 일상적 구매를 손쉽게 할 수 있다.
② **시간상의 편의성** : 영업시간이 길어서 언제든지 필요에 따라 구매할 수 있고 가까우므로 구매 소요 시간도 적게 든다.
③ **상품 구색상의 편의성** : 식료품 및 일용 잡화 등을 중심으로 한 상품 구색에 의해 일상생활이나 식생활의 편의성을 제공한다.
④ **우호적인 서비스** : 슈퍼마켓에서는 맛볼 수 없는 대인적인 친절한 서비스를 제공한다.
⑤ **소인원 관리** : 가족노동을 중심으로, 소수의 노동력으로 관리하여 인건비의 절감을 도모한다.

47 전문점의 특징

① 제한된 상품·업종에 대해서 다양한 품목을 골고루 깊이 있게 취급한다.
② 우수한 머천다이징 능력을 바탕으로 하여 소비자의 욕구에 보다 부응할 수 있는 개성 있는 상품, 차별화된 상품을 취급한다.
③ 고객에 대한 고도의 상담(Consultation)과 서비스를 제공한다.

48 전문점이 전개한 경영 전략

① 고객의 세분화
② 목표 고객 대응 상품화
③ 점포 식별의 확인

49 스페셜전문점

① **판매를 위한 제공상품** : 상품의 넓이는 상대적으로 좁으나 상품의 깊이는 매우 깊은 특성을 가지고 있다.
② 판매원들이 개별 판매상품의 특성에 대한 깊은 지식을 보유하고 있다.
③ 주로 1:1의 대면 고객 서비스를 제공한다.

50 상점가(Shopping Street)의 개념

상점가(商店街 ; Shopping Street)란 일정범위 안의 도로나 지하도에 50 이상의 도매점포·소매점포 및 용역점포가 밀집해있는 지구(地区)를 말한다.

51 독립소매점

독립소매점은 일반적으로 볼 때 가족 노동력을 위주로 하기 때문에 조직력이 없고 비전문적인 소규모 점포이다. 식료품·잡화·의류 등의 편의품을 취급하는 상점이 많고, 우리나라 소매점의 대부분이 이에 해당한다.

52 할인점의 특성

① 저가격으로 판매를 한다.
② 저가격의 저품질상품을 판매하는 것이 아니라 전국적 상표품에 중점을 둔다.
③ 셀프서비스와 최소시설로써 운영한다.
④ 저지가지역(低地価地域)에 입지하여 먼 거리의 고객을 흡수한다.
⑤ 견고하고 기능적인 점포구조를 가진다.

53 하이퍼마켓의 개념

하이퍼마켓은 대형화된 슈퍼마켓에 할인점을 접목시켜 저가로 판매하는 초대형 소매업태이다. 일반적으로 대도시 근교에 설립되며, 취급품목은 슈퍼에서 주로 취급하는 식품과 생활필수품 등이며 셀프서비스 방식으로 운영되는 업태이다. 국제셀프서비스협회에 의하면 "식품·비식품을 풍부하게 취급하며, 대규모의 주차장 등과 같은 특징이 있는 매장면적 2,500㎡ 이상의 소매점포"로 정의된다.

54 대중양판점(General Merchandise Store ; GMS)의 특성

① 백화점과 슈퍼마켓의 중간에 위치하며 슈퍼마켓이 성장하여 대형화된 것으로서 상품 구색이나 서비스는 백화점에 가깝다.
② 20% 정도의 셀프서비스 방식의 판매를 하고 있다.
③ 상품구색은 식료품, 의료품, 잡화 등 모든 것을 취급한다.
④ 중급품·대중품의 일괄구매의 장을 제공하며 품목 수는 수십 만점 이상이다.
⑤ 매장면적은 약 3,000평(2,000~5,000평) 정도이며 전체적으로는 지방 백화점과 비슷하다.

55 카테고리 킬러(Category Killer)의 개념

할인형 전문점으로서 특정상품계열에서 전문점과 같은 깊은 상품구색을 갖추고 저렴하게 판매하는 것을 원칙으로 한다. 카테고리 킬러는 대량판매와 낮은 비용으로 저렴한 상품가격을 제시한다. 취급하는 상품은 주로 완구, 스포츠용품, 가전용품, 자동차용품, 레코드, 사무용품 등이다.

56 회원제 도매클럽(Membership Wholesale Club ; MWC)

회원제 도매클럽은 창고형 도소매클럽(Membership Warehouse Club)이라고도 하며 회원으로 가입한 고객만을 대상으로 판매하는 업태이다. 매장은 거대한 창고형으로 꾸며지고 실내장식은 보잘 것 없으며 진열대에 상자채로 진열, 고객이 직접 박스단위로 구매함으로써 할인점보다도 20~30% 정도 더 싸게 판매하는 업태이다.

57 무점포 판매방식

① **통신판매** : 인터넷 쇼핑, TV 홈쇼핑, 카탈로그 판매, 텔레마케팅, 기타 매체 활용판매
② **방문판매** : 초별방문판매, 파티판매, 조직화 판매, 네트워크화

58 통신판매점의 종류

우편이나 전화, 컴퓨터 등을 이용하며 주문을 받고, 상품은 우편이나 공공운송기관을 통하여 인도하는 판매점이다. 즉, 신문이나 잡지, 카탈로그, 인터넷 등으로 미리 광고하여, 각지의 고객으로부터 주문을 받는 상점이다.

① 인터넷 쇼핑
② TV 홈쇼핑
③ 텔레마케팅(Telemarketing)
④ 카탈로그 판매

59 슈퍼 센터의 개념

슈퍼 센터는 기존의 할인점보다 더 깊고 넓은 상품구색을 갖추고 있는 것으로서 대형할인점에 슈퍼마켓을 도입한 점포이다. 즉, 슈퍼마켓의 개념에 식료품과 비식료품 등 생활필수품에서 광범위한 상품구색을 보유하고 있으며 세탁, 구두수선, 수표교환, 간단한 식사장소 제공 등의 부수적인 서비스도 함께 제공하고 있다.

60 파워 센터의 개념

파워 센터는 종래의 백화점이나 양판점과는 달리 할인점이나 카테고리 킬러 등 저가(低價)를 무기로 하여 강한 집객력을 가진 염가점(廉價店)들을 한 곳에 종합해 놓은 초대형 소매센터를 의미한다.

61 테마파크의 개념

테마파크(Theme Park)는 일관된 주제(테마) 하에서 정리된 유원지로서 동경디즈니랜드, 나가사끼 네덜란드촌, 스페이스 월드 등이 있다. 이들을 한 마디로 정의하면 비일상적인 특정 테마(대부분이 즐거움을 추구)를 바탕으로 시설 및 운영이 통일되어 이루어지는 유원시설이라고 할 수 있다.

62 소매상의 종류와 핵심 특징

① 백화점 : 선매품을 중심으로 생활필수품, 전문품까지 다양한 상품을 취급
② 슈퍼마켓 : 넓은 구색과 다양한 상품을 취급
③ 전문점 : 특정 범위 내의 한정된 상품을 전문적으로 취급
④ 할인점 : 표준상품을 EDLP 전략을 통해 저가격으로 대량 판매하는 박리다매식의 상점
⑤ 편의점 : 주택 근처의 편리한 위치에 입지하여 한정된 수의 품목만을 취급
⑥ 카테고리 킬러 : 특정한 상품계열에서 전문점과 같은 상품 구색을 갖추고 저렴하게 판매
⑦ 회원제 도매클럽 : 창고형 도소매클럽으로, 회원으로 가입한 고객만을 대상으로 판매
⑧ 아웃렛 : 쇼핑센터의 핵점포로 출점하여, 비인기 상품 또는 이월 상품 등을 할인하여 판매

63 시장 특성에 따른 상품 및 접근 전략

구 분		상품 및 접근전략	
		기존제품으로 접근	신제품으로 접근
시 장	기존시장	시장침투전략	제품개발전략
	신시장	시장개척전략	다각화전략

64 시장구조

① 완전경쟁시장 : 동일한 상품을 다수의 판매자가 판매하고 다수의 소비자가 구매하는 시장으로 가격이 시장에 영향력을 미치지 못한다. 구성원들은 시장에 자유로이 진입할 수 있고, 시장 내 상품은 동질적인 특성을 지니고 있으며 구성원들은 시정정보 및 상품지식을 완전하게 소유하고 있다고 가정한다.

② 독점적 경쟁시장 : 다수의 판매자가 각각 조금씩 다른 상품을 공급하는 시장으로 상품차별화가 이루어지고 가격경쟁뿐만 아니라 품질·광고·포장 등 비가격 경쟁도 발생한다. 즉, 판매자가 생산물의 격차(제품의 품질 또는 가격의 차이)를 통해 시장에서 독점적인 입장을 강화하면서 해당 생산물의 격차에 의해 경쟁이 벌어지는 상태를 의미한다.

③ 독점시장 : 한 기업이 한 상품을 공급하는 시장으로 높은 가격과 동일한 상품에 대한 가격차별을 결정할 수 있다.

④ 과점시장 : 소수의 판매자가 참여하고 있는 시장으로 담합을 통해 가격경쟁을 제한할 수 있으며 이윤을 극대화하기 위해 제품의 가격을 높일 수도 있다.

65 수익률과 회전율에 따른 소매전략

저수익률 – 고회전율	고수익률 – 저회전율
최소한 또는 선택적 유통서비스 수준	높은 유통서비스 수준
비교적 분리된 상권에 위치	비교적 밀집된 상권에 위치
다양한 제품, 얕은 제품 깊이	덜 다양한 제품, 보다 깊은 제품 깊이
시중보다 낮은 가격	시중보다 높은 가격
가격에 초점을 둔 촉진	상품 지향적 초점
비교적 단순한 조직 특성	비교적 복잡한 조직 특성
특별한 노력 없이 팔리는 제품 취급	제품 외 서비스 또는 A/S가 필요한 제품 취급

66 기업윤리의 정의

관 점	정 의	고려해야 할 점
도덕적 측면	선/악(善/惡)을 구분하는 원칙을 정하고 그 원칙을 적용하는 기법	선(善)의 기준은 개인의 가치관에 따라서 다를 수 있다.
기업적 측면	합법적인 범위 내에서 기업에 가장 유리한 방향으로 처리하도록 하는 기업의 의사결정방법	• 기업이익을 단기적으로 생각한다. • 결과만 옳으면 과정은 중요시하지 않는다. • 합법적이지만 비윤리적일수도 있다.
개인적 측면	기업 활동관련 의사결정을 개인의 가치관을 기준으로 하는 방법	• 조직 내의 개인은 진공 속의 개인이 될 수는 없다. • 개개인의 가치관에 따라서 경영 문제를 자의대로 결정해서는 안 된다.
종합적 측면	개인의 가치관을 기업 활동의 목표에 적용시키는 원리 또는 기술	• 자기이익 모델에 의한 판단 부적합 • 사회이익 모델에 입각한 의사결정
책 임	의사결정자는 전통적 형태의 경로에 감정적으로 책임	의사결정자는 마케팅개념과 생존력 있는 기관에 분석적으로 책임

67 기업윤리의 자기이익 모델과 사회이익 모델

구 분	자기이익 모델	사회이익 모델
목 적	이익의 극대화	가치의 창조
시간영역	단기적	장기적
행동준칙	법규와 업계의 관행대로	봉사에 대한 적절한 보수 기대
기본가정	기업의 자기이익추가, 최대다수에게 최대이익	사회가 필요로 하는 가치의 제공
수 단	가급적 능률적 방법	지속되는 관계유지

68 기업윤리에서 추구하는 가치이념

이해관계자	추구하는 가치이념	기업윤리에서 추구하는 가치이념과 문제들
경쟁자	공정한 경쟁	불공정 경쟁(카르텔, 담합), 거래선 제한, 거래선 차별, 덤핑, 지적재산 침해, 기업비밀 침해, 뇌물 등
고 객	성실·신의	유해상품, 결함상품, 허위/과대광고, 정보은폐, 가짜상표, 허위/과대 효능/성분 표시 등
투자자	공평·형평	내부자거래, 인위적 시장조작, 시세조작, 이전거래, 분식결산, 기업지배행위 등
종업원	인간의 존엄성	고용차별(국적, 인종, 성별, 장애자 등), 성차별, 프라이버시 침해, 작업장의 안정성, 단결권 등
지역사회	기업시민	산업재해(화재, 유해물질 침출), 산업공해(소음, 매연, 전파), 산업폐기물 불법처리, 공장 폐쇄 등
정 부	엄정한 책무	탈세, 뇌물, 부정 정치헌금, 보고의무 위반, 허위보고, 검사방해 등
외국정부, 기업	공정한 협조	탈세, 돈 세탁, 뇌물, 덤핑, 정치개입, 문화파괴, 법규 악용(유해물 수출, 공해방지시설 미비) 등

69 기업윤리의 필요성

① 자유시장 경쟁체제를 유지하려면 기업윤리가 필요하다.

② 기업 활동의 결과는 사회에 막대한 영향을 끼친다.

③ 기업윤리문제를 잘못 다루면 기업 활동에 큰 영향을 미친다.

④ 회사를 위해서 결정을 해도 책임은 개인이 진다.

⑤ 비윤리적 행위는 기업에 손해가 된다.

⑥ 기업윤리는 경쟁력을 강화한다.

70 기업의 치명적인 과오(7가지)

① 중대한 사회적 문제를 묵살한다.
② 비난을 남에게 전가한다.
③ 외부의 비판자를 비난한다.
④ 문제를 일으킨 종업원을 해고한다.
⑤ 윤리에 관한 정보를 덮어둔다.
⑥ 홍보전을 이용하여 반박한다.
⑦ 비난을 부인한다.

71 기업윤리와 기업이익의 관계

① 이익도 올리지 못하고 윤리수준도 낮은 기업은 사회에 해만 끼치므로 존재할 필요가 없다.
② 윤리는 등한시하면서 단기적 이익만 중요시하는 기업은 바람직하지 못하다.
③ 윤리는 강조하되 이익을 등한시하는 기업은 기업으로서 존속할 수가 없다.
④ 기업의 이익과 윤리수준을 잘 조화시킨 회사가 사회적으로 존경받고 가장 바람직한 회사이다.

72 기업윤리 관련 국내 환경의 변화

① 기업의 영업 관행과 사회적 가치관의 차이 확대
② 기업에 대한 사회적 신뢰의 위기
③ 뇌물방지법의 영향
④ 기업지배구조에 대한 인식변화
⑤ '삶의 질' 중시
⑥ 비윤리적 행위로 인한 손실
⑦ 여론과 시민단체의 영향력 증대
⑧ 기업의 각성

73 경로주장(Channel Captain)

생산자 → 도매상 → 소매상 → 소비자로 흐르는 유통과정에서 가장 힘이 크고 지배적인 역할을 하는 기관을 '경로주장(Channel Captain)'이라고 한다.

74 유통의 윤리문제

경로주장이 자기의 힘(즉, 유통경로 지배력)을 남용하는 데서 나온다. 즉, 유통경로의 윤리문제는 대부분이 유통경로상의 '힘 > 책임' 관계에서 나타나며, 이 경우 생기는 경로주장의 윤리문제는 대부분이 '우월적 지위의 남용'의 형식으로 나타난다.

75 도매의 윤리

최근 각종 체인(연쇄점)이나 프랜차이징(Franchising)의 발달에 따라서 이러한 체인본부와 가맹소매점 또는 단위 편의점과의 관계에서 윤리적 문제가 발생한다.

76 소매의 윤리

소매점의 규모가 커감에 따라서 상품유통에서 차지하는 영향력이 커지고 대규모 소매점(백화점, 할인점 등)이 '경로주장'이 되는 경우가 많다.
① 상품을 선정·구입하기 위하여 납품업자와 구매계약을 하는 과정에서 여러 가지 비윤리적인 일이 생긴다.
② 매장면적의 배정에 있어서 비윤리적 행위가 있을 수 있다.
③ 소매점의 세일가격광고는 자주 윤리적 문제를 일으킨다.

77 상품매입과 관련된 윤리적 법적문제

① 입점비(Slotting Allowances) : 공급업체가 소매업체의 점포 사용에 따른 비용을 지불하는 것으로, 입점비는 불법은 아니지만 입점비의 형태 및 상품의 특징에 따라 매우 다양하며 때로는 공정거래상에 문제가 발생하기도 한다.
② 역매입(Buybacks) : 소매업체가 공급업체에게 경쟁자의 상품을 역매입하게 하여 소매업체 선반으로부터 제거하고 그 공간에 진열하게 하는 경우와 느리게 판매되는 상품에 대해 소매업체가 공급업체에게 역매입을 요구하는 경우로 살펴볼 수 있다.
③ 역청구(Chargebacks) : 소매업체가 공급업체로부터 야기된 상품 수량의 차이에 대해 대금을 공제하는 것이다.
④ 뇌물(Commercial Bribery) : 소매업체의 매입담당자의 매입 결정에 영향을 주기 위해 제공되는 '가치있는 것'이다. 점심이나 선물을 제공하는 것도 포함된다.
⑤ 위조상품(Counterfeit Merchandise) : 트레이드마크, 저작권, 특허의 라이센스 등이 없이 만들고 판매된 상품이다.

⑥ **회색시장(Gray Market)** : 가격이 공정되어 있는 품귀 상품을 공정가격보다 비싼 값으로 매매하지만 불법은 아닌 시장으로, 암시장과 보통시장의 중간에 해당한다.

⑦ **전환상품(Diverted Merchandise)** : 회색시장의 상품들은 정부에 등록된 트레이드마크를 가지고 있으며 외국에서 생산되어 정부에 등록된 상표권자의 허가 없이 수입되는 것이다.

⑧ **지역적 독점권(Exclusive Territories)** : 공급업체는 다른 소매업체가 해당구역에서 특정브랜드를 취급하지 못하도록 소매업체에게 지역적 독점권을 부여하는 것이다.

⑨ **독점거래협정(Exclusive Dealing Agreements)** : 공급업체나 도매업체가 소매업체로 하여금 자신 이외의 다른 공급업체나 도매업체의 상품을 취급하지 못하도록 제한하는 것이다.

⑩ **구속적계약(Tying Contracts)** : 사고자하는 상품을 구입하기 위하여 사고 싶지 않은 상품을 소매업체가 구입하도록 공급업체와 소매업체가 협정을 맺는 것이다.

⑪ **거래거절(Refusals to Deal)** : 어떤 사업자에 대하여 상품 또는 용역을 공급하지 않거나 제한하는 행위이다.

78 정보원천의 윤리성 판정기준

윤리성	정보원천 또는 수집방법의 예
윤리적/ 합법적	1. 공개된 출판물, 재판기록, 특허기록 2. 경쟁사 종업원의 증언 3. 시장조사 보고서 4. 공표된 재무기록, 증권사의 조사보고 5. 전시회, 경쟁사의 안내문헌, 제품설명 안내서 6. 경쟁사 제품의 분석 7. 경쟁사 전 종업원의 합법적 면접
비윤리적/ 합법적	8. 기술세미나에서 경쟁사 종업원에게 위장 질문 9. 비밀로 몰래 관찰 10. 채용계획이 없으면서 경쟁사 종업원을 채용면접 11. 전문 사설탐정 이용 12. 경쟁사의 종업원을 스카우트해 오는 것
비윤리적/ 비합법적	13. 경쟁회사에 잠입하여 정보수집 14. 경쟁사 종업원이나 납품업자에게 뇌물제공 15. 경쟁사에 위장취업 16. 경쟁사의 활동을 도청 17. 설계도면 등 자료를 몰래 훔치는 것 18. 공갈, 협박

※ 1은 가장 윤리적, 18은 가장 비윤리적을 나타낸 것이다.

79 판매의 윤리성 평가기준(Laczniak-Murphy의 기준)

① 행동을 세 부분으로 분석하여 의도가 비윤리적이고, 실행방법이 비윤리적이고, 결과가 비윤리적이면 그 행위는 비윤리적이다.
② '중대한' 부정적(좋지 못한) 결과를 가져오는 행동은 비윤리적이다.
③ 그 행동의 결과로, 고의는 아니더라도 '중대한' 부정적 결과를 초래한다면 그 행동은 비윤리적이다.
④ 그 행동의 결과 '사소한' 부정적 효과가 생기는 경우는 비윤리적이 아니다.

80 판매원의 윤리성 향상 방법

① 상세한 '판매원 행동준칙' 또는 '영업사원 행동강령'을 제정하여 알려주고 그것을 준수하도록 해야 한다.
② 판매량 할당은 정상적인 판매활동으로 가능한 범위 내에서 정해야 하며 무리하게 '수단과 방법을 가리지 않고' 그 목표량을 달성하도록 요구해서는 안 된다.
③ 영업사원이 현지에서 윤리적 문제에 직면하면 즉시 본사에 연락하여 상의를 하고 지시받도록 해야 한다.
④ 영업활동 속에 비윤리적 문제가 조금씩 계속하여 발견될 때에는 더 큰 문제가 생기기 전에 사전에 적절한 적극적 조치를 취하여야 한다.

81 직장생활의 원칙

① **상대방의 입장을 존중한다** : 나보다는 상대방의 입장을 더 존중하고 이해하며, 주위 사람들에게 폐가 되지 않도록 행동하는 것이 직장생활의 제1원칙이다.
② **약속은 반드시 지킨다** : 회사에 근무하는 것은 일종의 계약이므로 회사의 규칙을 지키는 것도 약속이다. 아무리 사소한 일이라도 약속을 하였다면 그것은 중요한 일인 것이다. 약속한 것은 꼭 실행하는 태도, 이것이 바로 직장생활의 제2원칙이다.
③ **능률을 생각한다** : 직장은 생산성을 제고시키는 사회임을 명심해야 한다.

82 정리정돈의 원칙

① 먼저 자신의 주변에 정리되지 않은 상태로 있는 것부터 체크한다.
② 퇴근할 때 정리하는 것 이외에 정기적으로 기간마다 전체적인 정리를 한다.
③ 정리할 때마다 불필요한 물건은 버려서 복잡해지지 않도록 한다.
④ 공적인 물건과 사적인 물건이 섞이지 않게 한다.
⑤ 종류별, 목적별로 구분하여 수납한다.
⑥ 자주 사용하는 물건은 가까이 둔다.

83 성희롱의 정의

"직장 내 성희롱"이란 사업주·상급자 또는 근로자가 직장 내의 지위를 이용하거나 업무와 관련하여 다른 근로자에게 성적 언동 등으로 성적 굴욕감 또는 혐오감을 느끼게 하거나 성적 언동 또는 그 밖의 요구 등에 따르지 아니하였다는 이유로 고용에서 불이익을 주는 것을 말한다(남녀고용평등과 일·가정 양립 지원에 관한 법률 제2조 제2호).

용 어	해 설
업무, 고용 기타 관계	직업으로서 행하는 직무관계, 임금을 받고 일하는 관계
지위를 이용하거나 업무 등과 관련	행위 장소가 직장 내인지 여부를 불문하고 공공기관의 종사자, 사용자 또는 근로자의 지위를 이용하거나 기타 업무 관련성이 존재하는 경우
성적 언동 등	상대방이 원하지 아니하는 성적 의미가 내포된 육체적·언어적·시각적 행위
고용상의 불이익	채용탈락·감봉·승진탈락·전직·휴직·정직·해고 등과 같이 행위 또는 근로조건을 불리하게 하거나 고용환경을 악화시키는 행위

84 성희롱의 유형

① 육체적 행위
- 입맞춤·포옹·뒤에서 껴안기 등의 원하지 않는 신체적 접촉
- 가슴·엉덩이 등 특정의 신체부위를 만지는 행위(어깨를 잡고 밀착하는 행위)
- 안마나 애무를 강요하는 행위

② 언어적 행위
- 음란한 농담이나 음담패설, 외모에 대한 성적인 비유나 평가
- 성적 사실관계를 묻거나 성적인 내용의 정보를 의도적으로 유포하는 행위
- 성적관계를 강요하거나 회유하는 행위, 음란한 내용의 전화통화
- 회식자리 등에서 술을 따르도록 강요하는 행위

③ 시각적 행위
- 외설적인 사진, 그림, 낙서, 음란 출판물 등을 게시하거나 보여주는 행위
- 직접 또는 팩스나 컴퓨터 등을 통하여 음란한 편지, 사진, 그림을 보내는 행위
- 성과 관련된 자신의 특정 신체부위를 고의적으로 노출하거나 만지는 행위

85 성희롱의 개인적 대응

① 중지할 것을 항의한다.
② 증거자료의 수거와 공식적인 처리의 준비를 한다.
③ 내부기관에 도움을 요청한다.
④ 외부기관에 도움을 요청한다.

86 성희롱 예방조치의 유형

① 성희롱 상담·고충에 대한 전담창구 마련 및 정기점검

② 성희롱 상담자에 대한 교육훈련 지원

③ 성희롱 예방교육·홍보용 자료 게시 또는 비치

④ 성희롱 행위자에 대한 적정한 대처 및 재발방지 대책의 수립

⑤ 성희롱과 관련된 피해자의 불이익한 조치 금지

87 판매사원이 기본적으로 갖추어야 할 요건

① 지식(Knowledge)

② 태도(Attitude)

③ 기술(Skill)

④ 습관화(Habit)

88 판매사원의 정중한 인사법

구 분	요 법
속 도	하나, 둘, 셋 하면서 구부리고 잠깐 머물다가 넷, 다섯, 여섯에 편다.
각 도	45°를 유지한다(너무 깊어도, 얕아도 좋지 않다).
허리의 선	허리에서 머리까지 일직선이 되도록 한다.
눈의 시선	인사 전후에는 상대방의 눈, 굽혔을 때는 1m 정도 전방을 주시한다.
표 정	표정과 몸가짐이 잘 조화되고 자연스럽게 한다.
손 위치	오른손으로 왼손은 감싸서 아랫배에 가볍게 댄다.
발	뒤꿈치를 붙이며 앞은 30° 벌린다.
기 타	다리를 곧게 펴고 무릎을 붙이며 엉덩이가 뒤로 빠지지 않도록 한다.

89 접객용어와 사용법

① 판매 3대 용어

- 어서 오십시오.
- 고맙습니다.
- 안녕히 가십시오(또 들려주십시오).

② 판매 8대 용어

용 어	사 용 법
어서 오십시오.	• 환영의 기분을 적극 넣어서 • 톤(Tone)은 '미' 정도의 높이로 • 치아가 보이도록 웃으며 말한다. • '어서오세요'라는 표현은 삼간다.
네, 잘 알겠습니다.	• 똑똑하게 알아듣고 마음에 새기듯이 • 톤(Tone)은 '레' 정도의 높이로 • 고객에게 시선을 드리면서 눈 표정으로 강조
잠시만 기다려주시겠습니까?	• 양해를 구하는 마음과 눈 표정으로 • '죄송합니다만'을 붙이는 것도 좋다. • '잠깐만요'로 말하지 말 것
기다려 주셔서 감사합니다.	• 기다려주신 것에 감사하는 마음으로 • 풍성한 표정으로 말한다.
고맙습니다(감사합니다).	• 고마운 마음을 가득 담은 시선으로 고객을 바라보며 • '레' 정도의 톤(Tone)으로 • 의례적으로 하지 말고 치아가 보이도록 웃으며 • '고'에 약간 강세를 둔다.
대단히 죄송합니다.	• 미안하고 죄송한 표정으로 상체를 45도 굽힌다. • 톤(TONE)은 다소 낮춘다. • '대단히'와 '죄송합니다'는 약간 사이를 두고 말한다. • '죄' 발음은 깊게 할 것
안녕히 가십시오.	• 의례적이고 상투적으로 들리지 않도록 정성을 담아서 • 다시 뵙게 되기를 바라는 마음으로
즐거운 쇼핑되시기 바랍니다.	• 고객이 상품에 만족하고 서비스에 만족하면 '또 들려주십시오'라고 하지 않아도 다시 오실 것이다. • 쇼핑의 만족감을 느끼며 가시도록 표현한다. • 상황에 따라 '(식품) 맛있게 드세요', '(의류) 예쁘게 입으세요'

90 대화의 기본자세

① 말하는 자세
- 상대방의 인격을 존중하고, 배려하면서 공손한 말씨로 예의 바르게 말한다.
- 지나치게 큰소리가 아닌, 나직하고, 정확하며 간결하게 자기의사를 말한다.
- 항상 적극적이고 자신에 찬 어조로 말한다.
- 외국어나 어려운 전문용어 등은 가급적 삼가고 알기 쉬운 말을 쓴다.

② 듣는 자세
- 선입관을 버리고 상대의 입장에서 듣는다.
- 상대방의 얼굴을 보며 목적과 관심을 가지고 귀를 기울인다.
- 남의 말을 가로막지 않는다.

- 팔짱을 끼거나 다리를 꼬는 등 이상한 행동을 하지 않는다.
- 대화 중에 주위를 힐끗힐끗 바라보는 행동은 가급적 삼간다.

91 판매사원의 미소

① 미소를 띄우면서 대화하면 인상이 좋게 보인다.
② 미소는 상대방을 즐겁고 유쾌하게 만드는 힘이 있다.
③ 미소 짓는 얼굴은 상대의 화난 감정을 누그러뜨릴 수 있다.
④ 미소는 부족한 표정을 극복할 수 있으며 거부감을 덜 갖게 만든다.
⑤ 미소는 자신감 있는 사람으로 보이게 한다.
⑥ 미소는 사람의 가슴을 뚫고 들어가 마음을 움직이게 한다.

92 판매사원의 바른 자세

① 허리와 가슴을 펴서 일직선이 되게 한다.
② 표정을 밝게 하고 시선은 상대방의 인중을 바라본다.
③ 여성은 오른손을 위로, 남성은 왼손을 위로 가게 한다.
④ 발꿈치는 붙이고 앞발은 30° 정도 벌린다.
⑤ 등의 중심선이 좌우 어느 쪽으로도 기울어지지 않도록 몸의 균형을 유지한다.
⑥ 손에 물건을 들었을 때에는 자연스럽게 몸의 중심을 잡고 서도록 한다.

93 유통산업발전법의 목적

유통산업의 효율적인 진흥과 균형있는 발전을 꾀하고, 건전한 상거래질서를 세움으로써 소비자를 보호하고 국민경제의 발전에 이바지함을 목적으로 한다.

94 유통산업시책의 기본방향

① 유통구조의 선진화 및 유통기능의 효율화 촉진
② 유통산업에 있어서 소비자 편익의 증진
③ 유통산업의 지역별 균형발전의 도모
④ 유통산업의 종류별 균형발전의 도모
⑤ 중소유통기업의 구조개선 및 경쟁력의 강화

⑥ 유통산업의 국제경쟁력 제고

⑦ 유통산업에 있어서 건전한 상거래질서의 확립 및 공정한 경쟁여건의 조성

⑧ 그 밖에 유통산업의 발전을 촉진하기 위하여 필요한 사항

95 체인사업

같은 업종의 여러 소매점포를 직영(자기가 소유하거나 임차한 매장에서 자기의 책임과 계산아래 직접 매장을 운영하는 것을 말한다.)하거나 같은 업종의 여러 소매점포에 대하여 계속적으로 경영을 지도하고 상품·원재료 또는 용역을 공급하는 다음의 어느 하나에 해당하는 사업을 말한다.

① 직영점형 체인사업

② 프랜차이즈형 체인사업

③ 임의가맹점형 체인사업

④ 조합형 체인사업

96 소비자기본법의 목적

소비자의 권익을 증진하기 위하여 소비자의 권리와 책무, 국가·지방자치단체 및 사업자의 책무, 소비자단체의 역할 및 자유시장경제에서 소비자와 사업자 사이의 관계를 규정함과 아울러 소비자정책의 종합적 추진을 위한 기본적인 사항을 규정함으로써 소비생활의 향상과 국민경제의 발전에 이바지함을 목적으로 한다.

97 소비자의 기본적 권리

① 물품 또는 용역으로 인한 생명·신체 또는 재산에 대한 위해로부터 보호받을 권리

② 물품 등을 선택함에 있어서 필요한 지식 및 정보를 제공받을 권리

③ 물품 등을 사용함에 있어서 거래상대방·구입장소·가격 및 거래조건 등을 자유로이 선택할 권리

④ 소비생활에 영향을 주는 국가 및 지방자치단체의 정책과 사업자의 사업활동 등에 대하여 의견을 반영시킬 권리

⑤ 물품 등의 사용으로 인하여 입은 피해에 대하여 신속·공정한 절차에 따라 적절한 보상을 받을 권리

⑥ 합리적인 소비생활을 위하여 필요한 교육을 받을 권리

⑦ 소비자 스스로의 권익을 증진하기 위하여 단체를 조직하고 이를 통하여 활동할 수 있는 권리

⑧ 안전하고 쾌적한 소비생활 환경에서 소비할 권리

98 소비자단체의 업무

① 국가 및 지방자치단체의 소비자의 권익과 관련된 시책에 대한 건의

② 물품 등의 규격·품질·안전성·환경성에 관한 시험·검사 및 가격 등을 포함한 거래조건이나 거래방법에 관한 조사·분석

③ 소비자문제에 관한 조사·연구

④ 소비자의 교육

⑤ 소비자의 불만 및 피해를 처리하기 위한 상담·정보제공 및 당사자 사이의 합의의 권고

99 청소년유해매체물

① 청소년보호위원회가 청소년에게 유해한 것으로 결정하거나 확인하여 여성가족부장관이 고시한 매체물

② 각 심의기관이 청소년에게 유해한 것으로 심의하거나 확인하여 여성가족부장관이 고시한 매체물

100 청소년유해약물

① 「주세법」에 따른 주류

② 「담배사업법」에 따른 담배

③ 「마약류 관리에 관한 법률」에 따른 마약류

④ 「유해화학물질 관리법」에 따른 환각물질

⑤ 그 밖에 중추신경에 작용하여 습관성, 중독성, 내성 등을 유발하여 인체에 유해하게 작용할 수 있는 약물 등 청소년의 사용을 제한하지 아니하면 청소년의 심신을 심각하게 손상시킬 우려가 있는 약물로서 대통령령으로 정하는 기준에 따라 관계 기관의 의견을 들어 청소년보호위원회가 결정하고 여성가족부장관이 고시한 것

제2과목 · 판매 및 고객관리 핵심특강 100선

01 상품의 구조

상품이란 물리적인 특색, 서비스의 특색, 상징적인 특색을 종합한 것이며, 구매자에게 만족 및 편익을 제공해주는 것이다. - 코틀러(P.Kotler) -

① 물리적 조립품으로서 물리적 상품
② 구매자의 필요·욕구를 충족시키는 효용으로서의 상품
③ 시장성을 배려한 시장적 상품
④ 제3자의 효용을 배려한 사회적 상품

02 상품의 적성

① **적합성** : 소비자의 필요와 욕구에 적합하게 하기 위해서는 1, 2차적 효용을 제공할 수 있는 품질을 갖추어야 한다.
② **내구성** : 생산에서 소비되기까지 상품의 가치가 변하지 않아야 한다.
③ **운반성** : 생산된 장소에서 소비되는 장소까지 안전하며, 경제적으로 운반이 가능해야 한다.
④ **대체성** : 매매 및 소비할 때에 동종동량의 상품을 가지고 대체할 수 있어야 한다.
⑤ **경제성** : 가격이 가치에 비해서 비교적 싼 것이어야 한다.
⑥ **정보성** : 상품·브랜드 등이 잘 알려져 있으며, 그 구매 및 소비에 있어서도 충분한 정보가 제공되고 있어야 한다.
⑦ **안전성** : 위에 제시한 모든 적성이 충족되어 있다고 해도 만일 안정성에 문제가 있다면 상품으로서의 모든 가치를 잃게 된다.
⑧ **채산성** : 메이커·판매업자에게 채산이 맞아야 한다.
⑨ **사회성** : 사회 전체에 어떠한 영향을 미치는가 생각해야 한다.

03 내셔널 브랜드(National Brand)와 프라이빗 브랜드(Private Brand)

① **내셔널 브랜드(National Brand, NB)** : 상표 소유자에 의한 분류로 제조업자 브랜드 상품
② **프라이빗 브랜드(Private Brand, PB)** : 도매업자·소매업자 등 유통업자 브랜드 상품. 보통 PB라고 부르며 저가격 전략을 특징으로 한다. 상품에 대한 인지도, 품질에 대한 인지도 등은 떨어지나 가격이 저렴하고 마진율이 높은 특징이 있어 할인점에서 선호하고 있다.

04 구매관습에 따른 상품 분류

편의품	선매품	전문품
① 높은 구매빈도	① 낮은 구매빈도	① 매우 낮은 구매빈도
② 낮은 단가	② 비교적 높은 단가	② 매우 높은 단가
③ 높은 회전율	③ 높지 않은 회전율	③ 매우 낮은 회전율
④ 낮은 마진	④ 상당히 높은 마진	④ 높은 마진
⑤ 대량생산 가능	⑤ 대량생산에 부적합	⑤ 상표에 매우 관심
⑥ 상표에 대한 높은 관심	⑥ 스타일·디자인 등 정보적 가치가 중요	⑥ 상당한 노력을 들여 예산 및 계획을 세우고 정보 수집
⑦ 습관적 구입	⑦ 사전계획을 세워 구매	⑦ 구입할 때 전문적인 판매원의 지도·정보가 큰 역할을 함
⑧ 주거지 근처에서 구매	⑧ 선택적 유통방식	⑧ 전속적 유통방식
⑨ 집약적(개방적) 유통방식		

05 상표의 기능

① 기업에 있어서의 기능
- 상품을 차별화
- 상품의 선택을 촉진
- 고유시장 확보
- 출처와 책임을 명확히 함
- 무형의 자산

② 소비자에 있어서의 기능
- 상품의 식별을 가능하게 함
- 정보적 가치를 얻을 수 있음
- 상품을 보증해 줌

06 포장의 목적과 기능

① 내용물 보호
② 상품을 운송·보관·판매·소비하는데 편리하도록 함
③ 상품의 촉진관리
④ 소비·사용에 관한 정보 제공

07 상품 구성의 형태

① 계열구성 확대 : '그 상점에 가면 여러 가지 다른 상품을 횡적으로 조화를 이루면서 구입할 수 있는 편리한 상점'이라는 매력에 관계된다.

② 품목구성 확대 : '그 상점에 가면 특정상품 계열에 대해서 자기의 기호, 사용목적, 구입예산에 알맞은 품목을 많은 후보 품목군 중에서 선택할 수 있는 편리한 상점'이라는 매력에 관계된다. 예컨대 화장품 계열이 대표적이다.

08 소매업 상품정책상 기본유형

① 완전종합형 상품정책 : 종합화・전문화의 동시적 실현(백화점 등)

② 불완전종합형 상품정책 : 종합화를 우선적으로, 전문화는 오히려 후퇴(넓고 얇게 – 양판점)

③ 완전한정형 상품정책 : 전문화를 우선적으로, 종합화는 후퇴(좁고 깊게 – 철저한 전문점)

④ 불완전한정형 상품정책 : 점포규모, 자본력, 입지조건 등에서 종합화・전문화 모두 단념(좁고 얇게 – 근린점)

09 상품진열의 6가지 기본원칙

① 안전한 진열 : 비안전상품은 즉각적으로 빼내고 위험한 진열은 피해야 한다.

② 보기 쉽고 고르기 쉬운 진열 : 고객이 보기 편한 적절한 높이뿐만 아니라 동일 그룹을 묶어 진열하여 상품타입을 명확하게 보기 쉽게 한다.

③ 꺼내기 쉽고 원위치하기 쉬운 진열 : 고객이 상품을 구입할 때는 상품을 만지거나 원위치 시키는 구매행동을 하게 되기 때문에 이때 상품을 꺼내기 힘들거나 제자리에 갖다놓기 어려우면 그만큼 판매기회가 줄어든다.

④ 느낌이 좋은 진열 : 청결, 선도감, 신선한 이미지를 제공하는 것이 중요하다.

⑤ 메시지, 의사표시, 정보, 설득력 있는 진열 : 진열의 좋고 나쁨은 진열을 통한 메시지의 유무에 달려있다. 즉 '무엇을', '왜' 호소하는가를 명확히 해야 한다.

⑥ 수익성을 고려한 진열 : 진열방법에 따라 매출, 매출이익이 크게 변화한다.

10 품목구성 확대의 제약조건

① 할당면적에서의 제약

② 상품투입 자본면에서의 제약

③ 시장의 규모면에서의 제약

④ 매입처 확보면에서의 제약

⑤ 상점측의 상품선택 능력면에서의 제약

11 상품구성의 요소

상품의 폭과 깊이는 상호 제약관계에 있으므로 폭과 깊이의 비율에 따라 상품구성이 달라진다.

① **상품의 계열구성** : 상품의 폭으로서 점포가 취급하는 비경합적 상품계열의 다양성이나 수를 결정

② **상품의 품목구성** : 상품의 깊이로서 동일한 상품 계열 내에서 이용 가능한 변화품이나 대체품과 같은 품목의 수를 결정

12 상품 매입과정

① 마케팅 조사

② 매입계획의 수립

③ 매입상품의 선정

④ 매입처 선정

⑤ 매입방법

⑥ 매입수량과 시기

13 머천다이징

① **정의 1** : 머천다이징이란 기업의 마케팅 목표를 달성하기 위한 특정상품과 서비스를 가장 효과적인 장소, 시간, 가격 그리고 수량으로 제공하는 일에 관한 계획과 관리이다. 이 정의는 도매업이나 소매업 부문에서 가장 널리 채택되고 있다.

② **정의 2** : 머천다이징이란 제조업자나 중간상인이 그들의 제품을 시장수요에 부응하도록 시도하는 모든 활동을 포함한다고 하여 제조업 부문과 유통업 부문에서 총괄적으로 받아들이고 있다.

③ **정의 3** : 머천다이징이란 제조업의 중심적 업무로서 제품의 연구, 개발과 시장 도입 활동을 의미한다.

14 매입 정보원

① 기업 내 정보원
- 과거의 판매기록과 상품재고자료
- 재고관리 자료
- 판매원의 의견
- 경영이념과 경영방침

② 기업 외 정보원
- 소비자 조사
- 사회 · 경제의 일반동향
- 일반사회동향, 사회의식
- 지역 일대의 변화와 경쟁점포의 동향
- 매입처 정보

15 적정 재고관리를 위한 상품정리의 합리화 방안

① 날짜가 오래된 상품은 매장에서 제외
② 계절이 늦거나 유행이 지난 상품은 단시일 내 처분
③ 파손품이나 저급품질 상품은 매장에서 즉시 제거
④ 통로에 상품 진열 방지
⑤ 팔리지 않거나 매상부진으로 교체대상 상품은 즉시 제거
⑥ 진열계획표상의 할당표대로 진열상품과 수량유무를 수시 확인
⑦ 가격표가 설정된 판매가격과 같은가 확인
⑧ 선입선출판매와 상품의 얼굴이 보이는 전진입체진열
⑨ 상품정리 공간 확보, 폐기 및 반품 상품의 분리 보관
⑩ 검품, 검수, 납품 및 매입 전표, 점포 내의 부문간 상품 이동시에도 규칙에 의하여 정확하게 처리
⑪ 매일 장부정리의 원칙과 전표는 숫자기입의 원칙 유지

16 EOQ 모형

① 경제적 주문량으로 주문비용과 재고유지비용을 합한 연간 총비용이 최소가 되도록 하는 주문량이다. 즉 재고품의 단위원가가 최소가 되는 1회의 주문량을 말한다.

② $EOQ = \sqrt{\dfrac{2C_0 D}{C_k}}$

(C_k : 연간 단위재고비용, C_0 : 주문당 소요비용, D : 연간 수요량)

17 ROP 모형

주문기간을 일정하게 하고 주문량을 변동시키는 모형이다.

① **수요가 확실한 경우** : 안전재고가 불필요하므로 ROP는 조달기간에 1일 수요량을 곱하여 구할 수 있다.

② 수요가 불확실한 경우 : 품절가능성이 있으므로 안전재고를 보유하여야 하며 이때 ROP는 주문기간 동안의 평균수요량에 안전재고를 더한 값이다.

18 ABC 관리방식

관리하고자 하는 대상의 수가 너무 많아서 모든 아이템을 동일하게 관리하기가 곤란한 경우에는 중점관리가 필요하게 된다. 그 중점을 계수적으로 파악하는 유효한 방법이 바로 ABC 분석이다. ABC 분석은 어떤 특정 기준에 의해서 그룹핑하여 특정 그룹에 있는 것에 대해서 집중관리를 한다.

19 판매 활동의 본질

대금과 상품의 교환 거래를 실현시키는 활동이다. 즉, 구매자로 하여금 교환하도록 용단을 내리게 하기 위한 설득 활동을 그 내용으로 하고 있는 것이다. 즉 판매 활동이란 상품의 효용을 고객에게 알림으로써 고객이 구매 활동을 하도록 설득하는 행동이다.

20 판매원의 역할

① 고객은 어떤 상품을 어떤 판매원에게서 구입하는 편이 그 상품을 다른 판매원으로부터 사는 것보다 득이라고 생각하기 때문에 사는 것이지 판매원을 위해 사는 것은 아니다.
② 판매원의 일은 고객에게 이 상품을 이용하는 것이, 그리고 자기에게서 구입하는 것이 유익하다는 것을 알리고 실행하는 일이다.
③ 일상 생활용품의 판매원은 고객의 생활양식을 지도하는 생활 컨설턴트이며, 업무용품의 판매원은 사용자의 경영 합리화와 생산성 향상을 지도하는 경영 컨설턴트가 되어야 한다.
④ 무턱대고 상품을 팔려고 하거나 또는 상품과 대금의 교환을 자기의 역할로 여기는 판매원은 시대에 뒤떨어져 결국 낙오되고 만다. 즉 자기의 존재 가치를 잃고 사라질 수 밖에 없는 것이며, 그런 뜻에서 앞으로의 판매원은 컨설턴트로서의 역할을 다해 나가야 한다.

21 상품지식의 정보원

① 상품 자체   ② 고객의 의견
③ 경쟁업자   ④ 판매원 자신의 경험
⑤ 선배·동료 판매원   ⑥ 제조업자·도매업자
⑦ 검사기관   ⑧ 강습회 등

22 개별 상품과 상품 지식

① 적합성   ② 융통성
③ 내구성   ④ 쾌적성
⑤ 이용상의 난이   ⑥ 스타일
⑦ 매력성   ⑧ 가 격
⑨ 감정상의 특성

23 판매정보의 조건

① 정확하고 객관적인 정보일 것
② 표준화되고 계속적인 정보일 것
③ 활용하기 위한 정보일 것
④ 경제성이 있는 정보일 것
⑤ 상호보완성의 정보일 것

24 판매정보의 종류

① 고객에 관한 정보
② 경쟁사에 관한 정보
③ 취급상품에 관한 정보
④ 기타에 관한 정보
  • 활동의 결과에 관한 정보
  • 일반적인 환경조건에 관한 정보
  • 지점에 관한 정보 등

25 구매 관습(Buying Habits)

소비자가 구매하는 방법·시기·장소 등을 말하는 것

① **충동 구매(Impulse Buying)** : 소비자가 진열된 제품을 보는 판매 점두에서 즉각 이루어지는 결심으로부터 결과되는 구매로, 특정 상품의 구입에 있어 특정된 의도 없이 충동에 의해서 구매되는 경우이다.
② **일용 구매** : 수요자가 어떤 상품의 구매에 있어서 최소 노력의 지출로 가장 편리한 지점에서 구매하는 경우를 말한다.

③ 선정 구매 : 수요자가 구매 노력의 최소화를 시도하지 않고 여러 점포에서 구입 대상의 상품에 대해서 품질·가격·형태를 비교한 후 구입하는 것을 말한다.

④ 특수 구매 : 특수품·전문품의 구매를 말한다.

26 구매 동기(Buying Motives)

구매자로 하여금 특정 상품의 구매를 결정케 하는 동인(動因)을 말한다.

① 제품 동기(Product Motive) : 어떤 물품이 갖는 고유의 성능과 용도가 발휘되는 효용(Utility)에 대하여 구매자의 본원적 욕구(Primary Desire)를 유발케 하는 동기이다.

② 감정적 동기 : 소비자로 하여금 어떤 상품을 구매함에 있어서 그 구매 행위의 합리성 여부에 대한 이유를 생각함 없이 구매하게끔 하는 것으로, 대체로 추리의 과정을 거치지 않고 타인의 제안이나 설명, 혹은 연상(Association of Idea)에 의하여 일어나는 동기이다.

③ 합리적 구매 동기(Rational Buying Motives) : 소비자가 구매 동기에 대하여 의식적으로 그 논리적 타당성을 추리하여 구매하기에 이르는 동기를 말하며, 이와 같은 동기에 호소하려면 구매 이유에 대한 세심한 설명을 함으로써 예상 구매자(Prospective Customers)가 그의 구매 행위의 근거에 대해서 논리적 결론에 도달할 수 있도록 하여야 한다.

④ 애고 동기(Patronage Motives) : 소비자가 왜 특정 소매상을 택하여 상품을 구매하는지 그 이유를 설명하는 것으로서 감정적 동기와 합리적 동기로 나눌 수 있다.

27 합리적 구매 동기의 분류

① 간 편

② 능 률

③ 사용상의 신뢰성

④ 품질의 신뢰성

⑤ 보조적 서비스의 신뢰성

⑥ 내구력

⑦ 수익력의 증가

⑧ 생산성의 증가

⑨ 사용상의 절약

⑩ 구매상의 절약

28 판매정보의 수집

① 기존정보의 수집
- 내부자료의 수집
- 외부자료의 수집

② 신규정보의 수집
- 관찰법 : 점내의 고객동향이나 점외의 통행인 흐름 등을 관찰하여 정보를 얻을 수 있다.
- 직접수집법 : 우편, 전화, 유치, 면접 등의 방법을 통하여 정보를 수집할 수 있다.
- 점내실험수집법 : 구체적이고도 생동적인 정보의 수집이 가능한 반면에 고도의 전문지식과 경험을 필요로 하는 방법이다.

29 상품 판매의 조건

상품에 있어서의 절대 조건은 품질과 기능의 보증이다.

① 상품이란 저마다의 특성 아래 일정 수준의 품질과 기능을 갖춘 것이므로 이것이 판매의 전제 조건이다.

② 소비자는 그 품질, 기능에 대하여 대가를 지불하고 소매업은 그것에 의해서 얻은 이익을 노사로 배분, 배당하고 재투자로 돌려 가는 것이다.

③ 품질과 기능의 보전은 엄연한 판매 계약 조건이며, 소매업은 그것을 충실히 이행함으로써 소비자의 기대에 부응해 가는 기능을 경영 체제로서 기업 내에 시스템화 해야 한다.

30 전통적 구매와 구매 마케팅

비교 기준	전통적 구매	구매 마케팅
구매자의 행동기준	수동적	능동적
기본적인 사고	일차원적 사고	다차원적인 사고
구매의 형태	일상적인 반복 구매	창의적인 접근
조직 내에서 구매의 입장	단순한 직능	조직 전체를 통합하는 기능
공급자에 대한 태도	적대시	공동 협력체
시 각	단기적인 시각	장기적인 시각
구매목표	단기적인 만족	장기적인 최적화
협상방법	수동적	설 득
동기부여	현상유지	극도의 동기부여

31 매장의 장악을 위한 관리

① 공간 관리 : 실온, 환기, 조명도 등의 관리는 쾌적한 판매 공간을 유지해서 고객의 쇼핑에 대비하는 것이다.

② 고객 관리 : 고객 리스트를 작성해서 판매 촉진에 대비하고 매장 내에서의 고객의 안전을 꾀한다.

③ 부하의 통솔 : 직장에서의 부하의 안전, 건강, 모럴의 유지 향상, 목표 명시, 업무 지시 등의 리더십을 의미하며, 이것이 목표 달성을 위한 중요한 전제 조건이 된다.

④ 상품 보충과 발주 업무 : 매장 내에서 품절로 인한 기회 손실을 일으키지 않기 위한 체크가 목적이며, 상품마다의 데드 스톡을 계산하면서 관리하는 것이 필요하다.

⑤ 정보 관리 : 매장 정보로서는 매출 일보를 비롯하여 상품 발주표, 납품 전표, 재고 정리표 이외에 접객을 통해서 고객의 의견, 불만 등의 형태로 수집되는 귀중한 소비자 정보가 있으므로 그것들을 지체없이 정리해 두는 것이 매장 관리자의 주요 업무이다.

⑥ 판매원에 의한 접객 관리 : 책임자의 가장 주요한 업무로서 고객에 대해서 기업에 바람직한 접객이 실시되고 있는가, 또 그것이 확실히 판매와 직결되는 방향으로 실시되고 있는가를 확인하고, 만약 불충분한 점이 있는 경우는 현장 지도에서 부하의 기술을 높여주는 것이 필요하게 된다.

32 용도별 의류의 분류

① 타운웨어(Town Wear) : 거리에서 입는 옷이라는 뜻으로 최근에는 비즈니스웨어(Business Wear)라고도 한다. 비교적 점잖은 외출복과 이에 어울리는 신변품 등이다.

② 컨츄리웨어(Country Wear) : 교외에서 입는 옷으로 캐주얼웨어(Casual Wear)라고 흔히 말한다. 스포티하고 야성적인 느낌을 주는 복장이며, 스포츠웨어도 여기에 속한다. 요즘은 캐주얼웨어가 주류를 이루고 있다.

③ 포멀웨어(Formal Wear) : 예복, 양복, 한복 등 정형적인 옷을 말한다. 최근에는 간소한 예복이 나타나고 있으나, 사회 관행적인 것이어서 크게 변한 것은 없다.

33 패션의 종류

① 하이 패션(High Fashion) : 새롭고 대담한 디자인으로 일반인이 따라가기 힘든 패션이다.

② 매스 패션(Mass Fashion) : 대중 패션으로 대량 생산된 기성품을 가리킨다.

③ 베이직 또는 뉴 패션(Basic or New Fashion) : 하이 패션이었던 것이 정착하여, 다음 시즌 또는 2~5년 정도 계속해서 판매되는 것을 베이직 패션 또는 뉴 패션이라고 한다.

④ 스테이플 패션(Staple Fashion) : 긴 주기, 보통 5~10년간 변하지 않는 것을 스테이플 패션이라고 부르는데, 실용 의류나 일용품이 여기에 속하며, 가격은 저렴하나 경쟁이 심한 상품이다.

34 신선 식료품 유통 구조의 기본적 기능

① **수집 기능** : 지역적·시간적으로 산재하고 있는 영세 규모의 생산물을 수집해야 한다.
② **분산 기능** : 지역적·시간적으로 산재하고 있는 대부분의 영세한 소비 단위에 대하여 농산품을 분산시켜야 한다. 분산 기능에는 선별, 포장, 수송, 저장, 정보 전달 등의 물적 유통의 각종 기능이 포함된다.
③ **가격안정 기능** : 가격의 안정을 위해서는 수집 및 출하의 계획화 또는 통제가 필요하며 저장, 수송, 다른 용도로의 전용 또는 공급량의 일부 폐기를 포함한 수급의 조정이 있어야 한다.
④ **품질 평가에 따른 가격결정 기능** : 신선 식료품의 대부분이 상하기 쉽고 시간적, 지리적 이동에 대한 저항력이 약하며, 또 상품에 대한 평가가 눈으로 보고 혀로 맛보고 하는 등 주관적 판단에 따르기 쉬운 점 등으로 인하여 신선 식료품의 거래는 원칙적으로 현물을 중심으로 하게 된다.

35 청과류의 공급상 특징

① 기후 조건과 생산 기간의 제약을 받아 생산 공급이 계절성을 크게 나타낸다.
② 부패 변질성이 강하여 수확 후 장기간의 보존이 어렵고 신선도 유지가 어렵다.
③ 공산물이나 곡물과는 달라 크기, 중량, 수분, 영양가, 성숙도 등 품질의 균일성을 기하기가 어렵다.
④ 청과물 자체가 갖는 실중량과 용적에 비하여 매매 가격이 상대적으로 낮아 원거리 수송이 자칫하면 비경제적이며, 장기 저장의 경제성이 낮다.

36 축산물의 상품 특성

축산물은 다른 신선 식료품과 마찬가지로 선도와 품질이 상품 가치를 결정하는 절대적인 요인이다.
① 생육에서 정육까지 형태 변화가 복잡하다.
② 개체 차이와 부위별 상품 가치가 다양하다.
③ 가공적성(加工適性)이 있다.
④ 숙성과 배합에 유의할 필요가 있다.
⑤ 소규모 소비형 상품성을 가지고 있다.

37 수산물의 물리적 특성

① 물고기의 종류, 어장, 어획 시기 등에 의하여 상품성이 매우 다기(多岐)하고, 규격성이 거의 없다.
② 부패성이 강하고, 보장성, 운반성이 낮다.
③ 생식용, 가공용 등 용도가 광범위하다.

38 가공식품 포장재의 8가지 조건

① 내용물이 밖에서도 보이는 것
② 포개어 쌓아도 되는 것
③ 한 개가 소형 포장으로 된 것
④ 용이하게 개봉할 수 있는 것(Easy to Open)
⑤ 내용물의 품질 보존이 충분히 보장되어 있는 것
⑥ 쓰고 버리기에 용이한 것
⑦ 파손 가능성이 적은 것
⑧ 포장 재료의 무게가 가벼운 것

39 가공식품의 가격

① **생산자 가격** : 생산자가 도매업자 또는 슈퍼 체인에게 판매하는 가격
② **1차 도매 가격** : 1차 도매상에서 2차 도매상에게 판매하는 가격으로 슈퍼마켓, 업무용 판매점의 매입 가격
③ **도매 가격 또는 2차 도매 가격** : 2차 도매 가격이 소매점에 판매하는 가격
④ **소매 가격** : 소매점이 소비자에게 판매하는 가격

40 일용품의 공통된 특징

① 항목별로 용도, 사용 목적의 차이, 연령별, 성별에 따라 구입하는 대상 상품이 다르며, 상품의 사용 효과와 부가가치에 의해서 선별되는 수도 있다.
② 일용품에는 유명 메이커의 브랜드 상품이 많고, 그 호칭에 따라 상품의 특성과 사용상의 특징이 뚜렷하게 구분되는 수가 많다.
③ 메이커는 전국적인 브랜드를 생산하는 일류 대형 메이커와 지역적인 브랜드를 생산하는 중·소 메이커로 나누어지고, 어느 것이나 판매 회사, 제1차 도매상을 중심으로 유통경로가 전개되고 있다.
④ 일용품은 그 취급 판매점이 많다.
⑤ 판매 효율이 비교적 좋다.
⑥ 메이커간의 시장 점유율의 경쟁이 심하기 때문에, 신제품의 시장 진출도 많으며, 상품 사이클도 다른 상품 그룹보다 짧다.

41 디스플레이의 목적

① 내점객의 수를 늘린다(고객수의 증가).
② 1인당 매상 단가를 늘린다(적정 이익의 증가).
③ 계속적으로 판다(계속 거래).
④ 적정한 이익을 확보한다(적정 이익의 확보).
⑤ 점포의 직장 환경의 향상을 꾀한다(종업원의 판매 의욕 증진).

42 구매 심리의 단계와 디스플레이 대응 방법

단 계	디스플레이 서비스의 대응 방법
① 주의(고객이 상품에 주목한다)	• 가격표, 색채, 조명, 음향 효과
② 흥미(관심을 나타낸다)	• 판매에 대한 어프로치, POP 광고, 셀링포인트의 강조
③ 연상(상품을 자기 것으로 해서 본다)	• 사용상의 편리, 희소가치의 소구
④ 욕 망	• 셀링포인트의 반복, 특매
⑤ 비 교	• 분류 디스플레이, 가격 면에서의 설득, 대량 디스플레이
⑥ 신 뢰	• 메이커명, 브랜드, 품질의 보증, 서비스
⑦ 결 정	• 관련 디스플레이, 추가 판매, 고정객화의 유인

43 디스플레이의 기본 원칙

① 보기 쉬울 것
② 손으로 잡기 쉬울 것
③ 가장 빨리 판매되는 품목을 진열할 것
④ 가격 표시를 할 것
⑤ 분위기를 조성할 것
⑥ 디스플레이 상품을 연출할 것
⑦ 상품 간의 관련성을 가질 것
⑧ 집시 포인트로 진열할 것
⑨ 주목을 분리시킬 것
⑩ 쇼카드 등을 경시하지 않을 것

44 디스플레이의 원칙(AIDCA)

① A(Attention) : 상점의 중점 상품을 효과적으로 디스플레이해서 사람의 눈을 끌고, 가격은 고객이 잘 알아볼 수 있도록 명기하고, 잘 보이도록 전시하여야 한다.

② I(Interest) : 눈에 띄기 쉬운 장소를 골라, 그 상품의 세일즈 포인트를 강조해서 관심을 갖게 하고, 디스플레이 상품을 설명한 표찰을 붙인다.

③ D(Desire) : 「어떻게 해서든지 사고싶다.」는 욕망을 일으키게 해서 구매 의사를 일으키도록 한다.

④ C(Confidence) : 사는 것이 유익하다는 확신을 갖게 하고, 고객에게 그 상품 구입에 대한 안심과 만족감을 주는 동시에 우월감을 줄 수 있는 디스플레이가 되도록 연구한다.

⑤ A(Action) : 충동적인 구매 행동을 일으키게 한다.

45 보충 디스플레이

점포 내의 전반적인 디스플레이로서 모든 취급 상품을 전 점포 내에 빠짐없이 디스플레이하는 것이다. 디스플레이 방법으로는 업종과 업태에 따라서 모든 취급 상품을 그룹별로 분류하고, 이를 다시 유기적으로 관련지어 배치하여, 개개의 디스플레이 설비나 집기를 합리적으로 이용해서 이를 다시 분류·디스플레이하는 것이 기본이다.

46 보충 디스플레이의 기능

① 고객의 입장에서 보기 좋고, 선택하기 쉽고, 사기 쉬운 디스플레이가 된다.

② 점포의 입장에서 팔기 쉽고, 상품 관리하기 쉬운 디스플레이다.

③ 상품의 그룹별 분류와 그 점포의 점격, 상품의 성격, 종류에 따라 대면 판매 방식을 취하던가 측면 판매 방식을 취하던가 아니면 양자 병용 방식을 취하게 된다.

④ 고객 동선은 되도록 길게 하고 판매원 동선은 짧게 하는 합리적이고 이상적인 점 내 동선의 레이아웃이 이루어져야 한다.

47 전시 디스플레이

점두의 쇼윈도에 그 시점에서 점포가 목적하는 바를 소구하고 보충 디스플레이의 요소에 집중적 포인트를 만들어 그 부분에 중점 상품을 일반 매장과 다른 형태로 전시하여 클로즈업(Close-up)시키는 소위 악센트(Accent) 디스플레이다. 표현 방법이나 장소는 일정하게 정해진 것이 없고 일반적으로 점두의 쇼윈도, 점 내의 정면, 벽 진열대에 설치하는 전시 박스의 아일랜드 진열(도진열)의 끝부분, 기둥 주변 부분 등 되도록 눈에 잘 띄는 곳이 좋다.

48 중점 디스플레이의 진행 방법

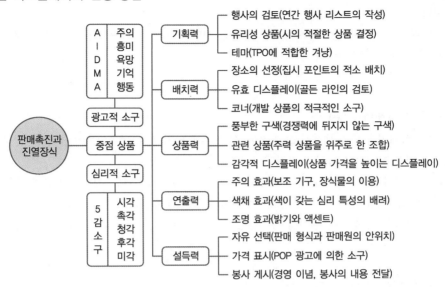

49 중점 상품의 배치력을 높이는 방법

① 효과적인 집시 포인트의 설치
② 골든 라인(Golden Line)의 활용
③ 개성적·인상적인 코너 디스플레이

50 집시 포인트

고객의 눈을 끌고 발을 멈추게 하여 충동적인 구매와 연결해주기 위한 매장의 포인트가 되는 부분으로 고객의 시선을 모으는 포인트가 된다.

① **대량 판매점** : 대량 디스플레이형이 보통이며, 볼륨(Volume)의 주체를 잘 표현하여 구매 유도를 꾀한다.

② **전문점** : 감각 디스플레이가 일반적이며, 무드(Mood)의 주체를 잘 표현하여 구매 유도를 꾀한다.

51 유효 진열 범위

상품을 진열해서 그 부분이 유효하게 되는 부분, 즉 팔릴 수 있는 진열의 높이라는 뜻으로 보기 쉽고, 사기 쉬운 위치라는 의미를 내포한다.

① 멀리서 보았을 때의 효과와 상품에 접근했을 때 보기 쉬운 효과를 상품의 특성에 따라 구분해야 한다.

② 진열에는 전시를 구분으로 해서 무드가 좋은 진열, 선택하기 쉬운 진열, 손에 닿기 쉬운 진열이 될 수 있도록 배려하여야 한다.

52 골든 라인(Golden Line)

유효 디스플레이의 범위 내에서 보다 보기 쉽고 손에 닿기 쉬운 범위의 높이를 말하며, 가장 많은 매출을 올릴 수 있는 가능성을 가진 장소이다.

① 눈 높이보다 20도 아래를 중심으로 하여 그 위의 10도 그 아래 20도 사이를 말한다.

② 일반적으로 가장 보기 쉬운 위치는 눈 높이보다 20도 아래 부분으로 손으로 잡아보기 쉬운 부분이다.

③ 한국 사람의 눈 높이는 일반적으로 남성은 160cm, 여성은 150cm를 기준으로 한다.

53 코너 디스플레이(Corner Display)

성장성이 있는 상품의 경우 장기적인 중점 상품으로 전개하고자 할 때는 특별한 코너를 설치해서 집시 포인트로 하는 것이 효과적이다. 이 경우 전반적인 보충 디스플레이 부분과 뚜렷하게 구분된 매장 무드가 필요하다.

54 매스 디스플레이(Mass Display)

단품 종목의 상품을 대량으로 진열하는 형태로 일정 기간, 특히 1주일 정도의 단기에 목표 수량을 팔고자 할 경우 특정 상품의 집중적인 디스플레이에 의해서 양감 디스플레이가 크게 힘을 발휘한다.

55 관련적인 디스플레이

집중적인 디스플레이가 가격을 중심으로 양감을 위주로 하는 것이라면 이와는 대조적으로 관련적인 디스플레이는 중점 상품에 관계가 있는 용도별, 부속성, 가격, 연령, 색채, 계절 등을 잘 조합해 그 조합에 의한 상승효과로 판매력을 높이고자 하는 방법이다. 관련적인 상품 디스플레이는 패션 코디네이트(Fashion Coordinate ; 유행품의 조합)의 사고로 실시해야만 고객에게 편리, 안정감, 만족감을 줄 수 있다.

56 감각적인 디스플레이

① 무드(Mood) 디스플레이 : 무드를 높여서 상품의 가치나 특성을 강조하는 진열로 이미지(Image) 효과를 목표로 한다. 고급품의 중점 디스플레이에 필요한 진열 방법으로 그 상품에 알맞은 색채·조명·장식의 보조구 등을 잘 이용해서 상품의 질감에 미치는 연상이나 이미지로부터 고객의 구매 심리를 자극한다.

② 심볼(Symbol) 디스플레이 : 디스플레이가 의도하는 바를 상품과 모티브에 의해 상징적으로 표현하는 수법이다. 디스플레이의 테마(계절·유행·뉴스·시간·장소·상황) 등에 따라서 집약적으로 소구하는 효과를 노린 것이다. 이 방법은 고객에 대해서 순간적으로 그 내용을 표현하는 것으로서 감각적인 디스플레이면서 동시에 단기간에 상품을 고지하고 매출과 연결시키려는 방법이다.

③ 드라마틱(Dramatic) 디스플레이 : 한 컷트 장면의 리얼(Real)한 극적인 표현을 통해서 상품에 흥미를 끌게 하는 방법이다. 이 디스플레이를 보고 있는 고객으로 하여금 그 주인공과 같은 느낌이 들도록 유도하여 그 상품에의 욕구를 불러일으키게 하는 디스플레이 방식이다. 드라마틱 디스플레이의 전형적인 것은 마네킹을 사용해서 특정 장소를 극적으로 연출하는 방법이다.

57 연출력을 발휘하기 위한 디스플레이의 요건

① 의외성을 강조해서 주목 효과를 높일 것
② 색채를 이용하여 디스플레이 효과를 높일 것
③ 조명 효과를 이용하여 디스플레이 효과를 높일 것

58 연출력 발휘의 요점

① 시의 적절한 뉴스성을 고려할 것
② 계절감을 충분히 살릴 것
③ 동적인 수법을 이용할 것
④ 쇼킹한 표현을 할 것
⑤ 연령과 성별에 맞는 보조 도구를 활용할 것

59 기본 조명의 방법

① 직접 조명 : 높은 광도를 필요로 하는 점포 또는 대형의 일반 고객 상대의 점포
② 반직접 조명 : 일반적인 전문점 또는 백화점 등과 같은 대형점
③ 반간접 조명 : 고급 전문점, 국부적인 조명을 많이 사용하는 경우

④ 간접 조명 : 특별 고급점, 특히 개성적인 상품을 파는 소형의 점포 또는 서비스업
⑤ 전반 확산 조명 : 샹데리아나 밸런스 라이트와 같이 광이 상하, 좌우로 비치는 조명 방식으로 명도를 보다 필요로 하는 비교적 고급점에 적당한 조명

60 국부 조명의 방법

① 스포트 라이트(Spot Light) : 특정 상품을 집중적으로 조명해서 그 상품을 부각시키는 방법인 경우 광원이 고객의 눈에 뜨이지 않도록 각도를 고려하여야 한다.
② 다운 라이트(Down Light) : 밑 부분을 중점적으로 조명하는 방법으로 점포나 윈도우 또는 상품 조명으로서 전체 조명의 밝기에 플러스하는 보조적인 역할을 한다.
③ 풋 라이트(Foot Light) : 밑 부분에서 상품을 조명하는 방법으로 디스플레이 면을 전체적으로 밝게 하는데 도움이 된다. 이 조명을 천장에서의 빛보다 강하게 하면 무드 조명이 된다.
④ 백 라이트(Back Light) : 점내 정면이나 집시 포인트 등 특히 눈길을 끌게 하고 싶은 장소의 벽면에 밝게 반사시키는 방법으로서, 유리 제품이나 투명성이 있는 의류 등의 무드 조명에 적합하다. 스테이지에 반투명의 유리나 아크릴 판을 놓고 그 부분을 더 밝게 해주는 스테이지 라이트로 같은 타입의 조명이다.
⑤ 악센트 라이트(Accent Light) : 조명 기구 그 자체를 장식적으로 활용하는 방법, 천장에서 내려뜨리는 팬던트와 벽면에 부착하는 부래키트 조명으로 명도는 밝지 않아도 좋지만 점포의 무드나 상품과의 조화가 필요하다.

61 설득력을 위한 디스플레이 방법

① Self-selection에 의한 자유스러운 비교 선택
② 상품 설명과 가격의 명료한 표시
③ 서비스 사인에 의한 성실한 전달

62 POP 광고 실시의 주의사항

① 명확한 상품의 특징이나 가격의 소구
② 왜 사야 되는가의 이유의 명시
③ 매스컴 상품의 경우는 메이커 브랜드의 이용을 충분히 고려할 것
④ 시즌이나 겨냥하는 목표에 따라서 카드의 색, 사이즈, 표현 방법을 적당히 할 것
⑤ 점포의 개성에 매치 될 것
⑥ 효과에 대한 평가

63 격자형과 자유형 레이아웃의 비교

종 류	장 점	단 점
격자형	• 비용이 싸며, 깨끗하고, 안전하다. • 고객은 자세히 볼 수 있으며, 쇼핑에 편하다. • 상품접촉이 용이하다. • 셀프서비스에 대한 판매가 가능하다.	• 단조롭고 재미없다. • 제품을 찾기 힘들다. • 자유로운 기분으로 쇼핑할 수 없다. • 점내 장식이 한정된다.
자유형	• 구입동기가 자유스럽고 점내 이동이 자연스럽다. • 충동구매를 촉진한다. • 시각적으로 고객의 주의를 끈다. • 융통성이 풍부하다.	• 쇼핑시간이 길다. • 안정감이 없다. • 매장에 무리가 있다. • 비용이 든다. • 청소가 곤란하다.

64 형태에 의한 포장의 분류

① 낱포장(개장 ; Item Packaging) : 낱포장이라 함은 물품의 개개의 포장을 말하며, 물품의 상품가치를 높이거나 물품 개개를 보호하기 위하여 적합한 재료와 용기 등으로 물품을 포장하는 방법 및 포장한 상태를 말한다.

② 속포장(내장 ; Interior Packaging) : 속포장이라 함은 포장된 화물 외·내부의 포장을 말하며, 물품에 대한 수분, 습기, 광열 및 충격 등을 방지하기 위하여 적합한 재료와 용기 등으로 물품을 포장하는 방법 및 포장한 상태를 말한다.

③ 겉포장(외장 ; Exterior Packaging) : 겉포장이라 함은 화물의 외부 포장을 말하며, 물품을 상자나 나무통 및 금속 등의 용기에 넣거나, 용기를 사용하지 않고 그대로 묶어서 기호 또는 화물을 표시하는 방법 및 포장한 상태를 말한다.

65 포장재료의 조건(6R 체크 포인트)

① 라이트 퀄러티(Right Quality) : 적정한 품질 보호

② 라이트 퀀터티(Right Quantity) : 적정한 수량 확보

③ 라이트 타임(Right Time) : 적정한 시간

④ 라이트 플레이스(Right Place) : 적정한 지점

⑤ 라이트 임프레션(Right Impression) : 적정한 인상

⑥ 라이트 프라이스(Right Price) : 적정한 가격

66 지류(Paper Materials) 포장재의 특성

① 장 점
- 가격이 저렴하다.
- 디자인하기에 용이하다.
- 가볍고 운반하기에 유리하다.
- 진열 효과가 좋다.
- 내용물의 보호가 잘 된다.
- 대량 생산이 가능하며, 품질을 균일하게 낼 수 있다.
- 자동 포장기(자동 충전기)에 걸 수 있다.
- 상품이 좋게 보이며, 사용에 편리하다.
- 냄새가 없고 독이 없다.
- 공해 문제에 있어서 폐기성이 좋다.

② 단 점
- 특수 가공지를 제외하고는 방습성이 약하다.
- 가스(Gas), 냄새, 향기 등을 투과시킨다.
- 투명성이 없다.

67 포장재료의 발주와 리드 타임(Lead Time)

① 발주 : 포장지의 발주는 가능한 한 대량으로 주문하는 것이 경제적이다. 통상 1년간 사용량을 한번에 발주하며, 판은 인쇄소에 보관시킨다. 대형점 특히 백화점인 경우, 3개월 사용량의 발주가 보통이며, 지업사도 3사쯤으로 나누어 평등히 발주하여 화재 등의 재해에 대비한다.

② 리드 타임(Lead Time ; 납품 소요 시간) : 처음으로 인쇄를 발주할 경우 납품까지 1개월 이상의 시간적 여유를 둘 필요가 있다. 제판, 판의 교정, 인쇄, 인쇄물 건조기간, 재단, 운반 등에 요하는 시간이 필요하기 때문이다. 이러한 발주에서 납품까지의 기간을 리드 타임이라 한다. 아직 발주하지 않아도 된다고 생각할 경우 발주하여 곧 입하되는 것이 아니므로 리드 타임의 고려가 중요하다.

68 포장 방법 일반

① **방수포장기법** : 수송, 보관, 하역 과정에서 방수접착, 봉함재 등을 사용하여 포장 내부에 물이 침투하는 것을 방지하기 위한 것이 방수포장이다.

② **방습포장기법** : 습기가 물류 과정의 제품을 손상시키지 않게 습기를 방지하는 포장을 말한다.

③ **완충포장기법** : 물류과정의 제품 파손을 방지하기 위해 외부로부터의 힘을 완화시키는 포장을 말한다.

④ **방청포장기법** : 기계류 등 금속제품은 물류과정에서 녹이 생기는 경우가 있는데, 모든 금속의 부식을 방지하기 위한 포장기술 내지 수단 또는 금속포장시에 있어서 부식을 방지하기 위한 기술 혹은 수단을 방청포장이라고 한다.

⑤ **집합포장기법** : 집합포장은 수송포장을 취급함에 있어서 기계 하역의 대상이 되는 비교적 대형화물의 집합체로 이루어지며, 복수의 물품 또는 수송포장을 한데 모아 적재함으로써 하나의 단위화물을 형성하는 것을 말한다.

⑥ **식품포장기법** : 식품포장의 목적은 품질과 안전성의 보존, 작업성·간편성의 부여, 내용식품의 표시, 유통수송의 합리화와 계획화, 상품가치의 향상 등인데, 특히 식품의 부패방지와 품질보존은 중요한 포장의 역할이다.

69 선물 포장에 대한 주의사항

① 가격표는 반드시 뗄 것

② 주름살이 있거나 때가 묻은 포장지는 절대로 사용하지 말 것

③ 「선물을 매는 리본 끈」의 용도를 틀리지 않도록 주의할 것

④ 글씨는 가급적 손님이 쓰도록 할 것

⑤ 글씨를 쓰고 나면 손님에게 보일 것

⑥ 글씨는 충분히 건조시킨 후 포장할 것

⑦ 포장지는 옷깃 방향으로 할 것(왼쪽을 앞으로 할 때는 근조의 경우 뿐)

⑧ 포장지가 빠져 나올 때는 밑에서부터 접어 끼울 것(자르는 것은 불길하다고 함)

⑨ 근조의 경우나 선물 내용이 고기나 생선 등 1차 산품일 때에는 선물 위에 얹는 색종이를 붙이지 말 것

⑩ 상품에 오손·파손은 없는지 충분히 확인할 것

70 상품구성(구색)의 폭·깊이·길이

① **폭(Width)** : 소매점이 취급하는 상품종류의 다양성을 말한다.

② **깊이(Depth)** : 각 제품계열 안에 있는 품목의 수를 의미한다.

③ **길이(Length)** : 모든 제품품목의 수를 의미한다.

71 서비스품질 분류

서비스품질평가 10개 차원	SERVQUAL 차원	SERVQUAL 차원의 정의
유형성	유형성	물리적 시설, 장비, 직원, 커뮤니케이션 자료의 외양
신뢰성	신뢰성	약속한 서비스를 믿을 수 있고, 정확하게 수행할 수 있는 능력
대응성	대응성	고객을 돕고 신속한 서비스를 제공하려는 태세
능 력	확신성	직원의 지식과 예절, 신뢰와 자신감을 전달하는 능력
예 절		
신빙성		
안전성		
가용성	공감성	회사가 고객에게 제공하는 개별적 배려와 관심
커뮤니케이션		
고객이해		

72 서비스품질의 격차모형

① **격차 1** : 고객이 기대한 서비스와 경영진이 고객의 기대에 대한 인식 차이(경영자의 인지 격차)
② **격차 2** : 경영자의 인식과 실행 가능한 서비스 수준의 차이(경영자의 인지 격차)
③ **격차 3** : 실행 가능한 서비스와 실제 제공된 서비스의 차이(서비스 전달 격차)
④ **격차 4** : 제공된 서비스와 홍보된 서비스 간의 차이(시장 커뮤니케이션 격차)
⑤ **격차 5** : 고객이 기대한 서비스와 경험한 서비스(경험한 서비스 격차)

73 촉진관리믹스의 구성요소별 장단점

구 분	장 점	단 점
광 고	• 자극적 표현 전달 가능 • 장·단기적 효과 • 신속한 메시지 전달	• 정보전달의 양이 제한적 • 고객별 전달정보의 차별화가 곤란 • 광고효과의 측정곤란
홍 보	• 신뢰도가 높다. • 촉진효과가 높다.	• 통제가 곤란하다.
촉진관리	• 단기적으로 직접적 효과 • 충동구매 유발	• 장기간의 효과미흡 • 경쟁사의 모방 용이
인적판매	• 고객별 정보전달의 정확성 • 즉각적인 피드백	• 대중상표에 부적절 • 촉진의 속도가 느림 • 비용과다 소요

74 광고와 PR의 차이점

광고	PR
• 매체에 대한 비용을 지불한다.	• 매체에 대한 비용을 지불하지 않는다.
• 상대적으로 신뢰도가 낮다.	• 상대적으로 신뢰도가 높다.
• 광고 내용, 위치, 일정 등의 통제가 가능하다.	• 통제가 불가능하다.
• 신문광고, TV와 라디오 광고, 온라인 광고 등이 있다.	• 출판물, 이벤트, 연설 등이 있다

75 단골고객 관리

① 일반적으로 신규고객을 확보하는 비용이 단골고객을 유지하는 것보다 훨씬 높다.
② 단골고객을 적극적으로 관리해야 한다.
③ 단골고객을 파악하고 세분화해야 한다.
④ 단골고객 유지여부를 지속적으로 점검해야 한다.

76 고객의 역할

① 고객은 직접 찾아오든지 편지를 보내오든지 회사에서 가장 중요한 사람이다.
② 고객이 우리에게 의지하는 것이 아니라 우리가 고객에게 의지하고 있는 것이다.
③ 고객은 우리 일을 방해하는 것이 아니며, 그들이 우리 일의 목적이다.
④ 우리가 그들에게 서비스를 무조건 제공하는 것이 아니라 그들이 우리에게 서비스를 제공할 수 있는 기회를 주는 것이다.
⑤ 고객은 논쟁을 하거나 함께 겨룰 수 있는 상대가 아니다. 누구도 고객과의 논쟁에서 이길 수 없다.
⑥ 고객은 우리에게 그가 원하는 것을 가르쳐 주는 사람으로 고객과 우리에게 이익이 되도록 일을 하는 것이 우리의 직무이다.

77 고객 기질에 따른 고객의 유형

① **수용적 성격** : 낙천적이며 친밀성이 있으나 권위에는 약하고 남의 말을 잘 듣는 형이다.
② **착취적 성격** : 지적인 반면 독창성이 없고 흔히 말하는 재사(才士)적인 사람으로서 회의와 냉담, 선망과 질투가 강한 형이다.
③ **저축적 성격** : 완고한 면이 있어서 주위와 잘 어울리려 들지 않고, 자기에 대하여는 충실한 면이 있다.
④ **시장적 성격** : 지적이며 순응성이 있고, 호기롭고 인정미도 있다. 그러나 타인에 대해서는 무관심하고, 개인주의적 감정에 지배되어 있으며, 변덕스러운 점도 있다.

> **기질의 4가지 유형**
> - 담즙질(膽汁質) : 사소한 일에 흥분하고 취미가 자주 바뀌나 강직하다.
> - 다혈질(多血質) : 쉽게 흥분하고 취미가 자주 바뀌는 것은 담즙질과 같으나, 성격이 매우 낙천적
>   이다.
> - 점액질(粘液質) : 취미는 변하지 않으나, 기질이 약하고 흥분하는 일이 별로 없다.
> - 우울질 : 취미가 변하지 않고, 기질이 강하여 흥분을 억제한다.

78 고객의 특성에 따른 분류

① **결단형 고객(Decisive Customer)** : 자기가 필요한 상품이 무엇인지 분명히 알고 있으며, 정의심이 매우 강하고, 또한 판매원의 반대 의견에 화를 내지 않는다. 따라서 판매원은 고객으로 하여금 스스로 셀프(Self Service)하도록 하거나 판매 제시를 하는 동안 고객의 욕구나 의견을 기술적으로 주입시켜 상품을 제시하여야 한다.

② **의구형 고객(Suspicious Customer)** : 매사에 의구심이 많아 남에게 이용당한다는 생각을 가지며, 성격상 고분고분해지는 것을 매우 싫어할 뿐만 아니라, 구매 의사 결정을 할 때 판매원의 말을 신뢰하려고 하지 않으며 의심이 많다.

③ **다혈질적 고객(Angry Customer)** : 보통 심성이 고약하며, 아주 사소하고 조그마한 일에도 화를 잘 낼뿐만 아니라, 마치 일부러 사람을 괴롭히는 것처럼 보인다. 따라서 판매원은 응대를 함에 있어 논쟁을 피하고 명백한 사실에 관해서만 언급하고, 여러 가지 상품을 기분 좋게 보여주어야 한다.

④ **논쟁적 고객(Argumentative Customer)** : 보통 논쟁하기를 좋아하며, 판매원의 진술 한마디 한마디에 대하여 이의를 제기한다.

⑤ **사실추구형 고객(Fact Finder Customer)** : 대체로 상세하고 정확한 사실에 흥미를 가지며, 판매원의 진술 가운데 틀린 것이나 실수를 놓치지 않고 관찰하거나 제품이나 서비스에 대한 상세한 설명을 듣고자 한다.

⑥ **내성적인 고객(Timid Customer)** : 보통 자제심이 강하고 감수성이 예민하다. 이따금 보통 가격보다 비싼 가격의 품목을 구매한다. 따라서 판매원은 고객이 스스로 구매 결정에 따른 만족감을 갖도록 친절과 존경으로 접객해야 한다.

⑦ **충동적 고객(Impulsive Customer)** : 보통 결정이나 선택을 재빨리 하며, 인내심이 없으며, 갑작스럽게 거래를 취소하기도 한다. 판매원은 응대를 함에 있어 과다 판매나 판매를 지연시키지 말고 판매를 빨리 종결지어야 한다.

⑧ **주저형(또는 自制型) 고객(Wavering Customer)** : 자신이 결정할 능력이 결여되어 있거나, 잘못된 결정에 대한 근심과 두려움을 가지며, 판매원의 조언이나 협조를 바란다.

⑨ 연기형 고객(Procrastinating Customer) : 대체로 구매 결정을 뒤로 미루거나 자신의 판단에 확신이 부족하며, 자신감이 결여되어 있다.

⑩ 전가형 고객(Back-passing Customer) : 보통 판매원 이외의 가족 구성원이나 기타 사람의 조언을 원하며, 사실의 불확실성을 인정하지 않는다.

⑪ 침묵형 고객(Silent Customer) : 대체로 말은 없어도 생각은 많이 하며, 관찰력이 뛰어나다. 또한 자신과 판매원의 의견, 생각의 차이에 걱정을 하나 판매원의 진술에 귀를 기울이기도 하여, 대체로 무관심한 것처럼 보인다. 따라서 판매원은 이들 고객에게 직접 질문을 시도하거나, 제품이나 서비스의 특징을 지적하여 판매하도록 한다.

⑫ 오락형, 여가형 고객(Just Shopping Customer) : 단순히 쇼핑이나 점포에 진열된 상품에 관한 정보를 얻고자 한다. 따라서 이들은 매우 충동적이며, 구매 계획은 보통 세우지 않는다. 여가 시간을 가지기 좋아하며, 또한 이들은 점포 분위기가 점포 내 상품 진열에 매력을 느낀다.

79 고객 심리의 6단계(고객 반응의 6단계)

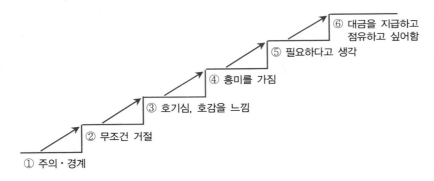

80 고객 카드의 작성시 유의 사항

① 사용하기 쉬워야 한다.
② 장래를 생각하여 만들어져야 한다.
③ 추가 기입할 수 있어야 한다.
④ 모두가 사용할 수 있어야 한다.
⑤ 정확하게 기재되어야 한다.
⑥ 고객 이탈을 막는 고객에 대한 완전한 관리와 이들에 대한 대책이 있어야 한다.

81 판매 지향적 사고와 고객 지향적 사고의 비교

구 분	시발점	초 점	수 단	목 적
판매 지향적 사고 (제품생산 이후에 관심)	기 업	제 품	판매와 촉진 활동	판매를 통한 기업이익
고객 지향적 사고 (제품생산 이전 및 이후에 관심)	시 장	고 객	통합적 고객지향 활동 (전사적 마케팅)	고객만족을 통한 기업이익

82 고객 서비스

고객 지향적 사고를 전제로 하여 기업과 고객이 상호 접촉하는 과정에서 기업이 판매하는 제품 및 서비스 판매와 사용을 향상, 촉진시켜 주고 나아가서 고객의 만족을 통한 재판매 및 호의적인 구전 의사소통을 확보하기 위해서 기업이 사전에 결정된 최적 비용–서비스 믹스 범위 내에서 수행하는 모든 활동이다.

▌ 고객 서비스의 정의

주체 및 객체	구성 요소	목 적	기본 사고	비 고
기업 → 고객	판매·재판매 및 호의적인 구전 의사소통을 확보하기 위해 수행되는 활동	판매 및 재판매 확보, 호의적인 구전, 의사소통 확보	마케팅 지향적	고객 지향적 의사 전제

83 고객 서비스의 성격

① **무형성** : 서비스의 기본 특성은 형태가 없다는 것이다. 객관적으로 누구에게나 보이는 형태로 제시할 수 없으며 물체처럼 만지거나 볼 수 없다. 따라서 그 가치를 파악하거나 평가하는 것이 어렵다.

② **비분리성** : 서비스는 생산과 소비가 동시에 일어난다. 즉 서비스 제공자에 의해 제공되는 것과 동시에 고객에 의해 소비되는 성격을 가진다.

③ **이질성** : 서비스의 생산 및 인도 과정에는 여러 가변적 요소가 많기 때문에 한 고객에 대한 서비스 업체에서도 종업원에 따라서 제공되는 서비스의 내용이나 질이 달라진다.
  • 서비스는 동질적이 아니고 변동적이어서 규격화, 표준화하기 어렵다.
  • 고객의 이질성은 경제적 요인, 문화적 요인, 사회적 요인 등에 의해 야기된다.
  • 서비스의 이질성은 문제와 기회를 동시에 제공한다.
  • 서비스의 이질성은 고객에 따른 개별화의 기회를 제공한다.

④ **소멸성** : 판매되지 않은 제품은 재고로 보관할 수 있다. 그러나 판매되지 않은 서비스는 사라지고 만다. 즉 서비스는 재고로 보관할 수 없다. 이와 같이 서비스의 생산에는 재고와 저장이 불가능하므로 재고 조절이 곤란하다.

84 서비스의 특성에 따른 문제점과 대응전략

서비스의 특성	문제점	대응전략
무형성	• 특허로 보호가 곤란하다. • 진열하거나 설명하기가 어렵다. • 가격설정의 기준이 명확하지 않다.	• 실체적 단서를 강조하라 • 구전활동을 적극 활용하라 • 기업이미지를 세심히 관리하라 • 가격설정 시 구체적인 원가분석을 실행하라 • 구매 후 커뮤니케이션을 강화하라
비분리성	• 서비스 제공시 고객이 개입한다. • 집중화된 대규모생산이 곤란하다.	• 종업원의 선발 및 교육에 세심한 고려를 해라 • 고객관리를 철저히 하라 • 여러 지역에 서비스망을 구축하라
이질성	표준화와 품질 통제가 곤란하다.	서비스의 공업화 또는 개별화 전략을 시행하라
소멸성	재고로서 보관하지 못한다.	수요와 공급 간의 조화를 이루라

85 서비스의 제품 특성

① **탐색적 특성** : 제품의 구매 전에 알 수 있는 제품의 특성으로서 색상, 스타일, 디자인 등의 외적인 특성 및 가격, 상표명 등의 가시적인 특성을 의미한다.

② **경험적 특성** : 제품의 구매 전에는 쉽게 알 수 없고 소비하면서 또는 소비 후에야 알 수 있는 특성들이다. 일반적으로 음식의 맛, 의복의 내구성, 여행에 대한 만족 등이 경험적 특성에 속한다.

③ **신념적 특성** : 제품을 구매하고 서비스를 수혜 받은 후에도 좀체 평가하기가 힘든 경우에 속한다. 대표적으로 의료 서비스는 수혜 받은 후에도 필요한 서비스를 정말로 수혜받은 것인지 또는 적절한 서비스를 수혜 받은 것인지를 일반 환자들은 쉽게 가늠하지 못한다.

86 고객 서비스 개선을 위한 체크 포인트

① 정확한 계산
② 체크아웃 대기 시간의 단축
③ 체크 시간 중 대고객 접객 태도
④ 포 장
⑤ 명세서 발행(POS System 설치도 가능)
⑥ 레지스터 수의 설정
⑦ 불평처리방법 명시(클레임 처리, 쿠폰이나 신용카드에 의한 쇼핑에 대한 지침 제공)
⑧ 판매원의 인상을 좋게 심어줄 것

87 MOT의 개념

① 고객접점서비스는 고객과 서비스요원 사이의 15초 동안의 짧은 순간에서 이루어지는 서비스로서, 이 순간을 '진실의 순간(MOT ; Moment Of Truth)' 또는 '결정적 순간'이라고 한다. 이 15초 동안에 고객접점에 있는 최일선 서비스요원이 책임과 권한을 가지고 우리 기업을 선택한 것이 가장 좋은 선택이었다는 사실을 고객에게 입증시켜야 한다.

② 이를 뒷받침하기 위해서는 고객접점에 있는 서비스요원들에게 권한을 부여하고 강화된 교육이 필요하며, 고객과 상호작용에 의하여 서비스가 순발력 있게 제공될 수 있는 서비스전달시스템을 갖추어야 한다.

88 칭찬화법의 기본원칙

① 특징을 포착하여 구체적으로 칭찬을 함
② 성의를 담은 칭찬을 함
③ 고객이 알아채지 못한 곳을 발견하여 칭찬을 함
④ 상황과 장소에 어울리는 칭찬을 함
⑤ 마음속에서 우러나오는 칭찬을 함

89 고객응대 명심사항

① 고객의 입장에서 생각하라
② 고객의 마음에 들도록 노력하라
③ 고객을 공평하게 대하라
④ 투철한 서비스 정신으로 무장하라
⑤ 모든 것을 긍정적으로 생각하라
⑥ 공사를 구분하라
⑦ 원만한 성격을 가져라
⑧ 자신감을 가져라
⑨ 참아라
⑩ 부단히 반성하고 개선하라

90 설득적 표현 방법

① 음성이 명확하며 부드러운 목소리

② 상황에 적당한 음량과 템포를 유지

③ 시각에 호소하는 언어를 활용

④ 품위 있는 유머

91 전화응대의 3요소

① 신 속

- 신속히 받고 원가의식을 갖고 간결하게 통화한다.
- 인사나 필요한 농담이라도 길어지지 않도록 한다.
- 전화를 걸기 전에 용건을 5W1H로 써서 말하는 순서와 요점을 결정한다.
- 불필요한 말은 반복하지 않는다.

② 정 확

- 발음을 명확히 또박또박한다.
- 천천히, 정확히 하여 상대가 되묻는 일이 없어야 한다.
- 상대가 이해하지 못할 전문용어나 틀리기 쉬운 단어는 사용하지 않는다.
- 중요한 부분은 강조한다.
- 상대의 말을 지레짐작하여 응답하지 않는다.

③ 친 절

- 친절을 느끼도록 하려면 정성을 다해야 한다.
- 상대가 누구이건 차별하지 말고 경어를 쓰도록 한다.
- 상대의 말을 끊거나 가로채지 않는다.
- 필요 이상으로 소리를 크게 낸다든지 웃지 않는다.
- 상대의 기분을 이해하도록 하여 상대의 심리를 긍정적으로 만들어야 한다.
- 상대의 언성이 높아지거나 불쾌해하면, 한발 물러서서 언쟁을 피한다.

92 고객만족의 중요성

① 마케팅 활동의 궁극적인 목적은 고객을 만족시키고 이를 통하여 기업목표를 달성하는 데 있다.

② 고객만족을 통한 기업성장을 하고 있는 미국, 일본 등의 외국 기업으로부터 자극을 받았다.

③ 고객만족이 앞으로의 경영의 최고 과제라는 인식이 새롭게 대두되고 있다.

④ 과포화 성숙시장 상황에서의 고객욕구 다양화에 능동적 대응을 하기 위함이다.

⑤ 고객들에게 좋은 이미지를 심어줄 수 있는 새로운 기업문화 구축이 용이해 지기 때문이다.

⑥ 경쟁력 제고로 기존의 사업영역 뿐만 아니라 새로운 사업진출을 용이하게 한다.

93 불만의 종류

① **효용 불만** : 고객이 제품 및 서비스를 사용한 후 고객의 욕구를 충족시키지 못한 경우의 불만
② **심리적 불만** : 제품 및 서비스의 성능이나 기능보다 사회적인 수용, 개인존중, 자아실현 측면의 불만
③ **균형 불만** : 고객의 기대 수준보다 고객이 느끼는 혜택이 적은 경우의 불만
④ **상황적 불만** : 여러 가지 형태의 소비생활과 관련한 상황적 조건(시간, 장소, 사용상황)에 따른 불만

94 판매담당자의 대기 요령

① **바른 자세** : 양손을 겹쳐서(여자의 경우는 오른손을 위, 남자는 왼손을 위에 두거나 주먹을 가볍게 쥐고 재봉선에 밀착) 앞에 모으고 똑바로 서 있는다. 부드럽고 밝은 표정을 담은 채 시선은 고객의 태도나 동작을 관찰한다. 고객을 관찰할 때는 고객이 부담을 느끼지 않는 부드러운 눈초리로 조심스럽게 살피는 것이 중요하다.
② **바른 위치** : 고객에 신속히 응대할 수 있는 가장 편리한 장소에 있는 것이다.
③ **상품 점검**
  • 상품이 제자리에 잘 진열되어 있는지, 진열량이 적절한지, 더렵혀진 상품이 없는지 확인한다.
  • 상품마다 정확한 가격이 정해져 있는지, 정해진 위치에 있고 가격표가 더러워지거나 망가져 있지는 않는가 확인한다.
  • 입체적인 진열이 되어 있을 경우 상품을 꺼내기 쉽게 되어 있는지를 점검한다.
④ **효과적인 진열연출** : 판매담당자는 보기 좋고 쉽게 고객이 선택하기 쉬운 진열방법에 대한 연구를 해야 한다.
⑤ **매장의 청결 유지** : POP와 진열대, 그리고 매장 바닥을 항상 깨끗하게 청소하여 고객이 매장 밖에서 구경하거나 매장에 들어섰을 때 깔끔하고 상큼한 기분을 갖도록 한다.

95 고객 접근 방법

① **상품 접근법** : 판매원이 판매하고자 하는 상품을 예상 고객에게 제시하며, 주의와 관심을 환기시키는데 있어서 상품의 독특한 특징에 의존하거나 흥미 있는 상품의 품질을 지적하는 것을 말한다.
② **서비스 접근법** : 예상 고객에게 이전에 구매한 상품에 대하여 수리나 정보 제공 그리고 조언을 해주면서 예상 고객에게 접근하는 것을 말한다.
③ **상품 혜택 접근법** : 구매자에게 제공될 상품 혜택, 예상 고객을 연관시키는 설명이나 질문을 갖고 면담을 시작하는데 사용된다.
④ **환기 접근법** : 예상 고객의 호기심을 환기시켜 그의 관심과 흥미를 유발시켜 접근해 나가는 방법이다.

⑤ **프리미엄 접근법** : 예상 고객에게 가치 있는 무엇인가를 무료로 제공하면서 접근하는 방법이다.

⑥ **칭찬 접근법** : 예상 고객의 주의와 관심을 끌기 위하여 사실에 근거한 진지한 칭찬을 줄 수 있는데 대부분의 사람들은 남으로부터 진지한 찬사를 받기를 좋아하며, 더욱이 계속 경청하려고 드는 경향이 있다.

⑦ **공식적 접근법** : 판매원이 예상 고객에게 명함을 주며 접근하는 방법으로 산업 구매자, 도매상 또는 소매상의 방문에 널리 사용되고 있다.

⑧ **친지 소개 접근법** : 상호 친지로부터의 편지, 메모, 소개장을 예상 고객에게 제시하는 것이다.

⑨ **금전 제공 접근법** : 인간의 욕망에 근거를 둔 것으로 돈을 벌려는 욕망은 우리 사회에 있어서 너무나 팽배되어 있는 동기이므로 대부분 사람을 접촉함에 있어서 금전 제공이 성공적으로 이용될 수 있다.

96 고객 본위의 응대

고객 본위의 응대란 접객에 있어서 고객이 갖는 우위성을 보증하면서 고객의 동기에 재빨리 호응해서 고객의 가치관에 부응한 상품 제시와 정보 제공을 고객의 수준에서 행하는 것을 말한다. 고객 본위의 접객 기술은 다음과 같다.

① 전문 용어를 남용하지 않아야 하며, 사용하는 경우에는 반드시 해석을 붙여서 고객이 이해하기 쉽도록 힘써야 한다.

② 고객이 어떠한 특성을 가진 상품을 바라고 있는가를 이해하고 그 패턴에 합치한 얼마간의 상품을 갖추어 제시해야 한다.

③ 접객 중에는 다른 업무를 보지 않도록 해야 한다. 매장은 고객을 위해 존재하는 것이며, 판매원도 또한 고객을 위해 대기하고 존재하는 것이기 때문에 고객에게 직접적인 관계가 없는 행위는 접객 중에는 피하여야 한다.

④ 흉허물 없다고 해서 무례한 태도를 취하지 말아야 한다.

97 판매 결정의 촉구방법

① **추정 승낙법(가정적 종결법)** : 두 가지 안 중에서 어느 것인가를 택하도록 하게 하는 방법이다. 실제로 많은 고객은 이러한 질문으로서 '살 것인가, 말 것인가'를 생각하지 않고 '어느 쪽으로 해야 할 것인가'를 진지하게 생각하게 되므로 효과가 큰 방법이다. 이 방법은 양자 택일법, 또는 이중 질문법이라고도 한다.

② **교묘 질문법** : 고객이 그 물건을 갖게 됨으로써 얻게 되는 여러 가지 이점을 납득시킨다.

③ **테스트 질문법** : 고객의 심중을 탐지할 뿐만 아니라 불안이나 의심이 있으면 찾아 낼 수 있고 그것을 알게 되면 대책을 세울 수가 있게 된다.

④ **손득 비교법** : 제안의 이점과 불리한 점을 표로 만들어 고객이 결정하기 좋게 이 둘을 비교하여 주문을 구한다.

⑤ **직접 행동법** : 고객이 사겠다는 심정을 뚜렷하게 찾아 볼 수 있을 때에 판매원이 신청서를 꺼내서 간단한 것부터 기입하는 방법으로 고객은 이러한 판매원의 동작을 중단시켜 버리지 않는 한 자기가 사게 되어버린다는 사실을 알고 있으면서도 대개의 경우 반대하기 힘들게 되는 것이다. 물리적 동작법 또는 주문서법이라고도 한다.

⑥ **전환법** : 고객을 수세로 몰아넣어 어느 정도 머리의 혼란을 일으킴으로서 반대하기 힘들게 한다.

⑦ **요약 반복법** : 고객에게 '어필'할 수 있다고 생각되는 가장 중요한 이익을 요약·반복하여 설명하는 것이다.

98 POS(Point Of Sales) 시스템이 대두된 배경

① 소비자욕구가 다양화 및 개성화되면서 상품의 라이프 사이클이 짧아짐에 따라 소비자 욕구를 단품수준에서 신속하게 포착하여 즉각 대응할 수 있는 시스템이 필요하게 되었다.

② 매상 등록시간을 단축시키고 입력오류를 방지할 시스템이 필요하게 되었다.

③ 급변하는 소매환경 속에서 상세한 판매정보를 신속·정확하게 수집할 수 있는 시스템이 필요하게 되었다.

④ 변화무쌍한 소비자의 욕구를 포착하여 판매관리, 재고관리 등에 반영할 수 있는 시스템이 필요하게 되었다.

⑤ 판매상품을 파악하여 상품구색에 반영할 수 있는 시스템이 필요하게 되었다.

99 소스마킹(Source marking)과 인스토어마킹(Instore marking)

① **소스마킹** : 제조업체 및 수출업자가 상품의 생산 및 포장단계에서 바코드를 포장지나 용기에 일괄적으로 인쇄하는 것을 말하며, 주로 가공식품·잡화 등을 대상으로 실시한다.

② **인스토어마킹** : 포장하면서 일정한 기준에 의해 라벨러를 이용하거나 컴퓨터를 이용하여 바코드 라벨을 출력하고 이 라벨을 일일이 사람이 직접 상품에 붙이는 것을 말한다.

100 주요 국제표준 바코드

GS1	• 백화점, 슈퍼마켓, 편의점 등 유통업체에서 최종 소비자에게 판매되는 상품에 사용되는 코드로서 상품 제조 단계에서 제조업체가 상품 포장에 직접 인쇄하게 된다. • 제품에 대한 어떠한 정보도 담고 있지 않으며 GS1코드를 구성하고 있는 개별 숫자들도 각각의 번호 자체에 어떠한 의미도 담고 있지 않다.
GTIN-13	• 국가식별코드(3자리), 제조업체코드(6자리), 상품품목코드(3자리), 체크디지트(1자리)로 구성된다.
GTIN-14	• 업체간 거래 단위인 물류단위, 주로 골판지 박스에 사용되는 국제표준 물류 바코드로서 입·출하 시점에 판독되는 표준 바코드이다.
SSCC	• 주로 팔레트와 컨테이너 같은 대형 물류단위를 식별·추적·조회하기 위해 개발한 18자리 식별코드 이다. • 확장자(1자리), GS1 업체코드(10자리), 상품품목코드(6자리), 체크디지트(1자리)로 구성된다.
EPC	• 바코드가 품목단위의 식별에 한정된 반면, EPC 코드는 동일 품목의 개별상품까지 원거리에서 식별할 수 있다. • 동일한 상품이라도 모든 개체를 개별적으로 식별할 수 있는 일련번호가 추가되어 상품 추적과 상품 이동상태를 매우 정확히 포착할 수 있다.

교육은 우리 자신의 무지를 점차 발견해 가는 과정이다.

– 윌 듀란트 –

1
과목

유통상식

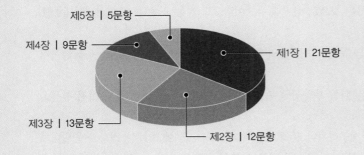

CHAPTER

01 · 유통의 이해

Key Point

- 유통의 역할과 기능
- 유통경로(Distribution Channel, 중간상)의 필요성
- 개방적 유통경로, 전속적 유통경로, 선택적 유통경로
- 수직적 유통경로와 수평적 유통경로
- 수레바퀴이론, 아코디언이론, 수명주기이론, 변증법적과정이론

01 유통의 기본개념

1 유통의 개념과 분류

(1) 유통의 개념

① **유통의 정의** : 상품과 서비스(Goods & Service)는 여러 사람을 거쳐 소비자에게 전달되는데, 이러한 과정을 유통(流通)이라고 한다. 즉, 유통은 생산과 소비를 이어주는 중간 기능으로, 생산품의 사회적 이동에 관계되는 모든 경제 활동을 말한다. 기출 17

② **유통 관리의 정의** : 유통 관리는 유통 활동을 통하여 소비자의 만족을 증대시키고, 유통 비용을 절감시키기 위해 유통이 능률적으로 수행될 수 있도록 조절하고, 통제하는 활동을 말한다.

③ **유통 관리의 목적** : 수송·보관·재고·포장·하역 등을 효율적으로 관리하여 고객에 대한 서비스를 향상시키고 유통 비용을 절감시키며, 매출의 증대와 가격의 안정화를 꾀하는 데 있다.

(2) 유통의 분류

① **상적 유통** : 상품의 매매 자체를 의미하는 것으로 상거래 유통이라고도 하는데, 이를 줄여서 상류(商流)라고도 한다.

② **물적 유통** : 상적 유통에 따르는 상품의 운반·보관 등의 활동을 물적 유통이라고 하는데, 이를 줄여서 물류(物流)라고도 한다. 기출 17

③ **금융적 유통** : 유통 활동에서 발생하는 위험 부담이나 필요한 자금 융통, 거래 대금 등의 이전 활동을 말한다.

④ **정보 유통** : 거래 상품에 대한 정보를 제공하거나 물적 유통의 각 기능 사이에 흐르는 정보를 원활하게 연결하여 고객에 대한 서비스를 향상시키는 활동을 정보 유통이라 한다.

2 유통의 역할과 기능

(1) 유통의 사회적 · 경제적 역할 `기출` `19 · 17 · 13`

유통은 생산과 소비 사이에 발생하는 사회적 · 장소적 · 시간적인 불일치를 해소시켜 주고, 생산자와 소비자를 모두 만족시킬 수 있는 매개체 역할을 수행한다.

① 사회적 불일치 극복 : 생산과 소비 사이에는 생산자와 소비자가 별도로 존재하여 사회적 분리가 발생하는데, 유통은 생산과 소비 사이에 발생하는 사회적인 간격을 해소시켜 주는 역할을 한다.

② 장소적 불일치 극복 : 생산과 소비 사이에는 상품이 생산되는 생산지와 소비되는 소비지가 서로 달라 장소적 분리가 발생하는데, 유통은 생산지와 소비지 사이의 장소적인 차이를 해소시키는 역할을 한다.

③ 시간적 불일치 극복 : 생산과 소비의 사이에는 생산 시기와 소비 시기의 차이로 인해 시간적 분리가 발생하는데, 생산 시기와 소비 시기의 시간적인 차이를 해소하기 위하여 보관 및 저장 역할을 하는 유통이 필요하다.

(2) 유통의 기능 `기출` `21 · 20 · 19 · 18 · 17 · 16 · 13`

① 매매(賣買) : 생산과 소비 사이의 사회적 분리를 극복하기 위하여 생산자로부터 상품을 구입하고 소비자에게 판매함으로써 상품의 소유권을 이전시키는 기본적인 기능이다. 소유권 이전에는 단순한 상품의 물리적 이전뿐만 아니라, 상품의 지배권 이전도 포함한다.

② 운송 : 생산과 소비 사이의 장소적 분리를 극복하기 위하여 생산지에서 소비지까지 상품을 운반하는 기능이다.

③ 보관 : 생산과 소비의 시간적 분리를 극복하기 위해서 상품을 생산시기에서부터 소비시기까지 안전하게 관리하는 기능이다.

지식 in

생산과 소비의 시간적 불일치를 조절해야 하는 경우
- 가공을 위해 일정량을 보관해야 하는 경우
- 계절적 상품으로 일정량을 보관하여 수급을 조절해야 하는 경우
- 소비 수요와 판매 예측이 어려워 일정량을 보관해야 하는 경우

---

④ 금융 : 생산된 상품이 소비자에게 전달되어 생산자나 매매업자에게 대금이 회수되기까지는 시간적 공백이 생기게 된다. 이때 금융은 자금이 필요한 사람에게 융통해줌으로써 생산과 매매의 성립을 용이하게 하고, 거래의 확대를 도모하는 기능을 한다.

⑤ 보험 : 유통 과정상의 위험을 부담하여 생산이나 매매 업무가 안전하게 이루어질 수 있도록 하는 기능이 있다.

⑥ 정보통신 : 생산자와 소비자 간의 정보를 수집 · 전달하여 상호 의사소통을 원활하게 해주며, 컴퓨터와 통신기술의 발달로 점차 활발해지고 있다.

3 유통 담당자

(1) 상적 유통의 담당자 `기출` 23 · 22 · 21

상적 유통은 상품의 매매에 의한 거래이므로, 소매업과 도매업이 상적 유통의 주담당자가 된다.

① **소매업** : 생산자나 도매업자로부터 구입한 상품을 최종 소비하는 소비자에게 판매하는 것을 주된 업무로 하는 유통업이다.

소비자에 대한 역할	생산자 및 공급업자에 대한 역할
• 소비자가 원하는 상품을 제공한다. • 적절한 품목을 구성한다. • 상품의 재고량을 유지한다. • 상품 정보, 유행 정보, 생활 정보를 제공한다. • 구매 장소를 제공한다. • 구매할 때 즐거움을 제공한다. • 서비스를 제공한다.	• 판매 활동을 대신해준다. • 올바른 소비자 정보를 전달한다. • 상품 배달, 포장, 대금 결제 등의 업무를 수행한다.

[소매업의 역할]

② **도매업** : 최종 소비자 이외의 구매자에게 상품 및 서비스를 판매하는 유통업으로, 생산자와 소매업을 연결함으로써 상품의 수요와 공급을 원활하게 유지시키는 역할을 수행하고 있다.

생산자에 대한 역할	소매업에 대한 역할
• 소매업과 직거래에 따른 생산자의 불편 및 비용을 제거한다. • 상품 보관에 따른 비용 및 재고에 따른 부담을 절감한다. • 생산이 끝나는 즉시 대금을 지급함으로써 자금 융통에 도움을 준다. • 소매업과의 접촉을 통해 상품 개발에 대한 정보를 제공한다. • 수요와 공급이 일치하도록 조절해주는 역할을 한다.	• 소매업과 생산자와의 직접 거래에 따른 불편 제거와 비용 절감을 한다. • 소매업에 자금을 대주거나 외상 판매를 함으로써 금융상의 혜택을 준다. • 경영 지도나 보조를 함으로써 소매업의 경영합리화에 기여한다. • 소매업 대신 상품을 보관 · 저장하거나 상품을 수집해주기도 하고, 수량을 분할해줌으로써 소매상에게 편의를 제공한다.

[도매업의 역할]

(2) 물적 유통의 담당자

물적 유통은 상품의 운송 · 보관 · 하역 · 포장 · 유통 가공 등을 말하며, 육상 · 해상 · 공중의 운송업과 창고업이 주담당이 된다.

① **운송업** : 운송로에 따라 운송을 담당하는 주체를 운송 기관이라 하고, 운송 기관이 담당하는 업무를 운송업이라 한다.

② **창고업** : 재화를 소비 시기까지 보관할 목적으로 보관 시설인 창고를 소유하고 상품을 보관하는 업무를 창고업이라 한다.

보관의 기능	기능별 창고의 종류
• 저장 기능 • 생산과 판매의 조절 또는 완충 기능 • 집산, 분류, 검사 장소의 기능 • 수송과 배송 간의 윤활유 역할	• 저장 창고 : 저장 기능에 중점을 둔 재래형 창고 • 보세 창고 : 보세 지역 내 수출입 화물을 취급하는 창고 • 유통 창고 : 상품의 보관뿐만 아니라 유통을 목적으로 한 창고

[보관의 기능과 창고의 종류]

(3) 금융적 유통의 담당자

금융적 유통의 담당자는 금융업, 보험업 등이 주담당자가 된다.

① **금융업** : 금융 기관은 유통 활동을 원활하게 할 수 있도록 필요한 자금을 조달하는 업무를 담당한다.

② **보험업** : 보험 회사는 유통 과정에서 상품에 대한 화재·도난·사고나 부주의로 인하여 발생하는 재산 상의 손실에 대하여 일정한 금액의 보험금을 보상해 줌으로써 유통 활동을 안전하게 하는 업무를 담당한다.

(4) 정보통신의 담당자

정보 유통의 담당자는 정보 처리업, 통신업 등이 주담당이다.

① **정보 처리업** : 유통 활동에 관련된 여러 정보를 분석·처리하여 그 정보를 활용할 수 있도록 효율적으로 관리하는 업무를 담당한다.

② **통신업** : 생산지나 소비지 사이에 상품의 생산, 소비, 금융, 가격 변동 등에 관련된 여러 정보를 컴퓨터 나 인터넷을 통해 상대방에게 신속·정확하게 전달하여 상품의 교환이 유리하게 이루어지도록 한다.

지식 in

총마진수익율(GMROI) 기출 18·17
• 일반적으로 소매업체의 수익성 지표로 사용되며 '총마진율 × 재고회전율'로 나타낸다.
• 협소한 유통매장의 진열대에서 추거 또는 제거해야 할 제품에 대한 의사결정의 기준, 즉 척도를 제공하며, 각 척도의 구성요소를 분석함으로써 문제가 되는 제품 계열의 수익성을 올리기 위한 머천다이징 전략을 강구할 수 있다.
• 수익성 척도를 사용하는 소매업자들은 제품공급업자들로 인해 더욱 많은 마케팅 기능을 수행할 수 있도록 힘(압 력)을 가할 수 있다.

1 유통경로의 개념 [기출 23 · 13]

(1) 유통경로의 정의

유통경로(Distribution Channel)는 제품이나 서비스가 생산자로부터 소비자에 이르기까지 거치게 되는 통로 또는 단계를 말한다. 생산자와 소비자 사이에는 상품 유통을 담당하는 여러 종류의 **중간상**들이 개입하게 된다. 이러한 중간상에는 도매상·소매상과 같이 소유권을 넘겨받아 판매 차익을 얻는 형태도 있지만, 생산자의 직영점이나 거간과 같이 소유권의 이전 없이 단지 판매 활동만을 하거나, 그것을 조성하는 활동만을 수행하는 형태도 있다.

(2) 유통경로의 중요성 [기출 14]

① 유통경로는 다른 마케팅 활동에 직접적인 영향을 미친다. 즉, 유통경로가 결정되면 제품·가격·촉진 등 프로모션믹스의 다른 요소에 직접적인 영향을 주게 된다.

② 유통경로의 결정과 관리는 신중해야 한다. 왜냐하면, 중간상과의 거래는 일반적으로 장기 계약에 의해 이루어지므로 한번 결정되면 단시일에 바꾸기 어렵다. 또한, 유통 비용이 제품 원가의 상당한 비중을 차지하고 있기 때문에 유통경로를 합리적으로 결정하고 관리해야 한다.

③ 유통경로의 길이, 중간상들의 기능 및 능률성, 기업의 합리적 유통경로 결정 등은 기업의 경쟁력에 큰 영향을 주고, 나아가 국가 경제에도 영향을 미친다.

[유통경로의 뜻]

2 유통경로의 유용성

(1) 중간상의 필요성 [기출 23 · 22 · 21 · 20 · 17 · 16 · 15 · 14 · 13]

① **총 거래 수 최소화의 원칙** : 중간상의 개입으로 거래의 총량이 감소하게 되어 제조업자와 소비자 양자에게 실질적인 비용이 감소한다. 즉 중간상의 개입으로 제조업자와 소비자 사이의 거래가 보다 효율적으로 이루어지므로 중간상의 개입이 정당화될 수 있다는 논리이다.

② **집중 준비의 원칙** : 유통경로상에 도매상이 개입하여 소매상의 대량 보관기능을 분담함으로써 사회 전체적으로 상품의 보관 총량을 감소시킬 수 있고, 따라서 소매상은 최소량만을 보관하게 된다.

③ **분업의 원칙** : 다수의 중간상이 분업의 원리로써 유통경로에 참여하게 되면 유통경로상에서 다양하게 수행되는 기능들(수급조절기능, 보관기능, 위험부담기능, 정보수집기능 등)이 경제적·능률적으로 수행될 수 있다.

④ **변동비 우위의 원리** : 무조건적으로 제조와 유통 기관을 통합하여 대규모화하기보다는 각각의 유통 기관이 적절한 규모로 역할분담을 하는 것이 비용 면에서 훨씬 유리하다는 논리로, 중간상의 필요성을 강조하는 이론이다.

(2) 유통경로의 효용 기출 23·22·19·16·13

① **시간 효용(Time Utility)** : 재화나 서비스의 생산과 소비간의 시차를 극복하여 소비자가 재화나 서비스를 필요로 할 때 이를 소비자가 이용 가능하도록 해주는 효용을 말한다.

② **장소 효용(Place Utility)** : 지역적으로 분산되어 생산되는 재화나 서비스가 소비자가 구매하기 용이한 장소로 전달될 때 창출되는 효용이다.

③ **소유 효용(Possession Utility)** : 생산자로부터 소비자에게 재화나 서비스가 거래되어 그 소유권이 이전되는 과정에서 발생되는 효용이다.

④ **형태 효용(Form Utility)** : 대량으로 생산되는 상품의 수량을 소비지에서 요구되는 적절한 수량으로 분할·분배함으로써 창출되는 효용이다.

(3) 유통경로의 마케팅 기능 기출 23·18·14·13

① **소유권 이전 기능** : 유통경로가 수행하는 마케팅 기능 중 가장 본질적인 기능으로 생산자와 소비자 간의 소유적 격리를 조절하여 거래가 성립되도록 하는 기능이다. 즉 상품의 소유권을 생산자 → 유통경로 → 소비자로 이전시킨다.

② **물적 유통 기능** : 물적 유통 기능은 생산과 소비 사이의 장소적·시간적 격리를 조절하는 기능으로 장소적 격리를 극복함으로써 장소 효용을 창출하는 운송 기능과 시간적 격리를 극복하여 시간 효용을 창출하는 보관 기능을 수행한다.

③ **조성 기능** : 조성 기능은 소유권 이전 기능과 물적 유통 기능이 원활히 수행될 수 있도록 지원해 주는 기능으로 표준화 기능, 시장 금융 기능, 위험 부담 기능, 시장 정보 기능 등 크게 네 가지로 구분할 수 있다.

    ㉠ **표준화 기능** : 수요와 공급의 품질적 격리를 조절하여 거래 과정에서 거래 단위, 가격, 지불 조건 등을 표준화한다.

    ㉡ **시장 금융 기능** : 유통 기관이 외상 거래, 어음 발행, 담보, 할부 판매 등과 같은 시장 금융 활동을 함으로써 생산자와 소비자의 원활한 마케팅 기능을 도모시켜 준다.

    ㉢ **위험 부담 기능** : 유통 과정에서 발생하는 물리적 위험·경제적 위험을 유통 기관이 부담함으로써 소유권 이전 기능과 물적 유통 기능이 원활히 이루어지도록 해 준다.

    ㉣ **시장 정보 기능** : 기업이 필요로 하는 소비자 정보와 소비자가 필요로 하는 상품 정보를 수집·제공함으로써 정보적으로 격리되어 있는 양자를 가깝게 유도하여 거래가 촉진될 수 있도록 해준다.

(4) 유통경로의 사회·경제적 기능 기출 23·22·20·14·13

① **교환 과정의 촉진** : 유통경로는 교환 과정에서부터 발생되는데, 시장 경제가 복잡해질수록 교환 과정이 복잡해지고 더 많은 생산자와 잠재적인 소비자가 증가하게 됨에 따라, 유통경로는 시장에서의 거래 수를 감소시키고 거래를 촉진시킨다.

② **제품 구색 불일치의 완화** : 생산자가 규모의 경제를 실현하기 위하여 소품종 대량 생산을 하는 반면에, 소비자는 다양한 제품 라인을 요구함에 따라 제품 구색의 불일치가 발생하는데, 이는 유통경로를 통해 완화될 수 있다.

③ **거래의 표준화** : 거래 과정에서 제품, 가격, 구입 단위, 지불 조건 등을 표준화시켜 시장에서 거래를 용이하게 해준다.

④ 생산과 소비 연결 : 생산자와 소비자 사이에 존재하는 지리적·시간적·정보적 장애를 극복하여 양자 간에 원활한 거래가 이루어지도록 한다.

⑤ 고객 서비스 제공 : 소비자에게 애프터서비스(After Service), 제품의 배달, 설치 및 사용 방법의 교육 등의 서비스를 제공한다.

⑥ 정보 제공 기능 : 유통 기관 특히 소매업은 유형재인 상품의 판매뿐만 아니라 소비자에게 상품 정보, 유행 정보, 생활 정보 등과 같은 무형적 가치도 아울러 제공한다.

⑦ 쇼핑의 즐거움 제공 : 소매점들도 소비자의 쇼핑 동기를 충족시켜 줄 수 있도록 점포의 위치, 점포의 설비, 인테리어, 휴식 및 문화 공간, 진열대의 구조 및 진열, 조명, 냉·난방과 같은 물적 요인과 판매원의 고객에 대한 표정, 용모, 복장, 언행 등과 같은 인적 요인이 조화를 이루도록 하여야 한다.

효 용	마케팅 기능		사회·경제적 기능
시간효용	물적 유통 기능	보관 기능	생산자와 소비자 연결
		운송 기능	
장소효용	소유권 이전 기능	구매 기능 판매 기능	거래의 촉진 제품구색 불일치 완화
형태효용	조성 기능	표준화 기능	거래의 표준화
기타효용	조성 기능	금융 기능 위험부담 기능 시장정보 기능	고객 서비스 향상 상품, 유행, 생활정보 제공 쇼핑의 즐거움 제공

[유통경로의 효용 및 기능] 기출 17·14

3 유통경로의 유형

(1) 소비재 유통경로 기출 15·14

① 제조업자가 소비자에게 직접 판매하는 경우

② 소매상을 경로로 하는 경우

③ 도매상과 소매상을 경로로 하는 경우

④ 도매상, 중간 도매상, 소매상을 경로로 하는 경우

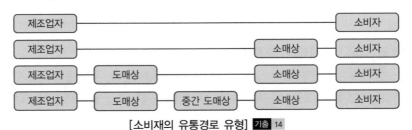

[소비재의 유통경로 유형] 기출 14

(2) 산업재 유통경로 기출 17

① 산업재 유통경로는 6가지 유형으로 구분된다. 그러나 산업재는 소비자에게 직접 판매하는 것이 일반적이며, 간혹 대리인이나 산업재 공급업자들도 이용되기도 한다.

② 특 징

  ㉠ 구매자의 1회 구매량이 많고 고액이다.

  ㉡ 구매자와의 장기 공급 계약이나 밀접한 전략적 관계에 의하여 거래가 이루어지는 경우가 많다.

  ㉢ 제품이 기술적으로 복잡하여 상대적으로 고객 서비스가 중요하게 여겨진다.

  ㉣ 생산자가 고객에게 직접 판매하는 형태가 많다.

  ㉤ 완제품이라기보다 재가공을 통해 부가가치가 창출되는 경우가 많다.

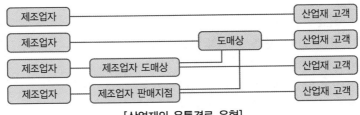

[산업재의 유통경로 유형]

(3) 서비스의 유통경로

① 서비스는 무형성과 생산자와의 비분리성이라는 특성이 있으므로, 직접 마케팅 경로가 가장 일반적이다. 다만, 특별한 경우에 한해서 생산자와 소비자 사이에 하나의 중간상이 개입하는 형태가 있을 수 있다.

② 의료, 자동차 수리, 미용, 호텔, 여객 수송 등 대부분의 서비스는 생산과 동시에 소비되며, 또 생산자와 상품이 분리될 수 없다.

③ 서비스는 형체가 없으므로 그것을 물리적으로 보관하거나 운송한다는 것은 상상할 수 없다. 그러나 서비스 역시 하나의 상품이므로 소비자들이 소비할 수 있도록 그들의 최인접지에 도달시켜 주어야만 한다는 일반적 유통 개념은 적용될 수 있다.

구 분	제 품	서비스
생산 비용	초기 생산 비용이 낮고, 반복 생산 비용이 높다.	초기 생산 비용이 높고, 반복 생산 비용이 낮다.
형 태	있다.	없다.
시장성	아주 광범위하다.	갈수록 시장성이 확대되는 추세이다.
유통 과정	보관, 배달 등 과정이 복잡하다.	단순하다.
변형성	변형이 어렵고 고정되어 있다.	상품의 분리·합성·지속적인 수정이 가능하다.
배달 경로	우송 방식	전송 방식
불법 복제	상대적으로 낮다.	아주 높다.
내구성	시간에 비례하여 저하·소멸한다.	영구적이다.

[제품과 서비스가 가진 속성의 차이]

4 유통경로 믹스

(1) 소비자의 유통 서비스 기대 수준 분석

    ① 기다리는 시간의 단축

    ② 취급 제품의 다양성

    ③ 입지의 편리성(점포의 수와 분포)

    ④ 구매 단위의 최소화(구매 및 보관의 편리성)

(2) 유통경로의 목표 설정 시 고려 사항 `기출 14`

    ① 기업의 목표

        ㉠ 계량적 목표 : 판매 증대, 이익 증대 등

        ㉡ 질적 목표 : 소비자 만족, 사회적 책임 이행 등

    ② 기업의 특성 : 인적, 물적, 재무적 자원

    ③ 제품 특성 : 표준화 정도, 기술적 복잡성, 가격, 부피 등

    ④ 중간상 특성 : 중간상 유형별 장·단점

    ⑤ 경쟁적 특성 : 경쟁자의 유통경로 믹스

    ⑥ 환경적 특성 : 경기 변동, 법적·제도적 환경 요인

(3) 유통경로 전략 결정

    ① 제1단계 : 유통 범위(Coverage)의 결정 `기출 23·15·14·13`

        ㉠ 일정한 상권 내에 제한된 수의 소매점으로 하여금 자사 상품만을 취급하게 하는 전속적 유통경로 전략(Exclusive Channel Strategy)

        ㉡ 희망하는 소매점이면 누구나 자사의 상품을 취급할 수 있도록 하는 개방적(= 집중적 or 집약적) 유통경로 전략(Intensive Channel Strategy)

        ㉢ 개방적 유통경로와 전속적 유통경로의 중간적 형태로, 일정 지역 내에 일정 수준 이상의 이미지, 입지, 경영 능력을 갖춘 소매점을 선별하여 이들에게 자사제품을 취급하도록 하는 선택적 유통경로 전략(Selective Channel Strategy)

        ㉣ 일반적으로 전략은 전문품일 때 주로 사용하고, 선택적 유통경로는 선매품일 때, 그리고 개방적 유통경로 전략은 편의품일 때 사용된다.

전략 구분	의 미	특 징
개방적 유통경로	자사의 제품을 누구나 취급할 수 있도록 개방	• 소매상이 많음 • 소비자에게 제품 노출 최대화 • 유통 비용의 증가 • 체인화의 어려움 • 식품, 일용품 등 편의품에 적용

전속적 유통경로	자사의 제품만을 취급하는 도매상 또는 소매상	• 소매상 또는 도매상에 대한 통제 가능 • 긴밀한 협조 체제 형성 • 유통 비용의 감소 • 제품 이미지 제고 및 유지 가능 • 귀금속, 자동차, 고급 의류 등 고가품에 적용
선택적 유통경로	개방적 유통경로와 전속적 유통경로의 중간 형태 로, 일정 지역에서 일정 수준 이상의 자격 요건을 지닌 소매점에만 자사 제품을 취급하도록 함	• 개방적 유통경로에 비해 소매상 수가 적고 유통 비용 절감 효과 • 전속적 유통경로에 비해 제품 노출 확대 • 의류, 가구, 가전제품 등에 적용

[유통경로의 전략과 특징] 기출 20 · 18 · 17

② 제2단계 : 유통경로의 길이 결정 요인 기출 23 · 18 · 14

영향 요인	긴 경로	짧은 경로
제품 특성	• 표준화된 경량품, 비부패성 상품 • 기술적 단순성, 편의품	• 비표준화된 중량품, 부패성 상품 • 기술적 복잡성, 전문품
수요 특성	• 구매단위가 작음 • 구매빈도가 높고 규칙적 • 편의품	• 구매단위가 큼 • 구매빈도가 낮고 비규칙적 • 전문품
공급 특성	• 생산자 수 많음 • 자유로운 진입과 탈퇴 • 지역적 분산 생산	• 생산자 수 적음 • 제한적 진입과 탈퇴 • 지역적 집중 생산
유통비용구조	• 장기적으로 안정적	• 장기적으로 불안정-최적화 추구

③ 제3단계 : 통제 수준의 결정

　㉠ 유통경로에 대한 통제 수준이 높을수록 유통경로에 대한 수직적 통합의 정도가 강화되어 기업이
　　소유하게 되며, 통제 수준이 최저로 되는 경우에는 독립적인 중간상을 이용하게 된다.

　㉡ 또 양자 사이에는 프랜차이즈나 계약 또는 합자의 방식으로 이루어지는 유사 통합이 있다.

(4) 유통경로의 갈등 관리 기출 17 · 14

① 수직적 갈등 : 유통경로상에서 서로 다른 단계에 있는 구성원 사이에 발생하는 갈등

② 수평적 갈등 : 유통경로의 동일한 단계에서 발생하는 갈등

③ 갈등 해소책 : 경로 리더의 지도력을 강화하거나, 경로 구성원간의 공동 목표의 제시로 협력을 증대시키
　고, 경로 구성원간의 커뮤니케이션 강화 및 중재와 조정 등을 통하여 유통경로의 갈등을 감소시켜야
　한다.

> **지식 in**
>
> **유통경로의 힘(Power)** 기출 23 · 21 · 19
> • 보상적 권력(Reward Power) : 한 경로구성원이 다른 경로구성원에게 여러 가지 물질적 또는 심리적인 도움을
> 줄 수 있을 때 형성되는 영향력

- 강압적 권력(Coercive Power) : 한 경로구성원의 영향력 행사에 대해서 구성원들이 따르지 않을 때, 처벌이나 부정적 제재를 받을 것이라고 지각하는 경우에 미치는 영향력
- 전문적 권력(Expert Power) : 한 경로구성원이 특별한 전문지식이나 경험을 가졌다고 상대방이 인지할 때 가지게 되는 영향력
- 준거적 권력(Referent Power) : 한 경로구성원이 여러 측면에서 장점을 갖고 있어 다른 경로구성원이 그와 일체성을 갖고 한 구성원이 되고 싶어 하여 거래관계를 계속 유지하고자 할 때 미치는 영향력
- 정당성 권력(Legitimate Power) : 다른 구성원들에게 영향력을 행사할 정당한 권리를 갖고 있어 상대방도 당연히 그렇게 해야 한다고 내재적으로 지각할 때 미치는 영향력
- 정보적 권력(Informative Power) : 다른 경로구성원이 이전에 얻을 수 없었거나 알 수 없었던 정보와 결과를 제공해 준다고 인식하는 경우에 갖게 되는 영향력

(5) 물적 유통 믹스 결정

① 물적 유통의 본질 : 기업에 적절한 이윤을 보장하면서 소비자의 서비스 욕구를 충족시키기 위하여 원산지로부터 최종 소비자까지 물자와 상품의 상적 흐름을 최적화 하는 활동이다.

② 물적 유통의 목적
  ㉠ 물적 유통 비용의 최소화
  ㉡ 소비자에 대한 서비스의 극대화

③ 물적 유통의 구성
  ㉠ 주문 처리 결정 : 기업과 고객은 주문 처리 과정이 빠르고 정확하게 이루어질 때 상호 이익을 얻을 수 있다. 주문 처리는 컴퓨터 사용이 증가함에 따라 주문 → 선적 → 청구의 과정이 점차로 단축되어 그 비용이 절감되고 있다.
  ㉡ 창고 결정 : 기업은 보유할 최적 창고수와 창고의 위치 등을 결정하여야 하는데, 보관 장소가 많으면 소비자에게 신속하게 상품을 전달할 수 있어 고객서비스가 증가되나 창고 비용이 증가되므로 양자 사이의 균형이 이루어지도록 하여야 한다.
  ㉢ 재고 결정 : 최종적인 주문점은 재고 부족 위험과 과잉 재고의 비용이 균형을 이루는 점에서 결정되어야 하며, 주문량은 주문 처리비용과 재고 유지비용이 균형을 이루는 점, 즉 단위당 주문 처리비용과 단위당 재고 유지비용의 합계인 단위당 총비용이 최소가 되는 점에서 결정되어야 한다.
  ㉣ 수송 결정
    - 철도 : 단위 가격 당 부피가 큰 제품에 적당하다.
    - 해상 운송 : 수송 속도가 느리고 기상 조건에 영향을 받는다.
    - 트럭 : 시간 계획상의 신축성이 높다.
    - 파이프라인 : 석유나 화학 물질을 생산지에서 소비지에 직접 수송한다.
    - 항공 수송 : 운임은 가장 비싸지만 수송 속도가 가장 빠르다. 고가의 소형 제품, 부패성 제품에 이용한다.

5 유통경로의 조직

(1) 유통경로의 조직 형태

① 전통적인 유통경로 : 제조업자가 독립적인 유통업자인 도매기관과 소매기관을 통해 상품을 유통시키는 일반적인 유통방법을 의미한다.

② 수직적 유통경로(VMS ; Vertical Marketing System) : 생산에서 소비에 이르기까지의 유통 과정을 체계적으로 통합하고 조정하여 하나의 통합된 체제를 유지하는 것을 의미한다. 수직적 유통경로는 중앙 통제적 조직구조를 가지며, 유통경로가 전문적으로 관리되고, 규모의 경제를 실행할 수 있으며, 경로구성원 간의 조정을 기할 수 있다.

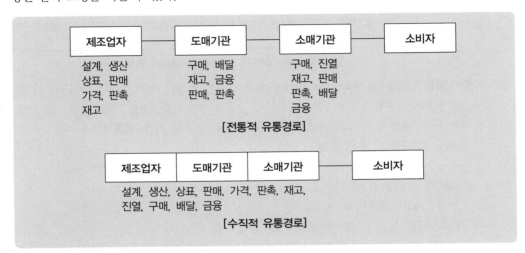

[수직적 유통경로와 전통적 유통경로의 형태 비교]

  ㉠ 수직적 유통경로의 도입 이유
   • 대량 생산에 의한 대량 판매의 요청
   • 가격 안정(또는 유지)의 필요성
   • 유통 비용의 절감
   • 경쟁자에 대한 효과적인 대응
   • 기업의 상품이미지 제고
   • 목표 이익의 확보
   • 유통경로 내에서의 지배력 획득
  ㉡ 수직적 유통경로의 장단점 기출 21 · 14

장 점	• 총 유통 비용을 절감시킬 수 있다. • 자원이나 원재료를 안정적으로 확보할 수 있다. • 혁신적인 기술을 보유할 수 있다. • 새로이 진입하려는 기업에게는 높은 진입 장벽으로 작용한다.
단 점	• 막대한 자금이 소요된다. • 시장이나 기술의 변화에 대해서 기민한 대응이 곤란하다. • 각 유통 단계에서 전문화가 상실된다.

구 분	전통적 유통경로	수직적 유통시스템
구성원	• 독립적이고 자치적 단위 • 각각 전통적인 마케팅 기능을 수행 • 주로 흥정과 협상으로 조정	• 상호관련적 단위 • 각각은 최적결합의 마케팅 기능을 수행 • 상세한 계획과 포괄적 프로그램으로 조정
안정성	구성원의 충성심이 낮고 진입이 상대적으로 용이한 개방적 시스템	개방적 네트워크이지만 시스템의 요구와 시장 조건에 의해 진입은 엄격히 통제
분 석	마케팅의 한 단계에서 비용, 판매량, 투자관계에 관심	마케팅 전체 단계의 비용, 판매량, 투자관계에 관심, 유리한 경제적 상충관계 분석
의사결정 과정	일반인에 의해 결정되는 판단에 크게 의존	전문가나 전문위원회가 판단하는 과학적 결정에 크게 의존
책 임	의사결정자는 전통적 형태의 경로에 감정적으로 책임	의사결정자는 마케팅개념과 생존력 있는 기관에 분석적 책임

[수직적 유통시스템과 전통적 유통경로의 특성 비교]

③ 수평적 유통경로(HMS ; Horizontal Marketing System) : 동일한 경로단계에 있는 두 개 이상의 기업이 대등한 입장에서 자원과 프로그램을 결합하여 일종의 연맹체를 구성함으로써 공생·공영하는 시스템을 의미한다. 공생적 마케팅(Symbiotic Marketing)이라고도 한다. 기출 15

㉠ 수평적 유통경로의 도입 이유
- 한 회사만으로 자본, 노하우, 생산, 마케팅 설비를 모두 감당하기 곤란할 때
- 그러한 위험을 회피하고자 할 때
- 연맹관계로 상당한 시너지 효과를 기대할 수 있을 때

㉡ 기업간 얻을 수 있는 시너지 효과
- 마케팅 시너지 : 여러 제품에 대해서 공동으로 유통경로, 판매, 관리, 조직, 광고 및 촉진관리, 시장판매, 창고 이용 등을 함으로써 얻게 되는 효과
- 투자 시너지 : 공장의 공동사용, 원재료의 공동조달, 공동연구개발, 기계 및 공구의 공동사용으로 얻는 효과
- 경영관리 시너지 : 경영자 경험의 결합 및 기업결합 등에서 얻는 효과

분 야		형 태	
생 산		• 공동생산 협정 • 기술제휴	• 생산시설의 공동이용 • 공동 연구개발
마케팅	제 품	• 공동제품의 개발	• 상표권의 공동취득
	유 통	• 유통시설의 공동이용 • 프랜차이즈	• 공동판매기구의 설립
	촉 진	• 공동광고 • 대고객 공동서비스	• 공동 촉진관리 • 마케팅협정

[수평적 마케팅의 형태]

④ 복수 유통경로(Multichannel Marketing System) : 두 개 이상의 상이한 유통경로를 채택하는 것이다. 이는 단일시장이라도 각기 다른 유통경로를 사용하여 세분화된 개별시장에 접근하는 것이 더 효과적이기 때문이다.

지식 in

단속형 거래와 관계형 교환의 비교 기출 23

구 분	단속형 거래	관계형 교환
거래처에 대한 관점	단순고객으로서의 거래처	동반자로서의 거래처
거래경험의 중요성	낮 음	높 음
신뢰의 중요성	낮 음	높 음
잠재거래선의 수	다수의 잠재거래선	소수의 잠재거래선
거래선의 차별화 정도	낮 음	높 음

---

(2) 수직적 유통시스템의 형태 기출 19

① **회사형 시스템(Corporate VMS)** : 유통경로상의 한 구성원이 다음 단계의 경로 구성원을 소유·지배하는 형태이다. 이때 제조 회사가 자사 소유의 판매 지점이나 소매상을 통하여 판매하는 전방 통합과, 반대로 소매상이나 도매상이 제조회사를 소유하는 후방 통합 형태가 있다.

② **계약형 시스템(Contractual VMS)** : 수직적 유통시스템 중 가장 일반적인 형태로, 유통경로상의 상이한 단계에 있는 독립적인 유통 기관들이 상호 경제적인 이익을 달성하기 위하여 계약을 기초로 통합하는 형태이다.

　㉠ **도매상 후원 자유 연쇄점** : 도매상이 후원하고 다수의 소매상들이 계약으로 연합하여 수직 통합하는 형태이다.

　㉡ **소매상 협동조합** : 독립된 소매상들이 연합하여 소매 협동조합 같은 임의 조직을 결성하고 공동으로 구매·광고·판촉 활동 등을 하다가 최종적으로 도매 활동이나 소매 활동을 하는 기구로 수직 통합을 하는 형태이다.

　㉢ **프랜차이즈 시스템(Franchise System)** : 모회사나 본부가 가맹점에게 특정 지역에서 일정 기간 동안 영업할 수 있는 권리와 특권을 부여하고 그 대가로 로열티를 받는 시스템을 말한다.

③ **관리형 시스템(Administrative VMS)** : 경로 리더에 의해 생산 및 유통 단계가 통합되어지는 형태로, 일반적으로 경로 구성원들이 상이한 목표를 가지고 있으므로 이를 조정·통제하는 일이 어렵다.

④ **동맹형 시스템** : 동맹형 시스템은 둘 이상의 경로구성원들이 대등한 관계에서 상호의존성을 인식하고 긴밀한 관계를 자발적으로 형성한 통합된 시스템을 말한다. 이는 제휴시스템이라고도 한다. 동맹형 시스템은 계약이나 소유에 의해 통합하는 것이 아니라 서로 대등한 입장에서 상호의존의 필요에 의해 통합하는 것이다.

Definition

경로 리더
(Channel Leader)
유통 계열화에 참여하는 유통 기관들 가운데 규모나 명성 또는 경제력 등에 있어 지도적 위치에 있는 기업

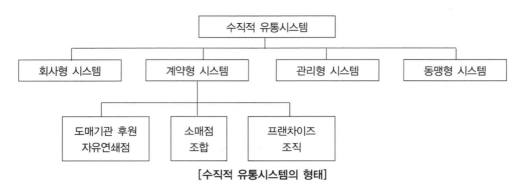

[수직적 유통시스템의 형태]

통합방식	회사형	계약형	관리형	동맹형
	소 유	계 약	경로리더의존	상호의존
독립성	소 유	독 립	독 립	독 립
수직적 통합의 정도	비독립	높 음	낮 음	매우 낮음 (대등관계)
상호 의존성	매우 높음	높 음	낮 음	높 음
공식화, 정보공유, 연관성	매우 높음	높 음	낮 음	높 음

[유통경로 네 가지 시스템의 비교]

06 유통기관

(1) 도매상 기출 18 · 17 · 13

① 제조업자 도매상 : 판매 지점이나 판매 사무소와 같이 제조업자에 의해 운영되는 도매상으로, 주로 재고 통제와 판매 및 촉진 관리를 향상할 목적으로 활용된다. 예 판매 지점, 판매 사무소

② 상인 도매상 : 상인 도매상은 자신이 취급하는 상품에 대한 소유권을 보유하며 제조업자나 소매상과는 별도로 독립하여 운영하는 사업체이다. 상인 도매상은 완전 기능 도매상과 한정 기능 도매상으로 세분된다.

    ㉠ 완전 기능 도매상 : 도매상인, 산업 분배업자

    ㉡ 한정 기능 도매상 : 현금 무배달 도매상, 직송 도매상, 통신 판매 도매상, 트럭 도매상, 선반 진열 도매상

③ 브로커와 대리인 : 대리 중간상 또는 기능 중간상이라고도 하며, 이들은 취급하는 상품에 대해 소유권은 보유하지 않고, 단지 상품 거래를 촉진시켜 주고 판매 가격의 일정 비율을 수수료로 받는다. 예 제조업자 대리인, 판매 대리인, 구매 대리인

(2) 소매상 기출 21 · 18

소매상의 유형은 다양한 관점으로 분류할 수 있으나 일반적으로 소유권 유무, 점포 전략 믹스, 점포 유무 등 세 가지 기준으로 대변할 수 있다.

① 소유권 : 독립적 소매상, 체인 소매상, 프랜차이즈, 소비자 조합

② **점포 전략 믹스** : 편의점, 슈퍼마켓, 양판점, 재래시장, 전문점, 연금 매장, 백화점, 슈퍼스토어, 할인점, 하이퍼마켓
③ **무점포 소매상** : 자동판매기, 통신 판매, 텔레마케팅, TV홈쇼핑

03 유통산업의 전개 과정

1 유통의 발전 과정

(1) 우리 나라 유통의 발전 과정

① **원시 사회** : 원시 사회에 우리 조상들은 집단적인 공동체를 형성하여 생활하였으며 생산 수단이나 생활 자료를 공유하였다. 원시 사회가 씨족 공동체와 부족 공동체를 거쳐 오는 과정에서 공동체와 공동체와의 사이에 거래가 처음으로 이루어졌다. 인지가 발달함에 따라서 공동체간의 전쟁을 통한 약탈 거래에서 점차 공평한 방법에 의한 거래로, 그리고 판매 쌍방이 대면하지 않고 거래하는 침묵 거래(Silent Trade)에서 판매 쌍방이 대면해서 흥정하는 협상거래 방식으로 발전하였다.

② **고대 사회** : 고대 사회의 상업, 즉 삼국 시대의 교환 경제는 국내 상업과 대외 무역으로 크게 나눌 수 있다. 그 당시의 국내의 상업은 이른바 수도의 경사시와 지방 농촌의 향시를 통하여 이루어지고 있었다.

③ **신라 시대** : 삼국사기에 의하면 신라 소지왕 12년(서기 490년)에 처음으로 경사시가 개설되어 각지의 재화가 거래되었다고 한다. 동시전은 신라 지증왕 10년(서기 509년), 서시전과 남시전은 신라 고조왕 4년(서기 695년)에 설치된 것으로서 모두 경사(京師), 즉 수도의 시장을 감독하기 위한 관청이었다. 이 시대의 시장 거래는 주로 쌀을 비롯한 곡물을 위주로 물물 교환하였다.

④ **고려 시대** : 고려 시대의 초기는 물론 중기에도 아직 상설적 점포(居 : 거사)는 없었고 행상들과 소규모 생산자들이 모여서 물물 교환하는 시장만이 존재하고 있었다. 그 당시도 역시 화폐는 사용하지 않고 주로 포(布)와 미(米)를 가지고 거래하였다. 그 후 희종 시대(서기 1205~1211년)에 개성의 시장을 개영(改榮)하여 상설적 전포를 보게 되었다. 이 시대의 시전을 감독하기 위한 관청으로는 경시서가 있었다.

⑤ **조선 시대** : 조선의 수도 한양성내 관설(官設) 전포가 설립된 것은 정종(1399~1400년) 때 이었으며 개성의 시전을 본 뜬 것이었다. 정종 원년(서기 1399년)에 처음으로 시전을 두었으며 그 시전은 정부에 대한 상납금의 필요에 의해 봉건적 관료 당국이 관의 설비로서 설치된 것이었다. 그들은 중앙 정부를 비롯하여 각 지방 관청의 수요품 납품업자인 동시에 봉건적 납부미인 현물 지대(現物地代), 공납물(貢納物), 또는 외국 사절의 지참품(持參品) 등의 정부 지정 판매인이었던 것이다. 이들 어용 특권 상인 단체 중에서 가장 규모가 큰 것이 이른바 육의전(六矣廛)이었다. 「만기요람(萬機要覽)」에 의하면 육의전은 서울에만 존재했던 제도로서 6종의 육전을 말하며, 선전(線廛), 면포전(綿布廛), 면세전(綿細廛), 내외어물전(內外魚物廛), 지전(紙廛) 및 저포전(苧布廛) 등으로 구성되어 있었다.

　㉠ 조선시대의 상거래에는 좌가와 행상이 있었다. 좌가(坐價)는 행상에 대조되는 것으로서 점포를 가지고 상업을 하는 소매상을 뜻하였다. 전은 시전의 뜻이며 시가지에 있었던 상점을 말한다. 조선 시대에는 상점을 전(廛)이라고 하였고, 「점(店)」이란 말은 쓰지 않았다. 상점에는 대, 중, 소의 세가

지 종류가 있어서 가장 큰 것을 「전(廛)」이라고 하고, 그 다음 것을 「방(房)」이라고 했다. 「방」은 실(室)이라는 뜻으로서 제조 판매하는 곳을 말한다. 가가(仮家)는 방(房)보다 더 작은 소매상점이었다. 이것은 노점과 같이 최하층의 점포를 보유하는 소매상업을 뜻하였다.

ⓛ 조선 시대에 있어서 시전 이외의 대표적 소매 기관으로서는 보부상(補負商)을 들 수 있다. 보부상은 행상인으로서 보상과 부상의 양자를 말한다. 보상은 수단포목, 관구, 일용잡화 등의 상품을 보자기에 싸서 그것을 등에 메고 십여명씩 떼를 지어 각 지방 향시를 찾아다니면서 소매업을 하는 행상이고, 부상은 도자기, 칠기, 철물, 건어물, 기타 일용 생필품 등을 지게에 지고 각 지방의 향시를 찾아다니며 소매업을 하는 행상이다.

ⓒ 객주와 여각은 도매업, 창고업, 위탁 판매업, 운송업, 숙박업을 경영하면서 예금, 대부, 어음의 할인 및 발행 등의 금융업까지도 담당하는 광범위한 상행위를 하는 거상들이었다.

ⓔ 재래시장은 일반 서민들의 상거래의 중심이었다. 서울 이외의 지방에 있는 시장은 향시(鄕市)라고 하고 1개월에 6회씩 5일마다 개시(開市) 하였기 때문에 5일장이라고 한다. 예외로 약령시 같은 것은 봄, 가을 내지 1년 1회 개시하였다.

[조선 시대의 유통 현황]

⑥ 일제 시대 : 조선의 종말과 함께 민간의 상설 소매 점포가 들어서기 시작하였다. 향시는 일제하에서도 그대로 존속되고 해방을 맞이할 때까지 그 수는 증가되어 갔다. 일본인 식민지 당국자들은 1914년에 총독부령 제136호로서 오늘날 「시장법」의 모체가 된 「시장 규칙」을 제정하였다. 이 부령은 시장의 종류를 재래시장, 식료품 판매 시장, 조시장, 수산물 청과물 시장 등 3종으로 한정하였다. 5일 시장 가운데는 일제 말기에 이르러 매일 시장으로 변화하는 경향을 나타내기 시작했고, 「역내 시장(域內市場)」에는 부수적인 것으로서 매일 조석 2시간에 「저자」라는 시장이 서기 시작했다.

⑦ 현대의 유통업 : 1955년 당시 우리나라에는 백화점 7개가 존재하였고, 1960년대에는 14개로 증가 되었다. 1970년대에 들어서 백화점은 양적, 질적 성장을 거듭하였으며, 같은 시기에 도입된 슈퍼마켓, 연쇄점 등과 함께 소매 기관의 중심을 이루게 되었다. 1980년대에는 할인점, 대중 양판점, 하이퍼마켓, 쇼핑 센터, SSDDS, 편의점 등과 같은 새로운 형태의 소매 기관들이 속속 등장하였다.

재래시장의 낙후 원인
- 국민소득의 저위성으로 인한 저구매력
- 생산력 특히 공업 생산력의 미발달
- 상인 자본의 영세성
- 도시화의 지연
- 교통, 운송 수단 기타의 사회 간접자본형성의 낙후
- 시장 근대화에 대한 관의 무관심
- 재래시장의 다목적성

(2) 선진국 유통의 발전 과정 [기출] 14

① 소매상

㉠ 역사적으로 볼 때 소매 기구(소매상)의 발전은 먼저 특화의 과정을 통하여 이루어졌다.

㉡ 19세기 후반기부터 생겨나기 시작한 백화점은 20세기에 들어서면서부터 자본주의 최초의 대량 판매 기구로 등장하였다.

㉢ 1920년대에 들어 생겨난 연쇄점(Chain Store)은 백화점의 도심지 중심주의의 허점을 찌른 점포의 지방 분산화 정책으로 전성기를 이루었으나, 1930년대에 와서는 슈퍼마켓이 등장하여 연쇄점을 제치고 식료품 마케팅의 지배권을 장악하게 되었다.

㉣ 1940년에는 소매 기관의 위치가 교외(郊外)로 이동하여 일반적으로 널리 알려진 표준품을 저가격으로 판매하는 할인점(Discount Store)이 크게 각광을 받았으며, 이 할인점이 발전하여 SSDDS(Self Service Discount Department Store)와 계획적 쇼핑센터(Planned Shopping Center)로 발전하는 등 통합 과정이 소매업계를 주도하게 되었다.

㉤ 1970년대는 소비자의 근처에서 24시간 개점하는 편의점이 크게 유행하였고, 1980년대에 들어서는 다양한 분야의 전문점들이 다시 전성기를 맞이하기 시작하였다.

선진국 소매업계의 환경변화 [기출] 20 · 17 · 14
- 소매업체촉진비중이 과거에 비해 점차 커지고 있다.
- 제조업체보다 구매력을 확보하게 된 소매업체들의 파워가 증대하고 있다.
- 백화점의 성장이 둔화되고 대형 할인점, 편의점, 카테고리킬러와 신업태의 경쟁이 더욱 치열해지고 있다.
- 할인점은 성숙기 초입에 진입하고 있으며, 카테고리킬러는 도입기로서 앞으로 상당한 성장을 할 가능성이 크다.
- 패스트 패션 유통은 신규점포 확장으로 시정점유율을 높이고 있는 성장기에 접어들었다.

② 도매상 [기출] 21

㉠ 선진국의 도매 기관은 먼저 일반 잡화 도매상, 한정 품종 도매상, 전문 도매상에서 취급하는 품종이 특화 되었으며, 도매 기관의 기능 중 특정 기능에 특화된 현금 무배달 도매상, 직송 도매상, 통신판매 도매상, 트럭판매 도매상, 선반 진열 도매상 등이 발달하였다.

© 도매상의 통합 형태
- 도매상과 소매상 통합 형태 : 도산매상, 자유연쇄점 도매상, 연쇄점 도매 창고 등
- 도매상과 생산자 통합 형태 : 제조업자 판매지점, 제조 도매상, 도매겸영 제조업자 등
- 도매상과 도매상의 통합 형태 : 연쇄 도매상과 지점제 도매상 등

2 소매상의 진화와 발전 이론 기출 21·17·14

(1) 소매업 수레바퀴 이론(Wheel of Retailing) 기출 22·17·16·15

① 사회 경제적 환경이 변화됨에 따른 소매상의 진화와 발전을 설명하는 대표적인 이론이다.

② 이 이론에 따르면 새로운 형태의 소매점은 주로 혁신자로, 시장 진입 초기에는 저가격, 저서비스, 제한적 제품 구색으로 시장에 진입한다.

③ 그러나 점차 동일 유형의 새로운 소매점들이 진입하여 이들 사이에 경쟁이 격화되면 경쟁적 우위를 확보하기 위하여 보다 세련된 점포 시설과 차별적 서비스가 증가된다. 따라서 성숙기에는 고비용, 고가격, 고서비스 소매점으로 위치가 확립된다.

④ 이 결과 새로운 유형의 혁신적인 소매점이 저가격, 저마진, 저서비스로 시장에 진입할 수 있는 여지를 제공하게 되고, 이 새로운 유형의 소매점 역시 위와 동일한 과정을 따르게 된다는 것이다.

⑤ 역사적으로 볼 때 소매점은 전문점 → 백화점 → 할인점 순으로 등장하여 이 이론이 부분적으로 입증되었지만, 후진국의 경우는 이런 모든 유형의 소매점이 동시에 또는 순서가 뒤바뀌어 도입되기도 하였다.

단 계	도입기	성장기	취약기
성 격	혁신적 소매상	전통적 소매상	성숙 소매상
시장지위	유 치	성 장	쇠 퇴
영업특성	• 저가격 • 최소한 서비스 • 점포시설 미비 • 제한적 제품 구색	• 고가격 • 차별적 서비스 • 세련된 점포시설 • 제품 구색 욕구충족 • 번화가 위치	• 고가격 • 고품질, 고서비스 • 고비용, 대자본 • 보수주의 • RIO(투자수익률) 감소

[소매상 수레바퀴 이론의 단계별 특징]

(2) 소매점 아코디언 이론(Retail Accordion Theory) 기출 23·21·18·17·14

① 소매점의 진화 과정을 소매점에서 취급하는 상품 믹스로 설명한다.

② 소매점은 다양한 상품 구색을 갖춘 점포로 시작하여, 시간이 경과함에 따라 점차 전문화되고 한정된 상품 계열을 취급하는 소매점 형태로 진화하고, 이는 다시 다양하고 전문적인 제품 계열을 취급하는 소매점으로 진화해 가는 것으로 보며, 그 진화과정 즉 상품 믹스의 확대 → 수축 → 확대 과정이 아코디언과 유사하여 이름 붙여진 이론이다.

(3) 소매 수명 주기 이론(Retail Life Cycle Theory)

소매 수명 주기 이론은 제품수명주기이론과 동일하게 소매점 유형이 도입기 → 성장기 → 성숙기 → 쇠퇴기의 단계를 거치게 된다는 것이다. 즉 새로운 소매점 유형은 도입 초기에 높은 성장률과 성장 가능성을 보유하게 된다.

구 분	도입기	성장기	성숙기	쇠퇴기
마케팅목표	제품인지도증가 제품 사용 확대	시장 확대 제품계열 확대	가격인하 서비스증대 유통경로 확대	촉진비용절감 서비스 감소 가격 인하
경쟁 강도	매우 낮다	높 다	높 다	점차 약화
마케팅비용	매우 크다	크 다	보 통	거의 없다

[소매점 수명 주기 이론의 단계별 특징]

(4) 변증법적 과정(Dialectic Process) 기출 22·19·16·15

변증법적 과정은 소매점의 진화 과정을 변증법적 유물론에 입각하여 해석하고 있다. 즉 고가격·고마진·고서비스·저회전율의 장점을 가지고 있는 백화점(정)이 출현하면, 이에 대응하여 저가격·저마진·저서비스·고회전율의 반대적 장점을 가진 할인점(반)이 나타나 백화점과 경쟁하게 되며, 그 결과 백화점과 할인점의 장점이 적절한 수준으로 절충되어 새로운 형태의 소매점인 할인 백화점(합)으로 진화해 간다는 이론으로, 소매점의 진화 과정을 정반합 과정으로 설명한다.

(5) 진공지대이론(Vacuum Zone Theory) 기출 23·17·14

소비자의 서비스와 가격에 대한 선호도를 중심으로 새로운 업태의 등장을 설명하는 이론이다. 저가-저서비스 업태와 고가-고서비스 업태가 양극단에 위치한다고 할 때, 만약 소비자가 가장 선호하는 업태가 그 중간점(중가-중서비스)에 위치한다면 기존 업태가 중간점으로 업태를 전환하면서 그 결과, 양극단에 새로운 업태가 들어설 수 있는 여지가 발생한다고 보는 이론이다.

3 유통산업의 환경 변화 기출 21·13

(1) 인구 통계학적인 요인 기출 22·17

① 소매업의 판매 대상은 총인구라 할 수 있으므로 총인구가 증가하면 소비 시장이 확대된다. 연령별 인구 구조를 보면 1970년대까지는 전형적인 피라미드 형태를 띠고 있었으나 1980년대 들어서 유아들의 비중이 줄어드는 다이아몬드 구조로 바뀌고 있으며, 유아들의 성별 분포도 남아가 여아에 비하여 상대적으로 많다.

② 국민의 영양 수준과 보건 의료 기술의 향상으로 평균 수명이 연장되어 고령 인구비율이 증가되었다. 가족 구성은 과거의 대가족에서 핵가족으로 빠르게 변화하고 있다.

③ 초혼 연령이 늦어지고, 이혼율이 증가함에 따라 독신 가구가 증가하고 있다.

(2) 사회 · 경제적 환경 요인 `기출 17 · 15`

① **소득 수준과 소비 구조의 변화** : 가계 소득의 증가는 소비자의 구매력을 증대시켜 종래의 소비 구조를 변화시켰다. 소비 구조가 생필품 구매 중심에서 여가 · 건강 · 생활의 질 내지 풍요로움을 추구하는 방향으로 변화되고 있다.

② **교육 수준의 향상** : 우리나라는 전통적으로 교육에 대한 욕구 수준이 매우 높은 편이며 교육 수준이 향상되면 구매력이 증가된다. 또 소비 면에서도 욕구가 다양화 · 고급화 · 개성화 되었고 '생활의 질' 또는 '풍요로움'을 추구하는 소비 패턴을 보이며 합리적인 구매 행동을 하게 되었다.

③ **여성의 사회 참여 증가** : 취업한 주부는 각종 즉석 식품이나 조작이 간편한 가전제품, 배달 서비스, 포장 이삿짐센터 등을 선호하는 구매 행동 특징을 보인다. 또한 시간을 효과적으로 활용할 수 있는 24시간 편의점이나 일괄 구매를 할 수 있는 점포를 선호한다. 한편 여성의 사회 참여 증가와 경제적 지위 향상은 구매 의사 결정 과정에서 여성이 차지하는 영향력을 높였다.

④ **소비자 보호 운동(Consumerism)의 확산** : 소비자 교육 수준의 향상, 여성의 경제적 · 시간적 여유로 인한 사회 참여의 증대, 매스컴의 발전, 정부와 지방 자치 단체의 관심 증대 등이 점차 확산되어 전 국민적인 운동으로 발전해 가고 있으며, 기업의 마케팅 활동에 영향을 미치고 있다.

(3) 시장 환경 요인 `기출 20`

① **소매점 경쟁 구조의 변화** : 대도시 인구의 절대수가 증가하고 교외 지역의 거주 밀도가 높아짐에 따라 대규모점 또는 전문점이 다수 신설되어 새로운 집단적 상업 지역이 형성되고, 점포대 점포 간의 경쟁이 아니라 집단 대 집단, 즉 상권 대 상권 또는 상점가 대 상점가라는 경쟁 구조가 지배적인 형태로 출발하게 되었다.

② **시장 세분화의 심화 및 새로운 세분 시장의 출현**
    ㉠ 구매력이 있는 고령화 인구의 증가로 노인 시장 각광
    ㉡ 아파트 생활에 적합한 구매 행동을 하는 새로운 세분 시장이 형성
    ㉢ 취업 여성의 증가로 시간 절약, 일괄 구매, 24시간 서비스 등을 선호하는 여성 세분 시장이 나타남
    ㉣ 10대 후반에서 20대 초반에 이르는 연령층 출현

③ **우루과이 라운드와 유통 시장 개방 확대** : 유통 분야의 기술 도입 자유화, 소매업에 대한 외국인 투자 허용 범위 확대, 유통 분야의 현대화, 유통 구조의 근대화로 경쟁력 제고 요망

(4) 기술적 환경 요인

① 20세기 후반 들어 경영 현장, 특히 유통 현장에 도입된 컴퓨터를 중심으로 하는 새로운 경영 개념을 도입

② 80년대 후반부터 대형 유통 기관을 중심으로 도입되기 시작한 POS 시스템은 점차 중소 규모 유통 기관에까지 확산

③ 정보 통신망, 비디오텍스나 양방향 CATV와 같은 기술적 환경 변화에 대응한 새로운 프로모션믹스 구성

(5) 유통산업의 환경에 따른 유통경로의 변화 단계 기출 23 · 22

① 싱글채널 : 하나의 오프라인 점포에서 구매

② 듀얼채널 : 두 개 이상의 오프라인 점포에서 구매 가능

③ 멀티채널 : 온·오프라인의 다양한 채널에서 구매 가능하나 각 채널은 경쟁관계임

④ 크로스채널 : 온·오프라인의 경계가 무너지면서 상호 보완됨

⑤ 옴니채널 : 다양한 채널이 고객의 경험관리를 중심으로 하나로 통합됨

지식 in

공급망 관리(SCM ; Supply Chain Management)의 기대효과 기출 17

• 재고감소 : 재고관리 측면에서 생산, 유통, 판매를 위한 정보가 적시에 제공되기 때문에 공급사슬 내에서 원자재 및 제품의 흐름이 적정수준으로 원활하게 운영될 수 있다.

• 업무절차의 간소화로 인한 업무처리 시간 단축 : 공급사슬 내 모든 프로세스들 사이에서 유기적인 통합을 기반으로 수행되기 때문에 효과적인 SCM 운영을 할 경우의 업무절차 및 처리시간은 공급사슬 내 각각의 프로세스들이 개별적으로 업무절차를 수립하여 수행하는 것에 비해 간결하고 짧아진다.

• 안정된 공급 : SCM을 운영함으로써 상호신뢰 관계를 형성하고 장기적인 비즈니스 파트너로서 우호적인 제휴관계를 구축하여 안정적인 거래를 확보할 수 있다.

• 자금흐름개선 : 자사가 보유하는 재고수준이 현저하게 감소하여 그 재고를 유지하기 위한 공간, 관리 인력 등이 동시에 감소하게 됨으로써 재고 상품을 구매하기 위한 자금과 재고유지 비용이 대폭 줄어들게 되어 자금 여유가 생기게 된다.

• 이익증가 : SCM의 전략적 제휴에 의한 상품 및 서비스의 호혜적인 가격 적용은 직접적으로 원가에 반영되어 가격 경쟁력과 이익에 직접 기여하게 된다.

01 기출유형분석

※ 본 문제를 풀면서 이해체크를 이용하시면 문제이해에 보다 도움이 될 수 있습니다.

01 '어떤 상품과 서비스가 생산자로부터 소비자 및 최종사용자에게로 이전되는 과정에 참여하는 모든 개인 및 기업'을 일컫는 말로 가장 적합한 것은?
[2012.07]

① 유통산업
② 유통경로
③ 유통구조
④ 유통기관
⑤ 유통과정

> **해설**
> ② 유통경로 : 제품이나 서비스가 생산자로부터 소비자에 이르기까지 거치게 되는 단계
> ③ 유통구조 : 제품이나 서비스가 생산자, 상인, 소비자 사이에 거래되는 일련의 체계로 유통경로와 유통기관으로 구성
> ④ 유통기관 : 유통 활동에 직접적으로 종사하는 기관 예 도매상
> ⑤ 유통과정 : 생산자 → 도매상 → 소매상 → 소비자

02 다음은 유통흐름에 대한 설명이다. 괄호 안에 들어갈 적절한 용어가 순서대로 나열된 것은?
[2012.04]

> 유통흐름(Distribution Flow)이란 생산부문에서 소비부문으로 거래요소의 흐름을 말하는데 상품의 소유권 이동을 뜻하는 (   ), 상품 그 자체의 이동을 의미하는 (   ), 그리고 소비부문에서 생산부문으로 상품에 대한 대가로서 자금의 이동인 (   ), 마지막으로 이 세 유통을 제어하기 위한 생산부문과 소비부문과의 쌍방향적 (   )으로 구성된다.

① 상적 유통 - 물적 유통 - 자금 유통 - 정보 유통
② 물적 유통 - 자금 유통 - 정보 유통 - 상적 유통
③ 자금 유통 - 정보 유통 - 물적 유통 - 상적 유통
④ 자금 유통 - 정보 유통 - 상적 유통 - 물적 유통
⑤ 정보 유통 - 물적 유통 - 자금 유통 - 상적 유통

24 제1과목 | 유통상식

> **해설** 유통흐름 관련 용어
> • 상적 유통 : 상품의 매매에 의한 거래를 의미
> • 물적 유통 : 상품의 운송, 보관, 하역, 포장, 유통가공 등을 의미
> • 자금 유통 : 유통활동을 원활하게 할 수 있도록 필요한 자금을 조달하는 것을 의미
> • 정보 유통 : 유통활동에 관련된 각종 정보를 분석 및 처리해서 그 정보를 활용할 수 있도록 효율적으로 관리하는
>   것을 의미

03 유통흐름에 참가할 수 있는 필요요건은 유통기관이 어떤 유통기능을 수행하는가에 달려있다. 유통 종류에 따라 필요로 하는 유통기능의 내용이 가장 올바르지 않은 것은? [2012.07]

① 상적 유통에 참가하기 위해서는 소유권기능과 위험부담기능을 수행해야 한다.
② 물적 유통에 참가하기 위해서는 재고·운송 등의 물류기능을 수행해야 한다.
③ 정보 유통에 참가하기 위해서는 정보전달기능을 수행해야 한다.
④ 자금 유통에 참가하기 위해서는 위험부담기능과 선물거래기능을 수행해야 한다.
⑤ 어떤 요소흐름에 참가하든 유통기관은 자금 유통에 참가하게 된다.

> **해설** 자금 유통에 참가하기 위해서 선물거래기능을 수행할 필요는 없다.

04 유통의 의미와 역할에 대한 설명으로 가장 옳지 않은 것은? [2012.04 | 2012.07 | 2012.11 | 2013.04]

① 유통은 생산과 소비 사이에 존재하고 있는 간격을 연결하는 역할을 한다.
② 유통기능은 유통시스템 전반에 걸친 거시적인 활동과 유통기관 내의 미시적인 활동을 연결한다.
③ 유통흐름의 핵심은 상품의 소유권과 상품 그 자체가 생산부문에서 소비부문으로 시간, 지리, 공간상
   의 간격을 뛰어넘어 이동하는 것이다.
④ 유통기능에는 소유권기능, 위험부담기능, 정보전달기능, 물류기능이 있으며 한 유통기관이 두 개의
   기능을 수행하기는 어렵다.
⑤ 소유권, 위험부담, 정보전달, 물적유통 등의 각 기능을 수행하는 정도는 유통기관에 따라 다르다.

> **해설** 한 유통기관이 복수의 기능을 수행할 수도 있다.

05 기업 전체의 입장에서 물적 유통의 영역에 대하여 설명한 것 중 가장 올바르지 않은 것은?

[2012.11]

① 조달물류는 제조업체로부터 공급요청을 받은 공급처가 원자재를 포장하여 제조업체의 자재창고까지 수송 및 배송을 하고 제조업자가 입고된 원자재를 자재창고에 보관 및 재고관리 하는 단계까지를 말한다.

② 생산물류는 자재창고에서의 출고로부터 생산공정으로의 운반, 생산공정에서의 하역, 그리고 창고에의 입고까지 전 과정을 말한다. 생산물류에서는 운반 및 하역의 자동화와 창고의 자동화가 관리의 초점이 된다.

③ 판매물류는 제품이 소비자에게로 전달될 때까지의 수송 및 배송활동으로서 제품창고로부터 제품의 출고, 배송센터까지의 수송, 배송센터로부터 각 대리점이나 고객에게 배송되는 작업 등이 포함된다.

④ 로지스틱스 관리는 원자재의 구매로부터 생산된 최종제품을 최종소비자에게 전달까지의 물적 흐름과 이 과정에서 발생하는 정보흐름을 관리하는 포괄적인 개념이다.

⑤ 로지스틱스 관리는 공급자, 제조업자, 물류업자, 유통업자의 공급망을 통합된 하나의 시스템으로 보고 이를 최적화 하고자 하는 종합경영 물류활동이다.

 로지스틱스 관리(Logistics Management)
고객의 요구에 부응하기 위한 목적으로 공급지와 소비지간 제품, 서비스 및 관련 정보의 효율적이고 효과적인 전후방 흐름과 저장을 계획, 실행, 통제하는 공급사슬관리의 한 분야이다.

06 쇼(A.W. Shaw) 교수의 유통기능 분류로 옳지 않은 것은?

[2012.11]

① 위험부담(Sharing the Risk)
② 재화수송(Transporting the Goods)
③ 경영금융(Financing the Operations)
④ 판매(Selling the Goods)
⑤ 시장확대(Market Expansion)

 쇼(A.W. Shaw) 교수의 유통기능 분류
• 위험부담(Sharing the Risk)
• 재화수송(Transporting the Goods)
• 경영금융(Financing the Operations)
• 판매(Selling the Goods)
• 수집 · 분류 · 재발송(Assembling, Assorting and Reshipping)

07 유통기능의 통괄적 분류와 그에 대한 설명이 가장 올바르지 않게 짝지어진 것은? [2012.07]

① 시간적 기능 – 보관기능
② 장소적 통일기능 – 운송기능
③ 품질적 통일기능 – 규격과 표준화
④ 양적 통일기능 – 생산과 소비의 수량적 통일기능
⑤ 인격적 통일기능 – 물리적 위험과 경제적 위험의 담보기능

> **해설**
> ⑤ 인격적 통일기능 – 상품소유권 이전 기능
> ※ 위험부담 기능 – 물리적 위험과 경제적 위험의 담보기능

 08 유통경로의 필요성으로 보기 어려운 것은? [2012.11]

① 거래의 단순화　　　　　　　　② 정보탐색의 용이성
③ 구색 맞춤(분류 기능)　　　　　④ 총거래수 최소화
⑤ 소비자 효용의 감소

> **해설**
> 유통경로는 제품을 생산자로부터 소비자에게 이전시키는 과정에서 시간효용, 장소효용, 소유효용, 형태효용 의 4가지 효용을 제공해주므로 소비자 효용을 증가시킨다.

  09 유통경로가 필요한 이유로 가장 적절하지 않은 것은? [2012.07]

① 교환과정에 있어 거래비용 및 거래회수를 줄임으로써 효율성을 높여준다.
② 제품의 구매와 판매에 필요한 정보탐색의 노력을 감소시켜 준다.
③ 반복적인 거래를 가능하게 함으로써 구매와 판매를 보다 용이하게 해준다.
④ 편리한 장소에서 고객이 원하는 물량, 품질 및 가격으로 제품을 공급해줌으로써 수요를 만족시켜 준다.
⑤ 경로 구성원이 고객가치 창출이라는 공동의 목표를 갖게 하여 경로구성원들 간의 결속을 강화한다.

> **해설**
> ⑤ 유통경로는 교환 과정의 촉진, 제품 구색 불일치의 완화, 거래의 표준화, 생산과 소비의 연결, 정보 제공 기능, 고객 서비스 제공 등을 위해 필요하다.
> ① 교환과정의 촉진
> ② 정보 제공 기능
> ③ 거래 기능
> ④ 장소 효용

10

유통경로가 창출하는 효용으로 가장 보기 어려운 것은?　　　　　[2012.11 | 2013.07]

① 시간효용　　　　　　　　　　　　② 장소효용
③ 기술효용　　　　　　　　　　　　④ 형태효용
⑤ 소유효용

> **해설** 유통경로의 효용
> - 시간효용(Time Utility) : 재화나 서비스의 생산과 소비간의 시차를 극복하여 소비자가 재화나 서비스를 필요로 할 때 이를 소비자가 이용 가능하도록 해주는 효용
> - 장소효용(Place Utility) : 지역적으로 분산되어 생산되는 재화나 서비스가 소비자가 구매하기 용이한 장소로 전달될 때 창출되는 효용
> - 소유효용(Possession Utility) : 생산자로부터 소비자에게 재화나 서비스가 거래되어 그 소유권이 이전되는 과정에서 발생되는 효용
> - 형태효용(Form Utility) : 대량으로 생산되는 상품의 수량을 소비지에서 요구되는 적절한 수량으로 분할, 분배함으로써 창출되는 효용

11

(ㄱ), (ㄴ)에 들어갈 알맞은 단어를 순서대로 나열한 것은?　　　　　[2016.04]

> - 유통기능이란 생산과 소비의 간격을 메우는 것을 말한다. (ㄱ) 간격은 생산장소와 소비장소의 간격을 말하는 것으로서 유통업자는 수송에 의해 이 간격을 해결할 수 있다.
> - (ㄴ) 간격은 생산시기와 소비시기의 간격을 말하는 것으로서 유통업자는 보관기능을 담당하는 물류센터를 통해 이를 해결할 수 있다.

① 장소적, 시간적　　　　　　　　　② 장소적, 수량적
③ 시간적, 장소적　　　　　　　　　④ 장소적, 품질적
⑤ 품질적, 시간적

> **해설** 유통기능
> - 장소적 불일치 극복 : 생산과 소비 사이에는 상품이 생산되는 생산장소와 소비되는 소비장소가 서로 다르다는 장소적 분리가 있으나, 수송을 통해 생산지와 소비지 사이의 장소적인 차이를 해소시킬 수 있다.
> - 시간적 불일치 극복 : 생산과 소비 사이에는 생산 시기와 소비 시기의 차이라는 시간적 분리가 있으나, 보관활동을 통해 이를 해소할 수 있다.
> - 사회적 불일치 극복 : 생산과 소비 사이에는 생산자와 소비자가 별도로 존재한다는 사회적 분리가 있으나, 매매(소유권이전)를 통해 생산과 소비 사이에 발생하는 사회적인 간격을 해소시킬 수 있다.

12 다음 중 유통의 기본 개념에 대한 설명으로 가장 올바르지 않은 것은? [2013.04]

① 유통은 국민경제적인 측면에서 생산과 소비를 연결시켜 주는 기능을 한다.
② 생산된 제품에 시간, 장소 및 소유의 효용을 더해 줌으로써 부가가치를 창출하는 기능을 한다.
③ 유통의 발전 없이는 소비자의 욕구충족이라는 마케팅의 기본적인 목적을 달성하기 어렵다.
④ 분업의 확대로 갈수록 생산과 소비 사이의 거리가 멀어지므로 양자의 가교역할을 하는 유통이 점점 더 중요해지고 있다.
⑤ 최근 유형상품의 소비 활성화로 인해 생산과 동시에 소비가 이루어지므로 도시화와 정보화로 인한 시간적 거리를 확대하는 역할이 가장 중요하다.

> 유통의 시간적 기능이란 상품의 생산시점에서 소비시점까지 저장함으로써 상품의 효용가치를 창조하는 것이다. 그것은 생산·소비의 시간적 간격을 해소하는 기능이며 수급의 시간적 조절 기능이다. 즉 시간적 거리를 확대하는 것이 아니라 시간적 거리를 축소해야 한다는 것이다.

13 다음 설명하는 도매상 유형이 차례대로 올바르게 짝지어진 것은? [2013.10]

> 가. 전형적인 도매상으로, 소매상들에게 종합적인 서비스를 제공하며 취급하는 제품계열의 폭이 매우 넓다.
> 나. 거래를 촉진시키며, 소유권을 이전하지 않은 채, 구매자와 판매자 사이에서 일정 보수를 받는다.

	가	나
①	광역 도매상	중개업자
②	판매사무소	거간
③	서비스 도매상	대리점
④	도매상인	브로커
⑤	제품 도매상	커미셔너

> '나'의 거래를 촉진시키며, 소유권을 이전하지 않은 채, 구매자와 판매자 사이에서 일정 보수를 받는 도매상의 유형은 브로커(거간)으로 선택지 중 ①, ③, ⑤는 답이 될 수 없다. '가'의 경우에는 취급하는 제품에 대해 소유권을 가지고 서비스를 제공하는 도매상인이 적절하다.

유통단계에 있어 생산자와 소매상 사이에 도매상이 개입하기에 좋은 조건으로 볼 수 없는 것은?

[2012.04]

① 생산부문이 다수의 중소규모 생산자로 구성되어 있다.
② 생산자나 소매상이 지리적으로 넓게 분산되어 있다.
③ 생산자가 서로 다른 특정 상품의 생산에 전문화되어 있다.
④ 소매상의 상품구성이 다수 생산자의 상품믹스로 이루어져 있다.
⑤ 생산자가 생산하는 제품이 희소성을 가져 선점의 필요가 있다.

> **해설**
>
> **공급자와 소매상 사이의 도매상 개입조건**
> • 소매상 소유의 제품구성이 다수의 공급자 제품믹스로 이루어진 경우
> • 공급자 및 소매상이 지리적으로 넓게 분포된 경우
> • 공급부문이 여러 중소규모의 공급자로 구성된 경우
> • 공급자가 서로 다른 특정한 제품의 공급에 전문화된 경우

15 다음 중 유통경로에 있어 중간상이 존재해야 하는 이유로 가장 올바르지 않은 것은? [2013.04]

① 중간상의 개입으로 거래의 총량이 감소하게 되어 제조업자와 소비자 양자에게 실질적인 비용감소 및 거래의 효율성을 제공한다.
② 제조업자는 생산을 그리고 유통업자는 유통을 전문화 할 수 있으므로 보다 경제적이고 능률적인 유통기능을 수행할 수 있다.
③ 제조와 유통을 통합하여 대량판매를 하여도 규모의 경제에 의한 이점이 발생하지 않으므로 중간상을 통한 판매가 비용상 유리하다.
④ 가능한 많은 수의 중간상을 개입시켜 대량 보관이 아닌 분담 보관을 함으로써 사회 전체 보관의 총량을 감소시킬 수 있다.
⑤ 유통과정에 중간상이 개입함으로써 제조업자가 수급조절, 정보수집 및 보관에 대한 위험부담을 전담하여 수행할 수 있다.

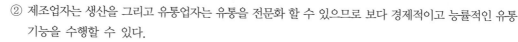

> **해설**
>
> 다수의 중간상이 유통경로에 참여하게 되면 유통경로 과정에서 다양하게 수행되는 기능들, 즉 수급조절기능, 보관기능, 위험부담기능, 정보수집기능 등이 경제적·능률적으로 수행될 수 있다(분업의 원칙).

 30 제1과목 | 유통상식

16 유통경로에 대한 설명으로 가장 옳지 않은 것은? [2012.04]

① 유통경로는 제품, 가격, 촉진과 함께 마케팅 관리자가 목표달성을 위해 전략적으로 활용할 수 있는 프로모션믹스 요소 중 하나이다.

② 유통경로가 일단 구축되면 이를 변경하는 것이 용이하지 않고 경로구성원에 대한 통제가 비교적 어렵다는 점에서 보다 신중한 관리가 필요하다.

③ 유통경로는 '고객이 제품이나 서비스를 사용 또는 소비하는 과정에 참여하는 상호 의존적인 조직들의 집합체'로 정의된다.

④ 유통경로는 제품이나 서비스를 고객이 사용 또는 소비하도록 하기 위해 필요한 것이며 유통경로 내 과정은 최종사용자(End-user)를 만족시키는 것을 목적으로 한다.

⑤ 유통경로는 수직적 및 수평적으로 계열화 할 수 있으며 그 중 수직적으로 계열화된 유통경로는 전통적 유통경로에 비해 효율성과 효과성은 낮지만 유연성이 높다.

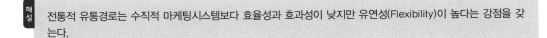

해설 전통적 유통경로는 수직적 마케팅시스템보다 효율성과 효과성이 낮지만 유연성(Flexibility)이 높다는 강점을 갖는다.

17 유통의 역할 중 소비자에 대한 역할로 가장 옳지 않은 것을 고르시오. [2012.11]

① 올바른 상품을 제공하는 역할

② 적절한 상품의 구색을 갖추는 역할

③ 쇼핑의 장소 및 정보를 제공하는 역할

④ 필요치 않은 상품의 재고를 유지하는 역할

⑤ 상품정보, 유행정보, 생활정보를 제공하는 역할

해설 필요치 않은 상품의 재고를 유지하는 것이 아니라 소비자 욕구에 대응할 수 있는 '필요한 상품'의 재고를 유지하는 역할을 한다.

18 유통경로의 사회적·경제적 기능으로 가장 보기 어려운 것은? [2012.04]

① 교환과정의 촉진
② 제품구색의 불일치 완화
③ 제조업자와 소비자 간의 연결
④ 고객서비스 제공
⑤ 거래의 다양화를 통한 소유권이전

> **해설** 소유권이전 기능은 유통경로의 마케팅기능으로 가장 본질적인 기능이다.

19 유통의 경제·사회적 역할에 대한 설명 중 가장 옳은 것은? [2013.10]

① 유통은 소비자가 기대하는 제품을 합리적인 가격으로 적절한 시기에 필요한 양만큼 자유로이 구매하는 역할을 담당한다.
② 유통은 생산자의 기대를 충족시키고 만족도 향상과 수요 및 가격 등의 정보전달을 함으로써 생산자의 위험부담을 감소시켜주고 기술혁신을 위한 금융지원 역할을 담당한다.
③ 유통은 생산자 측면에서 소비자가 담당해야 할 물적 유통기능(배송, 보관, 하역, 포장, 재고관리 등)을 수행한다.
④ 유통은 생산자의 라이프스타일에 적합한 제품과 서비스를 선택하여 공급함으로써 사회적으로 효율적이고 안정적인 생활을 영위하게 한다.
⑤ 유통은 양질의 제품을 생산자에게 저렴하게 공급함으로써 건전한 생산을 유도하고 가격의 제조업자가 담합을 통해 가격의 합리화를 추구하여 소비자에게 건전한 소비를 유도한다.

> **해설**
> ② 유통은 소비자의 기대를 충족시키고 만족도 향상과 수요 및 가격 등의 정보전달을 함으로써 생산자의 위험부담을 감소시켜주고 기술혁신을 위한 금융지원 역할을 담당한다.
> ③ 유통은 소비자 측면에서 생산자가 담당해야 할 물적 유통기능(배송, 보관, 하역, 포장, 재고관리 등)을 수행한다.
> ④ 유통은 소비자의 라이프스타일에 적합한 제품과 서비스를 선택하여 공급함으로써 사회적으로 효율적이고 안정적인 생활을 영위하게 한다.
> ⑤ 유통은 양질의 제품을 소비자에게 저렴하게 공급함으로써 건전한 생산을 유도하고 가격의 제조업자의 담합을 예방하는 등 가격의 합리화를 추구하여 소비자에게 건전한 소비를 유도한다.

20 유통산업의 경제적 역할로 보기 어려운 것은?   [2012.07]

① 고용창출 역할
② 물가조정 역할
③ 산업발전의 촉매 역할
④ 생산자와 소비자간 매개 역할
⑤ 유통업체간, 제조업과 유통업체간 경쟁력 약화 유도 역할

해설
유통업체간, 제조업과 유통업체간 경쟁을 촉진함으로써 물가조정 역할을 한다.

21 유통구조를 기능별로 구분할 때 수집기구, 중계기구, 분산기구로 나눌 수 있다. 이 중 수집기구에 대한
설명으로 가장 옳지 않은 것은?   [2016.11]

① 수집기구에 집하기관과 출하기관 그리고 양자를 병행하는 공동판매기관이 있다.
② 소규모, 소량생산이 분산적으로 이루어지는 경우에 특히 중요한 역할을 하게 되는 조직이다.
③ 가내공업상품 및 중소기업상품 등을 도매시장에 공급하는 기구를 말한다.
④ 농산품 및 수산품과 같은 산업에 일반적으로 수반되는 기구이다.
⑤ 수집기구의 대표적인 예로는 도매상과 소매상처럼 상품들이 대량화되어 모이는 유통기구를 들 수 있다.

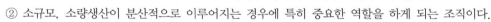

해설
상품들이 대량화되어 모이는 유통기구는 중계기구를 말하며, 농수산물 도매시장이 대표적인 형태이다. 수집기구의 대표적인 예로는 수집상·반출상·농업협동조합 등을 들 수 있다.

22 유통경로에 대한 설명 중 옳지 않은 것은?   [2013.04]

① 유통경로는 상호독립적인 조직들의 집합체이다.
② 경로구성원이 수행하는 연속적인 과정으로 이해해야 한다.
③ 최종사용자의 만족을 목적으로 한다.
④ 판매자와 구매자간의 교환을 촉진한다.
⑤ 가치가 흘러가는 통로이다.

해설
유통경로는 고객이 제품이나 서비스를 사용 또는 소비하는 과정에서 참여하는 상호의존적인 조직들의 집합체이다.

23 제품구매 시 매입 시점을 결정함에 있어 고려해야 할 요인으로 가장 옳지 않은 것은? [2013.07]

① 유통경로(Channels of Distribution)
② 점포정책(Store Policies)
③ 판매율(Rate of Sale)
④ 매출-재고관계(Sales-inventory Relationship)
⑤ 시장조건(Market Condition)

 유통경로는 제품이나 서비스가 생산자로부터 최종소비자에 이르기까지 거치게 되는 통로 또는 단계로, 제품매입 결정시보다는 제품매입을 결정하고 난 이후 거래 과정에서 보다 중요하게 고려된다.

24 개방적 유통, 선택적 유통, 전속적 유통에 대한 설명 중 가장 옳지 않은 것은? [2012.04]

① 개방적 유통은 시장을 더 넓게 개척하기 위해서 많은 경로구성원들을 이용함으로써 시장의 노출을 극대화하는 것을 말하며 기업의 시장집중과 노출보다는 경로구성원의 수로서만 측정된다.
② 선택적 유통의 목적은 시장범위를 제한하는 것이며, 이 방법을 통해서 기업은 선적비용과 같은 유통 비용을 낮출 수 있다.
③ 선택적 유통은 제품개념에 독특함, 희소성, 선택성 같은 이미지를 부여하고자 할 때 적절한 방법이라고 할 수 있다.
④ 전속적 유통은 정해진 지역에서 특정 경로구성원만이 활동하는 유통방식으로, 전속권은 기업이 바람 직한 경로구성원을 끌어들이기 위해서 사용하는 강력한 유인책이기도 하다.
⑤ 전속적 유통은 선택적 유통보다 여러 가지 이점을 가지고 있는데 경로구성원과의 관계를 더욱 강화하여 판매를 보다 원활하게 할 수 있는 장점을 가지고 있다.

 개방적 유통은 제조회사가 자사제품을 취급하는 상점의 수를 최대한 많게 하려는 유통경로전략이다. 이는 되도록 넓은 시장에 도달하기 위해서 많은 경로에 의존함으로써 시장노출을 극대화하는 전략이다.

25 서비스 유통경로에 대한 설명으로 가장 옳지 않은 것은? [2012.04]

① 제품 유통에 비해 간결한 경로를 지닌다.
② 전형적인 서비스 유통경로는 서비스제공자와 고객이 직접 접촉하는 경로형태이다.
③ 최근 프랜차이즈는 서비스, 특히 외식업의 전형적 경로로 부각되고 있다.
④ 서비스 유통경로는 고객이 직접 서비스 기업에 다가가는 경로만 존재한다.
⑤ 서비스 유통경로는 직영 채널과 다양한 간접 채널이 존재한다.

해설
서비스 유통경로는 소비자들이 원하는 시기 및 장소에 서비스를 받을 수 있도록 하기 위해 설치되고 수립되는 것을 말한다.

26 상이한 두 개 이상의 유통경로를 채택하는 복수 유통경로가 발생하는 이유로 적당하지 않은 것은?

[2014.07]

① 소비자의 수량적 요구 차이 때문이다.
② 촉진관리에 대한 소비자 반응 차이 때문이다.
③ 소비자의 가격에 대한 반응 차이 때문이다.
④ 다양한 표적시장의 욕구에 맞추기 위함 때문이다.
⑤ 구매자가 특정 지역에 집중되어 있기 때문이다.

해설

복수의 유통경로 발생 이유
• 소비자의 수량적 요구의 차이
• 촉진관리에 대한 소비자의 반응 차이
• 소비자의 가격에 대한 반응 차이
• 지역 간 법률적 특이성
• 기업의 자산이 잘 맞물리지 않는 경우, 즉 생산된 제품을 모두 판매하지 못하는 경우

27 소비재 유통경로의 흐름으로 가장 옳은 것은?

[2015.05]

① 소매상 – 중간도매상 – 도매상 – 제조업자 – 소비자
② 제조업자 – 중간도매상 – 도매상 – 소매상 – 소비자
③ 중간도매상 – 소매상 – 도매상 – 소비자 – 제조업자
④ 제조업자 – 도매상 – 중간도매상 – 소매상 – 소비자
⑤ 도매상 – 중간도매상 – 소매상 – 제조업자 – 소비자

해설

소비재 유통경로
• 제조업자가 소비자에게 직접 판매하는 경우 : 제조업자 → 소비자
• 소매상을 경로로 하는 경우 : 제조업자 → 소매상 → 소비자
• 도매상과 소매상을 경로로 하는 경우 : 제조업자 → 도매상 → 소매상 → 소비자
• 도매상, 중간도매상, 소매상을 경로로 하는 경우 : 제조업자 → 도매상 → 중간 도매상 → 소매상 → 소비자

28 다음 중 집중적 유통에 가장 적합한 것은? [2013.04]

① 식료품, 담배 등을 판매하는 편의점
② 카메라 렌즈를 전문적으로 판매하는 상점
③ 고급 의류 및 보석을 판매하는 상점
④ 특정 브랜드의 전자제품을 판매하는 단독매장
⑤ 독특한 디자인 가구를 판매하는 가구점

> 해설
> 집중적(집약적) 유통경로(Intensive Distribution Channel)는 자사의 제품을 누구나 취급할 수 있도록 개방하는
> 전략으로 식품, 일용품 등 편의품에 적용한다.

29 콜라, 라면 등 편의품의 경우에 가장 많이 이용되는 경로정책은? [2013.04]

① 개방적 경로정책　　　　　　　　　② 직접적 경로정책
③ 간접적 경로정책　　　　　　　　　④ 전속적 경로정책
⑤ 선택적 경로정책

> 해설
> 개방적 경로정책은 희망하는 소매점이면 누구나 자사의 상품을 취급할 수 있도록 하는 유통경로전략으로서 일용
> 품, 편의품 등과 같이 구매가 편리한 제품에 효과적이다.

30 유통경로의 수직적 통합에 대한 장점으로 옳지 않은 것은? [2016.04]

① 통합된 경로 구성원들 간의 거래비용의 감소
② 통합된 경로 구성원들 간의 안정적 공급확보
③ 통합된 경로 구성원들 간의 합리적 비용 할당
④ 통합된 경로 구성원들 간의 기술능력 제고
⑤ 경쟁사에 대한 진입장벽 구축

> 해설
> 생산부문과 유통부문 간의 상이한 관리로 인한 비효율성과 규모의 증대에 따른 관리비용이 증가할 수 있다.

31 다음 박스 안의 내용은 무엇에 대한 설명인가?

[2012.04]

> 최근 들어 기업들은 고객주문에서부터 시작하여 원자재 조달, 제품생산, 제품판매 등의 프로세스와 제품정보흐름에 외부기업의 참여기회를 확대시키고 있다. 따라서 물적유통관리를 효율적으로 하고자 하면 기업은 원재료 공급업체로부터 출발하여 최종소비자까지 제품이 전달되는 과정을 하나의 시스템으로 보고 이를 효과적으로 관리해야 한다.

① 공급망관리(SCM ; Supply Chain Management)
② 자재소요량관리(MRP ; Material Requirements Planning)
③ 생산자원관리(MRP II ; Material Requirements Planning II)
④ 경영정보시스템(MIS ; Management Information System)
⑤ 고객관계관리(CRM ; Customer Relationship Management)

 SCM은 기업에서 생산 및 유통 등의 모든 공급망 단계를 최적화하여 수요자가 원하는 제품을 원하는 시간과 장소에 제공하는 '공급망 관리'를 말하며, 부품 공급업체와 생산업체 그리고 고객에 이르기까지의 거래관계에 있는 기업들 간 IT를 활용한 실시간 정보공유를 통해서 시장 또는 수요자들의 요구에 빠르게 대응할 수 있도록 지원하는 것을 말한다.

32 경쟁우위는 기업의 가치사슬이 경쟁사보다 효과적일 때 발생한다. 유통경로에 있어서의 가치사슬은 본원적 활동과 지원활동으로 구분되는데 다음 중 그 활동의 성격이 다른 하나는?

[2012.07]

① 물류투입활동
② 획득(조달)활동
③ 운영활동
④ 마케팅 및 판매활동
⑤ 서비스활동

 ② 지원활동, ①·③·④·⑤ 본원적 활동

※ 마이클 포터의 가치사슬
모든 조직에서 수행되는 활동은 본원적 활동과 지원활동으로 나뉜다.
• 본원적 활동 : 자원유입, 생산운영, 물류산출, 마케팅 및 판매, 서비스
• 지원활동 : 재무회계관리, 인적자원관리, 기술개발, 자원확보(조달프로세스)

33 장기협력 관계가 지나치면 발생할 수 있는 문제에 해당하지 않는 것은? [2012.04]

① 보다 유리한 거래기회를 활용하는 데 제약이 될 수 있다.

② 대체로 단기거래보다는 장기거래에 있어 구매자의 가격양보 요구가 높다.

③ 특정 경로구성원에 대한 의존도가 높은 경우, 해당 구성원에 대한 통제가 어렵다.

④ 장기관계가 지속되면 공급자는 경험곡선효과, 규모의 경제 등을 누리기 어렵다.

⑤ 특정 경로구성원의 비효율성을 다른 경로구성원이 떠안을 수 있다.

> **해설** 장기적인 관계가 지속되면 생산량·규모·경험 등의 증대가 단위원가의 하락효과를 나타내는 곡선인 경험곡선효과와 규모의 경제를 누리기가 더 용이하다.

34 각 기업이 자체적으로 물류기능을 수행하는 것이 아니라 물류전문업체에게 위탁하여 물류기능을 수행하게 하는 것을 일컫는 말로 가장 적절한 것은? [2012.07 | 2015.11]

① 물류표준화 ② 통합물류

③ 제3자물류 ④ 공동물류

⑤ 물류혁신

> **해설** 제3자물류는 화주가 제3자인 물류전문업체에게 물류서비스 레벨의 향상, 물류비 절감, 물류체계의 개선 등을 목적으로, 계약에 근거하여 물류업무를 아웃소싱하는 것이다.

35 화주기업의 고객서비스 향상, 물류비 절감, 물류활동의 효율성 향상 등의 목표를 달성할 수 있도록 물류사업자가 공급체인상의 물류기능 전체 혹은 일부를 대행, 처리하는 물류서비스를 지칭하는 용어는? [2016.07]

① 제1자물류 ② 제2자물류

③ 제3자물류 ④ 제4자물류

⑤ 제5자물류

> **해설** 제3자물류
> 물류 아웃소싱의 한 부분으로서 기업이 수행하는 다양한 활동 중 전략적으로 가장 잘 할 수 있는 분야나 핵심역량을 가진 분야에 기업의 모든 자원을 집중시키고 부가가치가 낮은 물류업무를 외부 전문 업체에게 업무의 설계·기획 및 운영까지 위탁시키는 것을 말한다.

36 수직적 마케팅 시스템에 해당하지 않는 것을 고르시오. [2011.07 | 2012.11]

① 기업형 경로　　　　　　　　　　　② 계약형 경로
③ 프랜차이즈 경로　　　　　　　　　④ 관리형 경로
⑤ 전통형 경로

> **해설** 수직적 마케팅 시스템의 유형
> - 법인형 VMS : 생산과 유통의 연속적인 단계를 하나의 소유권이나 자본참여를 통해 결합하는 형태
> - 관리형 VMS : 경로구성원들 중 가장 규모가 크거나 시장영향력이 큰 구성원이 다른 구성원들에게 비공식적으로 영향을 미쳐 생산 및 유통활동을 조정하는 형태
> - 계약형 VMS : 공식적인 계약을 근거로 생산 및 유통의 연속적인 단계에 참여하는 경로구성원들을 결합하는 형태 **예** 소매상 주재 협동연쇄점, 도매상 주재 자유연쇄점, 프랜차이즈시스템

37 수직적 마케팅시스템에 대한 설명으로 가장 올바른 것은? [2012.04]

① 기업형 경로에서는 공동의 목표는 없으나 높은 수준의 몰입은 존재한다.
② 소매상협동조합 경로에서는 도매상이라는 경로 리더가 존재한다.
③ 프랜차이즈 시스템은 대표적 계약형 경로이다.
④ 관리형 경로에는 경로조직내 상위기구가 존재한다.
⑤ 계약형 경로는 가장 강력한 집단지향성과 통제력을 보인다.

> **해설** ① 기업형 경로에는 공동목표를 달성하기 위해 조직화된 형태이다.
> ② 경로 리더에 의해 생산 및 유통단계가 통합되어지는 것은 관리형 시스템이다. 소매상 협동조합은 계약형 시스템에 속한다.
> ④ 관리형 경로는 규모나 힘에 있어서 우월한 위치에 있는 기업의 조정을 위해 생산 및 유통이 통합되는 형태를 말하는데, 이는 소유권·계약관계에 의해서가 아니라 어느 한쪽의 규모와 힘에 의해 생산과 유통이 조정되는 것이 특징이다.
> ⑤ 기업형 경로는 기업이 생산 및 유통을 모두 소유함으로써 결합되는 형태로서 높은 통제력을 보이는 시스템의 형태이다.

38 수직적 유통경로의 장점으로 옳지 않은 것은? [2009.11 | 2014.07]

① 총 유통비용을 절감시킬 수 있다.
② 자원이나 원재료를 안정적으로 확보할 수 있다.
③ 혁신적인 기술을 보유할 수 있다.
④ 신규 진입 기업에게 높은 진입방벽으로 작용한다.
⑤ 개별시장의 특성에 대해서 유연한 대응이 가능하다.

해설 수직적 유통경로는 시장 및 기술의 변화에 대해서 기민한 대응이 곤란하다는 단점이 있다.

39 경로에서 힘의 원천 중 강제성 여부에 따른 성격이 다른 것은? [2012.11]

① 프랜차이즈 경로에서 본부가 가맹점에게 촉진을 지원함
② 프랜차이즈 경로에서 본부가 가맹점에게 계약 종결을 통지함
③ ○○백화점은 명품 브랜드를 입점시키고자 함
④ 도매상이 연결된 소매상들에게 재고관리 프로그램을 설치해줌
⑤ ○○맥주회사는 유통업자들에게 맥주 온도를 일정하게 유지할 것을 부탁함

해설 ② 강제적 차원, ①·③·④·⑤ 비강제적 차원

40 유통경로시스템의 경로파워를 형성하는 힘의 원천에 해당하지 않는 것은? [2016.11]

① 영업활동을 지원하는 보상적 힘
② 계약의 강제 조항에 의한 강압적 힘
③ 관행, 상식 및 계약에 따라 당연하게 인정되는 합법적 힘
④ 신뢰와 결속 또는 긍지와 보람에 의한 준거적 힘
⑤ 거래 당사자간 호혜적 교환에 의한 교환적 힘

해설 경로파워를 형성하는 힘의 원천에는 보상적 힘, 강압적 힘, 합법적 힘, 준거적 힘 외에 전문적 힘, 정보적 힘 등이 있다.

41 기업이 집약적 유통경로를 활용하는 경우, 중간상에 대한 통제가 불가능해져 궁극적으로 손실을 보게 되는 포화효과(effects of saturation)가 발생할 수 있다. 이와 관련된 내용으로 옳지 않은 것은?

[2015.07 | 2016.07]

① 중간상의 이익감소
② 중간상의 제조업체에 대한 확신 감소
③ 중간상의 제품 가격 인상
④ 소비자에 대한 중간상의 지원 감소
⑤ 소비자의 만족 감소

> **해설** 집약적 유통경로는 가능한 많은 소매상이 존재하고, 시장의 범위를 최대화하여 대량으로 판매하기 때문에 낮은 마진, 재고 및 재주문 관리의 어려움, 중간상에 대한 통제력이 낮다는 특징을 가지고 있다. 따라서 중간상에 대한 통제가 불가능해져 포화효과가 발생하면 중간상의 제품 가격이 인하된다.

42 유통경로상에서는 경로를 구성하는 기관 사이에서 다양한 경로갈등이 존재할 수 있다. 아래의 내용 중에서 유통경로에서의 수직적 갈등에 해당하는 것은?

[2008.03 | 2014.11]

① A백화점과 B백화점의 갈등
② 할인점에 납품하는 제조업체와 할인점의 갈등
③ 할인점과 전통시장의 갈등
④ 인터넷 쇼핑몰과 백화점의 갈등
⑤ 대형슈퍼(SSM)와 전통시장의 갈등

> **해설** 수직적 갈등은 유통경로상에서 서로 다른 단계에 있는 구성원 사이에 발생하는 갈등이다.
> **예** 제조업체와 할인점의 갈등

43 소매수레바퀴이론(Wheel of Retailing Theory)에 대한 설명으로 옳지 않은 것은? [2012.07]

① 차륜형 발전가설이라고도 한다.

② 혁신적인 소매상은 항상 기존 소매상보다 저가격, 저이윤 및 저서비스라는 가격소구방법으로 신규 진입 하여 기존업체의 고가격, 고마진, 고서비스와 경쟁하면서 점차 기존 소매상을 대체한다는 이론 이다.

③ 진입단계, 성숙단계, 쇠퇴단계의 3가지 단계로 설명이 된다.

④ 성숙단계 말기에 이르면 소매기관이 갖고 있던 초기의 혁신적인 특징이 사라지고 고가격, 고마진, 고서비스의 특징을 가진 소매기구로 변화하게 된다.

⑤ 유통시장에서 백화점이 할인점을 거쳐 전문점으로 대체되는 현상을 설명할 수 있는 이론이다.

> **해설** 역사적으로 볼 때 소매점은 전문점 → 백화점 → 할인점 순으로 등장하여 소매수레바퀴이론이 부분적으로 입증되었다.

44 소매상 진화발전 이론 중 소매점의 진화과정을 주로 소매점에서 취급하는 상품 구색의 폭으로 설명한 이론은? [2014.07]

① 소매상 수레바퀴 이론(Wheel of Retailing Theory)

② 소매점 아코디언 이론(Retail Accordion Theory)

③ 변증법적 과정(Dialectic Process)

④ 소매상 수명주기이론(Retail Life Cycle Theory)

⑤ 소매기관 적응행동 이론(Adaptive Theory)

> **해설**
> ② 소매점은 다양한 상품 구색을 갖춘 점포로 시작하여, 시간이 경과함에 따라 점차 전문화되고 한정된 상품계열을 취급하는 소매점 형태로 진화하며, 이는 다시 다양하고 전문적인 제품계열을 취급하는 소매점으로 진화하는, 즉 상품믹스의 확대 → 축소 → 확대 과정이 아코디언과 유사하여 이름 붙여진 이론이다.
> ① 사회·경제적 환경이 변화됨에 따른 소매상의 진화와 발전을 설명하는 이론이다.
> ③ 소매점의 진화과정을 변증법적 유물론에 입각하여 해석하는 이론으로, 정반합 과정으로 설명한다.
> ④ 소매점 유형이 도입기 → 성장기 → 성숙기 → 쇠퇴기의 단계를 거치게 된다는 이론이다.
> ⑤ 기존 이론이 환경적 영향을 무시하는데 비해 소매변천이론을 환경적 변수에서 찾고 있는 이론이다. 소비자의 구매행동, 욕망, 기술발달, 법적 요인 등을 강조하고 있다.

45 우리나라 유통산업의 현황에 대한 설명으로 가장 옳지 않은 것은? [2012.04]

① 대형유통업체와 SSM의 출점 등으로 인하여 중소 유통업체의 상권 위축이 가속화되고 있다.

② 인터넷 쇼핑몰, TV 홈쇼핑 등이 매년 10% 이상 비약적으로 성장하고 있다.

③ 소비자의 가치 변화에 발 빠르게 대응하는 복합쇼핑센터 등의 업체가 늘고 있다.

④ 할인점 등의 가격파괴형 신업태들은 자체 상표의 매출을 늘리는 전략을 구사하고 있다.

⑤ 우리나라 할인점들은 대개 접근성이 좋은 도심지역에 입지하는 경향이 있다.

해설 인터넷 쇼핑몰 등은 매년 30% 이상 성장세를 지속하고 있다.

CHAPTER

01 적중예상분석

본 문제를 풀면서 이해체크를 이용하시면 문제이해에 보다 도움이 될 수 있습니다.

01 괄호 안에 차례대로 들어갈 적합한 용어로 짝지어진 것은?

> 거래에 관한 준비 및 협상과정을 통해 마지막 매매계약이 이루어지는 과정, 즉 상품에 대한 소유권의 이전과정을 (   )이라 하며, 거래계약이 완료된 후 계약에 따라 실질적인 상품자체의 이동과정을 (   )이라고 한다.

① 판매과정 – 운송
② 물적유통 – 운송
③ 상적유통 – 물적유통
④ 계약과정 – 판매과정
⑤ 물적유통 – 판매과정

상적유통과 물적유통
• 상적유통 : 재화의 이동을 동반하지 않는 유통활동, 즉 서류의 이동, 금전의 이동, 정보의 이동 등
• 물적유통 : 상적 유통에 따르는 상품의 운반, 보관 등의 활동

02 다음 중 유통업이 수행하는 기능과 가장 거리가 먼 것은?

① 상품생산성 제고기능　　　　② 촉진관리기능
③ 리스크 부담기능　　　　　　④ 구색기능
⑤ 정보제공기능

유통업은 생산자에 대해 물적 유통 기능을 수행한다. 즉, 상품을 구입할 때부터 판매할 때까지 상품을 보관해야 하며, 이에 따르는 각종 리스크도 부담해야 한다. 또한 적절한 상품의 구색을 갖추고 촉진관리활동도 수행하게 된다.

44 제1과목 ｜ 유통상식

03 다음의 다양한 유통 기능 중 물적 유통 기능과 가장 거리가 먼 것은?

① 재고유지 ② 수 송
③ 정보제공 ④ 보 관
⑤ 분 류

> **해설** 물적 유통 기능은 생산과 소비 사이의 장소적·시간적 격리를 조절하는 기능으로 장소적 격리를 극복함으로써
> 장소 효용을 창출하는 수송과 시간적 격리를 극복하여 시간 효용을 창출하는 보관의 두 기능을 수행한다.

 04 다음 중 유통경로 구성원에 의해 수행되는 유통 기능과 가장 거리가 먼 것은?

① 소유권 이전 ② 소유권 취득
③ 재화의 물리적 이전 ④ 표적시장의 선정
⑤ 고객 서비스 제공

> **해설** 표적시장의 선정은 시장세분화를 통한 마케팅전략이다.

 05 다음은 유통의 어떤 기능을 설명하는 것인가?

> 이 기능은 제품이나 서비스가 제조업자에서 소비자로 이전되어 소비자가 제품이나 서비스를 사용할
> 수 있는 권한을 갖는 것을 유통경로가 도와줌으로써 발생한다.

① 시간 효용 ② 장소 효용
③ 신용 효용 ④ 소유 효용
⑤ 형태 효용

> **해설** 소유 효용(Possession Utility)은 생산자로부터 소비자에게 재화나 서비스가 거래되어 그 소유권이 이전되는 과정
> 에서 발생되는 효용을 말한다.

06 자동차회사가 영업사원을 통해 자동차를 판매하거나, 컴퓨터회사가 카탈로그를 이용하여 우편판매를 하는 것은 다음의 어떤 유통경로라고 할 수 있나?

① 생산자 → 소비자
② 생산자 → 소매상 → 소비자
③ 생산자 → 도매상 → 소비자
④ 생산자 → 도매상 → 중개인 → 소비자
⑤ 생산자 → 도매상 → 소매상 → 소비자

> **해설** 제조업자가 소비자에게 직접 판매하는 경우로 '생산자 → 소비자' 유통경로에 해당된다.

07 짧은 유통경로에 적합한 것으로만 나열한 것은?

> 가. 표준화된 편의품
> 나. 구매빈도가 낮고 비규칙적 수요를 가진 상품
> 다. 생산자의 수가 적은 상품
> 라. 구매단위가 적은 상품
> 마. 부패성 상품

① 가, 나, 다
② 나, 다, 라
③ 가, 라, 마
④ 나, 다, 마
⑤ 가, 다, 마

> **해설** 짧은 유통경로의 특성
> • 제품 : 비표준화, 부패성, 기술적 복잡성, 전문품
> • 수요 : 큰 단위, 비규칙적 구매
> • 공급 : 생산자 수 적음

08 다음 사항 중 '한 경로 구성원이 타 경로 구성원의 행동을 자신의 목표 달성과 그 수단적 행동의 수행을 방해하는 것으로 지각하는 상태'를 의미하는 것은?

① 제품 믹스
② 물적 유통의 본질
③ 유통경로 믹스
④ 유통경로의 계열화
⑤ 유통경로 사이의 갈등

09 유통경로에 대한 설명으로 옳지 않은 것은?

① 제품이나 서비스가 생산자로부터 소비자에 이르기 까지 거치게 되는 단계이다.
② 유통경로는 시장에서의 총 거래수를 감소시키고 거래를 촉진시킨다.
③ 지리적, 시간적, 정보적 장애를 극복하여 생산자와 소비자 간에 원활한 거래가 이루어지도록 한다.
④ 거래과정에서 제품, 지불조건 등을 표준화시켜 시장에서 거래를 용이하게 한다.
⑤ 소비자의 요구와 시장의 유행 그리고 소요비용 및 마진에 따라 수시로 신속한 유통경로 수정전략이 가능하다.

10 화장품이나 기성복 등과 같이 어느 정도 상품에 대한 고객이미지가 중요하며 상품의 사용법을 소비자에게 설명도 해 주어야 하는 경우에 주로 사용하는 유통경로의 형태로서, 취급하는 소매점포의 숫자를 어느 정도 제한하고자 하는 유통경로 정책은?

① 개방적 경로   ② 전속적 경로
③ 지원적 경로   ④ 선택적 경로
⑤ 직접적 경로

11 제조기업이 선택할 수 있는 유통집중도의 유형에는 집중적 유통, 선택적 유통, 전속적 유통이 있다. 다음 중 제조기업이 자사의 제품을 유통시키기 위해 집중적 유통을 채택하는 이유와 가장 밀접한 것을 고르시오.

① 고객들이 자주 구매하며 구매시 최소의 노력을 필요로 하는 경우
② 고객들이 제품구매시 고도의 관여를 필요로 하는 경우
③ 제조기업이 유통경로 구성원에 대한 고도의 통제가 필요한 경우
④ 타사 상표들과 효과적인 경쟁이 필요한 경우
⑤ 귀금속, 자동차, 고급 의류 등 제품 이미지 제고가 필요한 경우

> **해설** 집중적 유통은 자사의 제품을 누구나 취급할 수 있도록 개방하는 전략으로 최대한도로 많은 유통업자를 활용한다. 이는 자사의 제품을 사람들에게 널리 알리는 데 많은 도움이 되며, 소비자들의 구매를 편리하게 하는 데 그 의미를 두고 있다.

12 유통경로의 목적 설정에는 기업의 성장목표와 판매전략 등이 구체적으로 고려되어야 한다. 다음 중 유통 경로의 설계과정이 가장 올바르게 나열된 것을 고르시오.

① 유통경로의 목표설정 → 경로구성과 경로구조의 결정 → 개별 경로 구성원의 선택 → 유통경로 서비스에 대한 소비자의 요구분석
② 유통경로 서비스에 대한 소비자의 요구분석 → 유통경로의 목표설정 → 경로구성과 경로구조의 결정 → 개별 경로 구성원의 선택
③ 경로구성과 경로구조의 결정 → 개별 경로 구성원의 선택 → 유통경로 서비스에 대한 소비자의 요구분석 → 유통경로의 목표설정
④ 개별 경로 구성원의 선택 → 유통경로 서비스에 대한 소비자의 요구분석 → 유통경로의 목표설정 → 경로구성과 경로구조의 결정
⑤ 유통경로의 목표설정 → 유통경로 서비스에 대한 소비자의 요구분석 → 경로구성과 경로구조의 결정 → 개별 경로 구성원의 선택

> **해설** 유통경로의 설계과정
> 고객들의 욕구분석 → 유통경로 목표의 설정 → 경로 구성 및 구조의 결정 → 개별 경로 구성원들의 결정 → 경로 갈등에 대한 관리 → 유통경로의 계열화

13 원자재의 조달에서 완성품의 배송, 판매에 이르기까지의 흐름을 효율적이고 효과적으로 하기 위한 활동을 무엇이라 하는가?

① 로지스틱스   ② JIT
③ 제3자물류   ④ 조달관리
⑤ 아웃소싱

> **해설**
>
> **로지스틱스(Logistics)**
> 로지스틱스의 개념은 조달물류, 생산물류, 판매물류, 회수물류 분야까지 포함할 뿐 아니라 기업간의 물자활동에 국한하지 않고 소유권을 이전한 후의 단계인 유통 · 소비 · 폐기 · 환원 · 회수 분야까지 총괄한다. 그리고 원자재 조달을 포함하여 제품생산 후 이를 최종 소비자에 이르기까지 일련의 과정을 시각적 · 공간적으로 수행하기 위하여 계획하고 조직하고 관리하는 경제활동으로 그 범위가 광범위하다.

14 제조기업이 다양한(복수의) 유통채널을 사용하는 이유로 거리가 가장 먼 것을 고르시오.

① 여러 유통채널 간의 시너지 효과를 기대할 수 있다.
② 경로관리 비용의 감소 및 경로리더십의 강화를 추구할 수 있다.
③ 새로운 고객층의 개발을 시도할 수 있다.
④ 각 유통채널별로 다양한 표적고객에 대한 전문화가 가능하다.
⑤ 다양한 고객욕구에 부응할 수 있다.

> **해설**
>
> 유통채널을 늘리게 되면 이를 관리하기 위한 경로관리 비용이 증가하며, 또한 제조기업의 경로리더십의 약화를 초래하게 된다.

15 다음 내용은 다음 중 무엇에 대한 설명인가?

> 소유권이나 계약을 통하지 않고 단지 어느 일방의 규모나 힘에 의해 생산과 유통에 이르는 전 과정을 조정하는 수직적 마케팅 시스템

① 프랜차이즈 조직   ② 다단계 마케팅
③ 관리적 VMS   ④ 수직적 계열화
⑤ 법인형 VMS

> **해설** 관리적 VMS는 경로구성원들의 마케팅활동이 소유권이나 계약에 의하지 않으며 어느 한 경로구성원의 규모, 파워 또는 경영지원에 의해 조정되는 경로유형이다. 관리적 VMS의 경로구성원들은 일반적으로 개별적인 경로목표들을 추구하며, 경로리더의 역할을 하는 특정 경로구성원의 마케팅 프로그램을 중심으로 비공식적으로 협력함으로써 공유된 경로목표를 달성한다.

16 다음 중 계약형 VMS(Vertical Marketing System)의 유형에 속하는 것을 모두 고르면?

> ㉠ 도매상 중심의 임의적 체인(연쇄) 형태 ㉡ 소매상 조합
> ㉢ 프랜차이즈 조직 ㉣ 직영점 체인

① ㉠, ㉡, ㉢
② ㉠, ㉡, ㉣
③ ㉡, ㉢, ㉣
④ ㉠, ㉢
⑤ ㉠, ㉡, ㉢, ㉣

> **해설** 계약형 VMS(Vertical Marketing System)의 유형
> • 도매상 후원 자발적 연쇄점
> • 소매상 협동조합
> • 프랜차이즈 시스템

17 다음 중 수직적 마케팅 시스템이 도입되는 이유로 타당하지 않은 것은?

① 대량생산에 의한 대량판매의 요청
② 유통비용의 절감
③ 경쟁자에 대한 효과적인 대응
④ 가격 인상의 필요성
⑤ 목표이익의 확보

> **해설** 수직적 마케팅 시스템의 도입 이유
> • 대량 생산에 의한 대량 판매의 요청 • 가격 안정(또는 유지)의 필요성
> • 유통비용의 절감 • 경쟁자에 대한 효과적인 대응
> • 기업 및 상품 이미지 제고 • 목표이익의 확보
> • 유통경로 내에서의 지배력 획득

18 다음 설명 중 수직적 마케팅 시스템의 장점이 아닌 것은?

① 기술 수준이 높은 기업을 통합하여 혁신적인 기술을 보유할 수 있다.

② 유통경로의 수직적인 통합으로 기업에 필수적인 자원이나 원재료를 안정적으로 확보할 수 있다.

③ 물적 유통의 절감과 독립적인 타 기업과의 판매와 구매 과정에서 발생하는 거래 비용을 절감하여 총 유통비용을 절감시킬 수 있다.

④ 새로 시장에 진입하려는 기업들에게는 높은 진입장벽으로 작용한다.

⑤ 기업이 전방 또는 후방 통합을 하기 위해서는 막대한 자금이 소요된다.

해설 ⑤는 수직적 마케팅 시스템의 단점이다.

19 새로운 마케팅기회를 개발하기 위해 동일한 경로단계에 있는 두 개 이상의 무관한 개별기업들이 재원이나 프로그램을 결합하고자 하는 시스템을 가장 잘 설명하고 있는 것은?

① 기업형 수직적 마케팅시스템　　　② 프랜차이즈 마케팅시스템

③ 계약형 수직적 마케팅시스템　　　④ 수평적 마케팅시스템

⑤ 다점포 경영시스템

해설 수평적 마케팅시스템(Horizontal Marketing System)
동일한 경로단계에 있는 두 개 이상의 기업이 대등한 입장에서 자원과 프로그램을 결합하여 일종의 연맹체를 구성하고 공생·공영하는 시스템을 의미하며 공생적 마케팅(Symbiotic Marketing)이라고도 한다.

20 다음 설명 중 옳지 않은 것은?

① 물적 유통에서 수송 결정은 제품 가격, 배달 신속성, 제품 도착 시 품질 등에 영향을 미치므로 고객의 만족 수준을 결정하는 요인 중의 하나이다.

② 유통경로 계열화란 전통적 유통경로상에서 발생되는 문제점을 해소하고 유통경로 활동의 효율화를 위해서 미리 계획된 판매망을 전문적이고 일관된 관리 체계로 형성하여 만든 유통경로로 정의된다.

③ 수평적 마케팅 시스템에는 일반적으로 기업형 VMS, 계약형 VMS, 관리형 VMS로 구분된다.

④ 수직적 마케팅 시스템은 사회 경제적인 효과가 매우 커서 1970년대 중반 이후 그 중요성이 높아져 많은 제조업자들이 선호하고 있다.

⑤ 수직적 마케팅 시스템은 전통적 경로와는 달리 경로 구성원 간의 연계성이 강조된다.

21 소매업태의 변화이론에 대한 설명으로 옳지 않은 것은?

① 소매업 아코디언 이론(Retail Accordion Theory)은 상품믹스에 따라 유통업태의 변화를 설명하는 이론이다.

② 소매업 수레바퀴 가설(The Wheel of Retailing Hypothesis)은 소매가격의 혁신은 오로지 저비용구조에 바탕을 둔 저가격을 기반으로 이루어진다는 이론이다.

③ 변증법이론(Dialectic Theory)은 두 개의 서로 다른 경쟁적인 소매업태가 하나의 새로운 소매업태로 합쳐지는 소매업태 혁신의 합성이론을 의미한다.

④ 소매수명주기이론(Retail Life Cycle Theory)의 시사점은 환경변화에 가능한 효과적으로 소매조직을 적응시켜야 한다는 것이다.

⑤ 진공지대이론(Vacuum Zone Theory)에서는 서비스량이 극소한 상태에서 서비스를 증가시키면 가격은 낮아지지만 소비자의 선호는 감소한다고 하였다.

해설 진공지대이론에서는 서비스량이 극소한 상태에서 서비스를 증가시키면 가격은 상승하지만 소비자의 선호는 증가한다고 하였다.

22 다음 중 소매업 수레바퀴가설(The Wheel of Retailing)에 부합하는 업태의 예와 가장 거리가 먼 것은?

① TV홈쇼핑   ② 회원제 창고형 소매점
③ 편의점   ④ 인터넷 전자상거래
⑤ 대형 할인점

해설 사회, 경제적 환경이 변화됨에 따른 소매상의 진화와 발전을 설명하는 대표적인 이론으로 진입단계 - 성숙단계 - 쇠퇴단계의 3가지 단계로 설명되며, 역사적으로 볼 때 소매점은 전문점 - 백화점 - 할인점 순으로 등장하여 수레바퀴이론이 부분적으로 입증되었다. 따라서 수레바퀴이론은 편의점에는 부적합하다.

23 다음 소매상의 진화와 발전에 대한 이론 중 '소매점에서 취급하는 상품 믹스(Merchandise Mix)'로 설명하는 이론은?

① 소매상 수명주기 이론
② 기능 위양 이론
③ 소매상 수레바퀴 이론
④ 소매상의 변증법적 과정 이론
⑤ 소매점 아코디언 이론

> 해설 소매점 수레바퀴 이론이나 소매 수명주기 이론은 소매점의 진화 과정을 가격, 마진, 서비스 등의 관점에서 설명하고 있으나, 소매점 아코디언 이론은 이 과정을 소매점에서 취급하는 상품믹스로 설명한다.

24 소매점 수명주기 이론(Retail Life Cycle Theory)의 단계별 특징을 연결한 것 중 옳지 않은 것은?

① 도입기 – 제품인지도 증가
② 성장기 – 제품계열 확대
③ 성숙기 – 가격 인상
④ 성숙기 – 집약적 유통경로
⑤ 쇠퇴기 – 서비스 감소

> 해설 성숙기에는 가격 인하, 서비스 증대, 유통경로 확대 등의 특징이 나타난다.

25 다음 중 소매점의 진화 과정을 정반합(正反合) 과정으로 설명하는 이론은?

① 소매상 수명 주기 이론
② 소매상 수레바퀴 이론
③ 소매상의 변증법적 과정 이론
④ 소매상 아코디언 이론
⑤ 연기–투기 이론

> 해설 소매점의 변증법적 과정 이론은 소매점의 진화 과정을 변증법적 유물론에 입각하여 해석하고 있다. 즉, 소매점의 진화과정을 정반합(正反合) 과정으로 설명한다.

26 다음 유통 환경의 변화 중 사회 · 경제적 환경 요인이 아닌 것은?

① 소매점 경쟁 구조의 변화
② 소득수준과 소비구조의 변화
③ 교육수준의 향상
④ 여성의 사회 참여 증가
⑤ 소비자 보호운동의 확산

> **해설**
> 사회 · 경제적 환경요인
> • 소득 수준과 소비 구조의 변화
> • 교육 수준의 향상
> • 여성의 사회 참여 증가
> • 소비자 보호 운동의 확산

27 디지털 경제에 대한 설명으로 옳지 않은 것은?

① 전통적 기술보다는 디지털 기술과 같은 새로운 기술을 주요 기반으로 하고 있다.
② 생산량이 증가함에 따라 한계비용이 체증하는 경제를 특징으로 하고 있다.
③ 전통적 경제 이론들은 디지털 경제에 적용 불가능한 경우가 많다.
④ 지식과 정보의 중요성이 매우 높은 경제이다.
⑤ 디지털 경제법칙으로 무어의 법칙이 대표적이다.

> **해설**
> 디지털 경제 시대의 주요 제품들은 초기 연구개발 비용이 매우 큰 반면 단위 생산에 필요한 비용은 매우 작은 특성을 갖고 있다. 즉, 한계비용이 거의 제로에 가깝다.

28 디지털 유통의 가속화로 인해 나타나는 현상에 대한 설명으로 가장 거리가 먼 것은?

① 공급망관리시스템을 통한 제휴업체와의 협력 강화
② 모바일 장비를 통한 판촉행위
③ EDI 시스템을 통한 생산량 증대 노력
④ POS 시스템의 높은 기능화 및 확대 보급
⑤ e-비즈니스의 성장

> **해설**
> EDI 시스템은 거래 시간을 단축하고, 업무처리의 오류를 감소시키며, 인력절감의 효과를 기대할 수 있다.

29 최근의 제조기업 및 유통기업의 경영트렌드 변화에 대한 설명으로 가장 올바른 것은?

① 이윤추구뿐만 아니라 사회적 책임 문제를 동시에 고려하는 경향이 있다.
② 표준화된 제품 개발을 통해서 소비자의 다양한 욕구를 충족시키고자 한다.
③ 제품생산이 소비자주도에서 생산자주도로 강화되고 있다.
④ 시장 개방이 가속화되어 감에 따라 경쟁 속도가 지연되고 있다.
⑤ 소비용품 유통에서 제조업자의 파워가 증가하고 있다.

> **해설**
> ② 다양한 제품 개발을 통해서 소비자의 다양한 욕구를 충족시키고자 한다.
> ③ 제품생산이 생산자주도에서 소비자주도로 강화되고 있다.
> ④ 시장 개방이 가속화되어 감에 따라 경쟁 속도가 빨라지고 있다.
> ⑤ 소비용품 유통에서 유통업자의 파워가 증가하고 있다.

30 다음 중 최근 유통산업의 변화현상에 대해 잘못 설명한 것은?

① 유통업계는 대형화를 통해 규모의 경제를 달성하고자 하는 반면 소비자들의 소비패턴은 획일화에서 다양화로 나아가고 있어 서로 엇박자를 보임으로써 이러한 유통업계의 노력은 성과를 내지 못하고 있다.
② 소비자들은 최근 원스톱 쇼핑(One-stop Shopping)과 원투어 쇼핑(One-tour Shopping)을 추구하는 경향이 커지고 있다.
③ 선진유통기법의 하나로서 정보기술을 활용하여 재고관리, 물품배송, 주문관리, 고객관리 등에서 효율성을 높이는 유통업체들이 늘고 있다.
④ 구색이 좁고 마진이 낮은 창고점이나 도매클럽이 확산되고 있다.
⑤ 최근 글로벌 유통기업들은 중국이나 동유럽 등의 시장에 관심을 보이면서 시장이 작은 국가나 지역에서 사업을 축소하거나 철수하는 경향이 높아지고 있다.

> **해설**
> 소비자들의 가치관과 생활양식의 변화에 따른 구매욕구의 다양화 · 차별화에 따라 대형 할인점 및 신업태들이 등장하면서 업태 간 차별화 · 개성화 · 전문화 경쟁이 가속화되고 있다.

CHAPTER

02 · 도 · 소매업의 이해

01 소매업의 기능 및 특성

1 소매업의 개념 기출 13

(1) 소매업과 도매업의 구분

① 소매업 : 최종 소비자들에게 제품이나 서비스를 판매하는 유통업을 말한다. 기출 17·14

② 도매업 : 제품을 소매업 및 기타 상인, 산업체와 기관 사용자에게 판매하는 유통업을 말한다. 즉, 도매 거래란 최종 소비자와의 거래를 제외한 모든 거래를 포함한다.

(2) 소매업의 정의

소매업이란 「소비재를 타인으로부터 조달하거나 또는 스스로 제조하여 소비자에게 최종적으로 판매하는 일을 주 업무로 하는 유통업」이라고 정의할 수 있다.

① 소매업은 원칙적으로 유형의 소비재를 취급하는 유통업이지만, 최근에는 무료 제공이 아닌 사업의 일환으로 무형인 서비스 겸영의 형태로 영위해 나가는 경우가 많다. 이러한 경향은 아직 소매업 전체의 지배적인 형태는 아니나, 앞으로 새로운 경영 방향을 나타내는 것으로 볼 수 있다.

② 소매업은 다음과 같은 경제재의 분류에 있어 소비재를 취급하는 판매 경영체이다.

```
                    ┌ 유형재 ┬ 소비재 : 소매업 판매의 대상
                    │        └ 산업재
          경제재 ───┤
                    │        ┌ 소비 서비스
                    └ 무형재 ┴ 산업 서비스
```

③ 넓은 의미의 소매업은 제품과 서비스를 판매하는 모든 기관을 가리키며, 좁은 의미의 소매업은 제품을 판매하는 기관만을 포함한다.

지식 in

상품의 분류

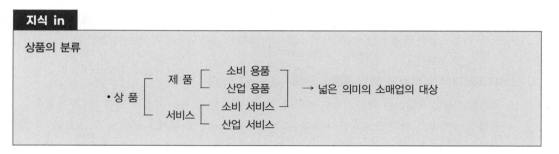

(3) 유통 과정에서 차지하는 소매업의 위치

① 농산물이나 생선류의 유통과 소매업의 위치

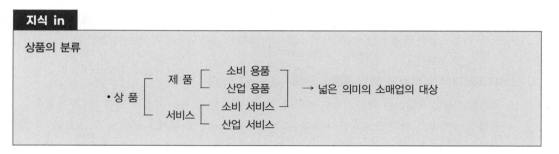

② 일반 소비용품의 유통과 소매업의 위치

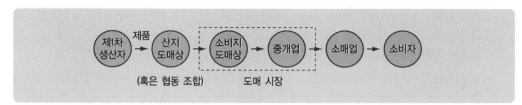

③ 제조업 직판 또는 소매업 직매입의 경우

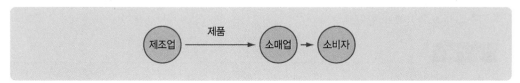

④ 서비스의 경우

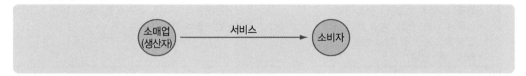

2 소매업의 사회 · 경제적 역할

소매업은 상품의 흐름 과정에서 생산 및 공급 업자와 소비자를 원활히 연결시켜주는 기능을 수행한다. 즉, 소매업은 양측 모두에게 장소·시간·소유 그리고 때로는 형태 효용을 제공하며, 이러한 효용의 창출은 거래 기능·물적 유통 기능·촉진 기능을 적극적으로 수행함으로써 이루어진다.

(1) 소비자에 대한 소매업의 역할 `기출` 23 · 22 · 20 · 16 · 15 · 13

① **올바른 상품을 제공하는 역할** : 생산 부문에서 공급되는 많은 상품 가운데 소비자에게 추천할 수 있는 품질이 우량하고 가격이 적정한 상품을 엄선하여 소비자가 안심하고 선택할 수 있도록 준비한다.

② **적절한 상품의 구색을 갖추는 역할** : 소매업은 소비자의 요구에 맞추어 다양한 상품의 구색을 갖추도록 노력하여야 하며, 특히 소비 욕구의 개성화·다양화가 진전되고 있는 오늘날에 있어서 이러한 소매업의 역할이 보다 중요해지고 있다.

③ **상품 정보·유행 정보·생활 정보를 제공하는 역할** : 소매업은 단순히 유형재(有形財)인 상품의 판매 기능만을 수행하는 것이 아니고 상품정보, 유행정보, 생활정보라는 무형(無形)의 가치도 아울러 공급해준다. 소매업의 소비자에 대한 지식과 정보 전달의 역할은 상품의 종류가 다양해지고, 상품의 유행 주기가 빨라지고 있는 오늘날에 있어서 더욱 더 중요해지고 있다.

④ **쇼핑의 장소(위치)를 제공하는 역할** : 소매업의 종류에는 방문 판매나 통신 판매와 같은 무점포 판매도 있지만, 아직까지 소매 판매의 대부분은 특정 위치에 점포를 차려놓고 소비자를 맞이하는 점포 판매 방식에 의존하고 있다. 특정 지역의 특정 지점에 점포를 설치한다는 것은 바로 그 지역의 소비자에게 적절한 쇼핑의 장소를 제공하는 것을 말한다.

⑤ **쇼핑(Shopping)의 즐거움을 제공하는 역할** : 소비자는 각종의 폭넓은 상품과 신뢰할 수 있는 정보제공을 요구하고, 접근하기 쉬운 점포의 위치 조건과 점포 내외에 있어서 즐거운 분위기 즉, 무드(Mood)를 기대하기도 한다. 따라서 소매점은 인적(人的) 요소와 물적(物的) 요소를 잘 조화·균형시킴으로써 충실한 쇼핑 환경이 되도록 노력하여야 한다. 그리고 판매원은 충분한 상품 지식과 고객 지식을 갖춘 전문가로서 고객의 쇼핑을 올바르게 도와주고 언제나 고객에게 밝고 명랑한 태도로 응대하여 즐거움을 주도록 노력하여야 한다.

지식 in

소비 고객을 위한 구매 환경 조건을 소매점 측이 형성하는 수단

물적 수단(요소)	인적 수단(요소)
• 점포 설비와 그 형태, 규모, 구조 • 점포의 지면, 천장, 벽면 등의 내장 • 진열대와 용구 및 진열 상품 • 조명, 냉·난방	• 판매원의 고객에 대한 표정, 태도, 표현, 용모, 복장 • 판매원의 기민한 동작

⑥ 쇼핑(Shopping)의 편의를 제공하는 역할 : 소매업의 형태, 입지 조건, 경영 정책 등에 따라 정도의 차이는 있지만, 일반적으로 소매업은 배달, 애프터서비스, 신용 제공, 반품 허용, 주차 시설 등의 서비스를 고객에게 제공한다. 이러한 서비스의 제공은 유료의 경우도 있으나, 고객의 편익을 도모함으로써 쇼핑의 원활화를 기할 수 있고, 소비자의 입장에서 소매업의 사회적 존재 의의를 높이는 요인으로 작용하기도 한다.

(2) 생산 및 공급업자에 대한 소매업의 역할 기출 21 · 20 · 18 · 14 · 13

① 판매 활동을 대신해 주는 역할 : 소매업이라는 유통 기관이 가지는 가장 기본적이고 원초적인 활동이다. 소매업은 소비자에 대한 판매를 전문화함으로써 생산업자나 도매업자가 각자 본연의 업무에 전념할 수 있도록 해준다.

② 올바른 소비자 정보를 전달해 주는 역할 : 유통경로의 흐름상 소매업은 소비자에 가장 가깝게 위치하고 있으며, 소비자와의 접촉이 생산업자나 다른 유통 기관보다 월등히 많다. 따라서 소매업은 소비자에게 물건을 판매하는 과정에서 소비자들의 충족되지 않은 욕구를 누구보다 잘 파악할 수 있으며, 이렇게 파악된 최신 정보를 다음 구입 때나 그 밖의 접촉을 통해서 생산 및 공급업자에게 전해주는 역할을 수행한다.

③ 물적 유통 기능을 수행하는 역할 : 소매업은 상품의 구입 시점부터 판매 시점까지 물건을 보관하여야 하고, 또 이에 따르는 각종 위험과 비용을 부담해야 한다. 경우에 따라서는 소매업이 운송과 설치 기능을 수행하기도 하는데, 소매업의 이러한 물적 유통 기능은 도매업자나 생산자의 부담을 덜어주게 된다.

④ 금융 기능을 수행하는 역할 : 유통 과정에서 상품의 흐름과는 반대 방향으로 대금 지불이 이루어지고 이 과정에서 소매 기관은 금융 기능을 수행하게 된다.

⑤ 촉진 기능을 수행하는 역할 : 소매업은 자신들의 판매 실적을 올리기 위해 자체적으로 소비자들에게 광고와 촉진관리 활동을 하게 되는데, 이러한 활동은 간접적으로 생산 및 도매업자들의 촉진관리 활동을 도와주는 효과가 있다.

⑥ 생산 노력을 지원하는 역할 : 아무리 우량한 상품이 생산되어도 그것이 유통 단계에서 원활하게 판매되지 않아 소비자에게 도달되지 않으면 생산 부문의 노력은 아무 쓸모없이 되고 개발비용도 낭비가 되므로, 소매업은 그들의 판매활동이라는 과정을 제조 단계의 경제 활동을 통하여 지원하는 중요한 역할을 담당하고 있다.

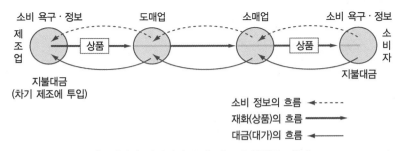

[소매업에 있어서의 소비 정보의 역유통 기능]

3 소매업의 마케팅 기능

(1) 마케팅 기능의 의의

① 마케팅의 정의
- ㉠ 미국 마케팅 협회의 정의 : 마케팅이란 상품과 서비스를 생산자로부터 소비자 및 사용자에게 유통시키는 기업 활동의 수행이다.
- ㉡ 맥카시(E.J. McCarthy)의 정의 : 마케팅이란 생산자로부터 소비자 내지 사용자에 이르기까지 소비자의 만족과 기업의 목적을 달성하기 위해서 재화 및 서비스의 유통을 관리하는 기업 활동의 수행이다.

② 현대 마케팅의 내용 : 현대 마케팅은 생산 지향의 경영으로부터 시장 지향의 경영으로 전환되어 있고, 소비자 지향 내지 고객 지향을 내용으로 하고 있다.

③ 마케팅 기능의 의의 : 마케팅의 기능이란 재화가 생산자로부터 소비자에게 이전되어 가는 과정에서 대행되는 특화된 활동을 말하며, 마케팅 기능은 중간상은 물론 생산자와 소비자가 대행하는 수도 있다. 그러나 일반적으로 고도로 전업화(專業化)한 중간상에 의하여 수행되는 것이 가장 능률적이다.

(2) 마케팅 기능의 분류

① 클라크(F.E. Clark)의 분류

구 분	내 용	
교환 기능	• 판매(수요 창조)	• 수집(구매)
실질적 공급 기능	• 구 매	• 보 관
보조적 기능	• 금 융 • 시황 보도	• 위험 부담 • 표준화

② 필립(C.F. Phillips)과 던칸(D.J. Duncan)의 분류

구 분	내 용	
소유 이전에 포함하는 것 (소유권 이전 기능)	• 구 매	• 판 매
실체적 공급에 포함하는 것 (물적 유통 기능)	• 운 송	• 보 관
제기능의 실행을 조성하는 것 (조성 기능)	• 표준화 및 등급화 • 위험 부담	• 금 융 • 시장 보고

③ 컨버스(P.D. Converse)의 분류

구 분	내 용	
실질적 이동 (장소 및 시간 효용의 창조)	• 운 송 • 포 장 • 등급화	• 저 장 • 분 할 • 수 집
소유권 이동 (소유 효용의 창조)	• 소요고(所要高) 결정 • 구매자 및 판매자의 발견 • 충 고	• 수요의 창조 또는 자극 • 절충(가격 및 조건) • 소유권 이전

| 시장 관리 | • 경영 정책의 결정
• 시 설
• 회 계
• 위험 부담 | • 금 융
• 감 리
• 정보 수집 |

(3) 소매업의 마케팅 기능 기출 14

① 소유권 이전 기능 : 소유권 이전 기능은 교환 기능이라고도 하는데, 생산자와 소비자 간의 **소유권 내지 인적 격리를 조절**하여 마케팅이 이루어지게 하는 기능으로서, 마케팅 기능 중 가장 본질적인 것이라 할 수 있다. 구매와 판매는 소유권 이전을 가져온다.

　㉠ **구매** : 구매 기능은 최종 소비자에 의해서 수행된 구매를 말하는 것보다는 재판매를 위해서 구매하는 것을 말한다. 구매는 원래 상품을 조달하는 계약의 교섭과 계약의 이행을 감시하는 과정이므로, 구입품의 결정 → 구입품의 선정 → 구입 품질과 수량의 결정 등의 과정을 밟아야만 한다. 기출 13

> **지식 in**
>
> **구매의 제기능(諸機能)**
> • 수요의 예측
> • 상품화 계획
> • 매매 조건의 교섭
> • 매집(買集)
> • 공급자의 결정
> • 소유권의 이전과 인도

　㉡ **판매** : 현대 생산 방법에 의해서 이용할 수 있는 재화의 수량과 종류는 마케팅 제도상 중요한 역할을 담당하는 일정한 판매 활동을 갖는다. 판매는 '상품 또는 용역을 사도록 혹은(판매자의 상업상 중요한 아이디어에 기인해서 호의적으로 행위를 하도록) 예상 고객을 원조한다든지 또는 설득하는 대인적 또는 비대인적 과정'을 말한다. '대인적 과정'이란 뜻은 판매원을 통해서 파는 것이고, '비대인적 과정'이라는 말은 광고를 통한 판매를 말한다. 판매는 상품 판매업만이 아니고, 모든 기업 경영의 중심적 업무로서 상품의 생산과 구입 그리고 기타 모든 경영 활동은 판매를 목적으로 하고 있다. 따라서 일찍이 '판매는 기업의 혈액이다'(Sales are The Life Blood of a Business)라 하는가 하면 '판매 없이 사업 없다'(No Sale No Job)란 말까지 나오게 되었다. 이것은 판매의 현대 경영에 있어서의 중요성을 단적으로 표현한 말이라 하겠다. 판매 개념 가운데는 대인 판매, 광고, 홍보와 촉진 관리 등이 포함되는데, 그 이유는 판매가 이익을 위해서 시장을 개척하기 위한 기획된 모든 노력을 포함하기 때문이다.

② 물적 유통 기능 : 재화의 물적 유통 기능이란 생산과 소비 간의 장소적 및 시간적 격리를 조정하는 기능을 말한다. 이 물적 유통 기능에는 **장소적 격리를 조절**함으로써 장소 효용을 창조하는 운송과 **시간적 격리를 조절**하여 시간 효용을 창조하는 보관의 양 기능이 있다.

　㉠ **운송** : 장소적 격리를 제거하기 위한 운송은 경제상 재화의 장소적 효용을 창조하는 마케팅의 기능으로서 중시되어 왔다. 현대 경제 사회에 있어서 생산과 소비 간에 품종·품질·수량상의 불일치는 생산자와 소비자 간의 장소적 격리를 확대시켰고, 이의 조절을 담당하는 운송 기능은 종전보다 더 그 중요성이 커졌다. 운송 기능도 저장 기능과도 같이 전문화되었는데 과거에 있어서는 상인과 제조업자가 이를 수행해 왔지만 경제의 발달에 따라 전문적인 운송 기관에 일임하게 되었다. 이 까닭은 운송 기능이 증대하고 운송비용이 증가하였기 때문이다.

ⓛ 보관 : 보관의 목적은 공급이 크고 수요가 적을 때 재화를 저장하며, 또 공급이 적고 수요가 적을 때도 이것을 제공할 수 있게 하는데 있다. 그러므로 보관을 하는데 있어서 다음 사항을 여러 각도로 검토할 필요가 있다.

첫째, 누가 보관상의 위험을 부담하느냐

둘째, 어디서·언제·어떻게 저장 설비를 할 것인가

셋째, 운송 기관의 운송량은 상시 평균되어 있느냐

넷째, 소비자에게 끊임없이 공급을 할 수 있는가

다섯째, 금융상의 편의는 어떠한가

지식 in

보관의 필요성
- 계절 생산
- 기업의 필요
- 생산물의 성질
- 계절적 수요
- 수송 요소
- 투기상(사재기)

---

③ **조성 기능** : 조성 기능이란 앞서 서술한 제기능이 합리적으로 수행되도록 조성하는 기능으로서, 이에는 수요 공급의 품질적 괴리를 조절하는 표준화, 관념적 괴리를 조절하는 시장 정보, 마케팅 활동의 자본적 뒷받침을 하여 주는 시장 금융, 마케팅 활동에 수반하는 위험에 대처하는 위험 부담 등의 기능이 있다. 기출 14

ⓘ **표준화와 등급화** : 마케팅의 조성적 기능으로서의 표준화와 등급화는 극히 밀접하게 관련된 활동이다. 표준화는 농산물과 수출 산물을 분류하고 제조 재화를 일치시켜야만 할 기본적 한도와 등급의 실질적인 책정을 말한다. 이렇게 볼 때, 표준화는 생산물의 종류의 기본적인 한계를 결정하는 것이고, 단순화는 표준화를 위한 표준의 수를 감소하는 것을 말하며, 등급화는 표준화에 의해서 결정된 상품의 표준에 대한 등급을 매기는 것이다. 상품 표준화의 목적은 상품의 사용 또는 소비를 보다 합리적으로 하는 동시에 그 상품유통을 원활케 하며, 생산의 합리화를 추진시킴으로써 가격의 저감화를 기하는 데 있다. 기출 13

ⓛ **시장 금융**
- **시장 금융의 의의** : 마케팅 금융에는 영속적 투자의 성질을 띤 장기 금융과 운전 자금으로 사용하는 단기 금융이 있는데, 이러한 금융은 마케팅 활동을 수행하는데 있어 불가결의 요소가 된다.
- **도매금융** : 생산자 또는 도매상이 판매 목적을 갖는 다른 도매상 또는 소매상에게 상품 자금을 융자하는 것을 말한다.
- **소매금융** : 소매 금융은 일명 소비자 신용이라고도 한다. 소매업자가 소비자에 대한 금융으로 융자된 상품 자본을 개인적 소비에 충당하는 데 있다. 광의로는 이 신용을 소비자에게 직접 판매하는 제조업체, 이밖에 생산자와 소매상, 서비스 조직, 각종 금융 기관에 의해서 개인적인 사용을 위해서 베풀어 주는 모든 신용의 확장을 의미한다.

ⓒ 위험 부담 : 마케팅의 입장에서 보는 위험(Market Risks)은 여러 가지 잡다한 우발적 사고와 자연적
·사회적인 제반 사정의 변화로부터 야기되는 상품과 서비스의 감가 또는 생산·거래 과정에서
일어날지 모르는 손실의 발생을 의미한다. 그러므로 위험 그 자체는 감가 내지 손실이 일어날 수
있는 하나의 가능성과 불확정성을 의미하는 것이지, 반드시 손해 그 자체를 의미하지는 않는다는
점을 유의해야 한다.

ⓔ 시장 정보 : 시장 정보는 마케팅 기능 가운데서도 가장 광범위한 기능의 하나이다. 일반적 기업의
전반에 관한 정보를 포함한 것인데, 즉 시장 자료, 시장 경영 기능에 관한 정보, 경제적인 특수화를
지시 또는 조종하는데 관련된 모든 활동 등에 관한 정보가 포함된다. 이는 상업 경영의 기초가 될
시장의 사실과 상업상의 문제에 대해서 정확한 보고를 얻음으로써 마케팅상의 문제를 해결하고자
하는데 있으므로 빼놓을 수 없는 중요한 기능이다. 이러한 기능을 두기 위한 시장 정보는 자료에
대한 수집·해석 그리고 보급까지 내포하고 있다. 이를 통해 정확한 정보를 알 수 있어 회사의 마케
팅 정책을 수립하는데 큰 도움이 되나, 동적인 시장의 실태를 올바르게 신속히 파악한다는 것은
시장 경쟁이 격심한 현 단계에서 매우 어려운 문제라 하겠다. 하지만 판매원의 리포트(Salesmen's
Reports)를 통해 고객의 기호, 경쟁 상태, 지역상 경제적 조건의 변동, 이밖에 판매에 영향을 주는
여러 가지 요소를 발굴해 나가면 판매의 우위성을 유지할 수 있게 될 것이다.

지식 in

외부로부터 얻을 수 있는 시장 정보의 중요한 형태
1. 수요 정보(Demand Information)
   • 현재 및 과거의 상품, 특정 상품에 대한 판매 분류
   • 잠재 고객과 고객의 수
   • 소비자 내지 고객의 잠재 구매력
   • 상기의 잠재를 감소케 하는 경쟁 요소
   • 소비자 내지 고객의 구매 동기와 기호
2. 촉진상 정보(Promotional Information)
   • 소비자 반응 및 상이한 촉진상의 기법과 소구(어필)에 대한 고객
   • 상이한 촉진적 매체의 상대적 도달 범위와 효과
3. 배급상 정보 : 각종 배급업자의 이용성과 상대적 효과
4. 가격 정보 : 특수품의 가격에 영향을 주는 일반 가격 추세

1 도매 기관의 개념 및 역할 기출 14

(1) 도매의 정의

도매는 "소매기관, 상인, 산업적 또는 상업적 사용자들에게 상품을 판매하는 사람이나 기관들에 관련된 행위 등을 의미하며 최종 소비자에 판매하는 비중이 적어야 한다."고 정의할 수 있다.

(2) 도매 기관(Wholesaling Institution)의 정의

도매 기관이란 상인, 소매 기관, 상업적 사용자들에게 상품을 판매하는 사람이나 조직 등을 의미한다고 할 수 있다. 그러나 유통경로상의 많은 기관들이 도매활동과 소매활동을 동시에 수행하고 있기 때문에 혼란이 있을 수 있다. 이러한 의문에 대해서는 대체적으로 최종소비자에게 판매되는 비중이 50% 미만의 경로 구성원들을 도매 기관이라고 할 수 있다.

(3) 도매 기관의 역할

제조업자에게 제공하는 서비스	• 소매상에게 제품판매를 위한 판매력을 제공한다. • 제조업자의 광고계획에 대해 조언을 한다. • 제조업자의 재고수준을 감소시키기 위해 대신해서 재고를 보유한다. • 제품수송을 책임진다. • 제품의 대금을 빨리 지불함으로써 자금을 제공한다. • 제조업자 스스로 얻을 수 없는 시장정보를 제공한다. • 소유권을 갖거나 악성부채, 제품변질에 대한 비용부담을 함으로써 위험을 책임진다.
고객(소매상)에게 제공하는 서비스	• 소매상의 비용을 감소시키기 위해 재고를 보유한다. • 소매상에게 빨리 제품을 수송한다. • 시장정보와 사업에 대한 조언을 해준다. • 신용판매를 함으로써 금융서비스를 제공한다. • 소매상이 원하는 수량이나 형태로 주문을 한다.

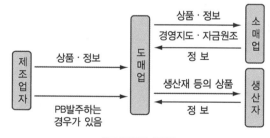

[도매업의 유통]

2 도매 기관의 기능

(1) 제조업자를 위해 도매상이 수행하는 기능 기출 23 · 21 · 20 · 19 · 17 · 16

① 시장확대 기능
- ㉠ 고객이 제조업자의 제품을 필요로 할 때 쉽게 구매할 수 있도록 제조업자는 합리적인 비용으로 필요한 시장 커버리지를 유지하도록 도매상에게 의뢰할 수 있다.
- ㉡ 도매상을 이용하여 많은 수의 소매상 고객을 접촉한다면 제조업자의 비용은 상당히 절약할 수 있게 된다.
- ㉢ 도매상이 있음으로서 제조업자는 적은 비용으로 시장을 확대할 수 있다.

② 재고유지 기능
- ㉠ 도매상들은 제조업자 제품의 일정부분을 재고로서 보유하게 되는데, 이렇게 함으로써 도매상들은 제조업자의 재무부담과 막대한 재고보유에 따른 제조업자의 위험을 감소시켜주게 된다.
- ㉡ 제조업자의 예상된 판로로서의 역할을 하기 때문에 제조업자는 보다 확실한 생산계획을 세울 수 있게 된다.

③ 주문처리 기능 : 대다수의 소매상들은 제품을 대량으로 구매하기가 어렵지만 다수의 제조업자들의 제품을 구비한 도매상들은 이러한 고객들의 소량주문을 보다 효율적으로 처리할 수 있다.

④ 시장정보제공 기능 : 도매상들은 제조업자들보다 고객들의 제품이나 서비스에 대한 요구에 관하여 파악하기가 쉽기 때문에 제조업자에게 제조업자의 제품계획, 가격결정, 경쟁적 마케팅전략 수립에 관한 유용한 정보를 제공할 수 있다.

⑤ 고객서비스대행 기능 : 도매상에서 제품을 구입하는 소매상들은 제품의 교환, 반환, 설치, 보수, 기술적 조언 등 다양한 유형의 서비스를 필요로 하고 있는데 제조업자가 이 같은 서비스를 다수의 소매상에게 제공하는 것은 막대한 비용과 비효율을 초래하게 된다. 따라서 제조업자의 입장에서는 도매상들이 소매상들에게 이 같은 서비스 제공을 대행 또는 보조하도록 함으로써 생산성 향상을 도모할 수 있다.

(2) 소매상을 위해 도매상이 수행하는 기능 기출 23 · 21 · 20 · 16 · 15 · 14

① 구색갖춤 기능
- ㉠ 도매상은 다수의 제조업자로부터 제품을 제공받아 소매상의 주문업무를 단순화할 수 있는 제품구색을 갖출 수 있다.
- ㉡ 소매상은 다수의 제조업자들에게 주문을 하는 대신에 필요로 하는 제품구색을 보유한 소수의 전문화된 도매상에게 주문을 할 수 있다.

② 소단위판매 기능 : 도매상은 제조업자로부터 대량 주문을 한 후에 제품을 소량으로 분할하여 소매상들의 소량 주문에 응하기 때문에 제조업자와 소매상 양자의 욕구를 모두 만족시켜줄 수 있다.

③ 신용 및 금융 기능
- ㉠ 외상판매를 확대함으로써 소매상들이 구매대금을 지불하기 전에 제품을 구매할 수 있는 기회를 제공한다.
- ㉡ 소매상들이 필요로 하는 많은 품목들을 보관하고 이용가능성을 증가시켜주는 기능을 수행함으로써 소매상들의 재고부담을 감소시켜 준다.

④ 소매상서비스 기능 : 소매상들은 제품의 구매처로부터 배달, 수리, 보증 등 다양한 유형의 서비스를 요구하게 된다. 도매상은 이같은 서비스를 제공함으로써 소매상들의 노력과 비용을 절감시켜 준다.

⑤ 기술지원 기능 : 많은 제품들은 제품사용에 대한 기술적 지원과 조언 외에도 제품판매에 대한 조언을 필요로 한다. 이 경우 도매상은 숙련된 판매원을 통해 소매상에게 기술적·사업적 지원을 제공하고 있다.

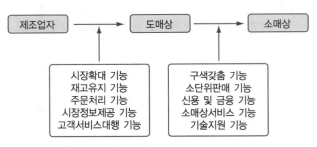

[도매상의 제조업자나 소매상에 대한 기능]

3 도매 기관의 형태와 특성 기출 13

(1) 개 요

도매기관들은 일반적으로 상인 도매 기관(Merchant Wholesaler)과 대리 도매 기관(Agent Wholesaler)으로 분류된다. 상인 도매 기관이란 상품을 직접 구매하여 판매하는 기능을 하는 도매 기관이며, 대리 도매 기관은 제조업자의 상품을 대신 판매·유통 시켜주는 기능을 가지고 있는 도매 기관을 의미한다. 두 기관의 차이는 상품을 소유하는 소유권 유무에 있다.

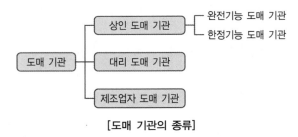

[도매 기관의 종류]

(2) 상인 도매 기관(Merchant Wholesaler) 기출 16·14·13

① 특 징

㉠ 상인도매상(Merchant Wholesaler)은 취급하는 제품에 대해 소유권을 가지는 독립된 사업체의 도매기관을 의미한다.

㉡ 상인도매상은 제조업자들로부터 제품을 구매하고 이 제품이 소매상이나 그 이외의 사람들에게 다시 판매될 때까지 소유권을 가진다.

ⓒ 소매상보다는 생산자에게 판매하는 상인도매상을 산업유통업자(Industrial Distributor)라 한다. 산업유통업자는 제품을 생산하는데 사용되는 기계도구나 플라스틱, 전기부품, 베어링과 같은 제품을 생산자에게 공급한다.

② 종 류 `기출` 23 · 22

㉠ 완전기능 도매 기관 : 고객들을 위하여 수행하는 서비스 가운데에서 필요한 광범위한 서비스를 제공하는 도매 기관이다. 완전기능 도매 기관들은 그들이 취급하는 제품의 종류에 따라 종합상인(완전기능) 도매 기관과 전문상인(완전기능) 도매 기관으로 분류할 수 있다.

종합상인 도매 기관	고객들이 요구하는 거의 모든 상품을 판매하는 도매 기관
전문상인 도매 기관	한정된 전문계열의 제품을 판매하는 도매 기관

㉡ 한정기능 도매 기관 : 한정기능 도매 기관은 완전기능 도매 기관과는 달리 도매 기관의 기능 중에서 일부만을 수행하는 도매 기관이다.

현금판매-무배달 도매 기관 (Cash And Carry Wholesaler) `기출` 14	• 현금판매 도매 기관은 주로 소매규모의 소매 기관에 상품을 공급한다. • 현금판매 도매 기관을 이용하는 소매 기관들은 직접 이들을 찾아와서 제품을 주문하고 직접 제품을 인수해간다. • 이들은 배달을 하지 않는 대신 싼 가격으로 소매 기관에 상품을 공급하며, 신용판매를 하지 않고 현금만으로 거래를 한다. • 소매 기관의 판매를 위한 지원도 하지 않으며, 판매원도 보유하고 있지 않다.
트럭 도매 기관 (Truck/Wagon Wholesaler)	• 일반적으로 고정적인 판매루트를 가지고 있으며 트럭이나 기타 수송수단으로 판매와 동시에 상품을 배달하게 된다. • 머천다이징(Merchandising)과 촉진지원을 한다. • 사용판매를 하지 않으며 고객을 위한 조사기능이 상대적으로 취약하다. • 대체로 이들의 운영비는 개인적인 서비스를 고객에게 제공하기 때문에 높은 편이나, 평균판매액은 낮은 편이다. • 취급하는 제품은 취급이 까다롭거나 부패 및 파손가능성이 높은 것이다.
직송 도매 기관 (Drop Shipper) `기출` 17 · 15	• 제조업자나 공급자로부터 제품을 구매한 뒤 제품을 제조업자나 공급자가 물리적으로 보유한 상태에서 제품을 고객들에게 판매하게 되면 고객들에게 직접 제품을 직송하게 된다. • 목재나 석탄 등과 같이 원자재에 해당하는 제품들은 제품의 이동이나 보관이 어렵기 때문에 도매 기관이 제품을 구매한다고 하더라도 제품을 직접 보유하지 못하게 된다. 그래서 제조업자나 공급업자가 보유토록 하고 판매가 이루어지면 제조업자나 공급자가 직접 고객들에게 직송한다.
선반 도매 기관 (Rack Jobber) `기출` 21	• 선반 도매 기관이란 소매점의 진열선반 위에 상품을 공급하는 도매상을 말한다. • 선반에 전시되는 상품에 대한 소유권은 도매 기관들이 가지고 있으며, 소매 기관이 상품을 판매한 뒤에 도매 기관에게 대금을 지불하는 일종의 위탁방식이다. 단, 팔리지 않는 상품은 환수한다. • 선반 도매 기관은 소매점 내에 직접 선반을 설치하여 상품을 전시하며, 상품에 가격표시를 하고, 재고를 유지·기록한다.
우편주문 도매상 (Mail-order Wholesaler)	• 소규모의 소매상이나 산업구매자에게 보석이나 스포츠용품 등을 제품목록을 통해 판매한다. • 인적 판매노력에 대한 비용이 제품판매로써 지원되지 못하는 외진 지역에 있는 소규모의 소매상들에게 판매한다.

	현금판매 도매 기관	트럭 도매 기관	직송 도매 기관	선반 도매 기관
상품의 물리적 보유	있 음	있 음	없 음	있 음
판매원의 소매점포 방문	없 음	있 음	없 음	있 음
시장정보제공	없 음	약간 있음	있 음	있 음
고객에 대한 조언	없 음	약간 있음	있 음	있 음
고객의 점포에 상품저장 및 관리	없 음	없 음	없 음	있 음
신용판매	없 음	약간 있음	있 음	있 음
배 달	없 음	있 음	없 음	있 음

자료 : Pride & Ferrel(1985)

[한정 기능 상인 도매 기관의 비교]

(3) 대리 도매 기관(Agent)

① 특 징 기출 18·17

ㄱ 제품에 대한 소유권은 없이 단지 제조업자나 공급자를 대신해서 제품을 판매해주는 도매 기관이다.

ㄴ 도매 기관들의 많은 기능들, 예컨대, 판매지원이나 조사기능 등을 수행하지만 제품에 대한 직접적인 소유권이 없다는 것이 큰 특징이다.

ㄷ 대체로 제품을 대신 판매하고 난 뒤 제조업자나 공급자로부터 수수료(Commission)를 받는다.

② 종 류 기출 21·20·19

제조업자 대리인 (Manufacturer's Agent)	• 제조업자 대리인은 여러 제조업자의 위탁으로 제품을 대신 판매해주는 도매 기관이다. • 여러 제조업자의 제품을 대신해서 판매해주지만 이들이 취급하는 제품들은 대체적으로 서로 비경쟁적이거나 보충적인 제품들이다. • 영업지역이 서로 명확히 구분되어 있다. • 제품에 대한 신용판매는 하지 않지만 제품의 배달 및 제품판매를 위한 조사 등에 대하여 지원하고 머천다이징 및 촉진지원 등을 한다. • 일반적으로 대리 도매 기관들의 대리판매 커미션은 판매액의 5%에서 10% 정도이다.
판매대리 (Selling Agents)	• 판매대리인은 계약상 모든 마케팅활동 결과에 대한 책임을 진다. • 가격이나 기타 판매조건에 관한 결정권한을 가지고 있으며, 제품에 대한 소유권을 제외한 모든 도매기능을 한다. • 한 제조업자와 판매계약을 맺어 제조업자의 판매부서와 같은 역할을 한다. • 판매대리인은 대규모 제조업자보다는 소규모 제조업자와 계약을 하는 경우가 많으며, 한 제조업자와만 독점적으로 판매계약을 하기 때문에 제조업자 대리 도매 기관에 비하여 커미션이 높은 편이다.
수수료 상인 (Commission Merchants)	• 수수료 상인은 생산자로부터 위탁에 의하여 상품을 받는다. • 종종 신용을 제공하고, 상품을 비축·전달하며 또한 판매원을 제공하기도 한다. • 판매를 위한 연구와 계획적인 지원을 하지만, 통상 말하는 상품화 계획과 촉진을 지원하지는 않는다. • 수수료 상인은 공급자가 제시한 가격의 범위 내에서 구매자와 가격에 대한 협상을 할 수 있으며, 제품이 판매되고 나면 판매가에서 수수료, 운송비, 기타 경비를 제한다. • 이러한 유형은 농산물, 해산물, 가구, 예술작품 등에 많다.

거간(Broker)	• 브로커의 기본적인 임무는 구매자와 판매자를 만나게 하는 일이다. • 가격, 제품, 일반시장생활과 관련하여 상당한 시장정보를 제공한다. • 브로커는 일반적으로 상품을 물리적으로 취급하지 않으며, 판매의뢰자와 지속적인 기반 위에서 거래를 하는 것은 아니다. • 브로커에게는 가격설정권이 없다. • 브로커는 단지 판매에 관하여 협상을 해줄 뿐이며 구매자의 요구를 승인하거나 거절하는 것의 책임은 판매자에게 있다.		

	브로커	수수료 상인	판매 대리인	제조업자 대리인
상품의 물리적 보유	없음 ×	있음 ○	없음 ×	약간 있음 △
구매자 또는 판매자와의 장기적인 관계	약간 있음 △	있음 ○	없음 ×	있음 ○
경쟁제품 라인의 취급	있음 ○	있음 ○	없음 ×	없음 ×
지역적 제한	없음 ×	없음 ×	없음 ×	있음 ○
신용제공	없음 ×	약간 있음 △	있음 ○	없음 ×
배 달	없음 ×	있음 ○	있음 ○	있음 ○

[대리인과 브로커의 서비스 내용 비교]

(4) 제조업자 도매 기관(Manufacturer Wholesaling) 기출 19

① 제조업자 도매 기관은 제조업자가 직접 도매기능을 수행하는 것이다. 이는 일종의 제조업자 내부에 있는 도매기능으로, 대개의 경우 제조업자의 생산자나 고객이 있는 시장에 가까이 위치하는 것이 특징이다.

② 제조업자 도매 기관에는 제조업자의 판매지점(Manufacturer's Sales Branch)과 판매사무소(Manufacturer's Sales Office)가 있다. 둘 다 제조업자의 도매기능을 수행한다는 점에서는 동일하나 판매지점은 판매할 제품의 재고를 보유하고 있는 반면, 판매사무소는 제품의 재고를 보유하고 있지 않는 것이 다른 점이다.

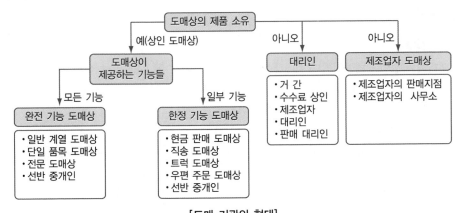

[도매 기관의 형태]

구 분	상인 도매 기관	대리 도매 기관	제조업자 도매 기관
통제 및 기능	도매 기관이 도매기능을 통제하고 많은 또는 전부의 기능을 수행	제조업자와 도매 기관이 각각 약간의 통제와 기능을 수행	제조업자가 기능을 통제하고 모든 기능을 수행
소유권	도매 기관이 제품을 소유	제조업자가 제품을 소유	제조업자가 제품을 소유
현금 흐름	도매 기관은 제조업자에 대금을 지불하고 제품을 구입하며 다시 그 제품을 고객에 판매	제품이 판매되면 도매 기관은 대금을 제조업자에게 지불하고 커미션이나 수수료를 받음	제조업자가 판매하고 대금을 회수
최적 이용	제조업자가 많은 제품계열을 보유하고 있거나 지역적으로 분산된 고객에 판매할 때	제조업자가 소규모 마케팅이 부족할 때, 그리고 상대적으로 고객에 지명도가 약할 때	고객의 수가 적을 때 그리고 지역적으로 집중되어 있을 때

[도매 기관의 형태와 특징]

지식 in

도매업의 분류기준 기출 14
• 상품의 소유권의 취득 유무에 따른 분류
• 도매상의 제조업자 소유 여부에 따른 분류
• 제공하는 서비스와 기능의 범위에 따른 분류
• 취급 상품의 폭과 넓이 등 상품의 전문화 정도에 따른 분류

03 유통업태의 유형 및 특성

1 소매업별 특징

(1) 백화점 기출 20 · 19 · 15

① 백화점의 정의 : 백화점이란 선매품을 중심으로 생활필수품, 전문품에 이르기까지 다양한 상품 계열을 취급하며 대면 판매, 현금 정찰 판매, 풍부한 인적·물적 서비스로써 판매 활동을 전개하는 상품 계열별로 부문 조직화된 대규모 소매 기관이다.

② 백화점의 분류

입지조건에 따른 분류	규모에 따른 분류
• 도심백화점 • 터미널백화점 • 쇼핑센터	• 대규모 백화점 • 중소규모 백화점 • 슈퍼마켓

③ 백화점 성장의 요인
  ㉠ 환경적 요인
    • 유리한 경쟁 조건 : 슈퍼마켓이 성장을 이루기 전까지 백화점 이외의 근대적 대형 소매점은 존재하지 않았다.
    • 유리한 입지 조건 : 유리한 입지 조건이 백화점의 성장에 큰 몫을 담당하였다. 원래 소매업을 입지 산업이라고 일컫는 바와 같이 그 입지 조건은 당해 소매업의 발전에 있어서는 빼놓을 수 없는 요인이 된다.
    • 강력한 스토어 로열티(Store Royalty) : 강력한 스토어 로열티가 백화점 발전에 크게 공헌해 왔다. 오늘날과 같이 제조업자들의 매스컴 광고가 발달하지 못했던 시대에는 소비자의 판매 장소의 선택은 점포에 대한 신용이나 고객에 대한 친절 등이 기준이 되었는데 바로 이러한 점이 대형 소매점인 백화점의 발전을 촉진시켰다.
  ㉡ 내부적 요인(판매 기술의 혁신) : 유리한 환경 요인과 더불어 판매 기술의 혁신도 백화점 성장의 요인이 되어 왔다. 오늘날의 백화점은 현대 소매업의 전형처럼 생각되고 있지만 그 발생에서 성장에 이르기까지에는 「상업상의 산업 혁명」이라고 부를 수 있는 수많은 이노베이션(Innovation)이 전개되어 왔다.

지식 in

백화점의 이노베이션(Innovation)
• 현금 정찰 판매 : 현금 정찰 판매는 촉진관리책으로서 극히 유효한 동시에 백화점에 대한 소비자의 신용을 크게 증대시켰다.
• 상품의 풍부한 구색 갖춤 : 백화점은 풍부한 상품의 구색 갖춤으로 일괄 구매를 가능하게 하였다.
• 각종 무료 서비스의 제공 : 고객이 구입한 상품의 무료 배달, 무료 전시회, 각종 상품의 설명회나 시사회 등을 비롯한 무료 서비스는 촉진관리책으로 매우 유효했다.
• 풍부한 인적 서비스 : 젊은 노동력이 풍부한 시대에는 백화점은 쉽게 노동력을 확보할 수 있었고, 또 거래처로부터 파견되어 온 판촉 요원을 무료로 이용할 수 있음으로써 고객에게 대량의 인적 서비스를 제공하는 것이 가능했다.
• 유리한 매입 활동 : 백화점은 매입과 재고 유지의 위험을 대부분 매입처인 중소 제조업자나 도매업자에게 부담시켜 왔다.
※ 소량의 당용 매입(當用買入) : 재고에 따르는 위험을 자유로운 반품으로, 매입에 대한 위험을 중소 제조업자나 도매업자에게 대신 부담시킨다는 것을 뜻한다.

④ 백화점의 영업특성 기출 15
  ㉠ 현대적인 건물과 시설
  ㉡ 대량 매입의 경제성
  ㉢ 기능별 전문화에 의한 합리적 경영
  ㉣ 균형 있는 상품 구성과 다양한 서비스
  ㉤ 엄격한 정찰제 실시
  ㉥ 대량 촉진관리와 명성을 배경으로 한 고객 유치 및 강력한 재정 능력

(2) 연쇄점(Chain Store)

① **연쇄점의 정의** : 연쇄점은 동일한 유형의 상품을 판매하는 다수의 점포가 중앙 본부로부터의 통제·관리를 통해 고도의 정형화·표준화를 달성하면서 전체적인 판매력과 시장 점유율을 강화하여 가는 소매 조직이다.

② **연쇄점 경영의 특질**

ㄱ 중앙 본부의 관리 체제가 전제가 된다. 각 점포는 중앙 본부의 통일적 방침 하에 관리·운영되며, 판매 기능만 가진다.

ㄴ 상품화의 동질성이 그 전제가 된다. 각 점포에서 제공되는 상품은 정형화·표준화된 상품이며, 제시 방법도 표준화된다.

③ **연쇄점의 본질 및 경영 원리**

ㄱ 연쇄점은 대량 집중 구입에서 오는 구입 비용의 인하와 거기에서 얻는 원가 절감 효과는 물론, 전국적으로 분산되어 있는 다수의 단위 점포를 통한 총 판매량의 극대화를 가능케 함으로써 대량 판매에서 오는 총 매출액과 매출 이익의 증대를 동시에 꾀하는 영업 방식을 택하고 있다.

> **지식 in**
>
> 백화점은 「한 지붕 밑에서」 일괄 구매(One-stop Shopping)의 편의를 도모하면서 비교 구매(Comparison Shopping)의 즐거움을 고객에게 주는 상품별 부문 관리에 중점을 두는 판매 방법을 택하고 있다.

ㄴ 연쇄점 경영 조직은 백화점처럼 단독 점포의 경영 조직인 상품별 분업과는 전혀 다른 「기능별 분업」을 그 조직 원리로 삼고 있다. 즉, 재판매를 위한 조달 또는 구입 기능 및 판매 기능을 분리하는 것인데, 이는 상품별 분업에서 기능별 분업에로의 선회를 의미한다. 연쇄점 조직은 구입 기능과 판매 기능을 상호 분리하여 놓더라도 각 기능이 동일한 목표와 성과, 즉 매출과 이익의 증대에 대해서 공동 책임을 지게 하는 상호 관계를 수립하지 않으면 안 되는 것이다.

> **지식 in**
>
> 공동구매(Joint Buying) [기출 15]
> • 대량구매의 장점을 실현하기 위하여 복수의 소매업자가 모여서 공동으로 구매하는 것으로 볼런터리 체인(Voluntary Chain)이 대표적이다.
> • 공동구매의 효과
>   – 대량발주에 의한 원가인하(수량할인 등)
>   – 계획적발주, 배송에 의한 유통경비의 절감
>   – 전문구매담당자에 의한 엄밀한 상품선정
>   – 공동의 상품개발

④ **연쇄점의 분류** [기출 23]

ㄱ 회사형 연쇄점(Corporate Chain Store) : 보통 레귤러 체인(Regular Chain)이라고도 하며, 국제체인스토어협회의 정의에 가장 적합한 형태이다. 이 유형의 연쇄점은 연쇄화 사업자(체인 본부)가 규모의 이익을 실현하기 위하여 여러 곳에 분산되어 있는 개별적인 소비자의 특성에 대응하여 자기 자본과 자기 책임 하에서 점포를 여러 곳에 전개시키는 형태이다. 각 지점은 체인 본부의 강력한 관리와 통제 아래 운영되며, 지점에서 임의대로 할 수 있는 재량이란 거의 없다. 회사형 연쇄점은

백화점과 달리 지역 특성에 따라 수많은 점포를 운영하되 중앙 집중적 대량 구매의 이점을 살리며, 개별 점포가 모두 동일한 건축 양식과 동일한 가격, 동일한 상품들을 취급하므로 소비자들에게 소구력을 높일 수 있는 장점이 있다.

ⓛ **가맹점형 연쇄점** : 연쇄화 사업자와 가맹 점포가 별개의 기업으로 존재하면서 상품을 공동으로 매입하여 공급하고 경영을 지도하는 형태이다. 이것은 체인 본부를 중심으로 여러 가지 사업 활동의 공동화를 추진하지만 실질적으로는 한 기업체의 체인 스토어와 같은 효과를 발휘하는 형태이다.

- **임의형 연쇄점(Voluntary Chain Store)** : 가맹점형 연쇄점의 가장 대표적인 형태로서, 도매점이 주체가 되어 소매점을 가맹점으로 모집하여 그룹화한 형태이다. 임의형 연쇄점은 일본에서 먼저 발전한 것으로, 도매점이 주체가 된다는 점에서 소매점 자체가 주체가 되는 협동형 연쇄점과 구별이 되지만 오늘날 그 운영 형태나 기능은 거의 비슷하다. 따라서 임의형 체인은 다수의 소매점이 기업으로서 독립성을 유지하면서 공동의 이익을 달성하기 위해 체인 본부를 중심으로 분업과 협업의 원리에 따라 구성되는 체인 조직이다.

- **협동형 연쇄점(Cooperative Chain Store)** : 소매점 자체가 주체가 되는 연쇄점으로, 규모가 비슷한 소매점의 동업자끼리 공동으로 체인 본부를 설치하는 경우와 대규모 소매점이 체인 본부를 설치하고 비교적 소규모의 소매점이 이에 참여하는 2가지 형태가 있다.

- **프랜차이즈 가맹점(Franchise Chain Store)** : 프랜차이즈 시스템에 의해 가맹한 점포를 말한다. 프랜차이즈 시스템이란 본부(Franchisor)가 가맹점(Franchise)과의 계약에 따라 가맹점에게 자기의 상호·상표 등을 사용토록 하고 동일한 성격의 사업을 실행하는 권리를 부여하는 동시에, 경영에 관한 지도를 하고 상품(서비스, 원자재 포함)과 노하우를 제공해서 그 대가로 가맹점으로부터 가입금·보증금·정기적인 납입금을 징수하는 제도이다.

[프랜차이저(본부) 및 프랜차이지(가맹점)의 장·단점] 기출 20·17

구 분	프랜차이저	프랜차이지
장 점	• 사업확장을 위한 자본조달이 용이 • 대량구매에 의한 규모의 경제 달성 • 높은 광고 효과 • 사업상품개발에 전념	• 사업 실패의 위험성이 적음 • 소액의 자본으로 시작 가능 • 프랜차이저의 지도로 적응이 쉬움 • 처음부터 소비자에 대한 신뢰도 구축이 가능
단 점	• 비용 및 노력의 소모 • 프랜차이지 수의 증가시 통제의 어려움 • 프랜차이저의 우월한 지위의식 때문에 시스템 활력의 저하 초래	• 쌍방간의 계약 불이행 시 갈등의 조정이 어려움 • 프랜차이저 스스로의 문제해결 및 경영개선의 노력을 등한시 함 • 운영에 있어 보편적이므로, 각 점포의 실정에 맞지 않을 수 있음 • 하나의 프랜차이지의 실패는 타 지점과 전체시스템에 영향을 미침

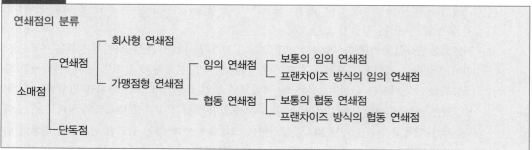

연쇄점의 분류

소매점
- 연쇄점
  - 회사형 연쇄점
  - 가맹점형 연쇄점
    - 임의 연쇄점
      - 보통의 임의 연쇄점
      - 프랜차이즈 방식의 임의 연쇄점
    - 협동 연쇄점
      - 보통의 협동 연쇄점
      - 프랜차이즈 방식의 협동 연쇄점
- 단독점

(3) 슈퍼마켓(Super Market) 기출 17

① 슈퍼마켓의 정의 : 슈퍼마켓이란 식품·세제 및 가정 일용품 등에 대한 소비자의 전체적인 요구를 충족시켜 주는 규모가 크고, 저비용·저마진·대량 판매 및 셀프서비스제에 의해 운영되는 상점을 말한다. 우리나라의 경우에는 「식료품 및 일용 잡화를 위주로 소비자의 자기 서비스 방식에 의하여 판매하는 영업장으로서 연쇄 사업자와 가맹 계약을 체결한 점포」로 정의할 수 있다.

② 슈퍼마켓의 특성
  ㉠ 셀프서비스와 자기 선택식 진열
  ㉡ 보통 체크아웃 카운터(Checkout Counter)에의 고객 서비스의 집중화
  ㉢ 저가격 소구(訴求)
  ㉣ 대규모의 시설
  ㉤ 넓은 구색과 다양한 상품

지식 in

슈퍼마켓의 기본 원리
슈퍼마켓의 기본 원리는 캐쉬 앤드 캐리(Cash & Carry), 즉 고객이 직접 진열된 상품을 스스로 선택하고, 외상이 아니라 현금으로 구입하며, 고객 스스로 운반해 가는 대신에 상품 가격을 타점포보다 낮게 함으로써 더 많은 고객을 확보하려는 데 있다.

③ 슈퍼체인
  ㉠ 슈퍼체인의 의의 : 슈퍼마켓 단위점포의 대형화·표준화를 실현하는 효과적인 방편으로는 체인화 전략이 널리 채용되고 있다. 그리고 대형 슈퍼마켓은 최종적인 목표로서 전국적인 체인화를 계획하는 것이 상식적으로 되어 있다.
  ㉡ 슈퍼체인의 형태

회사형 체인	연쇄화 사업자(체인본부)의 자금으로 10개 이상의 직영슈퍼마켓을 운영하는 형태
가맹점형 체인	체인본부와 가맹점포가 별개의 기업으로 있으면서 상품을 공급·지도하는 형태로서 30개 이상의 가맹 슈퍼마켓을 필요로 한다.

(4) 쇼핑센터(Shopping Center)

① **쇼핑센터의 정의** : 쇼핑센터란 전문적인 개발자(Developer)에 의해서 계획적으로 개발·소유·관리·운영되고 있는 소매업의 집단이며, 이러한 쇼핑센터 내에는 백화점이나 대형 슈퍼마켓 등이 핵점포로서 포함되며, 더 나아가 각종의 전문점을 위시해서 레저시설·공공시설 등이 임대 점포로 입주하고, 넓은 주차 시설을 갖추고 있으며, 원칙적으로 도시 주변 또는 교외에 위치하고 있는 계획적 상점가이다.

> **지식 in**
>
> 핵점포(核店鋪)
> 쇼핑센터 내점 고객(來店顧客)을 주로 흡수하는 점포를 말한다.

② **쇼핑센터의 계획**

- ㉠ 원 스톱 쇼핑(One-stop Shopping)의 편의를 주고 최대의 만족을 줄 수 있도록 업종의 적절한 선택, 점포의 조합과 배치, 전국적으로 유명한 백화점 또는 슈퍼마켓으로 구성되는 핵점포 계획
- ㉡ 현대 생활에 잘 조화될 수 있도록 쇼핑 환경을 정비
- ㉢ 자동차 보유율의 증가에 대응하여 주차장, 고속도로 진입로 등 도로 계획

> **지식 in**
>
> 쇼핑 장소로 생성된 쇼핑센터는 종래의 자연 발생적인 상점가와는 기본적으로 성격을 달리하는 것으로 입지의 선택, 소매업종의 조직·배치·임대 방식 등이 통일적으로 계획·건설·운영되는 고도로 시스템화된 소매 조직체이다.

③ **쇼핑센터의 유형** : 쇼핑센터는 기능 및 규모에 따라 근린형(Neighborhood) 쇼핑센터, 지역형(Community) 쇼핑센터, 광역형(Regional) 쇼핑센터의 3가지로 나눌 수 있다.

근린형 쇼핑센터	인근의 소비자 생활에 필요한 식료품·약료·화장품 등의 편의품과 세탁소·이발소·구두 수선 등의 인적 서비스를 제공한다. 핵점포는 대부분의 경우 660m²(200평) 내외의 슈퍼마켓이다.
지역형 쇼핑센터	근린형 쇼핑센터의 편의품과 개인적 서비스에 겸해서 일반 패션 의류·귀금속·전자 제품 등 선매품과 일부의 전문품도 취급하는 쇼핑센터로 근린형보다 넓은 상권을 대상으로 한다. 핵점포는 1,000m² 정도의 슈퍼마켓과 버라이어티 스토어(Variety Store)이다.
광역형 쇼핑센터	강력한 고객 흡인력을 가진 대형 백화점을 핵점포로 하여 고급 의류·가구·귀금속·장식품·내구 소비재 등 질과 양에 있어 풍부한 구색을 갖춘 40~150개 점포의 전문점이 모여 있는 쇼핑센터이다.

> **지식 in**
>
> 최근 우리나라의 건설업체들이 아파트 단지에 건설하고 있는 쇼핑센터는 그 핵점포가 슈퍼마켓이기는 하지만, 그 규모에 있어서는 광역형 쇼핑센터라 할 수 있다.

④ 쇼핑몰(Shopping Mall)

　　㉠ 쇼핑몰의 정의 : 쇼핑몰은 넓은 의미로 쇼핑센터의 한 유형이며, 쇼핑센터에 포함되는 것이라 볼 수 있다. 도심 지역의 재활성화를 위하여 도시 재개발의 일환으로 형성된 새로운 쇼핑센터의 유형으로서 폐쇄형 몰(Enclosed Mall)의 형식을 취한다. 이 도심몰 형태의 쇼핑센터는 황폐화되어 가는 도심으로의 고객 흡인을 가능하게 한다.

　　㉡ 쇼핑몰의 종류

　　　• 폐쇄형 몰(Enclosed Mall) : 쇼핑센터의 모든 점포를 하나의 지붕과 건물 안에 수용하고 중앙부에서 공기 조절을 함으로써 전천후 구매 환경을 제공할 수 있도록 한 몰(Mall)로, 이 안에서는 주 통로가 각 점포를 이어준다.

　　　• 개발형 몰(Open Mall) : 각 입주점은 연동식으로 된 독립 점포를 가지며, 소규모의 전문점만이 공통의 건물 안에 수용되는 몰(Mall)로, 옥외의 통로에 대해 개방적인 유형이다.

(5) 편의점(Convenience Store) 기출 23 · 22 · 21 · 20 · 18 · 15 · 14 · 13

① 편의점의 정의 : 편의점이란 보통 편리한 위치에 입지하여 장시간 영업을 하며, 한정된 수의 품목만을 취급하는 식품점이다. 우리나라의 경우는 「식료품 위주로 대면 판매 방식 또는 자기 서비스 방식에 의하여 판매하는 소매 점포로서, 연쇄화 사업자가 직영하거나 연쇄화 사업자와 가맹 계약을 체결한 소규모 점포」로 규정하고 있다.

② 편의점의 기본 조건

　㉠ 입지의 편의성 : 주택 근처에 입지하여 고객이 일상적 구매를 손쉽게 할 수 있다.

　㉡ 시간상의 편의성 : 영업시간이 길어서 언제든지 필요에 따라 구매할 수 있고, 가까우므로 구매 소요시간도 적게 든다.

　㉢ 상품 구색상의 편의성 : 식료품 및 일용 잡화 등을 중심으로 한 상품 구색으로 일상생활이나 식생활에 편의성을 제공한다.

　㉣ 우호적인 서비스 : 슈퍼마켓에서는 맛볼 수 없는 친절한 대인 서비스를 제공한다.

　㉤ 소인원 관리 : 소수의 가족노동을 중심으로 인건비의 절감을 도모한다.

(6) 전문점(Specialty Store) 기출 22 · 19 · 15

① 전문점의 정의 : 전문점이란 특정 범위 내의 상품군을 전문으로 취급하는 소매점을 말한다. 즉, 전문점이란 상품에 대한 전문적 품종 갖춤과 전문적 서비스를 고객에게 제공하는 점포라고 할 수 있다.

② 전문점의 본질

　㉠ 제한된 상품 · 업종에 대해서 다양한 품목을 골고루 깊이 있게 취급한다.

　㉡ 우수한 머천다이징 능력을 바탕으로 하여 소비자의 욕구에 보다 부응할 수 있는 개성 있는 상품, 차별화 된 상품을 취급한다.

　㉢ 고객에 대한 고도의 상담(Consultation)과 서비스를 제공한다.

③ 전문점의 성장 요인

　㉠ 전문 경영자가 실무에서 기업 경영을 담당함과 아울러 근대적인 기업 경영 시스템을 도입하여 생업적 경영에서 기업적 경영으로 전환하였다.

　㉡ 연쇄화 경영 시스템의 도입과 패션의류전문점의 경우 특히 POS 시스템의 도입에 적극적이다.

　㉢ 자금 조달의 원활화를 위해 주식을 증권 시장에 상장하여 기업을 공개하였다.

　㉣ 쇼핑센터를 중심으로 하는 출점(出店)이 많이 이루어졌다.

④ 전문점의 경영 전략상의 특질

　㉠ **고객의 세분화** : 생활 스타일에 입각한 시장 세분화를 통해 목표 고객을 명확하게 하였다.

　㉡ **목표 고객 대응 상품화** : 여성용 의류점의 상품화에는 청바지 전문점과 같이 철저한 단독 상품화 전략, 생활 단면의 의류품에 대한 수요에 대응하려는 파티복점, 임산부복점의 상품화, 동질적인 패션 선호 고객을 전제로 하는 패션 상품화 및 한정된 체형의 수요에 대응하는 체형별 상품화 등이 있다.

　㉢ **점포식별의 확인** : 자기 점포의 개성이 명확히 식별될 수 있도록 기업 식별화(CIP ; Corporate Identification Program)를 적극적으로 전개한다.

⑤ 전문점 경영의 기본적인 방향

　㉠ 대량 판매보다는 적당량의 판매를 위하여 노력해야 한다.

　㉡ 저비용·저마진보다는 적당한 마진을 유지하면서 광고, 점포 진열, 서비스 면에서 강한 개성을 나타내야 한다.

　㉢ 전문화된 상품, 개성 있는 상품, 특색 있는 상품으로 구색 갖춤을 하여야 한다.

(7) 상점가(Shopping Street)

① 정의 : 상점가(Shopping Street)란 일정범위 안의 도로나 지하도에 50개 이상의 도매점포·소매점포 및 용역점포가 밀집해있는 지구를 말한다.

② 상점가의 의의

　㉠ 상점가를 소매기능의 집적인 소매중심지(Retail Center) 또는 중심구매지구(Central Shopping District)로 보는 경우 : 상점가를 이와 같이 이해하는 것은 가장 포괄적이고 일반적인 경우이다. ⇒ 번화가·지하상가 등

　㉡ 역사적으로 보아 자연발생적으로 형성되어온 비계획적 소매집적과 계획적인 소매접적으로 구분하여 후자는 쇼핑센터(엄밀히는 계획적 쇼핑센터)로 보고, 전자만을 상점가로 보는 경우 : 지하상가, 유명상점가, 소매시장 및 쇼핑빌딩 등

　㉢ 분명한 조직체를 가진 집단으로서의 상점군을 상점가로 보는 견해 : 상가진흥조직으로서 조직화된 소매집적만을 상점가로 보는 견해이다.

(8) 독립소매점 `기출 14`

① 독립소매점은 일반적으로 볼 때 가족 노동력을 위주로 하기 때문에 조직력이 없고 비전문적인 소규모점포이다.

② 식료품·잡화·의류 등의 편의품을 취급하는 상점이 많고, 우리나라 소매점의 대부분이 이에 해당한다.

③ 대부분은 저렴한 생업적 가족 노동력에 의해 유지되고 있으나, 소비자와 매우 가까이 있어 대면(対面) 판매 및 신용판매를 할 수 있으므로 현실적으로 매우 경쟁력이 있다.

④ 우리나라의 독립소매점은 유통 기능의 전문화가 어렵고 대량상품화에 따른 이익을 기대하기 어렵기 때문에, 최종 소비자가격이 높고 상품구색의 질은 저하되어 영세상점의 규모를 탈피하지 못하는 단점이 있다.

지식 in

소규모 소매점 기출 14
- 집화점(만물상) : 교통이 불편한 지역이나 시골에 다종다양한 상품을 갖추어 놓고 판매하는 소매점으로 주로 촌락에서 볼 수 있다. 해당 지역민의 일상생활에 필요한 상품을 소량으로 판매하는 소매점이기도 하다.
- 행상 : 상품을 옮기면서 판매하는 소매업이다.
- 노점상 : 길가의 한데에 물건을 벌여 놓고 판매하는 소매업이다.
- 단위소매점 : 한 종류 또는 같은 계통의 상품을 전문적으로 취급하는 소매점으로 소자본으로 쉽게 개설이 가능하다.

---

(9) 일반 재래시장

① 농촌지방의 정기시장은 농수산물의 수집과 공업생산품의 분산이라는 두 가지의 기능을 동시에 수행하고 있다.

② 도시의 상설시장도 소비자에게 상품을 공급할 뿐만 아니라 도매시장으로서의 역할도 수행하여 왔다. 특히 대도시의 대규모 시장은 사실상 도매거래의 거점적 역할을 하고 있다.

③ 최근 주거지 부근에 신설된 대부분의 시장은 일용품 중심의 소매시장으로 발전하였다. 이들은 소비자에게 다양한 상품을 선택 구매할 수 있도록 하고 일괄구매의 편의성을 제공함으로써 외국의대형소매기구가 갖는 역할을 대신하여 왔다.

---

2 신유통업태의 특징

(1) 할인점(DS ; Discounter Store) 기출 20 · 17 · 16 · 14 · 13

① 할인점의 정의

㉠ 할인점이란 표준적인 상품을 저가격으로 대량 판매하는 상점으로 또한 특정의 제품을 일시적인 가격 인하로 판매하는 것이 아니라 모든 제품에 대하여 상시적으로 싼 가격(EDLP ; Every Day Low Price)으로 파는 소매점을 말한다.

㉡ 식품과 일용잡화 등 소비재를 중심으로 한 중저가 브랜드 중 유통회전이 빠른 상품을 취급하며, 묶음(Bundle)이나 박스 단위로 판매하는 것이 특징이며 철저한 셀프서비스하에 저가격으로 대량 판매하는 업태이다.

② 할인점의 특성

　㉠ 저가격으로 판매를 한다.

　㉡ 저가격의 저품질 상품을 판매하는 것이 아니라 전국적 상표품에 중점을 둔다.

　㉢ 셀프서비스와 최소시설로써 운영한다.

　㉣ 저지가 지역에 입지하여 먼 거리의 고객을 흡수한다.

　㉤ 견고하고 기능적인 점포구조를 가진다.

　㉥ 가격 경쟁력을 갖추기 위해 다양한 제품군의 PB상품을 내놓으며 영역을 확대해 나가고 있다.

(2) 하이퍼마켓

① 하이퍼마켓의 정의 `기출` 20 · 19

　㉠ 하이퍼마켓은 대형화된 슈퍼마켓에 할인점을 접목시켜 저가로 판매하는 초대형 소매업태이다.

　㉡ 일반적으로 대도시 근교에 설립되며, 취급품목은 슈퍼에서 주로 취급하는 식품과 생활필수품 등이고, 셀프서비스 방식으로 운영되는 업태이다.

　㉢ 국제셀프서비스협회에 의하면 '식품·비식품을 풍부하게 취급하며, 대규모의 주차장 등과 같은 특징이 있는 매장면적 2,500m² 이상의 소매점포'로 정의된다.

② 하이퍼마켓의 특성

　㉠ **고객** : 주요 고객은 자가 승용차를 소유하고 있는 중간 소득계층과 소득 수준이 낮은 가격 반응형 구매자이며, 생활의 리듬과 새로운 쇼핑 분위기를 원하는 다수의 질적인 구매자도 포함된다.

　㉡ **입지 및 상권** : 하이퍼마켓은 지가(地價)가 높은 도심 또는 주거지역은 피하고 지가가 저렴한 지역인 대도시 근교에 독자적으로 입지를 선택하는 것이 일반적이며, 지역 쇼핑센터의 대체역할을 수행하기 위해서 출점하는 경우도 있다. 이때 중요한 것은 자가용 소유 고객의 접근 가능성을 높이기 위해서 고속도로, 주요 간선도로, 교차로 등을 끼고 있어야 한다는 것이다. 상권이 매우 넓어서 소요시간 30분 이내에 위치한 근접도시 및 그 위성지역을 포괄한다.

　㉢ **상품구색** : 주로 슈퍼마켓에서 주로 취급하는 식품과 생활필수품으로 식품과 비식품 간의 구성비는 대략 60 : 40 정도이다. 상품은 주로 구매빈도가 높고 널리 알려진 국내외의 유명제품이나, 유통업자 상표(Private Brand) 상품도 많다. 제품의 종류에 있어서 기본품은 중저가의 편의품이 중심이 된다.

　㉣ **상품조달** : 대개 개별 점포가 독자적으로 농장, 공장 등 공급자와 계약을 체결함으로써 직거래 방식으로 이루어지고, 경우에 따라서는 일부 품목을 그룹의 집중구매센터로부터 조달받기도 한다.

　㉤ **가격 측면** : 하이퍼마켓은 철저한 저마진, 저가격 정책을 채택하고 있어 전 품목에 걸쳐서 정상적인 소매가격에 비해 10~15% 정도 저렴하다. 대량거래, 구매 거래선과 고객에로의 구매기능과 판매기능의 대폭적인 이전, 철저한 셀프서비스, 시설·저장·이동·진열·가격표시 방법의 효율화, 유통업자 브랜드의 활용 등 다양한 소매경영전략을 통해서 하이퍼마켓의 저마진·저가격이 실현되고 있다.

　㉥ **건물시설** : 점포는 거대한 단층건물로서 값싼 자재를 사용하여 건축되고, 건물 주변에는 잘 정비된 방대한 노천주차장이 설비되어 있으며, 건물의 내부에는 매장과 접하여 산책과 휴식을 위한 넓고 긴 갤러리가 설비되어 있고, 매장의 입구와 출구는 갤러리와 연결되어 있다. 평균 매장면적은 4,500~7,500평 정도이다. 점포 내의 시설 및 설비는 단순·소박하고 내부 장식은 거의 생략되거나 최소화되고 있다.

ⓐ 대외적인 소비판촉활동 : 하이퍼마켓의 대외적인 소비판촉활동은 주로 점포의 위치와 할인가격을 강조하고 점포 이미지를 부각시키기 위해서 비교적 단조로운 광고가 행해진다. 이때 채택되는 주요 판촉수단은 지역주민에 대한 직접우편광고이며, 라디오의 지방 채널과 지역의 각종 정보지를 통한 광고도 흔히 이루어지고 있다.

ⓞ 셀프서비스제 : 하이퍼마켓은 셀프서비스를 기본방침으로 정하고 있는데, 셀프서비스를 보완·강조하기 위해서 특징적인 기업차원의 시설서비스를 제공하고 있다. 예를 들면 점포당 평균 1,000~1,100대의 승용차가 주차할 수 있는 대형무료주차장과 카페테리아, 차량수리 센터, 영상장치, 고객수하물의 일괄보관소 등의 편의시설이 제공되고 있다.

ⓩ 영업시간 : 다른 어느 대형점보다 영업시간이 길고 밤늦은 시간까지 영업을 함으로써 혼잡을 피하고 장시간 동안 대기하는 것을 싫어하거나 퇴근 후에 쇼핑을 원하는 고객층을 흡수할 수 있다.

(3) 대중 양판점(GMS ; General Merchandise Store) 기출 17·15·13

① GMS의 정의 : GMS는 다품종 대량판매를 목적으로 다점포화를 추진함으로써 매출증대를 꾀하는 업태로, 중저가의 일상 생활용품을 주로 취급하며 초고가상품은 취급하지 않는다. 백화점보다 낮은 가격대의 자체상표(PB)를 가지며 체인을 통한 다점포화를 추구한다.

② GMS의 특성

ㄱ 슈퍼마켓이 성장하여 대형화된 것으로서 백화점과 슈퍼마켓의 중간에 위치하며 상품 구색이나 서비스는 백화점에 가깝다.

ㄴ 20% 정도 할인 된 셀프서비스 방식의 판매를 하고 있다.

ㄷ 상품구색은 식료품, 의료품, 잡화 등 모든 것을 취급한다.

ㄹ 중급품·대중품의 일괄구매의 장을 제공하며 품목 수는 수십만 점 이상이다.

ㅁ 매장면적은 3,000평(2,000~5,000평) 정도이며 전체적으로는 지방 백화점과 비슷하다.

ㅂ 비용절감을 위해서 유통업자상표(Private Brand) 상품을 개발하는 데 주력하여 상품에 대한 위험은 자체적으로 부담한다.

ㅅ 중산층을 주로 겨냥하여 부도심이나 주거 밀집지역에 입지한다.

③ GMS 업태의 변화 : 한국과 일본에서 운영에 어려움을 겪던 GMS는 캐주얼백화점으로의 전환, 슈퍼마켓으로의 변신, 패션전문점으로 업태전환, 생활백화점으로 변신, 할인점으로 전환 등 급속한 변화를 보이고 있다.

(4) 전문할인점(Speciality Discount Store) 기출 13

① 전문할인점의 정의

ㄱ 전문할인점은 신업태로서 고객에게 제공하자 하는 상품이나 서비스를 전문화한 소매기관을 의미한다.

ㄴ 특정상품계열에 대하여 매우 깊이 있는 상품구색을 갖추어 고객에게 최대한 선택의 기회를 제공한다. 즉, 취급하는 특정상품계열에 대하여 다양한 상표, 크기, 스타일, 모델, 색상 등을 갖추고 고객의 취향에 맞는 상품을 선택하도록 하는 점포이다.

② 전문할인점의 성장
　　㉠ 전문할인점은 1970년대 미국에서 등장하였으며, 1980년대 후반과 1990년대 초반에 급격하게 성장한 업태이다.
　　㉡ 미국에서의 전문할인점은 주로 완구류, 의류, 가전, 문구, 홈데포와 같은 홈센터를 중심으로 발전해 왔다.

③ 카테고리 킬러(Category Killer) `기출` 23 · 22 · 21 · 20 · 19 · 18 · 17 · 16 · 15 · 14
　　㉠ 할인형 전문점으로서 **특정상품계열**에서 전문점과 같은 **깊은 상품구색**을 갖추고 **저렴하게 판매하는** 것을 원칙으로 한다.
　　㉡ 카테고리 킬러는 **대량판매**와 낮은 비용으로 저렴한 상품가격을 제시한다.
　　㉢ 취급하는 상품은 주로 완구, 스포츠용품, 가전용품, 자동차용품, 레코드, 사무용품 등이다.

④ **홈센터(Home Center)**
　　㉠ 소득수준의 향상과 근로시간의 감소에 따른 레저활동에 대한 관심의 고조, 주택보급률의 증가가 주요 배경이 되면서 출현하게 되는 홈센터는 주거생활과 관련된 전 상품을 취급한다.
　　㉡ 규모에 따라 차이가 있으나 주택 하나를 꾸미기 위한 기본 건축자재에서부터 가정용품에 이르기까지 모든 품목을 구비하여 원스톱 쇼핑의 개념으로 운영한다.
　　㉢ 미국에서는 1960년대에 도입이 되어 성장기를 맞이하고 있다.

(5) 회원제 도매클럽(MWC ; Membership Wholesale Club) `기출` 18 · 17 · 14
① **MWC의 정의** : 회원제 도매클럽은 창고형 도소매클럽(Membership Warehouse Club)이라고도 하며, 회원으로 가입한 고객만을 대상으로 판매하는 업태이다. 매장은 거대한 창고형으로 꾸며지고 실내장식은 보잘 것 없으며 진열대에 상자채로 진열되어 박스단위로 판매함으로써 할인점보다도 20~30% 정도 더 싸게 구매할 수 있는 업태이다.

② **MWC의 특성**
　　㉠ **회원제 유통업** : 회원제도는 정기적이고 안정적인 고객층을 확보할 수 있고 회비를 통해 마진 감소가 가능하다.
　　㉡ **저렴한 가격** : 회원제 도매클럽이 성공할 수 있었던 가장 큰 이유로 정상적인 상품을 시중가보다도 약 30~50%나 싸게 판매하기 때문이다. 이렇게 저렴한 가격으로 물건을 팔 수 있는 것은 철저한 저경비 운영, 8~9%의 낮은 판매마진율, 현금판매와 함께 회원들로부터 받는 회비를 자금운용에 활용하기 때문이다.
　　㉢ **상품구색** : 제품품목 수가 2,800~4,000개 정도로 그 품목이 굉장히 한정되어 있으나, 소비자들이 주로 구매하는 제품들 대부분이 상표충성도가 높지 않은 일용품들이므로 대표적인 품종의 구색만으로도 대부분의 소비자들을 만족시킬 수 있다. 즉, 제품의 보존성과 소모성이 높고 비교적 단가가 낮은 일용품이 중심이 되는데, 상대적으로 의류의 비중이 낮은 대신에 식품의 비중이 30~40% 정도로 높다.

(6) 무점포소매점

① **개요** : 시장이나 점포에 직접 가지 않고도 집에서 전화 한 통이나 버튼 하나면 상품을 구입할 수 있는 무점포소매방식(Non-store Retailing)이 마케팅의 중요한 분야로 자리 잡고 있다. 거리와 시간, 장소, 상품에 구애를 받지 않는 것은 물론 상품에 관한 정보에서부터 대금결제까지 한 번에 처리할 수 있다.

② **무점포 판매 방식** `기출 21`

통신 판매	• 인터넷 쇼핑 • 카탈로그 판매 • 기타 매체 활용 판매	• TV 홈쇼핑 • 텔레마케팅
방문 판매	• 호별 방문 판매 • 조직화 판매	• 파티 판매 • 네트워크화

③ **통신판매점** : 우편, 전화, 컴퓨터 등을 이용하여 주문을 받고, 우편이나 공공운송기관을 통하여 인도하는 판매점이다. 즉 신문, 잡지, 카탈로그, 인터넷 등으로 미리 광고하여, 각지의 고객으로부터 주문을 받는 상점이다.

   ㉠ **인터넷 쇼핑** : 인터넷 시대의 개막으로 인터넷 쇼핑몰이 번창하면서 B2B, B2C, B2G, P2P, G2C 등의 전자상거래가 활성화되고 있다.

   ㉡ **TV 홈쇼핑** : 홈쇼핑(Television Marketing)은 TV 광고를 통해 제품구매를 유도하는 소매방식이다. `기출 15`

     • **주문방식** : 직접반응광고를 이용한 주문방식과 홈쇼핑채널을 이용한 주문방식으로 나뉜다.

직접반응광고를 이용한 주문방식	짧은 TV 광고를 통해 간략한 상품소개와 주문전화번호가 제공되면 이를 시청한 소비자가 상품을 주문하는 방식으로, Informercial 혹은 Short-form 등으로 불린다.
홈쇼핑채널을 이용한 주문방식	홈쇼핑 전문방송국인 케이블 TV를 이용하여 상품을 소개·설명하면 시청자들이 전화로 주문을 하는 방식이다.

     • **TV 홈쇼핑의 특징**
        – 가정에서 편리하게 주문할 수 있다.
        – 시간을 절약할 수 있다.
        – 가격이 저렴하다.

   ㉢ **텔레마케팅(Telemarketing)** : 전화로 소비자에게 상품정보를 제공하여 구매를 유도하거나 다른 매체를 통해 광고를 접한 소비자가 수신자부담 전화번호를 이용하여 주문을 하는 소매유형이다.

     • 통신판매가 수동적인데 반해, 텔레마케팅은 적극적으로 고객반응을 창출하고 입수된 고객자료를 통해 계속적으로 잠재고객을 공략할 수 있다. `기출 20`

     • 소비자의 주문이나 문의를 손쉽게 하는 수단으로 미국은 800번, 한국은 080번의 수신자부담서비스를 이용하고 있다.

   ㉣ **카탈로그 판매** : 판매회사의 신용과 기업 이미지의 향상, 카탈로그 작성 기술의 향상에 따라 카탈로그 판매도 구매시장을 확대하고 있다.

④ **방문판매업** `기출 14`

   ㉠ **정의** : 제조업자가 자사(自社)의 세일즈맨을 이용하여 직접 소비자에게 상품을 판매하는 방식이다.

　　　ⓛ 장 점
　　　　　• 유통업자의 마진을 지불하지 않게 되어 이익을 얻게 된다.
　　　　　• 제조업자의 이미지가 판매원을 통해 올바르게 소비자에게 전해진다.
　　　　　• 유통단계에서의 불필요한 재고나 반품이 없게 되어 생산계획을 세우기 쉽다.
　　　ⓒ 방문판매의 품목 : 서적, 화장품, 보험 등
　　　ⓔ 방문판매의 성공 요건
　　　　　• 상품의 단가이익률이 비교적 높아야 함
　　　　　• 강한 설득력이 있는 상품에 한함
　　　　　• 메이커의 지명도와 브랜드 로열티
　　　　　• 세일즈맨의 육성・관리
　⑤ 자동판매기 소매업
　　　㉠ 정의 : 자동판매기로 불리는 기계를 통해 판매되는 소매방식이다.
　　　ⓛ 특 징
　　　　　• 점포가 없는 장소에서나 점포가 문을 닫은 후에도 구매할 수 있기 때문에, 값싸고 표준화되어 크기나 무게가 균일한 편의품 성격의 사전판매 상표품 판매에 주로 적용된다.
　　　　　• 24시간 고객에게 무인 판매할 수 있으므로 인건비가 절약되는 반면, 기계구입에의 초기 투자액이 크기 때문에 소비자의 가격부담이 높다.
　　　ⓒ 품목 : 자동판매방식은 커피, 청량음료, 담배 등 몇 가지 제한된 품목에서 시작하여, 이제 인스턴트 식품 등 그 영역이 크게 확대되고 있다.

(7) 슈퍼 센터

　① 슈퍼 센터의 정의 : 슈퍼 센터는 대형할인점에 슈퍼마켓을 도입한 점포로, 기존의 할인점보다 더 깊고 넓은 상품구색을 갖추고 있다. 식료품과 비식료품 등 생활필수품에서 광범위한 상품구색까지 보유하고 있으며, 세탁, 구두수선, 수표교환, 간단한 식사장소 제공 등의 부수적인 서비스도 함께 제공하고 있다.
　② 슈퍼 센터의 성공 요인
　　　㉠ 시간에 쫓기는 소비자들에게 원스톱 쇼핑의 편의성을 제공하고, 상품구색이 넓으며, 가격이 싸다. 즉 슈퍼 센터는 저렴한 가격, 다양한 상품구색, 한 장소에서 식품과 일반상품을 동시에 구입할 수 있는 편의성 제공이라는 소구점을 가지고 있다.
　　　ⓛ 여러 가지 임대 매장을 추가함으로써 원스톱 쇼핑의 편의성을 한층 높이고 있다. 일반적으로 슈퍼센터에 추가되는 서비스는 안경점, 사진관, 미용실, 세탁소, 식당(예 맥도널드), 제과점, 꽃가게, 은행 등이 있다.
　　　ⓒ 할인점과 슈퍼마켓에서 각각 취급되는 상품을 동시에 취급함으로써 물류비용을 절감하고 광고 및 간접비용을 절감할 수 있다.
　③ 슈퍼 센터 성장의 제약요인
　　　㉠ 월마트, K마트의 급속한 점포 확장으로 경쟁이 격화되어 기존 업체의 매출이 정체 상태에 도달해 가고 있다. 즉, 시장의 포화 상태가 생각보다 일찍 도달할 수 있다.
　　　ⓛ 슈퍼센터가 급속히 확장됨에 따라 슈퍼마켓 및 다른 업태도 경쟁력을 높임으로써 슈퍼 센터의 성장을 제약할 수 있다.

ⓒ 농촌지역이나 교외지역의 출점이 포화되는 동시에 할인점에 비해 넓은 부지를 필요로 하기 때문에 적절한 부지가 감소하고 있다. 또한 대도시 지역은 지가가 비싸 초대형 슈퍼 센터가 입지하기에 곤란한 점이 많다.

ⓔ 점포가 대형화되면서 쇼핑시간이 길어지고 원하는 상품을 쉽게 찾지 못하는 점이 문제점으로 지적됨에 따라, 소비자들은 초대형 점포에 대해 거부감을 가지게 된다.

ⓜ 현재 완구, 의류, 가전, 컴퓨터 등에서 카테고리 킬러(전문 할인점)가 성장하여 일반 할인점과 슈퍼 센터와 같은 종합 할인점의 성장을 제약하고 있다.

ⓗ 기존의 할인점을 슈퍼 센터로 전환하거나 신규점을 오픈하기 위해서는 막대한 투자가 필요하여, 이에 따른 재정적 부담도 문제점으로 지적된다.

④ 슈퍼 센터의 성공전략

ⓖ **순환적 동선 계획** : 슈퍼 센터는 식품과 비식품을 동시에 취급하고 매장이 넓기 때문에 순환적 레이아웃이 매우 중요하다. 내점 빈도가 높고 마진이 낮은 식품과 내점 빈도는 낮으나 마진이 높은 일반 상품을 교차 구매(Cross-shopping)하도록 유도하여야 하며, 이를 위해 고객이 점포 내를 순환할 수 있도록 하는 동선 계획이 필요하다. 이러한 레이아웃은 소비자들의 쇼핑 편의성을 높일 것이고, 고객이 점포 전반을 골고루 다니도록 유도하여 모든 상품 카테고리에 접근할 수 있게 한다.

ⓛ **저가격** : 슈퍼 센터는 이용 고객들이 가격에 민감한 계층이기 때문에 여타 할인점과 같이 가격이 중요하다. 따라서 소비자들에게 상시저가(Every Day Low Price)라는 가격 전략을 인식시키는 것이 중요하다. 그러나 반드시 개별 품목별로 경쟁점에 비해 낮아야 할 필요는 없다.

ⓒ **상품 구색** : 상품 구색이 넓고 깊으면 경쟁자와 가격 경쟁을 하지 않아도 되는 품목을 취급할 수 있어, 이익률 향상에 기여할 수 있다. 품목의 구성에서 주의할 점은 슈퍼 센터가 기본 생활 업태이므로 기본생활 상품(Basics)에 충실해야 한다는 것이다. 패션 상품을 구매하려고 슈퍼 센터를 이용하는 사람은 많지 않을 것이며, 따라서 의류도 필수품을 중심으로 기초적인 구색을 강화해야 할 것이다.

ⓔ **판매량** : 판매량을 증가시킴으로써 비용을 절감할 수 있으며, 점내에 다양한 판촉 프로그램을 도입할 필요가 있다. 많은 양을 취급하는 할인 업태에서는 마진율(Markup)보다 총 이익액(Gross Margin Dollar)이 중요하며, 슈퍼센터에서도 마진율과 이익액의 차이를 인식하는 것이 중요하다. 따라서 매출이 가격에 민감한 영향을 받는 품목에 대해서는 적정가격을 도출하여 매출을 극대화시키며, 이에 따라 총 이익액을 증가시키는 전략이 필요하다.

ⓜ **내점 빈도** : 슈퍼 센터의 가장 중요한 컨셉 중 하나는 식품으로 내점 빈도를 높이고, 마진율이 높은 일반 상품으로 이익을 확보하는 것이다. 따라서 소비자의 내점 빈도를 높이는 것이 무엇보다 중요한 전략이 된다. 소비자의 내점 빈도를 높이는 데는 신선 식품의 품질이 크게 영향을 미치고 있다. 특히 신선청과, 야채, 육류 등의 품질이 슈퍼마켓에 비해 떨어지지 않아야만 고객의 내점 빈도를 높일 수 있고, 이에 따라 비식품에 대한 매출 기회 증대도 노릴 수 있게 된다.

(8) 아웃렛 기출 17·15·14

① **아웃렛의 정의** : 아웃렛은 당초에 제조업자의 직영점으로 출발해 공장 근처에서 과잉생산품을 염가에 판매하는 소매점이었으나, 최근에는 타 메이커의 상품이나 타 소매점에서 팔고 남은 물건도 할인 판매하는 점포를 의미한다.

② **아웃렛의 특징** : 아웃렛의 취급상품은 팔고 남은 것이 대부분이므로 구색도 충분치 않고 입지조건도 유리한 편은 아니나, 저가격의 장점으로 많은 고객이 몰리고 있다. 불리한 입지를 택한 것은 입주 점포의 제조업자가 자사의 기존 소매망과의 경합을 회피하려는 목적 때문이다.

(9) 파워 센터 기출 18

① **파워 센터의 정의** : 파워 센터는 종래의 백화점이나 양판점과는 달리 할인점이나 카테고리 킬러 등 저가를 무기로 하여 강한 집객력을 가진 염가점들을 한 곳에 종합해놓은 초대형 소매센터를 의미한다.

② **파워 센터의 특징** : 각 점포 앞에 차가 주차할 수 있고 단시간에 쇼핑을 끝낼 수 있다.
   ㉠ 광대한 부지 : 11,000평 이상에서 20,000평까지의 초대형 규모
   ㉡ 대형 주차장
   ㉢ 각 매장의 독립적인 점포 운영

(10) 테마파크(Theme Park)

① **테마파크의 정의** : 테마파크는 일관된 특정 테마(대부분이 즐거움을 추구)를 바탕으로 시설 및 운영이 통일되어 이루어지는 유원시설이라고 할 수 있다. 동경디즈니랜드, 나가사끼 네덜란드촌, 스페이스월드 등이 있다.

② **테마파크의 성공요인** : 테마파크의 핵심 성공요인은 어느 곳에도 존재하지 않는 즐거움을 불러일으키는 테마의 매력이라고 할 수 있다. 예를 들어 동경디즈니랜드의 경우, 그 내부는 외부세계와는 단절된 디즈니랜드가 연상되도록 꾸며져 있다.

③ **백화점과 다른 점** : 백화점 등은 반복고객(Repeater)을 타깃으로 하는 데 반해, 테마파크는 관광객 등의 방문객을 타깃으로 한다.

지식 in

소매상의 추세 기출 17·15
- 소매업의 양극화 추세가 심화되고 있다.
- 고마진-저회전을 추구하는 전문점이 성장하고 있다.
- 파워 리테일러에 의한 시장지배력이 심화되고 있다.
- 규모의 경제를 추구하는 대형점포가 증가하고 있다.
- 쇼핑의 편의성, 즉 구매에 소요되는 '시간'(점포에 가고 오는 시간, 구입상품의 배달시간 등)에 대한 중요성이 증가하여 판매사원에 대한 의존도는 감소하고 있다.

※ 본 문제를 풀면서 이해체크를 이용하시면 문제이해에 보다 도움이 될 수 있습니다.

01 소매상에 대한 설명으로 가장 옳지 않은 것은? [2012.04]

① 소매상은 비영리적 목적으로 구매하려는 최종소비자에게 재화나 서비스를 판매하는 조직이나 사람을 의미한다.

② 소매상의 성격은 수익률, 재고회전율, 제품구색, 위치 그리고 제공하는 서비스에 따라 달라진다.

③ 소매상이 다수 제조업체의 제품을 취급하여 제품의 구색이 많아지고 대형화되면 도매상으로 분류된다.

④ 무점포소매상으로는 방문판매, 전화소매상, 자동판매기, 우편주문 소매상 등이 있다.

⑤ 소매상은 유통경로상의 마지막 단계로서 최종소비자와 직접 접촉한다는 점에서 제조업체와 도매상의 판매성과에 큰 영향을 미친다.

> **해설** 소매상은 제품을 최종 소비자에게 직접적으로 판매하는 활동을 행하는 상인으로 제품의 구색이 많아지고 대형화된다고 해서 도매상으로 분류되는 것은 아니다. 대형화된 점포소매상으로는 백화점, 하이퍼마켓, 양판점 등이 있다.

02 소매상이 소비자를 위해 수행하는 기능이라고 보기 어려운 것은? [2008.08 | 2012.11]

① 신용을 제공하여 소비자의 구매비용 부담을 덜어준다.

② 재고유지기능으로 고객욕구충족을 위해 생산자 대신 재고를 유지한다.

③ 구색을 제공하며 상품선택에 필요한 시간적, 공간적 편리함을 준다.

④ 선택의 폭을 넓혀준다.

⑤ 디스플레이, 판매원 서비스 등을 통해 정보를 제공한다.

> **해설** ②는 생산 및 공급업자에 대한 소매업의 역할이다.
> 소매업은 사회 경제적 기능의 하나로서 개개의 소비 욕구에 기민하게 대응할 수 있는 적절한 재고의 확보·유지가 요구되며, 생산자 대신 재고를 유지하는 것은 아니다.

03 소매기업이 제조업자 및 생산자를 위해 수행하는 기능이라고 보기 어려운 것은? [2012.07]

① 고객서비스 대행기능으로 제조업자가 제공할 고객서비스를 소매상이 대행한다.
② 재고유지기능으로 제조업체의 기능을 보완해 준다.
③ 정보제공기능으로 소비자정보를 생산자에게 제공해준다.
④ 시장확대기능으로 생산자를 위하여 고객을 창출해준다.
⑤ 신용제공, 할부 등을 통해 재무적 부담을 줄여준다.

> **해설** ⑤는 소비자에 대한 소매업의 역할이다(쇼핑의 편의를 제공하는 역할).

 04 소매업체들이 구매준비를 할 때 고려해야 할 사항으로 가장 올바르지 않은 것은? [2013.04]

① 소매업의 구매는 제조업에 있어 판매의 시작이므로 제조업 판매전략을 따른다.
② 표적고객, 제품분류, 가격추세 등을 감안하여 머천다이징 전략을 수립한다.
③ 순이익을 올리기 위하여 판매액, 제품이익률, 회전율 등에 대한 전체적인 계획을 한다.
④ 조화를 이루며 소비자에 대한 흥미를 자극할 수 있도록 진열될 아이템 그룹들을 선정한다.
⑤ 매출이 좋은 아이템과 제품구색이 잘 맞는 아이템들을 묶음으로 갖추려고 노력한다.

> **해설** 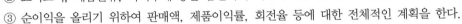 소매업의 구매관리는 소매업 마케팅전략에 따른다.

 05 최근 소매업 변화현상의 하나인 소매업(태)의 양극화 현상을 가장 잘 설명한 것을 고르시오.
[2012.07]

① 대표적인 예는 미국 등 선진국의 백화점 체인 같은 하이테크(High-tech)형 소매업의 성장이다.
② 할인점은 하이터치(High-touch)형 소매업의 성장이라 할 수 있다.
③ 창고형 멤버십 클럽 등은 앞으로 더욱 하이터치형 사업전략을 강화하여야 할 것이다.
④ 아울렛의 성장도 하이터치형 소매업태의 좋은 예이다.
⑤ 까르푸와 같은 하이퍼마켓은 하이테크형 소매업태라 할 수 있다.

• 하이테크(High Tech)형 : 진열, 보관 노하우를 바탕으로 상대적으로 낮은 마진과 대량구매 위주의 셀프서비스, 즉 '저수익률 – 고회전율' 전략으로 이마트나 롯데마트, 까르푸 등이 속한다.
• 하이터치(High Touch)형 : 제한된 제품라인과 특정 제품에 강하게 초점을 맞춘 제품구색이 특징으로 흔히 카테고리 킬러라고 한다.

06 소매업의 사회적 책임에 대한 내용으로 가장 옳지 않은 것은? [2016.04]

① 취급상품과 관련된 소매업의 사회적 책임에는 '팔아 서는 안 되는 상품'을 배제하고 '팔아야 할 상품' 만을 판매하는 것이 있다.
② 팔아서는 안 되는 상품이란 자원낭비가 심한 상품, 잔류농약의 안전성 면에서 안전에 위해를 끼칠 우려가 있는 상품, 위조브랜드 상품, 허위표시 상품 등을 말한다.
③ 촉진관리와 관련된 소매업의 사회적 책임에는 제조사에게 정확한 상품정보를 제공하여 제조사의 경제적인 편익향상과 연계시키는 것이 포함된다.
④ 부적절한 촉진으로는 사기성 광고를 예로 들 수 있다.
⑤ 소매업도 환경문제에 대한 사회적 책임은 마땅히 부담하여야 한다.

소매업의 사회적 책임에는 '제조사의 경제적인 편익향상'이 아니라 '소비자의 경제적인 편익향상'을 연계시켜야 한다.

07 도매상이 소매상을 위해 수행하는 기능으로 옳지 않은 것은? [2012.04]

① 시장확대기능   ② 구색갖춤기능
③ 소단위 판매기능   ④ 신용 및 금융기능
⑤ 기술지원기능

시장확대기능은 도매상이 생산자(제조업자)를 위해 행하는 기능이다.

08 제품에 대한 소유권을 가지기는 하지만 물리적으로는 제품을 취급하지 않고, 제품을 구매하고 싶어 하는 소매상과 접촉하여 계약을 체결하고 제품은 공급자 또는 생산자가 직접 소매상에게 선적하게 하는 한정 서비스 도매상은? [2012.11]

① 현금인도 도매상 　　　　　　　　　② 트럭 도매상
③ 직송 도매상 　　　　　　　　　　　④ 우편주문 도매상
⑤ 제조업자 판매사무소

 직송 도매상(Drop Shipper)
생산자나 공급자로부터 제품을 구매한 뒤 제품을 생산자나 공급자가 물리적으로 보유한 상태에서 제품을 고객들에게 판매하게 되면 고객들에게 직접 제품을 직송하게 된다. 예를 들어, 목재나 석탄 등과 같이 원자재에 해당하는 제품들은 제품의 이동이나 보관이 어렵기 때문에 도매상이 제품을 구매한다고 하더라도 제품을 직접 보유하지 못하게 된다. 그래서 생산자나 공급업자가 보유토록 하고 판매가 이루어지면 생산자나 공급자가 직접 고객들에게 직송토록 한다.

 09 간접유통이면서 동시에 점포유통인 유형으로만 올바르게 묶인 것은? [2016.07]

가. 가전업체 직영점	나. 대형마트
다. 화장품 방문판매	라. 오픈마켓
마. 의류업체 전속대리점	바. 편의점

① 가, 나, 마, 바 　　　　　　　　　　② 가, 나, 바
③ 나, 바 　　　　　　　　　　　　　④ 가, 마
⑤ 다, 라

  간접유통은 생산지에서 소비자에게 바로 전달되는 직접유통과 반대되는 개념으로, 여러 경로를 거쳐 소비자에게 전달되게 된다. 간접유통경로에서는 도매와 중간도매, 소매점이 나타나게 되는데 이러한 도매와 중간도매, 소매점 등이 간접유통경로에 해당된다. 따라서 간접유통인 동시에 점포유통인 유형은 점포형 소매상에 해당하는 대형마트와 편의점이다.
• 가·마 : 소유 및 운영형태에 따른 분류
• 다·라 : 무점포형 소매상

10 다음에서 공통적으로 설명하는 도매상은?

[2016.11]

- 주로 제품의 단위당 판매가격이 고가인 경우 활용한다.
- 취급이 어렵고 보증과 수리업무가 중요한 제품인 경우 활용한다.
- 제조업자의 자금규모가 크고 창고의 여유가 있는 경우에 유리하다.
- 주로 목재, 자동차 정비, 부품 산업에서 활용된다.
- 인구 밀집지역이나 시장 집중지역에 판매지점이나 판매사무소가 위치한다.

① 제조업자 도매상
② 판매대리인
③ 구매대리인
④ 전문 도매상
⑤ 한정상품 도매상

> 해설
> 제조업자 도매상은 제조업자가 직접 도매기능을 수행하는 것으로, 제조업자의 판매지점과 판매사무소가 있다.
> ② 제조업자의 제품 전부 또는 일부를 대리하여 독립적으로 판매하는 대리 중간상
> ③ 구매자를 대신하여 구매활동을 하는 대리 중간상
> ④ 동일계열에 속하는 제품 중에서 특수한 것만을 전문적으로 취급하는 도매상
> ⑤ 도매기능 중에서 일부만을 수행하는 도매상

11 업종과 업태에 대한 설명으로 옳지 않은 것은?

[2014.07]

① 업종이란 상품군에 따른 전통적 분류이다.
② 업태란 '어떤 방법으로 판매하고 있는가?'에 따른 분류이다.
③ 업종이란 소매기업이 취급하는 주력상품의 총칭이다.
④ 백화점, 편의점, 할인점, 카테고리킬러 등은 업태의 분류이다.
⑤ 업종이란 한국표준산업분류상 영업의 종류 중 대분류에 속하는 것이다.

> 해설
> 업종의 분류는 통계청장이 작성·고시하는 한국표준산업분류의 소분류, 세분류 또는 세세분류에 따른다(중소기업 협동조합법 시행령 제3조 제1항).

12 최근 유통환경의 변화와 관련된 내용으로 가장 옳지 않은 것은? [2015.11]

① 유통시장 개방이 지속되고 있다.
② 소비자 욕구가 다양화되고 있다.
③ 업태간 경쟁이 줄어들고 있다.
④ 무점포 소매업이 성장하고 있다.
⑤ 핵가족화로 인하여 가구 수가 증가하고 있다.

> 예전의 소매시장은 각 소매업태들이 판매하는 제품과 제공하는 서비스, 그리고 소비자 계층까지 확연히 구분되어 경쟁구도가 형성되기 어려웠지만, 지금의 소매시장은 신업태의 등장으로 인해 편의점이 동네 슈퍼마켓을 대체하고, 할인점이 백화점과 재래시장, 그리고 슈퍼마켓의 소비자들을 유인하면서 업태간 경쟁이 치열해지는 구조로 재편되고 있다. 또한 최근에는 홈쇼핑과 인터넷 쇼핑이 각기 새로운 소매업태의 한 분야로 성장하면서 업태간의 고객확보 경쟁은 갈수록 치열해지고 있다.

13 백화점의 특성으로 가장 옳지 않은 것은? [2016.11]

① 다양한 상품계열
② 상품구색과 머천다이징 중시
③ 저회전/고마진 전략
④ 재고 위험은 백화점이 모두 부담
⑤ 편리한 입지와 쾌적한 쇼핑공간

> 백화점의 '직매입 판매방식'은 재고 위험을 백화점이 모두 부담하지만, '특정매입 판매방식'은 납품업자로부터 상품을 우선 매입해서 판매한 뒤 안 팔린 재고는 반품하는 형태로 재고에 대한 위험을 백화점이 아닌 납품업자가 부담하는 거래형태이다.

14 소매상의 분류에 대한 설명으로 가장 옳지 않은 것은? [2015.05]

① 점포의 유무에 따라 점포 소매상과 무점포 소매상으로 분류된다.
② 소유 및 운영주체에 따라 크게 독립소매기관과 체인으로 분류된다.
③ 상품의 다양성 및 구색에 따라 구분하면 백화점과 전문점은 동일한 유형에 해당된다.
④ 마진과 회전율로 소매상을 구분하는 것은 사용전략에 의한 분류이다.
⑤ 판매원들이 고객이 필요로 하는 모든 서비스를 제공하는 전문점이나 백화점은 완전서비스 소매상에 속한다.

15 소매업태 중 백화점에 대한 설명으로 가장 옳지 않은 것은? [2015.07]

① 생필품을 제외한 선매품과 전문품의 상품계열 취급
② 풍부한 인적, 물적 서비스로 판매활동 전개
③ 대형마트와는 다른 고급화와 차별화를 중심으로 전략 실행
④ 기능별 전문화에 의한 합리적 경영 추구
⑤ 엄격한 정찰제 실시

16 마케팅에 대한 사회적 비판을 모두 나열한 것은? [2013.04]

가. 높은 광고비용과 촉진비용의 소비자 전가
나. 과도한 가격인상
다. 포장을 통한 내용물 과장
라. 계획적 진부화

① 가, 나, 라   ② 나, 다
③ 가, 나, 다   ④ 가, 나
⑤ 가, 나, 다, 라

17 마케팅에 대한 사회적 비판과 거리가 먼 것은? [2013.10]

① 지나친 물질 숭배의 조장
② 지나친 사적 재화로 인한 공공재의 감소
③ 광고를 통한 문화적 오염
④ 제품의 지속적 혁신
⑤ 지속적으로 소비자 욕구 다양화 시도

해설 제품의 지속적 혁신은 비판 대상이 아닌 마케팅이 지향해 나가야 할 방안이다.

18 소매업자들이 모여 공동으로 매입(Joint Buying)함으로써 생기는 장점으로 가장 옳지 않은 것은? [2015.05]

① 대량발주에 의한 매입원가 인하
② 계획적 발주, 배송에 의한 유통경비의 절감
③ 전문매입담당자에 의한 엄밀한 상품선정
④ 공동의 상품개발
⑤ 경쟁 소매업체의 머천다이징 파악

해설 공동구매는 대량구매의 장점을 실현하기 위하여 복수의 소매업자가 모여서 공동으로 구매하는 것으로 볼런터리 체인(Voluntary Chain)이 대표적이다.

※ 공동구매(Joint Buying)의 효과
• 대량발주에 의한 원가인하(수량할인 등)
• 계획적 발주, 배송에 의한 유통경비의 절감
• 전문구매담당자에 의한 엄밀한 상품선정
• 공동의 상품개발

19 프랜차이즈 사업본부 입장에서의 장점과 가장 거리가 먼 것은? [2012.07]

① 과도한 자본을 투자하지 않고 보다 빠르게 시장을 확대할 수 있다.
② 지역시장에서 밀착경영이 가능하다.
③ 인지도 높은 유명 상호로 소자본 창업이 가능하다.
④ 유연한 유통망 확보가 가능하다.
⑤ 재무위험의 공유와 안정된 수익의 보장이 가능하다.

해설
③은 프랜차이즈 가맹점의 장점이다.
프랜차이즈 사업본부는 빠른 속도 및 적은 재무투자로 인한 사업 확장이 가능하며, 프랜차이즈 운용자본 및 추가 재원 수급이 가능하다는 장점이 있다.

20 소매상의 유형과 의미를 짝지은 것으로 옳지 않은 것은? [2015.05]

① 백화점 – 다양성과 구색을 추구
② 편의점 – 깊은 구색과 저가격 추구
③ 할인점 – 상시적 저가격
④ 양판점 – 다품종 판매
⑤ 아웃렛 – 재고처리용 할인

해설
편의점은 식료품 및 일용 잡화 등을 중심으로 한 상품 구색으로 한정된 수의 품목만을 취급한다.

21 가격 및 서비스 수준에 따라 유통업태 유형을 구분할 때, 보기 중에서 가격 및 서비스 수준이 가장 낮은 업태는? [2016.11]

① 전문점
② 백화점
③ 수퍼마켓
④ 창고형 도소매업
⑤ 편의점

해설
④ 회원제, 묶음판매, 가장 낮은 가격 및 서비스
①·② 고가격, 고서비스
③ 저가격, 셀프서비스
⑤ 수퍼마켓보다는 고가격, 셀프서비스, 편의성

22 회전율과 마진율이 모두 높은 소매업태는? [2008.03 | 2012.07]

① 편의점 ② 전문점
③ 백화점 ④ 할인점
⑤ 양판점

해설
편의점은 대부분 거주지역 근처에 위치하고, 연중무휴로 영업하며 주로 고마진, 높은 회전율의 편의용품 및 일용잡화 등을 한정하여 판매하고 있다.

23 마진율과 회전율에 따라 소매상의 유형을 구별하였을 때 다음에 들어갈 소매상의 유형으로 가장 적절하게 연결된 것은? [2012.04 | 2013.04]

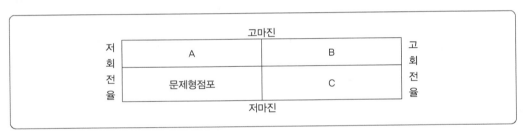

① A – 전문점, B – 편의점, C – 할인점
② A – 백화점, B – 양판점, C – 전문점
③ A – 전문점, B – 편의점, C – 백화점
④ A – 백화점, B – 편의점, C – 하이퍼마켓
⑤ A – 전문점, B – 백화점, C – 양판점

해설
소매상의 유형
• A–전문점 : 전문품은 상품의 성격상 구매에 신중을 기하고, 구매빈도가 낮기 때문에 자본의 동결기간은 길지만 이윤은 높다
• B–편의점 : 편의점에서 판매하는 상품은 주로 가정용품이고, 고객도 주부가 많으며 소비자들이 항상 통행하는 길목에 있다. 또한, 구매결정이 비교적 신속한 상품을 팔고, 가격수준이 낮으며, 상품의 성격상 다른 소비품에 비해 이윤율이 낮은 편이다.
• C–할인점 : 철저한 셀프서비스에 의한 대량판매방식을 활용해서 시중가격보다 20~30% 저렴하게 판매하는 가장 일반적인 유통업체이다.

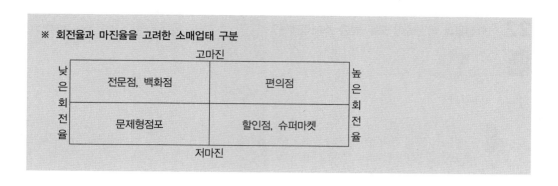

※ 회전율과 마진율을 고려한 소매업태 구분

	고마진	
낮은 회전율	전문점, 백화점	편의점	높은 회전율
	문제형점포	할인점, 슈퍼마켓	
	저마진	

24 도매기관의 유형에 대한 설명 중에서 가장 옳지 않은 것을 고르시오.　　　　[2013.04]

① 상인도매상은 상품에 대한 소유권을 가지고, 소매상과 거래하는 독립적인 상인이다.
② 창고형 할인매장은 설비를 간소화하고 서비스를 절감하는 대신에 가격을 할인하여 판매하는 상점이다.
③ 대리상은 특정한 상인의 명의로 계속적으로 영업을 대리해 주고, 그 성과에 따라 일정한 보수 또는 수수료를 받는 도매상이다.
④ 제조업자 직영점은 독립된 도매상을 이용하는 것이 아니라 판매자나 구매자에 의하여 직접 운영되는 도매상이다.
⑤ 중개상은 제조업자로부터 소유권 이전 없이 위탁을 받아 매매를 수행하거나 알선해 주고, 수수료를 받는다.

해설　제조업자 직영점은 제조업자가 중간상을 배제하고 소비자에게 직접 판매하는 도매상이다.

25 소매업태 중 전문점에 대한 설명으로 옳지 않은 것은?　　　　[2015.07]

① 특정 범위 내의 상품군을 전문적으로 취급
② 묶음이나 박스 단위로 판매하는 것이 특징
③ 우수한 머천다이징 능력이 경쟁력의 바탕
④ 풍부한 상품지식 전달 및 전문적 서비스 제공
⑤ 해당 제품계열 내에서는 매우 다양한 품목을 취급

해설 묶음이나 박스 단위로 판매하는 것이 특징인 소매업태는 대형 할인점이다.

※ 전문점의 본질
- 제한된 상품·업종에 대하여 다양한 품목을 골고루 깊이 있게 취급한다.
- 우수한 머천다이징 능력을 바탕으로 소비자의 욕구에 보다 부응할 수 있는 개성 있는 상품, 차별화 된 상품을 취급한다.
- 고객에 대한 고도의 상담과 서비스를 제공한다.

26 소매업의 특성으로 가장 거리가 먼 것은? [2013.07]

① 소규모의 평균판매(Small Average Sale)를 한다.
② 점포의 인기(Popularity of Store)가 제품구매에 미치는 영향이 크다.
③ 작은 규모에서 다양한 소비자에게 제품을 판매하기 때문에 재고관리가 힘들다.
④ 적극적인 점포 내 판매를 통하여 소비자의 충동구매를 촉진시키려 노력한다.
⑤ 상품의 저장과 적절한 가공을 통해 최종 소비자를 만족시키기 위해 노력한다.

해설 소매업은 소비자가 원하는 상품을 적기에 제공하기 위해 상품의 재고를 유지하는 노력을 기울이나, 가공작업은 수행하지 않는다.

27 대형마트(할인점)에 대한 설명으로 가장 옳지 않은 것은? [2013.10]

① 상품의 회전율을 높이기 위해서 물류 시스템의 합리화를 기한다.
② 상품라인 구성은 백화점과 유사하지만 저마진을 유지하기 위해 건물이나 인건비 및 일반관리비 등을 낮게 운영한다.
③ POS 시스템, 유통 VAN 등을 도입하여 판매동향을 파악하여 상품구색을 해나간다.
④ 일반 소매점보다 저렴하게 상품을 판매하여 제조업자 및 도매업자로부터 경쟁관계를 갖고 있다.
⑤ 내부 소비재 상품을 중심으로 하며 상품회전율이 편의점보다 항상 높으며 셀프서비스를 채택하는 것이 특징이다.

해설 할인점은 식품과 일용잡화 등 소비재를 중심으로 한 중저가 브랜드 중 유통회전이 빠른 상품을 취급하며, 셀프서비스 하에 저가격으로 대량 판매하는 업체를 말하나, 상품회전율이 편의점보다 항상 높다고 할 수는 없다.

28 할인점에 대한 설명으로 가장 올바르지 않은 것은?

[2012.07]

① 할인점은 박리다매의 원칙에 입각하여 전국유명상표를 일반 상점보다 항상 저렴한 가격으로 판매하는 대규모 점포를 말한다.

② 우리나라 할인점은 식품비중이 높은 유럽형 하이퍼마켓과 미국형 슈퍼센터가 모델이 되어 발전해 왔다.

③ 할인점은 낮은 가격의 제품을 셀프서비스 형태로 제공하므로 백화점보다 낮은 가치를 제공하고 있다고 볼 수 있다.

④ 대형할인점의 경우에는 가격이 저렴하기는 하지만 제품정보가 제한적이어서 소비자는 광고나 구전, 잡지 등을 통해 제품정보를 입수한다.

⑤ 상품구색 면에서 볼 때 할인점은 주로 유명제조업자 상표의 일상생활용품을 판매하며 제품계열 폭은 광범위한 반면 제품계열 깊이는 얕다.

> **해설** 할인점은 저가격의 저품질 상품(낮은 가치상품)을 판매하는 것이 아니라 표준적인 상품을 저가격으로 대량 판매하는 상점이다.

29 대형마트에 대한 설명으로 거리가 먼 것은?

[2014.07]

① 마진이 낮은 제품의 비중이 높아 매출 총이익률이 낮으나 대량판매를 통해 수익성을 보전한다.

② 백화점에 비해 상품회전율이 높다고 볼 수 있다.

③ 수익성 향상을 위해 자체상표상품(PB상품)의 취급 비중을 낮추려 노력한다.

④ 인건비나 관리비 등의 비용을 최소화하여 원가우위 전략을 추구한다.

⑤ 자체물류센터 건립을 통해 물류비 절감을 도모하기도 한다.

> **해설** PB상품은 유통업체가 중소 제조업체로부터 상품을 저렴하게 받아 자체 개발한 상표를 붙여 파는 상품을 말하는 것으로 강점은 가격 경쟁력이다. 일반 상품 대비 가격이 많게는 50% 가량 저렴하다는 점이 소비자의 시선을 끌면서 대형마트들은 장기불황으로 소비심리가 위축돼 좀처럼 지갑을 열지 않는 고객들을 사로잡는 다양한 제품군의 PB상품을 내놓으며 영역을 확대해 나가고 있다.

30

( ) 안에 가장 알맞은 소매업태의 유형은? [2016.04]

> ( )은/는 화장품을 중심으로 식품, 음료, 일용잡화 등의 다양한 상품을 취급하는 업태이다. 그러므로 주변의 화장품점, 약국, 중소슈퍼 등과 경쟁관계가 형성된다.

① 대형할인점
② 헬스 & 뷰티 스토어(Health & Beauty store)
③ 몰링(malling)
④ 편의점(CVS)
⑤ 기업형 슈퍼마켓(SSM)

헬스 & 뷰티 스토어(Health & Beauty store)
헬스 & 뷰티 스토어는 화장품 뿐 아니라 생활용품, 건강보조식품, 음료 등을 판매하는 매장으로 20~30대의 여성들에게 부담 없는 쇼핑공간으로 각광받고 있다.
예 CJ의 올리브영(OLIVEYOUNG), 롯데의 롭스(LOHBS) 등

31

특정 상품에 전문화된 할인업태로서 비용 절감과 저마진 정책 등으로 시중 가격에 비해 20~30% 저렴하면서 상품의 깊이가 깊은 새로운 소매업태를 무엇이라 하는가? [2014.04]

① 대형마트
② 백화점
③ 회원제 도매클럽
④ 카테고리 킬러
⑤ 슈퍼슈퍼마켓

카테고리 킬러
할인형 전문점으로서 특정상품계열에서 전문점과 같은 깊은 상품구색을 갖추고 저렴하게 판매하는 것을 원칙으로 한다. 대량판매와 낮은 비용으로 저렴한 상품가격을 제시하며, 취급하는 상품은 주로 완구, 스포츠용품, 가전용품, 자동차용품, 레코드, 사무용품 등이다.

32

글상자의 내용이 설명하는 소매 업태로 가장 적절한 것은? [2012.07]

> 취급상품을 한 가지 업종으로 한정하고 선택폭을 높일 수 있도록 다종/대량으로 진열하며, 할인점보다도 낮은 가격에 판매하며 매장면적을 대형화하여 입지가격이 낮은 지역에 점포를 개설하는 소매업태

① 카테고리 킬러
② 회원제 도매클럽
③ 양판점
④ 슈퍼센터
⑤ 하이퍼마켓

② 회원으로 가입한 고객만을 대상으로 판매하는 업태
③ 다품종 대량판매를 목적으로 함
④ 대형할인점에 슈퍼마켓을 도입한 점포로 식료품과 비식료품등 광범위한 상품을 보유
⑤ 슈퍼마켓에 할인점을 접목시킨 초대형 소매업태

33 소매업태 중 카테고리 킬러(Category Killer)에 대한 설명으로 옳지 않은 것은? [2014.11 | 2016.04]

① 포괄적으로 할인전문점이라 불린다.
② 고객에게 제공하고자 하는 상품이나 서비스를 전문화한 소매기관이다.
③ 취급상품을 한정하여 특정상품에 대해 구색을 갖추고 있다.
④ 상표충성도가 높지 않은 일용품들 중 잘 알려지지 않은 품종으로 상품구색을 갖춘다.
⑤ 낮은 비용으로 저렴한 상품가격을 제시한다.

해설
카테고리 킬러는 할인형 전문점으로서 특정상품계열에서 전문점과 같은 깊은 상품구색을 갖추고 저렴하게 판매하는 것을 원칙으로 한다. 취급하는 상품은 주로 완구, 스포츠용품, 가전용품, 자동차용품, 레코드, 사무용품 등이다.

34 다음 소매업체를 차례로 올바르게 나열한 것은? [2013.04 | 2017.04]

> A. 의약품이나 화장품, 생활용품, 식품 등을 취급하는 복합점포
> B. 의류 및 생활용품을 중심으로 다품종 대량 판매하는 대형 소매점으로 백화점보다 가격은 저렴함

① 하이퍼마켓 – 드럭스토어
② 카테고리 킬러 – 하이퍼마켓
③ 드럭스토어 – 양판점
④ 할인점 – 슈퍼센터
⑤ 멤버쉽홀세일 – 아울렛

해설
A. 드럭스토어는 약품(Drug)과 상점(Store)이란 단어가 합쳐진 용어로 의약품이나 화장품, 생활용품, 식품 등을 판매하는 복합점포를 의미한다.
B. 양판점은 다품종 대량판매를 목적으로 다점포화를 추진함으로써 매출증대를 꾀하는 업태로 중저가의 일상 생활용품을 주로 취급하며 초고가상품은 취급하지 않는다. 백화점보다 낮은 가격대로 자체상표(PB)를 가지며 체인에 의해 다점포화를 추구한다.

35 소매업의 유형 관점에서 나머지와 다르게 분류되는 것은? [2012.11]

① 인터넷 쇼핑몰
② 편의점
③ TV홈쇼핑
④ 통신판매
⑤ 다단계 판매

> 해설 ①·③·④·⑤ 무점포 소매업의 유형에 속한다.

36 전화를 이용한 텔레마케팅의 특성이라고 볼 수 없는 것을 고르시오. [2009.07 | 2012.11]

① 광고에 비해 고객반응을 직접 파악하거나 대응하는 것이 다소 늦다.
② 고객에 대한 데이터베이스를 기반으로 하여 진행된다.
③ 마케팅 비용이 상대적으로 적게 소요된다.
④ 고객과의 관계 형성을 시도한다.
⑤ 공간과 거리의 장벽을 극복할 수 있다.

> 해설 광고에 비해 고객반응을 직접 파악하거나 대응하는 것이 빠르다. 즉 고객과의 상호작용을 통해 대 고객 서비스 향상과 유연하고 융통성 있는 고객관리가 가능하다.

37 미국식 대규모 소매점은 주로 공산품을 취급하되 식품부문을 대폭 추가하는 업태가 발전하였고, 유럽식 대규모소매점은 주로 식품을 취급하되 공산품을 추가하는 업태로 발전하였다. 이 두 가지 형태가 우리나라의 대형마트 도입과 발전에 영향을 미쳤는데, 다음 중 미국식 대규모소매점에 해당하는 것은?

[2012.11]

① 슈퍼센터
② 팩토리아웃렛
③ 파워센터
④ 웨어하우스 클럽
⑤ 하이퍼마켓

> 해설 슈퍼센터는 기존의 할인점보다 더 깊고 넓은 상품구색을 갖추고 있는 것으로서 대형할인점에 슈퍼마켓을 도입한 점포이다. 즉, 슈퍼마켓의 개념에 식료품과 비식료품 등 생활필수품에서 광범위한 상품구색을 보유하고 있으며 세탁, 구두수선, 수표교환, 간단한 식사장소 제공 등의 부수적인 서비스도 함께 제공하고 있다. 슈퍼센터는 1960년대 초반 미국의 슈퍼마켓 업체인 메이저(Meijer)에 의해 선을 보였고, 프레드 메이어(Fred Meyer)가 뒤이어 오픈하였다. 당시 형태는 슈퍼마켓을 기본으로 하고 거기에 잡화품목을 결합시킨 형태였다. 1990년 초에 등장한 월마트와 K마트는 할인점에 슈퍼마켓을 결합시킨 형태였다.

38 인터넷마케팅을 포함한 전자상거래에 대한 설명으로 가장 옳지 않은 것은? [2012.07]

① 고객의 인구통계적 특성과 구매패턴 등에 맞추어 개별 고객 지향적인 마케팅활동을 할 수 있다.

② 고객의 입장에서는 구매에 대한 시간적, 공간적 제약이 없어 매우 편리하다.

③ 소비자의 입장에서는 정보의 탐색이나 검색이 용이하여 오프라인점포를 이용할 때보다 더욱 자세하고 세밀한 정보를 얻을 수 있다.

④ 인터넷마케팅을 통해 판매되는 상품과 서비스의 유형이 갈수록 다양화되고 있다.

⑤ 물리적인 진열공간이 없기 때문에 판매자의 입장에서는 저렴한 비용으로 상품의 제시 및 판매가 가능하다.

> **해설** 충분한 정보 수집은 가능하지만 제품에 대한 실제감 측면에서는 오프라인 점포보다 부족한 어려움이 있다.

39 전통적인 상거래와 비교하여 전자상거래의 특징으로 옳지 않은 것은? [2015.07]

① 거래 대상 지역을 전 세계로 확장 가능하다.

② 24시간 거래가 가능하다.

③ 1:1 마케팅이 가능하다.

④ 고객수요를 신속히 포착하여 대응할 수 있다.

⑤ 즉각적 쌍방향 커뮤니케이션이 어렵다.

> **해설** 전통적인 상거래와 전자상거래의 비교
>
>
>
> | 구 분 | 전통적인 상거래 | 전자상거래 |
> |---|---|---|
> | 유통채널 | 기업 → 도매상 → 소매상 → 소비자 | 기업 → 소비자 |
> | 거래대상지역 | 일부 지역(Closed Clubs) | 전 세계(Global Marketing) |
> | 거래시간 | 제약된 영업시간 | 24시간 |
> | 고객수요 파악 | • 영업사원이 획득
• 정보 재입력 불필요 | • 온라인으로 수시 획득
• 재입력이 필요 없는 Digital Data |
> | 마케팅 활동 | 구매자의 의사에 상관없는 일방적인 마케팅 | 쌍방향 통신을 통한 일대일 상호 대화식 마케팅
(Interactive Marketing) |
> | 고객 대응 | 고객 욕구 포착이 어렵고, 고객 불만대응 지연 | 고객 욕구를 신속히 파악, 고객 불만 즉시 대응 |
> | 판매 거점 | 시장, 상점 전시에 의한 판매 | 네트워크 정보에 의한 판매 |
> | 소요 자본 | 토지, 건물 등의 구입에 거액의 자금 필요 | 홈페이지 구축 등에 상대적으로 적은 비용 소요 |

40 이동 중에도 무선인터넷과 첨단 통신기술을 통해서 상거래가 이루어지는 소매형태는? [2016.07]

① 자동판매기

② 직접판매

③ 키오스크(Kiosk)

④ CATV홈쇼핑

⑤ 모바일 커머스(mobile commerce)

> **해설**
>
> 모바일 커머스(mobile commerce)
> 전자상거래의 일종으로, 가정이나 사무실에서 유선으로 인터넷에 연결, 물건을 사고 파는 것과 달리 이동 중에 이동전화기나 무선 인터넷 정보단말기 등을 이용해 거래를 하는 것으로 M-커머스라고도 한다. 이동전화나 개인 휴대정보단말기(PDA)를 이용한 무선인터넷 기능을 기반으로 하고, 기존 유선인터넷을 활용한 e-커머스에 비해 장소에 구애받지 않으며, 휴대용 무선 단말기를 사용하기 때문에 편리성과 휴대성이 뛰어나다는 장점이 있다.

02 적중예상분석

01 다음 글상자에서 (　　) 안에 적합한 용어를 올바르게 연결한 것은?

> 소비자가 구매하는 상품이나 서비스는 제조업자나 상인이 생산이나 판매를 위해 구입하는 것과는 달리, 단지 소비를 위해 구입하는 것이다. 따라서 이때의 소비자는 (　가　)라고 하며 최종 소비를 목적으로 하는 소비자들에게 상품이나 서비스를 판매하는 것과 관련된 모든 활동을 (　나　)라고 한다. 또 이런 활동을 수행하는 유통기관을 (　다　)이라 한다.

① 가 - 최종 소비자, 나 - 소매, 다 - 소매상
② 가 - 최종 소비자, 나 - 도매, 다 - 소매상
③ 가 - 중간 소비자, 나 - 소매, 다 - 소매상
④ 가 - 중간 소비자, 나 - 도매, 다 - 도매상
⑤ 가 - 중간 소비자, 나 - 소매, 다 - 도매상

해설 최종 소비자들에게 제품이나 서비스를 판매하는 것과 관련된 모든 활동을 소매라고 하며, 이런 활동을 수행하는 유통기관을 소매상이라 한다.

02 다음 '소비자에 대한 소매업의 역할' 중 옳지 않은 것은?

① 폭넓은 각종 상품과 신뢰할 수 있는 정보의 제공이 필요하다.
② 즐거운 쇼핑 분위기를 마련해야 한다.
③ 재고를 처분하고 새로운 상품을 갖추는 것이 필요하다.
④ 쇼핑의 편의를 제공하는 역할을 해야 한다.
⑤ 점포의 위치 조건은 소비 주민에게 필연성을 가진 편리한 장소인가 여부를 고려하여 판단되어야 한다.

해설 필요한 재고를 유지하는 역할이다. 재고의 부족으로 소비자의 일상적인 구매 욕구에 대응할 수 없게 되면 곤란하다.

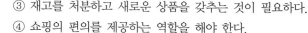

03 소매상이 생산자를 위해 수행하는 기능이라고 볼 수 있는 것은?

① 신용을 제공하여 소비자의 구매비용 부담을 덜어준다.
② 재고유지 기능으로 고객욕구충족을 위해 생산자 대신 재고를 유지한다.
③ 구색을 제공하며 상품선택에 필요한 시간적, 공간적 편리함을 준다.
④ 선택의 폭을 넓혀준다.
⑤ 디스플레이, 판매원 서비스 등을 통해 정보를 제공한다.

> 해설 재고유지 기능은 도매기관의 기능에 해당한다.

04 소매유통업은 제조업체와 소비자 사이에서 다양한 기능을 수행하고 있다. 소매업이 행하는 다양한 기능 중에서 소비자와 제조업체 양자 모두에게 해당하는 역할/기능은?

① 필요한 재고의 유지기능   ② 쇼핑장소 제공기능
③ 구매 시 즐거움 제공기능   ④ 정보 제공기능
⑤ 쇼핑편의 제공기능

> 해설 정보 제공기능
> 소비자에 대한 소매업의 역할로서 소매업은 단순히 유형재인 상품의 판매기능만을 수행하는 것이 아니고 상품정보, 유행정보, 생활정보라는 무형의 가치도 아울러 공급해준다. 또한 생산 및 공급업자에 대한 소매업의 역할로서 소매업은 상품에 대한 소비자의 여러 가지 요구(가격, 품질, 성능, 디자인 등)에 관한 최신 정보를 생산자나 도매업자에게 전달해준다.

05 유통경로상에서는 소유권의 흐름, 재화 및 서비스의 흐름, 촉진의 흐름, 정보의 흐름, 대금결제의 흐름 등 5가지의 흐름이 있다. 이 중에서 그 흐름이 한 방향으로만 이루어지는 것이 아니라, 양방향으로 이루어지는 흐름은 어느 것인가?

① 재화 및 서비스의 흐름   ② 정보의 흐름
③ 촉진의 흐름   ④ 대금결제의 흐름
⑤ 소유권의 흐름

> 해설 ② 원료공급자 ↔ 생산자 ↔ 중간상인 ↔ 소비자
> ①·③·⑤ 전방 흐름(생산자 → 소비자)
> ④ 후방 흐름(소비자 → 생산자)

06 소매점이 수행하는 유통기능은 크게 소유권 이전기능, 물적 유통기능, 조성기능의 세 가지 기능으로 나눠진다. 이 중 조성기능으로 분류할 수 있는 하부 기능은?

① 구매기능　　　　　　　　　　　② 판매기능
③ 운송기능　　　　　　　　　　　④ 금융기능
⑤ 보관/저장기능

> **해설** 유통기능의 분류
> • 소유권 이전기능 : 구매기능, 판매기능
> • 물적 유통기능 : 운송기능, 보관기능
> • 조성기능 : 표준화 및 등급화, 금융기능, 위험부담기능, 시장보고

07 소매업의 마케팅 기능 중 보조 기능에 속하지 않는 것은?

① 운송 기능　　　　　　　　　　② 위험 부담 기능
③ 표준화 기능　　　　　　　　　④ 금융 기능
⑤ 시황 보도

> **해설** 운송 기능은 소매업의 물적 유통 기능에 속한다.

08 최근 선진국 소매업계의 환경변화에 대한 설명으로 옳은 것은?

① 소매업체에 비해 제조업체의 파워가 더욱 증대하고 있다.
② 소매업계는 백화점을 중심으로 고급화가 대세적인 흐름이다.
③ 소매업체 촉진비중이 과거에 비해 점차 커지고 있다.
④ 할인점, 카테고리킬러 등은 성숙기를 거쳐 쇠퇴기에 진입하고 있다.
⑤ 패스트 패션(Fashion) 유통은 도입기에 접어들었다.

> **해설**
> ① 제조업체보다 구매력을 확보하게 된 소매업체들의 파워가 증대하고 있다.
> ② 백화점의 성장이 둔화되고 대형할인점, 편의점, 카테고리킬러와 신업태의 경쟁이 더욱 치열해지고 있다.
> ④ 할인점은 성숙기 초입에 진입하고 있으며, 카테고리킬러는 도입기로서 앞으로 상당한 성장을 할 가능성이 크다.
> ⑤ 패스트 패션 유통은 신규점포 확장으로 시장점유율을 높이고 있는 성장기에 접어들었다.

09 도매상에 대한 설명으로 가장 옳지 않은 것은?

① 입지나 상권에 있어 중심상가 지역에 위치하지 않아도 영업에 큰 지장이 없다.
② 제조업체나 소매상에 비해 판매를 위한 판촉활동은 뒤떨어진다.
③ 매출증대와 재고처분을 위해 가격할인이나 가격인하를 단행하는 경우도 있다.
④ 제품 매입원가 및 소요비용에 일정 마진율을 가산하여 가격을 결정하기도 한다.
⑤ 수익성 유지를 위해 주로 비인적(非人的) 판촉수단을 활용하여 제조업체를 대상으로 한 판촉에 주력한다.

> **해설** 도매상의 촉진결정
> 도매상의 촉진은 제조업체나 소매상들의 촉진에 비해 상대적으로 비중이 낮으며, 촉진수단은 주로 인적판매나 소매상 판촉이 이용된다.

10 유통의 경제·사회적 역할에 대한 설명 중 가장 옳은 것은?

① 유통은 소비자가 기대하는 제품을 합리적인 가격으로 적절한 시기에 필요한 양만큼 자유로이 구매하는 역할을 담당한다.
② 유통은 생산자의 기대를 충족시키고 만족도 향상과 수요 및 가격 등의 정보전달을 함으로써 생산자의 위험부담을 감소시켜주고 기술혁신을 위한 금융지원 역할을 담당한다.
③ 유통은 생산자 측면에서 소비자가 담당해야 할 물적 유통기능(배송, 보관, 하역, 포장, 재고관리 등)을 수행한다.
④ 유통은 생산자의 라이프스타일에 적합한 제품과 서비스를 선택하여 공급함으로써 사회적으로 효율적이고 안정적인 생활을 영위하게 한다.
⑤ 유통은 양질의 제품을 생산자에게 저렴하게 공급함으로써 건전한 생산을 유도하고 가격의 제조업자가 담합을 통해 가격의 합리화를 추구하여 소비자에게 건전한 소비를 유도한다.

> **해설**
> ② 유통은 소비자의 기대를 충족시키고 만족도 향상과 수요 및 가격 등의 정보전달을 함으로써 생산자의 위험부담을 감소시켜주고 기술혁신을 위한 금융지원 역할을 담당한다.
> ③ 유통은 소비자 측면에서 생산자가 담당해야 할 물적 유통기능(배송, 보관, 하역, 포장, 재고관리 등)을 수행한다.
> ④ 유통은 소비자의 라이프스타일에 적합한 제품과 서비스를 선택하여 공급함으로써 사회적으로 효율적이고 안정적인 생활을 영위하게 한다.
> ⑤ 유통은 양질의 제품을 소비자에게 저렴하게 공급함으로써 건전한 생산을 유도하고 가격의 제조업자의 담합을 예방하는 등 가격의 합리화를 추구하여 소비자에게 건전한 소비를 유도한다.

11 도매기관 중 상인도매상에 해당하지 않는 것은?

① 현금판매-무배달 도매기관(Cash and Carry Wholesaler)
② 트럭도매기관(Truck Wholesaler)
③ 직송도매기관(Drop Shipper)
④ 선반도매기관(Rack Jobber)
⑤ 수수료상인(Commission Merchants)

해설 수수료상인은 대리도매기관(Agent)의 한 형태이다.

12 다음 중 한정기능 도매상에 대한 설명으로 옳지 않은 것은?

① 유통경로상에서 도매기관의 기능 중 일부만을 수행한다.
② 주요 형태로 현금거래 도매상, 트럭 도매상, 직송 도매상 등이 있다.
③ 거래되는 제품에 대한 소유권을 가진다.
④ 독립적인 도매상이 아니며 제조업자가 제품을 소유하고 직접 운영한다.
⑤ 현금거래 도매상은 신용판매를 하지 않고 현금거래만을 취급한다.

해설 한정기능 도매상은 완전기능 도매상들과는 달리 도매상의 기능 중에서 일부만을 수행하는 도매상들이다.

13 다음 중 한정기능 도매상의 분류 중 어떤 도매상에 대한 설명인가?

> 상품을 구매하고자 하는 소매상 고객들과 협상을 통해 계약을 체결하고, 제조업자가 고객에게 직접 제품을 선적 및 운반하며, 상품에 대한 소유권을 갖지만 직접 재고를 유지하지 않는 도매상으로 주로 석탄, 목재, 중장비 등을 취급하는 도매상

① 현금거래 도매상(Cash and Carry Wholesaler)
② 트럭 중개상(Truck Jobber)
③ 직송 도매상(Drop Shipper)
④ 진열 도매상(Rack Jobber)
⑤ 우편주문 도매상(Mail-order Wholesaler)

14 소매업의 특성에 대한 설명 중에서 가장 옳은 것은?

① 대량단위로 제품을 판매하며, 일반 소비자에게 개방되어 있다.
② 일반적으로 업태에 따라 각기 다른 소비자에게 다른 가격으로 판매한다.
③ 소비자들이 점포를 방문하거나 전화 및 우편주문을 하여 판매가 이루어진다.
④ 다른 경로의 구성원보다 입지상권 및 소매점 내의 제반 판매시설은 중요하지 않다.
⑤ 상품의 단위당 가격은 생산자나 도매기관보다 낮은 편이다.

① 소매업은 소량단위로 제품 판매가 이루어진다.
② 업태에 따라 각기 다른 소비자에게 다른 가격으로 판매할 경우 소비자들의 신뢰를 얻지 못할 것이다.
④ 소매업의 종류에는 방문 판매나 통신 판매와 같은 무점포 판매도 있지만, 아직까지 소매 판매의 대부분은 특정 위치에 점포를 차려놓고 소비자를 맞이하는 점포 판매 방식에 의존하고 있다.
⑤ 대량판매를 하는 도매기관의 상품 가격이 더 낮은 것이 일반적이다.

15 백화점에 관한 설명 중 옳지 않은 것은?

① 세계 최초의 백화점은 프랑스의 봉마르쉐(Bon Marche)이다.
② 백화점의 특징으로는 취급상품의 다양성, 부문별 조직, 소규모 등이다.
③ 우리나라 최초의 백화점은 일본의 미쯔꼬시 오복점이 1906년 명동 사보이호텔 자리에 세운 미쯔꼬시 오복점이다.
④ 백화점 매출 가운데 가장 높은 비중을 차지하고 있는 것은 의류이다.
⑤ 백화점은 선매품을 중심으로 해서 전문품, 편의품 등의 다양한 상품을 취급한다.

백화점의 특징으로는 취급상품의 다양성, 부문별 조직, 다양한 부대시설과 서비스의 제공, 대규모 등이다.

16 우리나라의 백화점이 성장하게 된 요인으로 다음에 기술된 것 중 잘못된 것은?

① 유리한 입지조건
② 강력한 스토어 로열티
③ 유리한 경쟁조건
④ 혁신적 판매 기술
⑤ 유통 현대화에 따른 정부의 지원

> **해설** 백화점이 성장할 수 있었던 요인으로는 유리한 경쟁 조건, 유리한 입지조건, 강력한 스토어 로열티와 같은 환경적인 이점과 백화점 자체의 판매기술의 혁신 등을 들 수 있다.

17 다음에서 백화점의 경영 방향에 관한 것 중 틀린 것은?

① 전문 백화점은 다품종 소량 판매에서 품종 수를 중간 수준으로 줄여야 한다.
② 종합 백화점은 위생 점포의 확대와 체인점의 전개를 하여 대규모의 소매 유통 집단으로 발전해 나가야 한다.
③ 양판 백화점은 고가격 판매・높은 서비스의 방법을 취해야 한다.
④ 전문 백화점은 호화로운 점내 분위기를 조성하여 패션 리더로서 유행의 창조와 제공을 추진해 나가야 한다.
⑤ 백화점 운영 상 특징 중 하나는 상품별로 부문화하여 구매전문인・판매전문인은 이를 전문화 한다.

> **해설** 양판 백화점
> 대량 판매를 목적으로 하므로 저가격 판매・낮은 서비스의 방법으로 대도시 교외에 위치하는 백화점에 적합한 형태이다.

18 다음 중 백화점의 소비 수요를 충족하는 기능의 특성에 해당되지 않는 것은?

① 선택의 폭이 넓은 구색 갖춤
② 개성화・디자인・스타일 등의 강조
③ 한정된 오리지널 상품의 재고 유지
④ 충분한 재고 유지
⑤ 호화・명쾌한 쇼핑환경

> **해설** ③은 전문점의 소비 수요를 충족하는 기능의 특성이다.

19 일반적으로 할인점이라 불리는 대형마트의 특성에 대한 설명으로 가장 옳지 않은 것은?

① 박리다매의 원칙에 입각하여 일반 상점보다 저렴한 가격으로 판매한다.

② 회전율이 높은 유명 브랜드를 주로 취급한다.

③ 상품구색 면에서 카테고리 킬러에 비해 폭은 넓은 편이지만 깊이는 얕은 편이다.

④ 점포 하나하나가 모두 대형매장이므로 대개 각 점포별로 독립적인 물류시스템을 갖추고 있다.

⑤ 고객에 대한 서비스 수준이 높지 않으며, 다양한 방법으로 비용을 절감하려 노력한다.

> **해설** 각 점포별로 독립적인 물류시스템을 갖추게 되면 규모의 경제를 실현할 수 없기 때문에 물류센터와 배송시스템을 통합하여 운영해야 한다.

20 다음 중 슈퍼마켓의 특색으로 맞지 않는 것은?

① 계획적 출점전략   ② 식료품 중심 판매

③ 셀프서비스   ④ 초염가 판매

⑤ 통신 판매

> **해설** 슈퍼마켓의 특색으로는 ① · ② · ③ · ④ 이외에 판매의 분산, 관리의 집중 등이 있다.

21 다음 보기 중 슈퍼마켓의 경영 기술 혁신의 요인이 아닌 것을 모두 찾으시오.

㉠ 고가격 정책	㉡ 셀프서비스 방식
㉢ 판매의 분산	㉣ 관리의 분산
㉤ 저마진	

① ㉠, ㉢   ② ㉢, ㉣

③ ㉠, ㉣   ④ ㉣, ㉤

⑤ ㉡, ㉢

슈퍼마켓의 경영 기술 혁신의 요인
- 관리의 집중
- 판매의 분산
- 전략적 출점 정책
- 집중 대량 매입
- 셀프서비스 방식
- 저가격 정책

22

슈퍼마켓은 경영상의 혁신적 기술들을 도입하여 급성장을 실현하여 왔다. 다음의 기술 중 그 같은 혁신적 기술에 해당하지 않는 것은?

① 집중 대량 매입　　　　　　　② 셀프서비스 방식
③ 전략적 출점 정책　　　　　　④ 저가격 정책
⑤ 관리 및 판매의 분산

경영상의 혁신적 기술로는 관리의 집중, 판매의 분산, 전략적 출점 정책, 집중 대량 구입, 셀프서비스 방식의 채택, 저가격 정책 등이 있다.

23

다음 설명 중 가맹점형 연쇄점에 대한 것이 아닌 것은?

① 체인 본부를 중심으로 여러 가지 사업 활동의 공동화를 추진한다.
② 임의형 연쇄점, 협동형 연쇄점, 프랜차이즈 체인 등이 그 예이다.
③ 연쇄 사업자와 가맹 점포가 별개의 기업으로 존재한다.
④ 보통 레귤러 체인이라고도 한다.
⑤ 임의형 연쇄점은 도매점이 주체가 되어 소매점을 가맹점으로 모집하고 이를 그룹화한 형태이다.

레귤러 체인은 가맹점형 연쇄점이 아니라, 회사형 연쇄점이다.

24 다음은 연쇄점에 대한 설명이다. 어떠한 유형의 연쇄점인가?

> • 도매점이 주체가 되어 소매점을 모집한다.
> • 이에 참여하는 소매점은 각기 경영의 독립성을 유지하면서 하나의 조직을 구성하고 있다.

① 회사형 연쇄점   ② 정규 연쇄점

③ 협동형 연쇄점   ④ 프랜차이즈 체인 가맹점

⑤ 임의형 연쇄점

> **해설** 임의형 연쇄점은 도매점이 주체가 되어 소매점을 모집하며, 이에 참여하게 되는 소매점은 각기 경영의 독립성을 유지하면서 하나의 조직을 구성하고 있다.

25 회사형 연쇄화 사업의 형성 이유로 적합하지 않은 것은?

① 유통 비용의 절감   ② 상품의 표준화

③ 점포 분산에 의한 위험 분산   ④ 지역주민에 대한 봉사

⑤ 상점 임대료의 증가

> **해설** 회사형 연쇄화 사업의 형성 이유
> • 지역 특성에 맞는 점포 개설
> • 점포 분산에 의한 위험 분산 가능성
> • 유통 비용의 절감
> • 상품 및 판매의 규격화와 표준화 등으로 인한 노력의 절감

26 박스 안의 내용과 가장 밀접하게 관련이 있는 것은?

> • 본부는 가맹점에 판매권을 주고 경영을 지도한다.
> • 가맹점은 본부에 가입비와 매출액의 일부를 납부하기도 한다.

① 레귤러 체인   ② 프랜차이즈 체인

③ 볼런터리 체인   ④ 컨버티벌 체인

⑤ 라이센싱

27 프랜차이즈 체인 스토어에 대한 내용과 거리가 먼 것은?

① 본부에 대한 의뢰심이 높아져 노력을 게을리 할 우려가 있다는 것이 단점이다.

② 비교적 소액의 자본으로 사업을 시작할 수 있다는 것을 장점으로 들 수 있다.

③ 표준화된 통일적인 운영이 행해지더라도 독자적 개성과 개발은 충분히 반영될 수 있다.

④ 본부는 가맹점에 대해 자기의 상호나 상표 등의 사용을 허용하고 경영 및 판매에 관한 Know How를 제공·지도한다.

⑤ 투자의 대부분은 가맹점이 부담하기 때문에 프랜차이저는 자기자본의 많은 투하 없이 연쇄조직을 늘려가면서 시장점유율을 확대할 수 있다.

28 프랜차이즈 제도에 대한 다음의 기술 중 올바르지 않은 것은?

① 프랜차이즈 제도를 통해 본부는 비교적 소액의 투자와 적은 인원으로 단기간 내에 시장을 개척할 수 있다.

② 가맹점은 사업 수행에 필요한 자금을 투자하여 본부의 지도하에 사업을 수행한다.

③ 본부(Franchiser)와 가맹점(Franchisee) 간의 계약은 쌍방 협의 하에 작성된다.

④ 프랜차이즈 제도는 상품 유통을 목적으로 하는 것과 프랜차이즈 비즈니스를 목적으로 하는 것이 있다.

⑤ 가맹점은 본부가 일괄적으로 광고 캠페인을 하기 때문에 처음부터 지명도가 높은 효과적인 경영이 가능하다.

29 프랜차이즈 제도의 장점이 아닌 것은?

① 소액의 자본으로도 사업에 착수할 수 있다.
② 본부의 일괄적인 광고나 캠페인 실시로 개개 점포의 광고 효과보다 큰 판촉이 가능하다.
③ 본부의 경영에 따르지 않고도 독자적인 영업을 할 수 있다.
④ 본부의 협조에 의해 시장 변화에 적응할 수 있는 사업 운용이 가능하다.
⑤ 프랜차이즈 사업상품을 이용하므로 실패의 위험성이 적다.

> **해설** 프랜차이즈제도는 본부의 일방적 계약이기 때문에 가맹점 희망자는 자기의 요구 조건을 제시할 여유가 없는 단점이 있다.

30 다음 프랜차이즈 가맹점의 이점에 관한 설명 중 옳지 않은 것은 어느 것인가?

① 본부가 일괄하여 광고·캠페인 등을 실시하기 때문에 영향력이 큰 촉진관리가 가능하다.
② 소액의 자본으로도 사업을 시작할 수 있다.
③ 당해 사업의 경험이 있어야 사업을 영위할 수 있다.
④ 본부가 사업을 영위하기 때문에 개업 초부터 높은 지명도 밑에서 사업 운영이 가능하다.
⑤ 본부의 집중적인 대량구매를 통해서 공급을 받음으로써 합리적인 가격으로 상품의 판매가 가능하다.

> **해설** 체인 본부의 교육 프로그램, 매뉴얼의 정비, 각종 지도에 따라 하기 때문에 당해 사업의 경험이 없더라도 사업을 영위할 수 있다.

31 다음 중 프랜차이즈 경영을 할 때 프랜차이즈 본부가 획득할 수 있는 장점으로 보기 가장 어려운 것은?

① 본부가 직접 영업에 참가하지 않음으로써 유통분야에 고용해야 하는 인력을 줄일 수 있다.
② 본부가 직접 영업에 참가하지 않음으로써 프랜차이즈 패키지 개발에 전념할 수 있다.
③ 본부가 외부환경 변화, 소비자 행동의 변화 등의 변화에 대응할 수 있는 프랜차이즈 패키지를 계속적으로 개발하여 가맹점에 제공하기 때문에 환경 변화에 적응하기가 용이하다.
④ 사업 확장을 위한 자본조달이 용이하고, 공동 대량구매를 통해 규모의 경제를 달성할 수 있다.
⑤ 브랜드의 가치를 높이고 차별화된 프로그램을 개발할 수 있다.

> **해설** ③은 프랜차이즈 가맹점(Franchisee)이 얻을 수 있는 장점이다.

32 다음 중 프랜차이즈에 대한 설명으로 옳은 것은?

① 도매상이 후원하여 다수의 소매상들이 계약으로 연합하여 수직 통합하는 형태이다.
② 독립된 소매상들이 도매기능을 가진 공동 소유의 조직체를 결성하여 이를 공동으로 운영하는 경로 조직이다.
③ 같은 경로단계에 있는 둘 이상의 기업들이 새로운 마케팅 기회를 이용하기 위해 함께 협력하는 형태 이다.
④ 본부가 가맹점에게 자기의 상호·상표 등을 사용하도록 하고 원자재·서비스 등을 제공하면서, 그 대가로 로열티를 받는 시스템이다.
⑤ 가맹점으로부터 정기적인 납입금을 징수하지만 경영에 대한 지원은 할 수 없다.

> **해설**
> 프랜차이즈 시스템
> 본부(Franchisor)가 가맹점(Franchisee)과의 계약에 따라 가맹점에게 자기의 상호·상표 등을 사용하도록 하고 동일한 성격의 사업을 실행하는 권리를 부여하는 동시에, 경영에 관한 지도를 하고 상품(서비스, 원자재 포함)과 노하우를 제공해서 그 대가로 가맹점으로부터 가입금·보증금·정기적인 납입금을 징수하는 제도이다.

33 조합원들의 출자 및 운영비의 부담으로 운영이 되며, 극심한 경쟁 시 조합 및 조합원 중 유력자가 인력 및 자본 등을 각출해서 도매회사를 운영하게 하는 방식을 취하는 것을 뜻하는 것은?

① 프랜차이즈 시스템(Franchise System)
② 코퍼러티브 그룹(Cooperative Group)
③ 셀프 셀렉션(Self-Selection)
④ 세미 셀프서비스(Semi Self-Service)
⑤ 인포머셜(Informercial)

> **해설**
> 코퍼러티브 그룹(Cooperative Group)은 소매업자에 의한 수평적인 소매연쇄의 형태이다. 또한 상품의 공동매입 이나 촉진관리, 종사자들에 대한 교육, 그 외 공동사업 등을 하는 협동조합이다.

34 본래 교외 지역에의 입지, 개설자(Developer)에 의한 개발 및 관리, 핵점포의 입주, 원스톱 쇼핑 기능 등을 특징으로 하는 소매점은 다음 중 어느 것인가?

① 쇼핑센터(Shopping Center)
② 편의점(Convenience Store)
③ 연쇄점(Chain Store)
④ 하이퍼마켓(Hypermarket)
⑤ 아웃렛(Outlet)

해설 쇼핑센터(Shopping Center)란 본래 교외 지역에의 입지, 개설자에 의한 개발 및 관리, 핵점포의 입지, 원스톱 쇼핑 기능, 주차장의 완비, 가족과 함께 즐길 수 있는 환경 등을 특징으로 하는 인공적으로 계획·건립된 번화가를 말한다.

35 다음 중 쇼핑센터에 대한 설명이 아닌 것은?

① 우리나라에서의 쇼핑센터는 재래시장 근대화의 일환이라는 점이 특징적이다.
② 자연 발생적 상가와 달리 계획적으로 임대점포를 일정 장소에 집합시킨 것을 말한다.
③ 취급 상품의 종합성, 각종 서비스의 제공, 부문제 조직 형태의 채택 및 문화 여가 기능의 제공이라는 업태 특성을 갖고 있다.
④ 구매력의 이동, 자유재량 구매력의 확대, 자동화 등에 의해 그 개발이 촉진되었다.
⑤ 소매점포 및 각종 편의시설이 일체적으로 설치된 점포로, 직영 또는 임대의 형태로 운영되는 점포의 집단이다.

해설 ③은 백화점의 특징이다. 쇼핑센터는 전문적인 개발자에 의해 계획적으로 개발·소유·관리·운영되고 있는 소매업의 집단이다.

36 우리나라의 쇼핑센터에 대한 다음의 설명 중 올바른 것은?

① 근린형 쇼핑센터는 대형 백화점을 핵점포로 하여 고급의류, 가구, 장식품 등을 판매한다.
② 광역형, 지역형, 근린형의 세 가지 형태가 있다.
③ 지역형 쇼핑센터는 대소의 슈퍼마켓을 핵점포로 하여 주로 일상생활의 필수품을 판매한다.
④ 광역형 쇼핑센터는 10여 개의 전문점으로 구성된다.
⑤ 국내의 쇼핑센터는 전혀 점포가 없는 곳에 독립적으로 입지해서 점포를 운영하는 형태가 대부분이다.

37 다음 영업형태상의 특징을 갖는 업태는?

이해
체크
○
△
✕

> • 접근 편의성을 중시한 점포입지
> • 고객중심의 영업시간 편성
> • 생활편의품을 중심으로 한 구매빈도가 높은 품목들로 압축 배치
> • 짧은 시간에 구매가 완료될 수 있는 효율적인 상품 배치

① 백화점   ② 대형마트
③ 슈퍼마켓   ④ 편의점
⑤ 디스카운트스토어

해설 편의점의 기본 조건으로는 입지의 편의성, 영업시간상의 편의성, 상품구색상의 편의성, 우호적인 서비스 등을 들 수 있다.

38 편의점의 특성에 대한 기술 중 잘못된 것은?

이해
체크
○

△
✕

① 밤늦게 또는 24시간 영업을 함으로써 고객으로 하여금 상품 구매에 시간의 구애를 받지 않게 한다.
② 주로 생필품이 대부분이며, 저차원 중심지에 입지한다.
③ 쉽게 찾아갈 수 있는 위치에 점포를 설치한다.
④ 여러 종류의 상품을 취급함으로써 구색 갖춤의 편리성을 제공한다.
⑤ 다른 형태의 소매상보다 저렴한 가격으로 상품을 판매한다.

해설 편의점은 주거 지역에 입지하고, 새벽부터 밤늦게까지 영업을 하므로 소비자들은 가격이 다소 비싸다고 생각하지만 편리하기 때문에 이를 이용하게 된다.

39 다음 '컨비니언스 스토어'에 관한 설명 중 틀린 것은 어느 것인가?

① 컨비니언스 스토어는 슈퍼 등에서 성공하고 있는 합리적인 방법, 생력화의 실현과 편리성 등에 의한 규모의 이익을 겨냥한 근대적 소매 형태이다.

② 주로 저차원 중심지에 입지한다.

③ 입지는 고객이 주거지에서 도보로 5~10분 내에 내점할 수 있는 위치가 적당하다.

④ 셀프서비스 방식을 원칙으로 하므로, 종업원은 1명의 관리자에 약간 명의 점원이 조직의 기본이다.

⑤ 취급 상품은 편의품·전문품 등 다종다양하다.

해설 취급 상품은 일용품 및 이에 준하는 생활필수품을 주체로 한다.

40 다음에서 전문점의 특징이 아닌 것은 어느 것인가?

① 판매 방법은 대면판매와 셀프서비스 방식에 의한다.

② 우수한 머천다이징 능력을 바탕으로 소비자의 욕구에 보다 호응하고 있는 개성화 상품, 차별화된 상품을 취급한다.

③ 오늘날 풍부한 구매력과 소비 의식의 다양화·개성화·고급화에 호응하여 단일 상품 전문점과 용도별 전문점이 요청되고 있다.

④ 고객에 대한 전문적인 상담과 서비스를 제공한다.

⑤ 고객들이 특수한 매력을 찾으려는 상품으로, 구매를 위한 노력을 아끼지 않는다.

해설 대면판매와 셀프서비스 방식은 편의점에서 취하고 있는 판매 방식이다.

41 다음 중 전문점의 특징이 아닌 것은?

① 고객에 대한 전문적인 상담과 서비스를 제공한다.

② 개성화되고 차별화된 상품을 취급한다.

③ 다양한 상품 종류에 대해서 제한된 품목을 깊이 있게 취급한다.

④ 일반적으로 스토어 로열티가 높은 편이다.

⑤ 품종의 선택, 고객의 기호, 유행의 변천 등 예민한 시대감각으로서 독특한 서비스를 제공함으로써 합리적 경영을 실현하고 있다.

 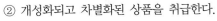

42 전문점에 해당하는 경영방침이 아닌 것은?

① 대량 판매보다 적당량의 판매를 위해서 노력해야 한다.
② 전문화된 제품을 취급하는 점포에서는 소매점의 광고비를 분담해 주거나 광고 속에 자사의 제품을 취급하는 소매점을 소개하는 협동광고를 실시하기도 한다.
③ 광고, 점포진열, 서비스 면에서 강한 개성을 나타내야 한다.
④ 전문화된 상품, 개성 있는 상품, 특색 있는 상품으로 구색 갖춤을 하여야 한다.
⑤ 저마진, 고회전을 도모한다.

저마진, 고회전은 양판점의 특징이다.

43 다음 중 의류나 가구, 장신구 등의 비교적 값이 비싼 상품을 취급하며 도시의 번화가에 상가를 형성하고 있는 소매상의 명칭은 무엇인가?

① 잡화점   ② 전문품점
③ 선매품점   ④ 프랜차이즈 시스템
⑤ 편의품점

선매품점은 의류, 가구, 장신구 등 비교적 값이 비싼 상품을 취급하고, 전문품점은 컴퓨터, 피아노, 자동차, 금은보석 등 주로 고가의 상품을 취급하는 상점이다.

44 다음 중 할인점이 가격을 싸게 팔 수 있는 요인이 아닌 것은?

① 다점포운영으로 바잉파워(Buying Power)형성
② 매장장식비의 절감
③ 매장인력의 절감
④ 저급품의 판매
⑤ 셀프서비스 판매

> 해설
> 할인점은 저가 대량판매의 영업방식을 토대로 하여 유명 제조업체 상표를 일반상점보다 저렴한 가격으로 판매하는
> 소매상을 말한다. 할인점의 특징은 저렴한 가격으로 판매하고 유명상품을 판매하여, 불량품이나 재고가 아닌 정상
> 적인 상품을 싸게 판매한다는 것이다. 할인점이 저가격을 강력한 경쟁도구로 활용할 수 있기 위해서는 비용상의
> 우위를 달성해야 한다.

45 소매업태 중 회원제 도매클럽에 대한 설명으로 가장 옳지 않은 것은?

① 회원으로 가입한 고객만을 대상으로 판매하는 업태이다.
② 매장은 거대한 창고형으로 구성되며 진열대에 상자단위로 진열한다.
③ 안정적 고객층 확보와 회비를 통한 수익의 보전이 가능하다.
④ 취급 제품은 제품의 보존성과 소모성이 높고 비교적 단가가 낮은 일용품이 중심이다.
⑤ 연중무휴로 24시간 영업을 실시하고 주택가 상권이 형성된 지역에 입지한 소규모 매장이다.

> 해설
> ⑤는 편의점에 대한 설명이다.

46 소매업의 유형 관점에서 나머지 넷과 다르게 분류되는 것은?

① 편의점　　　　　　　　② 백화점
③ 할인점　　　　　　　　④ 홈쇼핑
⑤ 아웃렛

> 해설
> 홈쇼핑은 시장이나 점포에 직접 가지 않고 집에서도 상품을 구입할 수 있는 무점포소매점이다.

47 다음 유통업태의 유형별 특징에 관한 기술 중 옳지 않은 것은?

① 쇼핑센터는 각종 편의시설이 일체적으로 설치된 매장으로서 직영 또는 임대의 형태로 운영된다.
② 양판 백화점은 될 수 있는 한 저가격, 낮은 서비스의 방법으로 대도시 교외에 위치하는 백화점에 적합한 형태이다.
③ 회사형 연쇄점은 보통 레귤러 체인(Regular Chain)이라고도 한다.
④ 카테고리 킬러는 백화점 및 슈퍼마켓 등과 달리 상품 분야별로 전문매장을 특화해 상품을 판매하는 소매점이다.
⑤ 하이퍼마켓(Hyper Market)은 주로 미국에서 발달하였다.

> **해설** 하이퍼마켓(Hyper Market)은 주로 유럽에서 발전하고 있는 대형 소매점인데, 이것은 미국의 소매업 경영 기술을 도입하여 여기에 독자적인 경영 노하우를 개발·적용시킨 것이다.

48 다음 중 하이퍼마켓(Hyper Market)의 특징이 아닌 것은?

① 대량 집중 상품 진열과 셀프서비스제　　② 야간 영업
③ 미국에서 처음 개발　　④ 일괄 구매(One-stop Shopping)
⑤ 저마진, 고회전을 도모

> **해설** 하이퍼마켓은 프랑스의 최대 유통 업체 까르푸에서 개발하였다(1963).

49 소비생활재를 주력하는 회원제 셀프 서비스 도매상으로 오로지 등록된 회원들만을 그 대상으로 하고 있으며, 초저가로 판매하는 업태이고, 또한 1980년대 미국에서 체인스토어 형태로 발전한 형태를 무엇이라고 하는가?

① 슈퍼렛(Superette)　　② 홀 세일 클럽(Wholesale Club)
③ 스페셜티 스토어(Specialty Store)　　④ 디벨로퍼(Developer)
⑤ 카페테리아(Cafeteria)

> **해설** 홀 세일 클럽(Wholesale Club)은 홀 세일과 클럽을 말하는 것으로 멤버십 웨어하우스의 일반적 명칭이다. 다른 말로는 멤버십 홀 세일 클럽이라고도 한다. 가정용품, 식료품, 의류, 스포츠, 문구 실내용품 등을 취급하고 있다.

50 다음에서 설명하는 쇼핑센터의 유형에 가장 적합한 것은 무엇인가?

> • 이월상품, 재고상품 등을 할인 판매하여 합리적인 구매를 가능하게 한다.
> • 염가성과 품질이라는 두 가지 분야를 만족시켜 주는 소매업태이다.
> • 수십 또는 수백 개의 점포가 출점하여 쇼핑센터를 이루는 셀프서비스 형태의 상설 할인 소매업태이다.

① 아웃렛   ② 리조트형몰
③ 테마형 전문쇼핑몰   ④ 현대식 메가쇼핑몰
⑤ 할인점

 아웃렛(Outlet)은 유명 상표의 재고품이나 하자 제품을 처분하기 위해 도시 근교의 대형매장이나 공장 근처에
입지한 대형매장에서 염가로 판매하는 소매업태이다.

CHAPTER

03 · 판매원의 자세

Key Point

- 판매원의 자세(지식, 태도, 예절, 판매기술, 습관화 등)
- 판매원의 역할
- 사회발전과 성역할의 변화

---

01 판매원의 자세

1 판매의 개념 기출 20 · 13

(1) 개 요 기출 14

① 상품 따위를 파는 것이 판매이다.

② **미국 마케팅협회의 정의** : 잠재고객이 상품이나 서비스를 구매하도록 하거나, 판매자에게 상업적 의미를 갖는 아이디어에 대하여 우호적 행동을 하도록 설득하는 인적 또는 비인적 과정이다.

③ **고객 지향적 관점에서의 판매의 정의** : 판매자 측과 소비자들이 만족할 수 있도록 잠재고객의 요구와 욕구를 발견하여 활성화시키고, 그것을 효과적으로 충족시키도록 도와주는 활동 또는 기술을 말한다.

(2) 판매원 판매(인적 판매) 기출 17 · 15 · 13

① **특 성**

㉠ 판매원 판매는 인적 판매(Personal Selling)라고도 하며 판매원을 매개로 고객과 대면해서 수행하는 의사전달 방법이다.

㉡ 판매원이 직접 고객을 대면해서 의사를 전달하기 때문에 전달할 수 있는 정보의 양에 있어서 광고를 비롯한 다른 촉진수단을 앞지른다. 판매원 판매를 할 경우 고객이 필요로 하는 종류의 정보만을 가려서 줄 수 있다는 점도 이 촉진수단의 결정적인 특징 중의 하나이다.

㉢ 그 뿐만 아니라 판매원 판매는 쌍방 의사전달(Two-way Communication)이기 때문에 판매원 의사전달에 대한 고객의 반응을 즉시 얻어내 이에 대하여 기동성 있게 대처하는 것이 가능하다.

㉣ 판매원 판매의 능력과 특징은 다른 어떤 촉진수단보다도 강력한 매체로 만드는 데 기여하고 있고, 최근 판매원 판매의 능력을 인식하고 있는 기업들 사이에서는 판매원 판매에 대한 선호도가 높아져 가고 있다.

② 역 할 기출 21 · 20

　　㉠ 단순한 판매처리 업무뿐만 아니라 회사와 고객과의 관계에서 정보매개자로 활동한다.

　　㉡ 수요창출을 위해 어떻게 고객이 요구하는 가치를 발견할 것인지 노력한다.

　　㉢ 상담자로서 고객이 인식하고 있는 문제를 고객의 입장에서 해결해주려는 마음가짐이 필요하다.

　　㉣ 단순히 제품 자체만이 아닌 고객의 총체적 욕구를 채워줄 수 있는 서비스까지 제공한다.

지식 in

인적 판매과정의 단계 기출 14
- 판매 전 단계 : 잠재고객을 선별하고 기초조사를 통해 접근방법을 결정하는 단계로 사전접근단계, 고객접근단계, 고객발굴단계가 포함된다.
- 판매 단계 : 고객욕구를 파악하여 프리젠테이션을 통한 질문 및 반론 처리 등을 수행하는 단계로, 다양한 제안방식이 가능하고 고객의 욕구에 초점을 두는 영업제안단계가 있다.
- 판매 후 단계 : 사후관리단계가 속하는 단계이다.

---

2 판매원의 자세와 마음가짐 기출 21 · 14 · 13

판매사원이 기본적으로 갖추어야 할 요건은 지식(Knowledge), 태도(Attitude), 기술(Skill), 습관화(Habit) 등으로 설명할 수 있다.

(1) 지식(Knowledge) 기출 23 · 22 · 21 · 13

　① 시장지식 : 유통산업에 종사하는 판매담당자는 지역 내에서 판매활동에 필요한 전반적인 시장지식, 즉 상권구성 내용과 취급상품의 수요동향 및 시장성을 정확히 파악하고 경쟁업체의 상품구성과 소비자의 평판, 구입동기 등도 자세히 파악하고 있어야 한다.

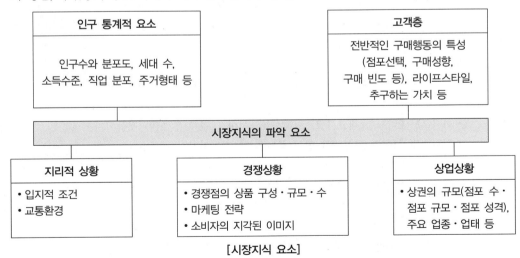

[시장지식 요소]

② 상품지식 : 판매사원은 우선 상품 자체와 관련된 지식을 습득하여야 한다. 경쟁상품과 비교하여 자기점포에서 취급하는 상품이 고객에게 구체적으로 어떠한 차별적인 가치나 효용 혹은 혜택을 제공하는지를 쉽게 설명할 수 있어야 한다.
  ㉠ 제조공정
  ㉡ 주요 재원 및 장착품목·선택품목(option)은 무엇이며 이러한 것들이 경쟁상품과 역할·기능상 다른 점
  ㉢ 제품의 개발배경과 주요 원자재의 공급원
  ㉣ 상표명의 의미
  ㉤ 상품의 기능성(안전성·성능·스타일·편리성·경제성·내구성 등)과 상징성(유행성·이미지·사회적 역할 연기성 등)을 고객에게 어필(appeal)할 수 있는 포인트
  ㉥ 고객에게의 효용가치
  ㉦ 상품의 계절성·구색·사이즈·색상 등
  ㉧ 가격, 할인기간과 조건 그리고 할인품목
  ㉨ 유효기간, 보증기간, 애프터서비스의 내용
  ㉩ 배달여부와 조건
  ㉪ 반품·환불기간과 조건
③ 회사지식 및 업무지식 : 판매담당자는 회사를 대표해서 고객과 상담하는 역할을 수행하기 때문에 회사의 역사·조직 등에 대한 기업구성원으로서의 지식과 판매와 관련해서 필요한 업무지식 등을 갖추고 필요에 따라 알기 쉽게 설명할 수 있어야 한다.
  ㉠ 회사지식
    • 회사의 역사, 기구 및 조직의 구성
    • 창립배경과 시기
    • 경영층과 주요 간부의 성명
    • 자체생산품이나 판매제품의 매출액과 당기순이익
    • 회사의 사훈 혹은 경영이념·경영방침·캐치프레이즈(Catch Prase)·목표·판매정책·명성도
    • 전국 및 지역별 판매와 서비스 망의 현황
  ㉡ 업무지식
    • 대고객 대응에 있어서 자기 판단으로 처리해야 할 사항들은 어떤 것들이며, 상사에게 보고할 사항들은 무엇인가?
    • 회사 내 연락사항(재고사항, 경리사항, 서비스 관계)은 어떤 것들인가?
    • 일일보고 사항과 작성해야 할 서류는 어떤 것들인가?
    • 일보기입·전표기입의 정리·보고는 어떻게 하는가?
    • 대금처리 및 회수는 어떻게 이루어지고 있는가?
    • 어떠한 정보를 어떻게 수집해서 정리 보고하는가?
    • 프레젠테이션 북(Presentation Book)은 어떻게 작성하여 활용하는가?
    • DM(Direct Mail)은 어떻게 작성해서 발송하고 관리를 하는가?

- 판매 사무지식, 주문서 작성방법, 각종 판매조건별 구비서류의 작성방법에 대해서 알고 있는가?
- 사후관리를 위해서 무슨 일을 어떻게 해야 되는가?

(2) 태도(Attitude) 기출 13

① 복장 : 옷차림은 판매담당자의 첫인상을 좌우하며 점포 이미지뿐만 아니라 판매담당자 스스로의 근무 자세에도 크게 영향을 미친다.

㉠ 여자 사원의 경우 기출 23 · 22 · 20 · 15

구 분	지도기준	금지사항
유니폼	• 회사에서 지정한 유니폼을 단정하게 착용한다. • 유니폼은 항상 깨끗하게 손질하고 단추가 떨어진 곳은 즉시 수선하여 항상 단정한 차림을 한다. • 점내에서는 손수건, 빗, 식권, 볼펜, 인장, 영양크림 등 이외의 불필요한 물품의 소지를 금한다. • 가디건 착용은 식품팀(슈퍼포함) 옥외 근무자에 한한다.	• 유니폼 이외의 복장의 착용을 금한다(단, Shopmaster, 디스플레이 및 특정 업무를 담당하는 사원은 예외로 할 수 있다). • 소매를 걷거나 팔짱을 끼는 행위는 금한다. • 타 부서는 가디건 착용을 금한다.
스타킹/ 양말	• 스타킹은 코코아색 1호 또는 커피색 2호 등 피부에 가까운 색깔을 착용해야 한다. • 하절기는 양말만 착용도 가능하다. • 목양말은 무늬나 레이스가 없는 것으로 착용한다.	• 레이스 무늬, 칼라무늬 등 무늬 있는 스타킹이나 노스타킹은 금한다. • 목양말의 접는 부분은 복숭아뼈 부근으로 한다.
구 두	• 회사에서 지정한 샌들을 유니폼과 동일하게 착용한다. • 샌들은 항상 깨끗하게 닦아서 단정하게 착용하여야 한다.	• 지정된 이외의 신발은 착용할 수 없다. • 꺾어서 신거나 끌고 다니는 행위는 일절 금한다.
명 찰	• 명찰은 왼쪽 가슴에 상대방이 알아 볼 수 있도록 단정히 패용한다. • 명찰의 위치는 상의 호주머니 중앙에 위치하도록 한다.	• 타인의 명찰, 써서 붙인 명찰은 금한다. • 명찰은 반드시 패용한다.
화 장	• 언제나 깨끗한 피부를 유지하되, 화장은 화장수, 로션의 사용에 의한 기초화장만 가능하다. • 손과 손톱은 청결하고 짧게 손질한다.	• 짙은 색조화장은 금한다. • 루주, 아이샤도우, 마스카라, 아이라인, 눈썹 그리기, 향수사용 등과 근무 중에는 기초화장도 일절 금한다. • 손톱을 기르는 행위 또는 색깔 있는 매니큐어를 칠하거나 봉숭아물들이기 등을 금한다(단, Shopmaster는 약간의 화장 및 액세서리 착용은 허용한다).
액세서리	• 시계 이외의 액세서리는 일체 착용을 금한다.	• 패션시계 등과 같은 시계의 착용을 금한다.
두 발	• 머리는 항상 깨끗하고 단정하게 손질하여야 한다. • 머리형은 단발 웨이브형으로 뒷머리를 기준으로 어깨선에 이르는 정도까지 허용한다.	• 댕기머리, 웨이브가 심한 파마, 화려한 헤어핀, 염색머리, 디스코파마, 가발 등 화려한 머리와 파마형 긴 머리는 허용되지 않는다.

ⓛ 남자 사원의 경우

구 분	지도기준	금지사항
복 장	• 남자의 복장은 정장을 원칙으로 한다. • 드레스셔츠는 흰색 및 하늘색 계통을 원칙으로 한다. • 조끼를 착용할 시는 외부에 노출되지 않도록 반드시 상의와 함께 착용한다. • 매장 내에서는 반드시 상의를 착용해야 하나 하절기 또는 판매 이외의 작업 중인 경우는 예외로 한다.	• 그림 및 글씨 등이 나열된 것 등 저속 또는 화려한 색상의 드레스셔츠의 착용을 금한다. • 화려한 무늬가 있는 양말은 금한다. • 매장 내에서는 뒷짐을 하거나 주머니에 손을 넣는 행위는 일절 금한다.
구 두	• 단화로 하며 자색 및 갈색, 검정색으로 통일한다.	• 굽이 높은 구두, 화려한 색상의 구두, 스웨이드 구두, 장화(캉캉구두), 캐주얼화 등의 착용을 일절 금한다.
명 찰	• 배지는 항상 왼쪽 라펠(Lapel)의 깃장식 구멍에 부착한다. • 명찰은 왼쪽 상단주머니에 패용하되 항상 잘 보이도록 한다.	• 타인의 명찰, 써서 붙인 명찰은 금한다. • 명찰은 반드시 패용한다.
두 발	• 머리는 항상 짧고 깨끗하게 손질하며, 면도를 자주 하여 항상 깨끗한 느낌이 들도록 한다(귀는 완전히 노출되고 뒷머리는 드레스셔츠 칼라를 덮어서는 안 된다).	• 귀를 덮는 장발, 파마, 스포츠형 머리는 금한다.
액세서리	• 시계 이외의 액세서리 착용을 금한다.	• 매장 내에서는 일체의 액세서리 및 반지(결혼반지 제외) 착용을 금한다.

② 인사예절

 ㉠ 인사의 정의 : 인사란 예절의 기본이며 가장 기본이 되는 자기표현으로서 마음속으로부터 우러나오는 존경심을 외부로 표현하는 수단이다. 고객에 대한 인사는 서비스의 표시로서 좋은 인상을 심어주어 밝은 인간관계를 형성하는 외향적 존경심의 표출이다.

 ㉡ 인사할 때의 마음가짐 기출 16
  • 정성과 감사하는 마음으로
  • 예절바르고 정중하게
  • 밝고 상냥하게
  • 진실 된 마음으로 실행한다.

 ㉢ 인사의 기본태도
  • 인사는 고객의 시선이 마주칠 수 있는 거리에서 고객이 들을 수 있도록 분명하게, 정확한 인사말을 사용한다.
  • 고객이 자신을 알아볼까, 기억하고 있을까, 인사를 받아줄까 등을 염두에 두지 말고 용기를 내어 먼저 인사한다.
  • 항상 자연스런 미소를 머금어야 하며, 인사 전이나 직후에는 고객의 눈언저리를 응시한다. 인사를 하면서 엉뚱한 곳에 시선을 준다면 성의를 의심받게 되는 것은 당연하다. 눈을 보고 미소 지어 즐거운 기분을 표현한다.
  • 고객이 인사를 안 받더라도 불쾌하게 생각지 않도록 한다.

• 인사말의 끝은 한음을 올린다는 기분으로 한다.

구 분	요 법
속 도	하나, 둘, 셋 하면서 구부리고 잠깐 머물다가 넷, 다섯, 여섯에 편다.
각 도	45도를 유지한다(너무 깊어도, 얕아도 좋지 않다). 기출 16 · 15
허리의 선	허리에서 머리까지 일직선이 되도록 한다.
눈의 시선	인사 전후에는 상대방의 눈, 굽혔을 때는 1m 정도 전방을 주시한다.
표 정	표정과 몸가짐이 잘 조화되고 자연스럽게 한다.
손 위치	오른손으로 왼손은 감싸서 아랫배에 가볍게 댄다.
발	뒤꿈치를 붙이며 앞은 30° 벌린다.
기 타	다리를 곧게 펴고 무릎을 붙이며 엉덩이가 뒤로 빠지지 않도록 한다.

[정중한 인사법]

㉣ 접객용어와 사용법 기출 15

• 판매 3대 용어
 – 어서 오십시오.
 – 고맙습니다.
 – 안녕히 가십시오(또 들려주십시오).

• 판매 8대 용어

용 어	사용법
어서 오십시오.	• 환영의 기분을 적극 넣어서 • 톤(Tone)은 '미' 정도의 높이로 • 치아가 보이도록 웃으며 말한다. • '어서오세요'라는 표현은 삼간다.
네, 잘 알겠습니다.	• 똑똑하게 알아듣고 마음에 새기듯이 • 톤(Tone)은 '레' 정도의 높이로 • 고객에게 시선을 드리면서 눈 표정으로 강조
잠시만 기다려주시겠습니까?	• 양해를 구하는 마음과 눈 표정으로 • '죄송합니다만'을 붙이는 것도 좋다. • '잠깐만요'로 말하지 말 것
기다려 주셔서 감사합니다.	• 기다려주신 것에 감사하는 마음으로 • 풍성한 표정으로 말한다.
고맙습니다(감사합니다).	• 고마운 마음을 가득 담은 시선으로 고객을 바라보며 • '레' 정도의 톤(Tone)으로 • 의례적으로 하지 말고 치아가 보이도록 웃으며 • '고'에 약간 강세를 둔다.
대단히 죄송합니다.	• 미안하고 죄송한 표정으로 상체를 45도 굽힌다. • 톤(TONE)은 다소 낮춘다. • '대단히'와 '죄송합니다'는 약간 사이를 두고 말한다. • '죄' 발음은 깊게 할 것
안녕히 가십시오.	• 의례적이고 상투적으로 들리지 않도록 정성을 담아서 • 다시 뵙게 되기를 바라는 마음으로

즐거운 쇼핑되시기 바랍니다.	• 고객이 상품에 만족하고 서비스에 만족하면 '또 들려주십시오'라고 하지 않아도 다시 오실 것이다. • 쇼핑의 만족감을 느끼며 가시도록 표현한다. • 상황에 따라 '(식품) 맛있게 드세요', '(의류) 예쁘게 입으세요.'

③ 대화예절

㉠ 대화의 중요성 : 커뮤니케이션의 가장 일반적이고 전형적인 방식이 대화이다. 대화는 가장 널리 사용되는 방법이면서 사람과 사람이 마주 보고 하는 것이기 때문에 상호의 마음을 주고받으며 상대를 파악할 수 있다는 점에서 다른 방법보다 유용한 측면이 크다.

㉡ 대화자의 조건

- **밝은 표정** : 밝은 표정은 환영의 메시지를 전달하며, 엄숙하거나 어두운 표정은 방어나 거절의 메시지를 전달한다. 특히 무표정은 인간관계의 단절을 의미한다.
- **밝은 음성** : 상냥하고 밝은 음성은 듣는 이를 기분 좋게 만들지만, 무성의하거나 어두운 음성은 그 사람뿐만 아니라 그 분위기마저 어둡게 만든다.
- **밝은 마음** : 매사를 긍정적이고 적극적으로 받아들여야 한다.

㉢ 대화의 3요소

- 말씨는 알기 쉽게
- 내용은 분명하게
- 태도는 공손하게

㉣ 대화의 기본자세

- 말하는 자세
  - 상대방의 인격을 존중하고, 배려하면서 공손한 말씨로 예의 바르게 말한다.
  - 지나치게 큰소리가 아닌, 나직하고, 정확하며 간결하게 자기의사를 말한다.
  - 항상 적극적이고 자신에 찬 어조로 말한다.
  - 외국어나 어려운 전문용어 등은 가급적 삼가고 알기 쉬운 말을 쓴다.

시 선	정면응대의 부드러운 눈으로 상대의 눈을 본다. 치켜뜨거나 내려뜨지 않도록 상대의 키에 맞추어 응대거리를 조절한다.
상 체	고객을 향해 상체를 10° 정도 굽힌다. 앉아서는 다리를 가지런히, 손을 포개어 무릎에 놓는다. 서서는 두 손을 앞으로 마주 포개어 잡고 선다.
입	동의를 표시하면서 질문을 통해 모르는 것을 확실히 하고 복창도 한다.
마 음	흥미와 성의를 가지고 상대가 화제의 주인공이라는 생각을 갖고 상대말의 의도가 느껴질 때까지 인내한다.

- 듣는 자세
  - 선입관을 버리고 상대의 입장에서 듣는다.
  - 상대방의 얼굴을 보며 목적과 관심을 가지고 귀를 기울인다.
  - 남의 말을 가로막지 않는다.
  - 팔짱을 끼거나 다리를 꼬는 등 이상한 행동을 하지 않는다.
  - 대화중에 주위를 힐끗힐끗 쳐다보는 행동은 가급적 삼간다.

마 음	성의와 선의를 가지고 말한다.
시 선	상대의 눈을 보면서 상대의 키를 고려하여 시선의 높이를 맞춘다.
자 세	정면응대를 기본으로 상체를 10° 정도 굽힌다. 턱이 들리지 않도록 주의한다. 손을 모으는 것이 원칙이나 판매 시 필요한 제스처나 동작을 한다.
입	미소 띤 입 모양으로 말 어미를 주의한다. 공손한 억양과 높임 말씨에 신경 써서 말한다.

④ 안내 예절

　㉠ 매장 내 방향안내는 고객의 입장에서 알기 쉽도록 안내하며, 웃는 얼굴로 '제가 도움을 드리겠습니다.'라는 마음으로 적극적으로 응대하는 자세가 필요하다.

　㉡ 방향안내 방법으로는 엄지손가락을 검지에 가볍게 대고 손바닥을 위로하여 가볍게 인사를 하면서, 오른쪽 방향인 경우는 왼손으로, 왼쪽 방향인 경우는 오른손으로 가리킨다.

　㉢ 점내를 안내하는 경우는 고객의 입장이 되어 정확하고 구체적으로 층수와 엘리베이터 에스컬레이터를 이용하는 방법·위치·방향 등 구체적인 목표물을 가리켜 시원스럽게 안내한다.

⑤ 자 세

　㉠ 선 자세

바른 자세	올바르지 못한 자세
• 허리와 가슴을 펴서 일직선이 되게 한다. • 표정을 밝게 하고 시선은 상대방의 인중을 바라본다. • 여성은 오른손을 위로, 남성은 왼손을 위로 가게 한다. • 발꿈치는 붙이고 앞발은 30° 정도 벌린다. • 등의 중심선이 좌우 어느 쪽으로도 기울어지지 않도록 몸의 균형을 유지한다. • 손에 물건을 들었을 때에는 자연스럽게 몸의 중심을 잡고 서도록 한다.	• 무릎을 벌리고 어깨를 올린 채 선다. • 상반신을 앞으로 굽힌다. • 뒷짐을 지고 히프를 뒤로 뺀다. • 서 있을 때 손가락을 벌린다. • 습관적으로 주머니에 손을 넣는다. • 상체가 한쪽으로 치우친다.

　㉡ 걷는 자세

바른 자세	올바르지 못한 자세
• 등을 곧게 펴고 어깨의 힘을 뺀다. • 턱을 당기고 시선은 전방 5~6m 앞을 주시한다. • 무릎을 곧게 펴고 배에 힘을 준다. • 손은 가볍게 주먹을 쥐고 팔은 적당히 흔들어 준다. • 일직선으로 걷는다. • 발 앞꿈치, 발바닥, 발뒤꿈치의 순서로 지면에 닿게 걷는다. • 밝은 표정으로 활기차게 걷는다. • 머리와 윗몸을 곧게 하여 흔들지 않고 걷는다. • 어깨는 수평으로 유지하되 몸을 흔들어서는 안 된다. • 손에 물건을 들고 걸을 때에는 몸의 균형을 유지하고 걷는다.	• 팔자걸음 또는 안짱걸음으로 걷는다. • 턱을 빼거나 고개를 숙이고 걷는다. • 주머니에 손을 넣고 걷는다. • 배를 내밀고 걷는다. • 어깨를 굽히고 상체를 흔들며 걷는다.

ⓒ 앉는 자세

바른 자세	올바르지 못한 자세
• 의자의 왼편에 서 있다가 의자 등을 오른손으로 잡아당겨서 확인을 하고 앉는다. • 왼발을 앞으로 내딛고 의자를 놓으면서 체중을 의자 쪽으로 옮긴 후, 오른발을 의자 앞으로 내어 딛고 왼발을 오른발 쪽으로 옮겨 붙여 앉는다. • 앉을 때에는 되도록 깊숙이 앉으며 허리와 가슴은 펴야 한다. • 여성은 두 손을 무릎 위에 놓고 다리는 무릎을 붙여서 한 쪽 방향으로 모은다. • 남성은 양손을 무릎 위에 나란히 놓고 다리는 약간 벌리면서 앉는다. • 등과 등받이 사이는 주먹 하나가 들어갈 정도로 간격을 두고 앉는다. • 어깨와 턱에 힘을 주지 말고 고개를 바로 하며, 입을 다물고 앞을 보는 편안한 자세를 취한다.	• 의자 등받이에 등을 기대고 끝에 걸터앉는다. • 등을 구부리고 앉는다. • 무릎을 벌리고 앉는다. • 팔짱을 끼고 비스듬히 앉는다.

지식 in

바른 자세 시 주의사항
판매사원은 바른 자세를 취해야 하며 다음과 같은 동작은 삼가야 한다.
• 기대는 행위, 다리를 꼬는 행위, 팔짱을 끼는 행위 등
• 손님용 거울을 장시간 보는 행위 또는 거울 같은 기능이 있는 벽면쪽에 자기 얼굴을 비쳐 보는 행위
• 종이에 낙서하는 행위
• 통로 저쪽에 있는 동료와 이야기하는 행위
• 손톱 만지는 행위(손톱 뜯는 행위)
• 잡념으로 인해 멍해지는 행위
• 장시간 전표 및 장부정리를 하는 행위(유통고객이 많을 경우)

⑥ 미 소

　㉠ 미소의 가치

　　• 미소는 값으로 정할 수 없는 귀중한 것 중의 하나이다.

　　• 미소를 잘 짓는 사람은 가난한 사람이 없다.

　　• 판매담당자들의 다정한 미소는 여독에 지친 고객의 마음을 편하게 녹여주는 활력소가 된다.

　　• 미소가 없는 가정이나 직장 그리고 사회는 메마를 수밖에 없다.

　　• 미소는 돈으로 살 수 없는 것 중의 하나인 귀중한 가치가 있는 보물이다.

　㉡ 우호적인 첫 인상으로서 미소 : 첫 인상이 좋은 판매담당자는 예외 없이 밝은 미소를 잘 짓고 있다. 진심에서 우러나오는 환영의 미소는 고객들의 호감을 즉각 끌어낼 수 있지만, 가식이 섞인 미소는 고객들에게 오히려 거부감을 갖게 한다. 미소는 유통산업에 종사하는 접객 종사원들의 필수적인 자산이며 또한 각자의 독자적인 가치를 부여하는 자산이라 할 수 있다.

　㉢ 유능한 판매사원의 덕목으로서 미소 : 미소를 자주 지을수록 상대편과의 공간적·심리적 거리가 좁혀질 가능성이 많고 더 자주 접촉하고 싶으며 더 오랫동안 같이 있고 싶어한다고 한다.

ⓔ 서비스의 첫 단계로서 미소
- 우선 고객을 처음 맞이하여 접촉(approach)할 때 미소 띤 얼굴로 인사하게 되면 고객들이 즐거워 하고 고맙게 여길 것이다.
- 고객이 무엇을 부탁하거나 알아보려고 할 때 미소로 응답하면 고객들은 마음의 부담감에서 탈피되어 응대하기가 수월해질 것이다.
- 고객들과 응대할 때에 부드러운 미소를 지으면, 고객들은 자기의 말을 잘 경청하고 있구나 하고 느낄 것이다.
- 처음 오신 손님에게 특히 미소를 잘 지어 보이면, 그 고객은 판매담당자를 구면인 것처럼 느끼게 되어 서비스 환경이나 전체 분위기가 어색하지 않게 된다.

ⓜ 미소 요령
- 우선 반갑고 즐거운 마음가짐으로 맞이하는 것이 중요하다.
- 시선은 고개고의 얼굴을 자연스럽게 대한다.
- 입술 양끝은 약간 올라간다.
- 이는(잇몸을 보이지 않으며) 윗니가 입술로부터 3~5mm 정도 보이도록 한다.

(3) 기술(Skill)

판매기술이란 고객들이 특정의 아이디어를 받아들이도록 하는 설득 능력으로서 가능고객을 발견하는 법, 설득하여 상담을 체결하는 법, 가능고객을 관리하는 법 등을 의미한다.

① 가능고객의 발견
- ㉠ 가능고객은 외부에 뚜렷이 나타나 있지는 않지만 식별할만한 힌트를 주기 때문에 판매담당자는 이 힌트에 착안하여 찾아낼 수 있다.
- ㉡ 문제는 가능고객으로 식별이 되는 사람을 찾아낸다고 생각할 것이 아니라 일반 수요자를 어떻게 자기의 가능고객으로 만들까 하는 관점에서 생각과 행동을 하는 것이 더 필요하다.

② 접근기술 : 판매담당자는 고객에게 저항감을 주지 않고 부담 없이 사람을 만나며 자기를 효과적으로 알리고 자기가 목표로 하는 바를 저항 없이 전달하는 접근기술이 요구된다.

③ 상담체결기술 : 판매의 모든 과정은 체결(Closing)로서 그 결과가 설명되며, 판매담당자의 능력은 체결로서 평가된다.

④ 가능고객 관리기술
- ㉠ 고객과의 관계를 극대화하기 활동
  - 고객에 관한 필요한 정보가 수집되어야 할 것이다.
  - 정보에 의한 목표설정과 치밀한 행동계획이 필요하다.
  - 정확한 단계를 거친 상담기술의 습득과 습관화가 필요하다.
  - 관리자를 중심으로 한 판매담당자 상호 간의 협력체제 등이 고려되어야 한다.
- ㉡ 정보관리의 요건
  - 사내적으로 통일된 양식으로 정리되어 있어야 한다.
  - 언제나 누구나가 쉽게 검색 또는 이용할 수 있도록 하는 데이터베이스가 구축되어야 한다.
  - 순서에 따른 정보의 축적이 가능하여야 하고 또 축적되어야 한다.

- 수집된 정보가 활용목적에 부합되도록 체계적으로 분류·정리되어야 한다.
- 한 눈으로 볼 수 있는 일관성이 있어야 한다.

(4) 습관화(Habit)

① 계획적인 실행력

  ㉠ 판매는 실천력을 요구한다.

  ㉡ 좋은 성과란 판매 전략에 입각하여 치밀하게 계획하여 세운 목표를 향해 강력하게 추진하는 실행력의 산물인 것이다.

② 이론무장, 정신무장, 기술무장의 행동화

  ㉠ 판매담당자는 항상 배우고 창조하며 봉사하는 마음가짐으로 이론·정신·기술면에서 평소에 철저한 무장을 하되 이를 몸에 배도록 행동화하는 일이 중요하다.

  ㉡ 판매담당자는 혁신적이고 창의적이어야 한다.

KASH 원칙	내 용	세부실천사항
지식(이론무장)	이론 습득으로 무장한다.	• 시장지식 • 상품지식 • 회사 및 업무지식
태도(정신무장)	습득된 지식을 바르게 실천하려는 의지를 갖는다.	• 고객과의 접객에서 제지식을 적용·응용한다.
기술(기술무장)	반복적으로 실천·교정하여 자기만의 독특하고 독창적 노하우를 정립한다.	• 확실히 익히고 실행한다. • 정립하고 숙달시킨다.
습관화(실행·행동)	강인한 정신력, 실행력, 성실성의 습관을 갖는다.	• 창의적이고 적극적인 사고와 행동을 체질화한다.

[판매사원의 자세] 기출 14

지식 in

임파워먼트(empowerment) 기출 17

- 조직 현장의 구성원에게 업무 재량을 위임하고 자주적이고 주체적인 체제 속에서 사람이나 조직의 의욕과 성과를 이끌어 내기 위한 '권한부여', '권한이양'의 의미이다.
- 장점
  - 사명의식 : 구성원들에게 일종의 사명의식을 갖게 하여 개인이 하고 있는 일이 회사의 성패를 좌우한다고 믿게 하여 구성원들을 동기부여 한다.
  - 자기계발 : 우수한 인력을 양성하거나 확보하는 데 초점이 맞추어진다. 또한 업무를 수행하는 개인의 기량을 향상하는 데도 초점이 맞추어져 있다.
  - 의사결정의 통제 : 자신이 담당하는 일에 스스로 의사결정권을 갖게 하여 통제감을 높이게 된다. 이는 구성원들의 무기력감과 스트레스를 해소하고 더 강한 업무의욕을 가지게 한다.
  - 신속한 대응 : 구성원들의 고객에 대한 서비스를 향상시키며, 환경변화에 신속하게 대처할 수 있게 한다.

(5) 동작 서비스

① **성실** : 성실하고 진지한 태도나 몸가짐은 인품이 훌륭하다는 상징이 되며 그것은 마음을 움직일 수 있는 원천이 된다.

② **침착** : "침착하게 서둘러라"하는 말처럼 기분은 느긋하고 침착하나 행동은 재빨리 취해야 한다. 침착성이 깃든 동작은 여유로운 느낌을 줄 수 있으며, 어려운 일에 부딪혀도 시기적절한 조치를 취할 수 있어서 주위 사람들에게 신뢰감을 주면서 자신의 품위를 높이게 된다.

③ **명랑** : 밝고 생동감이 있는 동작은 주위를 밝고 즐겁게 해준다. 성품이 수반된 명랑은 마음이 들떠 있는 것과는 대조적이다.

④ **민첩** : 민첩성이 있는 동작은 자신의 젊음과 현명함의 표상으로 업무의 효율을 증대시킨다.

(6) 올바른 정신자세

① **밝고 긍정적인 사고** : 성공적인 판매담당자는 공통적으로 긍정적인 사고의 소유자들이다. '나라면 반드시 고객을 만족시킬 수 있다'라는 마음가짐으로 여러 가지 상황을 밝고 긍정적으로 보는 미래 지향적 자세를 갖는 것이 매우 중요하다.

② **고객 지향적인 사고** : 고객의 입장에서 생각하는 마음가짐과 고객에 대한 올바른 태도를 갖추는 것이 고객 지향적 사고이다. 판매담당자는 고객의 입장에 서서 서비스를 실시하려는 고객 지향적 사고가 항상 바탕에 있어야 한다.

(7) 고객을 대하는 올바른 태도

① 열성과 성실한 태도

② 고객을 존경하고 고객의 체면을 지켜주는 태도

③ 고객의 입장에서 도와주려는 태도

④ 고객에게 감동을 주려는 태도

3 판매원의 역할 기출 23 · 22 · 14 · 13

(1) 정보 전달자의 역할

① 회사에게는 고객의 소리를 전달하여 경쟁력이 높은 제품이나 서비스의 개발 및 제공에 필요한 피드백 활동을 수행한다.

② 고객에게는 더 높은 만족이 실현될 수 있도록 하기 위한 각종 제품 및 서비스에 대한 정보와 회사의 촉진전략이나 프로세스 및 제도 등에 대한 정보전달의 역할을 수행한다.

(2) 수요 창출자의 역할

고객의 잠재적 욕구를 발견하고 설득행위를 통해 잠재고객의 수요를 창출하여 판매를 성사시키고, 판매과정에서 높은 만족을 제공함으로써 지속적인 교환관계가 유지되도록 하는 역할을 한다.

(3) 상담자의 역할

판매담당자는 상품이나 서비스와 관련한 지식뿐만 아니라 사회전반에 관련된 다양한 정보 및 해박한 지식을 가지고 있어야 하며 이에 따른 상담능력도 겸비해야 한다. 이를 바탕으로 고객이 인식하고 있는 문제들을 고객의 입장에서 해결해 준다는 마음가짐이 필요하다.

(4) 서비스 제공자의 역할

제품의 기능과 관련된 A/S 등의 부수적인 서비스와 배려 등의 인간적인 서비스를 통해 고객의 총체적인 욕구를 충족시켜줘야 하는 역할을 해야 한다.

4 판매원과 고객과의 관계 기출 13

(1) 기본적 관계

① 구매 계획과 예산 등을 파악하여 효과적이고 경제적인 구매를 할 수 있도록 도움을 준다.
② 고객이 스스로 판단하여 구매의사결정을 할 수 있도록 도움이 되는 관련 정보를 제공한다.
③ 상담 시 상담 태도는 부드럽고 온화한 분위기로 대화를 조절하는 것이 바람직하다.
④ 구매 니즈에 기반한 구매대안을 제시함으로써 고객이 더 나은 대안을 선택할 수 있도록 도움을 준다.

(2) 윤리적 관계

판매원의 행동에서 가장 문제되는 부문으로 특히 윤리적 문제가 생길 가능성이 높은 부문은 다음과 같다.
① 월말 판매할당량 달성을 위하여 거래처에게 재고량이 현재 있는 것밖에 없으니 사두라고 권하는 경우
② 고객이 필요한 이상의 기능을 가진 고가품을 권할 경우
③ 납품기일을 지키지 못할 줄 알면서 납품약속을 하는 경우
④ 제품의 기능만 과장해서 말하고 결점은 감추는 경우
⑤ 거래처 회사구매 관계자에게 뇌물을 주는 경우

02 양성평등의 이해

1 사회발전과 성역할의 변화

(1) 사회발전

우리나라가 1960년대 이후 급속한 후기 산업화를 경험함에 따라 여성들의 노동참여는 현저하게 증가하였고, 출산율은 크게 줄었다. 또한 남성과 여성 모두의 교육수준도 눈에 띄게 개선되었다. 사회경제적 구조의 변화 속에서 현대 우리나라 여성들은 그들의 어머니나 할머니가 꿈도 꿔보지 못한 정도로 행동에 자유로움을 만끽하면서 노동시장에 활발하게 참여하고 있다.

(2) 성역할의 의의

① 성 역할이란 남성이든 여성이든 각 성의 특성을 나타내는 사회적 역할내지는 행위를 말한다.

② 각각의 성에 대해 적절하다고 생각되는 행위에 관한 사회의 문화적 기대라 할 수 있다.

③ 이런 역할은 한 개인이 그가 속해있는 사회에서 규정하는 성에 적합한 행동, 태도 및 가치를 학습함으로써 얻어질 수 있다.

(3) 과거의 성역할

① **남성의 성역할** : 강하고, 이성적이고, 진취적이며, 사회적이고 외향적이며, 적극적이고 주도적이어야 함이 기대된다. 즉 신념이 강하고 용단을 잘 내리며 지도자가 될 수 있는 의지력과 자립심이 강한 사람이 되기를 요구한다. 또한 저돌적이고 강압적으로 밀어 붙이는 위험한 존재로, 그리고 감수성이나 모성애적 역할은 없다고 보고 있는데, 이 같은 남자에 대한 고정관념은 감정보다는 행동에 많은 비중을 차지하고 있다.

② **여성의 성역할** : 순종적, 수동적이고, 의존적이며 감정적이어야 한다고 기대되고 있다. 즉, 감상적이고 타인의 감정에 예민하고, 매력적, 동정적이고 이해심이 많으며 온화함과 부드러움을 지닐 것이 기대된다. 이는 상호 관계적 측면에서는 성숙함을, 문화적 기대 측면에서는 여리고 의존적이며 수동적이기를 요구한다. 가정 내에서의 성역할 역시, 여성은 자녀를 양육하고 남성은 돈을 벌어오는 것으로 기대되고 있다.

(4) 성역할의 변화

① 지금까지 성역할에 대한 개념은 남성성, 여성성을 단일 차원으로 보고 이들은 각기 양극을 대표한다고 보는 양극의 개념으로 이해되었다. 이와 같은 전통적인 성역할을 이상적인 것으로 보고 이러한 고정관념을 고수해 왔다.

② 그러나 이와 같은 전통적인 성역할 개념 즉 사회적 통념은 대체로 남녀간의 실제적 차이를 과장하고 왜곡하는 경향이 있어 많은 문제와 갈등을 안겨주었다.

③ 최근에 와서 여성의 사회적 진출과 성의 해방, 여성해방 운동, 가족구조 및 크기의 변화 등은 지금까지 엄격하게 지켜온 전통적 성역할의 규범을 약화시켰고 가정과 사회에서의 성역할 변화를 초래하였다.

2 양성평등의 이해

(1) 성역할 정형화의 개념 기출 17

① 우리나라는 옛날부터 여성과 남성은 서로 다르기 때문에 구별하여야 한다고 가르쳐 왔다. 그래서 여성이 해야 하는 역할과 남성이 해야 하는 역할을 크게 나누어 놓았다. 이것은 남성과 여성을 차별하는 말로 사용되어 왔다.

② 단순하게 남성이 해야 하는 역할(남성성 역할)과 여성이 해야 하는 역할(여성성 역할)을 구별하는 것에 그치지 않고 구별하는 말이 여성을 차별을 하는 고정관념으로 자리 잡아 왔다.

③ 이러한 전통적인 관념이나 고정적인 틀에 의하여 우리는 알게 모르게 자신의 자립적인 능력과 태도를 기르는데 소홀해 왔다.

성(性)의 개념
• 성(Sex) : 선천적인 성, 유전적, 생물학적인 성
• 성(Gender) : 후천적인 성(여성다움, 남성다움) → 사회·문화적인 성
• 성(Sexuality) : 인간의 성행동은 물론 태도, 가치관, 문화 등 인격의 차원까지 포함

(2) 성역할 정형화의 피해

① 여성 정형화의 피해

㉠ 착한 여자 콤플렉스
• 착한 여자 콤플렉스란 언제나 순종적이고 착하다는 주위의 평판을 듣기 위해 자신의 내면과 갈등하는 심리상태를 말한다.
• 이런 여성들은 사회에서 요구하는 순종적인 여성상에 자신을 맞추기 위해 끝없이 노력하면서 갈등을 겪는 경우가 많다.

㉡ 신데렐라 콤플렉스
• 신데렐라 콤플렉스에 빠진 여성은 무엇인가를 하려고 하거나 해야 할 때 두려움이나 불안을 느낀 나머지 주저하며 포기하려는 상태에 이른다.
• 신데렐라 콤플렉스는 여성의 삶을 통제하는 보이지 않는 벽으로서 여성이 도전이나 경쟁을 기피하게 만든다.
• 여성에게 어머니와 아내라는 '여성다운' 매력을 지키도록 하고 홀로 자립하여 살아가려는 독신 여성, 이혼녀 등을 비정상적이라고 규정하여 여성들 간의 분리를 조장하기도 한다.

㉢ 성 콤플렉스
• 그릇된 성 규범을 무의식적으로 받아들여 성적 욕망과 성적 표현, 성에 대한 흥미를 억제하는 동안 갖게 되는 심리적 갈등을 말한다.
• 정숙하고 교양 있는 여자는 성적 쾌락을 즐겨서는 안 되며, 다만 출산의 수단이어야 한다는 사회 통념이 여성의 의식과 행동에 파고들어 갈등을 일으킨다.
• 이러한 갈등이 깊어지면 성적 부적응이 생기고 성적 표현이 어눌해지며, 심지어 성적 불만과 긴장, 강박 관념과 자기 분열이라는 병리적 현상을 드러내기도 한다.

㉣ 외모 콤플렉스
• 외모가 자신의 생애에 중대한 영향을 미친다고 생각하는 여성들은 대부분 더 예뻐지고 싶어 한다.
• 외모에 대한 심리적 부담감이 열등감으로 표현되든 우월감으로 나타나든 여성들의 의식과 생활에 중대한 작용을 한다. 특히 많은 시간과 돈을 투자해서 외모를 가꿔야 한다는 부담과 현대 사회에서 요구하는 실력 있고 성실한 사회인으로서 역할을 다해야 한다는 것 사이에서 여성은 갈등에 빠진다.

㉤ 지적 콤플렉스
• 사회가 부여한 '여성은 남성에 비해 지적 능력에서 열등하다'는 것을 여성 스스로 내재화함으로써 나타나는 지적 열등감을 말한다.
• 여자로 태어났다는 이유로 자라나는 과정에서 지적 능력을 발휘할 기회가 제한되어 많은 여성은 자신의 지적 능력을 사회의 적재적소에서 발휘하기 어렵게 된다. 따라서 여성들은 심한 열등감을 느끼고 사회활동을 하는 데 적극성을 잃어버린다.

ⓑ 맏딸 콤플렉스
- 한국 사회의 한 가정에서 태어나 성장하는 맏딸의 모습을 부각시켜 맏딸만이 느끼는 공통적인 갈등을 말한다.
- 전통적으로 맏딸은 '딸'과 '맏이'라는 두 가지 역할을 해내야 했기 때문에 자유롭게 자아를 성취하며 살아가기 힘들다. 맏딸은 맏이이면서 딸이라는 이유로 아들인 장남만한 대우를 받지 못한 채 부모의 갈등이나 가정 문제에 누구보다도 더 신경을 쓸 뿐만 아니라 가사도 도외시 할 수 없는 등 '살림 밑천'의 역할을 톡톡히 한다.

ⓐ 슈퍼우먼 콤플렉스
- 슈퍼우먼은 자신이 가지고 있는 능력에 관계없이 직장인, 주부, 어머니, 아내, 며느리라는 서로 상충되는 역할을 완벽하게 하려는 사람으로, 많은 여성들이 신체적·심리적으로 갈등하며 알게 모르게 슈퍼우먼 콤플렉스에 빠진다.
- 그래서 모든 것을 완벽하게 하지 못하면 심한 불안감, 초조감, 죄책감 등으로 고통을 받는다.

② 남성 정형화의 피해

㉠ 사내대장부 콤플렉스
- 타인보다 우월해야 한다는 강박 관념에 성공한 남자, 믿음직한 남자, 대범한 남자라는 인상을 심어 주기 위해 자신의 욕망과 개성을 희생하거나 지나치게 과장하면서까지 턱없는 우월감을 갖거나 한없는 열등의식을 말한다.
- 남성은 대부분 대대로 유산처럼 물려받은 지배와 권위에 대한 환상으로 사내대장부가 되어야 한다는 강박감을 갖고 있으며, 다른 사람의 눈에 비치는 자신을 의식하면서 주변 사람들로부터 "역시 사나이야"라는 칭찬을 받고 싶어 한다.

㉡ 온달 콤플렉스
- 온달형 남성상은 여성의 능력이나 물질에 의존해서 살아가든가 출세하려 한다는 점에서 기존의 사내대장부 남성상과 모순된다.
- 자의건 타의건 처가나 아내 덕을 보고자 하는 남성의 의존 심리가 온달 콤플렉스이다. 단순히 의존심뿐만 아니라 스스로 자신 정도면 능력 있고 복 많은 아내를 만나 출세할 수 있다는 우월감에 젖어 들다가도 때로는 여성을 통해 성공을 꿈꾸는 자신이 사내대장부답지 못하다는 열등감이 생기기도 한다.

㉢ 성 콤플렉스
- 남성의 성은 적극적이고 공격적이고 능동적이지만, 여성의 성은 소극적이고 순종적이고 방어적이므로 남성이 성행위의 주도권을 갖고 이끌어야 한다고 여긴다.
- 성 콤플렉스는 그릇된 성규범과 성문화를 받아들여 성을 통해 남성다움을 과시하고 성적 욕구와 능력에 집착하는 심리, 혹은 자신의 성적 능력이 그러한 기준에 미치지 못하므로 위축되고 갈등하는 심리를 말한다.

㉣ 지적 콤플렉스
- 남성은 지적이며 분석력이나 창의력이 여성보다 뛰어나다는 생각이다. 즉 남성은 여성보다 더 많은 지식을 지니며 여자가 감정적인 데 비해 남자는 지성적이라는 통념 또한 절대적이다.
- 집안에서 남편은 아내보다 더 높은 학식과 더 많은 새로운 정보를 가진 사람이어야 한다.

- 직장이나 사회기관을 대표하고 고도의 기술이 필요한 직종이나 존경받는 자리를 주인처럼 차지한 사람은 언제나 남성이다. 그뿐 아니라 인류의 역사 가운데 거대한 문명을 창조하고 훌륭한 사상을 전해 준 이도 남성이라는 믿음을 갖는다.
- 이렇게 '지적인 남자가 남자답다'라는 명제는 남성에게 영원한 매력이자 숙제이고, 이들에게 지적 콤플렉스의 상태에 빠지게 한다.

ⓜ **외모 콤플렉스**
- 성공하는 비즈니스맨의 조건으로 적극성, 자신감, 육체적 엘리트를 꼽으며, 영상 세대에게 외모는 능력을 나타내는 또 하나의 조건이 되고 있다.
- 이러한 가운데 남성들은 여성에게만 요구되던 외모에 대한 사회적 기대에 부흥하기 위해 많은 에너지를 쏟아야 하는 외모 콤플렉스를 느끼게 된다.

ⓗ **장남 콤플렉스**
- 가부장적인 가족제도에서 장남은 태어나면서부터 이미 집안의 후계자이자 예비 가장이기 때문에 장남에 대한 특별한 관심은 한없는 신뢰와 기대로 나타나기도 하고 무겁고 힘겨운 부담을 안겨 주기도 한다.
- 가족에 매이지 않고 자신의 자질과 욕구대로 자율적인 삶을 찾아 나서든, 가족에 둘러싸여 힘겨운 장남 노릇을 하든, 장남은 '모든 면에서 장남 노릇을 잘해야 한다.'거나 '장남 노릇을 잘 못 한다.'는 장남콤플렉스에 빠지기 쉽다.

ⓢ **만능인 콤플렉스**
- 오늘날 많은 여성이 이상적인 배우자로 넉넉한 수입이 보장된 부양자이자 낭만적인 사랑을 나누는 친구이며, 함께 아이를 돌보고 종종 온 가족과 함께 여행이나 쇼핑을 즐기는 남성을 꼽는다. 또 여성들은 아내와 취미나 기호를 이해하고, 돈이 필요할 때는 언제든 척척 해결해 줄 수 있는 남자를 원한다.
- 남자는 대부분 세상에 나아가 능력을 발휘하여 자신의 이상을 실현하려는 뜻을 품는다. 직장에서, 가정에서, 술자리에서, 심지어 취미 활동까지 어느 자리에서든 자신의 능력을 한껏 발휘하여 원숙하고 유능한 인물로 성공하고자 한다. 이처럼 대다수 남성들은 만능인에 대한 환상을 지니고 있으며, 이에 대해 갈등하는 '만능인 콤플렉스'를 갖게 된다.

(3) 양성평등의 개념 `기출 23 · 21 · 20`

① **양성성의 개념** : 남성성의 장점과 여성성의 장점을 고루 갖춘 성적 특성을 말한다. 즉 모든 여성은 '여성답고', 모든 남성은 '남성다운' 것이 바람직하다고 생각해 왔던 기존의 고정관념과는 달리, 인간은 누구나 각자의 고유한 특성에 따라 지금까지 사회에서 여성적이라고 규정지어 왔던 바람직한 특성과 남성적이라고 규정지어 왔던 바람직한 특성 두 가지를 동시에 지닐 수 있다는 것을 의미한다.

② **양성적인 사람의 특성**

ⓐ 다양한 반응 목록을 가지고 있는 것 : 자신의 성에 적합한 반응을 하는 사람들보다도 어떤 상황에 대하여 더 다양한 반응을 보일 수 있다.

ⓑ 상황의 요구에 따라 융통성 있게 반응하는 것 : '남자'로서 또는 '여자'로서 반응하기보다는 자신이 그 상황에 가장 적절하다고 느끼는 것에 따라서 반응할 수 있다.

ⓒ 환경에 효율적으로 대처하는 것 : 환경과 상황에 따라 유연하고 융통성 있게 반응함으로써 효율적으로 대처할 수 있다.

③ 양성평등의 의미 : 남녀 양 쪽 성별에 권리, 의무, 자격 등이 차별 없이 고르고 한결같음. 즉 남성 또는 여성이라는 이유로 법률적으로나 사회적으로 차별받지 않고 똑같이 대우받는 것
  ㉠ 절대적 양성평등 : 인격적 존중, 기회의 균등, 기본권의 보장
  ㉡ 상대적 양성평등 : 능력으로만 평가·대우받는 것
④ 양성평등의 중요성
  ㉠ 남녀 모두 자신이 타고난 성에 관계없이 자신의 소질과 재능을 충분히 계발, 활용함으로써 남성 또는 여성이 아닌 한 인간으로서 자아를 실현해 갈 수 있게 한다.
  ㉡ 급격한 변화의 사회에서 자신의 주관을 정립하여, 누구에게도 정신적으로 종속되지 않으며 올바른 생각으로 비판하고 자주적으로 행동할 수 있게 한다.
  ㉢ 자신의 장점뿐 아니라 타인의 개성도 인정하며 다른 성에 대한 올바른 이해를 통하여 남녀가 서로를 존중하며 살아가는 사회를 만든다.
  ㉣ 기술, 정보, 지식이 주요 생산 요소인 21세기 정보·지식사회를 맞이하여 과거 남녀 역할에 따른 차별의 틀에서 벗어나 여성의 형식적 높은 교육수준이 아닌 창의적 여성인력을 보다 많이 활용하게 함으로써 사회, 국가적으로 잠재되어 있는 인력을 개발한다.

3 성희롱의 예방과 대처 기출 13

(1) 성희롱의 의의(여성발전기본법 제3조 제4호) 기출 20

① 법적 정의 : '성희롱'이란 업무·고용 그 밖의 관계에서 국가기관, 지방자치단체 또는 공공단체의 종사자, 사용자 또는 근로자가 다음의 어느 하나에 해당하는 행위를 하는 경우를 말한다.
  ㉠ 지위를 이용하거나 업무 등과 관련하여 성적 언동 등으로 상대방에게 성적 굴욕감 및 혐오감을 느끼게 하는 행위
  ㉡ 상대방이 성적 언동 그 밖의 요구 등에 따르지 아니하였다는 이유로 고용상의 불이익을 주는 행위
② 용어해설

용 어	해 설
업무, 고용 기타 관계	직업으로서 행하는 직무관계, 임금을 받고 일하는 관계
지위를 이용하거나 업무 등과 관련	행위 장소가 직장 내인지 여부를 불문하고 공공기관의 종사자, 사용자 또는 근로자의 지위를 이용하거나 기타 업무 관련성이 존재하는 경우
성적 언동 등	상대방이 원하지 아니하는 성적 의미가 내포된 육체적·언어적·시각적 행위
고용상의 불이익	채용탈락·감봉·승진탈락·전직·휴직·정직·해고 등과 같이 행위 또는 근로조건을 불리하게 하거나 고용환경을 악화시키는 행위

(2) 성희롱의 유형

① 육체적 행위

　　㉠ 입맞춤·포옹·뒤에서 껴안기 등의 원하지 않는 신체적 접촉

　　㉡ 가슴·엉덩이 등 특정의 신체부위를 만지는 행위(어깨를 잡고 밀착하는 행위)

　　㉢ 안마나 애무를 강요하는 행위

② 언어적 행위

　　㉠ 음란한 농담이나 음담패설, 외모에 대한 성적인 비유나 평가

　　㉡ 성적 사실관계를 묻거나 성적인 내용의 정보를 의도적으로 유포하는 행위

　　㉢ 성적관계를 강요하거나 회유하는 행위, 음란한 내용의 전화통화

　　㉣ 회식자리 등에서 술을 따르도록 강요하는 행위

③ 시각적 행위

　　㉠ 외설적인 사진, 그림, 낙서, 음란 출판물 등을 게시하거나 보여주는 행위

　　㉡ 직접 또는 팩스나 컴퓨터 등을 통하여 음란한 편지, 사진, 그림을 보내는 행위

　　㉢ 성과 관련된 자신의 특정 신체부위를 고의적으로 노출하거나 만지는 행위

(3) 성희롱의 피해

① 인권침해

　　㉠ 가해자가 성희롱을 의도했든 안했든 피해자를 성적으로 대상화하는 것이며 피해자를 동등한 인격체로 대우하지 않는 것이다.

　　㉡ 성적 대상화는 상대의 의지나 의도를 무시한 채 자신의 성적 요구나 의도를 일방적으로 상대에게 가하는 것이다.

② 심리적 피해

　　㉠ 정서적 불쾌감(당혹감, 수치감, 모욕감)

　　㉡ 사소한 자극에도 잘 놀라고 공포반응을 보이며, 악몽에 시달림

　　㉢ 대인기피 현상, 주의집중 곤란, 자포자기적 행동, 신경과민 반응

③ 신체적 피해 : 두통·식욕상실·소화불량·불면증·체중증감·섭식장애·수면장애·월경불순

④ 사회적 피해 : 업무능력 저하 및 의욕상실, 직장생활 부적응(빈번한 이직 및 전직)

⑤ 회 사

　　㉠ 고용환경 악화로 인한 생산성 감소

　　㉡ 성희롱 피해자의 퇴사 시 추가적인 퇴직비용(신규인력 대체·교육훈련 시간)부담

　　㉢ 법정소송시 소송비용 부담과 이미지 손상으로 인한 매출액 감소 손실

(4) 성희롱의 대처 기출 15

① 개인적 대응

　㉠ 중지할 것을 항의한다.
　　• 직접적으로 거부의사를 전달한다(당당하게 자신의 의사를 표현한다). 기출 18
　　• 가해자와 직접 부딪치기 어려울 때에는 불쾌했던 점과 성희롱 중지요구 등을 편지로 발송한다(편지를 가해자에게 발송할 때 내용증명으로 보낸다).
　　• 숨기지 말고 주위에 믿을 만한 사람에게 도움을 요청한다(제3자 신고 가능).

　㉡ 증거자료의 수거와 공식적인 처리의 준비를 한다.
　　• 5W1H에 의거하여 내용을 정리한다(자신의 느낌과 어떻게 대응했는지를 자세히 메모).
　　• 다른 피해자가 있는지를 확인하여 공동으로 대응하도록 한다.

　㉢ 내부기관에 도움을 요청한다.
　　• 본인의 상사나 가해자의 상사에게 알린다. 여직원회나 노동조합에도 알린다.
　　• 직장 내 고충처리위원회에 정식으로 회부한다.

　㉣ 외부기관에 도움을 요청한다.
　　• 여성단체나 성폭력 상담기관, 관할 고용노동부의 고용평등위원회, 여성특별위원회등과 연락하여 상담하고 도움을 요청한다.

② 직장에서의 대응

　㉠ 회사 내부의 소속직원이나 외부의 전문가를 상담요원으로 지정하여 공정하게 처리한다.
　㉡ 제기된 사안에 대해 신속하고 공정하게 조사 처리하고 개인정보의 유출을 방지한다.
　㉢ 가해자에 대해 공개사과, 각서 쓰기, 정직, 경고, 견책, 휴직, 감봉, 대기발령, 해고 등 피해자가 납득할 만한 조치를 취한다.
　㉣ 처리 후, 반드시 피해자에게 그 결과를 통보한다.

③ 성희롱의 처리 절차

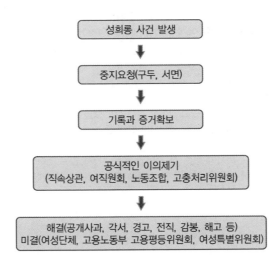

성희롱 사건 발생

↓

중지요청(구두, 서면)

↓

기록과 증거확보

↓

공식적인 이의제기
(직속상관, 여직원회, 노동조합, 고충처리위원회)

↓

해결(공개사과, 각서, 경고, 전직, 감봉, 해고 등)
미결(여성단체, 고용노동부 고용평등위원회, 여성특별위원회)

(5) 성희롱의 예방 기출 20 · 15

① **성희롱 방지 의무** : 공공기관의 장 및 사용자는 성희롱 방지를 위하여 교육실시 등 필요한 조치를 취하여야 한다. 성희롱 예방조치의 유형은 다음과 같다.

ㄱ. 성희롱 상담·고충에 대한 전담창구 마련 및 정기점검

ㄴ. 성희롱 상담자에 대한 교육훈련 지원

ㄷ. 성희롱 예방교육·홍보용 자료 게시 또는 비치

ㄹ. 성희롱 행위자에 대한 적정한 대처 및 재발방지 대책의 수립

ㅁ. 성희롱과 관련된 피해자의 불이익한 조치 금지

② **성희롱 예방을 위한 행동요령**

ㄱ. 상사로서의 태도 기출 17

- 부하직원을 칭찬할 때 쓰다듬거나 가볍게 치는 행위도 성희롱으로 오해받을 소지가 있으므로 그런 행동은 신중을 기해야 한다.
- 부하직원을 '딸 같다, 아들 같다'하면서 쓰다듬거나 안마를 요구하는 신체접촉을 하지 않는다.
- 자신이 관리하는 영역에서 성희롱이 일어나지 않도록 예방에 힘쓰며, 일단 성희롱이 발생하면 그 행동을 중지시켜야 한다.
- 중재, 경고, 징계 등의 조치 이후 가해자가 보복이나 앙갚음을 하지 않도록 주시한다.
- 성희롱을 당하면서도 거부하지 못하는 피해자가 있다는 것을 알면 중지시켜야 한다.

ㄴ. 동료로서의 태도

남 자	• 평소에 자신과 상대방의 생각에 대해서 충분히 의사소통하고 상대방의 의사를 존중한다. • 상대방에게 성적 행동을 강요하지 않는다. • 상대방에게 동의를 구하지 않은 채 스킨십을 하지 않는다. • 상대방의 거부의사(언어, 행동 등)를 왜곡해서 받아들이지 않는다. • 상대방의 침묵을 동의로 받아들이지 않는다. • 상대방을 비하하는 성적인 농담을 하지 않는다. • 여성을 성적으로 대상화·상품화하는 문화에 대해 문제를 제기한다. • 성희롱은 가해자에게 책임이 있음을 명확히 한다.
여 자	• 성희롱에 대한 예비지식과 대처방법을 알아두어야 한다. • 평소에 자기주장을 분명히 해야 한다. • 성에 대한 가치관, 행동의 한계에 대한 분명한 기준을 갖도록 한다. • "예"와 "아니오"가 뒤섞인 태도를 보이지 말고 의사표현을 분명히 한다. • 자신이 원치 않는 스킨십을 상대방이 했을 때는 단호하게 "싫다"고 말한다. • 외부와 차단된 공간(노래방, 비디오방 등)에 갈 경우에는 자신과 상대방의 생각이 서로 다를 수 있다는 것을 알아야 한다. • 성관계 의사가 없는 한 숙박업소에는 가지 않는 것이 좋다. • 평소에 운동을 하거나 호신술을 배워서 위급한 상황에 대비한다.

직장 내 이성과의 관계

- 여사원은 공평하게 대우한다. 직장에서는 될 수 있는 대로 여사원에게는 일정한 거리를 두고 공평하게 대우하도록 유의한다.
- 여사원의 용모를 비판하지 않는다. 연령, 결혼, 장기간의 재직연수, 용모상의 단점 등을 함부로 이야기하지 않는다.
- 호의적인 여사원의 심리와 태도를 간파하여 활용한다.
  - 서류의 전달, 대화, 인사를 할 때 닿을 것 같은 거리(45∼75cm)까지 다가온다.
  - 넓은 사무실이나 그 밖의 장소에서 자주 눈이 마주친다.
  - 나를 보면 빠른 발걸음으로 가까이 온다.
- 특정의 여사원만을 칭찬해서는 안 된다.
- 여성 상사를 보좌하더라도 남자상사와 동일하게 보좌한다.
- 직장 내에서의 남녀관계는 신중을 기해야 한다.
  - 관계가 표면화되어 화제 거리가 되어서는 안 된다.
  - 조직의 화합과 인간관계에 영향을 주어서는 안 된다.
  - 제3자의 눈에 거슬리는 행동에 신중하게 처신한다.
  - 교제는 동료로서의 울타리를 넘지 말아야 한다.
  - 사적인 관계는 근무시간 외 직장 밖에서 이루어져야 한다.
- 주부 여사원에게는 인생의 선배에 대한 예우와 배려를 한다.
- 이성과는 실력과 업적으로 선의의 경쟁을 한다.
- 항상 상대방에 대하여 정중한 말과 행동으로 대한다.
- 특정인의 이성하고 친하게 지내지 않는다.
- 개인적으로 만나게 되는 경우에는 오해받기 쉬운 일은 피한다.
- 이성 간에 있어서 단편적인 친절과 호의를 진심으로 간주하지 않는다.
- 근무 장소 이외에서 가급적 이성을 만나지 않도록 한다.

※ 본 문제를 풀면서 이해체크를 이용하시면 문제이해에 보다 도움이 될 수 있습니다.

01 **방문판매의 장점에 대한 설명으로 옳지 않은 것은?** [2013.10]

① 판매원이 직접 판매하므로 소비자 피해를 미연에 방지할 수 있다.
② 광고와 더불어 기업의 중요한 촉진관리 수단이다.
③ 판매원을 통해 소비자의 기호를 즉각적으로 파악할 수 있다.
④ 점포유지비가 거의 들지 않으므로 원가를 줄일 수 있다.
⑤ 적극적으로 제품의 우수성을 설명하여 능동적으로 판매할 수 있다.

> **해설** 방문판매의 경우 소비자에게 원하는 상품을 실제로 보여주고 자세히 설명할 수 있는 장점이 있으나, 소비자가 다른 상품과 비교하여 구매하기는 어려우므로 피해가 발생할 수 있다.

02 **인적판매자가 추구해야 하는 역할과 가장 거리가 먼 것은?** [2016.11]

① 단순 제품전달자의 역할 ② 판매 상담자의 역할
③ 서비스제공자의 역할 ④ 정보전달자의 역할
⑤ 수요창출자의 역할

> **해설** 인적(판매)판매자는 단순 제품전달자의 역할이 아닌 정보전달자의 역할, 수요창출자의 역할, 상담자의 역할, 서비스제공자의 역할을 추구해야 한다.

03 **판매담당자가 고객과의 만남에 있어 가장 올바르지 않은 모습(에티켓)을 고르시오.** [2013.04]

① 복장을 단정하게 한다. ② 호감 받는 화장을 한다.
③ 밝고 명랑한 표정을 짓는다. ④ 첫 대면에 가깝게 마주본다.
⑤ 고객의 말을 경청한다.

> **해설** 첫 대면에 너무 가깝게 마주보면 고객이 부담을 느낄 수 있다.

04 인적판매에 대한 설명으로 옳지 않은 것은? [2015.05]

이해
체크
○
△
✕

① 인적판매는 고객과의 인격적·교육적 만남으로 이루어진다.
② 인적판매는 단순히 물건 그 자체만의 판매를 넘어선 추가 정보를 제공한다.
③ 고객의 구매 욕구를 자극시키기 위해 인간적인 서비스를 제공한다.
④ 지속적이기 보다는 단순 거래적인 측면이 강하다.
⑤ 언어적, 비언어적 수단을 통해 고객과 교류한다.

> 해설 인적판매는 판매준비단계 → 판매단계 → 고객관리단계의 과정을 거치며, 고객관리 측면에서 사후관리를 통해 구매자의 반응을 체크하고 추가 구매를 위한 지속적 관계를 구축한다.

05 판매담당자가 가져야 할 지식과 그 성격이 다른 하나는? [2013.10]

이해
체크
○
△
✕

① 상품에 대한 지식
② 에티켓에 대한 지식
③ 시장에 대한 지식
④ 회사에 대한 지식
⑤ 업무에 대한 지식

> 해설 에티켓은 태도(정신)적 성격에 해당하고, 상품·시장·회사·업무에 대한 지식은 이론적 성격에 해당한다.

06 판매원이 사용하는 판매화법으로 가장 부적절한 것은? [2012.04]

이해
체크
○
△
✕

① 부정형으로 이야기하지 말고 긍정형으로 이야기한다.
② 명령형으로 이야기하지 말고 부탁형으로 이야기한다.
③ 거절할 경우에는 '양해 부탁드립니다.' 하는 부탁형으로 이야기한다.
④ 칭찬하는 말, 감사하는 말, 기쁘게 하는 말을 자주 쓴다.
⑤ 질문이나 반박의 여지가 없도록 말의 끝을 단정적이고 확신적으로 마무리한다.

> 해설 질문이나 반박의 여지가 있을 시에도 고객의 이익과 행복을 우선한다는 서비스 정신에 입각해서 대화를 전개해야 한다.

07 판매원이 고객의 반론에 직면했을 때, 극복하는 과정으로 바람직한 순서는? [2016.11]

① 반론을 일단 경청 → 반론의 원인이나 근거에 대한 질문 → 반론 내용 확인 → 최대한 구체적 대안 제시 반응

② 반론의 원인이나 근거에 대한 질문 → 반론을 일단 경청 → 반론 내용 확인 → 최대한 구체적 대안 제시 반응

③ 최대한 구체적 대안 제시 반응 → 반론을 일단 경청 → 반론의 원인이나 근거에 대한 질문 → 반론 내용 확인

④ 최대한 구체적 대안 제시 반응 → 반론의 원인이나 근거에 대한 질문 → 반론을 일단 경청 → 반론 내용 확인

⑤ 반론 내용 확인 → 반론의 원인이나 근거에 대한 질문 → 최대한 구체적 대안 제시 반응 → 반론을 일단 경청

> **해설** 고객의 반론에 직면했을 때 가장 먼저 고객의 불만이나 불평을 경청하고, 고객의 불평내용과 원인이 무엇인지 파악하는 것이 중요하다. 이때 고객의 반론을 정확하게 이해하기 위해서는 질문을 통해 고객의 반론 내용을 정확하게 확인해야 한다. 이에 따라 고객요구사항에 대한 정확한 파악과 구체적인 해결방안을 제시해야 한다.

 08 판매원이 지녀야 할 에티켓에 대한 설명으로 가장 옳은 것은? [2015.05]

① 최신 유행하는 화려한 화장을 하여 눈에 띄게 한다.

② 손님의 기분을 좋게 할 수 있는 사장님 혹은 사모님의 호칭을 사용한다.

③ 고객이 너무 어색해 하지 않도록 일정한 공간을 유지하면서 응대한다.

④ 고객응대 시 가능한 큰 모션을 취한다.

⑤ 처음 방문한 고객에게 친근감을 위해 최대한 가깝게 마주본다.

> **해설** 고객과의 거리는 매장에서 판매원이 고객공간을 침범하지 않을 뿐만 아니라 접객 효과를 높이는 데 있어 알맞은 간격이어야 하며, 고객으로 하여금 너무 의식케 하지 않으면서도 대화가 가능한 1m 이내 50cm 이상의 적절한 공간을 유지하면서 응대해야 한다.

09 고객접점에서 판매원의 역할이라고 보기 어려운 것은? [2012.07]

① 상담자의 역할 ② 수요창출자의 역할
③ 서비스제공자의 역할 ④ 의사결정자의 역할
⑤ 정보전달자의 역할

해설 구매결정을 하는 것은 고객이며, 판매원은 구매결정의 결단을 내리도록 유도하는 역할을 한다.

10 유통기업의 의사결정자와 달리 판매원에게 필요한 지식에 대한 내용 중 가장 옳지 않은 것을 고르시오. [2012.11]

① 자신이 속한 기업의 역사, 전략, 생산설비, 생산능력
② 기업의 가격수준, 할인정책
③ 상품의 특징, 서비스, 편익
④ 경쟁사의 사내기밀, 영업정책, 상품 특장점
⑤ 시장의 동향, 경기변동 등 일반지식

해설 경쟁사의 사내기밀까지 알 필요는 없다.

11 판매원이 알아야 할 일반 고객의 구매과정 순서로 옳은 것은? [2016.04]

① 대안평가 → 문제인식 → 정보탐색 → 구매
② 정보탐색 → 문제인식 → 대안평가 → 구매
③ 문제인식 → 대안평가 → 정보탐색 → 구매
④ 문제인식 → 정보탐색 → 대안평가 → 구매
⑤ 대안평가 → 정보탐색 → 문제인식 → 구매

해설 구매과정 순서
문제인식 → 정보탐색 → 대안평가 → 구매의사결정 → 구매 후 행동

12 판매원의 기본적인 준비 및 마음가짐에 대한 설명 중 가장 바르지 않은 것은? [2014.04]

① 손님을 맞을 때 자신이 매장대표라는 생각을 갖고 응대한다.

② 평소에도 조금씩 상품지식을 습득하도록 노력하고 고객정보를 숙지한다.

③ 모르는 사항에 대해 질문을 받은 경우 빠르게 넘어가고 다음 질문에 응대한다.

④ 불만처리 절차 및 방식을 미리 확인해 두어 불만고객을 신속하게 응대한다.

⑤ 경청과 질문을 통해 손님이 무엇을 원하는지 항상 파악하려고 노력한다.

> **해설** 모르는 사항에 대해 질문을 받은 경우에도 고객의 입장에서 도와주려는 태도를 가지고 해결해 준다는 마음가짐이 필요하다.

13 판매원의 성과지표는 정량적 지표와 정성적 지표로 나눌 수 있다. 보기 중 성격이 다른 하나는?

[2015.07]

① 제품지식   ② 의사소통능력

③ 전문가다운 품행   ④ 고객민감성

⑤ 고객방문횟수

> **해설** 정량적 지표는 구체화된 양적 수치로 측정이 가능한 지표이고, 정성적 지표는 양적 수치로 측정이 불가능한 지표이다.
> ⑤ 정량적 지표
> ①·②·③·④ 정성적 지표

14 판매원이 지녀야할 자세 중에서 가장 옳지 않은 것은? [2013.10]

① 이론습득으로 무장한다.

② 고객을 이해하기 위해 감성만으로 무장한다.

③ 지식을 바르게 실천하려는 의지를 갖는다.

④ 반복적으로 실천, 교정하여 자기만의 독특하고 독창적인 노하우를 정립한다.

⑤ 항상 실천하고 행동으로 옮기는 습관을 갖는다.

> **해설** 이론·태도·행동의 삼위일체(三位一體)가 이루어질 수 있도록 힘써야 한다.

15 판매관리자의 임무에 대한 내용으로 가장 옳지 않은 것은? [2015.11]

① 판매목표의 설정 ② 판매원의 모집과 선발
③ 판매 상권분석 ④ 판매원의 훈련
⑤ 판매원의 동기부여

> 판매 상권분석은 점포운영자의 임무에 해당한다.
> 판매관리자의 임무는 기본적으로 판매원의 모집과 선발, 훈련, 동기부여 등으로 구분할 수 있다. 또한 판매관리자
> 는 스스로 담당지역 내의 제품별 및 고객별로 판매목표를 구체적으로 수립하고 수행해야 한다.

16 판매담당자가 알아야 할 회사에 대한 지식으로 가장 거리가 먼 것은? [2013.07]

① 회사의 역사, 기구 및 조직의 구성
② 경영층과 주요 간부의 성명
③ 일일보고 사항과 작성해야 할 서류
④ 회사의 사훈 혹은 경영이념과 경영방침
⑤ 자체생산품이나 판매제품의 매출액과 당기순이익

> 판매담당자는 평소에 이론 · 정신 · 기술면에서 철저한 무장을 하고 행동하는 것이 중요한데, 이 중 판매담당자가
> 갖춰야할 지식 또는 이론에는 시장지식, 상품지식, 회사지식, 업무지식 등이 있다. 일일보고 사항과 작성해야 할
> 서류는 업무에 대한 지식에 해당한다.

17 소매점의 신규 종업원에 대한 훈련방법으로 선배사원이 후배사원에게 업무지식과 함께 다양한 직장
내 경험 등을 전수하는 방법을 무엇이라고 하는가? [2012.11]

① OJT ② 멘토링제
③ 업무지식 훈련 ④ 교육훈련 프로그램
⑤ 극기훈련

> 멘토링제는 신입사원들의 사내 문화 적응 및 인재 육성을 목적으로 사내 경력사원들과의 결연을 통한 1 : 1 교육을
> 말한다.

18 판매원간 갈등의 원인으로 보기 힘든 것은? [2013.07]

① 상호 의사소통 부족　　　　　　　　② 성격적 갈등
③ 직무 부적합　　　　　　　　　　　　④ 고객에 대한 상호경쟁
⑤ 업무량에 대한 인식차이

> **해설** 직무 부적합은 개인의 불만족 사항으로 주체 간에 발생하는 갈등이라 할 수 없다.

19 직장이 가지는 의미를 설명한 것으로 가장 옳지 않은 것은? [2016.04]

① 직장은 일하는 곳이며, 가정과 구분되지 않는다.
② 집단생활을 하는 사회적인 장소이다.
③ 직장은 사회에 기여하는 장소이다.
④ 직장은 배움의 터전이다.
⑤ 직장은 삶을 창조해 나아가는 터전이다.

> **해설** 직장은 일하는 곳이며, 가정(주거지)과 구분해야 한다.

20 최근 사회적 문제가 되고 있는 점포 내 성희롱에 대응하는 적절한 방법과 가장 거리가 먼 것은?
[2015.07]

① 피해접수 절차를 포함한 성희롱 방지 정책을 만든다.
② 감독자나 상사 위주로 구성된 공식적인 의사소통 경로로 집중화시켜 운영한다.
③ 피해자의 진술과 회의 내용을 서류로 남긴다.
④ 조사결과를 인적자원관리부서에 보고한다.
⑤ 피해자를 보호하며 사건에 대한 정보를 입수한다.

> **해설** 감독자나 상사 위주의 의사소통 경로로 집중화시키기 보다는 본인의 상사뿐만 아니라 직장 내 고충처리위원회나 외부의 전문가를 상담요원으로 지정하여 도움을 받는 것이 적절하다.

03 적중예상분석

※ 본 문제를 풀면서 이해체크를 이용하시면 문제이해에 보다 도움이 될 수 있습니다.

01 판매의 개념에 대한 설명으로 가장 옳지 않은 것은?

① 판매란 판매자 측과 소비자들이 만족할 수 있도록 잠재고객의 요구와 욕구를 발견하여 활성화시키고, 그것을 효과적으로 충족시키도록 도와주는 활동 또는 기술이라고 할 수 있다.

② 판매활동은 촉진활동의 한 분야인 판매원에 의한 인적판매 활동과 광고나 홍보, 촉진관리 등의 비인 적 수단에 의한 비인적 판매활동으로 구분된다.

③ 판매란 잠재고객이 상품이나 서비스를 구매하도록 하거나, 판매자에게 상업적 이미지를 갖는 아이디 어에 대하여 우호적 행동을 하도록 설득하는 인적 또는 비인적 과정을 말한다.

④ 판매란 생산과 소비에 개입하는 것으로, 생산과 소비의 간격을 이어주는 가교의 역할을 하는 것을 말한다.

⑤ 판매란 잠재고객의 욕구를 발견하는 수요창출과 교환이 이루어지도록 하는 설득적 커뮤니케이션 활 동, 고객의 만족이 제고되도록 하는 서비스 제공 및 고객관리 활동 또는 기술을 말한다.

 생산과 소비를 이어주는 중간 기능 역할을 하는 것은 유통에 대한 설명이다.

02 판매원의 판매에 대한 다음 설명 중 옳지 않은 것은?

① 판매원의 판매를 인적판매라고도 한다.

② 판매원을 매개로 고객과 대면해서 수행하는 의사전달 방법이다.

③ 전달할 수 있는 정보의 양에 있어서 광고를 비롯한 다른 촉진수단보다 떨어지는 단점이 있다.

④ 판매원 판매는 쌍방 의사전달(Two-way Communication)이다.

⑤ 판매원 의사전달에 대한 고객의 반응을 즉시 얻어내 이에 대하여 기동성 있게 대처하는 것이 가능 하다.

 판매원이 직접 고객을 대면해서 의사를 전달하기 때문에 고객이 필요로 하는 종류의 정보만을 가려서 줄 수 있다. 따라서 전달할 수 있는 정보의 양에 있어서 광고를 비롯한 다른 촉진수단을 앞지른다.

03 판매원이 지켜야할 행동에 대한 설명으로 옳지 않은 것은?

① 방법 무장 – 경쟁제품의 단점을 부각시켜 비교우위를 획득한다.
② 이론 무장 – 시장지식, 상품지식 등의 지식으로 무장한다.
③ 태도 무장 – 습득된 지식을 바르게 실천하려는 의지를 갖는다.
④ 기술 무장 – 반복적으로 실천, 교정하여 확실히 익히고 실행한다.
⑤ 습관화 –창의적이고 적극적인 사고와 행동을 체질화 한다.

> **해설** 판매원이 지켜야할 행동은 KASH 원칙으로 요약되는데, KASH 원칙이란 이론(Knowledge), 태도(Attitude), 기술(Skill), 습관(Habit)을 말한다.

 04 판매 담당자가 고객의 욕구를 충족시키기 위해 미리 익혀 두어야 할 구체적인 상품관련 지식과 가장 거리가 먼 것은?

① 주요 재원 및 장착품목, 선택품목은 무엇인가?
② 제품개발배경과 주요 원자재의 공급원은 어디인가?
③ 상품의 기능성, 상징성을 고객에게 어필할 수 있는 포인트는 어떤 것들인가?
④ 전국 및 지역별 판매와 서비스 망의 현황은 어떠한가?
⑤ 유효기간, 보증기간, 애프터서비스의 내용은 어떠한가?

> **해설** 전국 및 지역별 판매와 서비스 망의 현황은 상품지식이 아닌 회사지식에 대한 설명이다.

 05 판매담당자가 꼭 알아두어야 하는 회사지식이 아닌 것은?

① 애프터서비스 내용
② 창립배경
③ 회사의 역사, 기구조직의 구성
④ 회사의 경영이념
⑤ 경영층과 주요 간부의 성명

> **해설** ①은 상품지식에 해당된다.

06 판매담당자가 알아두어야 할 업무지식과 관련이 적은 것은?

① 일일보고사항
② 대금처리 및 회수
③ 매출액과 당기순이익
④ 사후관리
⑤ 회사 내 연락사항

해설 ③은 회사지식에 해당된다.

07 판매사원의 복장으로 바르지 않은 것은?

① 유니폼은 항상 깨끗하게 손질하고 단추가 떨어진 곳은 즉시 수선하여 항상 단정한 차림을 한다.
② 스타킹은 코코아색 1호 또는 커피색 2호 등 피부에 가까운 색깔을 착용해야 한다.
③ 하절기는 양말만 착용도 가능하다.
④ 여성은 레이스 무늬, 칼라무늬 등 무늬 있는 스타킹이나 노스타킹도 가능하다.
⑤ 머리형은 단발웨이브형으로 뒷머리를 기준으로 어깨선에 이르는 정도까지 허용한다.

해설 레이스 무늬, 칼라무늬 등 무늬 있는 스타킹이나 노스타킹은 금한다.

08 소위 '판매 5대 용어'라는 것이 있다. 다음 중 판매 5대 용어에 속하지 않는 것은?

① 노력하겠습니다.
② 알겠습니다.
③ 죄송합니다.
④ 감사합니다.
⑤ 어서 오십시오.

해설 판매 5대 용어
• 안녕하십니까? 어서 오십시오.
• 네. 알겠습니다.
• 감사합니다.
• 죄송합니다.
• 안녕히 가십시오.

09 판매원의 접객태도로 적합하지 않은 것은?

① 전문적인 용어를 삼간다.
② 자신의 의견을 지나치게 강조하지 않는다.
③ 고객의 정면에 서서 접객한다.
④ 접객 중에는 다른 업무를 보지 않는다.
⑤ 대화에 감정을 담는다.

> **해설** 고객을 관찰할 때는 고객이 부담을 느끼지 않는 부드러운 눈초리로 조심스럽게 살피는 것이 중요하다.

10 판매사원은 항상 바른 자세를 취해야 하는데 다음 중 금지사항이 아닌 것은?

① 손님과 눈을 마주치는 행위
② 손톱 뜯는 행위
③ 기대는 행위
④ 종이에 낙서하는 행위
⑤ 잡념으로 인해 멍해지는 행위

> **해설** 손님과 눈이 마주칠 경우 손님은 구매의사가 있을 경우가 많기 때문에 적극 대응해야 한다.

11 판매사원의 미소요령으로 부적절한 것은?

① 형식적인 미소라도 진실한 마음이 중요하다.
② 입술 양 끝은 약간 올린다.
③ 잇몸은 보이지 않고 윗니가 입술로부터 3~5mm 정도 보이도록 한다.
④ 시선은 고객의 얼굴을 자연스럽게 대한다.
⑤ 무엇보다도 우선 반갑고, 즐거운 마음가짐으로 맞이하는 것이 중요하다.

> **해설** 미소란 자기 마음의 감정표현이기 때문에 형식적이거나 가식이 있을 수 없으며, 가식이 있는 미소는 고객이 기대하는 미소가 아니라는 것을 잊어서는 안 된다.

12 판매원의 표정을 결정하는 미소의 중요성을 잘못 설명한 것은?

① 미소는 상대방을 즐겁고 유쾌하게 만드는 힘이 있다.

② 미소를 띠면서 대화하면 인상이 좋게 보인다.

③ 미소는 자신감 있는 사람으로 보이게 한다.

④ 가식적인 미소라도 상황을 부드럽게 할 수 있다.

⑤ 미소는 사람의 가슴을 뚫고 들어가 마음을 움직이게 한다.

> **해설** 가식적인 미소가 아닌 진심으로 나타내는 미소가 바람직하다.

13 판매원이 고객과의 관계를 강화하기 위한 방법으로 가장 옳지 않은 것은?

① 판매원의 상담기술 습득과 습관화가 필요하다.

② 관리자를 중심으로한 판매담당자 상호 간의 협력체제가 필요하다.

③ 고객에 관한 판매정보가 수집되어야 할 것이다.

④ 1회성 이벤트를 중심으로 고객에게 접근한다.

⑤ 고객정보를 통한 판매 목표설정이 필요하다.

> **해설** 1회성 이벤트보다는 고객과 장기적인 관계를 구축하는 것이 필요하다.

14 인적판매에 있어 판매담당자의 역할과 가장 거리가 먼 것은?

① 정보전달자의 역할

② 수요창출자의 역할

③ 정보생산자의 역할

④ 상담자의 역할

⑤ 서비스제공자의 역할

> **해설** 판매담당자는 정보전달자로서 역할을 수행한다.

정답 09 ③ 10 ① 11 ① 12 ④ 13 ④ 14 ③

15 판매원의 인간관계로 잘못 설명된 것은?

① 상사의 업무나 인품을 잘 이해하고 상사의 입장에서 생각한다.
② 상사는 완전한 인간으로 생각하고 지시에 맹종한다.
③ 자기가 맡은 책임은 책임지고 완수함으로써 신뢰감을 쌓아간다.
④ 동료가 곤경에 빠졌을 때는 서로 도우며, 감정의 응어리는 빨리 풀도록 노력한다.
⑤ 좋고 싫은 것을 노골적으로 드러내지 않는다.

 상사도 불완전한 인간이란 점을 인정하고 상사의 부족한 점을 보완해준다.

16 성희롱의 피해로 볼 수 없는 것은?

① 인권침해　　　　　　　　　② 심리적 피해
③ 신체적 피해　　　　　　　　④ 생산성 증대
⑤ 사회적 피해

고용환경 악화로 생산성 감소를 초래한다.

17 성희롱의 개인적 대응으로 관련이 없는 것은?

① 내부기관의 도움을 요청한다.
② 직접적으로 거부의사를 전달한다.
③ 5W1H에 의해 내용을 정리하여 공식적으로 준비한다.
④ 가해자에게 정직, 견책, 휴직, 전직·해고 등을 취한다.
⑤ 여성단체 등의 외부기관에 도움을 요청한다.

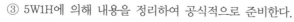

 ④는 회사적 차원에서의 대응조치이다.

18 성희롱 예방을 위한 상사의 태도로 부적절한 것은?

① 부하직원을 칭찬하거나 쓰다듬는 행위는 부하직원에 대한 애정으로 받아들일 수 있다.
② 중재, 경고, 징계 등의 조치 이후 가해자가 보복이나 앙갚음을 하지 않도록 주시한다.
③ 성희롱을 당하면서도 거부하지 못하는 피해자가 있다는 것을 알면 중지시켜야 한다.
④ 자신이 관리하는 영역에서 성희롱이 일어나지 않도록 예방에 힘쓰며, 일단 성희롱이 발생하면 그 행동을 중지시켜야 한다.
⑤ 부하직원을 "아들 같다, 딸 같다"하면서 쓰다듬거나, 안마를 요구하는 신체접촉을 하지 않는다.

해설 부하직원을 칭찬할 때 쓰다듬거나 가볍게 치는 행위도 성희롱으로 오해받을 소지가 있으므로 그런 행동은 신중을 기해야 한다.

19 직장 내에서의 이성관계로 적당하지 않은 내용은?

① 여사원은 공평하게 대우한다.
② 여사원의 용모를 비판하지 않는다.
③ 특정인의 이성하고 친하게 지내지 않는다.
④ 이성과는 실력과 업적으로 선의의 경쟁을 한다.
⑤ 여성 상사를 보좌할 때에는 남자 상사와 달리 예우를 해주어야 한다.

해설 여성 상사를 보좌하더라도 남자 상사와 동일하게 보좌한다.

20 직장 내에서의 남녀관계로 부적당한 것은?

① 사적인 관계는 근무시간 내에서 지속되어야 한다.
② 제3자의 눈에 거슬리는 행동에 신중을 기해야 한다.
③ 관계가 표면화되어 화제 거리가 되어서는 안 된다.
④ 조직의 화합과 인간관계에 영향을 주어서는 안 된다.
⑤ 교제는 동료로서의 울타리를 넘지 말아야 한다.

해설 사적인 관계는 근무시간 외 직장 밖에서 이루어져야 한다.

21 성희롱의 피해에 대한 다음 설명 중 옳지 않은 것은?

① 가해자가 의도하지 않으면 성희롱이 아니다.

② 피해자를 성적으로 대상화하는 것이다.

③ 성적 대상화는 상대의 의지나 의도를 무시한 것이다.

④ 자신의 성적 요구나 의도를 일방적으로 상대에게 가하는 것이다.

⑤ 음란한 농담이나 음담패설, 외모에 대한 성적인 비유나 평가도 성희롱에 해당한다.

> **해설** 가해자가 성희롱을 의도했든 안했든 피해자를 성적으로 대상화하는 것이며 피해자를 동등한 인격체로 대우하지 않는 것이다.

22 성희롱에 대한 남자 동료로서의 태도로 옳지 않은 것은?

① 평소에 자신과 상대방의 생각에 대해서 충분히 의사소통하고 상대방의 의사를 존중한다.

② 상대방에게 성적 행동을 강요하지 않는다.

③ 상대방에게 동의를 구하지 않은 채 스킨십을 하지 않는다.

④ 상대방의 거부의사(언어, 행동 등)를 왜곡해서 받아들이지 않는다.

⑤ 상대방의 침묵을 동의로 받아들인다.

> **해설** 상대방의 침묵을 동의로 받아들이지 않는다.

04 · 직업윤리

Key Point

- 기업윤리의 개념과 기능 그리고 필요성
- 유통과 판매원의 윤리
- 직업윤리의 개념 및 필요성과 중요성
- 상인의 윤리강령과 거래수칙

01 기업윤리

1 인간과 윤리

(1) 윤리의 개념

윤리란 우리말 사전에 보면, "사람이 지켜야 할 도리, 곧 실제의 도덕 규범이 되는 원리"라고 기술되어 있다(이희승 편저, 1994). 한자어 倫理(윤리)의 倫은 '사람의 무리 혹은 질서'를 뜻하며, 理는 '옥을 다듬다'라는 말에서 유래하며 '다스릴 리 혹은 이치 리'라는 의미를 가지고 있다. 그래서 윤리는 사람과 사람 사이에 올바른 질서로서의 도리를 밝혀 주는 것이라 할 수 있다.

(2) 윤리의 기능과 성격

① 윤리의 기능

　㉠ 우리가 일상생활에서 무엇이 옳고 무엇이 그른가, 또는 무엇이 좋고 무엇이 나쁜가에 대해서 갈등을 느끼거나 타인과 의견대립시 그것을 해결할 수 있는 기준을 제시해 준다.

　㉡ 합리적으로 수정된 관습의 일반화된 모습으로 가장 근본적인 규범이다.

　㉢ 사회적 평가과정에서 형성된 사회현상이다.

　㉣ 문제 상황의 해결지침을 제공하는 삶의 지혜이다.

② 윤리의 성격

　㉠ 윤리는 한 개인이 행동을 결정할 때 고려하게 될 다른 요인보다 우선적으로 고려하게 된다.

　㉡ 윤리는 보편적이다.

　㉢ 윤리는 합리성에 기초한다.

　㉣ 윤리는 명확한 내용을 가지고 있다.

　㉤ 윤리는 해석을 필요로 한다.

2 기업윤리

(1) 기업윤리의 정의 기출 23 · 22

① **도덕적 측면** : 도덕적인 측면에서 기업윤리란 "기업 활동에서 직면하는 복잡한 도덕적 문제에 당면하였을 때에 이것을 해결하기 위하여 '선'(옳은 일)과 '악'(옳지 못한 일)을 구분하는 원칙을 정하고 그 원칙을 적용하는 기법"을 말한다.

② **기업적 측면** : 이익추구를 목적으로 하는 기업측면에서 기업윤리란 "윤리에 관계되는 기업문제를 사회적 가치관과 법규의 기본 취지를 지키면서 기업에 가장 유리한 방향으로 처리되도록 하는 기업의 의사결정방법"을 말한다.

지식 in

기업측 입장에서 본 기업윤리의 문제점 기출 20

- 기업이익을 단기적으로 본 것이다. 기업의 어떤 활동이 단기적으로는 손실을 가져와도 장기적으로 볼 때에는 기업에게 더 큰 이익을 갖다 줄 수도 있다. 따라서 어떤 의사결정이 기업의 수익증가에 유리할 것이냐 하는 것은 생각하는 기간에 따라서 달라질 수도 있다.
- 윤리문제에는 어떤 행위의 의도가 윤리적이냐 혹은 그 행위의 결과가 윤리적이냐 하는 두 가지로 생각할 수가 있다. 그런데 기업측 입장에서의 정의는 어떤 결정의 결과에 중점을 둔 것이다. 즉, 의사결정의 결과가 기업에 유리할 것이라고 생각되면 그 의사결정을 집행하는 과정은 중요하지 않게 된다. 예컨대 뇌물이라는 비윤리적 과정을 거치더라도 그 결과가 회사와 종업원에게 좋을 것이라고 생각되면 그러한 의사결정은 기업의 관점에서는 윤리적이라고 정의된다.
- '합법적'인 것과 '윤리적'인 것은 다를 수가 있는데 합법적인 것만 생각하면 윤리적인 것은 등한시될 수도 있다. 행위에는 윤리적인 행위와 비윤리적인 행위로 나눌 수 있고, 동시에 합법적인 행위와 비합법적인 행위로 나눌 수 있다.

---

③ **개인적 측면** : 개인의 가치관을 중심으로 기업윤리를 정의하면, 기업윤리란 "기업 활동에 관련된 의사결정을 할 때에 개인의 가치관을 기준으로 의사결정을 하는 방법"이라고 할 수 있다. 즉, 이 정의에 의하면 기업 활동에 종사하고 있는 개인의 주관적인 가치관을 기준으로 해서 자기의 도덕적 기준에 합당하도록 행동하면 윤리적이라고 본다.

지식 in

개인적 측면에서의 기업윤리의 문제점

- 기업 활동의 윤리성에 관한 결정을 할 때에는 개인이란 회사 내 종업원의 한 사람으로서 존재하므로 조직원의 한 사람으로서 조직 내의 역할과 조직의 장래를 생각하며 의사결정을 해야 할 의무가 있다. 따라서 조직 안에 있으면서 '순수한 개인'이란 존재할 수 없다.
- 기업조직에는 사람들이 같이 일하고 있는데 그 개개인의 가치관은 성격, 자라온 배경, 신념 등에 따라서 각기 다를 것이다. 따라서 각기 개인의 가치관을 절대적인 기준으로 삼아 판단을 하면 조직으로서의 의사결정이나 활동이 어렵게 된다.

---

④ 종합적 측면

ⓒ 기업의 이익과 사회의 이익을 동시에 고려하여 기업윤리를 정의하면 "개인의 도덕적 가치관을 윤리에 관련된 기업 활동과 목표에 적용시키는 원리 또는 기술"이라고 할 수 있다.

ⓒ 결론적으로 기업윤리란 "기업 활동에 관련되면서도 도덕적으로 복잡하게 상충되는 문제들을 검토하고 해결하기 위하여 윤리적 원칙을 적용하는 원리"이다. 즉, 기업윤리는 기업 활동에 있어서 "무엇이 옳고 그른지, 무엇이 좋은 일이고 무엇이 나쁜 일인지"를 따져서 '윤리적 해결방안'을 모색한다.

	자기이익 모델	사회이익 모델
목 적	이익의 극대화	가치의 창조
시간 영역	단기적	장기적
행동 준칙	법규와 업계의 관행대로	봉사에 대한 적절한 보수 기대
기본 가정	기업의 자기이익추구가 최대다수에게 최대이익	사회가 필요로 하는 가치의 제공
수 단	가급적 능률적 방법	지속되는 관계유지

[기업윤리의 자기이익 모델과 사회이익 모델]

관 점	정 의	고려해야 할 점
도덕적 측면	선/악(善/惡)을 구분하는 원칙을 정하고 그 원칙을 적용하는 기법	선(善)의 기준은 개인의 가치관에 따라서 다를 수 있다.
기업적 측면	합법적인 범위 내에서 기업에 가장 유리한 방향으로 처리하도록 하는 기업의 의사결정방법	• 기업이익을 단기적으로 생각한다. • 결과만 옳으면 과정은 중요시 안한다. • 합법적이지만 비윤리적일 수도 있다.
개인적 측면	기업 활동관련 의사결정을 개인의 가치관을 기준으로 하는 방법	• 조직 내의 개인은 진공 속의 개인이 될 수 없다. • 개개인의 가치관에 따라서 경영 문제를 자의대로 결정해서는 안 된다.
종합적 측면	개인의 가치관을 기업 활동의 목표에 적용시키는 원리 또는 기술	• 자기이익 모델에 의한 판단을 부적합 • 사회이익 모델에 입각한 의사결정

[기업윤리의 여러 가지 정의]

(2) 기업윤리의 관계 영역 기출 21

① 경쟁관계는 공정해야 한다.

② 고객에게는 성실해야 한다.

③ 투자는 공평해야 한다.

④ 종업원에게는 인간의 존엄성을 존중해 주어야 한다.

⑤ 지역 사회에서는 기업시민으로서의 역할을 해야 한다.

⑥ 정부와는 엄정한 관계를 유지해야 한다.

⑦ 국제관계는 공정하게 거래해야 한다.

⑧ 지구환경문제에서는 공생관계를 모색해야 한다.

이해 관계자	추구하는 가치이념	기업윤리에서 추구하는 가치이념과 문제들
경쟁자	공정한 경쟁	불공정 경쟁(카르텔, 담합), 거래선 제한, 거래선 차별, 덤핑, 지적재산 침해, 기업비밀 침해, 뇌물 등
고 객	성실 신의	유해상품, 결함상품, 허위/과대광고, 정보은폐, 가짜상표, 허위/과대 효능/성분표시 등
투자자	공평 형평	내부자거래, 인위적 시장조작, 시세조작, 이전거래, 분식결산, 기업지배행위 등
종업원	인간의 존엄성	고용차별(국적, 인종, 성별, 장애자 등), 성차별, 프라이버시 침해, 작업장의 안정성, 단결권 등
지역사회	기업시민	산업재해(화재, 유해물질 침출), 산업공해(소음, 매연, 전파), 산업폐기물 불법처리, 공장 폐쇄 등
정 부	엄정한 책무	탈세, 뇌물, 부정 정치헌금, 보고의무 위반, 허위보고, 검사방해 등
외국정부 기업	공정한 협조	탈세, 돈 세탁, 뇌물, 덤핑, 정치개입, 문화파괴, 법규 악용(유해물 수출, 공해방지시설 미비) 등
지구환경	공생관계 모색	환경오염, 자연파괴, 산업폐기물 수출입, 지구환경관련 규정위반 등

[기업윤리에서 추구하는 가치이념과 문제들] 기출 18

(3) 기업윤리의 필요성

① 자유시장 경쟁체제를 유지하려면 기업윤리가 필요하다.

② 기업 활동의 결과는 사회에 막대한 영향을 끼친다.

③ 기업윤리문제를 잘못 다루면 기업 활동에 큰 영향을 미친다.

④ 회사를 위해서 결정을 해도 책임은 개인이 진다.

⑤ 비윤리적 행위는 기업에 손해가 된다.

⑥ 기업윤리는 경쟁력을 강화한다.

지식 in

기업의 치명적인 과오(7가지)
1. 중대한 사회적 문제를 묵살한다.
2. 비난을 남에게 전가한다.
3. 외부의 비판자를 비난한다.
4. 문제를 일으킨 종업원을 해고한다.
5. 윤리에 관한 정보를 덮어둔다.
6. 홍보전을 이용하여 반박한다.
7. 비난을 부인한다.

지식 in

경영자가 윤리적 과오를 범하기 쉬운 이유(6가지)
1. 깊이 생각하지 않고 '시킨 대로' 일을 하기 때문에 ⇒ 그래서 문제가 생기면 희생양이 된다.
2. 대외적으로 무심코 한 말이 잘못 이해되기 때문에 ⇒ "회사가 살고 보아야지!"라는 말은 오해받을 수 있다.
3. "회사에 잘 보이려면 시키는 대로 해야지"라는 생각 때문에 ⇒ 중간 관리자 세미나에서는 이런 이야기가 나와도 최고 경영자 세미나에서는 이런 이야기는 나오지 않는다.
4. 윗사람의 생각이나 태도가 분명하지 않고, 위급할 때에 판단을 해주지 않기 때문에 ⇒ '알아서 하시오', '책임지시오!' 등은 애매한 명령이다.
5. "이 정도 일은 아무도 모르겠지"라는 생각 때문에 ⇒ "영원한 비밀은 없다."
6. '사업'(비즈니스)측면에서만 생각하도록 훈련받았지, 넓게 회사의 외부를 생각하도록 훈련되어 있지 않기 때문에 ⇒ 더 큰 이해관계자가 회사 밖에 있을 수 있다.

(4) 기업윤리와 기업이익 [기출 23]

① 윤리적 기업 : 윤리와 기업이익을 잘 조화시킨 기업이다. 즉, 윤리적 기업이란 "기업 활동에 관한 의사결정을 하거나 실천에 옮길 때에 이해관계자의 권익과 기업의 경제적 이익의 균형을 취함으로써 종업원, 고객, 납품(공급)업자, 주주들의 존경과 신임을 얻는 회사"라고 말할 수 있다.

② 기업이익과 기업윤리 측면에서 기업 활동 관계
　ㄱ 이익도 올리지 못하고 윤리수준도 낮은 기업은 사회에 해만 끼치므로 존재할 필요가 없다.
　ㄴ 윤리는 등한시하면서 단기적 이익만 중요시하는 기업은 바람직하지 못하다.
　ㄷ 윤리는 강조하되 이익을 등한시하는 기업은 기업으로서 존속할 수가 없다.
　ㄹ 기업의 이익과 윤리수준을 잘 조화시킨 회사가 사회적으로 존경받고 가장 바람직한 회사이다.

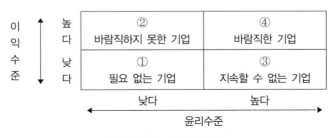

[기업윤리와 이익의 관계]

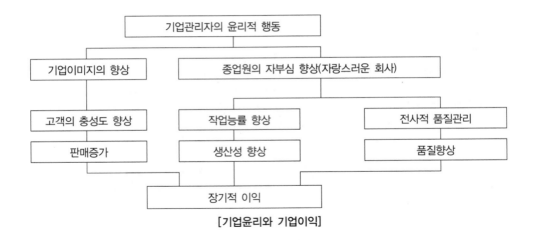

[기업윤리와 기업이익]

---

3 **판매윤리**

(1) 유통의 윤리 `기출 14 · 13`

① 생산자의 유통경로 관리의 윤리

㉠ **경로주장(Channel Captain)** : 생산자 → 도매상 → 소매상 → 소비자로 흐르는 유통과정에서 가장 힘이 크고 지배적인 역할을 하는 기관을 '경로주장(Channel Captain)'이라고 한다.

㉡ **유통의 윤리문제** : 경로주장이 자기의 힘(즉, 유통경로 지배력)을 남용하는 데서 나온다. 즉, 유통경로의 윤리문제는 대부분이 유통경로상의 '힘 > 책임'관계에서 나타나며, 이 경우 생기는 경로주장의 윤리문제는 대부분이 '우월적 지위의 남용'의 형식으로 나타난다.

• 경로주장인 대규모 제조업자가 유통경로 지배력을 이용하여 대리점에 대하여 유통경로상의 '우월적 지위'를 '남용'하는 것이 가장 문제가 된다. 그 중에 하나가 대리점의 담보물제공과 대금지불에 관한 관행이다. 즉, 대리점이 제조업자로부터 상품을 공급받기 위해서는 제조업자가 정하는 가치에 해당하는 담보를 제공하고 대리점계약을 맺어서 계속적으로 상품을 공급받고 대금을 결재해야 한다. 이때에 제조업자는 일반적으로 계약을 제조업자에게 유리하게 하거나, 현재의 계약을 임의로 제조업자에게 유리하게 고치는 경우가 있다.

• 생산자는 또 흔히 대리점의 판매가격을 정해주고 그 이하로 낮추지 못하게 하기도 한다. 이런 행위를 재판매가격 유지계약이라고 하는데 이것은 자유경쟁체제 하에서 경쟁을 제한하는 행위이기 때문에 법규(독점규제 및 공정거래에 관한 법률)에 의하여 금지하고 있다.

② **도매의 윤리** : 최근 각종 체인(연쇄점)이나 프랜차이징(Franchising)의 발달에 따라서 이러한 체인본부와 가맹소매점 또는 단위 편의점과의 관계에서 윤리적 문제가 발생한다.

㉠ 체인본부는 직영점 이외에도 수백에서 수천에 달하는 가맹점과 계약에 의해서 상품을 공급하고 있다. 이들 체인본부는 자본력과 조직력, 경영능력을 가지고 가맹소매점에 계약에 의하여 상품을 선정하여 공급한다. 이때에 체인본부는 '경로주장'이므로 그러한 힘을 이용하여 생산자의 경우와 같은 윤리적 문제를 일으킬 수가 있다.

ⓒ 체인본부나 편의점본부는 가맹점이 개점 시에 위치선정, 점포개장, 경영지도, 상품선정 등에 협조해 주고 지도해주는 반면에, 가맹점의 구입상품의 선정과 수량결정, 공급자의 결정, 공급가격의 결정, 대금지불방법 등에 결정적인 영향을 미친다. 이러한 역학관계에서 여러 가지 비윤리적인 문제가 생길 수 있다.

③ 소매의 윤리 : 소매점의 규모가 커감에 따라서 상품유통에서 차지하는 영향력이 커지고 대규모 소매점(백화점, 할인점 등)이 '경로주장'이 되는 경우가 많다. 특히 의류나 중소기업 제품일 경우에는 더욱 그런 경향이 있다. 근년에 와서 성행하는 '가격파괴'는 소매점들이 판매가격을 결정하고 이 낮은 가격을 제조업자에게 강요함으로써 상품의 가격결정권이 제조업자로부터 소매업자에게로 이동시키고 있다. 이런 상황 속에서 대규모 소매점에 의한 비윤리적 행위가 나타난다.

ⓐ 상품을 선정하고, 구입하기 위하여 납품업자와 구매계약을 하는데 여러 가지 비윤리적인 일이 생긴다. 예컨대 구매부 직원들이 납품업자로부터 금전적 혜택을 받을 수 있고, 대금지불조건을 소매업자에게 일방적으로 유리하게 할 수도 있고, 팔고 남은 상품의 반품조건을 소매상에게 유리하게 하여 납품업자에게 강요할 수도 있다.

ⓑ 매장면적의 배정에 있어서 비윤리적 행위가 있을 수 있다. 중소기업에서 제품을 선전하려면 유명백화점의 매장에 출품하는 것이 가장 효과적인 방법이다. '서울의 유명백화점에서 판매되는 상품'이라는 사실만으로 지방백화점이나 소매점에의 판매가 쉬워진다. 따라서 유명백화점의 매장면적을 획득하기 위해서 문제가 생긴다.

ⓒ 소매점의 세일가격광고는 자주 윤리적 문제를 일으킨다. 세일가격에서 표시하는 할인율은 무엇을 기준으로 하고 있는지 애매하거나 고의로 높은 할인율을 주장한다. '독점규제 및 공정거래법'에 의하면 세일할인율 표시기준은 '상당한 기간 동안 해당 백화점에서 판매한 가격 또는 가격을 최근에 변동했으면 변동된 최저가격'을 기준으로 할인율을 정하도록 되어 있다. 그런데 실제는 상품에 표시되어 있는 '소비자 권장가격'을 기준으로 할인율을 표시하는 경우가 많고 심지어는 그 상품이 처음에 시장에 나왔을 때에 다른 상점에서 고가로 판 적이 있는 그 가격을 기준으로 할인율을 표시하는 경우도 있다.

기 준	기준가격	세일가격	할인율
1. 처음 출시 때 표시가격	100,000원	30,000원	70%
2. 소비자 권장가격	70,000원	30,000원	57%
3. 자기상점 평소가격	50,000원	30,000원	40%
4. 자기상점 최하가격	40,000원	30,000원	25%

[소매점의 세일가격 할인율의 표시방법]

④ 유통경로의 윤리관리
  ⓐ 유통경로의 윤리문제
    • 유통경로의 비윤리적 행위는 유통질서를 문란시킨다.
    • 유통업에 대한 불신을 초래하여 결국은 유통업계나 제조업자에게 불리한 결과를 가져온다.

ⓒ 유통경로의 윤리적 관리를 위한 고려사항
- 장기적 관점 : 모든 유통경로의 윤리적 문제에 관한 의사결정을 할 때에 기업의 장기적 이익을 먼저 고려하여 결정하여야 한다.
- 이해관계자 관점 : 기업의 경영활동은 그 영향이 회사내부뿐만 아니라 회사외부의 이해관계자에게도 미치는데, 그 중에 어느 이해관계자 그룹의 이해관계를 먼저 고려해야 할 것인가를 고려하여야 한다.
- 소비자의 입장 : 소비자를 직접 접촉하는 소매업의 경우에는 상품판매에 있어서 상품의 특성, 가격 등에 대해서 소비자의 입장에서 알고 싶은 것이 무엇인가를 생각하고 그러한 정보를 소비자에게 스스로 알려주어서 소비자가 판단하도록 해야 한다. 이러한 소비자 위주 사고방식은 소비자에게 신뢰감을 주고 장기적으로 고객을 계속 유인하는데 유익하다.

(2) 판매원의 윤리 [기출] 13

① 판매원의 윤리성 문제
　ⓐ 판매원의 윤리문제가 어려운 이유
- 일반적으로 판매원은 현지에서 혼자 판매활동을 하고, 문제가 생기면 상사에게 상의할 수가 없고 현장에서 즉시 해결해야 한다.
- 판매목표의 달성 여부가 판매원의 수입과 승진에 직결되므로 판매 할당량이 문제될 수 있다.
- 흔히 장기간 현지에서 판매여행을 하므로 비용 중에 자칫하면 공적 비용과 사적비용이 혼돈되기 쉽다. 또 거래처 회사의 구매담당직원과 좋은 관계를 유지하기 위하여 문제가 생기기도 한다.
　ⓑ 공금의 사적 이용 : 판매원은 회사를 떠나 고객을 찾아다니면서 많은 비용을 쓰게 되는데 이 중에 판매를 위하여 쓴 '공적 비용'과 판매와 관계없이 개인적으로 쓴 '사적비용'의 구별이 희미해진다. 이런 문제에서 판매원이 정신적 고민을 하지 않게 하기 위하여 회사에서는 분명한 규정을 정해 줄 필요가 있다.
　ⓒ 대고객관계 : 판매원의 행동에서 가장 문제되는 부문으로 특히 윤리적 문제가 생길 가능성이 높은 부문은 다음과 같다. [기출] 15
- 월말 판매할당량 달성을 위하여 거래처에게 재고량이 현재 있는 것밖에 없으니 사두라고 권하는 경우
- 고객이 필요 이상의 기능을 가진 고가품을 권할 경우
- 납품기일을 지키지 못할 줄 알면서 납품약속을 하는 경우
- 제품의 기능만 과장해서 말하고 결점은 감추는 경우
- 거래처 회사구매 관계자에게 뇌물을 주는 경우
- 고객에게 할인품목을 정상가격으로 파는 행위
- 고객에게 거스름돈을 적게 주는 행위
- 고객인 친구에게 종업원 할인율을 적용하는 행위
- 고객정보의 외부 유출

ㄹ 대경쟁자관계
- 비교를 통하여 경쟁품을 비방해서는 안 된다. 경쟁사제품과의 직접 비교는 가급적 피하고, 판매상 꼭 필요하면 과학적 실험자료 등을 제시하여야 한다.
- 경쟁사제품에 고의로 흠을 내 놓고서는(예컨대 고의로 힘껏 누르든지, 고의로 과부하 시키든지) 그 제품이 나쁘다고 말하는 것은 가장 피해야 할 문제이다.
- 비윤리적인 방법으로 경쟁사의 제품에 관한 정보를 수집하는 경우이다. 특히 다른 구실을 대고서 경쟁제품의 성능, 가격, 생산능력 등에 관한 정보가 필요한 것은 사실이지만 이런 정보는 윤리적으로 수집하여야 한다.

ㅁ 동료 및 상사와의 관계 : 판매 장려금이 판매원 개인별로 지급될 경우, 동료와의 사이에 비윤리적 문제가 생긴다. 동료 판매원의 고객을 가로챌 수도 있고, 남의 판매지역을 침범할 수도 있다. 특히 거래회사가 전국 여러 곳에 지점이나 지역본부를 두고 있을 경우에는 이런 문제가 자주 생기고 그 한계가 애매하게 된다. 이런 문제에 대해서도 회사의 분명한 방침이 필요하다.

ㅂ 상충되는 이해관계 : 자기회사를 위한 판매활동과정에서 얻은 인간관계와 정보를 판매원의 개인적 이익이나 보상을 더 주는 다른 사람을 위해서 이용할 수도 있다. 그 예로 거래상대회사의 주식을 대량으로 취득하거나 그 회사의 임원으로 취임하여 그 자기소속회사의 판매원의 지위를 이용하는 방법, 혹은 판매원의 가족명의로 위장거래를 하는 경우가 있다.

윤리성	정보원천 또는 수집방법의 예
윤리적/합법적	1. 공개된 출판물, 재판기록, 특허기록 2. 경쟁사 종업원의 증언 3. 시장조사 보고서 4. 공표된 재무기록, 증권사의 조사보고 5. 전시회, 경쟁사의 안내문헌, 제품설명 안내서 6. 경쟁사 제품의 분석 7. 경쟁사 전 종업원의 합법적 면접
비윤리적/합법적	8. 기술세미나에서 경쟁사 종업원에게 위장 질문 9. 비밀로 몰래 관찰 10. 채용계획이 없으면서 경쟁사 종업원을 채용면접 11. 전문 사설탐정 이용 12. 경쟁사의 종업원을 스카웃해 오는 것
비윤리적/비합법적	13. 경쟁회사에 잠입하여 정보수집 14. 경쟁사 종업원이나 납품업자에게 뇌물제공 15. 경쟁사에 위장취업 16. 경쟁사의 활동을 도청 17. 설계도면 등 자료를 몰래 훔치는 것 18. 공갈, 협박

㉵ 번호는 윤리성의 정도(1은 가장 윤리적, 18은 가장 비윤리적)를 나타낸 것이다

[정보원천의 윤리성 판정기준]

② 선물과 접대
　㉠ 선 물
　　• 선물과 뇌물의 구분기준은 "경영관련 의사결정을 하기 전에 주느냐? 그것을 받음으로써 영업 관계 의사결정을 하는데 부담을 느끼느냐?"하는데 있다.
　　• 미국의 세무당국에서는 25달러까지는 선물을 위한 비용으로 인정하고 있으며 이 기준에 따라서 대부분의 회사가 그 기준을 택하고 있다.
　　• 영업사원이 주고받을 수 있는 선물의 한계를 회사방침으로 분명히 할 필요가 있다.
　㉡ 접 대
　　• 접대를 하거나 받는 것도 선물과 같은 선상에서 보아야 한다. 손님으로서 접대를 하는 것은 상관없지만 과도한 접대는 뇌물에 속한다.
　　• 사내식당에서 점심 대접하는 것은 윤리적으로 문제가 안 되지만 접대부가 따른 저녁 만찬, 주말 골프 초대, 고스톱 놀이에 고의로 져 주는 것 등은 윤리성의 문제가 된다.
　　• 여기에 대해서도 선물과 마찬가지로 분명한 행동기준이 명시되어야 한다.
③ 판매의 윤리성 평가기준(Laczniak-Murphy의 기준)
　㉠ 행동을 세 부분으로 분석하여, 의도가 비윤리적이고, 실행방법이 비윤리적이고, 결과가 비윤리적이면 그 행위는 비윤리적이다.
　㉡ '중대한' 부정적(좋지 못한) 결과를 가져오는 행동은 비윤리적이다. 예컨대 제품의 장단점을 충분히 설명해 주는 것은 방법으로서는 적절하지만, 그 결과로 구매자가 실제로 필요 없는 물건인줄 알면서 그 사람에게 팔았다면 비윤리적이다.
　㉢ 그 행동의 결과로, 고의는 아니더라도 '중대한' 부정적 결과를 초래한다면 그 행동은 비윤리적이다. 예컨대 제약회사 판매원이 동물실험에 사용해 보도록 종합병원에 실험약품을 판매하였는데 그 병원에서 그 약을 사람에게 사용하고 있다는 것을 알았다면 그 약은 더 이상 그 병원에 팔지 않아야 한다.
　㉣ 그 행동의 결과 '사소한' 부정적 효과가 생기는 경우는 비윤리적이 아니다. 예컨대, 한 영업사원의 판매성적이 올랐기 때문에 판매경쟁에 1등하여 동남아여행 보너스를 바라고 있던 동료사원이 상을 못 받게 되었더라도 그것은 '사소한' 부정적 효과이기 때문에 비윤리적이 아니다.
④ 판매원의 윤리성 향상 방법
　㉠ 상세한 '판매원 행동준칙' 또는 '영업사원 행동강령'을 제정하여 알려주고 그것을 준수하도록 해야 한다.
　㉡ 판매량 할당은 정상적인 판매활동으로 가능한 범위 내에서 정해야 하며 무리하게 '수단과 방법을 가르지 않고' 그 목표량을 달성하도록 요구해서는 안 된다.
　㉢ 영업사원이 현지에서 윤리적 문제에 직면하면 즉시 본사에 연락하여 상의를 하고 지시받도록 해야 한다.
　㉣ 영업활동 속에 비윤리적 문제가 조금씩 계속하여 발견될 때에는 더 큰 문제가 생기기 전에 사전에 적절한 적극적 조치를 취하여야 한다.

1 직업윤리의 개념과 성격

(1) 개 념 _{기출} 23 · 21 · 20 · 17 · 13

① 사회 안에서 인간이 삶의 유지를 위해 지속적인 행위과정에서 지켜야 할 상호적 관계의 도리나 사회적으로 기대되는 내 · 외적인 행위규준을 의미한다.

② 어떠한 직업인이 직업을 수행하는 과정에서 가지고 있는 내 · 외적인 행위규준이 그 시대가 요구하는 일반적인 사회적 기대에 부합될 경우, 이러한 행위규준은 행위의 가치로서 상호적으로 인정될 수 있다.

③ 동시대의 동일 직업인들이 직업활동을 함에 있어 지켜야만 하거나 기대 · 요구되는 도덕적 전형으로 될 수 있다. 그래서 지배적 가치 이념에 기초한 직업을 수행하는 과정에서 필요한 내 · 외적 행위규준이 그 시대나 사회의 주류를 이루고 있는 도덕적인 전형으로 나타나게 된다면 지배적인 직업윤리가 될 수 있다.

(2) 성 격

① **일의 윤리** : 직업적 사명감과 장인정신의 윤리

② **직장내에서의 윤리** : 참여와 협동의 조직윤리

③ **고객에 대한 윤리** : 상도의와 서비스정신의 윤리

④ **직업조직간의 윤리** : 공정한 경쟁의 시장원리

⑤ **공동체에 대한 직업윤리** : 공익정신과 공동체 의식의 윤리

2 직업윤리의 필요성과 중요성

(1) 직업윤리의 필요성

① 직업윤리는 기본적인 정보기능을 수행하여 정책을 세우고, 서비스 전략을 개발하기 위한 틀을 제공한다.

② 일의 결과가 윤리적 논란에 직면하게 될 때 직업윤리가 제대로 규명되어 있지 않다면 해당 문제에 대한 해결의 실마리를 찾지 못하여 혼란에 빠지게 된다.

③ 업무 수행과정에서 일어날 수 있는 문제들에 대해 사전에 깊이 고민하여 그에 대한 명확한 입장을 규명하고, 구체적인 행동강령을 정리한 직업윤리를 가지고 있어야만 사회적 위치를 확고히 확보하고, 자신의 역할을 통해 개인과 사회의 전반적인 발전에 기여할 수 있다.

(2) 직업윤리의 중요성

① 직업활동은 수많은 사람들과 직 · 간접적으로 관계를 맺고 상호작용을 하는 것이므로 직업인들은 직업활동을 수행함에 있어서 사람 사이에 지켜야 할 윤리적 규범을 따라야 한다.

② 윤리는 사람과의 관계에서 마땅히 지켜야 할 사회적 규범이기 때문에 직업활동을 하는 사람들은 직업윤리를 지키지 않으면 안 되며, 이 같은 직업윤리는 공동체적인 삶에 있어서 핵심적인 중요성을 갖는다.

③ 직업활동과 거래의 신뢰성을 확보하기 위해 현대사회는 수많은 법규범을 만들어 놓고 있지만, 법망을 피해서 개인의 이익만을 중요시하는 사람들은 어느 사회에나 있기 때문에 법규범만으로는 충분하지 않다.

④ 직업윤리를 통해 자발적으로 상호간의 신뢰를 구축할 수 있어야만 현대사회는 공정하고 합리적으로 운영될 수 있다.

⑤ 아무리 강력한 법적 규범이 제도화되어 있더라도 직업윤리가 확립되지 못한 사회는 부패, 부정, 비리, 범죄 등이 만연할 것이며, 서로를 믿지 못하는 불신사회가 되어 사회불안이 끊이지 않을 것이다.

3 직업윤리의 특성

(1) 직업윤리의 특수성

① 직업의 다변화 현상은 각 직업별 특성과 그에 따른 가치 및 태도의 차이를 극대화시켰기 때문에 일률적인 직업윤리 일반성으로는 직업윤리의 성격을 충족시키지 못한다.

② 직업윤리의 특수성은 직업윤리 자체가 가지는 특수한 성격이라기 보다는 직업의 다양성에 따라 직업윤리를 일반화할 수 없는 직업윤리의 한계성을 의미한다.

③ 직업윤리는 구속적일뿐만 아니라 타율적이며, 이에 대한 위반은 제재를 수반하기 때문에 사람들은 그 의미에 반대하더라도 따를 수밖에 없다.

④ 필요를 충족시키려는 노력으로부터 발생하는 개인의 습속이나 사회의 풍습이 철학적·윤리적 일반화를 포함하는 습속의 외적 규제력으로 작용하면서 각 사회에 따른 특수한 상대적 관계나 규칙이 바로 직업윤리의 특수성에 해당한다.

⑤ 직업윤리에 있어서 특수성을 가지는 윤리는 보통성이 불가하며, 결과적으로 직업일반의 윤리로 보편화시키기에는 그 성격이 매우 제한적이다.

(2) 직업윤리의 일반성

① 직업별 윤리의 보통화 불가의 원칙에도 불구하고 직업인과 직업사회 전반에 걸쳐 보편적으로 적용될 수 있는 직업윤리를 의미한다.

② 직업윤리의 보편적 적용은 일정한 시간과 공간의 제한 속에서 각 직업별 윤리에 공통적으로 적용될 수 있는 내적 규범을 지칭한다.

③ 직업윤리의 일반성은 심정윤리와 책임윤리의 적절한 보완이 필요하다. 즉, 직업윤리의 보편성이란 심정에의 호소를 그 특징으로 할 수 밖에 없으면서도 규칙이나 관행 등의 규제력 있는 책임윤리의 보완을 필요로 한다.

1 상인의 지위

(1) 상인의 의의

① 당연상인 : 자기명의로 상행위를 하는 자를 말한다.

　㉠ 자기명의 : 자기가 그 상행위에서 생기는 권리·의무의 귀속주체가 되는 것을 의미한다.

　㉡ 상행위 : 상법 제46조에서 정한 기본적 상행위와 특별법(담보부사채신탁법 제23조)에서 정한 상행위를 말한다.

　㉢ 영업 : 영리를 목적으로 계속적·지속적으로 이루어지고 대외적으로 인식이 될 수 있는 행위를 말한다.

② 의제상인 : 상인적 설비 내지 조직에 의하여 상법 제46조에 규정된 상행위 이외의 영업을 하는 자

③ 소상인 : 영업규모가 영세하여 상법 중 일부규정의 적용이 배제되는 상인

　㉠ 범위 : 자본금액이 1천만원 미만의 상인으로서 회사가 아닌 자를 말한다.

　㉡ 상법 중 일부규정의 적용 배제 : 소상인에 대하여는 지배인, 상호, 상업장부, 상업등기에 관한 규정을 적용하지 않는다.

(2) 기본적 상행위(상법 제46조)

① 동산, 부동산, 유가증권 기타의 재산의 매매 또는 임대차

② 제조, 가공 또는 수선에 관한 행위

③ 전기, 전파, 가스 또는 물의 공급에 관한 행위

④ 작업 또는 노무의 도급의 인수

⑤ 출판, 인쇄 또는 촬영에 관한 행위

⑥ 광고, 통신 또는 정보에 관한 행위

⑦ 수신·여신·환 기타의 금융거래

⑧ 공중(公衆)이 이용하는 시설에 의한 거래

⑨ 상행위의 대리의 인수

⑩ 중개에 관한 행위

⑪ 위탁매매 기타의 주선에 관한 행위

⑫ 운송·임치·신탁의 인수

⑬ 상호부금 기타 이와 유사한 행위

⑭ 보험

⑮ 광물 또는 토석의 채취에 관한 행위

⑯ 기계, 시설, 그 밖의 재산의 금융리스에 관한 행위

⑰ 상호·상표 등의 사용허락에 의한 영업에 관한 행위

⑱ 영업상 채권의 매입·회수 등에 관한 행위

⑲ 신용카드, 전자화폐 등을 이용한 지급결제 업무의 인수

2 상인의 윤리강령과 거래수칙

(1) 개 요

상인은 자기가 파는 물건의 품질과 그것을 획득하거나 생산하는 수단을 철저히 이해하고, 물건을 완벽한 상태로 생산하거나 획득하여 그것을 가장 필요로 하는 곳에 가장 싼 가격으로 분배하기 위해 모든 지혜와 노력을 기울여야 한다.

(2) 상인의 윤리강령과 거래수칙 기출 21

① 항상 고객의 입장에 서라
  ㉠ 고객에게 상품의 기본정보는 정확하게 알려준다.
  ㉡ 고객에게 해를 주는 물품은 판매하지 않는다.
  ㉢ 사실과 다른 이미지나 정보로 고객을 현혹하지 않는다.
  ㉣ 고객의 평가를 겸허히 수용하며, 고객의 반응에 민감하게 반응한다.
  ㉤ 고객을 차별하지 않는다.
  ㉥ 하자가 없는 한 고객의 환불요구에 응해야 하며, 고객에게 항상 친절하게 대한다.

② 정당한 방법으로 이익을 추구한다.
  ㉠ 과장광고나 허위광고로 고객을 기만하지 않는다.
  ㉡ 폭리를 취하지 말고 정당한 이윤을 추구한다.
  ㉢ 직원들에게는 정당한 대가를 지불한다.
  ㉣ 매점매석하지 않는다.
  ㉤ 절약해서 밑천을 저축한다.

③ 사회규범을 준수하라
  ㉠ 합법적인 거래를 한다.
  ㉡ 사회의 윤리감정이나 법감정에 어긋나는 거래를 하지 않는다.
  ㉢ 사회에 해를 끼치는 거래를 하지 않는다.

④ 상인간의 상도의를 지켜라
  ㉠ 상거래규칙을 준수한다.
  ㉡ 동료와는 정당하게 이윤을 분배한다.
  ㉢ 경쟁자와는 공정한 거래규칙을 지킨다.
  ㉣ 생산자에게는 정당한 가격을 지불한다.

⑤ 근면, 성실하라
  ㉠ 노력한 만큼 이윤을 추구한다.
  ㉡ 불규칙한 휴무를 하지 않는다.
  ㉢ 개점과 폐점시간을 정확히 준수한다.
  ㉣ 정당한 이윤을 많이 남길 수 있는 상품을 개발한다.

⑥ 정확하게 거래하라

　　㉠ 원가와 이윤율 등을 정확하게 계산한다.

　　㉡ 큰 거래는 즉시 하지 말고 여러 사람과 심사숙고한 다음에 결정한다.

　　㉢ 거래는 계획적이며 구체적으로 한다.

⑦ 지혜로워라

　　㉠ 작은 이익을 추구하려다 큰 이익을 놓치지 않는다.

　　㉡ 사회의 변화현상을 신속하게 파악하여 흐름에 맞는 상품을 개발한다.

01 거래관계에서 요구되는 윤리적 기초에 관한 설명으로 가장 옳지 않은 것은? [2012.04]

① 힘이 강한 소매상이 힘이 약한 납품업체에게 구매가격 인하를 요구하는 것은 거래의 평등성을 위배하는 행위이다.
② 납득할 만한 거래상대방의 설명 등 쌍방간 의사소통이 원활하면 분배적 공정성이 달성된다.
③ 약속의 성실한 이행은 거래를 지속시키며, 갈등을 해소하는 토대가 된다.
④ 의무의 도덕성이란 불가조항을 일일이 열거하는 것을 말한다.
⑤ 배려의 도덕성은 의무이행을 위해 보상과 격려, 관용과 존경을 강조한다.

②는 절차공정성에 대한 설명이다. 절차공정성은 불평 혹은 개인의 의사결정을 형성하는데 적용되는 과정의 타당성에 관한 것으로 목적이 달성되는데 사용된 수단에 대해 지각된 공정성이며, 논쟁 또는 협상의 결과에 도달하기 위해 의사결정자들에 의해 사용되는 정책, 절차, 기준의 지각된 공정성이다(Alexander & Ruderman, 1987).

※ 분배공정성
분배공정성은 최종적인 결과에 대한 지각이 공정했는가를 나타내며 교환의 주목적인 대상물 즉 핵심적인 서비스에 대한 지각이 공정했는가를 결정하는 것이다(Homans, 1961).

02 윤리 경영을 실행하기 위해 필요한 방안이라 보기 어려운 것은? [2012.07]

① 윤리 행동을 평가하고 그 결과는 반드시 보상하여야 한다.
② 윤리적 통제 시스템을 구축하고 이를 적극 활용하여야 한다.
③ 윤리적 경영자를 선발하고 양성하는 방안을 강구하여야 한다.
④ 윤리적 가치 이념을 기업전략으로 연계시키는 방안이 필요하다.
⑤ 윤리의식을 정착시키기 위한 제도화가 필요하나 윤리강령은 불필요하다.

미국 연방판결(Defence Industry Initiative, DII, 1986)에 의하면 비윤리적 행위를 하지 않도록 평소에 '노력하는 회사'의 판단기준 중 하나는 윤리강령이 있어야 한다는 것이다.

03 유통윤리에 대한 내용 중 가장 옳지 않은 것은? [2012.11]

① 뇌물을 방지하기 위해서는 금액, 회수, 종류 등에 대한 뇌물방지규정을 명시화할 필요가 있다.
② 소매상이 공급업체에 요구하는 신제품 입점비나 진열비용은 윤리적으로 지탄받을 수 있으나, 소매상의 입장에서는 일종의 보험성격을 지닌다.
③ 할인품목을 정상가격으로 판매하는 행위는 윤리적으로 문제가 되지만, 친구나 친지에게 종업원 할인을 적용하는 것은 큰 무리가 따르지 않는다.
④ 업무와 관련된 정보를 단골 거래처에 사전에 귀띔하는 것은 문제를 야기할 수 있다.
⑤ 회사 비품이나 고객사은품을 사적으로 이용하는 것은 비윤리적 행위이다.

> **해설** 친구나 친지에게 종업원 할인을 적용하는 것은 금전적 이익을 제공하는 것이므로 비윤리적 행위에 포함된다고 할 수 있다.

04 유통업체의 사회적 책임에 대한 내용 중 가장 옳지 않은 것을 고르시오. [2012.11 | 2013.07]

① 매장 내 적정 온도관리, 위생적 환경관리도 중요하다.
② 지역민을 위한 다양한 참여 프로그램을 제공하여야 한다.
③ 무엇보다 소비자를 위한 양질의 상품을 제공하여야 한다.
④ 내부의 종업원관리는 노사문제로 사회적 책임과는 거리가 멀다.
⑤ 법적인 책임도 항상 고려하여야 한다.

> **해설** 기업의 종업원은 고객접점에서 고객과 직접 접촉하는 접객요원이다. 기업이 고품질의 서비스를 제공하기 위해서는 종업원의 관리가 매우 중요하다. 종업원이 회사에 만족하게 되면 고객에게 양질의 서비스를 제공하게 하고, 결국 고객만족과 기업의 이익으로 이어지게 된다.

05 고객과 관련된 윤리문제에 해당하지 않는 것은? [2015.07]

① 고객에게 할인품목을 정상가격으로 파는 행위
② 고객에게 거스름돈을 적게 주는 행위
③ 고객인 친구에게 종업원 할인율을 적용하는 행위
④ 고객정보의 외부 유출
⑤ 직장동료의 불법행위를 묵인하는 행위

해설 ⑤는 동료와의 윤리적 관계에 해당하는 문제이다.

06 기업차원의 고객만족 경영을 실현하기 위한 조건으로 옳지 않은 것은? [2015.11]

① 최고경영자의 실천의지보다는 실무자의 의지가 필요하다.
② 기업중심 사고에서 고객중심 사고로의 관점 전환이 필요하다.
③ 명확한 추진 목표를 설정하는 것이 필요하다.
④ 직원들의 자발적인 참여를 유도해야 한다.
⑤ 기업차원의 지속적인 선행투자가 필요하다.

해설 전사적으로 고객만족 경영을 실현하기 위해서는 최고경영자의 적극적인 실천의지가 중요하다.

07 직업윤리의 개념에 대한 설명 중 가장 옳지 않은 것은? [2013.07]

① 직업인으로서 마땅히 지켜야하는 도덕적 가치관을 말한다.
② 직업인에게 평균적으로 요구되는 정신적 자세나 행위규범을 말한다.
③ 모든 사람은 그 직업의 특수성에 따라서 각기 다른 도덕적 규범을 갖는다.
④ 일반윤리의 규범에 어긋나는 직업윤리의 규범이 존재하기도 한다.
⑤ 직업 활동에 대한 평가가 사회적 공인을 받을 경우 직업윤리가 형성되기도 한다.

해설 직업윤리는 일반윤리에서 직업생활이라는 특수성을 가지고 파생된 윤리이므로 넓은 의미로는 일반윤리에 포함된다. 그러므로 직업윤리의 규범은 일반윤리의 규범에 어긋나서는 존재할 수 없다.

08 다음 글상자에서 설명하는 용어로 옳은 것은? [2016.07]

이해
체크
○
△
×

> • 판매원들 개개인에게 조직을 위해 중요한 일을 할 수 있는 능력이 있다는 확신을 심어 주고 담당업무에 대한 권한을 부여하는 권한 강화 과정
> • 일선 현장에서 직접 문제를 해결할 수 있게 하여 고객만족과 직원만족을 동시에 추구함
> • 판매원들 스스로 업무자율성을 중요시할 때 더 높은 성과가 나타날 수 있음

① 직무확대
② 공감적 경청
③ 셀프리더십(self leadership)
④ 권한 부여(empowerment)
⑤ 솔선수범

 해설 권한 부여(empowerment)
• 권력의 공유와 하위 계층 구성원들에게 권한이나 권력을 위임하는 현상을 말한다.
• 조직 내의 하위 계층에게 권력과 권한을 위임함으로써 하위계층이 좀 더 자유롭게 직무를 수행할 수 있도록 하는 것을 의미하며, 이는 조직 구성원들의 동기부여에 긍정적으로 작용한다.
• 조직이 가지고 있는 파워를 신뢰하는데서 출발하며, 신뢰를 바탕으로 구성원의 능력과 잠재력을 키워주는 방법이다.

 09 개인적 차원에서 보는 직업의 중요성에 관한 설명 중 가장 거리가 먼 것은? [2013.04]

이해
체크
○
△
×

① 성취의 보람을 느낄 수 있다.
② 직업을 가진 개인은 물론 그 가족의 생계수단이 된다.
③ 개인이 사회생활에 참여하는 통로가 된다.
④ 자아실현을 할 수 있는 통로가 된다.
⑤ 직업의 유형은 인적 신뢰성의 수준을 결정한다.

 해설 직업의 중요성(개인적 차원)
• 생계유지의 수단
• 자아실현의 수단
• 소속감을 통한 심리적 안정
• 사회 참여와 사회 발전에 기여

※ 본 문제를 풀면서 이해체크를 이용하시면 문제이해에 보다 도움이 될 수 있습니다.

01 유통윤리(Distributor Ethics)의 기본원칙에 대한 설명으로 가장 어울리지 않는 것은?

① 유통윤리는 유통경로에서 정당하지 못한 방법이나 상도에 어긋난 행동으로 인하여 유통질서를 혼탁하게 하는 행위를 하는 경우에 필요하다.

② 경로관리의 윤리문제는 유통경로에 존재하는 사회적, 환경적인 문제들에서 발생하는 윤리적 문제로 단순한 물적 유통에 한정된 것이 아니다.

③ 도소매점의 윤리문제는 공급자가 자사제품만을 취급하게 하거나 거래조건을 연계하여 독점거래권을 행사하는 경우가 대표적인 비윤리적인 문제이다.

④ 경쟁업체와의 수평적 가격담합, 제조업자와 중간상 간의 수직적 가격담합은 비윤리적이지만, 경쟁에서 이기기 위한 약탈적 가격전략은 정상적인 기업전략의 일부분이기 때문에 윤리적이다.

⑤ 기업마다 치열한 광고 및 촉진관리 활동을 전개하는 과정에서 소비자들의 개인정보 유출문제와 사생활 보호문제가 마케팅과 유통에서 윤리적인 문제로 대두되고 있다.

약탈가격(predatory pricing)은 기업이 가격을 아주 낮게 책정해 경쟁기업들을 시장에서 몰아낸 뒤 다시 가격을 올려 손실을 회복하려는 가격정책으로 불공정거래행위에 속한다.

02 도덕적 측면에서의 기업윤리와 관련이 있는 것은?

① 선과 악을 구분하는 원칙

② 사회적 가치관과 법규의 기본 취지

③ 개인의 가치관을 기준

④ 개인의 도덕적 가치관을 적용

⑤ 윤리적 원칙을 적용

② 기업적 측면
③ 개인적 측면
④·⑤ 종합적 측면

03 기업윤리의 자기 이익 모델 개념이 아닌 것은?

① 이익의 극대화
② 단기적
③ 법규와 업계의 관행대로
④ 가급적 능률적 방법
⑤ 사회가 필요로 하는 가치의 제공

해설 ⑤는 사회 이익 모델의 기본 가정이다.

04 기업윤리의 사회 이익 모델 개념과 관련이 없는 것은?

① 가치의 창조
② 봉사에 대한 적절한 보수 기대
③ 지속되는 관계 유지
④ 최대다수에게 최대이익
⑤ 사회가 필요로 하는 가치의 제공

해설 ④는 자기 이익 모델의 기본 가정이다.

05 기업윤리에서 추구하는 가치이념과 거리가 먼 것은?

① 공정한 경쟁   ② 정치개입
③ 성실, 신의   ④ 공생관계 모색
⑤ 공정하게 거래

해설 정부와는 엄정한 관계를 유지해야 하지만, 정치개입을 해서는 안 된다.

06 기업윤리에서 추구하는 가치이념과 이해관계자의 연결이 잘못된 것은?

① 엄정한 책무 – 외국정부
② 공평, 형평 – 투자자
③ 인간의 존엄성 – 종업원
④ 성실, 신의 – 고객
⑤ 공생관계 모색 – 지구환경

> **해설** 외국정부, 기업과는 공정한 협조가 필요하다.

07 다음 중 기업이 저지르기 쉬운 과오로 볼 수 없는 것은?

① 중대한 사회적 문제를 묵살한다.
② 비난을 남에게 전가한다.
③ 문제를 일으킨 종업원을 해고한다.
④ 결함을 인정한다.
⑤ 홍보전을 이용하여 반박한다.

> **해설** ①·②·③·⑤ 외에 외부의 비판자를 비난한다, 윤리에 관한 정보를 덮어둔다, 비난을 부인한다 등이 있다.

08 경영자가 윤리적 과오를 범하는 이유와 관련이 적은 것은?

① 깊이 생각하지 않고 "시킨 대로"일을 하기 때문에
② 넓게 회사의 외부를 생각하도록 훈련되어 있어서
③ 윗사람의 생각이나 태도가 분명하지 않고 위급할 때 판단해주지 않기 때문에
④ 대외적으로 무심코 한 말이 잘못 이해되기 때문에
⑤ "회사에 잘 보이려면 시키는 대로 해야지"라는 생각 때문에

> **해설** 사업(비지니스) 측면에서만 생각하도록 훈련 받았지, 넓게 회사의 외부를 생각하도록 훈련되어 있지 않기 때문이다.

09 다음 중 기업윤리와 이익 관계가 가장 바람직한 기업은?

① 이익수준도 높고 윤리수준도 높은 기업
② 이익수준은 낮고 윤리수준이 높은 기업
③ 이익수준도 낮고 윤리수준도 낮은 기업
④ 이익수준은 높고 윤리수준이 낮은 기업
⑤ 이익수준 및 윤리수준이 보통인 기업

해설 기업의 이익과 윤리수준을 잘 조화시킨 회사가 사회적으로 존경받고 가장 바람직한 회사이다.

10 기업윤리와 관련한 국내환경 변화와 관련 없는 내용은?

① 기업의 영업 관행과 사회적 가치관의 차이 확대
② 기업에 대한 사회적 신뢰의 위기
③ 기업지배구조에 대한 인식 변화
④ 비윤리적 행위로 인한 손실
⑤ 부패라운드

해설 외국에서의 뇌물행위도 국내법에서 처벌하도록 하자는 소위 '부패라운드(Corruption Round)'가 미국의 주도하에 OECD에서 시작되었다.

11 판매원이 상품을 판매하면서 생기는 윤리적 문제부문과 관련이 적은 것은?

① 공금의 사적 이용
② 대고객관계
③ 대정부관계
④ 대경쟁자관계
⑤ 상충되는 이해관계

해설 ①·②·④·⑤ 외에 동료 및 상사와의 관계 등이 있다.

12 다음 중 윤리적·합법적 정보원천이 아닌 것은?

① 공개된 출판물, 특허기록
② 경쟁자 종업원의 증언
③ 시장조사 보고서
④ 경쟁사 제품의 분석
⑤ 경쟁사에 위장취업

 ⑤는 비윤리적·비합법적 정보원천이다.

13 다음 중 직업에 대한 설명으로 옳지 않은 것은?

① 생계유지를 위한 활동이다.
② 사회 참여와 봉사의 기회를 제공한다.
③ 자아실현의 수단이다.
④ 수입을 목적으로 이루어지는 일이다.
⑤ 가사 활동, 취미 활동, 봉사 활동도 포함한다.

 취미, 가사활동이나 배당, 연금, 재산수입 등은 어떤 일을 계속적으로 수행하여 얻은 것이 아니므로 직업이 아니다.

14 다음 중 직업윤리에 대한 설명으로 옳지 않은 것은?

① 과거에는 성실성을 중요시하였다.
② 직업인이 가져야 할 마음가짐이다.
③ 직업에 종사하는 사람들이 지켜야 할 행동 규범이다.
④ 오늘날에는 이익의 사회 환원과 사회에 대한 봉사를 중요시한다.
⑤ 경제가 성장하고 산업이 발달하여도 그 내용은 달라지지 않는다.

 직업윤리는 경제가 성장하고 산업이 발달함에 따라 달라진다.

15 다음 중 흥미에 대한 설명으로 옳은 것은?

① 흥미가 있으면 일에 능률이 오른다.
② 수입이 많은 직업은 모두 흥미가 있다.
③ 흥미를 느끼는 정도는 사람마다 똑같다.
④ 일을 성공적으로 성취할 수 있는 개인의 능력이다.
⑤ 말과 행동을 통해 나타나는 개인이 가지고 있는 특유한 성질이다.

> **해설** 어떤 일이나 활동을 특별히 좋아하는 심리적 성향을 흥미라 하며 흥미가 있으면 일에 능률이 오른다.

16 자신을 이해하기 위한 여러 가지 요소에 대한 설명으로 옳지 않은 것은?

① 적성이란 개인의 일상적인 행동이나 판단에 영향을 미치는 믿음이나 원리 또는 신념을 말한다.
② 건강 상태와 신체적 조건은 일을 수행할 때 영향을 끼친다.
③ 성격이란 말과 행동을 통해 나타나는 개인이 가지고 있는 특유한 성질이다.
④ 흥미는 어떤 일이나 활동을 특별히 좋아하는 심리적 성향을 말한다.
⑤ 가치관은 개인이 성장해 온 가정환경, 종교, 교육 정도, 개인적인 경험 등의 요소가 작용하여 형성된다.

> **해설** 적성이란 특정 직업에서의 성공 가능성으로 어떤 일을 쉽고 빠르게 배울 수 있는 능력을 말한다.

17 다음 중 뛰어난 대인 관계 기술과 언어 능력, 타인을 설득하는 능력이 필요한 직업군은?

① 전문가   ② 판매 종사자
③ 사무 종사자   ④ 기능 종사자
⑤ 단순 노무 종사자

> **해설** 뛰어난 대인 관계 기술과 언어 능력, 타인을 설득하는 능력이 있는 경우에는 판매 종사자에게 필요한 능력이라고 할 수 있다.

18 **"직업에는 귀천이 없다."는 주장의 근거로 알맞은 것은?**

① 직장에서 하는 일은 모두 비슷하다.
② 사람들은 직업을 통해 인간관계를 맺는다.
③ 직업은 그 나름대로 특정의 능력을 요구한다.
④ 어떤 직업을 가져도 생계유지가 가능하다.
⑤ 모든 직업은 나름의 사회적 역할을 분담하고 있다.

> **해설** 모든 직업이 사회발전에 이바지 하고 있다는 측면에서 직업에는 귀천이 없다.

19 **직업인, 소비자, 기업인 모두가 공통적으로 갖추고 염두에 두어야 할 윤리의식은?**

① 소비성   ② 생산성
③ 투기성   ④ 공익성
⑤ 경쟁성

> **해설** 직업인, 소비자, 기업인 모두 공통적으로 공익성을 갖추어야 한다.

20 **상인에 대한 설명으로 옳지 않은 것은?**

① 자기명의로 상행위를 하여야 한다.
② 상행위로 인한 권리의무의 귀속주체가 되어야 한다.
③ 상행위란 상법 제46조에서 정한 기본적 상행위와 특별법(담보부사채신탁법 제23조)에서 정한 상행위를 말한다.
④ 영리를 목적으로 하여야 한다.
⑤ 일시적으로 이루어지는 것도 상행위가 될 수 있다.

> **해설** 상행위란 영리를 목적으로 계속적·지속적으로 이루어지고 대외적으로 인식이 될 수 있는 행위를 말한다.

21 다음은 상인 간의 상품매매의 의무 및 권리에 대한 설명이다. 맞지 않는 것은?

① 매매 계약상 대금 지급 시기에 대한 언급이 없고 거래상의 관습도 없는 경우에는 상법상 목적물을 인도한 때이다.

② 대금의 지급 시기는 원칙상 목적물 인도 장소로 하고 특별히 계약상 지정 장소가 있을 때에는 이를 따른다.

③ 매수인은 매수한 목적물의 권리의 일부나 전부를 상실한 위험이 있을 때에는 그 위험의 한도 내에서 대금의 지급을 거절할 수 있다.

④ 매수인은 상품수령 즉시 검사하여 하자 또는 수량 부족을 매도인에게 통지해야 하나, 하자를 발견할 수 없는 성질의 것인 경우에는 6개월 이내에 통지하면 손해배상청구권을 상실하지 않는다.

⑤ 매수인이 목적물의 수령을 거부하거나 이를 수령할 수 없는 때에는 매도인은 그 물건을 공탁하거나 상당한 기간을 정하여 최고한 후 경매할 수 있다.

> **해설** 목적물의 인도와 대금 지급 시기는 원칙적으로 동시 이행의 관계에 있다. 그러나 이와 다른 특약이나 관습이 있으면 그에 따른다.

22 다음 상인 자격(商人資格)에 대한 설명으로 옳지 않은 것은?

① 상인 자격은 권리 능력과 동일한 것이다.

② 비영리 법인(공익 법인)은 상행위를 업으로 할 때에 상인이 될 수 있다.

③ 영리 법인은 상사회사이든 민사회사이든 설립할 때부터 상인 자격이 취득된다.

④ 상인 자격은 상법이 정하고 있는 일정 종류의 영업 또는 일정한 형식에 의한 영업을 개시함으로써 취득한다.

⑤ 점포 기타 유사한 설비에 의하여 상인적 방법으로 영업을 하는 자는 상행위를 하지 아니하더라도 상인으로 본다.

> **해설** 상인 자격은 권리 능력과 동일한 것이 아니다. 권리 능력은 법이 자연의 존재에 대하여 부여되는 데 반하여, 상인 자격은 사람의 의사에 의하여 취득되는 것이다. 그러므로 양자는 그 존속 기간에 있어서도 차이가 있다.

23 다음 중 상인의 윤리강령으로 볼 수 없는 것은?

① 항상 고객의 입장에 서라.
② 가능한 최대한의 이익을 얻어라.
③ 사회규범을 준수하라.
④ 상인간의 상도의를 지켜라.
⑤ 지혜로워라.

> **해설** 상인의 윤리강령
> • 항상 고객의 입장에 서라.
> • 정당한 방법으로 이익을 추구하라.
> • 사회규범을 준수하라.
> • 상인간의 상도의를 지켜라.
> • 근면 성실하라.
> • 정확하게 거래하라.
> • 지혜로워라

24 상인간의 윤리강령 및 거래수칙으로 옳지 못한 것은?

① 소비자에게 최선을 다해 헌신을 하고 난 후에 이익을 취해야 한다.
② 사실과 다른 이미지나 정보로 고객을 현혹하지 않는다.
③ 고객을 분류하여 대접한다.
④ 하자가 없는 한 고객의 환불요구에 응한다.
⑤ 고객의 평가를 겸허하게 수용한다.

> **해설** 아무리 적은 양이나 작은 액수의 물품을 구매한다고 할지라고 차별하지 않고 공평하게 대해야 한다.

25 상인간의 윤리강령 및 거래수칙에 대한 설명으로 잘못된 설명은?

 ① 사회에 해를 끼치는 거래를 하지 않는다.

② 상황에 맞게 개점과 폐점시간을 운용한다.

③ 원가와 이윤율 등을 정확하게 계산한다.

④ 큰 거래는 즉시 하지 말고 심사숙고한 다음에 결정한다.

⑤ 노력한 만큼 이윤을 추구한다.

> 해설 개점과 폐점시간은 정확히 준수하여야 한다.

CHAPTER

05 · 유통관련법규

Key Point

- 유통산업발전법의 목적과 정의
- 유통정보화시책과 유통효율화시책
- 소비자기본법의 목적과 정의
- 소비자분쟁의 조정 및 해결 방법
- 청소년보호법과 청소년유해매체물 등 심의 기준

01 유통산업발전법

1 총 칙

(1) 목적(제1조)

이 법은 유통산업의 효율적인 진흥과 균형 있는 발전을 꾀하고, 건전한 상거래질서를 세움으로써 소비자를 보호하고 국민경제의 발전에 이바지함을 목적으로 한다.

(2) 용어의 정의(제2조)

① 유통산업 : 농산물·임산물·축산물·수산물(가공물 및 조리물 포함) 및 공산품의 도매·소매 및 이를 경영하기 위한 보관·배송·포장과 이와 관련된 정보·용역의 제공 등을 목적으로 하는 산업

② 매장 : 상품의 판매와 이를 지원하는 용역의 제공에 직접 사용되는 장소

③ 대규모점포 및 준대규모점포

    ㉠ 대규모점포 `기출 20·19`

- 하나 또는 대통령령이 정하는 둘 이상의 연접되어 있는 건물 안에 하나 또는 여러 개로 나누어 설치되는 매장일 것
- 상시 운영되는 매장일 것
- 매장면적의 합계가 3천제곱미터 이상일 것

    ㉡ 준대규모점포 `기출 17`

- 대규모점포를 경영하는 회사 또는 그 계열회사(「독점규제 및 공정거래에 관한 법률」에 따른 계열회사)가 직영하는 점포
- 「독점규제 및 공정거래에 관한 법률」에 따른 상호출자제한 기업집단의 계열회사가 직영하는 점포
- 상기(上記)의 회사 또는 계열회사가 직영점형 체인사업 및 프랜차이즈형 체인사업의 형태로 운영하는 점포

④ **임시시장** : 다수의 수요자와 공급자가 일정한 기간동안 상품을 매매하거나 용역을 제공하는 일정한 장소

⑤ **체인사업** : 같은 업종의 여러 소매점포를 직영(자기가 소유하거나 임차한 매장에서 자기의 책임과 계산 아래 직접 매장을 운영하는 것)하거나 같은 업종의 여러 소매점포에 대하여 계속적으로 경영을 지도하고 상품·원재료 또는 용역을 공급하는 사업 기출 18·17·16·14

직영점형 체인사업	체인본부가 주로 소매점포를 직영하되, 가맹계약을 체결한 일부 소매점포(가맹점)에 대하여 상품의 공급 및 경영지도를 계속하는 형태의 체인사업
프랜차이즈형 체인사업	독자적인 상품 또는 판매·경영 기법을 개발한 체인본부가 상호·판매방법·매장운영 및 광고방법 등을 결정하고, 가맹점으로 하여금 그 결정과 지도에 따라 운영하도록 하는 형태의 체인사업
임의가맹점형 체인사업	체인본부의 계속적인 경영지도 및 체인본부와 가맹점 간의 협업에 의하여 가맹점의 취급품목·영업방식 등의 표준화사업과 공동구매·공동판매·공동시설활용 등 공동사업을 수행하는 형태의 체인사업
조합형 체인사업	같은 업종의 소매점들이 「중소기업협동조합법」 제3조에 따른 중소기업협동조합, 「협동조합 기본법」에 따른 협동조합, 협동조합연합회, 사회적협동조합 또는 사회적협동조합연합회를 설립하여 공동구매·공동판매·공동시설활용 등 사업을 수행하는 형태의 체인사업

⑥ **상점가** : 일정 범위안의 가로 또는 지하도에 대통령령이 정하는 수 이상의 도매점포·소매점포 또는 용역점포가 밀집하여 있는 지구 기출 23

⑦ **전문상가단지** : 같은 업종을 영위하는 여러 도매업자 또는 소매업자가 일정 지역에 점포 및 부대시설 등을 집단으로 설치하여 만든 상가단지

⑧ **무점포판매** : 상시 운영되는 매장을 가진 점포를 두지 아니하고 상품을 판매하는 것으로 산업통상자원부령이 정하는 것

⑨ **유통표준코드** : 상품·상품포장·포장용기 또는 운반용기의 표면에 표준화된 체계에 따라 표기된 숫자와 바코드 등으로서 산업통상자원부령이 정하는 것

⑩ **유통표준전자문서** : 「전자문서 및 전자거래 기본법」에 따른 전자문서 중 유통부문에 관하여 표준화되어 있는 것으로서 산업통상자원부령이 정하는 것

⑪ **판매시점 정보관리시스템** : 상품을 판매할 때 활용하는 시스템으로서 광학적 자동판독방식에 의하여 상품의 판매·매입 또는 배송 등에 관한 정보가 수록된 것

⑫ **물류설비** : 화물의 수송·포장·하역·운반과 이를 관리하는 물류정보처리활동에 사용되는 물품·기계·장치 등의 설비 기출 22

⑬ **도매배송서비스** : 집배송시설을 이용하여 자기의 계산으로 매입한 상품을 도매하거나 위탁받은 상품을 「화물자동차 운수사업법」에 의한 허가를 받은 자가 수수료를 받고 도매점포 또는 소매점포에 공급하는 것

⑭ **집배송시설** : 상품의 주문처리·재고관리·수송·보관·하역·포장·가공 등 집하 및 배송에 관한 활동과 이를 유기적으로 조정 또는 지원하는 정보처리활동에 사용되는 기계·장치 등의 일련의 시설

⑮ **공동집배송센터** : 여러 유통사업자 또는 제조업자가 공동으로 사용할 수 있도록 집배송시설 및 부대업무시설이 설치되어 있는 지역 및 시설물

(3) 유통산업시책의 기본방향(제3조) `기출` `21 · 20`

① 유통구조의 선진화 및 유통기능의 효율화 촉진

② 유통산업에서의 소비자 편익의 증진

③ 유통산업의 지역별 균형발전의 도모

④ 유통산업의 종류별 균형발전의 도모

⑤ 중소유통기업(유통산업을 경영하는 자로서 「중소기업기본법」 제2조에 따른 중소기업자에 해당하는 자를 말함)의 구조개선 및 경쟁력 강화

⑥ 유통산업의 국제경쟁력 제고

⑦ 유통산업에서의 건전한 상거래질서의 확립 및 공정한 경쟁여건의 조성

⑧ 그 밖에 유통산업의 발전을 촉진하기 위하여 필요한 사항

(4) 적용 배제(제4조)

다음 각 호의 시장·사업장 및 매장에 대하여는 이 법을 적용하지 아니한다.

① 「농수산물유통 및 가격안정에 관한 법률」에 따른 농수산물도매시장·농수산물공판장·민영농수산물도매시장 및 농수산물종합유통센터

② 「축산법」에 따른 가축시장

2 유통산업발전계획 등

(1) 기본계획의 수립·시행 등(제5조)

① 산업통상자원부장관은 유통산업의 발전을 위하여 5년마다 유통산업발전기본계획을 관계중앙행정기관의 장과의 협의를 거쳐 세우고 시행하여야 한다.

② 기본계획의 포함 사항

㉠ 유통산업 발전의 기본방향

㉡ 유통산업의 국내외 여건변화 전망

㉢ 유통산업의 현황 및 평가

㉣ 유통산업의 지역별·종류별 발전방안

㉤ 산업별·지역별 유통기능의 효율화·고도화 방안

㉥ 유통전문인력·부지 및 시설 등의 수급변화에 대한 전망

㉦ 중소유통기업의 구조개선 및 경쟁력 강화 방안

㉧ 대규모점포와 중소유통기업 및 중소제조업체 사이의 건전한 상거래질서의 유지 방안

㉨ 그 밖에 유통산업의 규제완화 및 제도개선 등 유통산업의 발전을 촉진하기 위하여 필요한 사항

③ 산업통상자원부장관은 기본계획을 세우기 위하여 필요하다고 인정되는 경우에는 관계 중앙행정기관의 장에게 필요한 자료를 요청할 수 있으며 이 경우 자료를 요청받은 관계 중앙행정기관의 장은 특별한 사정이 없는 한 이에 따라야 한다.

④ 산업통상자원부장관은 기본계획을 특별시장·광역시장·특별자치시장·도지사·특별자치도지사(이하 "시·도지사"라 한다)에게 알려야 한다.

(2) 시행계획의 수립·시행 등(제6조)

① 산업통상자원부장관은 기본계획에 따라 매년 유통산업발전시행계획(이하 "시행계획"이라 한다)을 관계 중앙행정기관의 장과 협의를 거쳐 세워야 한다.

② 산업통상자원부장관은 시행계획을 세우기 위하여 필요하다고 인정하는 경우에는 관계 중앙행정기관의 장에게 필요한 자료를 요청할 수 있다. 이 경우 자료를 요청받은 관계 중앙행정기관의 장은 특별한 사정이 없으면 요청에 따라야 한다.

③ 산업통상자원부장관 및 관계 중앙행정기관의 장은 시행계획 중 소관 사항을 시행하고 이에 필요한 재원을 확보하기 위하여 노력하여야 한다.

④ 산업통상자원부장관은 시행계획을 시·도지사에게 알려야 한다.

(3) 지방자치단체의 사업시행 등(제7조)

① 시·도지사는 기본계획 및 시행계획에 따라 다음 각 호의 사항을 포함하는 지역별 시행계획을 세우고 시행하여야 한다. 이 경우 시·도지사(특별자치시장은 제외한다)는 미리 시장(「제주특별자치도 설치 및 국제자유도시 조성을 위한 특별법」 제17조 제1항에 따른 행정시장을 포함한다.)·군수·구청장(자치구의 구청장을 말한다.)의 의견을 들어야 한다.
  ㉠ 지역유통산업 발전의 기본방향
  ㉡ 지역유통산업의 여건 변화 전망
  ㉢ 지역유통산업의 현황 및 평가
  ㉣ 지역유통산업의 종류별 발전 방안
  ㉤ 지역유통기능의 효율화·고도화 방안
  ㉥ 유통전문인력·부지 및 시설 등의 수급 방안
  ㉦ 지역중소유통기업의 구조개선 및 경쟁력 강화 방안
  ㉧ 그 밖에 지역유통산업의 규제완화 및 제도개선 등 지역유통산업의 발전을 촉진하기 위하여 필요한 사항

② 관계 중앙행정기관의 장은 유통산업의 발전을 위하여 필요하다고 인정하는 경우에는 시·도지사 또는 시장·군수·구청장에게 시행계획의 시행에 필요한 조치를 할 것을 요청할 수 있다.

(4) 유통산업의 실태조사(제7조의4)

① 산업통상자원부장관은 기본계획 및 시행계획 등을 효율적으로 수립·추진하기 위하여 유통산업에 대한 실태조사를 할 수 있다.

② 산업통상자원부장관은 유통산업의 실태조사를 위하여 필요하다고 인정하는 경우에는 관계 중앙행정기관의 장, 지방자치단체의 장, 공공기관의 장, 유통사업자 및 관련 단체 등에 필요한 자료를 요청할 수 있다. 이 경우 자료를 요청받은 관계 중앙행정기관의 장 등은 특별한 사정이 없으면 요청에 따라야 한다.

3 대규모점포 등

(1) 대규모점포 등의 개설등록 및 변경등록(제8조)

① 대규모점포를 개설하거나 전통상업보존구역에 준대규모점포를 개설하려는 자는 영업을 시작하기 전에 산업통상자원부령으로 정하는 바에 따라 상권영향평가서 및 지역협력계획서를 첨부하여 특별자치시장·시장·군수·구청장에게 등록하여야 한다. 등록한 내용을 변경하려는 경우에도 또한 같다.

② 특별자치시장·시장·군수·구청장은 제출받은 상권영향평가서 및 지역협력계획서가 미진하다고 판단하는 경우에는 제출받은 날부터 대통령령으로 정하는 기간 내에 그 사유를 명시하여 보완을 요청할 수 있다.

③ 특별자치시장·시장·군수·구청장은 개설등록 또는 변경등록(점포의 소재지를 변경하거나 매장면적이 10분의 1이상 증가하는 경우로 한정한다)을 하려는 대규모점포 등의 위치가 전통상업보존구역에 있을 때에는 등록을 제한하거나 조건을 붙일 수 있다.

(2) 대규모점포 등의 개설계획 예고(제8조의3)

대규모점포를 개설하려는 자는 영업을 개시하기 60일 전까지, 준대규모점포를 개설하려는 자는 영업을 시작하기 30일 전까지 산업통상자원부령으로 정하는 바에 따라 개설 지역 및 시기 등을 포함한 개설계획을 예고하여야 한다.

(3) 대규모점포 등 개설자의 업무(제12조 제1항)

대규모점포 등 개설자는 다음 각 호의 업무를 수행한다.

① 상거래질서의 확립
② 소비자의 안전유지와 소비자 및 인근 지역주민의 피해·불만의 신속한 처리
③ 그 밖에 대규모점포 등을 유지·관리하기 위하여 필요한 업무

4 유통산업의 경쟁력 강화

(1) 분야별 발전시책(제15조)

① 산업통상자원부장관은 유통산업의 경쟁력을 강화하기 위하여 다음 각 호의 시책을 수립·시행할 수 있다.
　㉠ 체인사업의 발전시책
　㉡ 무점포판매업의 발전시책
　㉢ 그 밖에 유통산업의 분야별 경쟁력 강화를 위하여 필요한 시책
② ①의 각 호의 시책에는 다음 각 호의 사항이 포함되어야 한다.
　㉠ 국내외 사업현황
　㉡ 산업별·유형별 발전전략에 관한 사항
　㉢ 유통산업에 대한 인식의 제고에 관한 사항
　㉣ 전문인력의 양성에 관한 사항

ⓜ 관련 정보의 원활한 유통에 관한 사항

ⓗ 그 밖에 유통산업의 분야별 발전 또는 경쟁력 강화를 위하여 필요한 사항

③ 정부는 재래시장의 활성화에 필요한 시책을 수립·시행하여야 하고, 정부 또는 지방자치단체의 장은 이에 필요한 행정적·재정적 지원을 할 수 있다.

④ 정부 또는 지방자치단체의 장은 다음 각 호의 사항이 포함된 중소유통기업의 구조개선 및 경쟁력 강화에 필요한 시책을 수립·시행할 수 있고, 이에 필요한 행정적·재정적 지원을 할 수 있다.

ⓐ 중소유통기업의 창업을 지원하기 위한 사항

ⓑ 중소유통기업에 대한 자금·경영·정보·기술·인력의 지원에 관한 사항

ⓒ 선진유통기법의 도입·보급 등을 위한 중소유통기업자의 교육·연수의 지원에 관한 사항

ⓓ 중소유통공동도매물류센터의 설립·운영 등 중소유통기업의 공동협력사업 지원에 관한 사항

ⓔ 그 밖에 중소유통기업의 구조개선을 촉진하기 위하여 필요하다고 인정되는 사항으로서 대통령령으로 정하는 사항

(2) 체인사업자의 경영개선사항 등(제16조 제1항) 기출 23

체인사업자는 직영하거나 체인에 가입되어 있는 점포(이하 "체인점포"라 한다)의 경영을 개선하기 위하여 다음 각 호의 사항을 추진하여야 한다.

① 체인점포의 시설 현대화

② 체인점포에 대한 원재료·상품 또는 용역 등의 원활한 공급

③ 체인점포에 대한 점포관리·품질관리·촉진관리 등 경영활동 및 영업활동에 관한 지도

④ 체인점포 종사자에 대한 유통교육·훈련의 실시

⑤ 체인사업자와 체인점포 간의 유통정보시스템의 구축

⑥ 집배송시설의 설치 및 공동물류사업의 추진

⑦ 공동브랜드 또는 자기부착상표의 개발·보급

⑧ 유통관리사의 고용 촉진

⑨ 그 밖에 중소벤처기업부장관이 체인사업의 경영개선을 위하여 필요하다고 인정하는 사항

(3) 중소유통공동도매물류센터에 대한 지원(제17조의2 제1항)

산업통상자원부장관, 중소벤처기업부장관 또는 지방자치단체의 장은 중소기업기본법 제2조에 따른 중소기업자 중 대통령령으로 정하는 소매업자 50인 또는 도매업자 10인 이상의 자가 공동으로 중소유통기업의 경쟁력 향상을 위하여 다음의 사업을 하는 물류센터를 건립하거나 운영하는 경우에는 필요한 행정적·재정적 지원을 할 수 있다.

① 상품의 보관·배송·포장 등 공동물류사업

② 상품의 전시

③ 유통·물류정보시스템을 이용한 정보의 수집·가공·제공

④ 중소유통공동도매물류센터를 이용하는 중소유통기업의 서비스능력 향상을 위한 교육 및 연수

⑤ 그 밖에 중소유통공동도매물류센터 운영의 고도화를 위하여 산업통상자원부장관이 필요하다고 인정하여 공정거래위원회와 협의를 거친 사업

5 유통정보화시책과 유통효율화시책

(1) 유통정보화시책 등(제21조 제1항)

산업통상자원부장관은 유통정보화의 촉진 및 유통부문의 전자거래기반을 넓히기 위하여 다음의 사항이 포함된 유통정보화시책을 세우고 시행하여야 한다.

① 유통표준코드의 보급

② 유통표준전자문서의 보급

③ 판매시점 정보관리시스템의 보급

④ 점포관리의 효율화를 위한 재고관리시스템·매장관리시스템 등의 보급

⑤ 상품의 전자적 거래를 위한 전자장터 등의 시스템의 구축 및 보급

⑥ 다수의 유통·물류기업 간 기업정보시스템의 연동을 위한 시스템의 구축 및 보급

⑦ 유통·물류의 효율적 관리를 위한 무선주파수 인식시스템의 적용 및 실용화 촉진

⑧ 유통정보 또는 유통정보시스템의 표준화 촉진

⑨ 그 밖에 유통정보화를 촉진하기 위하여 필요하다고 인정되는 사항

(2) 유통관리사(제24조) 기출 21·17

유통관리사는 다음의 직무를 수행한다.

① 유통경영·관리 기법의 향상

② 유통경영·관리와 관련한 계획·조사·연구

③ 유통경영·관리와 관련한 진단·평가

④ 유통경영·관리와 관련한 상담·자문

⑤ 그 밖에 유통경영·관리에 필요한 사항

(3) 유통기능 효율화 시책(제26조 제1항)

산업통상자원부장관은 유통기능을 효율화하기 위하여 다음 각 호의 사항에 관한 시책을 마련하여야 한다.

① 물류표준화의 촉진

② 물류정보화 기반의 확충

③ 물류공동화의 촉진

④ 물류기능의 외부 위탁 촉진

⑤ 물류기술·기법의 고도화 및 선진화

⑥ 집배송시설 및 공동집배송센터의 확충 및 효율적 배치

⑦ 그 밖에 유통기능의 효율화를 촉진하기 위하여 필요하다고 인정되는 사항

6 상거래질서의 확립

(1) 유통분쟁조정위원회(제36조)

① 유통에 관한 다음 각 호의 분쟁을 조정하기 위하여 특별시·광역시·특별자치시·도·특별자치도(이하 "시·도"라 한다) 및 시(「제주특별자치도 설치 및 국제자유도시 조성을 위한 특별법」 제10조 제2항에 따른 행정시를 포함한다.)·군·구에 각각 유통분쟁조정위원회를 둘 수 있다.

   ㉠ 등록된 대규모점포등과 인근 지역의 도매업자·소매업자 사이의 영업활동에 관한 분쟁. 다만, 「독점규제 및 공정거래에 관한 법률」을 적용받는 사항은 제외한다.

   ㉡ 등록된 대규모점포등과 중소제조업체 사이의 영업활동에 관한 사항. 다만, 「독점규제 및 공정거래에 관한 법률」을 적용받는 사항은 제외한다.

   ㉢ 등록된 대규모점포 등과 인근 지역의 주민 사이의 생활환경에 관한 분쟁

   ㉣ 제12조 제1항 각 호에 따른 업무 수행과 관련한 분쟁

② 위원회는 위원장 1명을 포함하여 11명 이상 15명 이하의 위원으로 구성한다.

③ 위원회의 위원장은 위원 중에서 호선(互選)한다.

(2) 분쟁의 조정(제37조)

① 대규모점포 등과 관련된 분쟁의 조정을 원하는 자는 특별자치시·시·군·구의 위원회에 분쟁의 조정을 신청할 수 있다.

② 분쟁의 조정신청을 받은 위원회는 신청을 받은 날부터 60일 이내에 이를 심사하여 조정안을 작성하여야 한다. 다만, 부득이한 사정이 있는 경우에는 위원회의 의결로 그 기간을 연장할 수 있다.

③ 시(특별자치시는 제외한다)·군·구의 위원회의 조정안에 불복하는 자는 조정안을 제시받은 날부터 15일 이내에 시·도의 위원회에 조정을 신청할 수 있다.

④ 조정신청을 받은 시·도의 위원회는 그 신청 내용을 시·군·구의 위원회 및 신청인 외의 당사자에게 통지하고, 조정신청을 받은 날부터 30일 이내에 이를 심사하여 조정안을 작성하여야 한다. 다만, 부득이한 사정이 있는 경우에는 위원회의 의결로 그 기간을 연장할 수 있다.

⑤ 위원회는 기간을 연장하는 경우에는 기간을 연장하게 된 사유 등을 당사자에게 통보하여야 한다.

지식 in

방문판매 등에 관한 법률에서 규정하고 있는 판매업 [기출] 14
- 방문판매
- 전화권유판매
- 다단계판매
- 후원방문판매
- 계속거래 및 사업권유거래

02 소비자기본법

1 총 칙

(1) 목적(제1조)

이 법은 소비자의 권익을 증진하기 위하여 소비자의 권리와 책무, 국가·지방자치단체 및 사업자의 책무, 소비자단체의 역할 및 자유시장경제에서 소비자와 사업자 사이의 관계를 규정함과 아울러 소비자정책의 종합적 추진을 위한 기본적인 사항을 규정함으로써 소비생활의 향상과 국민경제의 발전에 이바지함을 목적으로 한다.

(2) 정의(제2조) 기출 17

① 소비자 : 사업자가 제공하는 물품 또는 용역을 소비생활을 위하여 사용하는 자 또는 생산활동을 위하여 사용하는 자로서 대통령령이 정하는 자
② 사업자 : 물품을 제조(가공 또는 포장을 포함)·수입·판매하거나 용역을 제공하는 자
③ 소비자단체 : 소비자의 권익을 증진하기 위하여 소비자가 조직한 단체
④ 사업자단체 : 2 이상의 사업자가 공동의 이익을 증진할 목적으로 조직한 단체

2 소비자의 권리와 책무

(1) 소비자의 기본적 권리(제4조) 기출 19·18·17·15·13

① 물품 또는 용역으로 인한 생명·신체 또는 재산에 대한 위해로부터 보호받을 권리
② 물품 등을 선택함에 있어서 필요한 지식 및 정보를 제공받을 권리
③ 물품 등을 사용함에 있어서 거래상대방·구입장소·가격 및 거래조건 등을 자유로이 선택할 권리
④ 소비생활에 영향을 주는 국가 및 지방자치단체의 정책과 사업자의 사업활동 등에 대하여 의견을 반영시킬 권리
⑤ 물품 등의 사용으로 인하여 입은 피해에 대하여 신속·공정한 절차에 따라 적절한 보상을 받을 권리
⑥ 합리적인 소비생활을 위하여 필요한 교육을 받을 권리
⑦ 소비자 스스로의 권익을 증진하기 위하여 단체를 조직하고 이를 통하여 활동할 수 있는 권리
⑧ 안전하고 쾌적한 소비생활 환경에서 소비할 권리

(2) 소비자의 책무(제5조) 기출 16

① 소비자는 사업자 등과 더불어 자유시장경제를 구성하는 주체임을 인식하여 물품 등을 올바르게 선택하고, 소비자의 기본적 권리를 정당하게 행사하여야 한다.
② 소비자는 스스로의 권익을 증진하기 위하여 필요한 지식과 정보를 습득하도록 노력하여야 한다.
③ 소비자는 자주적이고 합리적인 행동과 자원절약적이고 환경친화적인 소비생활을 함으로써 소비생활의 향상과 국민경제의 발전에 적극적인 역할을 다하여야 한다.

(3) 사업자의 책무(제19조) 기출 22

① 사업자는 물품등으로 인하여 소비자에게 생명·신체 또는 재산에 대한 위해가 발생하지 아니하도록 필요한 조치를 강구하여야 한다.

② 사업자는 물품등을 공급함에 있어서 소비자의 합리적인 선택이나 이익을 침해할 우려가 있는 거래조건이나 거래방법을 사용하여서는 아니 된다.

③ 사업자는 소비자에게 물품등에 대한 정보를 성실하고 정확하게 제공하여야 한다.

④ 사업자는 소비자의 개인정보가 분실·도난·누출·변조 또는 훼손되지 아니하도록 그 개인정보를 성실하게 취급하여야 한다.

⑤ 사업자는 물품등의 하자로 인한 소비자의 불만이나 피해를 해결하거나 보상하여야 하며, 채무불이행 등으로 인한 소비자의 손해를 배상하여야 한다.

지식 in

소비자정책의 목표(제21조 제2항 제3호) 기출 23
- 소비자안전의 강화
- 소비자와 사업자 사이의 거래의 공정화 및 적정화
- 소비자교육 및 정보제공의 촉진
- 소비자피해의 원활한 구제
- 국제소비자문제에 대한 대응
- 그 밖에 소비자의 권익과 관련된 주요한 사항

---

3 소비자단체

(1) 소비자단체의 업무 등(제28조 제1항) 기출 21·20·14

① 국가 및 지방자치단체의 소비자의 권익과 관련된 시책에 대한 건의

② 물품등의 규격·품질·안전성·환경성에 관한 시험·검사 및 가격 등을 포함한 거래조건이나 거래방법에 관한 조사·분석

③ 소비자문제에 관한 조사·연구

④ 소비자의 교육

⑤ 소비자의 불만 및 피해를 처리하기 위한 상담·정보제공 및 당사자 사이의 합의의 권고

(2) 자율적 분쟁조정(제31조)

① 공정거래위원회에 등록한 소비자단체의 협의체는 소비자의 불만 및 피해를 처리하기 위하여 자율적 분쟁조정을 할 수 있다. 다만, 다른 법률의 규정에 따라 설치된 전문성이 요구되는 분야의 분쟁조정기구로서 대통령령이 정하는 기구에서 관장하는 사항에 대하여는 그러하지 아니하다.

② 자율적 분쟁조정은 당사자가 이를 수락한 경우에는 당사자 사이에 자율적 분쟁조정의 내용과 동일한 합의가 성립된 것으로 본다.

③ 소비자단체의 협의체 구성 및 분쟁조정의 절차 등에 관하여 필요한 사항은 대통령령으로 정한다.

(3) 보조금의 지급(제32조)

국가 또는 지방자치단체는 등록소비자단체의 건전한 육성·발전을 위하여 필요하다고 인정될 때에는 보조금을 지급할 수 있다.

4 한국소비자원

(1) 설립(제33조)

① 소비자권익 증진시책의 효과적인 추진을 위하여 한국소비자원을 설립한다.

② 한국소비자원은 법인으로 한다.

③ 한국소비자원은 공정거래위원회의 승인을 얻어 필요한 곳에 그 지부를 설치할 수 있다.

④ 한국소비자원은 그 주된 사무소의 소재지에서 설립등기를 함으로써 성립한다.

(2) 한국소비자원의 업무(제35조 제1항)

① 소비자의 권익과 관련된 제도와 정책의 연구 및 건의

② 소비자의 권익증진을 위하여 필요한 경우 물품 등의 규격·품질·안전성·환경성에 관한 시험·검사 및 가격 등을 포함한 거래조건이나 거래방법에 대한 조사·분석

③ 소비자의 권익증진·안전 및 소비생활의 향상을 위한 정보의 수집·제공 및 국제협력

④ 소비자의 권익증진·안전 및 능력개발과 관련된 교육·홍보 및 방송사업

⑤ 소비자의 불만처리 및 피해구제

⑥ 소비자의 권익증진 및 소비생활의 합리화를 위한 종합적인 조사·연구

⑦ 국가 또는 지방자치단체가 소비자의 권익증진과 관련하여 의뢰한 조사 등의 업무

⑧ 공정거래위원회로부터 위탁받은 동의의결의 이행관리

⑨ 그 밖에 소비자의 권익증진 및 안전에 관한 업무

5 소비자안전

(1) 취약계층의 보호(제45조)

① 국가 및 지방자치단체는 어린이·노약자·장애인 및 결혼이민자 등 안전취약계층에 대하여 우선적으로 보호시책을 강구하여야 한다.

② 사업자는 어린이·노약자·장애인 및 결혼이민자 등 안전취약계층에 대하여 물품 등을 판매·광고 또는 제공하는 경우에는 그 취약계층에게 위해가 발생하지 아니하도록 규정에 따른 조치와 더불어 필요한 예방조치를 취하여야 한다.

(2) 소비자안전조치 기출 16

① **결함정보의 보고의무(제47조 제1항)**

사업자는 다음의 어느 하나에 해당하는 경우에는 제조·수입·판매 또는 제공한 물품 등의 결함을 소관 중앙행정기관의 장에게 보고하여야 한다. 다만, ㉡에 해당하는 경우로서 사업자가 해당 물품 등의 수거·파기·수리·교환·환급 또는 제조·수입·판매·제공의 금지 및 그 밖의 필요한 조치를 한 경우에는 그러하지 아니하다.

㉠ 제조·수입·판매 또는 제공한 물품 등에 소비자의 생명·신체 또는 재산에 위해를 끼치거나 끼칠 우려가 있는 제조·설계 또는 표시 등의 중대한 결함이 있다는 사실을 알게 된 경우

㉡ 제조·수입·판매 또는 제공한 물품 등과 동일한 물품 등에 대하여 외국에서 결함이 발견되어 사업자가 다음의 어느 하나에 해당하는 조치를 한 경우 또는 외국의 다른 사업자가 해당 조치를 한 사실을 알게 된 경우
  • 외국 정부로부터 수거·파기 등의 권고 또는 명령을 받고 한 수거·파기 등
  • 자발적으로 한 수거·파기 등

② **물품 등의 자진수거 등(제48조)** : 사업자는 소비자에게 제공한 물품 등의 결함으로 인하여 소비자의 생명·신체 또는 재산에 위해를 끼치거나 끼칠 우려가 있는 경우에는 대통령령이 정하는 바에 따라 당해 물품 등의 수거·파기·수리·교환·환급 또는 제조·수입·판매·제공의 금지 그 밖의 필요한 조치를 취하여야 한다.

③ **수거·파기 등의 권고 등(제49조 제1항)** : 중앙행정기관의 장은 사업자가 제공한 물품 등의 결함으로 인하여 소비자의 생명·신체 또는 재산에 위해를 끼치거나 끼칠 우려가 있다고 인정되는 경우에는 그 사업자에 대하여 당해 물품 등의 수거·파기·수리·교환·환급 또는 제조·수입·판매·제공의 금지 그 밖의 필요한 조치를 권고할 수 있다.

④ **수거·파기 등의 명령 등(제50조 제1항)** : 중앙행정기관의 장은 사업자가 제공한 물품 등의 결함으로 인하여 소비자의 생명·신체 또는 재산에 위해를 끼치거나 끼칠 우려가 있다고 인정되는 경우에는 대통령령이 정하는 절차에 따라 그 물품 등의 수거·파기·수리·교환·환급을 명하거나 제조·수입·판매 또는 제공의 금지를 명할 수 있고, 그 물품 등과 관련된 시설의 개수(改修) 그 밖의 필요한 조치를 명할 수 있다. 다만, 소비자의 생명·신체 또는 재산에 긴급하고 현저한 위해를 끼치거나 끼칠 우려가 있다고 인정되는 경우로서 그 위해의 발생 또는 확산을 방지하기 위하여 불가피하다고 인정되는 경우에는 그 절차를 생략할 수 있다.

(3) 위해정보의 수집 등

① **소비자안전센터의 설치(제51조)** 기출 21

㉠ 소비자안전시책을 지원하기 위하여 한국소비자원에 소비자안전센터를 둔다.

㉡ 소비자안전센터에 소장 1인을 두고, 그 조직에 관한 사항은 정관으로 정한다.

㉢ 소비자안전센터의 업무는 다음 각 호와 같다.
  • 위해정보의 수집 및 처리
  • 소비자안전을 확보하기 위한 조사 및 연구
  • 소비자안전과 관련된 교육 및 홍보
  • 위해 물품 등에 대한 시정 건의

- 소비자안전에 관한 국제협력
- 그 밖에 소비자안전에 관한 업무

② 위해정보의 수집 및 처리(제52조)

ⓐ 소비자안전센터는 물품 등으로 인하여 소비자의 생명·신체 또는 재산에 위해가 발생하였거나 발생할 우려가 있는 사안에 대한 정보(이하 "위해정보"라 한다)를 수집할 수 있다.

ⓑ 소장은 수집한 위해정보를 분석하여 그 결과를 원장에게 보고하여야 하고, 원장은 위해정보의 분석 결과에 따라 필요한 경우에는 다음 각 호의 조치를 할 수 있다.

- 위해방지 및 사고예방을 위한 소비자안전경보의 발령
- 물품 등의 안전성에 관한 사실의 공표
- 위해 물품 등을 제공하는 사업자에 대한 시정 권고
- 국가 또는 지방자치단체에의 시정조치·제도개선 건의
- 그 밖에 소비자안전을 확보하기 위하여 필요한 조치로서 대통령령이 정하는 사항

ⓒ 원장은 시정 권고를 받은 사업자에게 수락 여부 및 다음 각 호의 사항을 포함한 이행 결과 등의 제출을 요청할 수 있다. 이 경우 사업자는 특별한 사유가 없으면 이에 따라야 한다.

- 시정 권고에 따른 이행 내용과 실적
- 시정 권고를 이행하지 못한 물품 등에 대한 조치계획
- 위해의 재발방지를 위한 대책

ⓓ 원장은 물품 등으로 인하여 소비자의 생명·신체 또는 재산에 위해가 발생하거나 발생할 우려가 높다고 판단되는 경우로서 사업자가 시정 권고를 이행하지 않는 경우에는 공정거래위원회에 제46조 제1항에 따른 시정요청을 해 줄 것을 건의할 수 있다.

ⓔ ⓐ 및 ⓑ의 규정에 따라 위해정보를 수집·처리하는 자는 물품 등의 위해성이 판명되어 공표되기 전까지 사업자명·상품명·피해정도·사건경위에 관한 사항을 누설하여서는 아니 된다.

ⓕ 공정거래위원회는 소비자안전센터가 위해정보를 효율적으로 수집할 수 있도록 하기 위하여 필요한 경우에는 행정기관·병원·학교·소비자단체 등을 위해정보 제출기관으로 지정·운영할 수 있다.

ⓖ ⓐ 및 ⓑ의 규정에 따른 위해정보의 수집 및 처리 등에 관하여 필요한 사항은 대통령령으로 정한다.

6 소비자분쟁의 해결

(1) 사업자의 불만처리 등

① 소비자상담기구의 설치·운영(제53조 제1항) : 사업자 및 사업자단체는 소비자로부터 제기되는 의견이나 불만 등을 기업경영에 반영하고, 소비자의 피해를 신속하게 처리하기 위한 기구(이하 "소비자상담기구"라 한다)의 설치·운영에 적극 노력하여야 한다.

② 소비자상담기구의 설치 권장(제54조 제1항) : 중앙행정기관의 장 또는 시·도지사는 사업자 또는 사업자단체에게 소비자상담기구의 설치·운영을 권장하거나 그 설치·운영에 필요한 지원을 할 수 있다.

(2) 한국소비자원의 피해구제 기출 23

① 피해구제의 신청 등(제55조)
　　㉠ 소비자는 물품 등의 사용으로 인한 피해의 구제를 한국소비자원에 신청할 수 있다.
　　㉡ 국가·지방자치단체 또는 소비자단체는 소비자로부터 피해구제의 신청을 받은 때에는 한국소비자원에 그 처리를 의뢰할 수 있다.
　　㉢ 사업자는 소비자로부터 피해구제의 신청을 받은 때에는 다음 각 호의 어느 하나에 해당하는 경우에 한하여 한국소비자원에 그 처리를 의뢰할 수 있다.
　　　• 소비자로부터 피해구제의 신청을 받은 날부터 30일이 경과하여도 합의에 이르지 못하는 경우
　　　• 한국소비자원에 피해구제의 처리를 의뢰하기로 소비자와 합의한 경우
　　　• 그 밖에 한국소비자원의 피해구제의 처리가 필요한 경우로서 대통령령이 정하는 사유에 해당하는 경우
　　㉣ 원장은 피해구제의 신청(피해구제의 의뢰를 포함한다.)을 받은 경우 그 내용이 한국소비자원에서 처리하는 것이 부적합하다고 판단되는 때에는 신청인에게 그 사유를 통보하고 그 사건의 처리를 중지할 수 있다.

② 위법사실의 통보 등(제56조) : 원장은 피해구제신청사건을 처리함에 있어서 당사자 또는 관계인이 법령을 위반한 것으로 판단되는 때에는 관계기관에 이를 통보하고 적절한 조치를 의뢰하여야 한다. 다만, 다음 각 호의 경우에는 그러하지 아니하다.
　　㉠ 피해구제신청사건의 당사자가 피해보상에 관한 합의를 하고 법령위반행위를 시정한 경우
　　㉡ 관계 기관에서 위법사실을 이미 인지하여 조사하고 있는 경우

③ 합의권고(제57조) : 원장은 피해구제신청의 당사자에 대하여 피해보상에 관한 합의를 권고할 수 있다.

④ 처리기간(제58조) : 원장은 피해구제의 신청을 받은 날부터 30일 이내에 합의가 이루어지지 아니하는 때에는 지체 없이 소비자분쟁조정위원회에 분쟁조정을 신청하여야 한다. 다만, 피해의 원인규명 등에 상당한 시일이 요구되는 피해구제신청사건으로서 대통령령이 정하는 사건에 대하여는 60일 이내의 범위에서 처리기간을 연장할 수 있다.

⑤ 피해구제절차의 중지(제59조)
　　㉠ 한국소비자원의 피해구제 처리절차 중에 법원에 소를 제기한 당사자는 그 사실을 한국소비자원에 통보하여야 한다.
　　㉡ 한국소비자원은 당사자의 소제기 사실을 알게 된 때에는 지체 없이 피해구제절차를 중지하고, 당사자에게 이를 통지하여야 한다.

(3) 소비자분쟁의 조정(調停) 등

① 소비자분쟁조정위원회의 설치(제60조)
　　㉠ 소비자와 사업자 사이에 발생한 분쟁을 조정하기 위하여 한국소비자원에 소비자분쟁조정위원회를 둔다.
　　㉡ 조정위원회는 다음 각 호의 사항을 심의·의결한다.
　　　• 소비자분쟁에 대한 조정결정
　　　• 조정위원회의 의사(議事)에 관한 규칙의 제정 및 개정·폐지
　　　• 그 밖에 조정위원회의 위원장이 토의에 부치는 사항

② 조정위원회의 구성(제61조 제1항) : 조정위원회는 위원장 1명을 포함한 150명 이내의 위원으로 구성하며, 위원장을 포함한 5명은 상임으로 하고, 나머지는 비상임으로 한다.

③ 분쟁조정(제65조)

   ㉠ 소비자와 사업자 사이에 발생한 분쟁에 관하여 설치된 기구에서 소비자분쟁이 해결되지 아니하거나 합의권고에 따른 합의가 이루어지지 아니한 경우 당사자나 그 기구 또는 단체의 장은 조정위원회에 분쟁조정을 신청할 수 있다.

   ㉡ 조정위원회는 분쟁조정을 신청받은 경우에는 대통령령이 정하는 바에 따라 지체 없이 분쟁조정절차를 개시하여야 한다.

   ㉢ 조정위원회는 분쟁조정을 위하여 필요한 경우에는 전문위원회에 자문할 수 있다.

   ㉣ 조정위원회는 분쟁조정절차에 앞서 이해관계인·소비자단체 또는 관계기관의 의견을 들을 수 있다.

④ 분쟁조정의 기간(제66조)

   ㉠ 조정위원회는 분쟁조정을 신청받은 때에는 그 신청을 받은 날부터 30일 이내에 그 분쟁조정을 마쳐야 한다.

   ㉡ 조정위원회는 정당한 사유가 있는 경우로서 30일 이내에 그 분쟁조정을 마칠 수 없는 때에는 그 기간을 연장할 수 있다. 이 경우 그 사유와 기한을 명시하여 당사자 및 그 대리인에게 통지하여야 한다.

⑤ 분쟁조정의 효력 등(제67조)

   ㉠ 조정위원회의 위원장은 분쟁조정을 마친 때에는 지체 없이 당사자에게 그 분쟁조정의 내용을 통지하여야 한다.

   ㉡ 통지를 받은 당사자는 그 통지를 받은 날부터 15일 이내에 분쟁조정의 내용에 대한 수락 여부를 조정위원회에 통보하여야 한다. 이 경우 15일 이내에 의사표시가 없는 때에는 수락한 것으로 본다.

   ㉢ 당사자가 분쟁조정의 내용을 수락하거나 수락한 것으로 보는 경우 조정위원회는 조정조서를 작성하고, 조정위원회의 위원장 및 각 당사자가 기명날인하거나 서명하여야 한다. 다만, 수락한 것으로 보는 경우에는 각 당사자의 기명날인 또는 서명을 생략할 수 있다.

   ㉣ 당사자가 분쟁조정의 내용을 수락하거나 수락한 것으로 보는 때에는 그 분쟁조정의 내용은 재판상 화해와 동일한 효력을 갖는다.

03 청소년보호법

1 총 칙

(1) 목적(제1조) 기출 15

청소년에게 유해한 매체물과 약물 등이 청소년에게 유통되는 것과 청소년이 유해한 업소에 출입하는 것 등을 규제하고 청소년을 유해한 환경으로부터 보호·구제함으로써 청소년이 건전한 인격체로 성장할 수 있도록 함을 목적으로 한다.

(2) 정의(제2조)

① 청소년 : 만 19세 미만인 사람을 말한다. 다만, 만 19세가 되는 해의 1월 1일을 맞이한 사람은 제외한다.

② 청소년유해매체물

ⓐ 청소년보호위원회가 청소년에게 유해한 것으로 결정하거나 확인하여 여성가족부장관이 고시한 매체물

ⓑ 각 심의기관이 청소년에게 유해한 것으로 심의하거나 확인하여 여성가족부장관이 고시한 매체물

③ 청소년유해약물 등 : 청소년에게 유해한 것으로 인정되는 청소년유해약물과 청소년에게 유해한 것으로 인정되는 청소년유해물건을 말한다.

청소년 유해약물 기출 16	• 「주세법」에 따른 주류 • 「담배사업법」에 따른 담배 • 「마약류 관리에 관한 법률」에 따른 마약류 • 「유해화학물질 관리법」에 따른 환각물질 • 기타 중추신경에 작용하여 습관성, 중독성, 내성 등을 유발하여 인체에 유해 작용을 미칠 수 있는 약물 등 청소년의 사용을 제한하지 아니하며, 청소년의 심신을 심각하게 훼손할 우려가 있는 약물로서 관계 기관의 의견을 들어 청소년보호위원회가 결정하고 여성가족부장관이 고시한 것
청소년 유해물건	• 청소년에게 음란한 행위를 조장하는 성기구 등 청소년의 사용을 제한하지 아니하면 청소년의 심신을 심각하게 훼손할 우려가 있는 성관련 물건으로서 청소년보호위원회가 결정하고 여성가족부장관이 고시한 것 • 청소년에게 음란성·포악성·잔인성·사행성 등을 조장하는 완구류 등 청소년의 사용을 제한하지 아니하면 청소년의 심신을 심각하게 훼손할 우려가 있는 물건으로서 대통령령이 정하는 기준에 따라 청소년보호위원회가 결정하고 여성가족부장관이 고시한 것

④ 청소년유해업소 : 청소년의 출입과 고용이 청소년에게 유해한 것으로 인정되는 청소년 출입·고용금지 업소와 청소년의 출입은 가능하나 고용이 청소년에게 유해한 것으로 인정되는 청소년고용금지업소를 말한다. 이 경우 업소의 구분은 그 업소가 영업을 할 때 다른 법령에 따라 요구되는 허가·인가·등록·신고 등의 여부와 관계없이 실제로 이루어지고 있는 영업행위를 기준으로 한다.

청소년 출입· 고용금지업소 기출 23	• 「게임산업진흥에 관한 법률」에 따른 일반게임제공업 및 복합유통게임제공업 중 대통령령으로 정하는 것 • 「사행행위 등 규제 및 처벌 특례법」에 따른 사행행위영업 • 「식품위생법」에 따른 식품접객업 중 대통령령으로 정하는 것 • 「영화 및 비디오물의 진흥에 관한 법률」에 따른 비디오물감상실업·제한관람가비디오물소극장업 및 복합영상물제공업 • 「음악산업진흥에 관한 법률」에 따른 노래연습장업 중 대통령령으로 정하는 것 • 「체육시설의 설치·이용에 관한 법률」에 따른 무도학원업 및 무도장업 • 전기통신설비를 갖추고 불특정한 사람들 사이의 음성대화 또는 화상대화를 매개하는 것을 주된 목적으로 하는 영업. 다만, 「전기통신사업법」 등 다른 법률에 따라 통신을 매개하는 영업은 제외한다. • 불특정한 사람 사이의 신체적인 접촉 또는 은밀한 부분의 노출 등 성적 행위가 이루어지거나 이와 유사한 행위가 이루어질 우려가 있는 서비스를 제공하는 영업으로서 청소년보호위원회가 결정하고 여성가족부장관이 고시한 것 • 청소년유해매체물 및 청소년유해약물등을 제작·생산·유통하는 영업 등 청소년의 출입과 고용이 청소년에게 유해하다고 인정되는 영업으로서 대통령령으로 정하는 기준에 따라 청소년보호위원회가 결정하고 여성가족부장관이 고시한 것 • 「한국마사회법」에 따른 장외발매소 • 「경륜·경정법」에 따른 장외매장

청소년 고용금지업소	• 「게임산업진흥에 관한 법률」에 따른 청소년게임제공업 및 인터넷컴퓨터게임시설제공업 • 「공중위생관리법」에 따른 숙박업, 목욕장업, 이용업 중 대통령령으로 정하는 것 • 「식품위생법」에 따른 식품접객업 중 대통령령으로 정하는 것 • 「영화 및 비디오물의 진흥에 관한 법률」에 따른 비디오물소극장업 • 「화학물질관리법」에 따른 유해화학물질영업. 다만, 유해화학물질 사용과 직접 관련이 없는 영업으로 서 대통령령으로 정하는 영업은 제외한다. • 회비 등을 받거나 유료로 만화를 빌려 주는 만화대여업 • 청소년유해매체물 및 청소년유해약물등을 제작·생산·유통하는 영업 등 청소년의 고용이 청소년에 게 유해하다고 인정되는 영업으로서 대통령령으로 정하는 기준에 따라 청소년보호위원회가 결정하고 여성가족부장관이 고시한 것

⑤ 유통 : 매체물 또는 약물 등을 판매·대여·배포·방송·공연·상영·전시·진열·광고하거나 시청 또는 이용하도록 제공하는 행위와 이러한 목적으로 매체물 또는 약물 등을 인쇄·복제 또는 수입하는 행위

⑥ 청소년폭력·학대 : 폭력이나 학대를 통하여 청소년에게 신체적·정신적 피해를 발생하게 하는 행위
기출 14

⑦ 청소년유해환경 : 청소년유해매체물, 청소년유해약물 등, 청소년유해업소 및 청소년폭력·학대를 말한다.

2 청소년 유해 매체물의 청소년대상 유통 규제 **기출 20**

(1) 청소년유해매체물의 심의·결정(제7조)

① 청소년보호위원회는 매체물이 청소년에게 유해한지를 심의하여 청소년에게 유해하다고 인정되는 매체물을 청소년유해매체물로 결정하여야 한다. 다만, 다른 법령에 따라 해당 매체물의 윤리성·건전성을 심의할 수 있는 각 심의기관이 있는 경우에는 예외로 한다.

② 청소년보호위원회는 매체물이 청소년에게 유해한지를 각 심의기관에서 심의하지 아니하는 경우 청소년 보호를 위하여 필요하다고 인정할 때에는 심의를 하도록 요청할 수 있다.

③ 청소년보호위원회는 제1항 단서에도 불구하고 다음 각 호의 어느 하나에 해당하는 매체물에 대하여는 청소년에게 유해한지를 심의하여 유해하다고 인정하는 경우에는 그 매체물을 청소년유해매체물로 결정할 수 있다.
ㄱ 각 심의기관이 심의를 요청한 매체물
ㄴ 청소년에게 유해한지에 대하여 각 심의기관의 심의를 받지 아니하고 유통되는 매체물

④ 청소년보호위원회나 각 심의기관은 매체물 심의 결과 그 매체물의 내용이 「형법」 등 다른 법령에 따라 유통이 금지되는 내용이라고 판단하는 경우에는 지체 없이 관계 기관에 형사처벌이나 행정처분을 요청하여야 한다. 다만, 각 심의기관별로 해당 법령에 따로 절차가 있는 경우에는 그 절차에 따른다.

⑤ 청소년보호위원회나 각 심의기관은 다음 각 호의 어느 하나에 해당하는 매체물에 대하여는 신청을 받거나 직권으로 매체물의 종류, 제목, 내용 등을 특정하여 청소년유해매체물로 결정할 수 있다.
ㄱ 제작·발행의 목적 등에 비추어 청소년이 아닌 자를 상대로 제작·발행된 매체물
ㄴ 매체물 각각을 청소년유해매체물로 결정하여서는 청소년에게 유통되는 것을 차단할 수 없는 매체물

(2) 등급 구분 등(제8조 제1항)

청소년보호위원회와 각 심의기관은 매체물을 심의·결정하는 경우 청소년유해매체물로 심의·결정하지 아니한 매체물에 대하여는 그 매체물의 특성, 청소년 유해의 정도, 이용시간과 장소 등을 고려하여 이용 대상 청소년의 나이에 따른 등급을 구분할 수 있다.

(3) 청소년유해매체물의 심의 기준(제9조)

① 청소년보호위원회와 각 심의기관은 심의를 할 때 해당 매체물이 다음 각 호의 어느 하나에 해당하는 경우에는 청소년유해매체물로 결정하여야 한다.
　㉠ 청소년에게 성적인 욕구를 자극하는 선정적인 것이거나 음란한 것
　㉡ 청소년에게 포악성이나 범죄의 충동을 일으킬 수 있는 것
　㉢ 성폭력을 포함한 각종 형태의 폭력 행위와 약물의 남용을 자극하거나 미화하는 것
　㉣ 도박과 사행심을 조장하는 등 청소년의 건전한 생활을 현저히 해칠 우려가 있는 것
　㉤ 청소년의 건전한 인격과 시민의식의 형성을 저해(沮害)하는 반사회적·비윤리적인 것
　㉥ 그 밖에 청소년의 정신적·신체적 건강에 명백히 해를 끼칠 우려가 있는 것
② 기준을 구체적으로 적용할 때에는 사회의 일반적인 통념에 따르며 그 매체물이 가지고 있는 문학적·예술적·교육적·의학적·과학적 측면과 그 매체물의 특성을 함께 고려하여야 한다.

(4) 심의 결과의 조정(제10조)

청소년보호위원회는 청소년 보호와 관련하여 각 심의기관이 동일한 매체물을 심의한 결과에 상당한 차이가 있을 경우 그 심의 결과의 조정을 요구할 수 있으며 요구를 받은 각 심의기관은 특별한 사유가 없으면 그 요구에 따라야 한다.

(5) 청소년유해매체물의 자율 규제(제11조)

① 매체물의 제작자·발행자, 유통행위자 또는 매체물과 관련된 단체는 자율적으로 청소년 유해 여부를 결정하고 결정한 내용의 확인을 청소년보호위원회나 각 심의기관에 요청할 수 있다.
② 확인 요청을 받은 청소년보호위원회 또는 각 심의기관은 심의 결과 그 결정 내용이 적합한 경우에는 이를 확인하여야 하며, 청소년보호위원회는 필요한 경우 이를 각 심의기관에 위탁하여 처리할 수 있다.
③ 청소년보호위원회나 각 심의기관이 확인을 한 경우에는 해당 매체물에 확인 표시를 부착할 수 있다.
④ 매체물의 제작자·발행자, 유통행위자 또는 매체물과 관련된 단체는 청소년에게 유해하다고 판단하는 매체물에 대하여 청소년유해표시에 준하는 표시를 하거나 포장에 준하는 포장을 하여야 한다.
⑤ 청소년보호위원회나 각 심의기관은 청소년유해표시 또는 포장을 한 매체물을 발견한 경우 청소년 유해 여부를 결정하여야 한다.
⑥ 매체물의 제작자·발행자, 유통행위자 또는 매체물과 관련된 단체가 청소년유해표시 또는 포장을 한 매체물은 청소년보호위원회나 각 심의기관의 최종 결정이 있을 때까지 이 법에 따른 청소년유해매체물로 본다.
⑦ 정부는 자율 규제의 활성화를 위하여 매체물의 제작자·발행자, 유통행위자 또는 매체물과 관련된 단체에 청소년유해매체물 심의 기준 등에 관한 교육 및 관련 정보와 자료를 제공할 수 있다.

(6) 청소년유해매체물의 재심의(제12조)

① 매체물의 제작자·발행자나 유통행위자는 청소년보호위원회의 심의·결정에 이의가 있는 경우 심의·결정의 결과를 통지받은 날부터 30일 이내에 청소년보호위원회에 재심의를 청구할 수 있다.

② 재심의 청구는 심의·결정의 효력 및 청소년유해매체물 고시 절차의 진행에 영향을 주지 아니한다.

③ 청소년보호위원회는 재심의 청구를 받은 날부터 30일 이내에 심의·결정하여 그 결과를 청구인에게 통보하여야 한다. 다만, 30일 이내에 재심의 결정을 하기 어려운 경우에는 청소년보호위원회의 의결을 거쳐 30일의 범위에서 그 기간을 연장할 수 있다.

(7) 판매 금지 등(제16조)

① 청소년유해매체물로서 대통령령으로 정하는 매체물을 판매·대여·배포하거나 시청·관람·이용하도록 제공하려는 자는 그 상대방의 나이 및 본인 여부를 확인하여야 하고, 청소년에게 판매·대여·배포하거나 시청·관람·이용하도록 제공하여서는 아니 된다.

② 청소년유해표시를 하여야 할 매체물은 청소년유해표시가 되지 아니한 상태로 판매나 대여를 위하여 전시하거나 진열하여서는 아니 된다.

③ 포장을 하여야 할 매체물은 포장을 하지 아니한 상태로 판매나 대여를 위하여 전시하거나 진열하여서는 아니 된다.

(8) 구분·격리 등(제17조)

① 청소년유해매체물은 청소년에게 유통이 허용된 매체물과 구분·격리하지 아니하고서는 판매나 대여를 위하여 전시하거나 진열하여서는 아니 된다.

② 청소년유해매체물로서 영화 및 비디오물, 게임물, 음반, 음악파일, 음악영상물 및 음악영상파일, 신문, 인터넷신문, 인터넷뉴스서비스, 잡지, 정보간행물, 전자간행물 등 간행물, 전자출판물 및 외국간행물에 해당하는 매체물은 자동기계장치 또는 무인판매장치를 통하여 유통시킬 목적으로 전시하거나 진열하여서는 아니 된다. 다만, 다음 각 호의 어느 하나에 해당하는 경우에는 예외로 한다.

㉠ 자동기계장치나 무인판매장치를 설치하는 자가 이를 이용하는 청소년의 청소년유해매체물 구입행위 등을 제지할 수 있는 경우

㉡ 청소년 출입·고용금지업소 안에 설치하는 경우

(9) 방송시간 제한(제18조)

① 청소년유해매체물로서 방송을 이용하는 매체물은 대통령령으로 정하는 시간에는 방송하여서는 아니 된다.

② 청소년유해매체물을 방송해서는 아니 되는 방송시간은 평일은 오전 7시부터 오전 9시까지와 오후 1시부터 오후 10시까지로 하고, 토요일과 「관공서의 공휴일에 관한 규정」에 따른 공휴일 및 여성가족부장관이 정하여 고시하는 「초·중등교육법」에 따른 초등학교·중학교·고등학교의 방학기간에는 오전 7시부터 오후 10시까지로 한다. 다만, 「방송법」에 따른 방송 중 시청자와의 계약에 의하여 채널별로 대가를 받고 제공하는 방송의 경우에는 오후 6시부터 오후 10시까지로 한다.

(10) 광고선전 제한(제19조)

① 청소년유해매체물로서 옥외광고물을 다음의 어느 하나에 해당하는 장소에 공공연하게 설치·부착 또는 배포하여서는 아니 되며, 상업적 광고선전물을 청소년의 접근을 제한하는 기능이 없는 컴퓨터 통신을 통하여 설치·부착 또는 배포하여서도 아니 된다.

㉠ 청소년 출입·고용금지업소 외의 업소

㉡ 일반인들이 통행하는 장소

② 청소년유해매체물로서 상업적 광고선전물은 청소년을 대상으로 판매·대여·배포하거나 시청·관람 또는 이용하도록 제공하여서는 아니 된다.

(11) 청소년유해매체물의 결정 취소(제20조)

청소년보호위원회와 각 심의기관은 청소년유해매체물이 더 이상 청소년에게 유해하지 아니하다고 인정할 때에는 청소년유해매체물의 결정을 취소하여야 한다.

3 청소년유해약물 등, 청소년유해행위 및 청소년유해업소 등의 규제

(1) 청소년유해약물 등의 판매·대여 등의 금지(제28조)

① 누구든지 청소년을 대상으로 청소년유해약물 등을 판매·대여·배포(자동기계장치·무인판매장치·통신장치를 통하여 판매·대여·배포하는 경우를 포함한다)하거나 무상으로 제공하여서는 아니 된다. 다만, 교육·실험 또는 치료를 위한 경우로서 대통령령으로 정하는 경우는 예외로 한다.

② 누구든지 청소년의 의뢰를 받아 청소년유해약물 등을 구입하여 청소년에게 제공하여서는 아니 된다.

③ 누구든지 청소년에게 권유·유인·강요하여 청소년유해약물 등을 구매하게 하여서는 아니 된다.

④ 청소년유해약물 등을 판매·대여·배포하고자 하는 자는 그 상대방의 나이 및 본인 여부를 확인하여야 한다.

⑤ 다음 어느 하나에 해당하는 자가 청소년유해약물 중 주류나 담배(이하 "주류 등")를 판매·대여·배포하는 경우 그 업소(자동기계장치·무인판매장치 포함)에 청소년을 대상으로 주류 등의 판매·대여·배포를 금지하는 내용을 표시하여야 한다. 다만, 청소년 출입·고용금지업소는 제외한다.

㉠ 「주류 면허 등에 관한 법률」에 따른 주류소매업의 영업자

㉡ 「담배사업법」에 따른 담배소매업의 영업자

㉢ 그 밖에 대통령령으로 정하는 업소의 영업자

⑥ 여성가족부장관은 청소년유해약물 등 목록표를 작성하여 청소년유해약물 등과 관련이 있는 관계기관 등에 통보하여야 하고, 필요한 경우 약물 유통을 업으로 하는 개인·법인·단체에 통보할 수 있으며, 친권자 등의 요청이 있는 경우 친권자 등에게 통지할 수 있다.

⑦ 다음 각 호의 어느 하나에 해당하는 자는 청소년유해약물 등에 대하여 청소년유해표시를 하여야 한다.

㉠ 청소년유해약물을 제조·수입한 자

㉡ 청소년유해물건을 제작·수입한 자

⑧ ⑥에 따른 청소년유해약물 등 목록표의 작성 방법, 통보 시기, 통보 대상, 그 밖에 필요한 사항은 여성가족부령으로 정한다.

⑨ ⑤에 따른 표시의 문구, 크기와 ⑦에 따른 청소년유해표시의 종류와 시기·방법, 그 밖에 필요한 사항은 대통령령으로 정한다.

⑩ 청소년유해약물 등의 포장에 관하여는 제14조(포장 의무) 및 제15조(표시·포장의 훼손 금지)를 준용한다. 이 경우 "청소년유해매체물" 및 "매체물"은 각각 "청소년유해약물 등"으로 본다.

(2) 청소년 고용 금지 및 출입 제한 등(제29조)

① 청소년유해업소의 업주는 청소년을 고용하여서는 아니 된다. 청소년유해업소의 업주가 종업원을 고용하려면 미리 나이를 확인하여야 한다.

② 청소년 출입·고용금지업소의 업주와 종사자는 출입자의 나이를 확인하여 청소년이 그 업소에 출입하지 못하게 하여야 한다.

③ 숙박업을 운영하는 업주는 종사자를 배치하거나 대통령령으로 정하는 설비 등을 갖추어 출입자의 나이를 확인하고 제30조 ⑧의 우려가 있는 경우에는 청소년의 출입을 제한하여야 한다.

④ 청소년유해업소의 업주와 종사자는 ①부터 ③까지에 따른 나이 확인을 위하여 필요한 경우 주민등록증이나 그 밖에 나이를 확인할 수 있는 증표의 제시를 요구할 수 있으며, 증표 제시를 요구받고도 정당한 사유 없이 증표를 제시하지 아니하는 사람에게는 그 업소의 출입을 제한할 수 있다.

⑤ ②에도 불구하고 청소년이 친권자 등을 동반할 때에는 대통령령으로 정하는 바에 따라 출입하게 할 수 있다. 다만, 「식품위생법」에 따른 식품접객업 중 대통령령으로 정하는 업소의 경우에는 출입할 수 없다.

⑥ 청소년유해업소의 업주와 종사자는 그 업소에 대통령령으로 정하는 바에 따라 청소년의 출입과 고용을 제한하는 내용을 표시하여야 한다.

(3) 청소년유해행위의 금지(제30조) 기출 17·14

① 영리를 목적으로 청소년으로 하여금 신체적인 접촉 또는 은밀한 부분의 노출 등 성적 접대행위를 하게 하거나 이러한 행위를 알선·매개하는 행위

② 영리를 목적으로 청소년으로 하여금 손님과 함께 술을 마시거나 노래 또는 춤 등으로 손님의 유흥을 돋우는 접객행위를 하게 하거나 이러한 행위를 알선·매개하는 행위

③ 영리나 흥행을 목적으로 청소년에게 음란한 행위를 하게 하는 행위

④ 영리나 흥행을 목적으로 청소년의 장애나 기형 등의 모습을 일반인들에게 관람시키는 행위

⑤ 청소년에게 구걸을 시키거나 청소년을 이용하여 구걸하는 행위

⑥ 청소년을 학대하는 행위

⑦ 영리를 목적으로 청소년으로 하여금 거리에서 손님을 유인하는 행위를 하게 하는 행위

⑧ 청소년을 남녀 혼숙하게 하는 등 풍기를 문란하게 하는 영업행위를 하거나 이를 목적으로 장소를 제공하는 행위

⑨ 주로 차 종류를 조리·판매하는 업소에서 청소년으로 하여금 영업장을 벗어나 차 종류를 배달하는 행위를 하게 하거나 이를 조장하거나 묵인하는 행위

(4) 청소년 통행금지·제한구역의 지정 등(제31조)

① 특별자치시장·특별자치도지사·시장·군수·구청장(구청장은 자치구의 구청장을 말하며, 이하 "시장·군수·구청장"이라 한다)은 청소년 보호를 위하여 필요하다고 인정할 경우 청소년의 정신적·신체적 건강을 해칠 우려가 있는 구역을 청소년 통행금지구역 또는 청소년 통행제한구역으로 지정하여야 한다.

② 시장·군수·구청장은 청소년 범죄 또는 탈선의 예방 등 특별한 이유가 있으면 대통령령으로 정하는 바에 따라 시간을 정하여 지정된 구역에 청소년이 통행하는 것을 금지하거나 제한할 수 있다.

③ 청소년 통행금지구역 또는 통행제한구역의 구체적인 지정기준과 선도 및 단속 방법 등은 조례로 정하여야 한다. 이 경우 관할 경찰관서 및 학교 등 해당 지역의 관계 기관과 지역 주민의 의견을 반영하여야 한다.

④ 시장·군수·구청장 및 관할 경찰서장은 청소년이 규정을 위반하여 청소년 통행금지구역 또는 통행제한구역을 통행하려고 할 때에는 통행을 막을 수 있으며, 통행하고 있는 청소년은 해당 구역 밖으로 나가게 할 수 있다.

CHAPTER

05 기출유형분석

※ 본 문제를 풀면서 이해체크를 이용하시면 문제이해에 보다 도움이 될 수 있습니다.

[유통산업발전법]

01 유통산업발전법 제3조 유통산업시책의 기본방향에 대한 내용으로 옳지 않은 것은? [2016.11]

① 유통구조의 선진화 및 유통기능의 효율화 촉진
② 유통산업에서의 소비자 편익의 증진
③ 유통산업의 지역별 균형발전의 도모
④ 유통산업의 종류별 균형발전의 도모
⑤ 산업별·기업별 유통기능의 효율화·고도화 방안 마련

유통산업시책의 기본방향
• 유통구조의 선진화 및 유통기능의 효율화 촉진
• 유통산업에서의 소비자 편익의 증진
• 유통산업의 지역별 균형발전의 도모
• 유통산업의 종류별 균형발전의 도모
• 중소유통기업(유통산업을 경영하는 자로서 「중소기업기본법」 제2조에 따른 중소기업자에 해당하는 자를 말한다)의 구조개선 및 경쟁력 강화
• 유통산업의 국제경쟁력 제고
• 유통산업에서의 건전한 상거래질서의 확립 및 공정한 경쟁여건의 조성
• 그 밖에 유통산업의 발전을 촉진하기 위하여 필요한 사항

02 「유통산업발전법」 제2조에서 정의하고 있는 "체인사업"에 해당하지 않는 것은? [2016.04]

① 직영점형 체인사업
② 전문점형 체인사업
③ 임의가맹점형 체인사업
④ 조합형 체인사업
⑤ 프랜차이즈형 체인사업

"체인사업"이란 같은 업종의 여러 소매점포를 직영(자기가 소유하거나 임차한 매장에서 자기의 책임과 계산하에 직접 매장을 운영하는 것을 말한다)하거나 같은 업종의 여러 소매점포에 대하여 계속적으로 경영을 지도하고 상품·원재료 또는 용역을 공급하는 다음의 어느 하나에 해당하는 사업을 말한다(유통산업발전법 제2조 제6호).

• 직영점형 체인사업 : 체인본부가 주로 소매점포를 직영하되, 가맹계약을 체결한 일부 소매점포에 대하여 상품의 공급 및 경영지도를 계속하는 형태의 체인사업
• 프랜차이즈형 체인사업 : 독자적인 상품 또는 판매·경영 기법을 개발한 체인본부가 상호·판매방법·매장운영 및 광고방법 등을 결정하고, 가맹점으로 하여금 그 결정과 지도에 따라 운영하도록 하는 형태의 체인사업
• 임의가맹점형 체인사업 : 체인본부의 계속적인 경영지도 및 체인본부와 가맹점 간의 협업에 의하여 가맹점의 취급품목·영업방식 등의 표준화사업과 공동구매·공동판매·공동시설활용 등 공동사업을 수행하는 형태의 체인사업
• 조합형 체인사업 : 같은 업종의 소매점들이 「중소기업협동조합법」에 따른 중소기업협동조합, 「협동조합기본법」에 따른 협동조합, 협동조합연합회, 사회적 협동조합 또는 사회적 협동조합연합회를 설립하여 공동구매·공동판매·공동시설활용 등 사업을 수행하는 형태의 체인사업

03 유통산업발전법에 명시된 유통관리사의 직무로 옳지 않은 것은?

[2015.11|2016.07]

① 유통경영·관리와 관련한 계획·조사·연구
② 유통경영·관리와 관련한 상담·자문
③ 유통경영·관리와 관련한 교육
④ 유통경영·관리 기법의 향상
⑤ 유통경영·관리와 관련한 진단·평가

 유통관리사의 직무(유통산업발전법 제24조)
• 유통경영·관리 기법의 향상
• 유통경영·관리와 관련한 계획·조사·연구
• 유통경영·관리와 관련한 진단·평가
• 유통경영·관리와 관련한 상담·자문
• 그 밖에 유통경영·관리에 필요한 사항

04 소비자기본법상 소비자의 기본적 권리에 해당되지 않는 것은? [2015.07]

① 물품 또는 용역으로 인한 생명·신체 또는 재산에 대한 위해로부터 보호받을 권리
② 물품 또는 용역을 선택함에 있어서 필요한 지식 및 정보를 제공받을 권리
③ 소비생활에 영향을 주는 기업정책과 활동에 대한 정보를 제공받고 의견을 교환할 권리
④ 안전하고 쾌적한 소비생활 환경에서 소비할 권리
⑤ 합리적인 소비생활을 위하여 필요한 교육을 받을 권리

> **해설** 소비자의 기본적 권리(소비자기본법 제4조)
> 소비자는 다음의 기본적 권리를 가진다.
> • 물품 또는 용역으로 인한 생명·신체 또는 재산에 대한 위해로부터 보호받을 권리
> • 물품 등을 선택함에 있어서 필요한 지식 및 정보를 제공받을 권리
> • 물품 등을 사용함에 있어서 거래상대방·구입장소·가격 및 거래조건 등을 자유로이 선택할 권리
> • 소비생활에 영향을 주는 국가 및 지방자치단체의 정책과 사업자의 사업활동 등에 대하여 의견을 반영시킬 권리
> • 물품 등의 사용으로 인하여 입은 피해에 대하여 신속·공정한 절차에 따라 적절한 보상을 받을 권리
> • 합리적인 소비생활을 위하여 필요한 교육을 받을 권리
> • 소비자 스스로의 권익을 증진하기 위하여 단체를 조직하고 이를 통하여 활동할 수 있는 권리
> • 안전하고 쾌적한 소비생활 환경에서 소비할 권리

 05 「소비자기본법」 제6조에서 규정하는 국가 및 지방자치 단체가 소비자의 기본적 권리를 실현하기 위한 책무로서 옳지 않은 것은? [2016.04]

① 소비자에게 물품 등에 대한 정보를 성실하고 정확하게 제공해야 할 의무
② 관계 법령 및 조례의 제정 및 개정·폐지
③ 필요한 행정조직의 정비 및 운영 개선
④ 필요한 시책의 수립 및 실시
⑤ 소비자의 건전하고 자주적인 조직활동의 지원·육성

> **해설** ①은 사업자의 책무에 해당된다(소비자기본법 제19조 제3항).

06 소비자기본법상에 나타난 소비자분쟁의 해결에 관한 내용으로 옳지 않은 것은? [2016.11]

① 중앙행정기관의 장 또는 시·도지사는 사업자 또는 사업자단체에게 소비자상담기구의 설치·운영을 권장하거나 그 설치·운영에 필요한 지원을 할 수 있다.

② 한국소비자원은 소비자상담기구의 설치·운영에 관한 권장기준을 정하여 고시할 수 있다.

③ 소비자는 물품 등의 사용으로 인한 피해의 구제를 한국소비자원에 신청할 수 있다.

④ 국가·지방자치 단체 또는 소비자 단체는 소비자로부터 피해구제의 신청을 받은 때에는 한국소비자원에 그 처리를 의뢰할 수 있다.

⑤ 사업자 및 사업자 단체는 소비자로부터 제기되는 의견이나 불만 등을 기업경영에 반영하고, 소비자의 피해를 신속하게 처리하기 위한 기구의 설치·운영에 적극 노력하여야 한다.

해설
공정거래위원회는 소비자상담기구의 설치·운영에 관한 권장기준을 정하여 고시할 수 있다(소비자기본법 제54조 제2항).
① 소비자기본법 제54조 제1항
③ 소비자기본법 제55조 제1항
④ 소비자기본법 제54조 제2항
⑤ 소비자기본법 제53조 제1항

[청소년보호법]

07 청소년보호법의 목적으로 옳지 않은 것은? [2015.07]

① 청소년에게 유해한 매체물과 약물 등이 유통되는 것 등을 규제함

② 청소년이 유해한 업소에 출입하는 것 등을 규제함

③ 청소년을 유해한 환경으로부터 보호·구제함

④ 청소년이 경제적 독립체로 성장할 수 있도록 지원함

⑤ 청소년이 건전한 인격체로 성장할 수 있도록 함

해설
목적(청소년보호법 제1조)
청소년에게 유해한 매체물과 약물 등이 청소년에게 유통되는 것과 청소년이 유해한 업소에 출입하는 것 등을 규제하고 청소년을 유해한 환경으로부터 보호·구제함으로써 청소년이 건전한 인격체로 성장할 수 있도록 함을 목적으로 한다.

08 「청소년보호법」 제2조에서 정의하고 있는 "청소년유해약물"에 포함되지 않는 것은? [2016.04]

① '주세법'에 따른 주류
② '담배사업법'에 따른 담배
③ '마약류관리에 관한 법률'에 따른 마약류
④ '화학물질관리법'에 따른 환각물질
⑤ '식품관리법'에 따른 심신발달장애물질

> **청소년유해약물(청소년보호법 제2조 제4호 가목)**
> • 「주세법」에 따른 주류
> • 「담배사업법」에 따른 담배
> • 「마약류관리에 관한 법률」에 따른 마약류
> • 「화학물질관리법」에 따른 환각물질
> • 그 밖에 중추신경에 작용하여 습관성, 중독성, 내성 등을 유발하여 인체에 유해하게 작용할 수 있는 약물 등 청소년의 사용을 제한하지 아니하면 청소년의 심신을 심각하게 손상시킬 우려가 있는 약물로서 대통령령으로 정하는 기준에 따라 관계 기관의 의견을 들어 청소년보호위원회가 결정하고 여성가족부장관이 고시한 것

 09 청소년보호법에서 일반적으로 정의한 청소년에 해당하는 사람으로 옳은 것은? [2015.11]

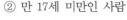

① 만 16세 미만인 사람
② 만 17세 미만인 사람
③ 만 18세 미만인 사람
④ 만 19세 미만인 사람
⑤ 만 20세 미만인 사람

> "청소년"이란 만 19세 미만인 사람을 말한다. 다만, 만 19세가 되는 해의 1월 1일을 맞이한 사람은 제외한다(청소년보호법 제2조 제1호).

※ 본 문제를 풀면서 이해체크를 이용하시면 문제이해에 보다 도움이 될 수 있습니다.

[유통산업발전법]

01 다음 유통산업발전법상 용어의 정의 중 틀린 것은?

① "매장"이란 상품의 판매와 이를 지원하는 용역의 제공에 직접 사용되는 장소를 말한다.

② "전문상가단지"란 같은 업종을 영위하는 여러 도매업자 또는 소매업자가 일정 지역에 점포 및 부대시설 등을 집단으로 설치하여 만든 상가단지를 말한다.

③ "집배송시설"이란 유통사업자 또는 제조업자가 공동으로 사용할 수 있도록 집배송시설 및 부대업무시설이 설치되어 있는 시설물을 말한다.

④ "물류설비"란 화물의 수송·포장·하역·운반과 이를 관리하는 물류정보처리활동에 사용되는 물품·기계·장치 등의 설비를 말한다.

⑤ "상점가"란 일정 범위안의 가로 또는 지하도에 2천제곱미터 이내의 가로 또는 지하도에 50개 이상(인구 30만 이하인 시·군·자치구의 상점가의 경우에는 30개 이상)의 도매점포·소매점포 또는 용역점포가 밀집하여 있는 지구를 말한다.

> "집배송시설"이란 상품의 주문처리·재고관리·수송·보관·하역·포장·가공 등 집하 및 배송에 관한 활동과 이를 유기적으로 조정 또는 지원하는 정보처리활동에 사용되는 기계·장치 등의 일련의 시설을 말한다(유통산업발전법 제2조 제15호).

02 다음 중 유통산업발전법상 유통정보화의 촉진 및 유통부문의 전자거래기반을 넓히기 위한 유통정보화시책에 포함될 사항이 아닌 것은?

① 유통표준코드의 보급

② 판매시점 정보관리시스템의 보급

③ 유통정보 또는 유통정보시스템의 표준화 촉진

④ 인증물류설비의 도입

⑤ 유통표준전자문서의 보급

유통정보화시책 등(유통산업발전법 제21조 제1항)

산업통상자원부장관은 유통정보화의 촉진 및 유통부문의 전자거래기반을 넓히기 위하여 다음의 사항이 포함된 유통정보화시책을 세우고 시행하여야 한다.
- 유통표준코드의 보급
- 유통표준전자문서의 보급
- 판매시점 정보관리시스템의 보급
- 점포관리의 효율화를 위한 재고관리시스템·매장관리시스템 등의 보급
- 상품의 전자적 거래를 위한 전자장터 등의 시스템의 구축 및 보급
- 다수의 유통·물류기업 간 기업정보시스템의 연동을 위한 시스템의 구축 및 보급
- 유통·물류의 효율적 관리를 위한 무선주파수 인식시스템의 적용 및 실용화 촉진
- 유통정보 또는 유통정보시스템의 표준화 촉진
- 그 밖에 유통정보화를 촉진하기 위하여 필요하다고 인정되는 사항

03 다음 중 유통산업발전법상 유통기능을 효율화하기 위하여 산업통상자원부장관이 강구하여야 할 시책이 아닌 것은?

① 해외유통시장의 조사·분석
② 물류정보화기반의 확충
③ 물류공동화의 촉진
④ 물류표준화의 촉진
⑤ 물류기능의 외부위탁 촉진

산업통상자원부장관은 유통기능을 효율화하기 위하여 다음의 사항에 관한 시책을 마련하여야 한다(유통산업발전법 제26조 제1항).
- 물류표준화의 촉진
- 물류정보화 기반의 확충
- 물류공동화의 촉진
- 물류기능의 외부 위탁 촉진
- 물류기술·기법의 고도화 및 선진화
- 집배송시설 및 공동집배송센터의 확충 및 효율적 배치
- 그 밖에 유통기능의 효율화를 촉진하기 위하여 필요하다고 인정되는 사항

04 현행 유통산업발전법 및 동법 시행령에서 규정하고 있는 다음의 체인사업은 어떠한 유형의 체인사업에 대한 설명인가?

> 체인본부의 계속적인 경영지도 및 체인본부와 가맹점 간의 협업에 의하여 가맹점의 취급품목·영업방식 등에 관한 표준화사업과 공동구매·공동판매·공동시설 활용 등 공동사업을 수행하는 형태의 체인사업

① 직영점형 체인사업
② 프랜차이즈형 체인사업
③ 임의가맹점형 체인사업
④ 조합형 체인사업
⑤ 전문점형 체인사업

체인사업의 유형(유통산업발전법 제2조 제6호)
- 직영점형 체인사업 : 체인본부가 주로 소매점포를 직영하되, 가맹계약을 체결한 일부 소매점포(가맹점)에 대하여 상품의 공급 및 경영지도를 계속하는 형태의 체인사업
- 프랜차이즈형 체인사업 : 독자적인 상품 또는 판매·경영기법을 개발한 체인본부가 상호·판매방법·매장운영 및 광고방법 등을 결정하고 가맹점으로 하여금 그 결정과 지도에 따라 운영하도록 하는 형태의 체인사업
- 임의가맹점형 체인사업 : 체인본부의 계속적인 경영지도 및 체인본부와 가맹점간 협업에 의하여 가맹점의 취급품목·영업방식 등의 표준화사업과 공동구매·공동판매·공동시설활용 등 공동사업을 수행하는 형태의 체인사업
- 조합형 체인사업 : 동일업종의 소매점들이 중소기업협동조합을 설립하여 공동구매·공동판매·공동시설활용 등 사업을 수행하는 형태의 체인사업

05 유통산업발전법에서 규정하고 있는 유통산업발전기본계획에 대한 설명 중에서 틀린 것은?

① 산업통상자원부장관은 유통산업의 발전을 위하여 5년마다 유통산업발전기본계획을 특별시장·광역시장 또는 도지사와의 협의를 거쳐 세우고 이를 시행하여야 한다.
② 산업통상자원부장관은 유통산업발전기본계획을 특별시장·광역시장·특별자치시장·도지사 또는 특별자치도지사에게 알려야 한다.
③ 산업통상자원부장관은 유통산업발전기본계획에 따라 매년 유통산업발전시행계획을 관계중앙행정기관의 장과의 협의를 거쳐 세워야 한다.
④ 산업통상자원부장관은 유통산업발전시행계획을 세우기 위하여 필요하다고 인정되는 경우에는 관계중앙행정기관의 장에게 필요한 자료를 요청할 수 있다.
⑤ 산업통상자원부장관은 기본계획 및 시행계획 등의 효율적인 수립·추진을 위하여 유통산업에 대한 실태조사를 할 수 있다.

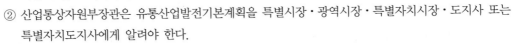

산업통상자원부장관은 유통산업의 발전을 위하여 5년마다 유통산업발전기본계획을 관계중앙행정기관의 장과의 협의를 거쳐 세우고 이를 시행하여야 한다(유통산업발전법 제5조 제1항).

06 다음 중 유통산업발전법상 유통산업발전기본계획에 포함되어야 하는 사항이 아닌 것은?

① 유통산업의 규제완화 및 제도개선 등 유통산업의 발전을 촉진하기 위하여 필요한 사항
② 도심지에 위치한 유통시설의 정비 및 교외이전에 관한 사항
③ 유통산업의 지역별·종류별 발전 방안
④ 산업별·지역별 유통기능의 효율화·고도화 방안
⑤ 중소유통기업의 구조개선 및 경쟁력 강화 방안

> **해설**
>
> 유통산업발전기본계획에는 다음의 사항이 포함되어야 한다(유통산업발전법 제5조 제2항).
> • 유통산업 발전의 기본방향
> • 유통산업의 국내외 여건 변화 전망
> • 유통산업의 현황 및 평가
> • 유통산업의 지역별·종류별 발전 방안
> • 산업별·지역별 유통기능의 효율화·고도화 방안
> • 유통전문인력·부지 및 시설 등의 수급(需給) 변화에 대한 전망
> • 중소유통기업의 구조개선 및 경쟁력 강화 방안
> • 대규모점포와 중소유통기업 및 중소제조업체 사이의 건전한 상거래질서의 유지 방안
> • 그 밖에 유통산업의 규제완화 및 제도개선 등 유통산업의 발전을 촉진하기 위하여 필요한 사항

07 유통산업발전법상 대규모점포에 관한 다음 사항 중 틀린 것은?

① 파산자로서 복권되지 아니한 자는 대규모점포의 등록을 할 수 없다.
② 대규모점포를 개설하고자 하는 자는 유통산업발전법 시행규칙이 정하는 바에 따라 시·도지사에게 등록하여야 한다.
③ 대규모점포개설자는 소비자의 안전유지와 소비자 및 인근 지역주민의 피해·불만의 신속한 처리 업무를 수행한다.
④ 매장면적이 2분의 1 이상을 직영하는 자가 있는 경우에는 그 직영하는 자가 대규모점포개설자의 업무를 수행한다.
⑤ 대규모점포 등 개설자가 대규모점포 등을 휴업 또는 폐업하고자 하는 경우에는 산업통상자원부령이 정하는 바에 따라 시장·군수·구청장에게 신고를 하여야 한다.

> **해설**
>
> 대규모점포를 개설하거나 전통상업보존구역에 준대규모점포를 개설하려는 자는 영업을 시작하기 전에 산업통상자원부령으로 정하는 바에 따라 상권영향평가서 및 지역협력계획서를 첨부하여 특별자치시장·시장·군수·구청장에게 등록하여야 한다. 등록한 내용을 변경하려는 경우에도 또한 같다(유통산업발전법 제8조 제1항).

08 유통산업발전법령에서 규정하고 있는 다음의 대규모점포는 어떠한 유형의 대규모점포인가?

> 용역의 제공장소를 제외한 매장면적의 합계가 3,000m² 이상인 점포의 집단으로서 쇼핑, 오락 및 업무
> 기능 등이 한 곳에 집적되고, 문화·관광시설로서의 역할을 하며, 1개의 업체가 개발·관리 및 운영하
> 는 점포의 집단

① 복합쇼핑몰   ② 대형마트
③ 전문점   ④ 백화점
⑤ 쇼핑센터

> **해설** **대규모점포의 종류(유통산업발전법 별표)**
> • **대형마트** : 용역의 제공장소를 제외한 매장면적의 합계가 3천제곱미터 이상인 점포의 집단으로서 식품·가전 및 생활용품을 중심으로 점원의 도움 없이 소비자에게 소매하는 점포의 집단
> • **전문점** : 용역의 제공장소를 제외한 매장면적의 합계가 3천제곱미터 이상인 점포의 집단으로서 의류·가전 또는 가정용품 등 특정 품목에 특화한 점포의 집단
> • **백화점** : 용역의 제공장소를 제외한 매장면적의 합계가 3천제곱미터 이상인 점포의 집단으로서 다양한 상품을 구매할 수 있도록 현대적 판매시설과 소비자 편익시설이 설치된 점포로서 직영의 비율이 30퍼센트 이상인 점포의 집단
> • **쇼핑센터** : 용역의 제공장소를 제외한 매장면적의 합계가 3천제곱미터 이상인 점포의 집단으로서 다수의 대규모점포 또는 소매점포와 각종 편의시설이 일체적으로 설치된 점포로서 직영 또는 임대의 형태로 운영되는 점포의 집단
> • **복합쇼핑몰** : 용역의 제공장소를 제외한 매장면적의 합계가 3천제곱미터 이상인 점포의 집단으로서 쇼핑, 오락 및 업무기능 등이 한 곳에 집적되고, 문화·관광시설로서의 역할을 하며, 1개의 업체가 개발·관리 및 운영하는 점포의 집단

09 현행 유통산업발전법 및 동법 시행령에서 규정한 매장, 대규모점포, 준대규모점포, 체인사업 등에 대한 설명으로 가장 올바른 것은?

① 매장은 상품의 판매와 이를 지원하는 용역의 제공에 직접 사용되는 장소를 말하며, 바닥면적이 1천 제곱미터 이상인 슈퍼마켓과 일용품 등의 소매점을 포함한다.

② 매장면적의 합계가 2천제곱미터 이상이고 상시운영되는 매장은 모두 대규모점포에 해당한다.

③ 대규모점포를 경영하는 회사 또는 그 계열회사가 직영하는 점포 중에서 상호출자제한기업집단의 계열회사가 직영하는 점포는 준대규모점포라 한다.

④ 같은 업종의 여러 소매점포를 직영하거나 같은 업종의 여러 소매점포에 대하여 계속적으로 경영을 지도하고 상품원재료 또는 용역을 공급하는 사업을 체인사업이라 한다.

⑤ 2천제곱미터 이내의 가로 또는 지하도에 30 이상의 점포(도매점포는 제외) 또는 용역점포가 밀집하여 있는 지구를 상점가라 한다.

10 유통산업발전법상 유통표준전자문서 및 유통정보의 보안 등 유통정보화에 대한 설명으로 틀린 것은?

① 누구든지 유통표준전자문서를 위작 또는 변작하거나 위작 또는 변작된 전자문서를 사용하거나 유통시켜서는 안 된다.
② 유통정보화역무를 제공하는 자는 유통표준전자문서 또는 컴퓨터 등 정보처리 조직의 파일에 기록된 유통정보를 공개하여서는 아니 된다.
③ 수사기관이 수사목적상 필요에 의하여 신청하는 정보 또는 법원이 제출을 명하는 정보는 언제든지 공개하여야 한다.
④ 유통정보화역무를 제공하는 자는 유통표준전자문서를 3년 동안 보관하여야 한다.
⑤ 산업통상자원부장관은 유통정보화의 촉진 및 유통부문의 전자거래기반을 넓히기 위하여 유통정보화 시책을 세우고 이를 시행하여야 한다.

[소비자기본법]

11 다음 중 소비자기본법에 대한 설명으로 옳지 않은 것은?

① 소비자의 권익을 증진하기 위해 규정되었다.
② 소비자들은 자신들의 권익을 위해 특정 단체를 구성할 수 없다.
③ 물품 또는 용역으로 인한 생명, 신체 또는 재산에 대한 위해로부터 보호받을 권리를 포함하고 있다.
④ 소비자권익증진시책의 효과적인 추진을 위해 한국소비자원이 설립되었다.
⑤ 국가 및 지방자치단체는 소비자의 기본적인 권리가 실현될 수 있도록 소비자의 권익과 관련된 주요시책 및 주요결정사항을 소비자에게 알려야 한다.

12 소비자기본법에 의거한 소비자의 기본적 권리에 해당되지 않는 것은?

① 소비생활에 영향을 주는 국가 및 지방자치단체의 정책과 사업자의 사업활동 등에 대하여 의견을 반영시킬 수 있다.
② 물품 등의 사용으로 인해 입은 피해에 대하여 신속·공정한 절차에 따라 적절한 보상을 받을 수 있다.
③ 합리적인 소비생활을 위하여 필요한 교육을 받을 수 있다.
④ 소비자 스스로의 권익을 증진하기 위하여 단체를 조직하고 이를 통하여 활동할 수 있다.
⑤ 소비자는 사업자 등과 더불어 자유시장경제를 구성하는 주체임을 인식하여 물품 등을 올바르게 선택하고, 소비자의 기본적 권리를 정당하게 행사해야 한다.

> **해설** 소비자의 기본적 권리(소비자기본법 제4조)
> • 물품 또는 용역으로 인한 생명·신체 또는 재산에 대한 위해로부터 보호받을 권리
> • 물품 등을 선택함에 있어서 필요한 지식 및 정보를 제공받을 권리
> • 물품 등을 사용함에 있어서 거래상대방·구입장소·가격 및 거래조건 등을 자유로이 선택할 권리
> • 소비생활에 영향을 주는 국가 및 지방자치단체의 정책과 사업자의 사업활동 등에 대하여 의견을 반영시킬 권리
> • 물품 등의 사용으로 인하여 입은 피해에 대하여 신속·공정한 절차에 따라 적절한 보상을 받을 권리
> • 합리적인 소비생활을 위하여 필요한 교육을 받을 권리
> • 소비자 스스로의 권익을 증진하기 위하여 단체를 조직하고 이를 통하여 활동할 수 있는 권리
> • 안전하고 쾌적한 소비생활 환경에서 소비할 권리

13 다음 중 소비자기본법상 국가 및 지방자치단체의 책무가 아닌 것은?

① 관계법령 및 조례의 제정 및 개폐
② 필요한 행정조직의 정비 및 운영 개선
③ 필요한 시책의 수립 및 실시
④ 소비자의 건전하고 자주적인 조직 활동의 지원 육성
⑤ 국민의 금융 편의의 도모

> **해설** 국가 및 지방자치단체의 책무(제6조)
> • 관계법령 및 조례의 제정 및 개정·폐지
> • 필요한 행정조직의 정비 및 운영 개선
> • 필요한 시책의 수립 및 실시
> • 소비자의 건전하고 자주적인 조직 활동의 지원·육성

14 다음 사항 중 소비자 단체의 업무에 해당하지 않는 것은?

① 국가 및 지방자치단체의 소비자의 권익과 관련된 시책에 대한 건의
② 소비자 보호에의 협력
③ 소비자의 교육
④ 소비자 문제에 관한 조사·연구
⑤ 소비자 불만 및 피해처리를 위한 상담·정보제공 및 당사자 사이의 합의의 권고

> **해설** 소비자 보호에의 협력, 위해의 방지 등은 사업자의 의무에 해당된다.

15 소비자기본법상 소비자분쟁의 해결 방법으로 부적절한 내용은?

① 사업자 및 사업자단체는 소비자로부터 제기되는 의견이나 불만 등을 기업경영에 반영하고, 소비자의 피해를 신속하게 처리하기 위한 소비자상담기구를 반드시 설치하여야 한다.
② 사업자 및 사업자단체는 소비자의 불만 또는 피해의 상담을 위하여 「국가기술자격법」에 따른 관련 자격이 있는 자 등 전담직원을 고용·배치하도록 적극 노력하여야 한다.
③ 소비자는 물품 등의 사용으로 인한 피해의 구제를 한국소비자원에 신청할 수 있다.
④ 국가·지방자치단체 또는 소비자단체는 소비자로부터 피해구제의 신청을 받은 때에는 한국소비자원에 그 처리를 의뢰할 수 있다.
⑤ 소비자와 사업자 사이에 발생한 분쟁을 조정하기 위하여 한국소비자원에 소비자분쟁조정위원회를 둔다.

> **해설** 사업자 및 사업자단체는 소비자로부터 제기되는 의견이나 불만 등을 기업경영에 반영하고, 소비자의 피해를 신속하게 처리하기 위한 기구("소비자상담기구"라 한다)의 설치·운영에 적극 노력하여야 한다(소비자기본법 제53조 제1항).

16 다음 중 소비자분쟁조정위원회의 심의·의결 사항이 아닌 것은?

① 소비자분쟁에 대한 조정 결정
② 조정위원회의 의사에 관한 규칙의 제정 및 개정·폐지
③ 소비자 문제에 관한 조사·연구
④ 조정위원회에 의뢰 또는 신청된 분쟁조정
⑤ 조정부가 분쟁조정회의에서 처리하도록 결정한 사항

[청소년보호법]

17 청소년보호법상 매체물의 범위에 해당되지 않는 것은?

① 영화 및 비디오물의 진흥에 관한 법률의 규정에 의한 비디오물
② 게임산업 진흥에 관한 법률에 의한 게임물 및 음악산업 진흥에 관한 법률에 의한 음반
③ 전기통신사업법 및 전기통신기본법의 규정에 의한 전기통신을 통한 부호·문언·음향 또는 영상정보
④ 방송법의 규정에 의한 보도방송프로그램
⑤ 옥외광고물 등 관리법의 규정에 의한 간판, 입간판, 벽보, 전단, 기타 이와 유사한 상업적 광고 선전물과 각종 매체물에 수록, 게재, 전시, 기타 방법으로 포함된 상업적 광고 선전물

해설 ④ 방송법의 규정에 의한 방송프로그램이며, 보도방송프로그램은 제외된다(청소년보호법 제2조 제2호 바목).

18 다음 중 청소년보호법상 청소년유해매체물에 해당되는 것은?

① 청소년유해약물
② 청소년유해물건
③ 공연법 및 영화 및 비디오물의 진흥에 관한 법률의 규정에 의한 영화·연극·음악·무용, 기타 오락적 관람물
④ 각 심의기관이 청소년에게 유해한 것으로 심의하거나 확인하여 보건복지부장관이 고시한 매체물
⑤ 청소년보호위원회가 청소년에게 유해한 것으로 결정하거나 확인하여 여성가족부장관이 고시한 매체물

해설 청소년유해매체물(청소년보호법 제2조 제3호)
• 청소년보호위원회가 청소년에게 유해한 것으로 결정하거나 확인하여 여성가족부장관이 고시한 매체물
• 각 심의기관이 청소년에게 유해한 것으로 심의하거나 확인하여 여성가족부장관이 고시한 매체물

19 청소년보호법상 매체물 또는 약물을 유통하는 행위로 볼 수 없는 것은?

① 대 여
② 판 매
③ 제 조
④ 방 송
⑤ 배 포

해설 "유통"이라 함은 매체물 또는 약물 등을 판매, 대여, 배포, 방송, 공연, 상영, 전시, 진열, 광고하거나 시청 또는 이용하도록 제공하는 행위와 이러한 목적으로 매체물 또는 약물 등을 인쇄·복제 또는 수입하는 행위를 말한다(청소년보호법 제2조 제6호).

20   청소년보호법상 청소년유해매체물의 심의 기준 내용에 해당하지 않는 사항은?

① 청소년의 건전한 인격과 시민의식의 형성을 저해(沮害)하는 반사회적·비윤리적인 것
② 청소년에게 포악성이나 범죄의 충동을 일으킬 수 있는 것
③ 성폭력을 포함한 각종 형태의 폭력 행위와 약물의 남용을 자극하거나 미화하는 것
④ 도박과 사행심을 조장하는 등 청소년의 건전한 생활을 현저히 해칠 우려가 있는 것
⑤ 영리목적으로 청소년에게 구걸을 시키거나 학대하는 것

해설 ⑤는 청소년유해행위의 금지 사항에 해당한다.

21 청소년 유해약물 등으로부터 청소년을 보호하기 위한 내용으로 부적절한 것은?

① 누구든지 청소년을 대상으로 하여 청소년 유해약물 등을 판매·대여·배포하여서는 아니된다.
② 누구든지 청소년의 의뢰를 받아 청소년유해약물 등을 구입하여 청소년에게 제공하여서는 아니 된다.
③ 청소년유해업소의 업주는 보호자의 동의하에 청소년을 고용할 수 있다.
④ 청소년유해약물을 제조·수입한 자는 청소년유해약물 등에 대하여 청소년유해표시를 하여야 한다.
⑤ 청소년 출입·고용금지업소의 업주와 종사자는 출입자의 나이를 확인하여 청소년이 그 업소에 출입하지 못하게 하여야 한다.

해설 ③ 청소년유해업소의 업주는 청소년을 고용하여서는 아니 된다. 청소년유해업소의 업주가 종업원을 고용하려면 미리 나이를 확인하여야 한다(청소년보호법 제29조 제1항).

22 청소년보호법상 청소년유해행위의 금지사항이 아닌 것은?

① 영리를 목적으로 청소년으로 하여금 신체적인 접촉 또는 은밀한 부분의 노출 등 성적 접대행위를 하게 하거나 이러한 행위를 알선·매개하는 행위

② 영리를 목적으로 청소년으로 하여금 손님과 함께 술을 마시거나 노래 또는 춤 등으로 손님의 유흥을 돋우는 접객행위를 하게 하거나 이러한 행위를 알선·매개하는 행위

③ 청소년에게 구걸을 시키거나 청소년을 이용하여 구걸하는 행위

④ 청소년을 대상으로 숙박 영업행위를 하거나 이를 목적으로 장소를 제공하는 행위

⑤ 청소년을 학대하는 행위

> **해설**
> 청소년을 남녀 혼숙하게 하는 등 풍기를 문란하게 하는 영업행위를 하거나 이를 목적으로 장소를 제공하는 행위(청소년보호법 제30조 제8호)

아이들이 답이 있는 질문을 하기 시작하면 그들이 성장하고 있음을 알 수 있다.

-존 J. 플롬프-

2과목

판매 및 고객관리

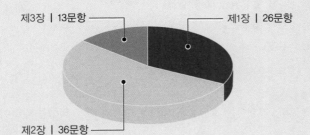

01 · 매장관리

Key Point

■ 내셔널 브랜드(NB)와 프라이빗 브랜드(PB) 상품의 비교 및 브랜드 전략
■ 편의품, 선매품, 전문품의 구분 및 특징
■ 상품의 재고관리
■ 진열과 디스플레이
■ 점포 레이아웃의 방식(격자형과 자유형 레이아웃을 중심으로)
■ 온라인 쇼핑몰의 구성 및 설계
■ 사용자 인터페이스(UI)와 사용자 경험(UX)

---

01 | 상품지식

1 상품의 이해

(1) 상품의 구조 기출 13

상품이란 물리적인 특색, 서비스의 특색, 상징적인 특색을 종합한 것이며, 구매자에게 만족 및 편익을 제공해주는 것이다. – 코틀러(P. Kotler)

① 물리적 조립품으로서 물리적 상품(제1의 구조)
② 시장성을 배려한 시장적 상품(제2의 구조)
　　㉠ 상품 자체에 시장성을 부가한 시장적 상품
　　㉡ 상품 제공과 관련하여 시장성을 부가한 시장적 상품
③ 구매자의 필요·욕구를 충족시키는 효용으로서의 상품(제3의 구조)
　　㉠ 주로 물리적 상품에 의해서 창출되는 1차적 효용으로서의 상품
　　㉡ 주로 시장적 상품에 의해서 창출되는 2차적 효용으로서의 상품
④ 제3자의 효용을 배려한 사회적 상품(제4의 구조)

(2) 상품의 적성

상품이 상품으로서의 매매의 대상이 되고 소비자가 기대하는 효용을 위해서는 다음과 같은 적성을 갖추어야 한다.

① 적합성 : 소비자의 필요와 욕구에 적합하게 하기 위해서는 1, 2차적 효용을 제공할 수 있는 품질을 갖추어야 한다.
② 내구성 : 생산에서 소비되기까지 상품의 가치가 변하지 않아야 한다.

③ **운반성** : 생산된 장소에서 소비되는 장소까지 안전하며, 경제적으로 운반이 가능해야 한다.

④ **대체성** : 매매 및 소비할 때에 동종동량의 상품을 가지고 대체할 수 있어야 한다.

⑤ **경제성** : 가격이 가치에 비해서 비교적 싼 것이어야 한다.

⑥ **정보성** : 상품·브랜드 등이 잘 알려져 있으며, 그 구매 및 소비에 있어서도 충분한 정보가 제공되고 있어야 한다.

⑦ **안전성** : 위에 제시한 모든 적성이 충족되어 있다고 해도 만일 안전성에 문제가 있다면 상품으로서의 모든 가치를 잃게 된다.

⑧ **채산성** : 메이커·판매업자에게 채산이 맞아야 한다.

⑨ **사회성** : 사회 전체에 어떠한 영향을 미치는가 생각해야 한다.

(3) 상품의 구성 요소 `기출` 23 · 22

① **디자인(Design)** : 디자인은 주로 정서성에 포인트를 두지만 상품에 따라서 기능성도 중요시 한다. 여기서 기능성이란 해당 상품이 본래의 기능을 발휘하는 데에 얼마나 편리하게 디자인되어 있는가 하는 것이며, 현실적으로 정서성과 기능성의 균형이 맞게 디자인 되어야 한다.

② **컬러(Color)** : 컬러는 상품에 매력을 주고, 소비자의 주의와 관심을 환기시킬 뿐 아니라 시장성의 제고를 목적으로 고안되어 있다. 이외에도 더러움을 방지하거나 눈에 띄지 않게 하고, 품질과 등급의 차이를 간단하게 식별할 수 있게 하는 기능적인 목적도 있다.

③ **상표(Brand)** : 상표란 제조업자 또는 판매업자가 자사의 상품을 타사와 구별하기 위하여 붙인 문자·도형·기호들을 말한다. 이는 소비자가 구매할 때 특정 상품을 쉽게 식별할 수 있게 함과 동시에 메이커 및 판매업자의 촉진관리 수단으로서의 역할도 한다. `기출` 23

    ㉠ **상표의 기능** `기출` 18

기업에 있어서의 기능	• 상품을 차별화 • 고유시장 확보 • 무형의 자산	• 상품의 선택을 촉진 • 출처와 책임을 명확히 함
소비자에 있어서의 기능	• 상품의 식별을 가능하게 함 • 상품을 보증해 줌	• 정보적 가치를 얻을 수 있음

    ㉡ **상표의 종류** `기출` 23 · 20 · 19 · 18 · 17 · 16 · 14 · 13

    • 제조업체 브랜드(National Brand)와 유통업체 브랜드(Private Brand) : 상표 소유자에 의한 분류로 제조업자의 것을 제조업체 브랜드라 하고, 도매업자·소매업자 등 유통업자의 것을 유통업체 브랜드라 한다.

구 분	제조업체 브랜드	유통업체 브랜드
상표주	제조업자	중간상
지칭용어	NB	PB
생산방식	주로 자체 생산	주로 OEM 방식
장 점	높은 인지도	저가격, 높은 마진
단 점	광고 및 유통비용 과다 발생	낮은 품질 관리

- 통일상표(Family Brand)와 개별상표(Individual Brand)
  - 통일상표 : 그 기업의 전상품에 대해 단일 브랜드를 붙이는 것
  - 개별상표 : 동일기업의 상품이라도 상품종류 혹은 아이템에 따라 복수의 브랜드를 구별해 사용하는 것을 말한다.
④ 포 장
  ㉠ 포장의 종류
  - 개포장(個包裝) : 소비자가 구입하는 단위마다 포장하는 것으로, 내용물을 보호할 뿐만 아니라 소비자에게 상품의 매력과 시장성을 제고시키는 데에 목적이 있다.
  - 내포장(內包裝) : 내용물을 보호하기 위한 내부포장으로 방수·방습·방열 등을 위하여 적절한 용기와 자재를 사용하거나 충전하는 것을 말한다.
  - 외포장(外包裝) : 상품을 보관·운송하기 위한 상자, 포대를 말한다. 상품은 대부분 생산단계에서 소비단계까지 이러한 상태로 유통되고, 점두(店頭)에서 낱포장의 상태로 진열되어 판매된다.
  ㉡ 포장의 목적과 기능
  - 내용물 보호
  - 상품을 운송·보관·판매·소비하는 데 편리하도록 함
  - 상품의 촉진관리
  - 소비·사용에 관한 정보 제공

2 상품분류

(1) 사용목적에 따른 분류

① 소비자용품 : 최종소비자가 자기의 가정 안에서 소비하거나 혹은 선물 등의 목적을 위하여 소비·사용하는 것
  ㉠ 많은 구입횟수
  ㉡ 일반적으로 소량 소비되고 낮은 상품 가격
  ㉢ 시장이 광범위하고 대량 판매
  ㉣ 감정적·충동적으로 구매
  ㉤ 주문생산보다는 시장생산
② 산업용품 : 다른 상품을 생산하기 위하여 또는 업무활동을 위하여 재판매함으로써 이익을 올리기 위하여 소비·사용하는 것
  ㉠ 적은 구입횟수
  ㉡ 구매자 수도 적고 시장이 지역적으로 치우침
  ㉢ 대량으로 구입·소비
  ㉣ 구매자의 상품지식이 높음
  ㉤ 계획적·합리적으로 구매결정
  ㉥ 상품 자체의 능력, 생산성, 채산성 등에 관한 고려가 우선

(2) 구매관습에 따른 분류 기출 23 · 22 · 21 · 20 · 19 · 18 · 17 · 16 · 15 · 14 · 13

편의품	선매품	전문품
① 높은 구매빈도	① 낮은 구매빈도	① 매우 낮은 구매빈도
② 낮은 단가	② 비교적 높은 단가	② 매우 높은 단가
③ 높은 회전율	③ 높지 않은 회전율	③ 매우 낮은 회전율
④ 낮은 마진	④ 상당히 높은 마진	④ 높은 마진
⑤ 대량생산 가능	⑤ 대량생산에 부적합	⑤ 상표에 매우 관심
⑥ 상표에 대한 높은 관심	⑥ 스타일 · 디자인 등 정보적 가치가 중요	⑥ 상당한 노력을 들여 예산 및 계획을 세우고 정보 수집
⑦ 습관적 구입	⑦ 사전계획을 세워 구매	⑦ 구입할 때 전문적인 판매원의 지도 · 정보가 큰 역할을 함
⑧ 주거지 근처에서 구매	⑧ 구매에 시간 · 노력을 아끼지 않음	⑧ 전속적 유통방식
⑨ 집약적(개방적) 유통방식	⑨ 몇몇 점포를 둘러본 후 비교 구매	
	⑩ 선택적 유통방식	

(3) 라이프사이클에 따른 분류

① **도입기 상품** : 방금 발매된 신상품으로, 품질이나 효용 및 특징을 널리 광고하여 적극적인 촉진관리를 해야 한다.

② **성장기 상품** : 광고의 효과 등으로 상품의 지명도와 유용성이 소비자에게 널리 인식되어 매상고가 점진적으로 상승하며, 판매추세가 급상승하는 제품이다.

③ **성숙기 상품** : 수요가 포화상태가 되어 판매신장률이 둔화되는 시기이다.

④ **쇠퇴기 상품** : 대체상품의 진출이나 소비자 행동의 변화에 의하여 수요가 강화되어 매출과 이익이 감소된다.

지식 in

상품수명주기별 상품관리전략 기출 19 · 13

도입기 (Innovation Stage)	• 상품을 개발하고 도입하여 판매를 시작하는 단계이다. • 수요량이 적고 가격탄력성도 적다. • 경기변동에 대하여 민감하지 않으며 조업도가 낮아 적자를 내는 일이 많은 단계이다. • 아직 상품에 대한 인지도가 낮으므로 소비자들에게 상품을 알려서 인지도를 높이는 것이 우선이다.
성장기 (Development Stage)	• 어떤 상품이 도입기를 무사히 넘기고 나면 그 상품의 매출액은 늘어나게 되고 시장도 커지게 된다. • 수요량이 증가하고 가격탄력성도 커지며, 초기설비는 완전히 가동되고 증설이 필요해지기도 하며, 조업도의 상승으로 수익성도 호전한다. • 가장 조심하여야 할 점은 장사가 잘되면 그만큼 경쟁자의 참여도 늘어나게 된다는 것이다.
성숙기 (Maturity Stage)	• 대량생산이 본 궤도에 오르고 원가가 크게 내림에 따라 상품단위별 이익은 정상에 달하지만, 경쟁자나 모방상품이 많이 나타난다. • 대다수의 잠재적 구매자에 의하여 상품이 수용됨으로써 판매성장이 둔화되는 기간이다. 이때 이익은 최고수준에 이르지만, 이후부터는 경쟁에 대응하여 상품의 지위를 유지하기 위한 비용이 늘어나 이익은 감소하기 시작한다.
쇠퇴기 (Decline Stage)	• 어떤 상품이 시장에서 쇠퇴하게 되는 이유는 여러 가지가 있는데, 기술발달로 인하여 대체품이 나오거나 소비자의 기호변화 등으로 그 상품에 대한 소비자의 욕구가 사라지는 경우이다. • 수요가 경기변동에 관계없이 감퇴하는 경향을 나타낸다. 광고를 비롯한 여러 촉진관리도 거의 효과가 없으며, 시장점유율은 급속히 떨어지고 손해를 보는 일이 많아진다.

(4) 일반적 상품의 차원별 구분 `기출 21·14`

① 핵심상품
   ㉠ 핵심상품이란 가장 기초적인 수준의 상품을 말한다.
   ㉡ 소비자가 상품을 소비함으로써 얻을 수 있는 핵심적인 효용을 핵심상품이라고 한다.

② 실체상품
   ㉠ 핵심을 눈으로 보고, 손으로 만져볼 수 있도록 구체적으로 드러난 물리적인 속성차원에 서의 상품을 말한다.
   ㉡ 소비자가 실제로 느낄 수 있는 수준의 상품으로, 흔히 상품이라고 하면 이러한 차원의 상품을 말한다.
   ㉢ 핵심상품에 품질과 특성, 상표, 디자인, 포장, 라벨 등의 요소가 부가되어 물리적 형태를 가진 상품을 말한다.

③ 확장상품 `기출 14`
   ㉠ 실체상품의 효용가치를 증가시키는 부가서비스차원의 상품을 말한다.
   ㉡ 실체상품에 보증, 반품, 배달, 설치, 애프터서비스, 사용법 교육, 신용, 상담 등의 서비스를 추가하여 상품의 효용가치를 증대시키는 것이다.
   ㉢ 상품을 차별화할 수 있다.

3 상품구성(진열)

(1) 상품 구성의 형태

① 계열구성 확대
   ㉠ 계열구성 확대란 '그 상점에 가면 여러 가지 다른 상품을 횡적으로 조화를 이루면서 구입할 수 있는 편리한 상점'이라는 매력에 관계된다.
   ㉡ 핸드백이나 구두 등과 같은 상품의 경우 디자인 또는 격조면에서 관련시켜 선택할 수 있는 매력을 가진다.

② 품목구성 확대 : 품목구성 확대는 '그 상점에 가면 특정상품 계열에 대해서 자기의 기호, 사용목적, 구입예산에 알맞은 품목을 많은 후보품목군 중에서 선택할 수 있는 편리한 상점'이라는 매력에 관계된다. 예컨대 화장품 계열이 대표적이다.

③ 소매업 상품정책상 기본유형 `기출 13`
   ㉠ 완전종합형 상품정책 : 종합화, 전문화의 동시적 실현(백화점 등)
   ㉡ 불완전종합형 상품정책 : 종합화를 우선적으로, 전문화는 오히려 후퇴(넓고 얕게 : 양판점)
   ㉢ 완전한정형 상품정책 : 전문화를 우선적으로, 종합화는 후퇴(좁고 깊게 : 철저한 전문점)
   ㉣ 불완전한정형 상품정책 : 점포규모, 자본력, 입지조건 등에서 종합화, 전문화 모두 단념(좁고 얕게 : 근린점)

(2) 상품 구성의 단위 등

① **상품믹스 방식** : 상품진열시에 상품믹스 방식은 상품별로 이익률에 판매구성비를 곱한 판매 액 대비 전체판매이익률이 가장 높게 되도록 판매구성비를 결정하는 것이 좋다.

② **상품진열** : 상품판매량에 정비례하는 진열방식은 상품 회전율을 높이고 많이 팔리는 상품의 품절 방지와 비인기 상품의 재고 감소 효과를 주게 되며, 또한 고객이 즐겁게 가격수준을 비교하여 구매할 수 있게 동일 상품당 가격 라인의 수는 3~5개로 제한하여 진열하는 것이 좋다. `기출 20·19`

③ **상품진열 원칙** : 상품진열은 고객의 눈에 구매하고자 하는 상품이 가장 잘 보이도록 진열하는 것이 원칙이다. 따라서 상품진열의 구성요소인 상품(무엇을), 진열량과 수(얼마만큼), 진열의 위치, 진열의 형태를 신중히 검토하여 선택하여야 한다. `기출 17`

④ **상품진열의 종류** `기출 23·21·20·19·18·17·15·14`

ㄱ. **점블진열** : 상품을 똑바로 쌓지 않고 아무렇게나 뒤죽박죽 진열하여 작업시간을 줄여주고, 고객에게는 특가품이라는 인상을 주는 진열방법이다.

ㄴ. **트레이 팩 진열** : 상품이 든 박스 아랫부분을 잘라내 그대로 진열하는 방식으로 대량진열에 적합하며, 상품을 하나씩 꺼낼 필요가 없고 깨끗하게 진열할 수 있다.

ㄷ. **엔드 진열** : 진열선 끝 엔드 곤돌라에 상품을 대량으로 쌓아 변화 진열을 하는 방식으로 엔드 곤돌라는 고객의 눈에 가장 잘 띄는 장소이기 때문에 중요한 자리이다. 엔드진열의 최대 목적은 출구 쪽으로 돌아서는 고객을 다시 멈추게 하는 데 있다.

ㄹ. **섬 진열** : 매장 내 독립적으로 있는 평대에 진열하는 방법으로 고객이 사방에서 상품을 볼 수 있도록 진열하는 방식이다.

ㅁ. **슬롯 진열** : 곤돌라 선반 일부를 떼어낸 후에 세로로 긴 공간을 만들고, 그 곳에 대량으로 진열하는 방식이다.

ㅂ. **수직 진열** : 동일 상품군이나 관련 상품을 최상단부터 최하단까지 종으로 배열하는 것으로 고객의 시선을 멈춰 상품이 눈에 띄도록 하는 효과가 있으며, 주로 벽이나 곤돌라를 이용하여 상품을 진열하는 방법이다.

ㅅ. **수평진열** : 동종의 상품을 좌우로 진열하는 방법으로 고객은 그 상품뿐만 아니라 상·하단에 있는 다른 종류의 상품도 함께 선택할 수 있는 장점이 있으나 고객이 상품을 선택하기 위해 많이 움직여야 하는 단점이 있다.

ㅇ. **점두 진열** : 상품을 진열대 위에 직접적으로 배열하여 전시하는 방법으로 점내진열에서는 진열선반, 쇼케이스, 곤돌라 등이 사용된다.

ㅈ. **라이트업 진열** : 진열의 좌우 효과를 비교해 보면 우측이 우위가 되는 것을 알 수 있는데, 상품명은 좌측에서 우측으로 표기되어 있기 때문에 이것을 읽기 위해 사람의 시선도 좌에서 우로 움직이게 되며, 우측에 진열되어 있는 상품에 시선이 머물기 쉽다. 이러한 특성을 고려하여 같은 상품 그룹 가운데 우측에 좀 더 고가격, 고이익, 대용량의 상품을 진열하는 방식을 라이트업 진열이라 한다.

ㅊ. **전진입체 진열** : 상품을 곤돌라에 진열할 때 앞에서부터 입체적으로 진열하는 방식으로 후퇴평면진열에 비해 양감이 강조되고, 촉진관리로 연결된다. 상품이 팔림에 따라 형태가 무너지지 않도록 주의해야 한다.

ⓧ **후퇴평면 진열** : 상품을 진열할 때 안쪽에서부터 평평하게 놓는 방식으로 전면과 윗부분에 공간이 생겨 양감이 없다.

ⓒ **사이드 진열** : 매대의 옆에 따로 밀착시켜 돌출하는 기법이다. 주력상품과 관련된 상품을 추가로 '갖다 붙이는 진열'로 통로가 넓어야 하고 병목 현상을 피해야 한다. 철수 및 이동이 용이하도록 바퀴 달린 캐리어를 이용하여 박스 상품을 커팅 진열하거나, 점블 바스켓 진열대를 사용한다.

ⓔ **벌크 진열** : 상품의 저렴함을 어필할 때 사용하는 방법으로 풍성함을 강조하는 것이 중요하다.

ⓟ **평대 진열** : 특매상품이나 중점판매 상품을 대량으로 진열할 수 있는 방법이다.

ⓗ **행거 진열** : 주방용품이나 잡화용품 진열에 많이 사용하는 방법으로 양감 있는 느낌을 주며, 상품을 고르기 쉬운 장점이 있다.

㉮ **샌드위치 진열** : 상품 진열대에서 잘 팔리는 상품 옆에 이익은 높으나 잘 팔리지 않는 상품을 같이 진열해서 판매를 촉진하는 진열 방법이다.

㉯ **적재 진열** : 대량의 상품을 한꺼번에 쌓아 진열하는 방법으로 계절상품을 진열해서 고객의 이목을 집중시켜 구매 충동을 유발시킨다.

(3) 상품 구성의 폭과 깊이

① 품목구성 확대의 제약조건

ⓐ 할당면적에서의 제약

ⓑ 상품투입 자본면에서의 제약

ⓒ 시장의 규모면에서의 제약

ⓓ 매입처 확보면에서의 제약

ⓔ 상점측의 상품선택 능력면에서의 제약

② 품목구성폭을 구하는 공식 :

$$W = \frac{S}{(p \cdot q \cdot t \cdot r)}$$

여기서, W : 연간평균상품구성폭 S : 연간판매액예산

p : 연간평균판매단위 q : 품목별로 항상 보유해야 할 상품수

r : 연간교체율 t : 상품회전율

③ 상품구성(구색)의 폭 기출 21 · 19 · 15 · 13

ⓐ 상품구색의 폭이란 소매점이 취급하는 상품종류의 다양성을 말한다.

ⓑ 백화점에서는 식품은 물론 의류, 패션, 잡화, 가구, 가전제품, 스포츠 용품 등 다양한 상품을 취급하기 때문에 상품 구색의 폭이 넓다.

ⓒ 전자제품만을 취급하는 전문점은 전자제품만을 취급하기 때문에 상품구색의 폭이 좁다. 하지만 전자제품 내에서 종류의 수는 많기 때문에 상품구색의 깊이는 깊다.

(4) 상품 구성 계획

① 상품구성계획 일반

ⓐ 판매계획에 따라 투자액과 예상목표이익액을 비교하여 판매목표액을 결정하고 판매액 달성을 위한 상품구색 또는 상품구성을 결정한다.

ⓛ **상품구성의 요소** 기출 21·15·14

- **상품의 계열구성** : 상품의 폭으로서 점포가 취급하는 비경합적 상품계열의 다양성이나 수를 결정한다.
- **상품의 품목구성** : 상품의 깊이로서 동일한 상품 계열 내에서 이용 가능한 변화품이나 대체품과 같은 품목의 수를 결정한다.
- 상품의 폭과 깊이는 상호 제약관계에 있으므로 폭과 깊이의 비율에 따라 상품구성이 달라진다.

② **상품구성의 결정요인** 기출 14

ⓧ **구성비율의 결정요소** : 매장면적, 활용 가능한 인원수, 보유 가능한 평균 재고액, 점포가 소재하고 있는 지역의 입지조건, 지역 내의 경쟁구조, 지역 내의 소비구조 등을 분석·검토한다.

ⓛ 창업하는 점포는 면적과 투자액에 한도가 있으므로 상품 구성의 폭과 깊이의 비율을 적절하게 구성해야 하고, 판매액과 이익액의 합이 최대가 되는 상품 구성이어야 한다.

지식 in

상품진열의 유형 기출 14
- **윈도우 진열** : 점포 앞을 지나고 있는 소비자나 점포의 방문고객으로 하여금 주의를 끌게 하여 구매목적을 가지도록 하는 진열
- **점포 내 진열** : 고객으로 하여금 쉽게 보고 자유롭게 만져보고 비교할 수 있게 하며 연관 상품을 쉽게 찾을 수 있도록 하는 진열
- **구매시점 진열** : 고객으로 하여금 주의를 끌게 하고 유인하여 구매의욕을 촉진하는데 목적을 두는 진열(POP활용 진열)
- **촉진관리 진열** : 매출증대를 위하여 잘 팔리는 상품을 가격할인과 각종 할인광고와 함께 진열
- **기업 이미지향상 진열** : 다양한 서비스와 고품질의 서비스, 최신유행의 고급품, 만족한 가격, 공익적 서비스 등을 고객에게 어필하기 위하여 다수 다량의 상품을 진열

---

4 상품 매입관리

(1) 매입의 역할과 업무범위

① 매입과정

ⓧ 마케팅 조사

- 마케팅 조사란 매입하려는 상품의 공급상황과 수요예측을 정확하게 파악하기 위하여 실시하는 시장조사를 뜻한다.
- 수요예측이란 그 상품의 구입을 원하는 사람이 얼마나 되는지를 미리 조사하는 일이다. 이것은 과거의 판매실적이나 실태조사에 의하여 수집한 자료를 기초로 통계적으로 분석하는 것을 주요내용으로 한다.

ⓒ 매입계획의 수립
- 판매계획에 따라 다시 매입계획을 세운다. 마케팅 조사를 통하여 소비자가 무엇을 원하는지, 상품을 살 수 있는 구매력은 어느 정도인지, 구매관습은 어떠한지 등을 먼저 파악한다.
- 같은 업종에 종사하는 사람과의 경쟁상태, 그들의 판매경향 등을 조사·분석하여 합리적인 매입계획을 세워야 한다.
- 일단 매입계획이 세워지면 계획을 달성하기 위하여 항상 계획과 실적을 비교하면서 여러 가지 방법으로 매입과 판매를 조절해 나가야 한다.

ⓒ 매입상품의 선정
- **매입상품 선정의 중요성** : 판매실적을 올리기 위해서는 품질이 좋고 가격이 싸며, 소비자들이 선호하는 상품을 골라 매입해야 한다.
- **매입상품의 특성** : 상품의 단가, 부패 가능성, 취급방법, 기술적 복잡성, 표준화 정도 등을 고려하여 매입해야 한다.

ⓔ 매입처 선정 [기출] 17
- 판매할 상품을 누구에게 사 올 것인가 하는 문제이다. 상품의 매입처는 신용이 있고 상품의 인도가 확실하며 가격조건이 알맞고 매입경비가 적게 드는 데를 선정하여야 한다.
- 좋은 거래처를 선정하려면 거래 전에 같은 업계에 종사하는 사람이나 상대방의 거래은행, 신용정보업자 등을 통하여 상대방에 대한 신용조사를 할 필요가 있다.

ⓜ 매입방법
- **대량매입** : 대량매입을 할 경우에는 현금할인이나 수량할인을 받을 수 있는 이점이 있다. 그러나 재고품의 보관비용이 많이 들고 상품의 재고 기간이 길어지면 자금이 묶이는 불리한 점도 있다.
- **당용매입** : 그때 그때 필요한 양만큼의 상품을 구매하는 방법이다. 할인혜택은 적지만 상품의 회전이 빠르고 재고로 인한 손실이나 자금의 고정화로 인하여 생기는 불리한 점을 피할 수 있다.

ⓗ 매입수량과 시기
- 싸게 살 수 있는 시기를 택하여 적절한 수량을 매입하여야 한다.
- 상품을 매입할 때에는 과거의 판매실적이나 유행의 변화 등을 잘 살펴서 상품마다 일정기간의 판매를 예측한 후에 매입수량과 시기를 조절하여야 한다.

② 매매계약
ⓒ 매매계약의 체결
- 매매계약은 매수인이나 매도인의 어느 한 쪽이 매입이나 판매를 신청하고 상대방이 그 신청을 승낙하면 성립한다.
- 일반적인 소매거래의 경우에는 매매계약이 구두로 이루어지기도 한다. 그러나 매매수량이 많고 매매의 조건이 복잡한 도매거래 등의 경우에는 계약의 내용을 문서로 작성한다.

ⓒ 매매계약의 조건
- 상품을 파는 사람과 사는 사람은 똑같은 거래라도 서로 기재하는 내용이 다를 수 있다. 이러한 기대의 차이나 시장상황의 변동으로 인하여 매매약속을 한 후에 거래 당사자 간에 분쟁이 발생할 수 있다.
- 매매 당사자 간의 거래내용을 확실히 하고 후일 분쟁이 일어나지 않도록 하기 위해서는 매매계약을 할 때 여러 가지 거래조건을 명확하게 결정해야 한다.

- 매매의 조건에는 상품의 품질, 수량, 가격, 인도의 시기와 장소, 대금지급방법 등과 같은 것이 있다.
  ⓒ 매매계약의 이행
    - 상품의 인도
    - 상품의 수취
    - 대금결제

지식 in

매입한도(OTB ; Open-To-Buy) 기출 14
Open-To-Buy는 상품관리 프로세스에서 필수적인 요소로서 일정기간을 위한 구매예산 중 쓰고 남은 금액(또는 예산)으로, 현재 바이어가 구매를 위해 얼마의 예산을 사용할 수 있는가에 대한 한계를 알려준다.

---

(2) 바이어 업무와 행동기준

① 구매자 성질
ⓐ 제품차별화가 심할수록 구매자는 가격에 대해 민감하지 않게 된다. 예를 들어 과자, 의류 등과 같은 제품은 종종 원가보다 훨씬 높은 가격을 받고 있으며, 구매자들은 높은 가격을 지불하더라도 자신이 선호하는 제품을 사기 마련이다.
ⓑ 구매자의 교섭능력이 공급자들의 가격과 이윤을 낮춘다는 것은 이미 여러 실증연구에서 확인된 바 있고, PIMS데이터를 이용한 연구에 따르면 구매자가 더 큰 기업일수록, 구매자의 금액 크기가 공급자의 매출에서 차지하는 비중이 크면 클수록, 구매자가 훨씬 가격에 민감할수록, 공급하는 기업의 수익률은 낮아지게 된다.

② 구매자(바이어)의 교섭능력
ⓐ 구매자의 공급자에 대한 상대적 크기가 중요한 요소이다.
ⓑ 구매자들이 공급자의 제품, 가격, 비용구조에 대해 보다 자세한 정보를 가질수록 구매자의 교섭력은 강해진다.
ⓒ 구매자들이 공급선을 바꾸는 데 많은 전환비용(Switching Cost)이 든다면 구매자의 교섭력은 떨어진다.
ⓓ 수직적 통합을 할 수 있는 경우 구매자의 교섭력은 훨씬 강화된다.

③ 구매자 행동모델
ⓐ 일반적인 구매자 행동모델은 자극-반응의 원리에 의하여 구매자의 행동을 설명한다.
ⓑ 구매자들은 외부자극, 즉 제품의 가격, 유통, 광고 및 판촉과 같은 마케팅 자극이나 사회의 경제적, 사회적, 문화적, 기술적 환경과 같은 요인에 의하여 자극을 받는다.
ⓒ 이러한 자극을 받으면 구매자는 구매의사 결정과정에 따라 정보를 수집하고 처리하여 구매행동이란 반응을 보인다.
ⓓ 이 정보처리과정은 아직 밝혀지지 않은 것이 많아 블랙 박스(Black Box)라고 불린다. 따라서 마케터들은 구매자의 특성, 예를 들어 연령, 소득수준, 직업, 교육수준 및 라이프 스타일을 잘 파악하여, 고객들이 어떤 정보처리 시스템, 즉 구매의사 결정모델을 사용하는지를 이해하여야 한다.

ⓜ 고객들은 의식적으로든 무의식적으로든 어떤 형태의 정보처리시스템을 사용하여 구매행동에 관한 의사결정을 내린다. 따라서 마케터들이 고객의 특성과 고객의 구매의사결정 단계와 정보처리시스템을 이해하게 되면, 고객에게 효과적으로 접근할 수 있는 기회를 찾아 낼 수 있게 된다.

(3) 구매 관습과 구매 동기

① 구매 관습(Buying Habits)

ⓐ 정의 : 구매 관습이란 소비자가 구매하는 방법·시기·장소 등을 말하는 것으로서, 예컨대 어떤 소비자가 식료품을 항상 습관적으로 인접 식료 잡화점에 가서 사오느냐, 혹은 슈퍼마켓(Super Market)에서 사느냐, 혹은 일용품을 매일 사는가, 매주 한 번씩 한꺼번에 사는가, 또는 그와 같은 구매는 가족 중의 여자가 하는가, 남자가 하는가 따위가 그것이다.

ⓑ 종 류

- 충동 구매(Impulse Buying) : 소비자가 진열된 제품을 보는 판매 점두에서 즉각 이루어지는 결심으로부터 결과되는 구매라고 하듯이, 특정 상품의 구입에 있어 특정된 의도 없이 충동에 의해서 구매되는 경우이다. 이것은 미리 결정하거나 혹은 계획된 결과로서 이루어지는 구매(Planned Purchase)에 대립되는 개념으로서 상기적 구매(Reminder Buying)와 암시적 구매(Suggestion Buying)로 나누어진다.
- 일용 구매 : 수요자가 어떤 상품의 구매에 있어서 최소 노력의 지출로 가장 편리한 지점에서 구매하는 경우를 말한다.
  예 식료품·잡화·화장품·담배 등 많은 물품이 모두 이에 속한다.
- 선정 구매 : 수요자가 구매 노력의 최소화를 시도함이 없이 여러 점포에서 구입 대상의 상품에 대해서 품질·가격·형태를 비교한 후 구입하는 것을 말한다.
  예 가구·부인 의복·양화·악기·부인 모자·보석·장식품·넥타이 등이 이 범주에 속한다.
- 특수 구매 : 특수품·전문품의 구매를 말한다.

② 구매 동기(Buying Motives)

ⓐ 정의 : 구매 동기란 구매자로 하여금 특정 상품의 구매를 결정케 하는 동인을 말한다.

ⓑ 구매 동기의 종류

- 제품 동기(Product Motive) : 어떤 물품이 갖는 고유의 성능과 용도가 발휘되는 효용(Utility)에 대하여 구매자의 본원적 욕구(Primary Desire)를 유발케 하는 동기이다.
- 감정적 동기 : 소비자로 하여금 어떤 상품을 구매함에 있어서 그 구매 행위의 합리성 여부에 대한 이유를 생각함이 없이 구매하게끔 하는 것으로, 대체로 추리의 과정을 거치지 않고 타인의 제안이나 설명 혹은 연상에 의하여 일어나는 동기이다.
- 합리적 구매 동기(Rational Buying Motives) : 소비자가 구매 동기에 대하여 의식적으로 그 논리적 타당성을 추리하여 구매하기에 이르는 동기를 말하며, 이와 같은 동기에 호소하려면 구매 이유에 대한 세심한 설명을 함으로써 예상 구매자가 그의 구매 행위의 근거에 대해서 논리적 결론에 도달할 수 있도록 하여야 한다.
- 애고 동기(Patronage Motives) : 소비자가 왜 특정 소매상을 택하여 상품을 구매하는지 그 이유를 설명하는 것으로서 역시 감정적 동기와 합리적 동기로 나눌 수 있다.

(4) 매입정보와 활용

① 매입정보의 영업계획정보

  ㉠ 상품관리 일반

- 상품관리란 매입에서 판매완료에 이르기까지 상품의 흐름을 합리화하고 효율화하기 위한 관리활동을 말한다. 여기에는 상품의 실체를 관리하는 측면과 계량, 특히 화폐가치로 받아들인 상품을 관리하는 측면이 있다.
- 실체적 관리로서의 상품관리는 매입관리와 전시관리로 세분된다. 매입관리에는 매입상품 선정, 매입처 선정, 매입사무 수속, 물품인수, 보관 등이 문제가 된다. 또 전시관리에는 정찰 부착, 윈도 디스플레이, 상점 내 전시, 전시품 보충 등이 문제가 된다.
- 가치적 관리로서의 상품관리는 적정재고량의 결정유지, 상품회전율 향상, 상표가격 등 요인별 매상기록 작성과 활용, 재고조사 등이 문제가 된다.
- 이와 같은 상품관리는 종래에는 상인의 경험과 거기에서 얻어진 직감에 의하는 경우가 많았지만, 근래 정보처리기술의 발달로 급속히 과학화되고 즉시화됨과 동시에 전술한 2가지 면을 종합하여 시스템화 되고 있다.

  ㉡ 머천다이징

- 정의 1 : 머천다이징이란 기업의 마케팅 목표를 달성하기 위한 특정상품과 서비스를 가장 효과적인 장소, 시간, 가격 그리고 수량으로 제공하는 일에 관한 계획과 관리이다. 이 정의는 도매업이나 소매업 부문에서 가장 널리 채택되고 있다.
- 정의 2 : 머천다이징이란 제조업자나 중간상인이 그들의 제품을 시장수요에 부응하도록 시도하는 모든 활동을 포함한다고 하여 제조업 부문과 유통업 부문에서 총괄적으로 받아들이고 있다.
- 정의 3 : 머천다이징이란 제조업의 중심적 업무로서 제품의 연구, 개발과 시장 도입 활동을 의미한다. 한편 소매업의 머천다이징은 '상품기획' 또는 '상품화계획'이라 하여 기업의 입장에서 상품구매를 위한 선정업무를 말하는 것으로 제조업 분야나 유통업 분야에서 각각 업무의 특성에 따라 차이가 있다. 따라서 머천다이징이란 여러 가지의 개념을 포함하고 있으나, 유통업 부문에서는 구매활동과 판매활동을 중요한 업무로 보고 있으며, 제조업 부문에서는 상품기획 및 개발업무를 주요 업무로 보고 있다.

마이크로머천다이징 기출 14

고객을 만족시키기 위해 필요한 점포 특유의 제품믹스를 계획하고 수립하여 배달하는 과정을 말하며, 소매업자가 고품질의 서비스나 독점적인 제품의 제공과 같은 소매차별화의 중요 요소에 모든 노력을 집중하는 것이 마치 레이 저빔이 어떤 곳에 초점을 맞추는 것 같다 하여 레이저빔 소매업이라고도 한다.

     © 매입정보
- 매입은 소비자들의 상품에 대한 욕구, 즉 소비자들의 수요동향에 근거를 두고 계획하고 실시해야 되며, 매입이 선행하고 판매가 그 뒤를 따르는 것이 되어서는 안 된다.
- 소매업의 목적은 당연히 소비수요의 충족에 바탕을 두고, 매입이나 판매는 단순히 그를 위한 수단에 지나지 않는다.
- 매입계획을 수립하고 실행에 옮기기 전에 소비수요와 그에 영향을 끼칠 여러 가지 요소에 관한 정보를 충분히 입수하고 그것을 냉철하게 판단하는 일이 아주 중요하다.

② 정보원
     ㉠ 기업 내 정보원
- 과거의 판매기록과 상품재고자료
- 재고관리 자료
- 판매원의 의견
- 경영이념과 경영방침

     ㉡ 기업 외 정보원
- 소비자 조사
- 사회·경제의 일반 동향
- 일반사회동향, 사회의식
- 지역 일대의 변화와 경쟁점포의 동향
- 매입처 정보

(5) 재발주 일반

① 적정재고 유지와 재발주
     ㉠ 상품을 지속적으로 재발주하는 데 있어서는 매장과 배송창고에 보관되어 있는 적정재고량의 결정이 가장 중요한 의사결정사항이다. 적정재고량을 결정하는 요인은 고객 수요량(기간 중 예측판매수량), 상품투자자금(재고투자액의 크기), 재고비용의 경제성(재고발주비 + 재고유지비) 등이다.

     ㉡ 세부사항
- **고객 수요량** : 고객수요는 각 상품의 기별/월별 판매예측치로 표시되고 소매상은 이에 의거, 매출액예산을 책정하여 이와 균형 잡힌 재고액 예산을 기별·월별로 작성한다.
- **상품투하자금** : 재고증가는 상품투하자금 또는 재고투자액의 수요를 증가시켜 자본효율이 저하된다. 상품회전율 또는 재고자산회전율은 매출액과의 관계에서 재고투자의 효율을 건전한 상태로 유지시키는 지표가 된다.
- **재고비용의 경제성** : 재고비용이 극소화하도록 구매수량을 결정하는 것이 경제적 발주량 결정이다.

② 선매품의 재발주기술 : 선매품은 상품라인(범위)마다 치밀한 모델 스톡 플랜(Model Stock Plan)에 의하여 재발주해야 한다. 특히 선매품에는 같은 품목의 보충발주가 불가능한 것이 많아 고객수요에 적합한 상품구성과 품목별 재고계획에 의해 보충발주하게 된다.

> **지식 in**
>
> 모델 스톡 플랜(Model Stock Plan)
> 모델 스톡 플랜이란 고객수요에 가장 적합한 상품구성 및 품목별 재고유지를 기준하는 이상적인 재고상태를 의미한다. 유행성 상품은 과거의 판매동향에 따라 재고량을 결정하는 것이 어렵다. 그러나 여기서도 주요한 가격라인 또는 사이즈의 분포와 소재 등 요인에 의해 구색갖춤과 재고량을 계획하는 것이 어느 정도 가능하다.

③ 항상상품의 재발주기술
  ㉠ 항상상품(恒常商品)은 상시상품 또는 일상상품이라고 하는데 소비재를 계절성 유무라는 관점에서 분류하면 상시상품(비유행성 상품)과 유행성 상품으로 분류할 수 있다.
  ㉡ 상시상품은 소비자가 구매하는 데 있어서 스타일의 차이점을 별로 문제 삼지 않는 식품, 가정일용품, 편의품 등을 지칭한다.
  ㉢ 항상상품의 구매는 계속상품의 재발주형태를 취하게 된다. 다시 말해 비계절적 상품에 대해서는 베이직 스톡 리스트(Basic Stock List)에 의해 재발주하며, 모델 스톡플랜과는 달리 고유상표번호와 상품명이 구체적으로 표시된다. 이를 구체적인 공식으로 표시하면 다음과 같다.
    • 품목별 상시재고수량의 결정요인판매계획수량, 상품회전율, 경제적 발주량
    • 재발주기간 : 경제적 발주량/판매계획 수량
    • 최소보유량 : 재발주기간 판매계획수량
    • 최대보유량 : 재발주기간 판매계획수량 + 최소 보유량
    • 매회발주량 : 경제적 발주량
    • 판매계획수량
④ 재발주시 주의 사항
  ㉠ 매입조건의 검토 : 재발주시 구매조건은 자재·인건비·기타 경비상승, 납품가격의 인상, 수요탄력에 따른 판매증감 등을 면밀하게 검토해야 한다.
  ㉡ 수익성의 체크 : 수익성의 검토에서는 다음과 같은 등식에 의해 매출총이익률이 낮아지면 부득이 판매가격을 수정할 수도 있다.

> **매출총이익률 = (판매가격 − 구매가격) / 판매가격**

  ㉢ 매입처 절충의 기술(매입처와의 우호유지 등) : 구매 선 절충기술에서는 계속 상품이 아닌 신규 상품이나 구매 선 쪽에서 상품부족, 가격상승, 원자재변경, 계속 취급불능의 경우 고도의 절충기술이 필요하게 된다. 이를 위해서는 희망구매량·종전 가격수준·동일소재와 품질 등을 기준으로 하여 공급받을 수 있도록 지불을 현금화한다든지, 반품을 억제한다든지, 풍부한 대체품을 적극 개발하여 판매한다든지 하여 구매 선과의 우호적 관계를 유지해야 한다.
  ㉣ 발주 후의 팔로업(Fallowuo) : 발주 후에는 주문량, 주문기간, 주문품질이 정확히 납품될 수 있도록 계속적인 체크가 필요하다.

5 상품 재고관리 기출 14

(1) 재고관리 일반

① **재고의 개념** : 재고란 원자재, 부품, 재공품 및 반제품으로서 현재 사용되고 있지 않은 경제적 자원을 말하며, 노동 및 자본까지도 포함하고 있다. 적정한 재고는 적시에 물건을 공급하여 이익을 가져오며, 고객서비스 향상으로 기업의 이미지를 창출한다.

② **재고의 목적** : 재고는 기업이익의 최대화를 지향하여 적정 수준의 재고를 유지하여 품절로 발생되는 매출기회상실에 대비하고 고객서비스를 최대화하는 것을 목적으로 한다.

  ㉠ 재고투자비용의 최소화로 기업이윤의 극대화를 추구한다.

  ㉡ 고객의 서비스수준을 최대화한다.

③ **재고관리의 기능**

  ㉠ **수요변화에 대한 수급기능** : 생산과 판매 사이의 완충적인 본래의 기능으로서, 불확실한 미래의 수요변화에 대해서 재고를 보유함으로써 변동적인 수요변화에 대해 적절히 대응한다.

  ㉡ **생산의 독립적 유지기능** : 생산공정에서의 재공품재고는 다른 생산에 영향을 미치지 않고 공정별 독립생산을 유지하고 전체 시스템의 정체 및 지연을 방지하여 경제적 생산 및 관리가 가능하다.

  ㉢ **생산계획의 신축적인 기능** : 생산공정에서의 완제품에 대한 적절한 재고를 유지함으로써 평준화된 생산계획으로 생산부하를 저감시키며, 시스템운영을 원활하게 한다.

  ㉣ **수송합리화 기능** : 효율적인 재고의 공간적 배치로서 소비자의 요구에 부응하는 최적인 형태별 분류 및 배송을 가져온다.

④ **재고비용**

  ㉠ **재고유지비용** : 재고를 유지하는 데에 소요되는 비용으로, 각 단위에 대한 기간으로서 소요되는 비용을 나타낸다(보관비, 보험료 등). 기출 21

  ㉡ **발주비용** : 1회 발주하는 데에 소요되는 비용으로 발주량과는 관계없이 소요되는 준비, 송신, 취급, 구매 등과 관련된 비용이다.

  ㉢ **품절비용(재고부족비용)** : 재고가 고갈되어 고객의 수요를 만족시킬 수 없을 때 발생되는 비용으로, 품절상황에 직면한 고객이 제품요구를 취소할 때 발생되는 유실판매비용과 고객이 주문한 물품이 충족되기를 기다릴 때 발생되는 부재고비용으로 나뉜다(판매기회의 상실, 고객들의 불신, 생산기회의 차질 등에 의한 손실).

  ㉣ **구매비용** : 물품을 구매할 때 소요되는 비용으로 부품, 원료, 노동력과 같은 간접비용 및 생산량 증가에 따른 비용감소, 다량발주에 따른 가격할인 등을 포함하고 있다.

  ㉤ **주문비용** : 재고의 보충에 소용되는 비용(청구비, 수송비, 검사비, 하역비 등) 또는 재고를 확보하기까지의 활동과 관련되어 발생하는 비용을 말한다.

(2) 적정재고관리

① 재고관리의 의의 및 필요성

㉠ 고객이 원하는 상품의 구색을 충분히 갖추고 적정 수준의 재고를 유지하기 위해서는 재고관리를 계획하지 않으면 안 된다.

㉡ 기초재고, 상품구색재고, 신규재고를 적정선에서 유지하려면 매장과 창고에 있는 상품수량, 상품별 판매빈도, 주문해야 할 상품의 유형과 수량에 대한 정확한 데이터가 확보되어야 하며, 재고부족의 원인이 되는 부정확한 판매예측, 매입처로부터의 상품공급지연, 매입자금의 부족, 예상치 못한 고객수요 등에 대한 대응책도 아울러 마련되어야 한다.

㉢ 적정재고관리를 위해서는 사무용 컴퓨터에 매일의 매출과 매입 및 재고수준을 기록으로 입력하고, 주간, 월간별 실적을 대비하여 과학적 통계에 의한 재고조정 방안을 체계화하는 것이 필요하다.

② 적정재고관리를 위한 상품정리의 합리화 방안

㉠ 날짜가 오래된 상품은 매장에서 제외

㉡ 계절이 늦거나 유행이 지난 상품은 단시일 내 처분

㉢ 파손품이나 저급품질상품은 매장에서 즉시 제거

㉣ 통로에 상품진열 방지

㉤ 팔리지 않거나 매상부진으로 교체대상상품은 즉시 제거

㉥ 진열계획표상의 할당표대로 진열상품과 수량유무를 수시확인

㉦ 가격표가 설정된 판매가격과 같은가 확인

㉧ 선입선출판매와 상품의 얼굴이 보이는 전진입체진열

㉨ 상품정리공간 확보, 폐기 및 반품상품의 분리보관

㉩ 검품, 검수, 납품 및 매입전표, 점포 내의 부문간 상품이동시에도 규칙에 의하여 정확하게 처리

㉪ 매일 장부정리의 원칙과 전표는 숫자기입의 원칙유지

지식 in

유동비율 기출 14
- 유동자산(1년 이내에 현금화 할 수 있는 자산)을 유동부채(1년 이내에 갚아야 하는 부채)로 나눈 비율
- 단기부채 상환능력을 판단하는 지표 : 유동비율이 클수록 현금 동원력이 좋다는 의미
- 2:1의 원칙 : 일반적으로 유동비율이 200% 이상이면 양호한 것으로 평가

---

(3) 재고관리 모형

① 경제적 주문량 모형(Economic Order Quantity ; EOQ model) : 주문비용, 재고유지비용 간의 관계를 이용하여 가장 합리적인 주문량을 결정하는 방법이다. 즉 주문 비용과 재고 유지비가 최소가 되게 하는 1회 주문량으로 연간 재고 유지비는 연간 주문 비용과 일치한다.

② 고정발주량형 재고관리시스템[Q(Quantity) 시스템] : 재고가 일정한 수준에 도달하면 사전에 정해진 일정량(경제적 주문량)을 주문하는 시스템으로, 주문량은 고정되어 있지만 주문시기는 일정하지 않다. 관리가 쉽고, 주문비용이 저렴하며, 재고관리 비용이 최소화 되는 장점이 있으나, 재고수준에 유의해서 검토해야 한다. 기출 17

③ 고정발주기간형 재고관리시스템[P(Period)시스템] : 정기적으로 부정량(최대재고량 − 현재재고량)을 발주하는 방식으로 정기실사방식이라고도 한다.

④ ROP 모형(재발주점 모형) : 주문기간을 일정하게 하고 주문량을 변동시키는 방법이다.

　㉠ 수요가 확실한 경우 : 안전재고가 불필요하므로 ROP는 조달기간에 1일 수요량을 곱하여 구할 수 있다.

　㉡ 수요가 불확실한 경우 : 품절가능성이 있으므로 안전재고를 보유하여야 하며 이때 ROP는 주문기간 동안의 평균수요량에 안전재고를 더한 값이다.

⑤ ABC 재고관리 시스템 : 관리대상의 수가 너무 많아 아이템을 동일하게 관리하기 곤란한 경우에는 특정 기준에 의하여 그룹핑하고 특정 그룹에 대해서 집중적으로 관리하는 방식을 말한다.

⑥ 재고피라미드 분석 : 재고의 구성을 움직임이 일어나지 않은 기간별로 구분하여 도표화하는 것이다. 재고의 운용이 극도로 불건전할수록 역삼각형을 나타내는 제고피라미드 분석은 잉여재고자산에 대한 정책을 수립하는데 있어 유용하게 이용된다.

⑦ MRP시스템 : 최종품목의 구성품목들이 언제, 얼마나 필요하며, 이들이 필요할 때 준비되기 위해서는 언제 주문해야 하는지를 결정하는 기법이다. 이 시스템의 목적은 적량의 품목을 적시에 주문하여 재고 수준을 낮게 유지하는 것 이외에 우선순위계획과 생산능력계획을 수립하는데 필요한 정보를 제공하는 것이다.

⑧ JIT시스템 : JIT시스템의 근본적인 목적은 필요한 부품을 필요한 때, 필요한 곳에, 필요한 양만큼 생산 또는 구매하여 공급함으로써 생산 활동에서 있을 수 있는 제공품의 재고를 아주 낮게 유지하는 것이다.

⑨ 크로스도킹 시스템 : 창고나 물류센터에서 수령한 제품을 재고로 보관하지 않고 즉시 소매점으로 배송하는 시스템이다. 기출 18

6 브랜드의 이해와 브랜드전략

(1) 브랜드의 개념과 중요성 기출 20 · 17

① 브랜드의 정의

　㉠ 브랜드란 하나의 기업이 제품을 식별하여 타사의 제품과 차별화시키기 위해 사용하는 이름, 용어, 상징 또는 디자인 등을 의미한다.

　㉡ 현대적인 의미에서의 브랜드는 어떤 조직이나 개인이 자신의 제품이나 서비스에 정체성을 부여하고 경쟁사들과 차별화시키기 위해 사용하는 다양한 구성 요소들(Identity)을 통해 소비자들에게 믿음을 주는 상징적 의미 체계이며, 소비자와 함께 공유하는 문화이고 소비자와 어떤 관계를 만들어주는 것이다.

② 브랜드의 중요성 : 브랜드는 제품의 이미지를 개발시키는 데에도 중요한 역할을 하고 있다. 소비자들이 어떤 특정브랜드를 알고 있다면, 해당 상표가 나타내는 것은 그 기업의 광고물로 구축되기 때문이다. 또한, 성공적인 상표명은 타사와의 가격경쟁을 회피하는 중요한 수단이 된다. 예를 들면, 널리 알려진 상표명은 경쟁자에 비해 어려움 없이 매우 높은 가격을 팔리는 경우가 있는데, 이런 경우가 해당된다.

(2) 브랜드 연상의 유형 `기출 21`

① 제품속성과 관련된 연상 유형

　㉠ 제품범주에 의한 연상 : 자사브랜드와 제품범주 사이의 강력한 연상관계는 해당 제품이 시장 내에서 지속적으로 타사와 비교해서 경쟁우위를 유지할 수 있는 기반이 된다.

　㉡ 제품속성에 의한 연상 : 우리가 흔히 찾아볼 수 있는 것으로, 자사 브랜드와 소비자가 바라는 제품의 구성요소를 연결시키면 시장에서 경쟁우위를 차지할 수 있다는 것을 말한다.

　　`예` 대우 탱크주의, 삼성 문단속냉장고, 독립만세 – 냉동실과 냉장실의 냉기를 따로 쓰기 때문에 식품이 오래오래 살아있다 등이 있다.

　㉢ 품질·가격에 의한 연상 : 소비자들이 자사의 브랜드에 대하여 가지고 있는 품질 이미지란 자사 브랜드에 대한 전반적인 성능에 대한 생각을 의미한다. 무엇보다도 소비자들에게 이러한 이미지를 심는다면 가격책정에 있어서도 타사에 비해 경쟁우위에 올라설 수 있다.

　　`예` 풀무원 생두부, 하겐다즈 아이스크림 등이 있다.

② 제품속성과 관련이 없는 연상 유형

　㉠ 브랜드 퍼스낼리티에 의한 연상 : 브랜드 퍼스낼리티란 브랜드의 속성을 인간적인 특성(성별, 연령, 사회계층 등)들로 표현하는 것을 말한다. 흔히 소비자들은 자신의 자아개념(이미지)과 일치하는 정보를 더 잘 기억하고, 자아개념과 일치한다고 생각되는 브랜드를 더 선호하게 된다.

　　`예` Amex신용카드 – Benetton 의류 – 과감하고 현대적인, 버지니아슬림 담배 – 여성적인, 말보르 – 남성적인 등이 있다.

　㉡ 사용자와 관련된 연상 : 브랜드의 이미지를 자사 브랜드 모델과 연결시켜 판매를 촉진한다.

　　`예` 나이키 – 마이클 조던이 신은 신발, 경동보일러 – 시골에 계신 부모님, 다시다 – 한국의 어머니 상인 김혜자가 사용하는 조미료 등이 있다.

　㉢ 제품용도와 관련된 연상 : 브랜드를 제품의 용도와 강하게 연관시킴으로써 강력한 브랜드 자산을 구축하는 것을 말한다.

　　`예` 게토레이 – 운동 후에 마시는 갈증해소 음료, 컨디션–거래처 접대 전에 마시는 음료 등이 있다.

　㉣ 원산지와 관련된 연상 : 어느 한 분야에서 유명한 지역이나 국가를 연상시켜 강력한 브랜드 자산을 구축하는 것을 말한다.

　　`예` 씨, 페페 등의 국내 패션의류나 마몽드, 라네즈 등 국내 화장품 브랜드가 이탈리아어나 불어 느낌이 나는 단어를 사용하여 소비자에게 세련된 느낌을 강조하는 것 등이 있다.

③ 기업과 관련된 연상 : 기업문화, 경영이념 등 기업과 관련된 브랜드 이미지는 개별 브랜드의 자산구축에 엄청난 영향을 미친다. 대기업의 기업광고는 특히, 이러한 이유에서 많이 이루어진다.

　`예` 삼성 – "기업은 곧 사람이다"는 인재제일주의 경영, LG – "고객만족"이라는 고객 지향적인 이미지 등이 있다.

지식 in

좋은 브랜드 이름을 선택하는 기준 `기출 14`
- 제품의 혜택을 전달
- 법률, 규제의 제약에 저촉되어서는 안 됨
- 기억하기 쉽고 긍정적
- 기업이나 브랜드의 이미지에 적합

(3) 브랜드 전략

① 브랜드 계층에 의한 시장전략

　㉠ 단일 브랜드 전략 : 자사의 모든 상품을 하나의 단일 브랜드로 통일(일반적으로 기업브랜드)

　　예 BMW, 귀뚜라미보일러

　㉡ 복합 브랜드 전략 : 기업브랜드와 개별브랜드와의 조합, 또는 브랜드 수식어와 결합

　　예 LG 디오스, 풀무원 생수

　㉢ 개별 브랜드 전략 : 제품이나 서비스 하나 하나에 독자적인 포지셔닝과 브랜드 명을 부여하고 개별적으로 독립시킨 프로모션 실시

　　예 비달사순(P&G), 지펠, 하우젠(삼성전자)

② 브랜드 포트폴리오 전략

　㉠ 브랜드별 포지셔닝 방향과 포트폴리오 전략 개발에 의한 브랜드체계를 정립하는 것이다.

　㉡ 브랜드 포트폴리오에는 출시된 제품들에 붙어있는 모든 브랜드와 하위 브랜드, 그리고 다른 기업과의 공동브랜드가 포함된다.

　㉢ Brand Portfolio 운영의 핵심은 브랜드 수익을 최대화 하는 것이다.

③ 브랜드 확장 전략　기출 16

　㉠ 신제품 출시를 하는 경우에 고려할 수 있는 브랜드 네임의 선택 방법이다.

　㉡ 기존 브랜드 이름을 그 기업의 신제품에 적용하는 것으로 대부분의 브랜드 확장은 라인확장을 통해 이루어진다.

④ 브랜드 강화 전략　기출 23 · 22

　㉠ 브랜드 자산은 소비자들에게 그 브랜드의 의미를 지속적으로 전달해주는 마케팅 활동을 통해서 브랜드 인지도 및 이미지를 높임으로써 보다 강화할 수 있다.

　㉡ 브랜드 강화 방안

　　• 일관성의 유지(핵심적인 의미 혹은 컨셉)

　　• 브랜드 자산의 원천(Source) 보호

　　• 브랜드 자산의 강화와 활용간의 균형 모색

　　• 브랜드 자산의 강화를 위한 마케팅 프로그램의 구체화

　㉢ 브랜드 강화 전략 : 기존 브랜드의 파워를 강화시키기 위해 브랜드 아이덴티티를 확인하고, 소비자가 인식하고 있는 브랜드의 의미를 다차원적으로 평가하여 브랜드를 강화할 수 있다.

⑤ 재활성화 전략

　㉠ 자사 브랜드가 쇠퇴기로 진행되는 것을 막고자 원래 가지고 있었던 아이덴티티를 변화시키는 활동 → 브랜드 리뉴얼(Brand Renewal)

　㉡ 손상된 브랜드를 재활성화 시키기 위해서는 마케팅 프로그램에 있어서 혁명에 가까운 변화를 단행해야 한다.

　㉢ 브랜드를 재활성화 시키고자 할 때 가장 먼저 해야 할 것은 해당 브랜드가 경쟁력을 가질만한 자산적 원천이 있는지, 그리고 무엇인지, 그 중 어떤 원천부터 강화해 나갈 것인가 등이다.

포지셔닝 전략유형 [기출] 21

- 제품속성에 의한 포지셔닝 : 자사제품의 속성이 경쟁제품에 비해 차별적 속성을 지니고 있어서 그에 대한 혜택을 제공한다는 것을 소비자에게 인식시키는 전략
- 이미지 포지셔닝 : 제품이 지니고 있는 추상적인 편익을 소구하는 전략
- 경쟁제품에 의한 포지셔닝 : 소비자가 인식하고 있는 기존의 경쟁제품과 비교함으로써 자사 제품의 편익을 강조하는 전략
- 사용상황에 의한 포지셔닝 : 자사 제품의 적절한 사용상황을 설정함으로써 타사 제품과 사용상황에 따라 차별적으로 다르다는 것을 소비자에게 인식시키는 전략
- 제품사용자에 의한 포지셔닝 : 제품이 특정 사용자 계층에 적합하다고 소비자에게 강조하여 포지셔닝하는 전략

7 디스플레이와 상품연출

(1) 디스플레이의 정의

디스플레이(Display)는 판매대의 설비 및 배치, 조명의 배려에 따라 상품을 배열하여 고객의 구매의욕을 자극시키기 위한 판매술로서 우리말로 전시 또는 디스플레이라고 불려지나, 전시 장식이라고 하는 사람도 있어 그 의미는 대단히 광범위하다.

상품을 디스플레이해서 '보이는 것'은 그 상품을 팔기 위한 수단과 방법이다. 따라서 디스플레이 효과를 높임으로써, 개성화 되고 다양화된 여러 가지 고객의 요망이나 신뢰감에 응할 수가 있다.

(2) 디스플레이의 목적

① 내점객의 수를 늘린다(고객수의 증가).
② 1인당 매상 단가를 늘린다(적정 이익의 증가).
③ 계속적으로 판다(계속 거래).
④ 적정한 이익을 확보한다(적정 이익의 확보).
⑤ 점포의 직장 환경의 향상을 꾀한다(종업원의 판매 의욕 증진).

(3) 디스플레이의 효과

① 상품 디스플레이와 매장 장식은 점포의 이미지를 높이고 매력을 향상시켜 매상을 늘리기 위한 빠뜨릴 수 없는 판매의 비결이다. 소매점에 있어서는 포장보다 디스플레이가 한층 더 중요한 판매 기법이다.
② 디스플레이는 직접 고객의 마음을 사로잡는 중요한 광고 메시지가 되며, 신문, 잡지, 라디오, TV 등의 전국적 광고 정책의 최종 단계로서 디스플레이는 제조업자, 도매업자, 소매업자에 있어서 중요한 광고 매체라고 할 수 있다.
③ 디스플레이는 고객의 내점 동기를 촉진하고, 충동 구매, 계속 구매, 회상 구매의 기회를 높여, 상품뿐만 아니라 점포 전체를 팔겠다는 데까지 발전시키는 일이 필요하다.

(4) 디스플레이의 전제 조건

① 고객의 참다운 욕구나 시대의 요청에 어떻게 응하려고 하고 있는가?

② 상점 측의 독선적인 타산에서 시작되고 있지 않는가? 라는 고객 지향적인 사고와 고객 서비스를 염두에 두어야 한다.

(5) 디스플레이의 기본 원칙

① 구매 심리의 단계와 대응 방법

단 계	디스플레이 서비스의 대응 방법
① 주 의	• 가격표, 색채, 조명, 음향 효과
② 흥 미	• 판매에 대한 어프로치, POP 광고
③ 연 상	• 사용상의 편리, 희소가치의 소구
④ 욕 망	• 세일링 포인트의 반복, 특매
⑤ 비 교	• 분류 디스플레이, 가격 면에서의 설득, 대량 디스플레이, 세일링 포인트의 강조
⑥ 신 뢰	• 메이커명, 브랜드, 품질의 보증, 서비스
⑦ 결 정	• 관련 디스플레이, 추가 판매, 고정객화의 유인

② 디스플레이의 원칙

ⓐ 광고의 AIDMA원칙 [기출] 16 · 14

• A(Attention) : 「저게 뭐지?」라는 주목을 끌게 한다.

• I(Interesting) : 「어떤 것일까?」하고 흥미를 일으키게 한다.

• D(Desire) : 「갖고 싶다.」고 욕망을 느끼게 한다.

• M(Memory) : 오래 기억하도록 한다.

• A(Action) : 「좋다. 사도록 하자.」라고 행동을 일으킨다.

ⓑ 디스플레이의 원칙(AIDCA) [기출] 21 · 18 · 14

• A(Attention) : 상점의 중점 상품을 효과적으로 디스플레이해서 사람의 눈을 끌고, 가격은 고객이 잘 알아볼 수 있도록 명기하고, 잘 보이도록 전시하여야 한다. 특가품은 큰 가격표를 붙이고, 고급품은 작은 가격표를 붙이고, 또 다 팔린 매진품에 대해서는 붉은 색으로 둘레줄을 치도록 하면 효과적이다.

• I(Interest) : 눈에 띄기 쉬운 장소를 골라, 그 상품의 세일즈 포인트를 강조해서 관심을 갖게 하고, 디스플레이 상품을 설명한 표찰을 붙인다.

• D(Desire) : 「어떻게 해서든지 사고 싶다.」는 욕망을 일으키게 해서 구매 의사를 일으키도록 한다.

• C(Conviction) : 사는 것이 유익하다는 확신을 갖게 하고, 고객에게 그 상품 구입에 대한 안심과 만족감을 주는 동시에 우월감을 줄 수 있는 디스플레이가 되도록 연구한다.

• A(Action) : 충동적인 구매 행동을 일으키게 한다.

ⓒ 디스플레이의 기본 원칙 [기출] 22 · 21 · 13

• 보기 쉬울 것 : 이것은 고객에게 있어서 보기 쉽다는 뜻으로, 단순히 놓인 상품이 보이는 것과는 다르다.

• 손으로 잡기 쉬울 것 : 상품을 손으로 잡는다는 것은 즉 고르기 쉽다, 사기 쉽다는 것으로 이어진다.

- **가장 빨리 판매되는 품목을 진열할 것** : 가장 빨리 판매하기 쉽고 이윤율이 높은 상품을 판매하기 위하여 점내 진열에서는 눈의 높이의 면적과 공간을 보유하여야 한다.
- **가격 표시를 할 것** : 가격을 알기 쉽게 표시하여 가격에 의해서 어필하는 것은 상품 계획 및 촉진관리의 강력한 정책의 하나이다.
- **분위기를 조성할 것** : 사실을 알리고, 정황을 묘사하며, 계절적 주제를 표현한 디스플레이는 특정의 아이디어가 없는 디스플레이보다 더욱 어필할 수 있다.
- **디스플레이 상품을 연출할 것** : 디스플레이에 사용되는 상품은 되도록 수를 적게 하는 것이 효과적이며, 상품을 포함하여 무대와 같이 잘 연출되는 디스플레이는 극적인 분위기를 조성해서 그 효과를 증대시킨다.
- **상품간의 관련성을 가질 것** : 같은 종류의 상품을 그룹별로 디스플레이하고 그 상품과 관계가 있는 상품을 같은 공간에 집중 전시한다.
- **집시 포인트로 진열할 것** : 진열된 상품에는 반드시 고객의 시선을 캐치하는 요점(point)을 만들어, 그 집시 포인트를 중심으로 주변에 배치된 상품의 구매 촉진을 도모한다.
- **주목을 분리시킬 것** : 모방에 의한 주목 유도라고 말하며, 디스플레이에 이러한 기술은 마네킹으로 실현할 수 있다. 마네킹의 포즈는 고객의 주목을 분리시켜 일정의 방향으로 유도한다.
- **쇼카드 등을 경시하지 않을 것** : 고객의 65~70%는 대체로 상표명을 찾는다고 한다. 디스플레이 상품의 상표명이 유명하지 않으면 그 상품에 의해서 점명을 연상시키는 것이 좋다. 즉 고객은 상품을 식별할 수가 없기 때문이다. 쇼카드, 프라이스 카드, 행거 보드 등을 디스플레이의 매체로 활용할 수 있다.

지식 in

시각적 머천다이징(VMD) 기출 23 · 19 · 17

- Visual Merchandising의 약자로, 시각적으로 소비자의 구매를 유도해 판매에 이르게 하는 전략을 뜻한다.
- VMD의 기대효과는 들어가고 싶은 매장, 고르기 쉬운 매장, 사고 싶은 상품이 많은 매장, 판매와 관리가 편한 매장을 형성할 수 있다는 것이다.
- 신제품이 출시되거나 주력 상품 판매에 집중해야 하는 시기 등을 판단하여 시기별 브랜드 콘셉트에 맞춰 일정기간 단위로 교체해주어야 한다.
- 마네킹, 바디 등 다양한 종류의 보조물을 목적에 따라 적절하게 사용해야 한다.
- 매장에 진열되어 있는 상품을 돋보이게 하기 위해 조명을 이용하여 매장의 분위기를 연출한다.

(6) 디스플레이의 유형

매장에 있어서의 디스플레이는 첫째 전반적인 상품의 보충 디스플레이, 둘째 중점적인 상품의 전시 디스플레이 두 가지 유형으로 크게 구분할 수 있다. 이 두 가지 유형의 디스플레이를 레이아웃(layout)과 디스플레이 기술면에서 기능적으로 그리고 효과적으로 어떻게 표현하고 조합시킬 것인가가 디스플레이를 통해서 판매력을 제고시키는 요소이다.

① 보충 디스플레이 기출 14

ㄱ **보충 디스플레이 방법** : 보충 디스플레이란 점포 내의 전반적인 디스플레이로서 모든 취급 상품을 전 점포 내에 빠짐없이 디스플레이하는 것이다. 디스플레이 방법으로는 업종과 업태에 따라서 모든 취급 상품을 다음 그림과 같이 그룹별로 분류하고, 이를 다시 유기적으로 관련지어 배치하고, 개개의 디스플레이 설비나 집기를 합리적으로 이용해서 이를 다시 분류·디스플레이하는 것이 기본이다.

ㄴ **보충 디스플레이의 기능**

• 고객의 입장에서 보기 좋고, 선택하기 쉽고, 사기 쉬운 디스플레이가 된다.
• 점포의 입장에서 팔기 쉽고, 상품 관리하기 쉬운 디스플레이다.
• 상품의 그룹별 분류와 그 점포의 점격, 상품의 성격, 종류에 따라 대면 판매 방식을 취하던가 측면 판매 방식을 취하던가 아니면 양자 병용 방식을 취하게 된다.
• 고객 동선은 되도록 길게 하고 판매원 동선은 짧게 하는 합리적이고 이상적인 점 내 동선의 레이아웃이 이루어져야 한다. 기출 18 · 17 · 16

지식 in

대면 판매의 장점 기출 17
• 전문적 상품지식이 필요한 상품의 판매에 적합하다.
• 구매자와의 쌍방향 커뮤니케이션이 가능하다.
• 구매자를 이해시키고 설득시키는 데 좋은 수단이 된다.
• 구매자의 반응을 즉시 파악할 수 있어 고객 지향적으로 메시지를 조절할 수 있다.

ㄷ **점포 디스플레이의 상품 구성** : 다음 그림에 표시한 A, B, C의 그룹별 상품 구성은 디스플레이의 전제 조건이며, D 상품은 A, B, C의 각 그룹 중에서 계절이나 판매 전략에 의해서 선정된 상품(유인 상품, 개발 상품)으로서 충동 구매를 촉진하는 자극적인 형태로 중점적인 디스플레이를 한다. 중점 상품의 디스플레이는 보충적인 상품과 같이 분류 정리된 디스플레이가 아니고, 단품목을 대량 디스플레이 한다던가 또는 관련된 상품을 조합해서 감각 디스플레이를 하는 것이다.

ㄹ **보충 디스플레이의 전제 조건** : 보충 디스플레이는 디스플레이의 양식이나 설비 또는 집기에 의해서 규격이 통일되기 때문에 systematic display라고도 한다. 그러므로 상품이나 포장의 크기가 될 수 있으면 규격화되어야 한다.

ㅁ **보충 디스플레이의 기술과 응용**

• 규제 디스플레이
  - 규제 디스플레이는 디스플레이 집기에 의해서 규제되기 때문에 정형화된 상품에 알맞고 디스플레이하는 데 있어서 테크닉은 그다지 필요로 하지 않는다.
  - 디스플레이가 표준화되기 때문에 딱딱한 디스플레이가 되기 쉬우므로 액센트를 주어 디스플레이를 부드럽게 해주는 것이 바람직하다.
  - 서점의 서가 디스플레이는 규제 디스플레이의 전형적인 예이다.

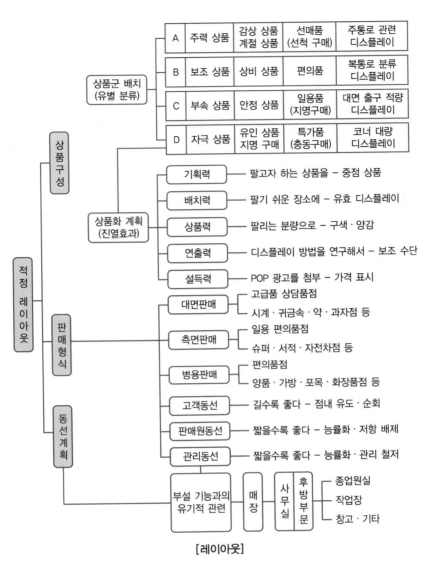

[레이아웃]

- 분류 디스플레이
  - 분류 디스플레이의 역할 : 일반적인 보충 디스플레이의 한 방법으로서 상품을 적당한 부문으로 분류해서 판매를 능률화하는 것이다.
  - 분류 방법
    - ⓐ 산지별
    - ⓑ 메이커별
    - ⓒ 성별
    - ⓓ 연령별
    - ⓔ 매입처별
    - ⓕ 색상별
    - ⓖ 사용자별(객층별)
    - ⓗ 가격(라인)별
    - ⓘ 소재별
    - ⓙ 용도별
  - 대·중·소 분류 방식 : 분류 기준이나 항목 설정은 점포의 사정에 따라 다르지만 이 분류 방식은 단품목의 관리가 쉬우며, 고객의 입장에서도 선택하기 쉬운 분류이다.

- 페이스 디스플레이(정면 디스플레이) 기출 18
    - 해당 상품의 보다 효과적인 면을 고객에게 향해서 그 상품의 정면을 보이도록 하는 디스플레이이다.
    - 상품을 선택하기 쉽고, 적은 상품으로 양감을 강조할 수 있으므로 판매 권유나 대응 없이 고객 스스로가 상품을 자유롭게 선택하여 계산대에 가서 계산하는 Self-selection의 형태를 취하는 업체에 알맞은 디스플레이다.
    - 의류점의 양말·스타킹·내의 셔츠류나 슈퍼마켓의 일용 잡화 등의 소포장 상품에 새로운 디스플레이 집기를 개발하여 이 방법을 이용하면 대단히 효과적이다.

지식 in

상품의 얼굴(Face) 진열 시 고려사항 기출 15
- 고객의 상품 선택 포인트가 되는 면은 어디인가
- 넓게 보이는 면은 어디인가
- 상품의 내용물이 보이는 면은 어디인가
- 배색을 고려해 상품이 돋보일 수 있는 면은 어디인가
- 진열하기 쉬운 면은 어디인가

---

② 전시 디스플레이
    ㉠ 점두의 쇼윈도우에 그 시점에서 점포가 목적하는 바를 소구하고 보충 디스플레이의 요소에 집중적 포인트를 만들어 그 부분에 중점 상품을 일반 매장과 다른 형태로 전시하여 클로즈업(Close-up)시키는 소위 액센트(Accent) 디스플레이다.
    ㉡ 표현 방법이나 장소는 일정하게 정해진 것이 없고 일반적으로 점두의 쇼윈도우, 점 내의 정면, 벽 진열대에 설치하는 전시 박스의 아일랜드 진열(도진열)의 끝부분, 기둥 주변 부분 등 되도록 눈에 잘 띄는 곳이 좋다.

02 매장의 구성

1 매장 레이아웃 계획 및 관리

(1) 매장 일반

① 매장의 의의 및 역할
    ㉠ 매장이란 유통경로를 통하여 공급된 상품을 고객에게 판매하는 곳을 말한다.
    ㉡ 매장은 상품을 전시하는 전시장이 아니라 상품을 판매하는 곳이다.
    ㉢ 매장은 고객에게 가치를 제공하며, 고객으로 하여금 제공된 가치에 대하여 만족을 느끼게 하는 곳이다. 가치가 있다는 것은 가격이 비싼 것을 의미하는 것이 아니라, 고객이 지불한 대가에 대하여 만족을 느끼는 것을 뜻한다.

ⓔ 매장은 수익을 실현하는 곳이다.

ⓜ 매장은 고객에 대한 정보 수집을 가장 현실적이고 빠르게 입수하는 곳이며, 이러한 정보를 토대로 상품흐름이나 고객의 소비흐름에 대한 추이도 파악할 수 있는 곳이다.

② 매장의 기본조건

ⓖ 매장은 고객에게 꼭 필요한 상품을 잘 보이게 하면서 쇼핑에 편리하도록 조성해야 하며, 환경이미지에 적합하도록 설계하여야 한다.

ⓛ 매장은 상품을 구입하고 쇼핑을 즐기는 곳이므로 쇼핑에 불편함을 제공하는 장애물이 있어서는 안 된다.

(2) 레이아웃(Lay-out)

① 의 의 `기출 21 · 20 · 18 · 14`

ⓖ 레이아웃이란 보다 효율적인 매장 구성이나 상품진열, 고객동선, 작업동작 등을 위한 일련의 배치작업을 말한다.

ⓛ 레이아웃은 사전 상권조사를 통한 점포 콘셉트를 설정한 후에 작성해야 한다.

ⓒ 고객의 심리를 파악하고 무의식적으로 점포 안을 자유롭게 걷게 함으로써 보다 많은 상품을 보여주고 구매하도록 하는 기술을 말한다.

② 레이아웃의 기본원칙 `기출 20 · 19 · 15`

ⓖ 점포의 입구쪽에는 구매빈도가 높은 상품을 배치한다.

ⓛ 상품배치는 고객의 입장에서 상품 간 관련성을 고려하여 배치하는 것이 효과적이다.

ⓒ 점포의 입구쪽에 단가가 낮은 상품을, 안쪽으로 들어갈수록 높은 상품을 배치한다.

ⓔ 근접성 계획은 상품라인의 근접배치여부를 매출과 직접 연결하여 계획을 수립한다.

ⓜ 관련품목의 구매를 촉진하기 위해 관련 상품을 군집화 한다.

③ 레이아웃의 유형

ⓖ 격자형 `기출 22 · 21 · 20 · 19 · 17 · 16 · 14`

• 격자형은 쇼 케이스, 진열대, 계산대, 곤돌라 등 진열기구가 직각 상태로 되어 있다.

• 고객의 동일 제품에 대한 반복구매 빈도가 높은 소매점, 즉 슈퍼마켓이나 디스카운트 스토어의 경우에 주로 쓰인다.

• 비용이 적게 들며 표준화된 집기배치가 가능해 고객이 익숙해지기 쉽다.

• 어떤 형태의 배치보다도 판매 공간을 효율적으로 사용할 수 있다.

• 셀프서비스 점포에 필요한 일상적이면서 계획된 구매행동을 촉진한다.

• 재고 및 안전관리를 쉽게 할 수 있다.

• 슈퍼마켓, 드럭 스토어, 버라이어티 스토어, 디스카운트 스토어, 하이퍼마켓, 슈퍼센터, 홈센터, 오피스데포, 스포츠타운 등에 이용한다.

ⓛ 자유형 `기출 23 · 21 · 16 · 14`

• 쇼 케이스, 진열대, 계산대, 운반카, 집기, 비품이 자유롭게 배치된 것을 말한다.

• 사용하는 집기, 비품류의 대부분은 원형, U자형, 아치형, 삼각형과 같은 불규칙한 형으로 배치한다.

• 고객이 자유로운 쇼핑과 충동적인 구매를 기대하는 매장에 적격인 점포배치이다.

- 소비자들이 원하는 상품을 찾기 위해 소비하는 시간이 오래 걸려서 전체적인 쇼핑시간은 길어진다.
- 제품진열공간이 적어 제품 당 판매비용이 많이 소요되는 형태의 방식이다.
- 충동구매를 유도함으로써 점포의 매출을 증대시키는 이점이 있다.
- 패션지향적인 점포에서 많이 사용되는 유형으로 백화점이나 전문점에서 주로 쓰인다.

종 류	장 점	단 점
격자형	· 비용이 싸다. · 고객은 자세히 볼 수 있으며, 쇼핑에 편하다. · 상품접촉이 용이하다. · 깨끗하고 안전하다. · 셀프서비스에 대한 판매가 가능하다.	· 단조롭고 재미없다. · 자유로운 기분으로 쇼핑할 수 없다. · 점내 장식이 한정된다.
자유형	· 구입동기가 자유스럽고 점내 이동이 자연스럽다. · 충동구매를 촉진한다. · 시각적으로 고객의 주의를 끈다. · 융통성이 풍부하다.	· 제품을 찾기 어려워 쇼핑시간이 길다. · 안정감이 없다. · 매장에 무리가 있다. · 비용이 든다. · 청소가 곤란하다.

[격자형과 자유형 레이아웃의 비교] 기출 22 · 21

ⓒ 변형형 기출 23 · 21 · 18 · 15
- 표준형 : 입구 · 계산대 · 출구로 구성되며, 이런 유형의 점포배치는 외식체인, 여행사에서 널리 이용된다.
- 부티크형(경주로형) : 부티크형 점포배치는 자유형 점포배치 형태에서 나온 것으로 선물점, 백화점 등에서 널리 이용된다.

④ 조닝과 페이싱 기출 20 · 18
ⓐ 조닝 : 레이아웃이 완성되면 각 코너별 상품 구성을 계획하고 진열면적을 배분하여 레이아웃 도면상에 상품배치 존 구분을 표시하는 것을 말한다.
ⓑ 페이싱 : 페이스의 수량을 뜻하는 것으로 앞에서 볼 때 하나의 단품을 옆으로 늘어 놓은 개수를 말하며 진열량과는 다르다.

(3) 매장관리의 실제 기출 14

① 점포 내 매장관리의 흐름도
ⓐ 판매계획 : 매출목표를 수립
ⓑ 발주관리 : 매장에 필요한 상품을 주문
ⓒ 작업관리 : 입고된 상품에 대한 상품화
ⓓ 매장 및 판매관리 : 작업완료된 상품을 진열, 판매
ⓔ 재고관리 : 적정재고를 관리
ⓕ 이익관리 : 이익을 최대로 올리기 위함

② 매장 내 작업
ⓐ 월간 영업계획서의 작성 : 고객으로부터 지지받는 점포를 구현하기 위하여 매월 계획을 입안하여 작성

ⓛ 발주작업 : 매장에 상품을 존재하게 하기 위한 중요한 작업

ⓒ 작업관리 : 하차·검수·보관작업, 상품화 작업, 개점준비작업, 행사준비작업 등

ⓔ 진열작업 : 창고나 스토커에 보관되어 있는 상품을 표준 페이싱의 정해진 위치에 놓는 작업

ⓜ 매장관리 : 매장은 항상 통일되고 정선된 느낌이 유지되어야 하기 때문에 매장의 정리·정돈상태, 품절상품의 유무 파악을 위하여 수시로 매장을 점검한다.

ⓗ 매출관리 : 하루하루의 매출목표를 달성하기 위하여 시간대별로 매출을 점검하고, 매출부진이 예상될 경우에는 목표달성을 위해 즉각적으로 대응전략을 수립하여야 한다.

ⓢ 인하·폐기관리 : 인하·폐기는 판매과정 중에 발생하게 되는데, 가격을 인하해 판매하거나, 가격을 인상하여 판매할 경우 또는 판매가 불가능하여 폐기하는 경우를 말한다. 인하·폐기를 최소화하기 위해서는 적정 발주 및 적기에 가격인하 판매를 하여야 손실을 줄일 수 있다.

지식 in

점포시설의 기능 기출 22·14

후방시설은 기능성과 안전성을 중시하고 작업동선의 단순성과 단축성을 도모하는 시설로, 점포시설에는 고객용 후방시설, 상품용 후방시설, 시설용 후방시설, 직원용 후방시설이 설치되어 있어야 영업활성화에 지장을 초래하지 않는다. 특히, 고객용 후방시설에는 소비자 상담실, 수선실, 유아놀이방, 기저귀 교환 및 수유실, 물품보관소 등이 있는데 이러한 시설들은 고객만족과 관계가 있다.

---

2 매장 공간 계획, 관리

(1) 점포의 공간관리 기출 22·21·20·18·17·13

① 쇼윈도 : 소비자를 점포에 흡인하는 역할과 점포의 품격을 나타내며, 소비자의 시선을 점포내로 유도하는 역할을 수행한다.

② 멀티숍 : 여러 브랜드의 제품을 한 곳에 모아놓고 판매하는 점포를 말하는데, 이는 특정 브랜드의 제품만 판매하는 '브랜드 숍'과는 다르게 여러 상표를 비교해 구입할 수 있는 장점이 있다. 편집매장 또는 복합매장이라고 한다.

③ 버블계획과 블록계획

　ⓐ 버블계획 : 점포의 주요 기능 공간의 규모 및 위치를 간략하게 보여주는 것을 말한다.

　ⓑ 블록계획 : 버블계획에서 간략하게 결정된 배치를 기반으로 점포의 각 구성부분의 실제규모와 형태까지 세부적으로 결정하는 것을 말한다.

④ 플래노그램 : 특정 제품이 속한 부서 내 제품의 진열위치를 결정하기 위해서 흔히 플래노그램을 활용하는데, 이는 제품이 각각 어디에 어떻게 놓여야 하는지를 알려주는, 일종의 진열공간의 생산성을 평가하게 해주는 지침서를 말한다.

(2) 통로 설정

① **소매점포의 통로** : Self-Service 방식 소매점포의 통로에는 주통로, 부통로, 순환통로가 존재한다.

    ㉠ **주통로** : 점포 입구에서 반대편 대각선 방향 끝까지의 통로로서, 점포 입구에서 점포 안으로 소비자들을 유도하기 위한 통로이다.

    ㉡ **부통로** : 중통로라고도 하며, 매장 안 끝, 주통로가 끝나는 부분에서부터 계산대까지의 통로나 매장 한가운데를 횡으로 가로지르는 중앙통로를 의미한다.

    ㉢ **순환통로** : 보조통로라고도 하며, 이는 진열대와 진열대 사이의 통로로서 소비자들이 상품을 고르는 통로를 의미한다.

지식 in

주통로의 조건
- 통로의 폭이 점포 내에서 가장 넓어야 한다.
- 주통로는 직선이어야 한다.
- 주통로는 계획적으로 배치한 주력상품 매장 앞을 지나갈 수 있도록 설정되어야 한다.

---

② **통로의 물리적 조건**

    ㉠ **통로는 곧아야 한다** : 소비자들이 앞으로 걸어나갈 때 가로막는 장애물이 있어서는 안 된다.

    ㉡ **통로는 넓어야 한다** : 한 통로를 3명의 소비자가 지나갈 수 있을 정도로 넓어야 한다.

    ㉢ **통로는 평탄해야 한다** : 통로는 울퉁불퉁하지 않으며, 경사지지 않아야 한다.

③ **통로 레이아웃 유형**

    ㉠ **원 웨이 컨트롤 방식** : 소비자들이 점내를 점포측에서 기대하는 대로 걷도록 하기 위한 방식을 말한다.

지식 in

원 웨이 컨트롤 방식의 7가지 포인트
- 물리적인 조건
  - 입구 및 출구 원칙 : 입구와 출구의 분리
  - 교통로 : 주통로 및 보조통로 원칙
- 심리적인 조건
  - 대분류 절단의 원칙
  - 곤돌라 라인 길이
  - 매장 관련 원칙
  - 플로워 관련 원칙
  - 자석매장의 구성 원칙

    ㉡ **투 웨이 컨트롤 이론** : 대형매장 특히 '정방형' 형태일 경우에 '투 웨이 컨트롤' 원리를 적용해서 레이아웃을 구상한다.

④ **통로 설계 시 고려 사항** `기출 15`

    ㉠ 고객의 동선(動線)은 가능한 한 입구에서 점내 깊숙한 곳까지 길게 하는 것이 좋다.

    ㉡ 고객이 걸어 다니기에 편한 폭과 바닥소재, 상품진열과의 관련성 및 조명과의 관련성을 고려해야 한다.

ⓒ 점포의 규모가 클 경우에는 고객이 쉴 수 있는 의자를 설치할 수 있는 공간도 필요하다.

ⓔ 점포 내의 통로는 점두 부분과 점내 전체를 연결하기 위한 중요한 시설로서 고객으로 하여금 점포 내를 두루 다닐 수 있도록 고려하여 설계하여야 한다.

ⓜ 종업원의 동선은 종업원의 판매행위나 출납, 사무의 동선으로 특히 고객동선과 교차되지 않도록 하며, 가급적 동선길이를 짧게 하여 피로를 적게 하는 것이 좋고, 적은 점원수로 상품매매가 능률적으로 될 수 있도록 하는 것이 이상적이다.

3 매장 환경 관리 _{기출} 22 · 21 · 20 · 15 · 14 · 13

(1) 점포환경

① 개 요

ⓖ **소비자 중심의 점포 운영** : 점포 환경은 소비자 중심으로 이루어져야 하며, 동시에 소비자들의 불안감을 최소화하는 관점에서 진행하는 것이 기본이다.

ⓛ **청결** : 어떠한 업종에 관계없이 '청결'이 기초가 된다는 것을 인지해야 하고, 특히 소비자들의 눈에 띄지 않는 곳도 신경을 써야 한다.

ⓒ **기자재 작동 여부 사항의 파악** : 각종 기자재는 소비자들의 편의를 위한 시설물이므로 기자재의 상태는 항상 점검하고 최상의 상태를 유지하도록 해야 한다. 기자재의 작동이 원활하지 않으면 고객에 대한 서비스에 문제가 생기게 되고 이는 매출하락의 원인이 되기 때문이다.

② 매장 내·외부 환경관리

ⓖ 개업에 앞서 매장 시설공사와 실내 인테리어 및 내부 장식은 투자계획에 따라 예상투자비를 초과하지 않는 범위 내에서 추진하되 매장시설은 전문 업체와 일괄계약이 유리(허가관련 처리가 용이)하다. 단, 체인점이나 대리점인 경우는 본사에 직접 의뢰하거나 본사에서 제공하는 설계에 따라야 한다.

ⓛ 내부 디자인은 고객의 구매 욕구를 높이기 위해 점포 내의 분위기를 즐겁게, 상품을 보다 매력적으로 느낄 수 있도록 설계하며, 내부면적의 배분은 매장 및 비매장면적의 비율과 매장면적을 상품구색별로 구분하여 가장 효율적인 비율로 구성하는 것에 신경 써야 한다.

ⓒ 점포의 외관 디자인은 고객이 노력하지 않고도 쉽게 발견할 수 있도록 구성하고, 고객흡인형 점포는 고객이 외부에서 점포 내의 분위기를 느낄 수 있도록 설계하는 등 고객흡인기능을 중시해야 하며, 고객선별형 점포는 목표 고객만이 점포내로 들어오도록 점포성격을 알릴 수 있는 외관설계에 치중해야 한다.

ⓔ 점포의 바깥조명은 고객을 흡인하고 인도하며 영업시간 외에도 점포의 존재를 기억시키는 역할을 할 수 있도록 하고, 점포 안의 조명은 고객으로 하여금 상품에 시선을 끌어 품질과 가격 검토에 도움을 주고 구매의욕을 일으키게 설계하는 등 상품을 돋보이게 하는 색채 배합과 상품의 분위기에 맞는 상점 색채를 선정하여 고객의 구매심리를 적극적으로 유발시키는 것이 중요하다.

(2) 점포관리

① 점포관리는 소비자들에게 보다 더 쾌적한 상업공간을 제공하며, 소매점에 있어 촉진관리에 공헌하는 2가지 측면을 고려해서 조화를 모색하는 것이다.

② **점포관리의 목적** : 점포의 기능 다시 말해, 촉진관리·선전·관리기능·쾌적한 환경 등을 효과적으로 달성하려고 하는 것을 말한다.

③ 소비자들의 손에 자주 닿아 진열이 흐트러져 전진 입체 진열로 재진열하는 데에 많은 시간을 투하하는 점포가 좋은 점포라 할 수 있다.

> **지식 in**
>
> 점포의 외관디자인 `기출 17·15·14`
> • 점포의 외관은 점두(Storefront)와 진열창(Show window)으로 구성된다.
> • 점포의 외관 디자인은 눈에 잘 띌 수 있는 가시성이 있어야 한다.
> • 목표고객이 점포 안으로 들어올 수 있도록 이미지 표출에 중점을 두어야 한다.
> • 고객이 점포 내의 분위기를 느낄 수 있도록 설계하여 고객흡인기능을 가져야 한다.
> • 점포 외관은 목표고객이 아닌 고객은 방문하지 못하게 하는 고객선별의 기능을 한다.
> • 고급전문점의 외관 형태는 폐쇄형이 좋다. 화려하고 고급스러우며 고객들에게 우월감을 심어줄 수 있도록 해야 한다.
> • 백화점과 할인점 같은 대형점포는 화려하게 꾸미기 보다는 소비자가 손쉽게 방문할 수 있도록 점포 외관디자인을 설계해야 한다.

(3) 매장 안전관리

① 바 닥
  ㉠ 바닥재의 경우에는 청소를 할 경우 반짝거려서 빛이 날 정도의 재질 즉, 양질의 것을 선택해야 한다.
  ㉡ 바닥은 일정 정도 빛이 나야 한다.
  ㉢ 바닥이 지저분한 장소의 주변인 경우에는 인기 상품군 또는 필수품인 경우가 많다.

② 조 명
  ㉠ 점포 내 수명이 다한 전구라던지, 깜빡거리는 형광등은 해당 점포의 이미지를 깎아내리므로 언제나 점포를 점검해야 한다.
  ㉡ 의류의 경우에 집중적으로 신경을 써야할 부분이 피팅룸의 조명이다.

③ 화장실
  ㉠ 화장실의 경우 깨끗하면서도 악취가 나지 않도록 해야 한다.
  ㉡ 악취가 나는 점포의 화장실은 객수가 줄어들고, 매출이 하락하는 원인으로 나타난다.

> **지식 in**
>
> 점포설계 시 고려할 점 `기출 15`
> • 표적시장의 욕구를 충족시키고 경쟁우위를 획득한다.
> • 상품구색이 바뀔 경우를 대비해 유연성을 높인다.
> • 고객의 구매행동을 자극하기 위해 노력한다.
> • 법적 규제사항을 고려하여 합법적으로 설계한다.

사인물(Signage ; 사이니지) 기출 18

사이니지는 포스터, 안내 표시, 간판 등 기존의 아날로그 광고판을 지칭했으나, 최근에는 '디지털 사이니지'로 보편적으로 사용되고 있다. 디지털 사이니지는 공공장소에서 문자나 영상 등 다양한 정보를 LCD나 LED, PDP화면을 통해 보여주는 디스플레이 광고게시판을 의미한다. 점포공간에 디지털 사이니지를 적용할 때 유의사항은 다음과 같다.

• 사인과 그래픽을 매장 이미지와 조화시켜야 한다.
• 정보를 전달하는 사인과 그래픽은 고객욕구를 자극시켜야 한다.
• 생생한 그래픽과 사인으로 점포이미지와 어울리는 테마를 연출해야 한다.
• 상품이 바뀌면 사인과 그래픽을 상품과 조화되도록 갱신해야 한다.

④ 온라인 쇼핑몰 구성 및 설계

(1) 온라인 쇼핑몰의 기본 구성요소

① 솔루션

ⓐ 임대형 : 이미 형성되어 있는 뼈대를 사용하는 것으로, 비용이 저렴하고 쇼핑몰 기능에 최적화되어 있어 관리자 기능이 강하며, 커스터마이징에 한계가 있다.

ⓑ 구축형 : 설계부터 시작하여 뼈대를 새로 구축하는 것으로, 서버와 호스팅을 구매하고 직접 쇼핑몰 설계부터 기능 구현까지 수행해야 하므로 비용이 비싸며, 필요한 기능만 삽입하기 때문에 관리자 기능이 임대형에 비해 약하다.

② 로고 : 로고를 기준으로 쇼핑몰 전체의 색상이나 레이아웃이 결정되기 때문에 로고는 쇼핑몰 제작의 중요한 교두보 역할을 한다.

③ 메인페이지 : 고객이 쇼핑몰에 접속했을 때 제일 처음 보게 되는 화면으로, 쇼핑몰의 모든 기획과 이벤트가 압축되어 메인페이지에 노출되기 때문에 쇼핑몰의 흥망을 결정하는 중요한 요소이다.

④ 서브페이지 : 메인페이지에서 고객이 콘텐츠를 클릭할 때 클릭한 해당 콘텐츠가 포함된 페이지이다. 메인페이지에는 구성에 한계가 있기 때문에 배너 형태의 이벤트를 삽입한 후 고객이 배너를 클릭하면 상세 내용이 포함된 서브페이지로 이동하게 된다.

⑤ 제품사진 : 온라인 쇼핑몰에서 판매할 제품의 사진으로, 인위적이지 않은 선에서 제품을 가장 돋보이게 촬영하여 게시해야 한다.

⑥ 제품 상세페이지 : 제품사진만으로 제품의 모든 사항을 설명할 수 없으므로 제품에 대한 보조설명 및 특징, 장점 등을 디자인을 통한 상세페이지로 구성한다.

(2) 온라인 쇼핑몰의 구축 과정

도메인 구매 → 호스팅 또는 쇼핑몰 솔루션 → 기획 → 디자인 → 퍼블리싱 및 개발 → 쇼핑몰 제작 완료

① 브랜드 이름을 고려한 도메인(주소)을 선정하고 구매한 후, 쇼핑몰을 구축할 수 있는 공간인 호스팅이 세팅되면, 기획 단계로 넘어간다.
② 기획 후 디자인, 퍼블리싱 및 개발 등 3단계를 더 거치면 쇼핑몰 제작이 완료된다.

5 온라인 쇼핑몰 UI, UX

(1) 사용자 인터페이스(UI ; User interface)

① 휴대폰, 컴퓨터, 내비게이션 등 디지털 기기를 작동시키는 명령어나 기법을 포함하는 사용자 환경을 의미한다.
② 이용자들이 IT기기를 구동하기 위해서 접촉하는 매개체로 컴퓨터를 조작할 때 나타나는 이른바 '아이콘'이나 텍스트 형태 구동화면도 포함된다.
③ 스마트폰의 경우 애플리케이션 아이콘 형태 및 화면 구성을 가리킬 때가 많다.

(2) 사용자 경험(UX ; User Experience)

① 사용자가 어떤 제품이나 서비스를 이용하면서 축적하게 되는 모든 지식과 기억, 행동과 감정의 총체적 경험이라고 할 수 있다.
② 단순히 기능이나 절차상의 만족뿐 아니라 전반적인 지각 가능한 모든 면에서 사용자가 참여, 사용, 관찰하고 상호 교감을 통해서 알 수 있는 가치 있는 경험이다.
③ 긍정적인 사용자 경험의 창출은 산업 디자인, 소프트웨어 공학, 마케팅 및 경영학의 중요 과제이며 이는 사용자 니즈의 만족, 브랜드 충성도 향상, 시장에서의 성공을 가져다 줄 수 있는 주요 사항이다.

01 기출유형분석

※ 본 문제를 풀면서 이해체크를 이용하시면 문제이해에 보다 도움이 될 수 있습니다.

01 **다음 중 유통에서 상품(Goods)에 대한 설명으로 가장 부적절한 것은?** [2013.04]

① 취급하고 있는 유통업자 상표(NB ; National Brand)를 제조업자 상표(PB : Private Brand)로의 전환결정을 하는 것을 상품정책이라 한다.

② 상품이란 경제학의 입장에서 보면 욕망 대상인 노동 생산물이 교환 관계에 놓일 경우에 비로소 나타나는 형태로 본다.

③ 위조상품은 시장이 있는 국가에서 합법적으로 보호하는 트레이드 마크, 저작권, 특허의 라이센스 없이 만들고 판매된 상품이다.

④ 위조상품은 타인의 상표와 동일 또는 유사하게 만들어 상품에 사용함으로써 타인의 상품과 오인혼동을 일으키는 상품을 말한다.

⑤ 상품을 수리해서 정상적으로 작동시킬 수 있는가에 대한 문제는 지속성 및 수선용이성 이라 한다.

> **해설**
> ①은 상품정책과 관련 있는 의사결정 사항이다.
> ※ 상품정책
> • 종합 상품정책 : 브랜드의 특성에 따라 세분화된 고객에게 필요한 상품그룹의 구성이나 상품품목 구성을 어떻게 할 것인가 등의 상품정책
> • 개별 상품정책 : 품목결정과 품목수량결정의 상품정책

제2과목

02 **제품(Product)의 정의에 대한 내용 중에서 가장 거리가 먼 것은?** [2013.04]

① 제품이란 구매자가 화폐나 기타의 다른 대가로 지불하여 얻게 되는 일체의 유형적·무형적 편익을 말한다.

② 제품에는 물리적 대상물, 서비스 그리고 개념 등의 개별적 내지 혼합적 형태가 포함된다.

③ 마케팅에서는 제품을 기업이 소비자에게 전달하는 혜택의 총합 또는 소비자 문제에 대한 종합적 해결책으로 정의한다.

④ 개인기업의 관점에서 제품을 정의하면, 기업을 위해 제공되는 기업의 욕구충족이라 할 수 있다.

⑤ 기업의 관점에서 제품은 기업의 생산설비, 제조공정, 근로자의 노동 등으로 생산되어 일정한 유통경로를 거쳐 소비자의 욕구를 충족시키기 위해 제공되는 제품과 서비스라 할 수 있다.

> **해설**
> 제품은 고객을 위해 제공되는 고객의 욕구충족 수단이라 할 수 있다.

03 다음 중 유통점에서 상품(Goods)의 구성 및 배치에 대한 설명으로 옳지 않은 것은? [2013.04]

① 유통업체인 백화점과 할인점 취급상품의 품목수는 매우 다양하고, 그곳에서 적합한 상품의 구색도 다르다.

② 소비용품을 편의품, 선매품, 전문품으로 구분하는 것은 소비자가 자신의 지출 비용의 크기를 기준으로 구분을 하는 것이다.

③ 상품을 잘 분류하여 진열하면 고객에게 상품의 다 양함을 더 쉽게 보여줄 수 있고, 판매원의 도움 없이도 고객 스스로 상품을 비교 선택할 수 있다.

④ 상품의 원형구성은 상하가 대칭이 되어 종합감을 연출하는 것으로 반복 배열함으로써 중앙에 시각적 인 초점을 강조한다.

⑤ 매장의 이익을 높이기 위해서는 고객이 충동구매 상품으로 쇼핑을 시작하도록 매장배치를 하는 것이 좋다.

 구매관습에 따라 편의품, 선매품, 전문품으로 구분한다.

04 소비자들이 구매습관상 가능한 한 시간과 노력을 절약하여 구매하려 하기 때문에, 소매점의 입지가 무엇 보다 중요한 제품은? [2012.10]

① 편의품   ② 선매품

③ 비탐색품   ④ 산업용품

⑤ 전문품

 편의품은 제품에 대하여 완전한 지식이 있어 최소한의 노력으로 적합한 제품을 구매하려는 행동의 특성을 보이는 제품으로 식료품·약품·기호품·생활필수품 등이 여기에 속한다. 구매를 하기 위하여 사전에 계획을 세우거나 점포 안에서 여러 상표를 비교하기 위한 노력을 하지 않으므로 구매자는 대체로 습관적인 행동 양식을 나타낸다.

05 고회전율 상품에 해당하지 않는 것은? [2012.04]

① 소비자의 애호도가 높은 취미상품   ② 최소 20% 이상의 특별할인 상품

③ 전단의 표지상품   ④ 필수품으로 업계 1위 상품

⑤ 계란, 우유, 신선채소 등

 회전율이 높은 상품은 애호도보다는 주로 습관적인 구매행동을 보이는 편의품에 해당된다.

06 다음 보기 중 선매품과 관련된 사항만으로 묶인 것은?　　　　　　　　　　　　　[2016.11]

가. 낮은 구매빈도
나. 습관적 구매
다. 비교적 높은 마진
라. 사전계획을 통해 구매
마. 전속적 유통방식
바. 맞춤형 주문생산 방식 적합

① 가, 다, 마　　　　　　　　　　　　　② 가, 라, 바
③ 나, 바　　　　　　　　　　　　　　④ 나, 마
⑤ 가, 다, 라

 해설
나 : 편의품
마, 바 : 전문품

 07 상품과 그 설명이 바르게 이루어진 것은?　　　　　　　　　　　　　　　　[2013.07]

① 정규상품(Staple Items) : 누구나 일상적으로 안심하고 사용하는 기초상품
② 일상용품(Commodity Goods) : 항상 갖춰져 품절되지 않도록 하는 상품
③ 시즈너블 아이템(Seasonable Item) : 단기간 취급하는 비정규 필수품, 계절상품
④ 선매품(Shopping Goods) : 일상생활에서 소비빈도가 높으며 소비자에 인접해 있는 점포에서 쉽게 구매하는 상품
⑤ 제너릭상품(Generic Goods) : 상표가 부착되지 않은 상품

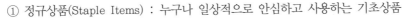 **해설**
제너릭상품(Generic Goods)은 상표가 부착되지 않은 상품으로 노브랜드 상품(No-brand Goods)이라고도 한다.
① 일상용품(Commodity Goods)에 대한 설명이다.
② 정규상품(Staple Items)에 대한 설명이다.
③ 시즈널 아이템(Seasonal Item)에 대한 설명이다.
④ 편의품(convenience goods)에 대한 설명이다.
※ 시즈너블 아이템(Seasonable Item) : 계절상품. 소비, 사용하는 계절이 거의 정해져 있는 상품

08 상품의 구성요소에 대한 설명의 짝으로 가장 올바른 것을 고르시오. [2012.07 | 2015.11]

> ㉠ 포장, 스타일, 품질
> ㉡ 보증, 배달
> ㉢ 즐거움의 추구

① ㉠ − 확장상품, ㉡ − 유형상품, ㉢ − 핵심상품
② ㉠ − 확장상품, ㉡ − 유형상품, ㉢ − 종합상품
③ ㉠ − 유형상품, ㉡ − 확장상품, ㉢ − 핵심상품
④ ㉠ − 유형상품, ㉡ − 핵심상품, ㉢ − 확장상품
⑤ ㉠ − 종합상품, ㉡ − 핵심상품, ㉢ − 확장상품

해설
- 유형상품 : 소비자들이 제품으로부터 추구하고자 하는 혜택을 실현하기 위한 물리적 속성들의 집합체(포장, 스타일, 품질, 브랜드)
- 확장상품 : 유형상품에 보증, 배달, A/S, 설치, 신용 등이 포함
- 핵심상품 : 소비자들이 그 제품으로부터 얻고자 하는 혜택을 말하며 욕구를 충족시키는 본질적인 요소(즐거움의 추구)

 09 브랜드에 대한 보기 중 성격이 전혀 다른 하나는? [2015.07]

① 소매상이 독점적으로 판매할 수 있는 상품을 개발하기 위해 특정 공급업체에게 제조 혹은 공급을 의뢰한 소매상 브랜드
② 중간상 상표
③ 할인점 자체 브랜드
④ 유통업체 점포 내에서 판매되는 유통업체 독점적 브랜드
⑤ 제조업체 브랜드

해설
①·②·③·④ 특정 업체의 점포에서만 판매하는 브랜드
⑤ 전국적으로 판매하는 브랜드

10 브랜드(Brand) 및 브랜드 범주들(Brand Categories)과 관련된 설명으로 옳지 않은 것은? [2015.11]

① 무상표 상품(Generic Goods) : 생산자나 판매자 브랜드에 비해 상당히 할인되어 판매되는 상표가 없는 제품

② 짝퉁 브랜드(Knock-off Brand) : 생산자 브랜드명 상품에 대한 불법 복제품

③ 브랜드 자산(Brand Equity) : 주어진 브랜드명으로 연상되는 요인들, 즉 인식, 충성도, 지각된 품질, 이미지와 감정의 조합

④ 브랜드 충성도(Brand Loyalty) : 소비자가 만족하고 그 브랜드를 좋아하며 추가구매를 하려는 정도

⑤ 브랜드 인식(Brand Awareness) : 생산자의 이름을 쓰지 않는 대신 유통업자나 소매상의 이름을 쓰는 제품

 해설 ⑤는 프라이빗 브랜드(Private Brand)에 대한 설명이다.
브랜드 인식(Brand Awareness)은 브랜드의 친숙도를 높이고 구매과정상 중요한 단계에서 브랜드를 회상하게 해준다. 즉 존재, 몰입, 본질을 나타내는 신호가 된다.

11 디지털제품의 특징에 대한 설명으로 가장 옳지 않은 것은? [2012.04]

① 불법복제의 증가문제를 해결하기 위해 생산자는 제품의 생산과 유통을 한정하고 시장 규모를 의도적으로 제한할 필요가 있다.

② 마모되지 않으므로 일단 제작되면 반영구적으로 형태와 품질을 보존 가능하다는 비파손성 특징을 가진다.

③ 간단하게 제품내용을 추가하거나 수정할 수 있고 쉽게 전송할 수 있어 제품의 복제 및 변형이 용이하다.

④ 제품을 전송할 수 있기 때문에 광범위하게 저비용으로 제품을 유통시킬 수 있고 따라서 고객욕구의 다양화와 변화에 대응할 수 있는 유연한 유통이 가능하게 된다.

⑤ 디지털 제품이란 과거에는 물건(하드)으로서 취급해 온 제품이 정보화(소프트)가 된 것이다.

 해설 디지털 콘텐츠의 불법복제에 대한 위험성은 저작권자로 하여금 콘텐츠에 대한 디지털화를 주저하게 만드는 요인으로 나타나기도 한다. 디지털 콘텐츠에 대한 불법복제가 법적인 처벌 대상이지만, 디지털 기술의 특성상 복제 및 배포 속도가 너무 빠르다 보니 법적인 규제만으로는 해결하기가 역부족이다.

12 다음 상품들이 제공하는 편익에 대해 올바르게 짝지어진 것은? [2012.04]

> ㉠ 영화관, 놀이공원의 체험
> ㉡ 자동차의 편안한 승차감
> ㉢ 명품브랜드의 이용

① ㉠ - 개인적 편익, ㉡ - 기능적 편익, ㉢ - 상징적 편익
② ㉠ - 개인적 편익, ㉡ - 경험적 편익, ㉢ - 사회적 편익
③ ㉠ - 경험적 편익, ㉡ - 사회적 편익, ㉢ - 상징적 편익
④ ㉠ - 경험적 편익, ㉡ - 기능적 편익, ㉢ - 사회적 편익
⑤ ㉠ - 사회적 편익, ㉡ - 경험적 편익, ㉢ - 상징적 편익

> **상품이 제공하는 편익**
> • 경험적 편익 : 다양성, 인지적 자극 및 감각적인 즐거움 등
> • 기능적 편익 : 잠재적인 문제의 예방, 좌절 및 갈등의 해결, 현재의 문제해결 등
> • 사회적 편익 : 지위·소속·역할의 암시, 자아고양 및 표현 등

13 상품구색(Assortment)은 상품의 폭(넓이)(Goods Width)과 상품 깊이(Goods Depth)에 대한 의사결정이다. 이런 상품구색에 대한 설명으로 잘못된 것은? [2013.04]

① 소매상이 고객에게 제공하는 상품 구성의 넓이와 깊이는 개별 유통업태 및 유통업체가 수행하는 마케팅전략에 따라 상이하다.
② 상품의 넓이와 깊이에 대한 의사결정은 상품 구성 정책의 핵심적 의사결정요소로 표적 구매자들의 기대와 일치시키면서 동시에 다른 소매상과 차별화할 수 있어야 한다.
③ 상품 구성에 있어서 전문점은 상품의 깊이보다 넓이에 더욱 강점을 두고 있는 반면, 일반 잡화점은 상품의 넓이보다 깊이에 더욱 중점을 두고 상품구성정책을 실행한다.
④ 상품계획 및 상품계열의 계획과 관련하여 상품의 수명주기, 상품계열의 수익성, 상품계열의 경쟁가능성 등을 잘 살펴야 한다.
⑤ 소매점이 어떤 상품을 구매하여 소비자에게 판매 할 것인가에 대한 계획이며 상품의 넓이와 깊이에 관계된 의사결정내용들을 포함한다.

> 일반 잡화점은 상품의 깊이보다 넓이에 더욱 강점을 두고 있는 반면, 전문점은 상품의 넓이보다 깊이에 더욱 중점을 두고 상품구성정책을 실행한다.

14 ( ) 안에 공통적으로 들어갈 단어는?

[2014.11]

> 제품 ( )은/는 서로 유사한 기능을 수행하거나, 동일한 고객집단에게 판매되기 때문에 서로 밀접하게 연관된 제품들의 집합으로, 레알스포츠의 제품 ( )은/는 스포츠 신발과 스포츠 의류를 포함한다.

① 계 열　　　　　　　　　　② 품 목
③ 믹 스　　　　　　　　　　④ 구 색
⑤ 확 장

해설

상품계열(Product Line)
- 유사한 기능을 지니고 있을 뿐만 아니라 동일 고객집단을 대상으로 동일한 유통경로를 통하여 판매되거나, 특정 가격범위 내에서 서로 밀접한 관련성을 가진 상품계층 내의 상품집단을 말한다.
- 상품계열은 제품의 폭으로서 점포가 취급하는 비경합적 제품계열의 다양성이나 수를 결정한다.

15 소매점의 상품구성에 대한 설명으로 가장 옳은 것은?

[2016.11]

① 상품구성은 상품의 용도와 의미를 명확히 하려는 것이다.
② 표적시장에 대한 최적상품구성의 범위를 만들고자 하는 것이다.
③ 소비자 만족을 통해 지속적인 거래를 유도하고자 하는 것이다.
④ 점포가 추구하는 이미지에 맞게 디스플레이 하고자 하는 것이다.
⑤ 매출 증가를 위한 효과적인 촉진관리활동을 구성하고자 하는 것이다.

해설

상품믹스(구성)전략이란 소매점이 표적 고객의 욕구를 충족시킬 수 있는 상품을 선정하는 것과 관련된 마케팅관리자의 의사결정이다. 따라서 상품, 상품의 구색, 이미지, 상표, 포장, 디자인 등에 관한 의사결정이 이루어져야 한다. 최적의 상품믹스전략을 수립하기 위해서는 취급상품의 폭, 길이, 깊이 등에 대한 결정이 중요하다.

16 상품 구성에 관한 내용으로 옳지 않은 것은? [2015.07]

① 소매점이 판매하는 모든 상품의 종류와 조합을 상품 구색 혹은 상품 구성이라고 한다.
② 상품 구색 중 폭(variety)은 점포가 취급하는 비경합적 상품 계열의 다양성이나 수를 나타낸다.
③ 전문점은 폭이 넓고 백화점이나 할인점은 폭이 좁다고 할 수 있다.
④ 상품 구색 중 깊이(depth)는 동일한 상품 계열 내에서 이용 가능한 변화품이나 대체품과 같은 품목의
   수를 말한다.
⑤ 전문점은 편의점에 비해 깊이가 깊은 편이라고 할 수 있다.

> **해설** 전문점은 제한된 상품에 대해 다양한 품목을 깊이 있게 취급하므로 폭이 좁고, 백화점이나 할인점은 다양한 상품
> 계열을 취급하므로 폭이 넓다고 할 수 있다.

17 소매상은 소비자의 기대를 만족시켜 주기 위해 소매믹스 변수들을 결합한다. 다음 중 소매믹스 변수에
해당하지 않는 것은? [2012.04]

① 물적 시설 ② 상품계획
③ 가격책정 ④ 촉진 및 서비스
⑤ 상권 및 입지

> **해설** 소매믹스 변수
> • 물적 시설 : 점포계획
> • 상품계획 : 소비자들의 니즈에 맞게 제품믹스를 개발, 확보, 관리
> • 가격결정 : 가격 뿐만 아니라 제공되는 서비스 가격도 고려
> • 촉진 : 장기적으로는 점포 이미지 포지셔닝의 개선, 공공 서비스 확대를 위한 광고 및 홍보의 활용

18 소매상이 운영하는 점포의 업태 및 소매상의 전략적 방향은 다음의 통제가능한 소매믹스 변수들에 대한
결정에 의해 실행된다. 다음 중 소매믹스에 해당하지 않는 것은? [2012.04]

① 입 지 ② 제품 품질
③ 상품구색(머천다이징) ④ 마진과 회전율
⑤ 촉 진

> **해설** 소매믹스에는 광고, 홍보, 입지, 마진 및 회전율, 인적판매, 촉진관리, 점포 분위기, VMD 광고 등이 있다.

19 (   ) 안에 들어갈 용어로 옳은 것은?

[2015.05]

(   )은/는 지속적인 재고 통제가 가능한 최소의 단위라는 의미를 갖는다.
예를 들어 남성용 280mm 사이즈의 붉은색 운동화 한 켤레가 하나의 (   )이/가 된다.

① 카테고리　　　　　　　　　　② 계 열
③ 단 품　　　　　　　　　　　　④ 용 품
⑤ 수 준

> **해설** 상품의 판매가 이루어지는 소매 점포는 단품을 수천 개나 취급하기 때문에 수작업에 기초하는 관리로는 한계가
> 있다. 따라서 단품정보 시스템을 구축하여 단품관리에 필요한 재고 데이터 생성, 매출이익 데이터 생성 등의 지속
> 적인 재고 통제가 필요하다.

20 상품관리에서 사용되는 단품(SKU)에 관한 설명으로 옳지 않은 것은?

[2016.11 | 2021.11]

① 재고보관단위로 가장 말단의 상품분류단위이다.
② 색상, 사이즈, 스타일 등의 요소를 고려해서 정한다.
③ 단품(SKU)은 일반적으로 유통업체가 정한다.
④ 상품에 대한 관리가 용이하도록 사용하는 식별관리 코드이다.
⑤ 일반적으로 문자나 숫자 등의 기호로 표기한다.

> **해설** 단품(SKU)은 점포 또는 카탈로그에서 구매 또는 판매할 수 있는 상품에 사용하는 것으로 판매자가 정한다.

21 아래 박스의 (   ) 안에 들어갈 적합한 용어는 무엇인가?

[2015.07]

소매업체가 특정 공급업체(A)에게 그들 경쟁사의 상품을 (   )하게 하고, 그 공간에 공급업체(A)의
상품을 진열하게 하거나, 느리게 판매되는 상품에 대해 소매업체가 공급업체(A)에게 (   )을/를 요구
하기도 한다.

① 역매입　　　　　　　　　　　② 역청구
③ 뇌물 지급　　　　　　　　　　④ 리베이트 지급
⑤ 입점비 지급

역매입은 소매업체가 사용하는 전략의 하나이며, 다음 두 가지의 경우로 살펴볼 수 있다.
- 가장 윤리적인 문제를 초래하는 것으로 소매업체가 공급업체에게 경쟁사의 상품을 역매입하게 하여 소매업체 선반으로부터 제거하고, 그 공간에 진열하게 하는 경우
- 느리게 판매되는 상품에 대해 소매업체가 공급업체에게 역매입을 요구하는 경우

22 다음 사례의 M기업이 실행한 브랜드 전략과 관련된 내용으로 가장 부합하지 않는 것은? [2016.07]

> 호텔업을 하는 M사는 이미 인지도가 높은 자사의 'Noble-M호텔'이라는 이름을 활용하여 'Noble-M 호텔다모아'라는 스마트폰용 앱을 새롭게 출시하였다. 그리고 이 앱을 통해 호텔 숙박 정보 및 할인정보 등을 제공하고 있다.

① 기존의 높은 인지도를 확장하여 새로운 서비스의 성공가능성을 높인다.
② 새로운 서비스가 성공하면 기존 서비스에 대한 긍정적 반향효과가 발생한다.
③ 두 서비스간 유사성이 낮으면 실패할 가능성이 높으므로 서비스간 유사성을 고려한다.
④ 적은 비용으로 새로운 서비스의 매출 및 수익성 증대를 도모할 수 있다.
⑤ 신규 서비스가 실패하더라도 기존 브랜드의 이미지에 영향을 미치지는 않는다.

제시된 사례는 브랜드 확장 전략과 관련된 내용이다. 브랜드 확장 전략은 신제품을 출시하는 경우에 고려할 수 있는 브랜드 네임의 선택 방법으로, 기존 브랜드 이름을 그 기업의 신제품에 적용한다. 브랜드 확장 전략이 성공하면 확장한 제품의 평가가 좋아질 뿐 아니라, 기존의 브랜드까지 좋아지는 효과가 있지만, 실패하면 확장 제품과 기존 제품의 이미지가 함께 나빠질 수 있다.

23 고관여상품 대비 저관여상품의 소비자 구매특징으로 옳지 않은 것은? [2015.05]

① 구매빈도가 낮다.
② 구매단가가 낮다.
③ 생필품을 주로 구매한다.
④ 습관적 구매가 많은 편이다.
⑤ 충동적 구매가 많은 편이다.

저관여상품은 제품을 구매할 때 소비자의 의사결정 과정이나 정보처리 과정이 간단하고 신속하게 이루어지는 제품으로, 제품에 관한 구체적인 정보에 의한 평가를 하지 않고 즉석에서 충동적 구매를 하는 경향이 있으므로 구매빈도가 높다.

24 괄호 안에 들어갈 가장 적절한 용어는? [2012.10 | 2014.11]

> ( )란, 고객을 만족시키기 위해 필요한 점포특유의 제품믹스를 계획하고 수립하여 배달하는 과정을 말하며, 레이저빔 소매업이라고도 한다. 즉, 레이저빔이 어떤 곳에 초점을 맞추듯이 소매업자가 고품질의 서비스 제공이나 독점적인 제품의 신선도 유지 등 소매차별화의 중요요소에 모든 노력을 집중시키는 것을 말한다.

① 전략적 제품믹스
② 전략적 단품관리
③ 전략적 구색관리
④ 마이크로 머천다이징
⑤ 가치사슬관리

> **해설** 지문은 Lewison 교수가 정의한 마이크로 머천다이징에 대한 설명이다. 참고로, 대량매입과 대량진열, 대량판매 등 대량의 상품판매와 관련하는 머천다이징을 '매스 머천다이징(Mass Merchandising)'이라고 한다.

25 다른 생산업체로부터 상품의 설계도, 제조에 관한 공정이나 기술을 제공받아 생산하는 방식은?

[2015.11]

① 위탁 생산
② 가공 생산
③ 라이센스 생산
④ 주문자 상표부착 방식 생산
⑤ 간접 생산

> **해설** 라이센스 생산은 상품 생산시 외국의 생산업체로부터 설계도나 제조에 관한 노하우(know-how)를 제공받아 생산하는 방식으로서, 일부 기술의 도입이 아니라 전면적으로 그 생산업체의 기술에 의존하는 데 특징이 있다.
> ① · ④ 주문자의 의뢰에 따라 주문자의 상표를 부착하여 판매할 상품을 생산하는 방식(= 주문자생산 상표부착 방식)
> ② 어떤 원자재나 반제품을 처리하여 새로운 제품을 만들거나 질이 더 좋은 제품을 만들어 내는 방식
> ⑤ 주요 제품이나 서비스의 제조에 필요한 품목을 생산하는 것

26 소비자가 특정 상표를 구입하려는 구매동기를 일컫는 말은 무엇인가? [2015.11]

① 기초적 구매동기
② 선택적 구매동기
③ 충동적 구매동기
④ 일상적 구매동기
⑤ 감각적 구매동기

구매동기는 소비자가 구매행동을 유발하게끔 영향을 미치는 동인으로서 특정 상품을 구매하려는 기초적 동기와 특정 상표를 구매하려는 선택적 동기로 구분할 수 있다.

27 수요재고화 방법으로만 짝지어진 것은? [2016.11]

① 예약제도, 대기시스템 활용
② 고객의 셀프서비스제도, 가격인센티브제도
③ 파트타이머 이용, 고객의 셀프서비스제도
④ 수요억제를 위한 선전, 파트타이머 이용
⑤ 예약제도, 파트타이머 이용

해설 **수요관리전략**
• 수요재고화 전략 : 수요의 수준을 예측하기 어려운 경우 수요를 일정시간 동안 붙잡아놓는 전략
  예 예약제도, 대기시스템
• 수요조절 전략 : 수요수준이 예측가능하고 고객이 기업의 전략에 따라 서비스수요 시간과 구매 장소를 바꿀 의향과 통제력이 있는 경우 고객의 수요를 적극적으로 분산시키는 전략
  예 상품 조절, 장소·시간 조절, 가격 조절

28 유통업자 상표(Private Brand)에 대한 설명 중 가장 옳지 않은 것은? [2012.07]

① 점포에 대한 고객의 충성도를 높일 수 있다.
② 유통업자들의 파워가 커질수록 유통업자상표가 늘어난다.
③ 유통업자들의 머천다이징 능력을 발전시키는 데 도움이 된다.
④ 소매제조업자 상표에 비해 상대적으로 싼 가격에 판매할 수 있다.
⑤ 제조업자상표에 비해 지명도가 떨어져 점포 내의 좋은 위치에 진열되지 못하기 때문에 고객의 반응을 얻는데 다소 불리하다.

해설 유통업자 상표(PB) 상품은 패션 상품에서부터 식품, 음료, 잡화에 이르기까지 다양하고, 경쟁 제품보다 가격이 저렴하면서도 품질이 뛰어난 장점을 가지고 있어 고객들의 반응이 좋다.

29 점포관리를 위한 업무 범주에 해당하지 않는 것은? [2016.11]

① 선도관리
② 진열관리
③ 재고관리
④ 발주관리
⑤ 고객정보관리

해설 점포관리는 소비자들에게 보다 더 쾌적한 상업공간을 제공하는 것으로, 점포의 기능을 효과적으로 달성하려고 하는 것을 말한다. 점포관리를 위한 업무 범주에는 선도관리, 진열관리, 재고관리, 발주관리 등을 들 수 있다.

30 유통업체가 개별적으로 개발한 상표로서, 이 상표를 이용하여 유통업체가 독자적으로 상품을 기획하고 제조, 가공하게 되는 상표를 무엇이라고 하는가? [2016.07]

① DCB(Double Chop Brand)
② RB(Retail Brand)
③ PB(Private Brand)
④ UB(Union Brand)
⑤ NB(National Brand)

제2과목

해설
① 제조업체 브랜드와 유통업체 브랜드를 공동으로 표기된 상품
② 대형 소매업자들이 독자적으로 제작한 자체 브랜드로 하청업체에 생산을 위탁하거나 직접 생산하여 자체 개발한 상표를 부착하여 판매하는 상품
④ 여러 브랜드가 연합하여 상호보완적인 역할을 이루려는 전략상품
⑤ 전국적인 규모로 판매되고 있는 제조업체 브랜드

31 소비자의 신상품 수용시점에 따른 분류와 일반적인 특징에 대한 설명으로 가장 옳지 않은 것은? [2015.11]

① 혁신수용층(Innovators) - 집단규범에 덜 의존하며, 자기 과신적이다.
② 조기수용층(Early Adopters) - 집단에 밀접한 영향을 주기 때문에 의견 선도적이다.
③ 조기다수파(Early Majority) - 많은 정보를 수집하여 브랜드를 평가하고, 신상품정보를 집단에 의존한다.
④ 후기다수파(Late Majority) - 제품수명주기의 쇠퇴기에 해당될 때 신상품을 수용한다.
⑤ 지참자(Laggards) - 집단규범에 비의존적이며 어쩔 수 없이 교체하는 경향이 높다.

후기다수파(Late Majority)는 회의적인 사람들로 대다수의 사람들이 새로운 아이디어와 상품을 사용할 때 수용한다. 즉 제품수명주기의 성숙기에 해당될 때 신상품을 수용한다.

32 (㉠), (㉡) 안에 들어갈 용어로 옳은 것은?

[2016.07]

> 경쟁 상품과 비교하여 자사 상품에 대해 고객이 가지고 있는 차별적 인식을 변경하는 것을 (㉠)라/이라 하는 반면, (㉡)은/는 정기적으로 상품 그 자체의 내용물을 바꾸거나 포장을 세련되게 변경하는 것을 말한다.

① ㉠ 포지셔닝, ㉡ 리뉴얼
② ㉠ 포지셔닝, ㉡ 스타일 변경
③ ㉠ 리포지셔닝, ㉡ 리뉴얼
④ ㉠ 재활성화, ㉡ 스타일 변경
⑤ ㉠ 리포지셔닝, ㉡ 상품 믹스

해설
• 리포지셔닝 : 소비자들이 기존 제품에 대해 가지고 있던 이미지를 새로운 타겟층에게 가장 가깝게 접근하기 위해 새롭게 조정하는 활동으로 소비자들이 가지고 있던 인식이 깊이 뿌리박혀 있기 때문에 다소 어렵기는 하지만 기존의 제품으로 시장을 확대할 수 있다는 장점이 있다.
• 리뉴얼 : 상품의 고유한 정체성은 유지하면서 새로운 이미지를 창출하는 가치혁신 전략으로 주로 제품 패키지나 브랜드 로고의 변화를 통해 이루어진다.

33 매장 내에서 소비자의 입장에 따른 제품분류의 체계와 거리가 먼 것은?

[2015.05]

① 제품을 소비자가 어떻게 이용할지에 따라 그룹화 하는 방법
② 제품을 사고 싶어 하는 정도에 따라 분류하는 방법
③ 표적시장(Target Market)에서 정의하는 대로 제품을 분류하는 방법
④ 광고 방식에 따라 제품을 그룹화 하는 방법
⑤ 보관방법에 따라 제품을 분류하는 방법

해설 광고 방식에 따라 제품을 그룹화 하는 방법은 기업의 입장에 따른 제품분류의 체계이다.

34 고객으로 하여금 서비스적 의미와 예술적 의미를 느끼게 하면서 상품을 선택하여 구매하도록 하는 통과구매비율(Pass-buy Ratio)을 높이려는 활동을 일컫는 말로 가장 옳은 것은?　　　　[2015.11]

① 디스플레이　　　　　　　　　　　② 광 고
③ 레이아웃　　　　　　　　　　　　④ 촉진관리
⑤ 점내 발주

해설　디스플레이란 상품제시(Merchandise Presentation) 또는 상품진열(Merchandise Display)이라고도 하는데, 점내배치에 의해 배정된 각 위치에서 상품을 조직화하고 조정하는 것을 말한다. 디스플레이의 목적은 진열된 품목의 옆을 통과하는 대다수 고객이 구매결정을 하게끔 소구하려는 데 있다. 즉 통과구매비율(Pass-buy Ratio)를 높이려는 데 있다.

35 상품을 디스플레이 할 때 고려해야 할 사항으로 가장 옳지 않은 것은?　　　　[2012.07]

① 점포 기획자는 제품의 특성을 고려해야 한다.
② 종종 포장이 상품의 진열방법을 결정하기도 한다.
③ 상품은 점포의 이미지와 일관되게 진열돼야 한다.
④ 상품의 잠재적 이윤이 진열방법을 결정하는데 영향을 미치지는 않는다.
⑤ 디스플레이는 보기 쉽고, 상품의 가치를 높이며, 고객의 눈을 집중시켜야 한다.

해설　디스플레이의 기본원칙 중 하나는 이윤율이 높은 상품을 진열하는 것이다.

36 디스플레이 계획 중 4W1H 원칙에 대한 설명이 옳지 않은 것은?　　　　[2013.10]

① WHO : 누구를 대상으로 디스플레이를 할 것인가?
② WHAT : 무엇을 디스플레이 할 것인가?
③ WHEN : 언제 디스플레이 할 것인가?
④ WHERE : 어디에 디스플레이 할 것인가?
⑤ HOW LONG : 비용은 얼마로 할 것인가?

해설　4W1H에서 H는 How로, 비용이 아닌 방법을 의미한다. 즉 어떠한 방법으로 디스플레이 할 것인가를 의미한다.

37 다음 중 쇼윈도 진열의 성격에 대한 설명으로 가장 올바르지 않은 것은? [2013.04]

① 중점상품을 대량으로 진열해서 고객에게 적극적으로 보여주는 장소이다.
② 충동구매를 촉진하는 적극적인 매장으로 꾸며 주는 것이 바람직하다.
③ 무드있는 상품의 센스를 보다 높일 수 있는 뛰어난 연출방법이 중요하다.
④ 계절감, 의외성 및 화제성을 시의적절하게 내세울 수 있는 연출기법이 중요하다.
⑤ 편의품이나 선매품의 경우에도 고급스럽고 분위기 있게 진열하여 호소력을 높인다.

해설 전문품의 경우 고급스럽고 분위기 있게 진열하여 호소력을 높인다.

38 상품진열 시 상품의 얼굴(Face)을 결정하고자 할 때 고려해야 할 사항으로 옳지 않은 것은? [2015.05]

① 고객의 상품 선택 포인트가 되는 면은 어디인가를 고려해야 한다.
② 넓게 보이는 면은 어디인가를 고려해야 한다.
③ 상품의 내용물이 보이는 면은 어디인가를 고려해야 한다.
④ 배색과는 상관없이 진한 색이 돋보일 수 있는 면은 어디인가를 고려해야 한다.
⑤ 진열하기 쉬운 면은 어디인가를 고려해야 한다.

해설 상품 진열 시 색채를 잘 이용하여 디스플레이 목적에 맞는 상품의 색 배합과 배경에 대한 색 배합을 어떻게 할 것인지를 고려할 필요가 있다.

39 아래 박스의 (　　　) 안에 공통적으로 들어갈 적절한 단어는 무엇인가? [2015.07]

- (　　　)은 곤돌라의 양쪽 끝에 진열하는 방식을 뜻한다.
- (　　　)은 대형점포에서 저가상품 판매를 위한 고객유인책의 핵심 진열방식 중 하나이다.
- (　　　) 방식에는 고객이 원하는 시즌상품, 유행상품, 선도가 높은 제철상품의 진열이 가능하다.

① 집중 진열
③ 섬 진열
⑤ 엔드매대 진열

② 골든라인 진열
④ 관련상품 진열

엔드 진열은 진열선 끝 엔드 곤돌라에 상품을 대량으로 쌓아 변화 진열을 하는 방식으로 엔드 곤돌라는 고객의 눈에 가장 잘 띄는 장소이기 때문에 중요한 자리이다. 엔드 진열의 최대 목적은 출구 쪽으로 돌아서는 고객을 다시 멈추게 하는 데 있다.

40 상품진열에 관한 내용 중에서 옳지 않은 것은? [2007.10 | 2008.03 | 2012.10]

① 가격이 싼 것은 앞에, 비싼 것은 뒤에 진열한다.
② 고객동선은 짧게, 판매원 동선은 길게 하여야 한다.
③ 취급상품을 전 점포에 전반적으로 진열하는 것은 보충진열이라 한다.
④ 전반적인 상품의 보충진열과 중점상품의 전시진열로 구분된다.
⑤ 고객입장에서 보기 좋고 편리한 진열이어야 한다.

 고객동선은 길게, 판매원 동선은 짧게 하여야 한다.

41 진열에 있어 지켜야 할 기본적인 원칙으로 옳지 않은 것은? [2015.07]

① 보기에 좋고 찾기 쉬운 진열
② 손에 닿기 쉽고 만지기 쉬운 진열
③ 상품의 가치를 높이는 진열
④ 청결하고 구분하기 쉬운 진열
⑤ 동일 상품을 분산되게 여러 곳에 진열

 상품진열의 6가지 기본원칙
• 안전한 진열 : 비안전상품은 즉각적으로 빼내고 위험한 진열은 피해야 한다.
• 보기 쉽고 고르기 쉬운 진열 : 고객이 보기 편한 적절한 높이뿐만 아니라 동일 그룹을 묶어 진열하여 상품타입을 명확하게 보기 쉽게 한다.
• 꺼내기 쉽고 원위치하기 쉬운 진열 : 고객이 상품을 구입할 때는 상품을 만지거나 원위치 시키는 구매행동을 하게 되기 때문에 이때 상품을 꺼내기 힘들거나 제자리에 갖다놓기 어려우면 그만큼 판매기회가 줄어든다.
• 느낌이 좋은 진열 : 청결, 선도감, 신선한 이미지를 제공하는 것이 중요하다.
• 메시지, 의사표시, 정보, 설득력 있는 진열 : 진열의 좋고 나쁨은 진열을 통한 메시지의 유무에 달려있다. 즉 '무엇을', '왜' 호소하는가를 명확히 해야 한다.
• 수익성을 고려한 진열 : 진열방법에 따라 매출, 매출이익이 크게 변화한다.

42 점포 이미지에 영향을 미치는 요인과 그 종류에 대한 나열로 가장 적절하지 않은 것은? [2012.04]

 ① 점포 – 경영자, 기업 계열, 다각화, 전통 등

② 매장 – 위생상태, 조명, 디스플레이, 레이아웃 등

③ 상품 – 품질, 구색, 가격 등

④ 서비스 – 접객, 배송, 포장 등

⑤ 판촉 – 전단, 판촉 용구, 캠페인 등

> **해설**
>
> 점포선택의 결정적인 속성은 대개 위치, 제품구색의 특성, 가격, 광고 및 촉진, 판매원, 서비스, 물리적 점포 특성
> (엘리베이터, 조명, 에어컨 등), 점포 고객의 특성, 점포 분위기, 거래후 만족과 서비스와 같은 범주로 나뉘게 된다
> (Engel, Blackwell & Miniard 1990).
> ※ Spiggle and Murphy(1987)는 소비자들의 점포선택과 점포선호에 영향을 미치는 요인으로 소비자 특성변수와
> 소비자 심리적 변수, 점포 특성변수의 세 가지로 구분하였으며, 점포특성 변수로는 점포의 입지조건, 판매하는
> 상품의 구색과 가격, 촉진관리, 판매원, 점포분위기 등을 설정하였다.

 43 점포 분위기와 관련된 설명 중 옳은 것은? [2013.10]

 ① 조명은 에너지 효율보다는 상품을 강조하고, 적절한 분위기 연출에만 초점을 두어야 한다.

② 원색을 사용하면 평화롭고 온화하며 차분한 분위기를 연출할 수 있다.

③ 점포내 빠른 음악을 통하여 고객을 유인하고 긴장을 풀게 할 수 있다.

④ 고객에게 재미와 즐거움을 주기 위해서는 차분한 환경이 보다 적합하다.

⑤ 향기는 음악과 함께 충동구매 행위에 영향을 미칠 수 있다.

> **해설**
>
> ① 조명은 에너지 효율과 상품 강조가 조화되어야 하며, 꼭 적절한 분위기 연출을 위해서만 사용되는 것은 아니다.
> ② 원색은 강렬한 인상을 준다.
> ③ 빠른 음악은 긴장감을 더해준다.
> ④ 고객에게 재미와 즐거움을 주기 위해서는 경쾌한 음악 등을 이용한 쾌활한 환경이 적합하다.

44 점포의 레이아웃에 대한 설명으로 옳지 않은 것은? [2015.07]

① 점포의 입구 쪽에는 구매 빈도가 높은 상품을 배치한다.

② 상품 배치는 판매자의 입장에서 상품 간 관련성을 고려하여 배치하는 것이 효과적이다.

③ 점포의 입구 쪽에 단가가 낮은 상품을, 안쪽으로 들어갈수록 높은 상품을 배치한다.

④ 근접성 계획은 상품라인의 근접배치 여부를 매출과 직접 연결하여 계획을 수립한다.

⑤ 관련 품목의 구매를 촉진하기 위해 관련 상품을 군집화 한다.

> 상품 배치는 고객의 입장에서 상품 간 관련성을 고려하여 배치하는 것이 효과적이다.

45 아래 설명에 가장 적합한 레이아웃 유형은? [2015.05]

- 고객들이 매장의 다양한 상품을 봄으로써 충동구매를 하게 한다.
- 중앙의 큰 통로를 지나면서 다양한 각도의 시선을 갖게 한다.
- 통로표면이나 색에 변화를 주는 방법을 취하기도 한다.
- 백화점에서 최신 상품을 통로에 직접 전시하면 효과적이다.

① 자유형(Free-form) 배치　　　　② 경주로형(Racetrack) 배치

③ 혼합형 배치　　　　　　　　　④ 격자형(Grid) 배치

⑤ 바둑판 배치

> 경주로형 배치는 부티크 레이아웃 또는 루프형이라고도 부르며, 굴곡통로로 고리처럼 연결되어 점포 내부가 경주로처럼 뻗어나간 형태이다. 점포의 입구에서부터 고객의 통로를 원이나 사각형으로 배치하여 점포의 생산성을 극대화시키기 위한 레이아웃 기법으로 진열된 제품을 고객들에게 최대한 노출시킬 수 있으며, 주요 고객통로를 통해 고객의 동선을 유도한다. 주로 백화점에 사용된다.

01 적중예상분석

01 상품의 개념에 대한 설명으로 가장 옳지 않은 것은?

① 구매자가 구입하여 소비함으로써 자신의 욕구를 충족시켜 줄 수 있는 모든 것을 말한다.
② 소비자의 욕구나 욕망의 충족을 위해 시장에 출시되어 소비의 대상이 될 수 있는 것이다.
③ 고객을 만족시킬 수 있는 일련의 유형적 속성들로 구성된 물리적 형태를 가진 것만을 의미한다.
④ 최종소비재를 생산하는 과정에서 필요로 하는 원료와 생산재(중간재)를 포함한다.
⑤ 보증, 배달, 애프터서비스 등의 서비스를 추가하여 상품의 효용가치를 증대시킬 수 있다.

> **해설** 상품은 일련의 유형적 속성들로 구성된 물리적 형태뿐만 아니라 서비스와 같은 무형적 속성을 모두 포함한다.

02 다음 중 편의품에 대한 내용으로 적합하지 않은 것은?

① 편의품은 소비자가 자주 최소한의 노력으로 구입하는 제품을 말한다.
② 소비자들은 편의품 상표에 대해서 강한 애호도를 가지고 있다.
③ 편의품을 살 때에는 가장 편리한 위치에 있는 점포를 선택하는 경우가 많다.
④ 대표적인 편의품은 주요 가전제품, 가구 등이다.
⑤ 단위 당 가격이 저렴하고, 유행의 영향을 별로 받지 않는다.

> **해설** ④는 선매품에 대한 설명이다.

03 소비재 유형에 대한 설명으로 옳지 않은 것은?

① 치약, 비누 등은 편의품으로 선택적 점포에서 유통한다.
② 카메라 등의 전자제품은 경쟁사와 차별화 촉진전략을 구사한다.
③ 전문품일수록 브랜드의 독특성을 강조한다.
④ 선매품은 편의품에 비하여 쇼핑빈도가 적다.
⑤ 편의품은 일반적으로 가격이 저렴한 편이다.

04 편의품에 대한 설명으로 옳지 않은 것은?

① 광범위하고 많은 점포를 대상으로 유통된다.
② 비교적 쇼핑에 소비하는 시간과 노력이 적다.
③ 대체품을 받아들이지 않을 정도의 높은 브랜드 충성도를 보인다.
④ 촉진 면에서는 가격, 유용성, 인지도가 중시된다.
⑤ 치약, 비누, 세제 등 비교적 저렴한 생활용품들인 경우가 많다.

05 소비자들이 구매 습관상 시간과 노력을 절약하여 상품을 구매하려고 하기 때문에 소매점의 입지가 무엇보다 중요한 제품은?

① 편의품   ② 선매품
③ 비탐색품   ④ 산업용품
⑤ 전문품

06 다음 중 전문품에 대한 설명으로 옳지 않은 것은?

① 전문품의 구매빈도는 매우 낮다.
② 전문품은 가격의 고저보다 품질에 중점을 둔다.
③ 전문품제조업자의 상표는 중시되며, 때로는 상표고집태도를 나타낸다.
④ 전문품의 단가는 선매품에 비해 높으며, 구입은 신용이 있는 상점에서 하므로 이에 소모되는 시간과 노력은 선매품의 경우보다 적다.
⑤ 전문품의 구매 전 계획정도는 상당하다.

07 소비자들의 구매습관에 따른 소비재 중 선매품에 대한 설명으로 가장 거리가 먼 것은?

① 선매품이란 소비자들이 제품 구매 이전에 제품에 대한 가격·품질·형태·욕구 등에 대한 적합성을 충분히 비교 검토한 후에 선별적으로 구매하는 제품을 말한다.
② 제품 구입 시 소비자들은 선매품을 구입하기 위해 포괄적 문제해결 또는 최소한의 제한적 문제해결 등의 과정을 거치는 경우가 많은 편이다.
③ 선매품은 편의품에 비해 제품회전율이 느리다.
④ 선매품은 편의품 및 전문품에 비해 제품의 구매비용이 높다.
⑤ 선매품의 브랜드 충성도는 편의품과 전문품과의 중간이다.

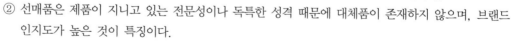

08 선매품에 대한 설명으로 맞는 것은?

① 선매품을 소비자가 편리한 위치에서 구매하도록 하려면 개방적 유통이 불가피하다.
② 선매품은 제품이 지니고 있는 전문성이나 독특한 성격 때문에 대체품이 존재하지 않으며, 브랜드 인지도가 높은 것이 특징이다.
③ 선매품의 대표적인 것은 음향기기, 디지털 카메라, 미술작품 등이다.
④ 소비자가 품질, 가격, 색깔, 크기, 스타일 또는 디자인 등을 중심으로 여러 유통채널을 통하여 비교한 다음 선택하는 경향이 있는 제품을 말한다.
⑤ 선매품 구매자는 대체로 습관적인 행동양식을 나타낸다.

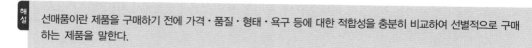

09 박스 안의 내용을 참고해서 선매품에 해당되는 내용들을 모두 고르면?

> ㉠ 사전에 계획을 세워 제품을 구매하는 성향을 지니는 상품들이다.
> ㉡ 상표에 대한 관심이 아주 강한 상품에 해당한다.
> ㉢ 상품 구입 시 전문적 지식을 갖춘 판매원의 지도 및 정보 등이 큰 역할을 한다.
> ㉣ 회전율이 상당히 낮지만, 마진율은 가장 높다.
> ㉤ 선택적 유통방식을 취하는 상품들이 해당된다.

① ㉠, ㉡   ② ㉠, ㉤
③ ㉢, ㉣   ④ ㉢, ㉣
⑤ ㉣, ㉤

> **해설** ㉡, ㉢, ㉣은 전문품에 해당하는 내용이다.

---

10 다음은 편의품, 선매품, 전문품의 특징 비교이다. 이 중 옳지 않은 것은?

	편의품	선매품	전문품
① 구매빈도	높 음	낮 음	매우 낮음
② 구매단가	낮 음	비교적 낮음	높 음
③ 상표의 효과	비교적 높음	높 음	매우 높음
④ 사전구매 계획여부	철저한 준비와 계획	사전 준비 계획	무계획과 습관적 구매
⑤ 유통경로	집약적	선택적	전속적

> **해설** 편의품은 구매를 하기 위하여 사전에 계획을 세우거나 점포 안에서 여러 상표를 비교하기 위한 노력을 하지 않으므로 구매자는 대체로 습관적인 행동 양식을 나타낸다.

---

11 산업용품의 특색에 해당되는 것은?

① 구매횟수는 적다.
② 소비자의 상품지식은 그만큼 높지 못하다.
③ 감정적 · 충동적으로 구입하는 경우가 많다.
④ 구매자의 수는 많고, 시장도 광범위하다.
⑤ 주문생산보다는 시장생산 형태를 취한다.

> **해설** 산업용품은 상품에 대한 지식은 높지만 구매자수 및 구매횟수가 적고, 감정적 · 충동적 구매가 없다.

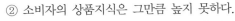

12 상품믹스에는 넓이(폭)와 깊이가 있는데 넓이(폭)는 다음 중 어느 것에 의해 결정되는가?

① 상품 품목의 수
② 상품 계열의 수
③ 제품믹스의 일관성
④ 상품 구색의 수
⑤ 제품믹스의 길이

> 해설 상품믹스의 넓이(폭)는 취급하는 상품 계열의 수를 의미한다. → 상품의 다양성

13 상품을 핵심제품, 유형제품, 확장제품의 3차원으로 분류할 때, 다음 중 차원이 나머지 것과 다른 하나는?

① 품질보증(Warranty)
② 상표명(Brand Name)
③ 포장(Package)
④ 스타일(Style)
⑤ 디자인(Design)

> 해설 ① 확장제품
> ② · ③ · ④ · ⑤ 유형(실체)제품

14 상품을 이해하는 차원은 좁은 것부터 넓은 것까지 크게 3단계로 나누어 이해할 수 있다. '판매 후 서비스'는 다음 중에서 어디에 해당하는가?

① 물리적 상품
② 확장상품
③ 유형상품
④ 고유상품
⑤ 핵심상품

> 해설 확장상품은 현재의 고객을 기반으로 하여 기존 상품의 용기나 재질, 크기 변화를 통해 제품을 확장시키거나 기존 상품이 미치지 못했던 고객과 새로운 사회·문화적 요구를 수용하여 기존의 생산·유통시스템을 통해 제품을 확장시키는 형태로 이루어진다. 따라서 이러한 확장상품은 판매 후 서비스에 해당한다.

15 제품과 서비스는 세 가지 수준으로 나뉠 수 있으며 각각에서 부가적인 고객가치를 창출한다. 다음 중 제품과 서비스 개념의 3단계와 그에 대한 설명으로 올바르지 않은 것은?

① 핵심제품(Core Product)이란 구매자가 진정으로 구매하려는 것을 말한다.
② 실체제품(Actual Product)이란 브랜드명, 패키징 등의 제품과 서비스의 실제적 특징을 말한다.
③ 실체제품(Actual Product)은 유형 제품이라고도 한다.
④ 확장제품(Augmented Product)이란 A/S와 고객지원서비스 등의 추가적인 소비자 서비스와 편익을 말한다.
⑤ 경험제품(Experiential Product)이란 제품이나 서비스가 제공할 수 있는 참여경험 및 상호작용경험을 말한다.

 수준별 제품의 종류는 핵심제품, 실체제품, 확장제품으로 나뉜다.

16 유통업의 가장 기본적인 요소 중의 하나인 상품구성 개념을 설명한 것으로 바르지 않은 것은?

① 프라이빗브랜드는 관계가 없는 개념이다.
② 유통업체 수의 수요전략과 경쟁전략이 반영되어 있다.
③ 유통업체에 있어서의 상품의 조합 상태를 뜻한다.
④ 제조업체의 제품구성개념과 일맥상통한다.
⑤ 상품구성의 폭이란 소매점이 취급하는 상품종류의 다양성을 말한다.

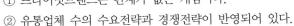

 프라이빗브랜드(Private Brand)란 상업자브랜드 또는 자가 상표를 말한다. 즉, 제조업자의 상표가 아닌, 대리점이나 도·소매상이 붙이는 상표로 상품구성 계획에 포함된다.

17 다음 중 전문화를 우선적으로 추구하고 종합화는 단념하는 상품구성정책은?

① 완전종합형 상품정책
② 불완전종합형 상품정책
③ 완전한정형 상품정책
④ 불완전한정형 상품정책
⑤ 품목구성 상품정책

소매업의 상품정책상 유형
- 완전종합형 상품정책 : 종합화와 전문화를 동시적으로 실현하고자 하는 상품정책으로 구성을 넓고 깊게 한다. 대표적인 예로 백화점 등이 있다.
- 불완전종합형 상품정책 : 종합화를 우선적으로 하고 전문화는 오히려 후퇴하는데, 상품구성이 넓고 얇다. 대표적인 예는 양판점이다.
- 완전한정형 상품정책 : 전문화를 우선으로 하고 종합화는 단념하는 것으로 구성은 좁고 깊게 한다. 대표적인 예로는 전문점 등이 있다.
- 불완전한정형 상품정책 : 점포규모·자본력·입지조건 등에서 종합화·전문화 모두를 단념하는 것으로 이는 근린점 등에서 볼 수 있다.

18 다음 중 품목구색을 늘리는 데 있어서의 제약조건으로 틀린 것은?

① 매입처 확보 면에서의 제약
② 시장규모면에서의 제약
③ 상품투입 자본 면에서의 제약
④ 할당면적에서의 제약
⑤ 고객 측의 상품선택 능력 면에서의 제약

품목구성 확대의 제약조건
- 할당면적에서의 제약
- 상품투입 자본 면에서의 제약
- 시장의 규모면에서의 제약
- 매입처 확보 면에서의 제약
- 상점 측의 상품선택 능력 면에서의 제약

19 다음 중 상품구성정책의 결정요인에 속하지 않는 것은?

① 보유 가능한 평균 재고액
② 매장의 입지
③ 상품단가 구성
④ 지역 내 소비구조
⑤ 매장면적

상품구성정책의 결정요인
- 매장면적
- 매장의 입지
- 경쟁자
- 지역 내 소비구조
- 매장의 규모
- 활용 가능한 인원수
- 보유 가능한 평균 재고액

20 다음 중 상품매입관리의 목적으로 바르지 않은 것은?

① 적정수량의 선정 및 확보
② 적정가격의 선정 및 확보
③ 적정거래처의 선정 및 확보
④ 적정품질의 선정 및 확보
⑤ 적정폐기의 선정 및 확보

> **해설**
> 상품매입관리의 목적
> • 적정한 거래처의 선정과 확보
> • 적정한 수량의 선정과 확보
> • 적정한 가격의 선정과 확보
> • 적정한 품질의 선정과 확보
> • 적정한 납기의 선정과 확보

21 다음 중 상품매입부서가 주로 하는 일은 무엇인가?

① 매입 > 재고 > 진열
② 시장조사 > 고객검토 > 매입
③ 재고관리 > 진열 > 판매
④ 매입 > 검품 > 가격결정
⑤ 재고관리 > 판매 > 진열

> **해설**
> 매입부서의 일은 상품매입과 검품, 가격결정으로 구분되고, 판매담당자의 일은 진열·광고·판매·회수·기록 등으로 세분화되어 있다.

22 다음은 소매업의 매입방식에 대한 설명이다. 어떤 매입방식에 대한 설명인가?

> 소매업자가 납품받은 상품에 대한 소유권을 보유하되 일정 기간 동안에 팔리지 않은 상품은 다시 납품
> 업자에게 반품하든지 혹은 다 팔린 후에 대금을 지급하는 권리를 보유하는 조건으로 구매하는 방식

① 위탁구매(Consignment Buying)
② 인정구매(Approval Buying)
③ 선도구매(Forward Buying)
④ 약정구매(Memorandum Buying)
⑤ 집중구매(Central Buying)

 위탁구매(Consignment Buying)의 경우는 제품의 소유권이 공급업자에게 있다.

23 다음 중 머천다이징의 개념을 설명한 것으로 적절하지 않은 것은?

① 소비자 욕구충족을 위한 상품관련 중간상의 활동
② 중간상들의 소비자를 위한 제품 구색화 계획
③ 제조업자들의 상품제조를 위한 설계 및 계획
④ 적절한 장소, 시기, 수량, 가격으로 적절한 상품이나 서비스를 제공하기 위한 계획
⑤ 상품화 계획이라고도 한다.

 머천다이징이란 시장조사와 같은 과학적 방법에 의거하여, 수요 내용에 적합한 상품 또는 서비스를 알맞은 시기와 장소에서 적정가격으로 유통시키기 위한 일련의 시책이다.

24 머천다이징의 조건이 아닌 것은?

① 판매량
② 상품구색의 폭
③ 가장 좋은 공급처
④ 고객 특성
⑤ 가격에 관한 결정

 머천다이징 활동에는 생산 또는 판매할 상품에 관한 결정, 즉 상품의 기능·크기·디자인·포장 등의 제품계획, 그 상품의 생산량 또는 판매량, 생산시기 또는 판매시기, 가격에 관한 결정을 포함한다.

25 소매점의 머천다이징, 즉 상품구성에 대한 의사결정의 순서가 가장 제대로 나열된 것을 고르시오.

① 상품 분류 – 품종 구성 – 상품군 구성 – 품목 구성
② 상품 분류 – 상품군 구성 – 품종 구성 – 품목 구성
③ 상품 분류 – 품종 구성 – 품목 구성 – 상품군 구성
④ 상품군 구성 – 상품 분류 – 품종 구성 – 품목 구성
⑤ 상품군 구성 – 품종 구성 – 상품 분류 – 품목 구성

> **해설** 상품구성의 의사결정과정
> 상품의 분류 → 품종의 구성 → 상품군의 구성 → 품목의 구성

26 다음은 재발주 시의 매입조건 검토이다. 틀린 것은?

① 매입처와 우호관계의 유지　　② 발주 후의 지원
③ 매입처 절충의 기술　　　　　④ 수익성의 체크
⑤ 판매처 절충의 기술

> **해설** 재발주 시의 매입조건 검토
> • 매입조건의 검토　　　　　• 수익성의 체크
> • 매입처 절충의 기술　　　　• 발주 후의 팔로업
> • 매입처와의 우호관계 유지

27 다음의 내용이 의미하는 것으로 가장 적절한 것은?

> 생산라인 공정에서 완제품에 대한 적정한 재고를 유지함으로써 평준화된 생산계획으로 생산부하를 저감시킴으로써, 시스템의 운영을 원활하게 하는 기능을 제공한다.

① 생산의 독립적 유지기능　　　② 수송합리화의 기능
③ 수요변화에 대한 수급기능　　④ 생산계획의 신축적인 기능
⑤ 재발주 기능

> **해설** 재고관리의 기능 중 생산계획의 신축적 기능에 대한 설명이다.

28 과다재고의 부정적인 영향 중 옳지 않은 것은?

① 공급업체와의 관계악화 ② 기회비용의 증가
③ 재고비용의 증가 ④ 수익성의 감소
⑤ 부패·변질의 우려

> **해설** 과다재고로 인한 폐해
> • 자금을 헛되게 묶힘으로써 자금계획에 나쁜 영향을 끼친다(기회비용 증가).
> • 보관비용이 증가한다.
> • 데드 스톡이 생기기 쉽다.
> • 상품에 따라서는 부패, 변질의 우려가 있다.
> • 상품에 따라서는 구형화나 유행에 뒤질 위험이 있으므로 손실의 원인이 된다.

29 재고의 유지가 아예 필요 없거나 필요하다면 극소량의 재고만을 유지함으로써 재고 관리비용을 최소화하는 방법은?

① 자재소요계획 ② EOQ 모형
③ JIT 재고모형 ④ ABC 관리방식
⑤ QR 방식

> **해설** JIT는 주로 생산 계획에 따라 생산에 필요한 원재료나 부품을 필요한 시간에, 필요한 공정에, 필요한 수량만큼 공급하여 생산 공정상의 재고를 최소화하는 방식이다.

30 최근 유통기업들은 PB(Private Brand)를 통해 다른 기업들과 경쟁하고 있다. 다음 중 PB는 마케팅 요소 중에서 어느 부분을 차별화하기 위한 것인가?

① 상 품 ② 가 격
③ 유 통 ④ 촉 진
⑤ 포 장

> **해설** PB는 유통업체가 제조사와 공동기획하고 개발해서 자사 점포에만 출시하는 상품으로 최근 유통기업들은 PB를 통해 소비자들의 눈길을 끌 수 있는 차별화된 상품구색을 갖추는 전략으로 다른 기업들과 경쟁하고 있다.

31 다음 중 상표의 기능과 비교적 거리가 가장 먼 것은?

① 차별화(Differentiation)
② 식별(Identification)
③ 자산가치(Brand Equity)
④ 기술혁신(Technology Innovation)
⑤ 광고선전(Advertising Propaganda)

> **해설**
> 상표의 기능
> • 자타상품의 식별 기능
> • 출처표시 기능
> • 품질보증 기능
> • 광고선전 기능
> • 재산적 기능

32 디스플레이의 기본원칙에 대한 설명 중에서 가장 옳지 않은 것은?

① 눈에 띄도록 수동적이어야 한다.
② 안전해야 한다.
③ 보기 쉽고, 고르기 쉬워야 한다.
④ 손으로 잡기 쉽고, 되돌려 놓기 쉬워야 한다.
⑤ 메시지, 의지, 정보, 설득력이 있어야 한다.

> **해설**
> 디스플레이는 고객에 끌려 수동적으로 이루어져서는 안 되고, 능동적으로 배치하여 고객의 흥미를 유도할 수 있어야 한다.

33 다음 중 효과적인 상품진열의 기본적 조건이라고 보기 힘든 것은?

① 보기 쉬운 진열이 되어야 한다.
② 상품의 신선도를 높이는 진열이 되어야 한다.
③ 상품의 가치를 높이는 진열이 되어야 한다.
④ 가능한 많은 양의 상품들을 활용한 진열이 되어야 한다.
⑤ 관련 상품은 함께 진열한다.

> **해설**
> 진열에 사용되는 상품은 될 수 있는 대로 수를 적게 하는 것이 효과적이며, 상품을 포함해서 무대와 같이 잘 연출되는 진열은 극적인 분위기를 조성해서 그 효과를 증대시킨다.

34 소매점의 상품진열에 대한 설명 중 옳지 않은 것은?

① 대부분의 고객은 부담감이 적고 상품구색이 풍부한 점포에 관심을 기울인다.
② 고객으로 하여금 구매의욕을 불러일으킬 목적을 갖고 진열하는 것이 좋다.
③ 상품의 색채와 소재 등을 올바르게 보여주기 위한 채광과 조명도 중요하다.
④ 비이성적인 충동구매보다는 이성적인 구매를 유도하기 위해 다양한 POP광고물 및 보조기구를 이용한다.
⑤ 점두에 진열된 상품은 그 자체가 큰 소구력을 가지므로 점두 중점상품을 진열하여 고객을 유인하는 것도 고려해야 할 요소이다.

> **해설** 고객의 충동적인 구매 행동을 일으키기 위해 흥미를 유발시킬 수 있는 다양한 POP광고물 및 보조기구를 이용한다.

35 진열의 한 방법으로 고객이 소매점 매장에 들어올 때 눈에 잘 뜨일 수 있도록 점포 앞에 진열하는 것을 무엇이라고 하는가?

① 점두 진열
② 점내 진열
③ 일시 진열
④ 기획 진열
⑤ 유효 진열

> **해설** 통상적으로 점두진열은 상품을 진열대 위에 직접적으로 배열해서 전시하는 것이 효과적인 방식이다.

36 보충진열에 대한 설명으로 가장 옳지 않은 것은?

① 부분적인 작은 공간을 활용하는 전시기법으로 집중 진열한다.
② 시설집중 포인트를 중심으로 상품들을 전체의 무드와 균형을 맞춰 진열한다.
③ 상품을 부문과 종목으로 나누어 선택하기 쉽도록 분류해서 진열하는 것이 중요하다.
④ 단순한 정리 수납이 아닌 상품의 가치를 높게 하는 효과적인 진열을 전개한다.
⑤ 기능적인 설비와 진열집기를 선택하여 상품을 스톡(Stock) 형태로 진열한다.

> **해설** ①은 전시진열에 대한 설명이다.
>
> ※ 보충진열
>   점포 내의 전반적인 진열로서 모든 취급 상품을 전 점포 내에 빠짐없이 진열하는 것이다. 진열 방법으로는 업종과 업태에 따라서 모든 취급 상품을 그룹 별로 분류하여, 이를 다시 유기적으로 관련지어 배치하고, 개개의 진열 설비나 집기를 합리적으로 이용해서 이를 다시 분류·진열하는 것이 기본이다.

37 진열 방법과 그에 대한 설명으로 가장 옳지 않은 것은?

① 벌크진열은 상품의 가격이 저렴하다는 인식을 줄 수 있다.
② 측면진열은 적은 수량의 상품을 앞으로 내어 쌓아 풍부한 진열감을 연출한다.
③ 평대진열은 특매상품이나 중점판매 상품을 대량으로 진열할 수 있는 방법이다.
④ 행거진열은 양감 있는 느낌을 주며 상품을 고르기가 쉽다.
⑤ 곤돌라 진열은 판매동향 파악이 쉽고 페이스 관리가 용이하다.

> **해설** 측면진열은 엔드 진열의 한쪽 측면 등을 활용하여 엔드 진열한 상품과 관련성을 강조하는 진열방법이다. 엔드 측면에 진열하여 상품의 상호 연관성을 나타내 고객의 구매 욕구를 자극할 수 있다. 별도의 진열도구를 사용해서 엔드 매대 옆에 붙이는 방법으로 진열하며, 양쪽 면에 다 붙이거나 튀어나오면 고객 이동에 불편을 주므로 유의해야 한다.

38 플래노그램(Planogram)은 다음 중 어떤 경우에 활용 가능한 수단인가?

① 최적의 공급업체선정   ② 입지선정
③ 진열공간의 생산성평가   ④ 종업원의 생산성평가
⑤ 임대면적계산

> **해설** 플래노그램(Planogram)
> 편의점과 할인점의 계산대 옆에는 계산하면서 쉽게 집어 들 수 있는 소액 상품들을 진열해서 고객이 애초에는 의도하지 않았던 구매를 유도하여 매출을 올리고 있다. 또한 백화점에서는 1층에서 귀금속 같은 고가품을 취급해 일단 가격 충격을 줌으로써 고객이 층을 올라가면서 여타 상품의 높은 가격에도 둔감해지도록 하거나, 매장에 창문과 시계를 두지 않아 고객들이 시간 가는 줄 모르고 쇼핑에만 열중하도록 하고 있다.

39 아래의 레이아웃 유형은 무엇에 대한 설명인가?

> • 동일 제품에 대한 반복구매 빈도가 높은 소매점에 자주 쓰인다.
> • 비용이 적게 들며 표준화된 집기배치가 가능하다.
> • 매장 진열구조 파악이 용이하다.

① 격자형(Grid Type) 레이아웃
② 자유형(Free-flow Type) 레이아웃
③ 변형형(Racetrack Type) 레이아웃
④ 혼합형(Hybrid Type) 레이아웃
⑤ 획일형(Uniformity Type) 레이아웃

격자형 레이아웃
- 고객의 동일제품에 대한 반복구매 빈도가 높은 소매점, 즉 대형마트, 슈퍼마켓, 편의점에 적합하다.
- 비용이 적게 들며 표준화된 집기배치가 가능해 고객이 익숙해지기 쉽다.
- 상품은 직선형으로 병렬배치 하며, 고객들이 지나는 통로에 반복적으로 상품을 배치해야 효율적이다.

40 중소규모의 슈퍼마켓은 매장의 면적이 협소하므로 상품배치가 한눈에 들어와야 한다. 다음 중 슈퍼마켓에 가장 적합한 레이아웃 기본유형은?

① 자유형(Free-form)
② 경주로형(Racetrack)
③ 격자형(Grid)
④ 특선품 구역형(Feature Areas)
⑤ 부띠끄형(Boutique)

격자형
고객의 동일 제품에 대한 반복구매 빈도가 높은 소매점, 즉 슈퍼마켓이나 디스카운트 스토어 경우에 주로 쓰이는데, 여기서는 주 통로와 직각으로 보조통로가 있으며 그 넓이는 똑같다.

41 다음은 판매동선에 관한 문제이다. 옳지 않은 것을 고르시오.

① 상품의 진열, 보관 및 전시가 용이해야 한다.
② 고객이 움직이고 이동하기에 용이해야 한다.
③ 포장대 위의 용구나 포장재료가 제대로 위치잡고 있어야 한다.
④ 신상품의 진열장소를 특히 잘 기억하고 있어야 한다.
⑤ 고객 동선은 길게, 판매원 동선은 짧게 한다.

가능한 한 고객이 점 내에 머무르는 시간이 길수록 유리하므로 고객동선을 길게 한다.

42 다음 중 원 웨이 컨트롤 방식의 포인트 중 심리적인 조건에 해당하지 않는 것은?

① 입구 및 출구 원칙
② 곤돌라 라인 길이
③ 자석매장의 구성 원칙
④ 플로워 관련 원칙
⑤ 매장 관련 원칙

> **해설** 원 웨이 컨트롤 방식의 포인트 중 심리적인 조건
> • 대분류 절단의 원칙
> • 매장 관련 원칙
> • 플로워 관련 원칙
> • 곤돌라 라인 길이
> • 자석매장의 구성 원칙

43 점포의 환경관리에 대한 설명으로 가장 옳지 않은 것은?

① 조명, 장식, 음악, 색상 등의 점포환경이 소비자에게 영향을 미친다.
② 조명은 상품을 부각시키고 고객을 유인하여 매출액을 증대시키는 역할을 한다.
③ 색채 배색과 조절을 통해 구매의욕을 환기시키고 쾌적한 공간을 형성할 수 있다.
④ 벽면에 거울을 달거나 점포 일부를 계단식으로 높이면 실제 점포보다 좁고 복잡해 보일 수 있다.
⑤ 집기는 상품의 판매 진열, 저장, 보호 등에 이용되는 내구재로 점포의 계획단계부터 세부적으로 검토되어야 한다.

> **해설** 벽면에 거울을 달거나 점포 일부를 계단식으로 높이면 작은 점포도 실제보다 넓게 보이게 할 수 있다.

02 · 판매관리

Key Point

- 서비스의 특성(무형성, 비분리성, 이질성, 소멸성)
- 서비스품질 측정모형(SERVQUAL)과 서비스품질 격차모형
- 판매원의 역할과 자세
- 상품 특성에 따른 판매전략(패션상품, 신선식품, 가공식품, 가정용품 등)
- 바코드와 POS 시스템
- 프로모션믹스 전략(촉진관리 전략)

01 판매와 고객서비스

1 고객서비스의 특징

(1) 서비스의 의미

서비스란 구입한 상품이 사는 사람에게 충분히 그 효과를 발휘하게끔 하기 위해 파는 사람이 사는 사람에 대하여 베푸는 일종의 원조이다.

(2) 서비스가 필요한 이유

① 파는 측과 그 회사는 판매한 상품의 내용, 기구, 성능, 취급 방법, 잠재적 이익, 불이익 등에 대해서 사는 측보다 훨씬 잘 알고 있기 때문이다.

② 상품의 사용 중 고장이 났을 경우 그 일부 혹은 전부를 교환하거나 수선하는 것은 사는 측보다 파는 측이 더 쉽게 할 수 있기 때문이다.

③ 보통으로 사용해서 쉽게 고장이 나는 사태는 사는 측이나 파는 측이나 다같이 중요하다. 그것은 파는 측과 그 회사의 신용 명예에 관한 문제이며, 나아가서는 장래의 영업에 악영향을 미치게 될 것이기 때문이다.

(3) 마케팅 지향적 사고 하에서 고객 서비스의 정의

고객 지향적 사고를 전제로 하여 기업과 고객이 상호 접촉하는 과정에서 기업이 판매하는 제품 및 서비스 판매와 사용을 향상, 촉진시켜 주고 나아가서 고객의 만족을 통한 재판매 및 호의적인 구전 의사소통을 확보하기 위해서 기업이 사전에 결정된 최적 비용—서비스 믹스 범위 내에서 수행하는 모든 활동이다.

주체 및 객체	구성 요소	목 적	기본 사고	비 고
기업 → 고객	판매, 재판매 및 호의적인 의사소통을 확보하기 위해 수행되는 활동	• 판매 및 재판매 확보 • 호의적인 구전 의사소통 확보	마케팅 지향적	고객 지향적 의사 전제

[고객 서비스의 정의]

(4) 서비스의 특성 기출 23 · 22 · 21 · 20 · 19 · 17 · 16 · 15 · 14 · 13

① 무형성

ㄱ 서비스의 기본 특성은 형태가 없다는 것이다. 객관적으로 누구에게나 보이는 형태로 제시할 수 없으며 물체처럼 만지거나 볼 수 없다. 따라서 그 가치를 파악하거나 평가하는 것이 어렵다.

ㄴ 서비스의 무형성은 두 가지 의미를 갖는다.

첫째, 실체를 보거나 만질 수 없다는 객관적 의미이다.

둘째, 보거나 만질 수 없기 때문에 그 서비스가 어떤 것인가를 상상하기 어렵게 된다는 주관적인 의미이다.

② 비분리성

ㄱ 서비스는 생산과 소비가 동시에 일어난다. 즉 서비스 제공자에 의해 제공되는 것과 동시에 고객에 의해 소비되는 성격을 가진다.

ㄴ 제품의 경우에는 생산과 소비가 분리되어 일단 생산한 후 판매되고 나중에 소비된다.

ㄷ 서비스의 경우에는 구입 전 시험할 수 없다. 또 제품의 경우처럼 사전에 품질을 통제하기가 곤란하다.

ㄹ 비분리성에 따른 여러 가지 문제점을 해결하기 위해서는 고객과 접촉하는 서비스 요원을 신중히 선발하고 철저히 교육해야 한다.

③ 이질성

ㄱ 서비스의 생산 및 인도 과정에는 여러 가변적 요소가 많기 때문에 한 고객에 대한 서비스 업체에서도 종업원에 따라서 제공되는 서비스의 내용이나 질이 달라진다.

ㄴ 서비스는 변동적이어서 규격화, 표준화하기 어렵다.

ㄷ 고객의 이질성은 경제적 요인, 문화적 요인, 사회적 요인 등에 의해 야기된다.

ㄹ 서비스의 이질성은 문제와 기회를 동시에 제공한다.

ㅁ 서비스의 이질성은 고객에 따른 개별화의 기회를 제공한다.

④ 소멸성

ㄱ 판매되지 않은 제품은 재고로 보관할 수 있다. 그러나 판매되지 않은 서비스는 사라지고 만다. 즉 서비스는 재고로 보관할 수 없다. 이와 같이 서비스의 생산에는 재고와 저장이 불가능하므로 재고 조절이 곤란하다.

ㄴ 구매된 서비스라 하더라도 1회로서 소멸하며 그 상품의 물리적 형태가 존재하는 한 몇 회라도 반복하여 사용할 수 있다.

ㄷ 서비스는 시간적인 소멸성을 가진 상품으로 관리에 어려움을 겪는다. 이 경우 수요완화나 서비스 능력 조정 등을 대안으로 택한다.

- 수요완화 : 예약제도, 가격인센티브제도, 수요억제를 위한 선전
- 서비스 능력 조정 : 파트타임노동력, 근무교대조의 일정조정, 고객의 셀프서비스제도
- 고객으로 하여금 기다리게 하는 것 : 가장 소극적인 방법

> **지식 in**
>
> - 고객 서비스는 무형성, 소극성, 불가분성 등의 특징을 가지고 있기 때문에 구체적인 소유권의 객체가 될 수 없고, 소유권의 이전 기능은 더욱 존재할 수 없다.
> - 고객 서비스의 이질적 특성은 고객 서비스 품질의 표준화를 더욱 어렵게 하고 있으며, 고객 서비스의 유형과 수준, 고객 욕구 등의 다양화 및 기타 경제적 환경 조건의 계속적 변화는 고객 서비스 업무를 더욱 복잡하게 하고 있다.

서비스의 특성	문제점	대응전략
무형성	• 특허로 보호가 곤란하다. • 진열하거나 설명하기가 어렵다. • 가격설정의 기준이 명확하지 않다.	• 실체적 단서를 강조하라. • 구전활동을 적극 활용하라. • 기업이미지를 세심히 관리하라. • 가격설정시 구체적인 원가분석을 실행하라. • 구매 후 커뮤니케이션을 강화하라.
비분리성	• 서비스 제공시 고객이 개입한다. • 집중화된 대규모생산이 곤란하다.	• 종업원의 선발 및 교육에 세심한 고려를 해라. • 고객관리를 철저히 하라. • 여러 지역에 서비스망을 구축하라.
이질성	• 표준화와 품질통제가 곤란하다.	• 서비스의 공업화 또는 개별화 전략을 시행하라.
소멸성	• 재고로서 보관하지 못한다.	• 수요와 공급 간의 조화를 이루라.

[서비스의 특성에 따른 문제점과 대응전략] 기출 21 · 20 · 14

(5) 일반적인 고객서비스 지침

① 고객은 판매의 중심이라는 생각을 가진다. 즉 고객의 행동반응은 점포성패의 열쇠이다.

② 판매를 개시하기 전에 예상고객이 원하는 상품이 무엇인지 분석한다.

③ 고객이 '구매할 것이다, 하지 않을 것이다.'와 같은 선입견을 가지지 말아야 한다.

④ 고객의 구매량과 상관없이 모든 고객이 전부 중요하다는 생각을 가져야 한다.

⑤ 고객을 응대하는 도중 고객이 성가시고 화가 났더라도 판매원은 인내심을 가지고 문제가 해결될 때까지 조용하고 침착한 반응을 보여야 한다.

⑥ 고객이 기다리고 있는 동안 동료판매원과 잡담을 해서는 안 된다.

⑦ 고객에게 친절히 대하여야 한다. 만약 부인과 딸이 옷을 골라 입어보고 있다면, 남편에게 의자를 건네주는 것과 같은 조그마한 친절을 베풂으로써 매출증대에 도움을 줄 수 있다.

⑧ 자점에 구비되어 있지 않은 상품을 찾는 고객이 있다면, 이들 상품을 갖추고 있는 다른 백화점이나 기타 점포의 위치를 정확하게 알려준다.

⑨ 고객이 반품이나 교환을 원할 때 성가시다고 생각하지 말고, 고객이 진정으로 도움을 받을 수 있도록 교환장소나 절차 등을 자세히 알려준다.

⑩ 고객이 모르고 거래정지된 CD(Credit Card)를 사용한다면 고객에게 혼란을 주지 않도록 사용정지된 사유를 알려준다.

⑪ 고객의 기분이나 감정을 해치지 않고 언제 Trade Up이나 제안판매를 할 것인지 알아야 한다.

⑫ 판매가 완료될 무렵 성급하거나 무리하게 행동하는 것을 피해야 한다.

⑬ 고객이 진정으로 무엇을 원하는지 주의 깊게 경청한다.

⑭ 고객이나 동료들과 불필요한 잡담으로 시간을 낭비하지 않도록 노력해야 한다.

⑮ 고객에게 고맙다는 인사말과 후일 다시 내점해 달라는 말을 꼭 해야 한다.

(6) 고객서비스 개선을 위한 체크포인트

① 정확한 계산

② 체크아웃 대기시간의 단축

③ 체크시간 중 대고객 접객태도

④ 포 장

⑤ 레지스터 수의 설정

⑥ 판매원의 인상을 좋게 심어줄 것

⑦ 명세서 발행(POS System 설치도 가능)

⑧ 불평처리 방법 명시(클레임처리, 쿠폰이나 CD에 의한 쇼핑에 대한 지침제공)

2 고객서비스의 구조와 품질

(1) 서비스품질의 정의

서비스의 품질은 사용자의 인식에 의해 결정된다. 서비스 속성의 집합이 사용자를 만족시키는 정도가 서비스의 품질이라고 말할 수 있다. 이것을 흔히 기대에 대한 인식의 일치라고 한다. 따라서 품질은 다음과 같은 두 가지로 구성된다.

① 사용자가 요구하는 서비스의 속성이 특정 서비스에 정의되어 있고 부합되는 정도

② 이러한 속성에 대한 요구수준이 성취되어 사용자에게 인식되어지는 정도

(2) 서비스품질 측정 이유

① 개선, 향상, 재설계의 출발점이 측정 이유

② 경쟁우위 확보와 관련한 서비스 품질의 중요성 증대

(3) 서비스품질을 측정하기 어려운 이유 `기출 21·16`

① 서비스품질의 개념이 주관적이기 때문에 객관화하여 측정하기 어렵다. 모든 경우에 적용되는 서비스품질을 정의하기는 어렵다.

② 서비스품질은 서비스의 전달이 완료되기 이전에는 검증되기가 어렵다. 서비스의 특성상 생산과 소비가 동시에 이루어지기 때문이다.

③ 서비스품질을 측정하려면 고객에게 물어봐야 하는데, 고객으로부터 데이터를 수집하는 일은 시간과 비용이 많이 들며 회수율도 낮다.

④ 자원이 서비스 전달과정 중에 고객과 함께 이동하는 경우에는 고객이 자원의 흐름을 관찰할 수 있다. 이런 점은 서비스품질 측정의 객관성을 저해한다.

⑤ 고객은 서비스 프로세스의 일부이며, 변화를 일으킬 수 있는 중요한 요인이기도 하다. 따라서 고객을 대상으로 하는 서비스품질의 연구 및 측정에 본질적인 어려움이 있다.

(4) 서비스품질의 결정요인

서비스품질을 구성하는 차원에 대한 연구는 서비스품질의 측정 및 향상의 기초이다. 이에 대한 기존 문헌의 연구는 크게 세 가지 접근방법으로 구분된다.

① 2차원 접근법 : 그뢴누스(Grönroos, 1983), 베리(Berry, 1985) 등의 연구

② 서비스품질 차원의 3차원 모형 : 레티넨(Lehtinen, 1991)의 연구와 카마카(Karmarker, 1993)의 연구

③ 다항목 서비스품질 결정요인 규명에 대한 연구 : 파라수라만(Parasuraman, 1985) 등의 연구와 존스톤 (Johnston, 1990) 등의 연구

구 분	연구자	내 용
2차원	Grönroos(1983)	기술 품질, 기능 품질
	Berry et al(1985)	결과 품질, 과정 품질
3차원	Lehtinen & Lehtinen(1991)	물리적 품질, 상호작용 품질, 기업(이미지) 품질
	Karmarker(1993)	성과 품질, 적합 품질, 의사소통 품질
다항목	Parasuraman et al(1985)	신뢰성, 유형성, 대응성, 확신성, 공감성
	Johnston et al(1990)	접근, 심미, 관심·도움, 가용, 배려, 청결·단정, 편안, 몰입, 의사소통, 역량, 친절, 기능성, 친근, 유연성, 고결, 신뢰, 대응, 안전

[서비스품질 차원 연구의 비교]

(5) 서비스품질의 측정모형 기출 22·21·16·15·14·13

① SERVQUAL(서비스품질의 측정도구) : SERVQUAL은 미국의 파라슈라만(A. Parasuraman), 자이다믈 (V. A. Zeithaml), 베리(Leonard L. Berry) 등 세 사람의 학자(PZB)에 의해 개발된 서비스품질 측정도구로서 서비스기업이 고객의 기대와 평가를 이해하는 데 사용할 수 있는 다문항척도(Multiple-item Scale)이다. 처음에는 서비스품질을 주제로 하는 탐색적 연구로 시작하였다. 이들은 광범위한 문헌연구와 다양한 고객집단에 대한 표적집단면접을 통해 고객이 서비스품질을 어떻게 평가하고 정의하는가에 관해 다음과 같은 결론들을 도출하였다.

㉠ 서비스품질의 정의 : 표적집단면접의 결과 서비스품질이 훌륭하다는 것은 고객이 기대하는 바를 충족시켜주거나, 기대 이상의 서비스를 제공하는 것임을 나타낸다. 즉, 고객이 지각하는 서비스품질이란 고객의 기대나 욕구 수준과 그들이 지각한 것 사이의 차이의 정도로 정의된다.

㉡ 기대에 영향을 미치는 요인들 : 고객의 기대를 형성하는 데 기여하는 핵심요인은 구전, 고객들의 개인적 욕구, 서비스를 이용해 본 과거의 경험, 서비스 제공자의 외적 커뮤니케이션 등이었던 것으로 나타났다.

ⓒ 서비스품질의 차원 : 서비스품질평가를 위해 고객이 사용하는 공통적이고 일반적인 10개의 준거들은 다음과 같다.

- 유형성 : 물리적 시설, 장비, 직원, 자료의 외양
- 신뢰성 : 약속한 서비스를 믿을 수 있고 정확하게 수행하는 능력
- 대응성 : 고객을 기꺼이 돕고 신속한 서비스를 제공하려 하는 것
- 능력 : 필요한 기술소유 여부와 서비스를 수행할 지식소유의 여부
- 예절 : 일선 근무자의 정중함, 존경, 배려, 친근함
- 신빙성 : 서비스제공자의 신뢰성, 정직성
- 안전성 : 위험, 의심의 가능성이 없는 것
- 가용성 : 접촉가능성과 접촉용이성
- 커뮤니케이션 : 고객들이 이해하기 쉬운 고객언어로 이야기하는 것, 고객의 말에 귀기울이는 것
- 고객이해 : 고객의 욕구를 알기 위해 노력하는 것

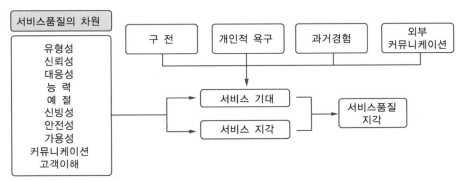

[서비스품질에 대한 고객의 평가]

ⓔ SERVQUAL 개발 : 일련의 반복적인 자료수집과 자료분석단계를 통해 97개 문항으로 구성된 측정도구 시안을 점차 개선시키고 축약하여 신뢰성(Reliability ; R), 확신성(Assurance ; A), 유형성(Tangibles ; T), 공감성(Empathy ; E), 대응성(Responsiveness ; R)을 대표하는 22개 문항을 확정하였다. 다섯 가지 품질차원은 각 차원의 영문 첫 자를 모아 RATER라고 부르기도 한다. 즉, PZB의 SERVQUAL 모형의 다섯 가지 차원은 RATER로 요약할 수 있다. 이와 같이 하여 5개의 품질차원에 대한 고객의 지각과 기대를 측정하는 22개 문항으로 구성된 서비스품질측정 도구인 SERVQUAL을 개발하였다.

서비스품질 평가 10개 차원	SERVQUAL 차원	SERVQUAL 차원의 정의
유형성	유형성	물리적 시설, 장비, 직원, 커뮤니케이션 자료의 외양
신뢰성	신뢰성	약속한 서비스를 믿을 수 있고 정확하게 수행할 수 있는 능력
대응성	대응성	고객을 돕고 신속한 서비스를 제공하려는 태세
능력	확신성	직원의 지식과 예절, 신뢰와 자신감을 전달하는 능력
예절		
신빙성		
안전성		
가용성	공감성	회사가 고객에게 제공하는 개별적 배려와 관심
커뮤니케이션		
고객이해		

[원래의 10개 차원과 SERVQUAL의 5개 차원] 기출 23 · 22 · 21 · 20 · 19 · 18 · 17

② 서비스품질 격차모형 : 표적집단면접에 의한 탐색적 고객연구와 이에 대한 실증적·정량적 연구를 통해 고객의 서비스품질지각을 측정할 수 있는 도구인 SERVQUAL을 개발한 다음 제3단계 작업으로 서비스품질에 영향을 미치는 기업 내부의 요인들에 대한 연구를 시작하여 고객이 지각한 품질상의 문제점을 기업 내의 결점이나 격차(Gap)와 연결시키는 개념적 모형을 개발하였다.

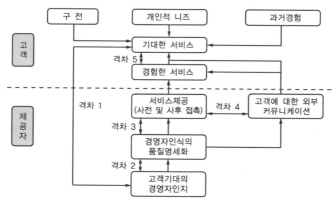

[서비스품질의 격차모형]

격차	요인	정의
격차 1	마케팅리서치 지향성	공식적·비공식적 정보수집을 통해 관리자가 고객의 욕구와 기대를 이해하기 위해서 노력하는 정도
	상향커뮤니케이션	최고관리자가 근로자들로부터의 정보의 흐름을 촉진하고 자극하며 알아보려고 하는 노력의 정도
	관리의 단계	최고위와 최하위간의 관리 단계의 수
격차 2	서비스품질에 대한 관리자의 몰입	경영층이 서비스품질을 핵심적인 전략목표로 보는 정도
	가능성의 지각	관리자가 고객의 기대를 충족시킬 수 있다고 믿는 정도
	업무 표준화	서비스업무의 표준화에 활용할 수 있는 기술 정도
	목표설정	서비스품질 목표가 고객의 기준에 근거해 설정되어 있는 정도
격차 3	역할모호성	관리자나 상급자가 무엇을 원하며 그 기대를 어떻게 하면 충족시킬 수 있는가를 모르는 정도
	역할갈등	직원들이 접하는 모든 사람들(내·외부 고객)의 모든 욕구를 충족시킬 수는 없다고 느끼는 정도
	직원 – 직무조화	직원들의 기술과 그들의 직무간의 조화
	기술 – 직무조화	직원이 직무수행 중 사용하는 장비와 기술의 조화
	감독통제체계	평가 및 보상체계의 적절성
	재량권 지각	직원들이 서비스 제공 중 직면한 문제에 대해 융통성을 발휘할 수 있다고 지각하는 정도
	팀 웍	직원과 관리자의 공동목표를 위한 노력의 정도
격차 4	수평 커뮤니케이션	한 기업의 서로 다른 부서간, 그리고 각 부서내 커뮤니케이션의 정도
	과잉약속의 경향	기업의 외적 커뮤니케이션이 실제 고객들이 받는 서비스를 정확히 반영하지 않는 정도

[격차요인의 정의] 기출 23·19

3 판매의 절차와 특성

(1) 상품지식의 활용과 응용

① 개별상품과 상품지식

㉠ 적합성 : 그 상품을 어떤 용도에 사용하는 것인가, 수요에는 적합한 것인가?

㉡ 융통성 : 그 상품은 다른 시기에 또는 다른 목적에 대해서 광범위하게 사용되는가?

㉢ 내구성 : 그 상품은 어느 정도 오래 쓸 수 있는가?

㉣ 쾌적성 : 그 옷을 입었을 경우에 여름을 시원하게 보낼 수 있는가?

㉤ 이용상의 난이 : 세탁이 쉽게 되는가, 곰팡이나 좀 등을 쉽게 방지할 수 있는가?

㉥ 스타일 : 그 옷이 잘 어울리는가?

㉦ 매력성 : 그 상품이 유행상품이 매력이 있는가?

㉧ 가격 : 상품의 값은 적당한가?

ⓩ 감정상의 특성 : 가령 그 상품은 희소가치가 높기 때문에 소유할 경우 과시하고 싶은 욕구를 만족시켜 주는가?

② 시스템판매와 상품지식

　㉠ 스크램블 머천다이징(Scramble Merchandising)의 확대 : 스크램블 머천다이징이란 소매점이 만물점화 되어 간다는 뜻이다. 이것은 옛날 만물점의 부활이 아니라, 새로운 각도에서의 '관련 판매'가 전개되어 온 것을 뜻하고 있다.

　㉡ 용도별 구색 갖춤 : 용도별 구색 갖춤이란 생활재료별 구색 갖춤이라는 것이고, 상품 재료별 구색 갖춤에서 생활재료별 구색 갖춤으로 변화했다는 것을 의미한다. 재료별 구색 갖춤에서 용도별 구색 갖춤이 이루어지게 되어 취급 상품의 종류가 많아지면 판매원은 개개의 상품에 대해 보다 많은 지식을 가져야 함은 물론 그들 상품을 원재료로 하는 생활 생산에 대한 지식도 갖추어야 한다. 베이비 용품 매장의 판매원은 거기에 진열되어 있는 완구, 내의, 모자 등에 대하여 적어도 완구 매장, 내의 매장, 모자 매장의 판매원과 같은 정도의 상품 지식을 가져야 할 것이며, 이들 상품을 사용하여 유아의 생활을 지도·원조할 수 있는 지식도 가져야 한다.

(2) 판매원과 상품지식 기출 14

① 판매활동 기출 23 · 14

　㉠ 판매활동의 본질

　　• 대금과 상품의 교환거래를 실현시키는 활동이다. 즉, 구매자로 하여금 교환하도록 용단을 내리게 하기 위한 설득활동을 그 내용으로 한다.

　　• 판매활동이란 상품의 효용을 고객에게 알림으로써 고객이 구매활동을 하도록 설득하는 행동이다.

　㉡ 설득활동 : 설득활동이란 한마디로 말해 커뮤니케이션 활동이다. 즉, 상품지식을 전달하는 활동이라고 할 수 있으며, 고객에게 그 상품의 효용을 알려 구입하도록 설득한다.

　㉢ 고객에 대한 상품의 효용

　　• 상품의 효용이란 그 상품을 고객이 소비하거나 이용함으로써 얻어지는 도움을 뜻한다.

　　• 일반적으로 고객은 물리적인 상품 그 자체가 필요해서 구입하는 것이 아니고, 그 효용을 목적으로 하여 구입하기 때문에 판매원에게는 그 효용을 알려 구매로 유도하는 역할이 요구된다.

② 판매원의 역할 기출 22 · 21

　㉠ 고객은 어떤 상품을 어떤 판매원에게서 구입하는 편이 그 상품을 다른 판매원으로부터 사는 것보다 득이라고 생각하기 때문에 사는 것이지 판매원을 위해 사는 것은 아니다.

　㉡ 판매원의 일은 고객에게 이 상품을 이용하는 것이, 그리고 자기에게서 구입하는 것이 유익하다는 것을 알리고 실행하는 일이다.

　㉢ 일상생활 용품의 판매원은 고객의 생활양식을 지도하는 생활컨설턴트이며, 업무 용품의 판매원은 사용자의 경영 합리화와 생산성 향상을 지도하는 경영컨설턴트가 되어야 한다.

　㉣ 무턱대고 상품을 팔려고 하거나 또는 상품과 대금의 교환을 자기의 역할로 여기는 판매원은 시대에 뒤떨어져 결국 낙오하고 만다. 즉, 자기의 존재가치를 잃고 사라질 수 밖에 없으며, 그런 뜻에서 앞으로의 판매원은 컨설턴트로서의 역할을 다해 나가야 한다.

③ 판매원과 상품지식 기출 14
　㉠ 소비자에게 정보를 제공하는 데에 상품지식을 활용해야 한다. 소비자에 대한 소매업의 역할 중에서 하나는 상품정보·유행정보·생활정보를 제공하는 것이다. 판매원은 전달자로서 또는 쇼핑 상담 시 전문가로서의 역할을 담당해야 하는데 상품은 물론 유행정보·생활정보를 제공하는데 있어서 기본이 되는 것은 상품지식이다.
　㉡ 판매원은 고객에게 상품을 파는 것이 아니라, 고객의 생활향상에 협력함으로써 고객이 감사히 여기고 상품을 사도록 해야 한다.
　㉢ 고객은 상품을 구하고 있는 것이 아니며, 그것을 구입함으로써 얻는 이익을 목표로 하고 있기 때문에 그것을 정확하게 알림과 동시에 생활 속에서 그 이익이 더욱 커지도록 원조해 나가야 한다.
　㉣ 매장에서 상품을 취급하고 판매할 때에도 상품지식이 필요하다. 상품의 물리적 구조는 매장에서의 보관과 포장·진열을 할 때에도 항상 고려되어야 한다. 또 구매관습 혹은 라이프사이클에 의한 상품의 특성은 어떠한 판매방법이 좋은가를 생각하는 데에 기본적 정보가 된다.
　㉤ 매입과 상품관리를 하는 데에 있어서도 상품지식이 필요하다.

지식 in

상품지식의 정보원 기출 15
- 상품 자체
- 경쟁업자
- 선배·동료 판매원
- 검사기관
- 고객의 의견
- 판매원 자신의 경험
- 메이커·도매업자
- 강습회 등

④ 소비자의 역할
　㉠ 소비자에게 있어 상품을 소비하는 일은 결코 최종적인 목적이 아니다. 그것은 어디까지나 수단일 뿐 목적은 그에 의해서 자신에게 뜻이 있고 가치 있는 시간과 공간을 만들어내는 일, 즉 생활하는 일이다.
　㉡ 소비자는 생활 생산자이다. 소비자는 기업으로부터 상품을 구입하고 소비·이용함으로써 자신의 생활을 만족시키기 위한 재(財)를 만들어내는 것이다.
　㉢ 기업의 상품은 소비자가 가정에서의 생활 생산활동에 이용함으로써 비로소 그 가치를 실현할 수가 있으며, 또 그것은 생활이라는 최종 생산물을 생산하는 원재료라 할 수 있다.

(3) 판매정보의 수집과 활용

① 판매정보 일반
　㉠ 판매정보의 의의
　　• 판매에 관한 정보의 수집과 활용은 이윤증대와 직결된다.
　　• 판매정보를 재료로 하는 의사결정의 경우 매우 중요하다.
　　• 판매정보는 위험감소뿐만 아니라 이윤증대에도 중요한 역할을 하게 된다.
　㉡ 판매정보의 구분
　　• 수집하는 판매정보 : 판매활동을 전개하는 과정에서 의사결정을 위한 정보
　　• 유출하는 판매정보 : 판매활동을 구체적으로 전개하는 데에 따르는 정보전달 활동으로서의 정보

© 판매정보의 조건
  - 정확하고 객관적인 정보일 것
  - 표준화되고 계속적인 정보일 것
  - 활용하기 위한 정보일 것
  - 경제성이 있는 정보일 것
  - 상호보완성의 정보일 것

② 판매정보의 종류
  ㉠ 고객에 관한 정보 [기출 16]
    - 고객의 특성, 구매 관습, 구매동기 등에 관한 정보
    - 고객의 소비, 사용의 관습에 관한 정보
    - 구매자, 구매결정자, 소비 및 이용자에 관한 정보
    - 시장규모 등에 관한 정보
  ㉡ 경쟁사에 관한 정보
    - 경쟁업자의 분포에 관한 정보
    - 경쟁업자의 시장지위(점유율 등)에 관한 정보
    - 경쟁업자의 전략에 관한 정보
    - 경쟁업자의 구매유인에 관한 정보 등
  ㉢ 취급상품에 관한 정보
    - 상품의 특성에 관한 정보
    - 상품의 경력(라이프 사이클링)에 관한 정보
  ㉣ 기타에 관한 정보
    - 활동의 결과에 관한 정보
    - 일반적인 환경조건에 관한 정보
    - 지점에 관한 정보 등

③ 판매정보의 수집
  ㉠ 기존정보의 수집
    - 내부자료의 수집 : 처음부터 정보로 이용하려고 하였던 것이 아닌 내부 기록적인 기업 내부의 자료일지라도 가공의 방법이나 이용의 방법 여하에 따라서 판매정보가 된다.
    - 외부자료의 수집 : 기업 외부의 기존자료에 외부에 공표되지 않은 것도 있지만, 대체적으로 공표 ·발간되는 자료도 적지 않다.
  ㉡ 신규정보의 수집
    - 관찰법 : 점내의 고객동향이나 점외의 통행인 흐름 등을 관찰하여 정보를 얻을 수 있다.
    - 직접수집법 : 우편, 전화, 유치, 면접 등의 방법을 통하여 정보를 수집할 수 있다.
    - 점내실험수집법 : 이 방법은 구체적이고도 생동적인 정보의 수집이 가능한 반면에 고도의 전문지식과 경험을 필요로 하는 방법이다.

④ 판매정보의 활용 [기출] 14
  ㉠ 고객에 관한 정보의 활용
    • 대상 고객의 특성 파악 : 판매 활동은 구매관습·구매동기를 기준으로 한 고객의 특징을 파악하여
      그것에 맞추거나 유도해 가는 형태로 전개되어야 한다.
      – 고객에 맞추는 판매 활동 : 구매 관습을 살리고 구매 동기에 적합하도록 하여 고객의 특징에
        맞춰서 판매 활동을 전개하는 것이다.
      – 고객을 유도해 가는 판매 활동 : 구매 관습, 구매 동기의 연구를 통해 예상되는 가능성을 알아내
        어 고객의 특징을 추출하고 그 방향으로 판매 활동을 전개하는 것이다.
    • 상품의 소비, 사용 관습에 관한 고객 정보 : 판매 활동의 기본은 고객의 소비·이용 욕구에 적응하
      고 더 나아가서는 해당 상품이 어떻게 고객의 소비·이용 관습에 부응하는가 또는 어떻게 새로운
      소비·이용 가치를 실현하는 것인가를 강조하여 고객의 이해를 얻어내는 가이다.
    • 시장 규모에 관한 양적 정보 : 고객 층의 설정에 있어서는 상권의 크기, 고객의 수, 구매력 등
      양적으로 점포의 경영을 유지·발전시켜 갈만한 시장 규모를 갖추어야 한다.
  ㉡ 경쟁에 관한 정보의 활용
    • 경쟁업자의 분석 : 얼마만큼의 힘을 가진 상대가 얼마나 있는가, 따라서 어느 정도의 경쟁이 전개
      될 것인가를 상정하여 그 경쟁에 대처하여 나가기 위해 요구되는 노력이나 희생이 어느 정도일
      것인가를 정확히 인식해야 한다.
    • 경쟁업자의 시장 지위에 관한 정보 : 자점(自店)과 경쟁업자의 힘의 관계를 상대적으로 저울질하
      기 위해 활용되며, 단순 비교가 아니라 어떻게 하면 경쟁을 유리하게 전개시켜 가는가를 고려해야
      한다.
    • 경쟁업자의 전략, 구매 유인에 관한 정보 : 경쟁업자의 판매 활동을 구체적으로 인식하고 그것에
      어떻게 대응하여 갈 것인가를 고려해서 활용해야 한다. [기출] 14

지식 in

경쟁업자의 판매 활동에 대응하는 방법
• 동일한 전략을 채택하여 그것을 보다 효율적으로 전개해 가거나 다른 방법을 의식적으로 채택한다.
• 경쟁업자가 성공한 구매 유인에 대하여는 자점도 그것을 채택하거나 상대방보다 우월한 유인을 고객에게 제시함
  으로써 대응하여 간다.

  ㉢ 취급 상품에 관한 정보의 활용
    • 상품 경력에 관한 정보 : 상품의 발매 시기, 라이프사이클(Life Cycle)의 위치 등은 가격의 결정,
      광고의 방법, 판매시점(Selling Point)의 설정 등에 활용한다.
    • 상품 정보에 관한 판매원의 활용 : 취급 상품의 특성에 관한 정보를 충분히 이해하고 그 상품이
      어떻게 욕구의 충족에 공헌하는가를 고객에게 피드 백(Feed Back)하기 위하여 활용한다.
  ㉣ 활동의 결과에 관한 정보의 활용 : 판매 활동에 관한 정보는 활동에 있어서의 의사 결정에 이용되고,
    활동 후에 그 효과를 측정하여 새로운 판매 활동에 대비하기 위한 정보로서 활용된다.

활동의 결과에 대한 정보는 단순히 반성을 하기 위해서보다는 그것을 새로운 판매 활동에 대비하기 위한 정보로서 활용하는 것이 더 중요하다.

  ⓜ 일반적인 환경 조건에 관한 정보의 활용 : 금융 긴축, 유통 관련 법령 등은 일반 소매업의 방향 설정에 영향을 주고, 또 경제적, 문화적인 환경의 변화는 고객의 구매 관습, 사용 관습에 영향을 주고 그것을 변화시키는 등 외부 환경의 움직임은 직·간접으로 소매업의 활동에 영향을 주므로 평소에 그 동향에 주의해야 한다.

  ⓗ 자점(自店)에 관한 정보의 활용 : 지금까지의 정보를 이용하여 자점의 능력, 경영 이념, 목표하는 방향과 합치되는 판매 활동의 방향을 설정하고 최종적인 판단을 내리는 데 활용된다.

(4) 상품 판매에 필요한 조건

① 상품 판매의 조건

 ⊙ 상품에 있어서의 절대 조건 : 품질과 기능의 보증
  • 상품이란 저마다의 특성 아래 일정 수준의 품질과 기능을 갖춘 것이므로, 이는 판매의 전제조건이 된다.
  • 소비자는 그 품질·기능에 대하여 대가를 지불하고 소매업은 그것에 의해서 얻은 이익을 노사에 배분·배당하고 재투자한다.
  • 품질과 기능의 보전은 엄연한 판매 계약 조건이며, 소매업은 그것을 충실히 이행함으로써 소비자의 기대에 부응하고 경영 체제로서 시스템화해야 한다.

 ⓛ 품질 보전을 위한 상품 관리
  • 소매업에 종사하는 전원이 소비자에 대하여 책임 의식을 갖고 직위·직무의 여하에 구애됨이 없이 종업원 전원이 품질 보전에 대한 책임을 완수하기 위한 인식을 높여야 한다.
  • 상품 관리는 상품마다 적절한 방법을 매뉴얼화 하여야 한다. 식품의 경우 냉동의 쇼케이스를 이용하여 기계적으로 어느 정도 해결하는 방법이 대표적이다.
  • 매장 상품의 품질·기능에 대해서 보다 엄중한 감시와 검수 시에 철저한 검품 체크를 하여야 한다.

② 상품의 가격 조건

 ⊙ 가격에 대한 평가 기준 : 상품의 품질·기능 가치와 그것에 따르는 판매 매너에 대한 고객의 만족감 그리고 무엇보다도 그것들의 희소가치를 기준으로 한다.

 ⓛ 쇼핑을 통해서 얻는 고객의 충족감의 조건
  • 욕구 패턴에 합치한 상품을 구입하고 싶어 하는 점
  • 상품이 쾌적할 뿐 아니라, 고객의 쇼핑에 충분한 무드 조성과 공간 처리 및 연출이 잘 된 곳에서 선택했다고 하는 만족감
  • 힘 안들이고 적절한 판매원에 의한 접객 서비스를 받을 수 있다고 하는 기쁨
  • 만족감에 비하여 지불 가격이 과분한 것이 아니었다고 하는 납득감, 말하자면 쾌적한 만족

    ⓒ 고객의 점포 선택 경향 : 고객은 상품 품질과 쇼핑 행동에 알맞은 점포 연출에 가치를 발견하고 얼마간의 대가 지불을 예상하면서도 기능 구성이 잘못된 점포를 선택하는 경향이 있다.

    ⓔ 가격에 대한 평가 : 고객의 쇼핑 충족을 목적으로 한 소매의 적절한 Total Marketing에 대하여 행해지며, 이에 대한 인식이 판매의 기초 조건으로서 전제되어야 한다.

③ 서비스의 자세

    ㉠ 판매주의에 의한 매장 계획과 서비스 : 판매 효과만을 고려할 경우 시장은 있어도 고객은 존재하지 않는다는 발상으로 마케팅이 개시되어 고객에 있어 불합리한 판매 공간을 제공하는 결과가 된다.

    ㉡ 소비자 주권에 기초를 둔 점포 설계와 서비스

        • 고객에게 필요한 것은 업태가 아니라 상품이다. 따라서 접객 기술에 있어서 상품과 점격에 알맞은 매뉴얼에 의해 설정되어야 한다.

        • 고객 대기에서부터 시작해서 접근 방법, 고객과의 적당한 거리, 접객 용어의 훈련, 상품 제시법, 클로징 방법, 반품 처리법 등 고객의 동기를 판매에 결부시키는 방법을 확립하고 교육 훈련을 통해 항상 점격에 적절한 접객 서비스를 유지해 가야 한다.

        • 매장의 주역은 고객이며, 그 주역을 고무(鼓舞)시켜주는 판매원은 어디까지나 쇼핑을 돕는 존재여야 한다.

④ 고객이 원하는 정보

    ㉠ 고객이 정보를 요구하는 단계

        • 매장에서 고객은 자기가 구하고자 하는 상품의 소재를 알려고 하며, 상품의 판매를 확인한다.

        • 상품에 대한 어프로치를 하고 상품 확인 후 상품 선택을 시작한다. 또는 상품 제시가 있고 선택이 시작된다.

    ㉡ 정보의 수집과 의사 결정

        • 고객은 신문, TV를 통해서 전달된 예비지식을 익혀두었다가 구입 결정에 필요한 선택 조건을 참고로 하는데 이 단계에서는 주로 해당 상품에 대한 정보를 구할 수 있다.

        • 비교, 검토, 평가, 의견청취 등을 거쳐 의사를 결정하게 된다.

        • 식료품 등 필수품의 계획적 구매의 경우 양, 사이즈, 선도, 가격 등이 비교 검토의 대상이 된다.

    ⓒ 합리적인 쇼핑 : 상품 용도에 대한 인식은 물론 종류, 가격 시세의 파악, 제조 방법, 원재료 상황, 유통 과정, 보관 지식, 현명한 소비 방법 등 폭넓고 깊이 있는 정보에 기초를 둔 판단 하에 행하는 구매를 말한다.

(5) 판매를 위해 필요한 지식

① 판매 정책을 다루는 방법

　　㉠ 관리자에게 요구되는 경영 자세 `기출 13`

　　　• 판매 정책을 다루어 나가는데 있어서 기업의 경영 방침을 파악하고 마케팅이 서야 할 위치를 결정하여 객층, 판매 상품, 제공 방법 등을 구체적으로 파악하고 계획 목표를 수치로 부하에게 알려야 한다.

　　　• 관리자로서 정해진 목표를 계획대로 달성하기 위해서는 적절한 **리더십을 통해 부하를 장악하는** 것이 중요하다.

　　　• 의견 통일을 꾀하기 위해서 1인당 생산성, 매장 단위당 생산성 및 매출액을 명시하여 **토론을 통해 달성방법을 결정**하는 것도 좋다. 그러나 이 방법은 기업의 기본 방침 가운데서 타 부문과의 조화를 꾀하여야 할 필요가 있기 때문에 상사의 승인을 얻어야 한다.

　　㉡ **판매 정책을 파악하는 방법** : 판매 정책을 파악하기 위해서는 먼저 경영 이념을 이해해야 한다. 경영 정책은 경영 방침에 따라 계획되며, 판매 정책도 실시 계획으로서 그 안에 짜여 있다.

　　㉢ **판매 정책의 기본** : 객층, 취급 상품, 제공 방법 등에 의해 머천다이징 계획과 서비스 매뉴얼 등이 결정되기 때문에 명확하게 표시되어 있어야 한다.

② 매장의 장악

　　㉠ **매장 장악의 의미** : 매장 장악이란 물적·인적 관리를 포함해서 매장에서의 판매 업무를 **능률** 있게 운영하기 위한 관리자로서의 상황 파악을 말하는 것으로, 직능의 전부라고 하여도 과언이 아니다.

　　㉡ **매장의 장악을 위한 관리의 내용**

　　　• **공간 관리** : 실온, 환기, 조명도 등의 관리는 쾌적한 판매 공간을 유지해서 고객의 쇼핑에 대비하는 것이다.

　　　• **고객 관리** : 고객 리스트를 작성해서 촉진관리에 대비하고 매장 내에서의 고객의 안전을 꾀한다.

　　　• **부하의 통솔** : 직장에서의 부하의 안전, 건강, 도덕성의 유지 향상, 목표 명시, 업무 지시 등의 리더십을 의미하며, 목표 달성을 위한 중요한 전제 조건이 된다.

　　　• **상품 보충과 발주 업무** : 매장 내에서 품절로 인한 기회 손실을 일으키지 않기 위한 체크가 목적이며, 상품마다의 데드 스톡을 계산하면서 관리하는 것이 필요하다. 발주에 있어서는 상품 명시, 발주 수량, 납품일을 명확하게 지시하고 확인을 하는 것이 품질 관리의 기본이자 로스 예방에 있어서 최초의 관문이므로 바쁘다고 해서 검품·검수에 소홀해서는 안 된다.

　　　• **정보 관리** : 매장 정보에는 매출 일보를 비롯하여 상품 발주표, 납품 전표, 재고 정리표 이외에 접객을 통해서 고객의 의견, 불만 등의 형태로 수집되는 귀중한 소비자 정보가 있는데 그것들을 지체없이 정리해 두어야 한다.

　　　• **판매원에 의한 접객 관리** : 책임자는 고객에 대해서 기업에 바람직한 접객이 실시되고 있는가, 또 그것이 확실히 판매와 직결되는 방향으로 실시되고 있는가를 확인하고, 만약 불충분한 점이 있는 경우 현장 지도하여 부하의 기술을 높여주어야 한다.

③ 어드바이스를 위한 상품 지식
　㉠ 고객에 대한 어드바이스
　　• 고객이 바라는 상품 지식은 합리적인 생활자, 현명한 소비자가 되기 위한 것이며, 직접적으로 상품 구입을 결정할 때의 참고 정보이다.
　　• 식료품 등에 대해서는 선도를 떨어뜨리지 않는 보존법, 새로운 조리법 등을 어드바이스 하는 것도 판매를 높이는 방법이며, 의류품에 있어서는 세탁이나 다리미할 때의 주의 사항, 잡화품에 있어서는 용도와 정확한 취급 방법 등을 어드바이스 해주는 것도 효과적이다.
　㉡ 부하의 업무를 계몽하기 위한 어드바이스
　　• 부하를 계몽하는 경우의 상품 지식도 합리적 생활자와 직결되어야 하며, 전문적인 입장에서 밀도 높은 것이어야 한다.
　　• 기업의 판매 상품은 업종에 따라 대개 결정되지만, 최근에는 소비자의 구매 동기에 관련된 머천다이징 계획(상품 구성)이 행해지고 있으며, 업종 그 자체가 업태적 뉘앙스를 강화하고 있으므로 깊고 넓은 상품 지식을 익혀두어야 한다.
　　• 관리자로서 무엇이 고객에게 도움이 되는가를 생각해서 그것을 부하에게 철저히 알려줘야 한다. 그러기 때문에 제조업자 정책에 대해서는 항상 민감하게 수집하고 앞으로의 전망에 대해서도 고객에게 서비스해 나가도록 부하를 지도해 나가야 한다.
④ 위험한 개인 감정
　㉠ 개인 감정과 조직
　　• 감정은 자아의 표현이며, 자아는 또 인간의 생산적 활동의 원천이라고 하는데, 반대로 이것이 집단 활동의 저해 요인이 될 수도 있다.
　　• 개인 감정은 사람마다 생명의 존엄성이 있고 경험도 환경도 다른 생활을 영위하고 있는 것이므로 그것을 부정한다는 것은 비인도적 행위라 할 수 있다. 그러나 조직된 직장이라고 하는 집단에 있어서 함부로 자아를 주장한다는 것은 조직과의 조화를 이룩한다는 점을 고려할 때 결코 현명하다고 말할 수 없다.
　　• 의견은 정정당당히 진술해야 하는 것이지만, 일단 채택된 방침에 대하여 조직 내에서 비판을 하는 것은 삼가야 한다.
　　• 조직에는 협조가 필요하며, 그 협조를 지탱해 가는 것이 이성이다. 이 때문에 관리자에게 가장 강력한 이성이 요구된다. 설득력도 없으면서 그것을 반성하지 않고 함부로 흥분한다거나 독단으로 사물을 처리하는 등의 행위는 관리자로서는 문제 있는 자질이라 할 수 있다.
　㉡ 개인 감정과 접객
　　• 고객이 쇼핑하기 위해서 어프로치 할 경우 판매원이 불친절한 인상을 준다면 그것은 그 판매원 한 사람에 대한 문제에 그치지 않고 상점 자체의 혐오스러운 인상으로서 고객은 언제까지나 기억하게 될 것이다.
　　• 고객은 매매상의 우위성을 갖고 있는 존재이며, 상점의 응대는 의당 그 우위성에 대한 매너로써 전개된다고 해석하는 것이 고객의 상식이기 때문에 그 인식을 배반하는 행위를 용서할 수 없다고 생각하는 것은 당연하다.

ⓒ 카운슬링
- 인사 관리에서 가장 어려운 점은 기질과 성격이 다른 사람들의 기분을 어떻게 처리해서 사기를 높여 가는가 하는 것인데, 관리자의 강력한 리더십과 적절한 카운슬링이 요청된다고 할 수 있다.
- 카운슬링은 문제의 판매원에 대해서는 본인의 할 말을 충분히 들어줌으로써 마음의 착잡감을 발산시키는 효과와 그 사람의 불평불만, 고뇌의 근원을 찾아내어 그것에 대한 해결 방안을 시사해서 그 착잡감을 해소하는 작용을 가지고 있다.
- 정신 분석 치료는 우선 환자의 심층 심리를 발굴하는 작업부터 시작한다고 하는데, 카운슬링은 말하자면, 가벼운 증상일 때 문제점을 발견해서 조기 치료하는 임상 요법이라 할 수 있다.

⑤ 셀프 체크
ⓐ 판매원의 조건
- 고객 측으로부터의 요구 사항 : 명랑 쾌활한 인상을 주는 자질, 다시 말해서 정결한 몸차림 그리고 밝은 성격이 제일이다. 또 질문에 대하여 언제나 적절한 응답을 할 수 있는 풍부한 상품 지식과 생활 지식뿐만 아니라, 밸런스가 잡힌 미의식을 갖고 있어야 하며, 동작이 또한 명쾌해야 한다.
- 기업 측에서 바라는 조건
  - 기업의 경영 방침을 이해하고 직업인으로서의 충분한 능력을 갖고 기업 이념을 접객 판매 업무를 통해서 실천하고 적절한 생산성을 올리는 판매원이어야 한다.
  - 관리자는 부문의 의견을 통일해서 도덕성을 높이는 통솔력 내지는 리더십과 중견 관리자로서의 매니지먼트 능력이 요구된다. 구체적으로 말한다면, 풍부한 경험과 편벽되지 않는 성격, 책임감, 이성, 교양, 지도력이 요구되고 있다.

ⓑ 셀프 체크의 기능 : 비즈니스는 모두 계약에 의해 성립되고 있으므로 정실이 개입할 여지가 없는 것이 당연하지만, 자칫 정실에 흐르는 경향이 많다. 이 정도면 하는 생각 내지 자기 판단으로 안이하게 처리하려 드는 사고방식에는 왕왕 자기에게 유리한 변명이 개재하기 쉬운 까닭에 셀프 체크는 그러한 점에서 자기 자신을 점검하는 기능을 갖는다.

ⓒ 셀프 체크의 실행 : 몸차림은 왜 필요한가, 호감을 주는 용모는 누구를 위해 다듬어져야 하는가, 또 상품 지식과 민첩한 행동을 통해서 판매 실적을 올린다고 하는 업무가 어떠한 짜임새, 어떠한 계약 아래 자신의 사회적 위치를 마련해주고 있는가를 적어도 말로서 언제든지 표현할 수 있는 수준에서 인식하여 실행하여야 한다.

ⓓ 셀프 체크의 의미 : 판매원에게 요구되는 기술과 교육에 비추어 자기 자신을 관리하는 기법을 가리키는 것이다.

지식 in

판매원의 보상방식 `기출 14`
- 고정급제 : 판매원 보상의 가장 단순한 형태로, 판매원에게 업적에 관계없이 정기적으로 일정한 급여가 지급되는 제도
- 성과급제 : 종업원에 일정한 실적을 이루었을 때, 그 성과의 정도에 따라 보상하는 제도
- 혼합형 : 고정급 제도와 수수료 제도를 혼합한 형태(`참고` 수수료 제도 : 판매원에게 그들의 개별적인 생산성을 근거로 하여 보상하는 형태)

4 디스플레이 기술과 응용

(1) 중점 상품 디스플레이의 소구

① 광고적 효과 : 광고의 원칙인 AIDMA의 순서에 따라서 항상 중점으로 하는 상품을 고객에게 주목시키고 흥미를 주어 욕망을 일으키게 하여 확신을 갖고 구매 결정에 이르도록 디스플레이가 되어 있는가 생각하는 것으로 이 경우 디스플레이의 원칙인 AIDCA가 그 판단 기준을 도와주는 지침이 된다.

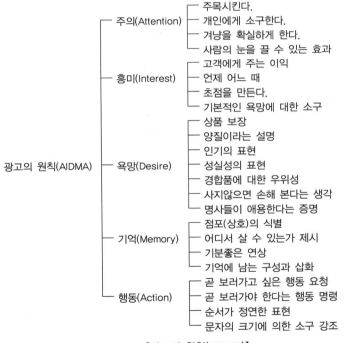

[광고의 원칙(AIDMA)]

② 심리적 효과(5감 소구) : 인간이 갖고 있는 5가지 감각에 대해서 얼마만큼 구체적으로 소구(Appeal)하고 있는가에 관한 것이다.

  ㉠ 시각(눈)
    • 보기에 불편하지 않고 보기 쉽게 보일 수 있도록 하기 위해서는 디스플레이의 방법이나 디스플레이형의 변화를 고려하여야 하고 색채, 조명, 보조 기구의 이용, POP 광고 등이 필요하게 된다.
    • 올바르게, 선택하기 쉽게, 풍부하게, 감이 좋게, 즐겁게 가치를 높여서 보여주어야 한다.

  © 촉각(손, 피부)
- 시각 다음으로 중요한 역할을 한다. 될 수 있는 한, 쇼케이스(Showcase)에 넣은 클로즈드 디스플레이(Closed Display)가 아닌 오픈 디스플레이(Open Display)가 좋다.
- 고가의 소상품은 밀폐 디스플레이가 바람직하다.

  © 청각(귀) : 음을 파는 상품은 소리를 들려주어야 한다. 가격이 비싼 스테레오라고 해서 소리를 들려주지 않는다면 구매와 연결이 되지 않는다.

  ⒫ 후각(코) : 화장품과 같이 향기를 파는 상품은 냄새를 맡게 해주어야 한다. 갈비집이나 생선 구이를 전문으로 하는 집이라면 냄새를 밖으로 내보내는 것은 후각 자극의 효과를 노리는 것이다.

  ⒬ 미각(입, 혀) : 과자나 식료품의 경우에 해당되는 것으로서 직접 맛보는 것이 구매를 자극하는 가장 강력한 방법이다.

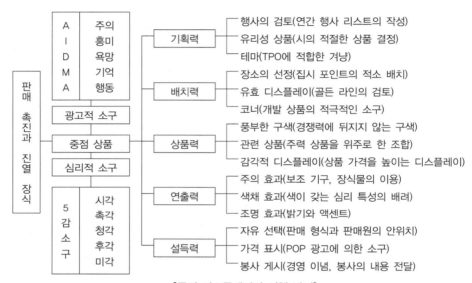

[중점 디스플레이의 진행 방법]

(2) 기획력

판매 성과를 높이기 위해서 그 시기에 맞는 시의 적절한 상품을 어디에 목표를 두어 어떻게 소구할 것인가를 결정하는 요소가 기획력이다. 경영자는 점포 전체의 스케줄을 작성하고 판매원은 자기가 담당하는 매장에 대해서 연간 판매 계획에 입각한 계간, 월간, 주간 스케줄을 면밀히 작성하여 영업을 착실하게 집행해 나가야 한다. 그러기 위해서는 다음 항목을 검토하고 순서를 세워서 계획을 추진해 나가는 것이 필요하다.

- 연간 촉진관리 계획 일람표의 작성
- 시기 적절한 유리성 상품의 선정
- 테마의 확립

① 촉진관리 계획 : 판매 목표를 달성하기 위한 판매 계획의 작성은 그 점포의 진로를 결정하는 중요한 역할을 함과 동시에 차후의 판촉을 계획하는 참고 자료가 된다.

- ㉠ 연간 행사 리스트의 작성
  - 월별로 사회적 행사, 지역적 행사, 점내 행사, 수요 포인트 판촉 테마, 중점 상품, 매출 목표 등을 일람표로 작성한다.
  - 전년도에 실시한 판촉 행사를 참고로 하고, 대형 소매점이라든가 백화점의 판촉 행사, 경쟁점의 판촉 행사 등을 검토해서 새로운 계획에 임한다(경쟁점보다 한 발 앞서가는 것이 좋다).
- ㉡ 연간 부내 리스트의 작성
  - 매장 각 부문의 행사 계획을 검토하여 부문의 담당자는 자기 담당 매장이 언제, 무엇을 얼마동안의 기간에 중점 상품으로 취급해 나갈 것인가를 미리부터 결정해 둘 필요가 있다.
  - 매출 목표로서 전년도 대비로 기대되는 수치를 예측해서 이를 작성·제출한다.
- ㉢ 연간 리스트의 계간·월간 수정
  - 연간 계획의 수정 : 연간 계획은 경기나 유행·기후 등 예측할 수 없는 문제의 발생과 경쟁점의 동향에 영향을 받기 때문에 집행 3개월 전에 구체적인 방안을 검토할 필요가 있다. 이와 같이 얼마만한 기간에 어떠한 행사를 하느냐를 결정해서 조속히 상품을 수배해야 한다.
  - 양판점의 상품 선정
    - 계절적이고 유행적인 고빈도 상품
    - 대량 소비되는 고회전 상품
    - 판매에 사람의 손이 덜 가는 생력 상품
  - 전문점의 상품 선정
    - 경쟁이 없는 개성적인 독점 상품
    - 이윤이 큰 오리지널 상품
    - 매스컴에 의해서 지명도가 높은 상품
    - 장래성·향상성이 있는 성장 상품
  - 상품 선정의 조건
    - 뉴스성·계절성이 있는 상품
    - 소구력이 있는 상품
    - 대량 매입으로 보다 싸게 살 수 있는 상품
    - 상품의 질이 균질성을 유지하는 상품
    - 프라이빗 브랜드(Private Brand) → 사적 상품, 자가 상품
    - 점격을 높일 수 있는 상품
    - 유명 메이커 선전 상품
    - 소비 개척에 의해서 매출이 신장되는 상품
  - 상품 구성
    - 특정 상품의 종류를 품목으로 구성하는 것으로 많은 종류를 다양하게 취급하는 것과는 다르다.
    - 의류의 경우는 같은 종류의 상품에서도 타입, 스타일, 색상, 가격이 다른 것을 될 수 있는 한 많이 취급해야 한다.
    - 중점 상품을 될 수 있는 한 단기로 좁혀서 강력하게 소구하는 것이 효과적이기 때문에 단품종(동종 상품) 내에서 적당한 폭의 상품 구성이 요구된다.
  - 가격 구성 : 잘 팔리는 가격선(Best Selling Price Line)을 중심으로 각 가격 단계의 균형을 고려한 구성으로 하는 것이 바람직하다.

② 테마의 확립 기출 14
ㄱ 일반적인 행사의 테마
- 연말연시 대매출 · 설날 대매출
- 어린이, 어버이날 대매출 · Summer Sale
- 추석 대매출 등
ㄴ 전시 테마
- 막연하고 보편적인 것보다 고객의 주의와 충동구매를 기대해야 한다.
- 충동구매를 위해서는 기간을 짧게 하고, 대상도 좁혀서 「당신에게만 알린다」는 구체성이 있는 캐치프레이즈로 소구할 필요가 있다.

(3) 배치력

중점 상품은 언제, 무엇을 어떻게 소구(기획력) 하느냐가 결정되면 다음은 그것을 어떠한 장소에 배치해야만 좋은가를 결정한다. 배치력을 높이는 방법으로서는 다음 3개항을 검토할 필요가 있다.

- 효과적인 집시 포인트의 설치
- 골든 라인(Golden Line)의 활용
- 개성적·인상적인 코너 디스플레이

① 집시 포인트 : 고객의 눈을 끌고 발을 멈추게 하여 충동적인 구매와 연결해주기 위한 매장의 포인트가 되는 부분으로 고객의 시선을 모으는 포인트가 된다.
ㄱ 집시 포인트의 방법
- 대량 판매점 : 대량 디스플레이형이 보통이며, 볼륨(Volume)의 주체를 잘 표현하여 구매 유도를 꾀한다.
- 전문점 : 감각 디스플레이가 일반적이며, 무드(Mood)의 주체를 잘 표현하여 구매 유도를 꾀한다.
ㄴ 집시 포인트의 위치 : 어느 점포를 막론하고 점두나 점내의 코너 정면에 하는 것이 상식이다. 옆의 그림과 같이 점두(A)에서 점포 앞을 통과하는 사람에 대해 그 눈과 발을 끌게하는 부분이 집시 포인트가 되며, 다음에는 점두로부터 직선으로 맞닿는 코너 정면(C)에 배치하는 것이 효과가 높다.

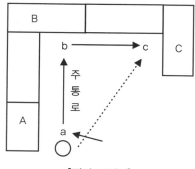

[집시 포인트]

ⓒ 집시 포인트 디스플레이 : 집시 포인트 디스플레이는 보충 디스플레이와는 다른 변화 있는 매력적인 디스플레이라야 된다. 이와 같은 디스플레이에 의한 고객의 유도가 결과적으로 점포를 보다 넓게 그리고 효율적으로 활용되도록 하는 것이다.

② 유효 진열과 골든 라인(Golden Line)

ⓐ 유효 진열 범위 : 상품을 진열해서 그 부분이 유효하게 되는 부분, 즉 팔릴 수 있는 진열의 높이라는 뜻으로 보기 쉽고, 사기 쉬운 위치라는 의미를 내포한다.

- **유효 진열**
  - 멀리서 보았을 때의 효과와 상품에 접근했을 때 보기 쉬운 효과를 상품의 특성에 따라 구분해야 한다.
  - 진열에는 전시를 구분으로 해서 무드가 좋은 진열, 선택하기 쉬운 진열, 손에 닿기 쉬운 진열이 될 수 있도록 배려하여야 한다.

- **유효 진열의 활용**
  - 집시 포인트인 전시적 디스플레이의 범위를 벗어난 위치로부터 보았을 경우 전체적으로 강한 테마의 소구력이 필요하다.
  - 통일성이 있는 센스와 무드가 고객의 기분을 휘어잡는다. 그러나 그 장소에 접근했을 경우 전체로서가 아닌 상품 하나하나의 효과가 문제가 된다.
  - 상품의 설명이나 가격이(POP 광고) 읽기 쉬운 위치에 알기 쉬운 상태로 표시되어 있어야 한다.
  - 상품군 중에서 보다 보고 싶고, 보다 사고 싶은 상품이 제일 보기 쉬운 장소에 효과적으로 진열되어 있어야 한다.
  - 중점 상품이라도 그 우선순위를 고려하여 골든 라인을 중심으로 진열한다.

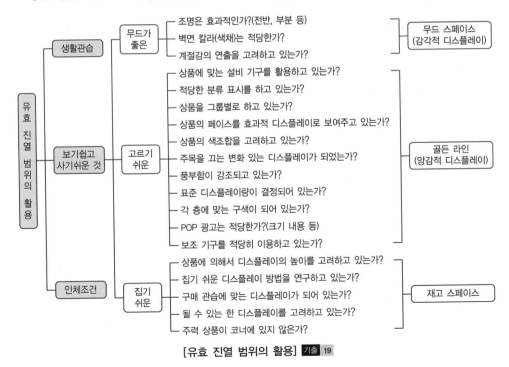

[유효 진열 범위의 활용] 기출 19

ⓛ 골든 라인(Golden Line) 기출 20·18·17·15
- 유효 디스플레이의 범위 내에서 보다 보기 쉽고 손에 닿기 쉬운 범위의 높이를 말하며, 가장 많은 매출을 올릴 수 있는 가능성을 가진 장소이다.
- 골든 라인의 범위
  - 눈 높이보다 20° 아래를 중심으로 하여 그 위의 10° 그 아래 20° 사이를 말한다.
  - 일반적으로 가장 보기 쉬운 위치는 눈 높이보다 20° 아래 부분으로 손으로 잡아보기 쉬운 부분이다.
  - 한국 사람의 눈 높이는 일반적으로 남성은 160cm, 여성은 150cm를 기준으로 한다.
- 시야의 넓이 : 사람의 양쪽 눈이 좌우로의 시야 속에서 가장 좋은 범위는 60°이다.
- 상품 배열 : 골든 존(Golden Zone)에 있는 디스플레이 상품은 사람의 상, 하로 가기 쉽기 때문에, 입지점에서 상품 비교는 종분할 쪽이 용이하다. 이에 비해서 횡분할은 중앙 부분의 매상은 늘지만 다른 부분이 팔리지 않아서 효율이 좋지 않다.
③ 코너 디스플레이(Corner Display) : 성장성이 있는 상품의 경우 장기적인 중점 상품으로 전개하고자 할 때는 특별한 코너를 설치해서 집시 포인트로 하는 것이 효과적이다. 이 경우 전반적인 보충 디스플레이 부분과 뚜렷하게 구분된 매장 무드가 필요하다.

지식 in

특설 코너의 장점
- 같은 종류의 상품이 집중적으로 디스플레이 되므로 능률적인 구매가 이루어진다.
- 타 매장과 상이한 매장 무드가 점포 내의 액센트로서 개성적이고 인상적이 된다.
- 동 종류의 상품을 집합시키므로 연출 방법에 의해서 매력적인 상품 구성이 가능하다.
- 조건이 나쁜 매장을 집시 포인트로 활성화시킬 수 있다.

---

(4) 상품력

상품 계획(Merchandising)에 관한 것으로, 상품력을 발휘한다는 것은 적어도 중점 상품으로 취급되는 기간에는 그 상품의 상품 구성에 있어서 경쟁점을 압도할 수 있어야 한다. 여기서 상품력에 대한 우위성을 갖기 위해서는 다음과 같은 사항이 요구된다.

- 압도적이며, 집중적인 디스플레이
- 상품의 여러 속성을 연결시킨 관련적인 디스플레이

① 집중적인 디스플레이
  ⓐ 매스 디스플레이(Mass Display)라고 말하는 단품 종목의 상품을 대량으로 진열하는 형태로 일정 기간, 특히 1주일 정도의 단기에 목표 수량을 팔고자 할 경우 특정 상품의 집중적인 디스플레이에 의해서 양감 디스플레이가 크게 힘을 발휘한다.
  ⓑ 집중적 디스플레이의 위치 선정 기출 13
    - 코너의 활용 : 계절 상품이나 구매 빈도가 높은 상품 또는 실연 판매와 같은 경우는 점두나 점내의 적당한 코너를 이용해서 압도적인 대량 진열을 한다.

- 앤드(End)의 활용 : 점내의 중앙 부분에 배열된 곤돌라 판매대, 평매대, 선반매대, 스테이지 등의 끝 부분에 그 부문 가운데서 중점 상품을 대량 진열한다.
- 특가매대의 활용 : 넓은 통로상의 공간이나 또는 사람의 눈에 잘 뜨이는 곳에 특가매대를 설치하고 대량 진열에 의해서 관계 구매와 충동구매를 유도한다.
- 벽면 디스플레이의 활용 : 상품 부문의 경계 면에 해당하는 곳에 각 부문의 상품을 대량 디스플레이해서 고객을 구석까지 유도한다.
- 큰 기둥의 활용 : 철근 콘크리트의 두터운 기둥에 의해 디스플레이가 차단되는 경우 그 기둥 주위에 대량 디스플레이해서 디스플레이선을 연결하는 형태이다.
- 디스플레이 선반의 활용 : 디스플레이 선반의 일부를 돌출시키거나 또는 보조 기구를 부착시켜 중점 상품의 양을 확대해서 주목을 끄는 형태이다.
  - ⓒ 집중적 디스플레이 방식 : 적립식, 혼합식, 걸이식, 단계식 등이 있는데 그 채택 방법은 상품이나 판매 정책에 따라 결정된다.
- ② 관련적인 디스플레이 `기출 13`
  - ⊙ 집중인 디스플레이가 가격을 중심으로 양감을 위주로 하는 것이라면 이와는 대조적으로 관련적인 디스플레이는 중점 상품에 관계가 있는 용도별, 부속성, 가격, 연령, 색채, 계절 등을 잘 조합해 그 조합에 의한 상승 효과로 판매력을 높이고자 하는 방법이다.
  - ⓒ 관련적인 상품 디스플레이는 패션 코디네이트(Fashion Coordinate ; 유행품의 조합)의 사고로 실시해야만 고객에게 편리, 안전감, 만족감을 줄 수 있다.

지식 in

관련 상품의 유의 사항
- 주력이 되는 중점 상품을 중심으로 거기에 더욱 상응하는 상품을 관련시킬 것
- 그 상품을 관련지음으로써 구매 의욕을 높여 중점 상품의 매출 증가에 공헌할 수 있는 상품일 것
- 상식적으로 그 점포에 가면 있을 것으로 기대하는 상품일 것
- 그 상품을 관련지음으로써 고객에게 보다 친절하고 편리하며, 신뢰를 받을 수 있는 관련 상품일 것

③ 감각적인 디스플레이 : 고객의 상품을 취급하는 점포의 집시 포인트는 감각적인 무드가 필요하다. 그 이유는 상품의 가치를 높여줄 수 있기 때문이다.
  - ⊙ 무드(Mood) 디스플레이 : 무드를 높여서 상품의 가치나 특성을 강조하는 진열로 이미지(Image) 효과를 목표로 한다. 고급품의 중점 디스플레이에 필요한 진열 방법으로 그 상품에 알맞은 색채·조명·장식의 보조구 등을 잘 이용해서 상품의 질감에 미치는 연상이나 이미지로부터 고객의 구매 심리를 자극한다.
  - ⓒ 심벌(Symbol) 디스플레이
    - 디스플레이가 의도하는 바를 상품과 모티브에 의해 상징적으로 표현하는 수법이다.
    - 디스플레이의 테마(계절·유행·뉴스·시간·장소·상황) 등에 따라서 집약적으로 소구하는 효과를 노린 것이다.
    - 이 방법은 고객에 대해서 순간적으로 그 내용을 표현하는 것으로서 감각적인 디스플레이면서 동시에 단기간에 상품을 고지하고 매출과 연결시키려는 방법이다.

ⓒ 드라마틱(Dramatic) 디스플레이
  • 극적 표현 형식의 디스플레이란 한 커트 장면의 리얼(Real)한 극적인 표현을 통해서 상품에 흥미를 끌게 하는 방법이다.
  • 이 디스플레이를 보고 있는 고객으로 하여금 그 주인공과 같은 느낌이 들도록 유도하여 그 상품에의 욕구를 불러일으키게 하는 디스플레이 방식이다.
  • 드라마틱 디스플레이의 전형적인 것은 마네킹을 사용해서 특정 장소를 극적으로 연출하는 방법이다.

(5) 연출력

중점 디스플레이의 효과를 높이기 위해서는 상품뿐만 아니라, 보조적인 기구나 장식을 사용해서 사람들의 관심을 갖게 할 필요가 있는데 이러한 방법으로서 의외성을 주는 연출력이 필요하게 된다.
연출력을 발휘하기 위한 디스플레이의 요점은 다음 사항을 고려하여야 한다.

• 의외성을 강조해서 주목 효과를 높일 것
• 색채를 이용하여 디스플레이 효과를 높일 것
• 조명 효과를 이용하여 디스플레이 효과를 높일 것

① 주목 효과의 제고
  ㉠ 주목 효과를 높이기 위한 연출 방법
    • 상품 자체의 변화 디스플레이 : 그 상품의 상식적인 디스플레이와는 다른 전시를 행함으로써 사람의 주목을 끄는 방법이다.
      − 양복을 진열하는데 옷걸이나 마네킹에 입힐 뿐만 아니라 낚시줄 등을 이용해서 공간을 걷고 있는 것과 같은 리드미컬한 디스플레이를 시도한다.
      − 청과물 등을 낚시 줄을 사용해서 천장에서 늘어뜨린 줄에 매달아 과수원을 연상시킨다.
    • 장식을 이용한 연출 : 각 상품에 알맞은 보조구를 이용해서 평범한 방법이 아닌 특수 방법으로 처리해 줌으로써 주목률을 높인다.
      − 의류의 마네킹을 흑색, 백색, 청색 등으로 색다르게 처리한다.
      − 행거 디스플레이대나 매대에 있어서도 즐겁게 느낄 수 있는 연출을 한다.

ⓒ 연출력 발휘의 요점
- 시의 적절한 뉴스성을 고려할 것 : TV, 라디오, 신문, 잡지에서 화제가 된 것을 디스플레이에 사용하는 방법
- 계절감을 충분히 살릴 것 : 계절의 연상으로서 소도구들을 이용한다.
- 동적인 수법을 이용할 것 : 정적인 방법보다 동적인 방법이 사람의 눈을 끌게 한다는 것을 인식하고 그에 대한 여러 가지 기술을 도입한다.
- 쇼킹한 표현을 할 것 : 쇼킹한 표현은 효과가 크지만 반대로 불쾌감을 주어 역효과를 내는 경우도 있기 때문에 주의해야 한다.
- 연령과 성별에 맞는 보조 도구를 활용할 것 : 소비자가 흥미를 갖는 광고의 일러스트인 3M, 3B, 3S를 잘 이용한다.

남 성	3M	Machine	기계적 장치
		Malet	양주
		Map	지도, 도표
여 성	3B	Beauty	미인, 아름다운 것
		Baby	갓난아기, 유아
		Beast	애완용 소동물
청 년	3S	Screen	영화, TV
		Sport	동적인 스포츠
		Sex appeal	성적인 매력

[소비자가 흥미를 갖는 광고의 일러스트]

② **색채 효과의 제고** : 색채를 보다 잘 이용함으로써 그 매장을 클로즈업시키고, 동시에 활기나 쾌감을 연상시켜 연출력을 높이는 방법이다. 따라서 그 디스플레이 목적에 맞는 상품의 색배합과 배경에 대한 색배합을 어떻게 할 것인가에 대한 지식을 갖출 필요가 있다. 기출 23·15
　ⓐ 색에 대한 이미지
- 고급 이미지 → 금, 은, 백색
- 저급 이미지 → 등, 적자, 황, 녹색
- 화려한 이미지 → 등, 황, 적자색
- 적막한 이미지 → 회, 청회, 명회색
- 즐거운 이미지 → 황, 등, 옥색
- 조용한 이미지 → 청자, 명회, 옥색
　ⓑ 배합색에 대한 이미지
- 따뜻한 감 → 난색과 난색
- 시원한 감 → 한색과 한색
- 경량감 → 밝은 명도의 색배합
- 중량감 → 어두운 명도의 색배합
- 화려한 감 → 채도가 높은 색상의 분리된 배색
- 무미건조한 감 → 채도가 낮은 색상의 분리된 배색
- 수수한 감 → 그레이와 색상 중 더욱 선명한 색(순색)의 배색

- 세속적인 감 → 배지색을 주체로 한 배색
- 적극적인 감 → 황, 흑과 적, 황 등의 배색
- 이지적인 감 → 백과 청록 등의 배색
- 침착한 감 → 차, 감 등의 배색
- 생동감 → 황, 녹 등의 배색
- 젊은 감 → 백과 선명한 적의 배색
- 평범한 감 → 녹과 등의 배색

ⓒ 디스플레이의 배경 색채
- 배경색은 주역인 상품에 대해서 보조적인 역할이므로 눈길을 끌지 않는 상태가 좋다.
- 상품의 색에 대해서 배경색이 보색의 입장에 있으면 상품과 배경색이 자극이 강하기 때문에 보색 관계에 있는 색이 배경색이 되는 것은 부적당하다.
- 의식적으로 특정 부분에 눈길을 끌기 위해서 더욱 선명한 색을 사용하고자 할 때는 선명한 색을 몇 개로 나누어 각 색깔의 경계면에 백색의 라인을 넣어주면 각각의 색이 확실하게 분리되어 돋보인다.
- 무난한 디스플레이 배경은 상품과 같은 계통의 배색으로 명도가 낮은 색이 잘 어울린다. 그러나 너무 침착해서 변화가 없어 보이기 때문에 카드나 꽃 리본 등으로 대조적인 색을 더해주면 효과적이다.
- 다채로운 색을 가진 상품의 배경은 일반적으로 한색의 명도나 채도가 낮은 색 또는 크림색, 아이보리색, 명회색 등이 무난하다.

ⓔ 색채에 의한 즐거운 표현
- 밸런스 : 색에 의한 좌우, 상하의 밸런스를 잡는 방법은 약한 색의 면을 크게, 강한 색의 면을 적게 하면 된다.
- 리듬 : 일반적으로 흐르는 선, 강한 색과 약한 색의 반복은 즐거운 무드를 연출시켜 준다.
- 색의 대조 : 난색과 한색, 강한 색과 약한 색, 무거운 색과, 가벼운 색, 이와 같이 반대의 성질을 갖는 배색은 젊은 감각과 근대적인 미감을 나타내 준다.
- 액센트 : 목적에 따라서 제일 중요한 부분에 눈길을 끄는 색을 놓고 전체를 돋보이게 하는 방법이 좋다.

③ 조명 효과의 제고 : 점포 조명의 방식에는 기본 조명이라고 할 수 있는 전체적인 조명과 부분 조명, 즉 특정 부위를 집중적으로 조명하는 형태가 있다. 어떤 조명이 좋은가 또는 조명 기구는 어떻게 부착하는 것이 좋은가는 그 점포의 조건(업종, 업태, 점격, 취급 상품) 천장 높이, 그 부분에 대한 색채 등에 의해서 결정되어야 한다.

㉠ 배광 방식의 활용 방법과 상식적인 기본 조명의 방법
- 직접 조명 : 높은 광도를 필요로 하는 점포 또는 대형의 일반 고객 상대의 점포
- 반직접 조명 : 일반적인 전문점 또는 백화점 등과 같은 대형점
- 반간접 조명 : 고급 전문점, 국부적인 조명을 많이 사용하는 경우
- 간접 조명 : 특별 고급점, 특히 개성적인 상품을 파는 소형의 점포 또는 서비스업
- 전반 확산 조명 : 샹데리아나 밸런스 라이트와 같이 광이 상하, 좌우로 비치는 조명 방식으로 명도를 보다 필요로 하는 비교적 고급점에 적당한 조명

○ 기구를 다루는 방법
- 노출식 조명 : 천장이 높은 경우 또는 조명 효과보다는 액센트로서 이용하는 경우
- 직부 조명 : 대중적인 상품을 취급하는 점포의 경우
- 반매입 조명 : 중급점 또는 천장이 낮은 점포의 경우
- 매입 조명 : 고급품의 점포로서 무드를 나타낼 경우 기구를 매입시켜 천장 면을 어둡게 처리해 준다.

© 국부 조명의 방법
- 스포트라이트(Spot Light) : 특정 상품을 집중적으로 조명해서 그 상품을 부각시키는 방법인 경우 광원이 고객의 눈에 뜨이지 않도록 각도를 고려하여야 한다.
- 다운 라이트(Down Light) : 밑 부분을 중점적으로 조명하는 방법인데 점포나 윈도우 또는 상품 조명으로서 전체 조명의 밝기에 플러스하는 보조적인 역할을 한다.
- 풋 라이트(Foot Light) : 밑 부분에서 상품을 조명하는 방법으로 디스플레이 면을 전체적으로 밝게 하는데 도움이 된다. 이 조명을 천장에서의 빛보다 강하게 하면 무드 조명이 된다.
- 백 라이트(Back Light) : 점내 정면이나 집시 포인트 등 특히 눈길을 끌게 하고 싶은 장소의 벽면에 밝게 반사시키는 방법으로서, 유리 제품이나 투명성이 있는 의류 등의 무드 조명에 적합하다. 스테이지에 반투명의 유리나 아크릴 판을 놓고 그 부분을 더 밝게 해주는 스테이지 라이트로 같은 타입의 조명이다.
- 액센트 라이트(Accent Light) : 조명 기구 그 자체를 장식적으로 활용하는 방법, 천장에서 내려뜨리는 팬던트와 벽면에 부착하는 부래키트 조명으로 명도는 밝지 않아도 좋지만 점포의 무드나 상품과의 조화가 필요하다.

(6) 설득력

팔고자 하는 상품[기획력]을 팔기 좋은 요소[배치력]에서 팔기 위한 상품 구성이나 상품 조합[상품력]을 고려하여 변화 있는 디스플레이 방법[연출력]을 연구하면 설득력에 의한 구매 결정에 이를 수 있다. 이를 위해서는 다음 사항이 필요하다.

- Self-selection에 의한 자유스러운 비교 선택
- 상품 설명과 가격의 명료한 표시
- 서비스 사인에 의한 성실한 전달

① 자유스러운 비교 선택 : 유효 디스플레이 범위를 이해하고 이를 활용해서 상품을 진열하는 것은 당연하지만 판매원이 없어도 고객은 자유스럽고 기분 좋으며, 여유 있게 비교 선택할 수 있도록 하는 것이 중요하다.
○ 확실하게 그 점포에서 무엇인가를 사고자 하는 기분으로 들어온 목적객
- 일용 편의품을 취급하는 점포나 음식점 등과 같은 서비스업이 해당된다.
- 목적객은 필히 그 점포에서 무엇인가를 사거나 또는 먹고자 하는 목적을 가지고 있으므로 큰소리로 「어서 오십시오」라고 하는 것이 좋고 그것이 고객의 귀에도 경쾌하게 들린다.

    ⓛ 자기가 요구하는 상품을 고르기 위해 많은 점포를 돌아다니면서 여러 가지를 비교해서 결정하고자
      하는 기분으로 내점한 고객
- 일반 선매품을 취급하는 점포로서 유행적인 상품이나 감각적인 상품이 주력 상품으로 되어 있는 점포이다.
- 이와 같은 내점객은 그 점포에서 구매를 하기보다는 먼저 보고 싶다는 기분이 더 크기 때문에 이러한 고객에 대해서는 판매원의 태도는 고객과 눈이 마주쳤을 때 목례로써 인사를 대신하는 것이 좋다.
- 「잘 오셨습니다. 부담 갖지 마시고 여유 있게 보고 돌아가십시오」라는 느낌을 주는 것이 좋다.

    ⓒ 상품을 구입하는 시기는 아직 결정이 안 되었지만 상품을 미리 보아두고 검토해서 구입 상품을 마음으로 결정해 두고자 하는 고객
- 고객의 전문점, 가구나 전기 제품 등을 취급하는 대형점의 경우이다.
- 이 경우의 접객 방법은 고객으로부터 먼저 말이 걸려왔을 때 응대해도 된다.
- 적당한 크기의 카드에 「어서 오십시오. 여유 있게 천천히 보시라는 의미에서 말은 걸지 않겠으나 용무가 있으시면 가벼운 기분으로 불러주시면 응답해 드리겠습니다」라고 써 놓는다. 이것을 본 고객은 이 점포는 자유스럽게 보고 돌아다닐 수가 있다고 판단한다.

② **가격의 명확한 표시**
    ㉠ 가격 : 가격은 구매 계획과 구매 결정의 요소로서 디스플레이 효과를 달성하기 위해서는 가격의 명확한 표시가 있어야 한다. 가격의 명확한 표시는 가격표를 다는 것만으로는 부족하고 그 상품의 목적에 합당한 적절한 상품 소개를 곁들여 주어야 한다. 그것은 POP 광고(구매 시점 광고)의 표시 효과이다.
    ㉡ POP 광고 실시의 주의사항 `기출 19`
- 명확한 상품의 특징이나 가격의 소구
- 왜 사야 되는가의 이유의 명시
- 매스컴 상품의 경우는 메이커 브랜드의 이용을 충분히 고려할 것
- 시즌이나 겨냥하는 목표에 따라서 카드의 색, 사이즈, 표현 방법을 적당히 할 것
- 점포의 개성에 매치 될 것
- 효과에 대한 평가

③ **서비스 사인(Service Sign)**
    ㉠ 정의 : 서비스 사인은 봉사를 위한 게시는 점포의 신뢰를 획득하기 위한 수단이다. 한마디로 말해 점포 측에서 고객에게 알리고 싶은 내용을 어필 하는 게시물이다(서비스 정신을 문자를 통해서 고객에게 표현하는 것).
    ㉡ 서비스 사인의 범위 : 점포의 경영 이념의 전달에서부터 세부적인 친절에 이르기까지 여러 가지 형태가 있다.
    ㉢ 서비스 사인의 효과 : 서비스 사인을 활용함으로써 간접적이지만 결과적으로 점포의 신용을 축적하여 설득력을 높이는 효과를 발휘하고 또 생력화(사람의 힘을 덜 들이는)에도 연결된다.

5 상품 특성에 따른 판매전략

(1) 패션상품(의류·신변품)

① 상품 특성

ㄱ) 의류·신변품의 분화

- **기능성과 장식성**
  - 의류와 신변품은 처음부터 기후나 외부의 피해로부터 몸을 보호하기 위한 실용성, 기능성으로 부터의 필요와 또 한편으로는 외적이나 이성에 대한 과시적인 요소 및 아름답게 보이고 싶다는 장식성의 요구가 곁들여 발전되어 왔으며, 지금도 이 두 가지의 서로 모순되는 요인에 의해서 전개되고 있다.
  - 기능성과 장식성은 상호 독립된 요소이나 미묘하게 혼합되어 있는 현상을 볼 수 있다. 또 시대에 따라서 때로는 기능성이 중요시되기도 했고, 장식성이 강조되기도 하는 등의 변화를 거듭해오고 있다.
- **개성과 사회성** : 개인으로서의 복식은 자유이며 자기를 표현하는 수단으로서 의류·신변품은 폭넓게 활용되어 왔다. 그러나 사회적인 관습이나 제약이 가해져 복장은 여러 형태로 분화하게 되었다.
- **모방과 독창** : 복식은 외관적으로 나타나는 것이기 때문에 그 사람의 사상이나 말 이상으로 그 사람의 개성을 표현한다. 그래서 개성적이고 독창적인 복장을 하여 타인과 구별되고 싶다는 욕망이 있다. 이것이 유행(Fashion)이 생기는 요인이 된다. 패션의 전개에도 복잡한 요소가 포함되어 있으며, 독창과 모방의 상호 모순되는 요인이 엇갈리는 가운데 의류·신변품은 상품화되어 그 종류도 참으로 다양하게 나타나고 있다.

ㄴ) 의류·신변품의 상품화

- **상품화의 전개** : 의류·신변품은 자급 자족 단계에서 산업 혁명과 1840년 재봉틀의 발명으로 기성품화가 이루어졌다. 이는 전문업자에 주문하여 생산하는 주문 생산 과정을 거쳐서 기성품을 구입하는 단계로 이행되었다. 기성품화는 전쟁 발발로 인한 군복·군화 등의 대량·신속 조달의 필요성에 의해 더욱 발전되었으며, 두 번의 세계 대전을 거치면서 본격적으로 정착하게 되었다. 최근 우리 나라의 경우도 의류·신변품의 기성품화가 크게 진전되고 있으며, 주문품의 비중은 점차 떨어지고 있다.
- **의류·신변품의 분류** : 상품의 분류를 하는 방법은 여러 가지가 있으나, 흔히 편의품·선매품·전문품으로 구분한다.
  - 의류나 신변품은 일반적으로 선매품으로 분류되고 있으나, 기성품화의 진전에 의해 대량 생산이 가능해짐에 따라 내의, 구두, 와이셔츠, 하의 등과 같은 상품군은 편의품화되어 적은 노력과 시간으로 구입할 수 있게 된다.
  - 편의품화한 상품 중에서도 컬러 셔츠와 같이 색상이나 무늬에 따라 선택을 해야 하는 선매품으로서의 성격을 가지고 있는 것과 또 커미컬 슈즈와 같이 편의품으로 취급을 받고 있는 것도 유행에 민감한 품목은 선매품으로 취급받고 있는 것도 있어 일정하지는 않다.
  - 최근에는 가격 존(Price Zone)에 의해 구분하는 경우가 많아져 단순한 분류만으로는 곤란하게 되었다.

ⓒ 의류·신변품의 분류방법

- **연령별** : 의류·신변품을 분류하는 방법은 아주 다양하나 우선 신체에 맞아야 하는 필요성에 의해서 연령별로 크게 셋으로 나눈다. 즉, 유아복, 아동복, 성인복으로 대별된다. 최근에는 아동복과 성인복의 중간에 10대(13~19세)를 위한 것이 큰 분야를 차지하고 있고, 이것을 둘로 나누어 로우틴(Lowteen)과 하이틴(Highteen)으로 세분하고 있다. 성인복으로 일괄하여 말하는 것 중에는 미스, 영미세스, 미세스로 구분하는 등 점차 복잡해지고 있다.
- **성별** : 의류·신변품은 남성용·여성용으로 구별하고 그에 따라 소재, 색상, 무늬가 달라지며 취급 도매상, 유통경로, 판매점까지도 다르게 되는 경우가 많다.
- **계절별** : 우리나라는 4계절이 명확하기 때문에 옷도 최소한 동복, 하복 춘추복의 세 가지가 필요하다. 상품에 따라서는 초춘물(初春物), 춘물(春物), 초하물(初夏物), 하물(夏物), 추물(秋物), 동물(冬物), 방한물(防寒物)과 같이 7분류하는 경우도 있다.
- **사이즈(Size)별** : 일반적으로 보통 체격을 위한 사이즈를 비치하고 있으나, 신사·부인복 등은 킹 사이즈(King Size) 전문점이나 전문 코너가 있다.
- **용도별**

타운웨어 (Town Wear)	거리에서 입는 옷이라는 뜻으로 최근에는 비즈니스웨어(Business Wear)라고도 한다. 비교적 점잖은 외출복과 이에 어울리는 신변품 등이다.
컨츄리웨어 (Country Wear)	교외에서 입는 옷으로 캐주얼웨어(Casual Wear)라고 흔히 말한다. 스포티하고 야성적인 느낌을 주는 복장이며, 스포츠웨어도 여기에 속한다. 최근에는 캐주얼웨어가 주류를 이루고 있다.
포멀웨어 (Formal Wear)	예복, 양복, 한복 등 정형적인 옷을 말한다. 최근에는 간소한 예복이 나타나고 있으나, 사회 관행적인 것이어서 크게 변한 것은 없다.

- **생활 행동별** : 의류·신변품을 착용하는 일상생활을 세분화하여 거기에 맞는 상품 분류를 한 것이다. 일상 생활 중에도 가사를 할 때는 「치킨웨어」, 청소·세탁시에는 「홈웨어」, 밤에 TV를 볼 경우에는 「라운지웨어」, 침실에는 「나이트웨어」 등 때에 따라서 필요한 옷과 신변품이 있다.
- **가격별** : 세분화의 한 방법으로 가격대를 설정하여 그 범위 내에서 구색을 갖춰 여러 가지 특색을 나타내는 방법이 있다. 점포간의 경쟁이 치열해지면서 이러한 분류가 나오게 되었다.

② 판매면의 특성

㉠ 구색 갖춤

- **구색 갖춤의 중요성**
  - 의류·신변품 판매의 키 포인트 : 의류·신변품은 용도·생활 행동·성별·연령별 등으로 묶어서 진열을 하고 판매를 하게 된다. 이와 같이 상품의 품목 구성을 어떻게 하느냐가 판매의 포인트가 된다.
  - 의류나 신변품의 구매 경향 : 의류나 신변품은 브랜드에 대한 지명 구매가 적은 편이며, 개개 상품을 보고 비교하여 본 후, 자기 몸에 맞는 것을 선택 구입하는 것이 일반적이다. 양복을 샀을 때에도 그것에 맞는 넥타이, 와이셔츠를 골라서 구입하는 관련 구매가 많다. 예정에 없던 것도 쇼윈도우를 보고 갑자기 사고 싶은 욕망이 생겨서 사게 되는 충동구매가 많기 때문에 구색 갖춤의 기술이 필요하다.

- **구색 갖춤의 상품 요소**
  - **품종별** : 신사복, 부인복, 아동복, 편물, 구두, 가방 등으로 품종별 대분류가 상품 분류의 기준이 되는 경우가 많다. 이 방법은 예전부터 해오는 가장 일반적인 것이다.
  - **디자인 별** : 최근에는 소비자들의 지식이 향상되어 양복에서도 전통적인 것인가의 여부를 구분할 수 있고 자신이 좋아하는 것을 결정할 수 있게 되었다. 디자인의 기호에 따라 한정된 구색을 갖추는 것에 의해 특색을 발휘할 때가 많아졌다.
  - **사이즈 별** : 의류나 구두는 그 사이즈가 점점 세분화되는 경향이 강하다. 와이셔츠 등은 목, 팔길이, 가슴둘레 등의 사이즈에 따라서 구색도 점점 늘어나고 있다.
  - **연령별** : 연령별 시장 세분화는 상품 구성의 큰 테마이다.
  - **가격별** : 어떤 상품보다도 의류는 가격이 상품 구성의 중요한 요소이다. 의류·신변품은 디자인, 패션성, 독창성(Originality)에 의해 같은 상품의 경우에도 가격 차이가 현저하다. 그렇기 때문에 아주 복잡한 가격 구성이 되어 있다.

ⓒ **주력 상품과 보조 상품**

- **판매 상품과 전시 상품**
  - **판매 상품** : 판매 상품이란 주력 상품, 볼륨 상품, 실용 상품, 대중 상품, 붐을 타고 있는 패션 상품 등 구매 빈도가 높고 회전이 빠른 상품이다. 유명 브랜드 상품은 강력한 광고·선전 효과에 의해 판매 속도가 빠른 판매 상품이 많다.
  - **전시 상품** : 전시 상품이란 점격(店格)을 높이고 새로운 고객을 끌어들여 구매의욕을 높이기 위해서 팔리는 속도는 느려도 취급하는 상품으로 하이 패션 상품, 시험 판매 상품, 신개발 상품, 자극 상품 등이 이에 속한다. 특히 의류점에서 전시 상품의 역할은 아주 크다. 전시 상품은 고객의 눈을 끌기 위한 대담한 색채와 디자인의 것이 많아서 이를 윈도우 상품, 간편 상품이라고도 부른다. 전시 상품의 구성 비율은 점포의 위치나 성격에 따라 다르나, 일반적으로 대량 판매점은 10%, 패션 전문점은 30%를 한도로 보고 있다.
- **관련 상품** : 의류, 신변품은 통조림이나 맥주 등과 달라서 어떤 상품 단독으로 진열하게 되면 매력이 없어진다. 스웨터는 황색 한 종류만이 팔리는 것이 아니며, 적어도 5가지 색을 구비해 놓지 않으면 황색이 아주 잘 팔리는 색이라 할지라도 팔리지 않는다. 이와 같이 주역에 대한 조역과 같은 관련 상품이 필요하다.
- **변화에의 대응** : 의류 신변품은 타 상품에 비해서 극히 유동적이고 변화가 큰 상품이다. 즉 유행의 변화는 이상 기후, 경기 변동에 따라 생산자나 소비자 모두 큰 영향을 받는다.

지식 in

의류·신변품 판매의 유의 사항
- 유행의 변화
- 기후의 변화
- 동일 상권내 경쟁점의 취급 상품의 변화
- 생활 환경의 변화
- 입지 조건의 변화

ⓒ 패 션
- 패션의 의미
  - 웹스터 사전의 정의 : 패션이란 어떤 특정 기간이나 시즌에 나타나는 의복 혹은 개인적인 장식품의 스타일 또는 군(群)으로 넓게 일반적으로 받아들여지는 것을 말한다.
  - 스타일 : 스타일은 어떤 시대 혹은 어떤 그룹이나 개인이 남과 구별할 수 있는 타입의 양식 또는 언동, 표현 등을 가리킨다. 예를 들면 이탈리아 스타일의 스포츠 웨어라든가, 20년대의 스타일이라든가, 마를린 먼로의 스타일 등이 그 예이다.
  - 디자인 : 스타일을 세분하여 색, 형(形), 기타의 요소들을 조금씩 변형하여 표현하는 것이다.
  - 모드(Mode) : 모드는 패션과 구분하여 사용하는 경향이 있다. 모드는 프랑스말로 창작 디자이너가 시즌에 앞서 발표한 단계의 것으로, 그것을 일반이 받아들이는 경우에 패션이라고 부른다.
- 패션의 종류

하이 패션 (High Fashion)	• 새롭고 대담한 디자인으로 일반인이 따라가기 힘든 패션 • 아주 고가의 소재,「디자인」료, 가공임을 들인 작품 • 하이 패션은 일부 사람들만을 위한 패션이며, 대표적인 것으로는 파리의 오트크츄르 (고급 봉제점)의 상품을 들 수 있다.
매스 패션 (Mass Fashion)	대중 패션으로 대량 생산된 기성품을 가리킨다. 근래에는 소비 생활의 고도화, 평준화와 대량 생산 기술의 발달에 의해 모든 사람이 패션을 공유할 수 있게 되었다.
베이직 또는 뉴 패션 (Basic or New Fashion)	하이 패션이었던 것이 정착하여, 다음 시즌 또는 2~5년 정도 계속해서 판매되는 것을 베이직 패션 또는 뉴 패션이라고 한다.
스테이플 패션 (Staple Fashion)	긴 주기, 보통 5~10년간 변하지 않는 것을 스테이플 패션이라고 부르는데, 실용 의류나 일용품이 여기에 속하며, 가격은 저렴하나 경쟁이 심한 상품이다.

- 패션이 생기는 이유
  - 흉내 내는 것에서 시작한다.
  - 산업이 패션을 만든다.
  - 디자이너의 창작에 의해 만들어진다.
  - 사회 환경의 변화가 패션을 만든다.
  - 일반 대중이 받아들이냐의 여부에 달려 있다.

③ 구매 행동의 특색
  ㉠ 가치관의 변화
  - 기능성이나 실용성만을 보고 의류·신변품을 구입하는 경우는 드물다. 부엌에서 입는 앞치마나 운동화의 경우에도 튼튼하다든가 질기다는 것만이 아니고 보기에도 좋고 유행성도 갖추고 있어야 한다.
  - 무엇인가 새롭다든가 의외성이 있어야 많이 추가 구매를 하게 된다. 이제 패션이 상류층만을 흉내 내던 시대는 끝나고 있으며, 아름다운 것만이 아닌 의외성, 화제성이 있어야 패션이 될 수 있다.
  ㉡ 다양화의 시대 : 생활의 다양화가 진전됨에 따라 의류·신변품도 이와 더불어 다양해지고 있다. 유행도 특정 디자인에 한정하지 않고 여러 가지 혼합된 형태로 다양해지고 있다.
  ㉢ 국제화의 시대 : 해방 후의 급속적인 서양화와 여러 면에서의 국제화의 진전으로 외형적인 복식뿐만 아니라 패션물의 생산, 유통, 정보의 입수 방법 등 모든 면에서 국제화의 시대로 접어들고 있다.

ⓔ 양(量)에서 질(質)로 : 의류는 양적으로 어떤 수준에 달하게 되면 양보다는 질을 추구하게 된다. 또 다른 한편으로는 고급품만을 찾는 것이 아니고, 싼 것을 여러 벌 구입하여 자주 갈아입는 것도 새로운 질적인 욕구라고 볼 수 있다.

(2) 신선 식료품

① 신선 식료품의 유통
　　㉠ 유통 부문은 생산과 소비라는 경제 발전의 두 기능을 연결하는 파이프라인에 해당하며, 이 파이프라인에 애로가 발생했을 경우, 생산 지연 현상이라든지 또 가격 파동과 같은 현상이 야기된다.
　　㉡ 파이프라인에 생산물의 흐름을 증대시키고 수요 변화를 생산 증강에 원활히 매개하는 접근 방법이 오늘날 경제 발전 계획의 주류를 이루고 있다.
　　㉢ 오늘날 가격 및 수급 문제가 클로즈업되고 있는 채소 및 과일류 등 신선 식품의 유통 구조는 복잡하고 영세하며, 따라서 더디고 비싸게 치일 수밖에 없다.
　　㉣ 유통 조직에 대한 정부 당국의 발상도 선진국의 경우와 같이 하나의 생산 기반으로 간주하는 것이 아니라, 상행위(Super Structure)로 인식하고 있다. 그렇기 때문에 유통 행정이나 유통 부문에 대한 투자도 미약하다.

② 신선 식료품의 유통 구조
　　㉠ 생산의 단위는 일반적으로 영세하고 지역적, 시간적으로 편재되어 있다.
　　㉡ 소비 내지 구매의 최종 단위는 영세하여 생산 단계와 지역적, 시간적으로 상당한 격차가 있다.
　　㉢ 신선 식품 중에는 필수품화의 정도에 따라 최종 수요의 가격 탄력성이 높은 것도 있으나, 일반적으로 수송성이 결여되어 실제 유통 단계에 나타나는 수요는 상당히 비탄력적이다.
　　㉣ 생산 단계의 표준화는 대단히 뒤지고 있다.

③ 신선 식료품 유통 구조의 기본적 기능
　　㉠ 수집 기능 : 지역적·시간적으로 산재하고 있는 영세 규모의 생산물을 수집해야 한다.
　　㉡ 분산 기능 : 지역적·시간적으로 산재하고 있는 대부분의 영세한 소비 단위에 대하여 농산품을 분산 시켜야 한다. 분산 기능에는 선별, 포장, 수송, 저장, 정보 전달 등의 물적 유통의 각종 기능이 포함된다.
　　㉢ 가격 안정 기능 : 가격의 안정을 위해서는 수집 및 출하의 계획화 또는 통제가 필요하며 저장, 수송, 다른 용도로의 전용 또는 공급량의 일부 폐기를 포함한 수급의 조정이 있어야 한다. 광범위하게 판매자 측 또는 공급량의 일부 폐기를 포함한 수급의 조정이 있어야 한다.
　　㉣ 품질 평가에 따른 가격 결정 : 신선 식료품의 대부분이 상하기 쉽고 시간적, 지리적 이동에 대한 저항력이 약하며, 또 상품에 대한 평가가 눈으로 보고 혀로 맛보고 하는 등 주관적 판단에 따르기 쉬운 점 등으로 인하여 신선 식료품의 거래는 원칙적으로 현물을 중심으로 하게 된다.

(3) 가공 식품

① 상품 특성

　㉠ 선도 및 보존성 : 가공 식품은 상품에 따라서 신선도의 상태가 다양하므로 상품의 선도 및 보존성을 정확하게 파악하고 있지 않으면 원활한 품질 관리가 어렵다.

　　• 선도가 특히 문제되는 상품 : 생맥주, 탁주, 우유, 빵류, 생과자, 두부, 마요네즈, 냉동식품 등은 하루 내지 며칠의 보존이 문제가 되며, 그 기간에 품질의 변화를 일으키는 경우가 많다. 이러한 상품은 점두(店頭)에 진열하여 취급할 때 적절한 조치를 취하여야 하고 특히 직사광선을 받지 않도록 해야 한다.

　　• 선도 및 보존 기간에 주의해야 하는 상품 : 청주, 맥주, 마가린, 버터, 치즈, 과자의 일부, 차(茶), 커피, 염간물, 안주류와 같은 상품으로 수일간의 보존은 가능하지만, 포장 상태 또는 점포 진열 상태에 따라 품질의 변화를 일으키는 경우가 많은 상품을 말한다. 이런 종류의 상품은 제조 연월일로부터 수개월의 보존 기간이 있으나, 반드시 장기 보존이 가능하다고 볼 수는 없다.

　　• 선도 및 보존 기간이 상품 관리상 크게 문제가 되지 않는 상품 : 간장, 화학조미료, 식용유, 통조림 등 비교적 보존성이 높은 가공 식품을 말한다. 이러한 상품에는 보존 기간이 수년에 달하는 것도 있다. 보존성이 강하다고 해서 무턱대고 상품을 장기간 보존하는 것은 잘못된 것이며, 여러 종류의 상품에 대한 적절한 소비시기를 정확히 파악하고 그에 맞추어 판매하는 것이 바람직하다.

　㉡ 포 장

　　• 포장재 8가지 조건

　　　- 내용물이 밖에서도 보이는 것 : 상품의 내용을 고객이 알게 함으로써 유효한 촉진관리 효과를 얻고자 하는 포장 유형 ⇒ 병이나 폴리에스터 용기 등의 석유 화학제 포장재

　　　- 포개어 쌓아도 되는 것 : 대량 판매, 대량 진열이 용이하게 되도록 하는 포장 유형 ⇒ 통조림

　　　- 한 개가 소형 포장으로 된 것 : 핵가족화에 의한 소량 소비 패턴에 대응하는 것이다.

　　　- 용이하게 개봉할 수 있는 것(Easy to Open) : 소비자의 입장에서 쓰기 쉬운 편의성을 강조한 것이며, 석유 화학제 포장재는 이런 점에서 편리하다.

　　　- 내용물의 품질 보존이 충분히 보장되어 있는 것 : 일반적으로 포장재의 조건은 화학 반응의 억제, 방습성, 산화 방지 등에 유효한 것이 바람직하다. 병은 이런 점에서 다른 포장재에 비해 가장 우수하다고 할 수 있다.

　　　- 쓰고 버리기에 용이한 것 : 포장재의 처분이 쉬운 것을 말하며, 종이, 펄프제 포장재가 알맞다.

　　　- 파손 가능성이 적은 것 : 상품 취급 사용이 용이한 것으로, 통조림이 가장 좋으며, 석유 화학 제품이 이에 버금간다.

　　　- 포장 재료의 무게가 가벼운 것 : 석유 화학 제품이 최적 조건을 가지고 있으며, 종이 펄프 제품도 이에 준한다.

- **상품의 유통 형태**
  - 제조업자는 상품의 유통 형태를 고려하여 포장재를 사용하므로 이를 유의해야 한다. 상품이 어두운 곳, 차가운 곳에 두지 않으면 안 되는 것인지, 또는 회전 일수가 제조 후 며칠 이내라야 되는지 등이다. 물론 이러한 것도 상품의 여러 가지 형상, 이를 테면 두부 같은 물건이냐, 음료수 같은 액체냐에 의해 제약을 받게 된다.
  - 포장재에 관련된 전제 조건을 상품마다 이해하여 그 대책을 강구하여야 한다. 포장 두부는 제조 후 며칠 이내에 팔아야 된다는 것을 알아두고 잔품이 남지 않도록 적절한 매입 판매 계획을 연구, 실행해야 한다. 포장재의 특성과 그 내용물과의 관계를 고려한다는 것은 다시 말하면 품질 관리를 한다는 것이다.
- **가공 식품의 포장 재료**
  - 종이, 펄프 제품 : 편의성에서 가장 우수하다.
  - 폴리에스터 · 석유 화학 제품 : 종이, 병의 중간 특성을 갖는다.
  - 통조림 : 종이, 병의 중간 특성을 갖는다.
  - 병 : 품질 보존성이 가장 우수하다.

ⓒ 냉동식품의 품질 관리 : 냉동식품은 보존 온도가 −15℃ 이하인 식품이다. `기출 17`
- **저장, 수송, 배송 등 물적 유통상의 조건** : 냉동식품은 저장, 수송, 배송, 판매 등 전 과정에 걸쳐 최종 판매시까지 −15℃ 이하로 상품의 온도를 유지해야 한다. 상품에 온도의 변화가 계속 가해지는 경우에는 2℃를 넘는 온도의 변화가 일어나지 않도록 한다. 될 수 있는 한 낮추도록 한다.
- **소매업자의 판매 및 상품 관리의 조건**
  - 냉동 쇼케이스는 −15℃ 이하의 온도를 유지할 수 있어야 하며, 반드시 온도계를 비치해야 한다.
  - 배송된 냉동식품은 속히 냉동 쇼케이스 또는 냉동고에 집어넣어 역시 −15℃ 이하의 온도를 유지해야 한다. 배송시 급속 냉동식품 특유의 상태가 아닌 것은 받아들이지 말고 거부해야 하며, 배송차의 온도를 면밀히 체크해야 한다.
  - 소매점에서는 냉동된 식품 이외의 식품은 보관상의 목적일지라도 냉동 쇼케이스에 넣어서는 안 된다.
  - 냉동 쇼케이스의 서리를 긁어낼 때에도 상품의 온도가 −15℃를 넘어서는 일이 없어야 한다.
  - 냉동된 식품을 팔 때에는 식품별(냉동 포장 식육, 냉동 포장선 어패류, 냉동 야채, 미가열 섭취, 냉동식품, 가열 후 섭취 냉동식품 등)로 냉동 쇼케이스에 구획하여 진열하여야 한다.
  - 냉동 식품 판매는 식품 판매 책임자를 정하여 온도 관리, 매입 시기 등을 적절히 관리해야 하며, 결코 배송업자에게 관리를 맡겨서는 안 된다.

ⓔ 가공 식품의 품질 관리
- **품질 규격의 표준화 · 명확화 · 표시의 적정화**
  - 소매업자는 자기 점포에서 취급하는 상품 중 표준 규격이 확립되어 있는 상품이 어떤 것인가를 알아서 그 상품에 관여하는 그 규격을 기본으로 하는 충실한 보존 관리가 이루어지도록 노력해야 한다.
  - 품질 규격 표준화는 대량 생산, 대량 소비되는 상품이나 대량 소비가 가능한 것이어서 새롭게 제조되는 다품종 소량 판매의 상품은 무엇을 기준으로 하여 상품 규격을 정할 것인지 매우 곤란하다.

- 규격 또는 표시가 없는 상품에 관하여 매입처로부터 입수해야 할 사항
  - 보존 기간
  - 상품 진열 등 관리상의 주의 사항
  - 첨가물 내용과 법적 규제의 관계
  - 주된 원재료
  - 제조원 또는 판매원의 명칭
  - 표준 용량 또는 중량
- **변패(變敗)의 식별 능력** : 상품이 현재 변질 또는 부패하여 있는지의 여부조차 분별할 줄 모른다면 품질 관리는 사실상 불가능하므로 변패 상태를 정확히 식별하는 것은 가공 식품 판매의 필수 요건이다.

ⓜ **계절성** : 가공 식품은 그 자체 보존을 하기 위하여 가공이라는 단계를 거쳐 등장한 것이므로 제조의 계절성과 소비 시기의 계절성을 갖게 된다. 여기에 가공 식품의 재고 조정과 시장 변동의 발생 원인이 있게 된다.

ⓗ **가격 변동의 패턴**
- **수급 관계에 의한 가격 변동** : 제조의 계절성이 강한 상품의 가격은 주류와 같은 특수한 환경에 있는 것을 제외하고는 수급 관계 요인에 의하여 좌우되는 것이 많다(차, 과실 통조림, 수산물 통조림 등).
- **코스트 상황에 의한 가격 변동** : 가격 변동에 코스트의 영향이 크게 나타나는 경우는 상품의 수급 관계가 균형되어 있을 때이며, 이러한 상품은 대량 생산이 가능한 상품과 제조 후 수일 내에 소비되어 버리는 상품이다.
  - 대량 생산이 가능한 상품 : 장유, 식초, 화학 조미료, 유제품 등
  - 제조 후 수일 내에 소비되는 상품 : 빵, 생과자, 우유, 두부 등

ⓢ **상 표**
- **상표의 의의**
  - **소품종 대량 상품** : 한 가지 상품 종류가 대량으로 소비되는 과점(寡占) 상태로 되어 있다. 소품종 대량 상품은 처음부터 소품종인 것은 적고 오랜 역사, 선전에 따라 많은 상품이 도태되고 품질의 우수성을 배경으로 선택된 상품만이 살아남아서 그 상표력이 강하게 된 것이며, 소비자에 대한 신용도 절대적인 것이다. 장유, 청주, 유제품 등의 상품 분야가 좋은 예이다. 이러한 상표를 내셔널 브랜드(National Brand)라고 한다.
  - **다품종 소량 생산** : 진미품류, 과자류 등으로 그 상표가 갖는 신용력, 즉 소비자에 대한 설득력이 약한 것이 많다. 상품의 생산이나 원료의 생산량에 제약이 있거나 소비량 자체에 한계가 있는 경우에는 상표력을 기르는 메리트(Merit)가 빈약하다. 상표력을 제고시키려 해도 그 상품의 양적 규모에 제약이 있는 경우에는 상표력이 강한 것이 규모의 확대를 가져오지 못하므로, 이와 같은 노력은 의미가 없게 된다. 이러한 상품의 상표력은 메이커 브랜드(Maker Brand)라고 해서 일부 지역 혹은 특정의 소비층에 영향력을 끼치는 것에 불과하다.

- 유통 단계에서 형성되는 브랜드 : 가공 식품 분야에서 대량 생산과 수공업적 생산의 중간에 있는 중간 규모 생산의 상품에 이런 패턴이 많다. 병이나 통조림, 차(茶) 일부의 농산물 등이 여기에 해당된다. 거대한 상사나 전국적인 규모를 갖고 있는 도매업자는 스스로 브랜드를 확립시키려고 하는 예가 많다. 이와 같은 브랜드는 현재로서는 프라이빗 브랜드(Private Brand)의 범주를 벗어나지 못한 것이 많으나, 그 중에는 내셔널 브랜드에 견줄만한 상표력을 갖추어 나가는 것도 있다.
- **상표의 유지 · 관리**
  - **상표의 등록** : 상표는 관할 관청에 등록 신청을 하고 유사 상표 등 불합리한 조건이 있나 없나를 확인해서 그 보유권을 공적으로 확립해야 된다. 관할 관청은 유사 상표가 있는지 없는지를 심사하는 것은 물론이며, 이 등록에 관해서는 유효 연수가 있어서 그 관리는 변리사 등 전문가의 조력을 받는 것이 적절하다.
  - **상표의 표시** : 상품에 관한 필요 사항을 표시할 경우, 일정한 규칙에 따라야 하는 상품이 많다. 따라서 상표를 레이블(Label)에 인쇄해서 상품에 첨부하는 경우에는 이같은 표시 사항과 조화시킬 수 있는 디자인을 해서 위와 같은 배려를 하지 않으면 안 된다. 상표와 내용의 표시가 서로 조화를 이루어 상품 설명을 효과적으로 할 수 있도록 만든 것이 바람직하다.

② 유통 특성
  ㉠ **가공 식품의 유통 구조** : 가공 식품 유통의 가장 기본적인 패턴은 소품종 대량 상품과, 다품종 소량 상품이 조합되어 일관된 형태로 소매점에 진열되어 판매되어 왔다.
- **일반 식품 판매점** : 대량 상품이나 다품종 소량 상품을 다같이 1차 도매상, 2차 도매상(혹은 1차 도매상의 2차 도매상적 기능)을 경유해서 소매점까지 상품이 흘러오는 것이다. 이와 같은 유통 방식을 취한 상품은 다품종 소량 상품에 많다.
- **슈퍼마켓** : 2차 도매상이 배제되며, 일부 상품은 1차 도매상까지도 배제되는 경우가 있다. 슈퍼마켓의 본부가 도매상의 역할을 대신하므로 유통경로가 한층 단축되었다.
  ㉡ **상품 유형별 유통경로** : 대량 상품의 경우 경로가 단축되는 경향이 있다. 이것과 비교한다면 다품종 소량 상품의 유통경로는 대량 상품보다 길다. 그러나 같은 다품종 소량 상품에도 생식품에 준하는 가공 식품의 경우에는 그 유통경로가 어느 정도 짧게 된다.
  ㉢ **업무용 판매점** : 음식점 · 레스토랑 체인 등 대규모의 것으로 보다 조직적 수요에 응할 수 있는 유통 형태이다. 거래량도 많으며 매입하는 상대처는 대부분이 1차 도매상이다. 가격 체계도 2차 도매상 가격에 준하는 1차 도매 가격이 된다.
  ㉣ **가격의 성질에 따른 약칭**
- **생산자 가격** : 생산자가 도매업자 또는 슈퍼 체인에게 판매하는 가격
- **1차 도매 가격** : 1차 도매상에서 2차 도매상에게 판매하는 가격. 슈퍼마켓, 업무용 판매점의 매입 가격이 되고 있다.
- **도매 가격 또는 2차 도매 가격** : 2차 도매 가격이 소매점에 판매하는 가격
- **소매 가격** : 소매점이 소비자에게 판매하는 가격

⑪ 메이커측에서 본 유통경로
- 1차 도매 가격 : 특약점, 대리점, 체인 본부
- 2차 도매 가격 : 회원점(회원 제도를 가질 경우)
- 소매점 : 판매점

(4) 내구 소비재

① 가정용 전기 제품

㉠ 상품 특성

- 유행성

상품의 유행성	• 상품이 갖는 기능이 동일함을 전제로 할 때, 메이커간의 디자인의 차이 또는 기존 제품과 새로 시판되는 신제품과의 차이 등이 유행성을 나타낸다. • 상품이 갖는 상표는 시대적으로 소비자의 관심을 끌게 되어 현재는 스테레오 등 일부 취미 용품에 있어서는 높은 비중을 차지하고 있다. 이와 함께 점포의 서비스, 가격, 구색, 편의성 등이 문제로 되고 있다.
구매의 유행성	• 소득의 향상, 할부 판매의 보급 등과 아울러 급속하게 타인에 대한 과시 욕구가 점차 높아짐에 따라 전기 제품에 대한 수요가 크게 나타나게 되었다. • 전기 제품에 관한 기술 개발과 할부 판매 제도의 개발은 타인을 의식한 자기 과시 욕구에 불을 질러 경쟁적 구매를 크게 가속화시켰다. • 소비자의 주권주의(컨슈머리즘)의 대두, 공해 문제, 에너지 가격의 상승에 따른 불황 등이 직접적인 원인이 되어 새로운 구매의 형태를 낳고 있다.

- 계절성

대형품	음향 제품을 제외한 대부분은 계절성이 없다.
중형품	냉·난방용품 이외는 거의 계절성이 없다.
소형품	대부분 계절성이 없다.
소모품	대부분 계절성이 없다.

- 가격 : 가격에 있어서의 중심 과제는 그 가격의 결정자가 누구냐는 문제와 그 가격의 운용자가 누구냐는 것이다.
  - 가격 결정자 : 대부분 생산자인 제조업자가 이것을 담당한다.
  - 가격 운용자 : 제조업자, 유통업자, 대형 소매점
- 상표와 디자인
  - 계열점 : 특정 메이커에 국한되어 그 메이커의 상품만을 판매하는 소매점으로 전기 제품의 전 점포 가운데 70% 내외로 압도적인 비중을 차지하고 있다. 계열점은 원칙적으로 거래하는 메이커의 상표 지지자로서 대다수의 상품에 대해서 그 메이커의 선봉자이며, 디자인 등에 대해서도 다른 메이커와 비교할 경우 즉각적으로 자신이 선정한 메이커 쪽에 서게 된다.
  - 비계열점 : 비계열점의 비율은 수적으로 적지만 매출 구성에 있어서는 대단히 큰 힘을 갖고 있는 소매점이다. 상품의 매입에 있어서 유사 메이커를 염두에 두고 거래하기 때문에 상표나 디자인 등이 제조업자가 의도한 상태로 소비자에게 미치지 못한다.

- 광고, 선전
  - 메이커의 광고 · 선전 : 메이커는 광고 · 선전에 큰 비중을 두고 있다.
  - 소매 단계의 광고 · 선전 : 소매 단계의 광고 · 선전은 최근 점포의「이미지」를 그 상권 내의 소비자에게 소구하는 경향이 강하고, 더욱이 점포의 이미지와 독자적인 서비스 활동면에 초점을 맞추고 있다.
- ㉡ 유통의 특성 : 가전제품 업계는 유통면에 있어서 굵고 짧은 것이 그 특징이다.
  - 판매 회사 : 대부분이 제조업자의 지배 아래(자본과 사람이 본사로부터 파견됨)에 있고, 이 판매 회사가 소매점과 거래를 하고 있다.
  - 영업소 : 특히 전문 제조업자에 많고 제조업자의 영업 본부 밑에 개설되어 판매 회사와 같은 기능을 담당하고 있다.
  - 일반 소매점 : 영업소나 판매 회사의 어느 하나에서 또는 양쪽에서 상품을 구입하게 되지만, 최근에는 상품의 다양화가 이루어짐에 따라 그 상품 종류마다(상품 성질이 유사한 것마다) 새로운 판매 회사 또는 영업소를 개설하는 경향으로 가고 있다.
  - 계열 소매점 : 유통의 최말단에 있는 소매업이 독립 형태를 취하면서도 원칙적으로는 특정 제조업자 산하에 있는 이른바「계열점」으로 되고 있다. 계열점의 입장으로부터 본다면 자본 그 자체는 제조업자의 것이 아니라 하더라도 실질적인 영업은 거의 제조업자와「공동체적 입장」에 있다고 볼 수 있다.
② 가구, 인테리어 상품
  ㉠ 상품 특성
    - 유행성과 계절성
      - 가구의 유행성과 계절성 : 봄, 가을의 결혼 계절은 결혼용 또는 신혼살림 용품이 주류를 이루지만 봄부터 여름에 걸쳐서는 생활을 쾌적하게 하는 것이, 또 가을부터 겨울에 걸쳐서는 실용성이 있는 것이 매기(買氣)가 활발해지는 경향을 갖게 된다. 신발장류는 봄 이전에, 침대류는 가을부터 겨울에 매기가 활발한 경향을 갖게 된다.
      - 인테리어의 유행성과 계절성 : 커튼을 중심으로 일부 바닥 장식까지 포함해서 특히 계절감을 생활 환경 속에서 구하려는 움직임이 강력하며, 따라서「자연의 계절」자체보다 약간 빠르게 오는 심리적 계절감 의식이 그 계절의 수요를 환기시키게 된다. 가을 중반 이후는 따스한 감각을 중심으로, 봄의 중반부터는 서늘한 감각을 주는 상품에 대한 수요가 급진적으로 신장하게 된다. 최근에는 약간 가격이 비싸더라도 이른바 진품을 구하고자 하는 움직임이 강하며, 원재료의 품질이 문제가 되는 경향이 있다고 할 수 있다.
    - 가격의 변화 : 처음에는 실용성이 중심이었으나 점차 실용성 외에 실내의 장식성, 유행성, 계절의 감각성 등도 중요시 하게 됨에 따라, 가격은 2차적인 것으로 파악하게 되었다.
    - 상표와 디자인 : 가구는 제조업자의 상표보다 그것을 판매하는 가구점의 상표(단, 목재 상품)가 강력하다. 따라서 상표로서의 가치는 판매점의 신뢰성에 있다. 인테리어는 그 원자재의 질과 소재에 대한 평가에 비중을 두게 되기 때문에 제조업자가 가져야만 될 것으로 생각되었던 상표의 비중은 상대적으로 낮아지게 되었다고 할 수 있다. 최근 들어 가구, 인테리어 분야에 대기업의 참여가 늘어나면서 상표가 갖는 비중은 다시 높아지는 경향을 보이고 있기도 하나 선택의 포인트는 역시 디자인이다.

     ⓛ 유통의 특성
- 목재 가구의 유통의 특징은 생산자가 유통업자(대형 소매업자)에게 협력적인 입장에 있기 때문에 유통경로가 짧다.
- 철재 가구는 생산자의 규모가 크고 유통경로도 전기 제품 업계와 비슷하게 짧은 것이 특징이다.

③ 자전거, 오토바이
     ㉠ 상품 특성
- 유행성과 계절성 : 자전거와 오토바이는 그 자체의 새로운 기능을 실용 면에서 스포츠적인 또는 레저적인 기능을 강화하면서 각각의 시장 영역을 갖게 되었다. 이들의 계절적 수요의 특징은 봄부터 여름까지 수개월에 집중되고 있다는 점이다(단, 유아용은 계절 특성이 크지 않다).
- 가 격
  - 자전거 : 자전거의 가격폭은 별로 크지 않아 대체로 가격대가 형성되어 있었지만, 기능이 실용성에서 벗어난 후부터는 비슷한 기종간에도 큰 가격폭을 갖게 되었다.
  - 오토바이 : 소형 기종(125cc 이하)의 경우 가격 면에서 큰 차이는 없지만, 대형품이 될수록 그 기능의 변화와 더불어 가격폭이 커지고 있다.
- 상표와 디자인 : 자전거나 오토바이는 원래 실용성이라는 기능에 비중을 두고 있기 때문에 상표나 디자인보다는 오히려 가격 측면이 강조되고 있으며, 구매 결정 요인으로 작용하고 있다. 특히, 오토바이는 상표로부터의 안정성이 중시되어 성능이 구매에 큰 영향을 준다.
- 광고·선전 : 대부분 수요자가 젊은 층에 집중하고 있기 때문에 실수요자로부터 자기 친구에게로 번져나가는 구두 선전이 구매에 강력한 영향을 주고 있다.
     ⓛ 유통의 특성
- 자전거 유통 : 자전거는 대부분 사용자가 보고 확인해서 구매하는 경향이 강하기 때문에 자전거점으로부터의 판매가 아직은 압도적으로 많다.
- 오토바이 유통 : 제조업자로부터 판매점으로 직송되고 있지만(제조업자와 판매점이 직결) 오토바이 판매점의 대다수가 자전거점으로부터 전환했거나 또는 자전거와 자동차 수리 등을 겸하고 있기 때문에 자전거점보다 규모가 약간 크기는 하지만 가족 노동의 영역을 벗어나지 못하고 있다.

④ 자동차
     ㉠ 상품 특성
- 유행성 : 자동차의 유행은 70년대 중반까지 실용적 기능이 중심이 되어 보급되어 왔지만(예 삼륜 자동차) 그 이후는 제조업자의 유통 정비 등과 아울러 물건을 구하는 소비 경향이 차를 일반 가정에서도 급속하게 필요로 하게끔 하였고, 거기에 스타일, 컬러, 디자인 등이 본래의 기능 이외에 사용자의 구매 조건으로서 중요시 되었으며, 차를 갖는다는 유행과 아울러 차 그 자체의 유행(스타일, 디자인 등)을 발생케 하였다.
- 상표·디자인·가격
  - 상표 : 소비자는 상표에 강한 비중을 두고 있으며, 양과 질의 면에서 제조업자가 고객 상담을 어떻게 하느냐가 중요하다. 그것은 소비자가 기대하는 자동차의 안정성의 판단에는 상담 이외에는 방법이 없었기 때문이었다.

- 디자인 : 70년대 중반 소비의 양극화 경향과 보다 즐겁게 살아보자는 생활 태도가 차에 대해서 스타일, 디자인, 안락감, 액세서리 등 기능 이외의 것들이 구매 결정에 있어 중요한 요인으로 나타나게 되었고, 그것이 오늘날 보다 개성적인 것으로 구매에 영향을 주고 있다.
- 가격 : 승용차를 필두로 자동차의 구입이 상표를 근거로 하면서 자신의 기호라는 추상적인 것과 감각적인 것이 선택 구매의 요인으로 추가되었다. 그때부터 가격의 높고 낮음보다는 오히려 분할 지불 제도의 이용에 대해서 월 지불금액이 어느 정도냐 하는 것이 선결 조건이 되어 오늘날까지 모터리제이션(motorization) 추진력을 맡아왔다고 볼 수 있다.
- ⓛ **유통의 특성** : 자동차 산업은 생산으로부터 판매까지의 경로가 극히 짧고, 더욱이 제조업자의 자본을 비롯한 계열화가 완전히 진척되어 있다는 점에 그 특징이 있다.
  - 취급상은 각 시·도별로 되어 있다.
  - 그 취급은 차의 종류에 따라 다르다.
  - 서비스 공장을 병설하고 있다.
  - 판매는 세일즈맨 중심이 된다.

(5) 가정용품

① 상품 특성

ⓐ 일용품

- **일용품의 공통된 특징**
  - 항목별로 용도, 사용 목적의 차이, 연령별, 성별에 따라 구입하는 대상 상품이 다르며, 상품의 사용 효과와 부가가치에 의해서 선별되는 수도 있다.
  - 일용품에는 유명 제조업자의 브랜드 상품이 많고, 그 호칭에 따라 상품의 특성과 사용상의 특징이 뚜렷하게 구분되는 수가 많다.
  - 제조업자는 전국적인 브랜드를 생산하는 일류 대형 제조업자와 지역적인 브랜드를 생산하는 중·소 제조업자로 나누어지고, 어느 것이나 판매 회사, 제1차 도매상을 중심으로 유통경로가 전개되고 있다.
  - 일용품은 그 취급 판매점이 많으며, 거래 점포로는 가정용 도구 일용품점, 철물 전문점, 약국, 화장품점, 의류점, 슈퍼마켓, 백화점 등을 들 수 있다.
  - 취급 점포가 다양하다는 것은 판매 효율이 비교적 좋다는 것을 의미한다.
  - 제조업자간의 시장 점유율의 경쟁이 심하기 때문에, 신제품의 시장 진출도 많으며, 상품 사이클도 다른 상품 그룹보다 짧다.

• 일용품의 종류별 상품지식

주방 용품	씽크대를 중심으로 한 주방 용품은 용도에 따라 또 같은 품종이라 할지라도 품목에 따라 소재, 디자인, 규격이 모두 다르고, 또 제조업자에 따라 명칭, 품명이 다르며 당연히 가격도 다르다.
조리 용품	조리 용품의 용도별 사용 가치와 사용상의 효율성, 용도별 상품의 소재와 사용하는 소비자 계층(소비자의 연령층)에 맞는 디자인, 조리상의 특징, 제조업자별 상품의 개성화와 가격, 동일 품종에 대한 품목 수와 각기의 상품 구조상으로 본 특성을 계열화해서 일반 지식을 갖출 필요가 있다.
청소 용품	• 같은 용도의 상품일지라도 제조업자에 따라 각각 다른 소재, 컬러, 디자인, 사이즈가 있고 이점에서 다른 상품군과 공통성이 있으며, 이것은 필수품이기 때문에 소비 빈도도 높다. • 청소 용품 중에는 화학 걸레와 같이 한 번 쓰고 버리는 상품도 있고, 휴지통처럼 비교적 내구성이 긴 상품도 있다. • 화학 세제와 왁스류는 제조업자 브랜드 상품도 많고, 상품 구성상 그들의 브랜드 점유율 등에 대한 지식도 필요하다. 상품별로 용도에 따른 지식과, 사용성, 내구력 등과 같은 일반적인 상품 본래의 지식이 당연히 필요하다.
식탁 용품·용기	• 식탁 용품과 용기의 소재는 플라스틱이 중심이 되어 있기 때문에 안전·무공해라야 하기 때문에 소재에 대한 지식을 깊이 그리고 풍부하게 가질 필요가 있다. 카드뮴과 중금속이 들어있는 상품은 당연히 피해야 한다. • 식탁 용품은 용도별로 보아 디자인, 사이즈, 컬러가 풍부하고 메이커도 많기 때문에 항상 상품의 유행성에 주의해야 한다. • 용기류와 식탁 용품은 용도가 세분화되고, 각각 독자적이기 때문에 상품 지식 면에서 먼저 품종과 품목을 명백히 파악하고 품종에 따라 품목 구성의 폭을 넓히는 기술이 필요하다.
욕실 용품, 수도 용품	• 청소 용품과 관련성이 있는 품목이므로 사용상의 편의성이 강조된다. • 판매의 측면에서 보면 정평있는 메이커 상품이 비교적 많다. • 소재와 디자인, 컬러와 사이즈가 상품 지식의 중심이 된다. • 용도가 한정되어 있기 때문에 상품군에도 한계가 있고 그 구성도 비교적 용이하다.
세탁 용품	• 소모품에 가까운 필수품류가 대부분이기 때문에 메이커별로 품목수가 대단히 많다. 따라서 이러한 상품에 있어서는 취급, 판매에 대한 지식이 넓을수록 매장의 효율은 높아진다. • 필요한 일정 상품과 선전하는 상품을 명백히 구분해서 구성하는 기술, 지식이 필요하다. 또한 단순 상품인 만큼 새로운 형의 상품이 계속 발매되기도 하고 사용상의 편의성이 강조되기도 한다.
가정용 잡화·계절 용품	줄, 커튼은 부산 지방이 주산지이고, 카페트는 서울 지방이 주산지이다. 의자는 경기 지방, 식탁 커버는 대구, 죽제품은 광주 등이 주산지이다.

ⓒ 도자기·유리 제품
 • 도자기
  – 도자기의 분류 : 가정용품에서 취급되는 도자기는 자기보다도 도기가 대부분이다. 도기는 크게 서양 도기와 동양 도기로 나누어진다. 서양 도기는 양식기(洋食器)이며, 동양 도기는 한식기(韓食器)와 화식기(和食器)이다.
  – 상품 지식 : 상품 지식의 포인트는 산지, 디자인, 무늬로 특히 무늬 품종의 경우는 굽는 방법이나, 디자인이 상품성을 좌우하기 때문에 가마, 원생산자의 취향, 메이커의 독창적인 상품 동향을 파악해서 구성하지 않으면 판매 효율을 올릴 수 없게 된다.
 • 유리 제품
  – 글라스는 디자인, 무늬가 풍부하고 사이즈도 많으며, 계절성이 강한 것이 있는가 하면 연중 평균적으로 팔리는 글라스도 있기 때문에 그 용도에 대한 전문적인 지식이 요구된다.

- 유리 제품에는 도기와 마찬가지로 세트물이 많다. 특히 하계 상품은 텀블러(tumbler ; 밑바닥이 편편하고 큰 컵), 냉차·소면 등의 세트 물이 많다.
- 텀블러 등은 꽃 모양이 많다. 이 꽃 모양은 해마다 유행이 있으므로 그 해의 유행하는 색과 꽃 모양을 파악하여 품목 구성을 한다면 판매 효율이 높아질 것이다.

ⓒ 플라스틱 제품
• 플라스틱의 기초적인 지식을 바탕으로 해서 제품의 특징, 원료, 소재에 의한 사용 목적의 분류, 사용상의 주의, 원료 소재별의 제조법 등에 대해서 충분히 이해하고 그에 따라 개개의 제품 또는 상품을 분석하면 된다.
• 플라스틱은 그 소재와 제조 방법에 따라 사용상 주의해야 할 점이 많다. 이러한 점을 소비자가 납득할 수 있도록 설명을 하는 것이 중요하며, 원료별 제품 리스트를 중심으로 용도별로 분류한 상품의 지식을 갖추어야 한다.

ⓓ 양식기
• 소재 면에서는 스테인레스 제품이 주종이며, 저가 상품으로는 크롬 도금이 되어 있는 것, 철판 모형으로 빛을 내는 제품의 것 등 세 종류로 나뉘어진다.
• 모양과 디자인, 소재에 따라 가격이 다르나 고급품일수록 품질도 좋고 디자인도 세밀하게 되어 있다. 그러나 고급품은 거의 세트 상품화한 것이 많고, 단품 판매의 상품은 중급품으로 보면 된다. 브랜드 메이커는 적고 중·소규모의 기업에서 생산되고 있다.
• 수출이 많은 것도 특징이다.

ⓔ 칠기(漆器)
• 가정용품 가운데서 칠기는 일상생활 필수품이라기보다 특정시에 필요한 것으로 예컨대 손님 접대용이라든가 선물용으로 쓰여지기 때문에 소비 수요는 크게 늘지 않는다.
• 한국적 감각이 넘쳐흐르는 상품군이지만 사용 면에서 보면 한정된 상품으로서의 성질을 가지고 있다. 칠기에 대한 상품 지식은 그 상품의 산지와 칠하는 것을 분별해야 한다.
• 칠기의 무늬는 화려하고 고전적인 아름다움이 넘쳐흐르는 것도 많지만, 무늬의 종류는 그렇게 많지 않으며 정형화되는 경향이 있다.

ⓕ 건축 철물, 공구
• 상품의 분류 구성
  - 가정용품 : 가정용품으로서 취급하는 상품은 일반 소비자, 즉 아마추어의 것을 말한다.
  - 건축 철물 : 건축 철물도 가정용으로 사용되는 품목에 한정되며, 그에 더해서 가정용 도료, 페인트, 가정용 건재, 가정용 벽 재료까지 종합적인 상품의 분류 구성이 가능해지게 된다.
• 상품 지식 : 칼이나 목수 용품에 대한 상품 지식은 개개 상품의 산지와 원재료, 제조 방법, 생산 공정, 내구성 사용 가치 등을 중심으로 한 전문적인 지식이 요구되어 왔지만, 오늘날은 이러한 기초적인 지식 위에 새로이 상품 개개의 부가 가치성을 높이기 위한 폭넓은 사용 목적을 구체적으로 설명할 수 있는 지식이 요구되고 있다.

② 유통 기구
ⓐ 유통 특성
• 단일 품목수가 대단히 많기 때문에 상품 지식을 높이기 위한 노력이 절대적으로 필요하다.
• 상품 지식이 풍부할수록 매장에 있어서의 상품 구성이 소비자의 필요에 일치할 수 있고, 또 촉진관리도 가능하게 된다.

- 소비자의 구매 동기에다 초점을 맞추어 항상 적절한 상품을 갖추어 두어야 한다. 즉 상품 선택의 기술과 상품의 개발이 요구되며, 판매 경로의 단축이 필요하다.

  ⓒ 가정용품의 특성
  - 상품 사이클이 비교적 짧다.
  - 중·소 메이커가 많다.
  - 상품의 스타일과 디자인의 변화를 요구한다.
  - 아이디어 상품이 많다.
  - 생산과 판매의 경쟁이 치열하다.

  ⓒ 가정용품의 유통 기구
  - 생산자 → 특약 판매, 1차 도매 → 지역별, 2차 도매 → 소매점
  - 생산자 → 특약 도매업자 → 소매점
  - 생산자 → 생산자 직영 판매 회사 → 특약 도매업자 → 소매점
  - 생산자 → 지역 영업소 → 소매점
  - 생산자 → 소매점(여기에서 주의해야 할 점은 생산업자의 규모가 소규모임)

  ② 종합 도매의 특징 : 도매업자의 대부분이 가정용품의 종합 도매이며, 이 종합 도매는 각각 취급 품목의 특징이 있다.
  - 일용품을 중심으로 한 종합 도매
  - 플라스틱 제품을 주로 하는 종합 도매
  - 가정 철물 중심 종합 도매
  - 가정용 도구, 철물, 플라스틱 종합 도매
  - 건축 철물, 공구의 종합 도매

(6) 기타 상품(교양, 문화, 오락, 스포츠 상품)

① 상품 특성

ⓒ 계절성 : 이 분야의 상품은 계절, 일기, 기후에 영향을 많이 받는다. `기출 16`
- 의약품 : 겨울에는 감기에 걸리기 쉽기 때문에 감기약이 잘 팔리며, 장마철로부터 여름에 걸쳐서는 피로해지기 쉬운 계절이기 때문에 피로 회복제, 비타민제의 수요가 활발해진다.
- 화장품 : 화장이라는 것은 하나의 패션이며, 신체의 상태에도 관련하는 것이기 때문에 계절, 기후와 밀접하게 관련된다. 여름에는 햇볕에 타지 않게 하는 크림이라든가, 썬 오일(Sun Oil) 등이 잘 팔릴 것이고, 겨울에는 인간의 신진 대사 활동이 둔화되기 때문에 크린싱 크림, 핸드크림 등이 필요하게 된다.
- 스포츠 용품 : 대다수의 스포츠는 실외에서 행하기 때문에 자연 조건과 관계가 깊다. 여름에는 수영, 겨울에는 스키, 스케이트, 봄·가을에는 테니스, 야구, 사이클링 등의 운동이 성행하여 관련 용품들이 잘 팔린다.
- 레코드·악기 : 음악은 대개의 경우 실내에서 즐기는 것이기 때문에 추운 겨울이나 일기가 부적당한 곳에서는 음악 등에서 즐거움을 찾는 사람이 많다.
- 꽃·수목류(樹木類) : 각양각색의 꽃은 갈수록 수요도 높아가지만 계절의 변화에 민감하다.

ⓛ 유행성
- **화장품** : 화장하는 법 그 자체에도 유행이 있으며, 토털 패션 속에서의 화장이라는 의미로서 색상 등의 변화를 볼 수 있다.
- **스포츠** : 스포츠에도 유행이 있다. 세계적 붐을 이루고 있는 것의 하나로 테니스를 들 수 있으며, 최근에는 골프 붐이 대단하다.
- **레코드** : 음악의 세계 중 포플러 분야에서만도 스윙, 재즈, 모던 재즈, 록큰롤, 블루스 등 유행의 주류를 이루는 음악은 변해가고 있으며, 음악인과 음악 업계의 성쇠는 일일이 헤아릴 수 없을 정도이다.

ⓒ 가 격
- 교양, 문화, 오락 관련 상품의 경우에는 그 효용으로부터 가치가 측정되는 것이 많고, 부가 가치율을 높이기 쉬운 상품이라고 볼 수 있다.
- 교양, 문화, 오락 상품은 그 효용 면의 가치가 인정되지 않게 되었을 때에도 그 제품은 전적으로 상품 가치를 잃게 되어 할인 판매 등으로도 전연 처분될 수 없는 위험성을 가지고 있는 상품이라 할 수 있다.

ⓔ 상 표
- 소비자에 있어서 상표와 상호라는 것은 그 상품과 그 점포가 신뢰할 수 있을 것인가에 대한 척도이며, 자기가 기대하는 만족이 얻어질 것인가의 가늠이 된다. 특히 눈에 보이지 않는 부가 가치를 측정할 경우에 상표가 유일하게 확인해 볼 수 있는 수단이 된다.
- 상표에 신뢰성이 있는가 없는가는 판매 성적을 그대로 반영하는 것이라고 할 수 있으며, 또 상표에 신뢰성이 있는가 없는가는 판매 성적의 안정 여부를 가리는 갈림길이 된다고 말할 수 있다.
- 상표에 신뢰가 생기게 되는 원천은 상품의 유용성과 효용성에 있는 것이기 때문에 교양, 문화, 오락 관련 상품의 경우에는 한층 더 중요하다고 말할 수 있다.

ⓜ 의장(意匠)·내외장(內外裝)
- 그 상품의 디자인, 컬러, 포장 등은 그 상품이 가지는 가치를 나타내며, 연상시키는 것이기 때문에 정신적인 측면이 강조되는 상품에 있어서는 중요한 요소가 된다.
- 상품 자체가 소비자의 만족을 유인하는 요소임은 물론, 그 밖에 점포 외장, 내장과 같은 점포의 꾸밈도 대단히 중요한 것이다.
- 교양, 문화, 오락이라는 추상적인 형태의 상품을 제공하는 입장에 있기 때문에 소비자의 이미지를 형성, 구매 의욕의 환기라는 점에서 점포 그 자체가 주는 영향은 대단히 큰 것이다.

ⓗ **촉진관리** : 광고, 선전, 촉진관리는 소비자의 구매 의욕을 불러일으킨다.
- 교육, 문화, 오락 관련 상품의 경우, 소비자가 가장 알고 싶은 사항은 부가 가치율이나 정신적 만족의 크기이다.
- 가격이 싸다는 점을 호소하고 단순한 지명 광고보다는 상품 구색의 풍부함을 강조하여 좋은 이미지를 부각시키고 부가 가치율이 높다는 점을 인식시키고, 새로운 정보를 알려주는 등의 방법이 촉진관리를 생각하는 경우의 중요한 포인트가 된다고 할 수 있다.

② 유통 특성

    ㉠ 유통 단계가 비교적 길고 복잡하며, 패턴이 다양하다.

    ㉡ 비교적 큰 도매업자가 존재한다.

    ㉢ 독특한 상관습과 복잡한 거래 조건이 존재한다.

    ㉣ 전문점에서 취급한다.

    ㉤ 수요가 양적으로 세분화되어 있다.

③ 판매의 방향

    ㉠ **수요의 체계적인 파악** : 판매자 측에서는 소비자가 명확하게 의식하지 않고 체계적으로 파악하지 않는 것을 수요체계로서 명확하게 구분하여 소비자의 생활 속에서 명확하게 위치를 굳혀 놓는 것이 중요하다.

    ㉡ **적극적인 정보 수집 활동** : 수요 체계를 명확히 파악하여 상품 구색을 충분히 갖추기 위해서는 정보의 수집이 필요하다. 또한 교양·문화·오락이라는 상품은 유행성이 있기 때문에 사회·문화·가치관의 동향까지 폭넓게 파악해 둘 필요가 있다. 정보는 수집하는 것뿐만 아니라 제공하는 것도 필요하다. 정보 제공이라고 하는 것은 소비자가 안고 있는 문제를 해결해 주며, 새로운 사용법, 효용 등의 아이디어를 제공하는 등의 형태로서 행해지는 것이다.

    ㉢ **판매 능력의 양성** : 전문적인 노하우에 기초한 전문적 판매 활동이 필요하며, 상품으로부터 파생하는 효용, 서비스의 비중이 높은 이 분야의 상품에 있어서는 판매원의 역할이 크다.

6 고객서비스와 고객행동

(1) 서비스구매의 특징 `기출` 15

① 서비스의 제품특성

    ㉠ **탐색적 특성** : 제품의 구매 전에 알 수 있는 제품의 특성으로서 색상, 스타일, 디자인 등의 외적인 특성 및 가격, 상표명 등의 가시적인 특성을 의미한다.

    ㉡ **경험적 특성** : 제품의 구매 전에는 쉽게 알 수 없고 소비하면서 또는 소비 후에야 알 수 있는 특성들이다. 일반적으로 음식의 맛, 의복의 내구성, 여행에 대한 만족 등이 경험적 특성에 속한다.

    ㉢ **신념적 특성** : 제품을 구매하고 서비스를 수혜 받은 후에도 좀체 평가하기가 힘든 경우에 속한다. 대표적으로 의료서비스는 수혜 받은 후에도 필요한 서비스를 정말로 수혜 받은 것인지 또는 적절한 서비스를 수혜 받은 것인지를 일반 환자들은 쉽게 가늠하지 못한다.

> **지식 in**
>
> 서비스는 일반제품과는 달리 경험적 특성과 신념적 특성이 강하기 때문에 서비스 구매(수혜)의사결정과정은 탐색적 특성이 강한 일반제품의 의사결정 과정과는 다르다.

② 정보탐색

  ㉠ 정보탐색이란 소비자가 점포·제품 및 구매에 대해 더 많은 것을 알고자 하는 의도적인 노력이라고 할 수 있다.

  ㉡ 정보원으로서는 인적인 정보원(예 친구, 전문가)과 비인적인 정보원(예 대중매체)이 있다. 서비스 구매 시 소비자는 일반적으로 인적인 정보원에 더욱 의존하는 경향이 강하다.

  ㉢ 서비스상품의 경우는 서비스구매 전보다는 구매 후에 수혜 받은 서비스를 평가하는 경향이 있고, 구매 후에 관련된 정보에 더욱 민감해 지게 된다.

③ 대안평가기준

  ㉠ 가시적인 기준이 많지 않아 일반적으로 겉으로 드러나는 가격과 서비스시설에 의존하게 된다.

  ㉡ 방문을 통하여 제공되는 서비스 경우처럼 가시적인 서비스시설이 존재하지 않는 경우에는 가격이 유일한 서비스평가기준이 되기도 한다.

  ㉢ 서비스평가기준으로 가격과 서비스시설만이 사용되는 것은 아니고 다양하게 생생한 정보를 제공해 줄 경우 좋은 평가를 유도할 수 있다.

④ 환기상표군(Evoked Set)

  ㉠ 환기상표군이란 소비자가 구매를 고려할 때 머리 속에 떠오르는 상표군을 의미한다.

  ㉡ 환기상표군 속에 바로 구매할 정도로 만족스러운 상표가 없는 경우에 외부탐색을 하게 된다.

  ㉢ 서비스상품의 환기상표군은 일반적인 제품의 환기상표군보다 수가 적은 것이 보통이다.

  ㉣ 비전문적인 서비스의 경우, 자신이 직접 서비스를 제공하는 대안이 환기상표군에 포함되는 경우가 있다.

⑤ 혁신의 수용

  ㉠ 혁신의 수용이란 새로운 제품이나 서비스를 받아들여 구매하는 것을 의미한다.

  ㉡ 일반적으로 서비스는 혁신의 수용정도가 제품의 경우와 비교하여 낮다.

  ㉢ 서비스는 전시·예시·비교될 수 있는 속성이 적기 때문에 일반제품의 경우와 비교하여 의사소통 능력이 떨어진다.

  ㉣ 서비스상품은 샘플을 만들기가 거의 불가능하고 시용성이 적다.

  ㉤ 새로운 서비스는 기존의 가치관이나 습관에 부합되지 못하는 경우가 많다.

  ㉥ 일반적으로 새로운 서비스에 대한 수용은 새로운 제품을 수용하는 속도보다 느리다.

⑥ 지각위험

  ㉠ 서비스상품을 구매할 때 일반제품의 구매 시 보다 지각 위험이 높은 것으로 알려져 있다. 왜냐하면 서비스는 무형적이고 비표준화 되어 있으며, 품질보증 없이 판매되기 때문이다.

  ㉡ 서비스는 제공받음과 동시에 소멸되어 버리는 속성이 있으므로 구매 후 불만이 있더라도 반환이나 환불을 받을 수 없어 서비스구매자는 상대적으로 높은 위험을 지각하게 된다.

⑦ 브랜드 충성도

  ㉠ 서비스 상품의 경우 정보탐색비용이 상대적으로 높다.

  ㉡ 새로운 브랜드로의 전환가능성은 서비스상품의 경우가 상대적으로 낮다.

  ㉢ 서비스상품의 높은 지각위험도는 서비스구매자의 브랜드 충성도를 높여주는 역할을 한다.

⑧ 불만족귀인(Attribution) : 서비스의 제공과정에 수혜자가 직접 또는 간접으로 참여하는 경우가 많기 때문에 제공받은 서비스에 불만이 있더라도 전부 또는 부분적으로 자신의 잘못으로 돌리는 경우가 많다.

(2) **소비자구매행동** 기출 13

① **소비자의 구매의사결정** 기출 23 · 22 · 21

㉠ 문제의 인식

㉡ 정보의 탐색

㉢ 대체안의 평가

㉣ 구매의사의 결정

㉤ 구매 후 행동

② **소비자구매행동의 영향요인** 기출 22 · 17 · 16

㉠ 외부환경요인

- 문화(Culture)

- 문화의 구성요소 : 문화적 신념, 문화적 가치, 문화적 규범

- 소비자의 문화적 가치 : 소비자가 선택하는 상품 · 상표, 판매점의 종류와 쇼핑 패턴과 광고매체의 선택 등에 영향을 준다.

- 사회계층(Social Class) : 유사한 가치관, 흥미, 라이프스타일 및 행동 패턴 등을 지니고 있는 비교적 영속적 · 동질적인 집단으로서 사회 구성원들의 규범, 태도 및 행동을 위한 준거틀로 작용한다.

- 준거집단 : 소비자의 신념과 판단, 그리고 행동에 있어서 기준 또는 준거하는 집단

- 가족 : 개인의 행동에 대한 영향력이 지배적인 준거집단

㉡ 개인적 요인

- 지각(Perception) : 감각기관을 통하여 유입되는 자극의 내용을 이해 · 해석하여 나름대로의 의미를 부여하는 과정으로, 소비자는 동일한 자극에 대해서 선택 지각하며 각기 다른 해석을 하게 된다.

- 학습(Learning) : 소비자들은 상품의 구매나 사용, 또는 외부 정보를 통해 기존에 자신이 가지고 있던 신념이나 태도 및 행동을 변화시킬 수 있는데, 이를 학습이라 한다.

- 동기(Motive) : 목표물을 향해서 행동의 방향을 지시 · 촉진 · 가속화시키도록 하는 내적 상태이다.

- 개성 : 소비자의 행동은 여러 가지 상이한 상황에 따라 변화하지만 소비자로 하여금 이러한 상황에 일관성 있게 반응(행동)하도록 하는 내부 심리적 특성을 개성이라고 한다.

- 라이프스타일 : 사회 전체 또는 일부 계층의 고유하고 특징적인 생활양식으로, 그 사회의 문화나 가치를 포함해서 개개인의 생활양식과 행동 등에 의해서 형성되는 복합개념이다.

- 태도(Attitude) : 어떤 대상이나 대상들의 집합에 대해 일관성 있게 호의적 또는 비호의적으로 반응하려는 학습된 선유경향(Predisposition)이라고 정의된다.

7 바코드의 이해

(1) 바코드의 역사

① 1940년대 : 오늘날의 바코드와 동일한 형태의 개발은 1940년 말에 조 우드랜드(Joe-Woodland)와 버니 실버(Berny Silver)가 계산대에서 식료품의 가격을 자동으로 읽을 수 있게 하는 기술적 방법의 연구를 통해서 시작되었다.

② 1950년대 말~1960년대 초 : 오늘날의 바코드와 유사한 여러 종류의 심볼이 제안되었다. 특히 1959년 미국 특허를 얻어낸 지라들 화이젤(Girard Feissel)의 심볼(Symbol)이었지만, 이 심볼들은 바코드에 비해 자동 판독하기가 어렵고 기존의 문자체보다 눈으로 읽기 어려운 문제점을 가지고 있었다. 1960년대 말에는 많은 회사와 개인들이 슈퍼마켓의 자동화시스템 개발을 시작하였다.

③ 1970년대
   ㉠ 1970년 중반 : 미국 슈퍼마켓 특별위원회(U. S. Supermarket Ad Hoc Committee)가 결성되어 UPC(Universal Product Code) 심볼을 식품업계의 표준으로 결정하였다.
   ㉡ 1974년 : UPC 심볼을 판독할 수 있는 최초의 스캐너가 오하이오(Ohio) 중 트로이(Troi)의 마쉬(Marsh) 슈퍼마켓에 설치되었다.
   ㉢ 1976년 12월 : 유럽에서 EAN(European Article Numbering) 코드와 심볼을 채택하면서 전 세계에서 국가표준으로 도입하게 되었다.

④ 1980년대
   ㉠ 타산업 부문에서도 바코드 심볼로지와 사양의 표준화 작업이 시도되었다.
   ㉡ 1982년에 국방 표준(Millitary Standard 1189)이 채택되고, 1983년에 ANSI표준(MH 10.8M), 1984년에 UPC 선적콘테이너 심볼(Interlaved 2 of 5)과 자동화부문표준(ALAG B1~B8), 의료부문(HIBCC 표준)이 채택되었다.

⑤ 우리나라 : 1988년 국제코드관리기관인 EAN International로부터 국가코드를 부여받아 한국유통물류진흥원(EAN Korea)에서 국내 제조업체에서 바코드(Global Standard 1)를 보급하고 있다.

(2) 바코드의 정의

① 바코드(Bar Code)는 두께가 서로 다른 검은 막대와 흰 막대(Space)의 조합을 통해 숫자 또는 특수기호를 광학적으로 쉽게 판독하기 위해 부호화한 것이다. 이것을 이용하여 정보의 표현과 정보의 수집, 해독을 가능하게 한다.

② 문자나 숫자를 나타내는 검은 막대와 흰 공간의 연속을 바와 스페이스를 특정하게 배열해 이진수 0과 1의 비트로 바꾸고 이들을 조합해 정보로 이용하게 되는데 이들은 심벌로지라고 하는 바코드 언어에 의해 만들어진다.

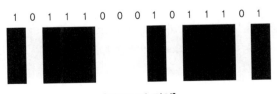

[바코드의 정의]

(3) 바코드의 구조 기출 20

① Quiet Zone : 바코드 시작문자의 앞과 멈춤문자의 뒤에 있는 공백부분을 가리키며 바코드의 시작 및 끝을 명확하게 구현하기 위한 필수적인 요소이다. 심벌 좌측의 여백을 전방여백, 우측의 여백을 후방여백이라 한다.

② Start/Stop Character

   ㉠ 시작문자는 심벌의 맨 앞부분에 기록된 문자로 데이터의 입력방향과 바코드의 종류를 바코드 스캐너에 알려주는 역할을 한다.

   ㉡ 멈춤문자는 바코드의 심벌이 끝났다는 것을 알려 줌으로써 바코드 스캐너가 양쪽 어느 방향에서든지 데이터를 읽을 수 있도록 해준다.

③ Check Digit : 검사문자는 메시지가 정확하게 읽혔는지 검사하는 것으로 정보의 정확성이 요구되는 분야에 이용되고 있다.

④ Interpretation Line : 사람의 육안으로 식별 가능한 정보(숫자, 문자, 기호)가 있는 바코드의 윗부분 또는 아랫부분을 말한다.

⑤ Bar/Space : 바코드는 간단하게 넓은 바, 좁은 바와 스페이스로 구성되어 있으며 이들 중 가장 좁은 바와 스페이스를 'X 디멘전'이라 부른다.

⑥ Inter-character Gaps : 문자들 간의 스페이스(X 디멘전 크기)를 말한다.

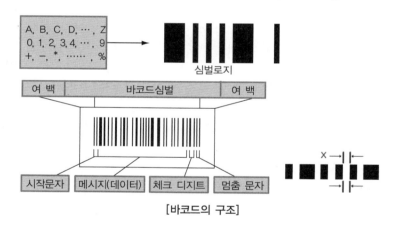

[바코드의 구조]

(4) 바코드의 구분

심벌의 형태 차이에 의해 다음과 같이 바이너리코드(Binary Code)와 멀티레벨코드(Multi-level Code)로 구분할 수 있다.

① 바이너리코드 : 굵은 바와 좁은 바의 두 종류로 구성되어 2진법을 표현하는 바코드체계로 판독이 쉽고 라벨의 발행이 용이하다. ITF, Code 39 등에 쓰이고 있다.

② 멀티레벨코드 : 몇 종류의 두께를 갖는 바와 스페이스로 구성되어 바 두께의 차이로 정보를 표현한다. 고밀도의 정보표현이 가능하며 GS1, Code 128 등에 쓰이고 있다.

(5) 바코드의 장점 `기출 20`

① 오독률이 낮아 높은 신뢰성 확보

② 바코드에 수록된 데이터는 비접촉 판독이 가능하고 한 번의 주사로 판독 가능

③ 컨베이어 상에서 직접 판독이 가능하여 신속한 데이터 수집 가능

④ 도입비용이 저렴하고 응용범위가 다양

> **지식 in**
>
> 바코드의 활용 효과 및 특성 `기출 17`
> • 스캔 데이터 서비스의 제공
> • 물류 관리의 높은 정확성과 신속성
> • 부호화된 정보를 통해 빠른 정보획득 가능
> • POS시스템의 효율적인 운영
> • 방대한 양의 정보를 담지는 못하지만 비접촉 판독이 가능

(6) 바코드의 적용 분야

① 유통 관리 : 거래시 발생하는 판매, 주문, 수금, 등의 업무를 즉각적으로 컴퓨터에 입력함으로써 모든 판매 정보를 한눈에 알 수 있다.

② 자재, 창고 관리 : 자재의 수급 계획부터 자재 청구, 입고, 창고 재고 및 재고품 재고 파악, 완제품 입고에 이르기까지 자재에 관련된 정로를 추적, 관리한다.

③ 근태 관리 : 정확한 출·퇴근 시간 및 이를 통한 급여 자료 산출, 출입에 관한 엄격한 통제가 가능하다.

④ 출하 선적 관리 : 제품 출하 및 창고 입·출고 시 그 정보를 읽음으로써 제품의 수량 파악, 목적지 식별을 신속하게 할 수 있다.

⑤ 매장 관리 : 판매, 주문, 입고, 재고 현황 등 각 매장의 정보를 신속하게 본사 호스트 컴퓨터로 전송하며 또한 POS 터미널 자체 매장 관리도 할 수 있다.

(7) 마킹(Marking)의 유형 `기출 23 · 22 · 18 · 17`

① 소스마킹(Source Marking)

㉠ 소스마킹(Source Marking)은 제조업체 및 수출업자가 상품의 생산 및 포장단계에서 바코드를 포장지나 용기에 일괄적으로 인쇄하는 것을 말한다.

㉡ 소스마킹은 주로 가공식품·잡화 등을 대상으로 실시하며, 인스토어마킹과는 달리 전세계적으로 사용되기 때문에 인쇄되는 바코드의 체계 및 형태도 국제적인 규격에 근거한 13자리의 숫자(GS1)로 구성된 바코드로 인쇄해야 한다.

㉢ 국내 제조업체가 자사상품에 소스마킹을 해야 하는 이유로는 다음과 같은 두 가지 요인이 있다. 첫째, 대외적인 요인으로서 해외바이어의 요구 및 국내 유통 업체의 요구 등을 들 수 있고, 둘째, 대내적인 요인으로서 물류시스템에의 활용, 스캔 데이터(Scan Data)의 활용, EDI (Electronic Data Interchange, 전자식 데이터 교환)시스템에의 활용, 마킹 비용의 절감 및 마킹작업의 생력화 등을 들 수 있다.

② 인스토어마킹(Instore Marking)

    ㉠ 인스토어마킹(In – Store Marking)은 각각의 소매점포에서 청과·생선·야채·정육 등을 포장하면서 일정한 기준에 의해 라벨러를 이용하거나 컴퓨터를 이용하여 바코드 라벨을 출력하고, 이 라벨을 일일이 사람이 직접 상품에 붙이는 것을 말한다.

    ㉡ 소스마킹된 상품은 하나의 상품에 고유식별번호가 붙어 전세계 어디서나 동일상품은 동일번호로 식별되지만, 소스마킹이 안 된 제품 즉, 인스토어마킹이 된 제품은 동일품목이라도 소매업체에 따라 각각 번호가 달라질 수 있다.

(8) 국제표준바코드 기출 21

① GS1(Global Standard No.1)

    ㉠ GS1은 상품의 식별과 상품정보의 교류를 위한 국제표준 상품코드를 관리하고 보급을 전담하는 기관으로서 세계 100개국이 넘는 국가가 가입한 국제기구이다.

    ㉡ GS1 Korea(대한상공회의소 유통물류진흥원)는 한국을 대표하여 1988년 GS1에 가입하였으며, 국제표준 바코드 시스템의 보급 및 유통정보화를 전담하고 있는 글로벌 기관이다.

    ㉢ GS1코드는 백화점, 슈퍼마켓, 편의점 등 유통업체에서 최종 소비자에게 판매되는 상품에 사용되는 코드로서 상품 제조 단계에서 제조업체가 상품 포장에 직접 인쇄하게 된다.

    ㉣ GS1코드는 제품에 대한 어떠한 정보도 담고 있지 않으며 GS1코드를 구성하고 있는 개별 숫자들도 각각의 번호 자체에 어떠한 의미도 담고 있지 않다. 즉, GS1 코드는 제품 분류(Product Classification)의 수단이 아니라 제품 식별의 수단으로 사용된다.

② GTIN(Global Trade Item Number, 국제거래단품식별코드) : GTIN의 종류에는 GS1-8(8자리), GS1-13(13자리), GS1-14(14자리)가 있으며, 이를 전산으로 처리할 경우에는 모두 14자리로 입력해야 하므로 각 코드의 앞에 '0'을 채워 14자리로 만든 후 데이터베이스에 입력한다.

[GS1-13〈표준형〉의 체계]   [바코드의 심벌]

[GS1-13코드 생성과정]

    ㉠ 국가식별코드(3자리) : 첫 3자리 숫자는 국가를 식별하는 코드로 대한민국은 항상 880으로 시작되며, 세계 어느 나라에 수출 되더라도 우리나라 상품으로 식별된다. 그러나 국가식별코드가 원산지를 나타내는 것은 아니다. 1981년까지 GS1에 가입한 국가는 국가식별코드가 2자리이며, 1982년 이후에 가입한 국가는 국가식별코드가 3자리이다.

ⓒ 제조업체코드(6자리) : 6자리 제조업체코드는 한국유통물류진흥원에서 제품을 제조하거나 판매하는 업체에 부여하며 업체별로 고유코드가 부여되기 때문에 같은 코드가 중복되어 부여되지 않는다.

ⓒ 상품품목코드(3자리) : 제조업체코드 다음의 3자리는 제조업체코드를 부여받은 업체가 자사에서 취급하는 상품에 임의적으로 부여하는 코드이며, 000 ~ 999까지 총 1,000 품목의 상품에 코드를 부여할 수 있다.

ⓒ 체크디지트(1자리) : 스캐너에 의한 판독 오류를 방지하기 위해 만들어진 코드로, 바코드가 정확하게 구성되어 있는가를 보장해주는 컴퓨터 체크 디지트를 말한다.

③ SSCC(Serial Shipping Container Code, 수송용기일련번호)

ⓐ 최초 배송인과 최종 수령인 사이에 거래되는 물류단위 중에서 주로 팔레트와 컨테이너 같은 대형 물류단위를 식별하기 위해 개발한 18자리 식별코드이다.

ⓑ GS1 코드의 경우에는 코드관리기관으로부터 부여받은 국가코드와 업체코드는 그대로 사용하고 포장 용기의 일련번호를 부여한다. 그리고 확장자와 체크디지트를 덧붙여 18자리를 만든다. 응용식별자 00은 괄호로 묶어 표시한다.

확장자	GS1 업체코드 → ← 상품품목코드		체크 디지트
N_1	$N_2 \ N_3 \ N_4 \ N_5 \ N_6 \ N_7 \ N_8 \ N_9 \ N_{10} \ N_{11}$	$N_{12} \ N_{13} \ N_{14} \ N_{15} \ N_{16} \ N_{17}$	N_{18}

[SSCC코드의 구성]

지식 in

SSCC의 기능
- 배송단위에 대한 식별
- 개별적인 배송단위에 대한 추적, 조회
- 운송업체의 효율적인 배송
- 재고관리 시스템을 위한 정확한 입고 정보
- 자동화에 의한 효율적 입고와 배송

④ GLN(Global Location Number, GS1 로케이션 코드)

ⓐ GLN은 전자문서 혹은 GS1-128 체계를 이용하여 한 기업의 물리적(예 한국물산 부산창고), 기능적(예 한국물산 총무부), 법적(예 (주)한국물산) 실체를 식별할 때 사용되는 13자리 코드이다. 거래업체간의 거래 시 거래업체 식별 및 기업 내 부서 등을 식별하는 번호로 사용된다.

ⓑ GS1-128 체계에서 GLN을 사용하고자 한다면 AI(Application Identifier, 응용식별자)와 함께 사용한다. AI(410) - 배송장소, AI(411) - 송장을 보낼 곳, AI(412) - 구매처를 의미한다. GS1 Korea에서 부여받은 GLN의 구조는 880으로 시작하며 업체코드(6자리), 업체식별코드(3자리), 체크디지트로 이루어져 있다.

ⓒ GS1 로케이션 코드의 식별기능
- 법률적 실체 : 기업이나 자회사 또는 관련기관
- 기능적 실체 : 법률적 실체의 특정 기능 부서
- 물리적 실체 : 건물 또는 특정건물의 특정 위치

⑤ EPC(Electronic Product Code)

㉠ EPC 코드는 GS1 표준바코드와 마찬가지로 상품을 식별하는 코드이다.

㉡ 차이점은 바코드가 품목단위의 식별에 한정된 반면, EPC 코드는 동일 품목의 개별상품까지 원거리에서 식별할 수 있다는 것이다. 이를 통해 위조품 방지, 유효기간 관리, 재고 관리 및 상품 추적 등 공급체인에서 다양한 효과를 누릴 수 있다.

㉢ EPC 코드 체계 : 헤더(Header) + 업체코드(EPC Manager) + 상품코드(Object Class) + 일련번호(Serial Number)

• 헤더(Header) : H1 H2
    – 헤더는 EPC코드의 전체 길이, 식별코드 형식 및 필터 값을 정의. 헤더는 가변 길이 값을 가지는데, 현재 2비트와 8비트 값의 헤더가 정의되어 있다.
    – 2비트 헤더는 3개의 값을 가지며(01, 10, 11), 8비트 헤더는 63개의 값을 가지며, 헤더는 판독기로 하여금 태그의 길이를 쉽게 판단할 수 있도록 돕는 기능을 한다.

• 업체코드(EPC Manager) : M1 M2 M3 M4 M5 M6 M7
    – EAN 바코드의 업체코드에 해당하며 각국 EAN 회원기관이 할당한다.
    – 28비트의 용량으로 7개의 숫자(0~9) 및 문자(A~F)를 조합하여 약 2억 6천만 개 업체 코드를 할당할 수 있다.

• 상품코드(Object Class) : O1 O2 O3 O4 O5 O6
    – 바코드의 상품 품목 코드에 해당하며 사용 업체가 할당한다.
    – 24비트의 용량으로 6개의 숫자와 문자를 조합하여 약 1천 6백만 개 상품에 코드를 부여할 수 있다.

• 일련번호(Serial Number) : S1 S2 S3 S4 S5 S6 S7 S8 S9
    – 동일상품에 부여되는 고유한 식별번호로서 사용 업체가 할당한다.
    – 36비트로 8개의 숫자와 문자를 조합하여 680억개의 상품에 코드를 부여할 수 있다.

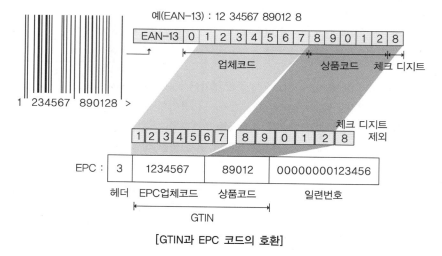

[GTIN과 EPC 코드의 호환]

(9) 상품코드체계

① **GTIN-13 코드(표준형)** : GTIN-13 코드는 13자리의 숫자로 구성된 코드로 현재 전 세계에서 사용되고 있는 국제표준이다.

[GTIN-13 코드(표준형)의 체계]

ㄱ) **국가식별코드** : 국가를 식별하기 위한 숫자로 2~3자리로 구성된다.

ㄴ) **제조업체코드** : 상품의 제조업체를 나타내는 코드로 6자리이다.

ㄷ) **상품품목코드** : 각각의 단품을 나타내는 코드로 총 1,000 품목에 부여할 수 있다.

ㄹ) **체크 디지트** : 스캐너에 의한 판독 오류를 방지하기 위해 만들어진 코드로 Modulo 10 방식에 의해 계산된다.

② **GTIN-14 코드(ITF-14 코드)**

ㄱ) **정의** : 업체간 거래 단위인 물류단위(Logistics Unit), 주로 골판지 박스에 사용되는 국제표준 물류 바코드로서 생산공장, 물류센터, 유통센터 등의 입·출하 시점에 판독되는 표준 바코드이다.

[GTIN-14의 체계]

ㄴ) **GTIN-14 물류식별코드**

물류식별코드	의미하는 내용
0	• GTIN에 따른 식별코드 구분 • 박스내 소비자 구매단위가 혼합되어 있는 경우
1~8	박스내에 동일한 단품만이 들어 있는 경우, 물류식별코드는 박스에 포함된 단품의 개수의 차이를 구분한다.
9	추가형(Add-on)코드가 있는 경우 : 계량형 상품

ㄷ) **표준물류바코드 활용이점**

• 물류센터내 검품, 거래처별·제품별 소팅

• 로케이션관리의 자동화

• 물류센터내 실시간에 재고파악을 통한 재고관리의 효율화

• 생산에서 배송까지의 제품이동의 신속·정확화

• 수주에서 납품까지의 리드타임단축 등 물류단위 중심의 EDI 거래 촉진

② GTIN-13과 GTIN-14 비교

구 분	GTIN-13	GTIN-14
코드자리수	표준13자리, 단축8자리	14자리
사용처	소비자 구매단위(낱개포장)	기업간 거래단위(집합포장)
응용분야	POS시스템	재고관리, 입·출고관리 등

③ ISBN과 ISSN

㉠ ISBN(International Standard Book Number)
- 국제표준도서번호 시스템은 국제적으로 통합된 표준도서번호를 각 출판사가 펴낸 각각의 도서에 부여하여 국제간의 서지정보와 서적유통업무의 효율성을 높이기 위해 만들어졌다.
- ISBN은 10자리 숫자로 구성된 바코드 체계로 그 도서가 출판된 국가, 발행자, 서명식별 번호와 체크디지트(C/D ; Check Digit)로 구성된다.
- ISBN을 표기할 때는 OCR 문자로 된 ISBN과 EAN의 바코드를 함께 쓴다. 이 때 10자리인 ISBN과 13자리인 EAN의 자리수를 맞추기 위해 ISBN의 앞에 978을 붙여 단행본임을 표시한다.
- ISBN은 ISSN이 부여되는 출판물을 제외한 정부간행물, 교과서, 학습참고서, 만화, 팜플렛 등 모든 도서는 물론 멀티미디어 출판물, 점자자료, 컴퓨터 소프트웨어 등에도 적용된다.
- 일반적으로 ISBN은 도서의 표지와 도서의 판권지에 동시에 인쇄한다. 표지에 표시되는 ISBN은 도서유통정보관리를 위한 것으로, ISBN과 함께 EAN 바코드를 표시하며, 판권지에 표시되는 ISBN은 서지정보관리를 위한 것으로 통상 ISBN만을 표시한다.

㉡ ISSN(International Standard Serial Number)
- 국제표준연속간행물 번호로 모든 연속간행물에 국제적으로 표준화된 방법에 따라 부여된다.
- ISSN은 8자리로 구성되어 있으나 맨 앞에 연속간행물을 표시하는 숫자 977을 넣고, 예비기호 2자리를 포함함으로써 EAN과 호환된다.

④ GS1-128 코드

㉠ GS1-128의 등장 배경
- GS1-8, GS1-13, GS1-14는 단품 또는 박스단위에 인쇄되는 무의미성·범용성 식별코드이다.
- 물류단위에 다양한 정보를 표준화하고자 한다.
- 물류단위(박스, 파렛트, 컨테이너 등)에 다양한 정보를 표시하고자 하였으며, 기업 간, 산업 간에 상호 호환이 가능한 표준정보를 담을 수 있는 코드에 대한 욕구가 발생한다.

㉡ 표준물류바코드 활용 이점
- **개방화된 표준** : 코드를 인쇄한 기업에 관계없이 어느 국가, 어느 장소, 어떤 기업에서도 사용가능한 개방화된 표준
- **안정적인 표준** : 기업들이 필요로 하는 새로운 정보가 발생할 경우, AI를 새로 정의하여 사용할 수 있으며 이때 기존의 시스템에 대한 변경은 전혀 불필요하다.

㉢ 응용식별자(AI ; Application Identifier)
- **정의** : 데이터의 형식과 의미를 지정하는 프리픽스

- 응용식별자로 표현가능한 정보
  - 식별번호(Identification Number)
  - 추적번호(Traceability Number)와 일자(Dates)
  - 측정단위(Measurements)
  - 트랜잭션 조회 및 로케이션 번호 등
- AI의 자리수 : 최소 2자리, 최대 4자리
ⓔ 심벌의 구성요소
  - 좌우여백
  - 이중 스타트 캐릭터
  - 데이터(AI와 데이터필드)
  - 심벌 체크 캐릭터
  - 스톱 캐릭터
⑤ GS1 Data Bar[RSS(Reduced Space Symbology, 축소형바코드)]
  ㉠ 정상크기의 바코드를 인쇄할 만한 공간이 없는 소형 상품(예 의약품)에 부착할 목적으로 개발한 축소형 바코드이다.
  ㉡ GS1-14 코드의 입력을 기본으로 하며 종류에 따라 부가 정보의 추가 입력이 가능하다.
  ㉢ POS에서 활용 가능하고 GS1 응용식별자 표준을 활용하여 다양한 정보를 입력할 수 있다.
⑥ GS1 Data Matrix(2차원행렬 바코드)
  ㉠ 4각형의 검은색 바와 흰 바의 조합을 통해 문자와 숫자를 표시하는 매트릭스형 2차원 바코드로, 미국의 International Data Matrix사가 개발하였으며 ISO/IEC 16022, ANSI/AIMBC11에 명시된 국제표준이다.
  ㉡ 4각형의 바를 랜덤 도트(Random dot)라 하는데 스캐너는 심벌 아래쪽과 좌측을 감싸는 L자모양의 두꺼운 바를 기준으로 하여 랜덤 도트가 표시한 데이터를 판독한다.
  ㉢ ASCII 128개 문자를 모두 표시할 수 있으며 약 2,300개의 문자 및 저장용량을 가진다.
  ㉣ 전 방향 판독이 가능하다.
  ㉤ 이미지 스캐너를 통해서만 판독되며 오류정정능력이 PDF417에 비해 다소 떨어지는 단점이 있다.
  ㉥ 주로 소형 전자부품의 식별과 부가 정보의 입력을 위해 사용된다.

8 POS의 이해와 활용 기출 13

(1) POS의 이해

① POS 시스템의 정의 : POS(Point Of Sales) 시스템이란 판매시점 정보관리시스템을 말하는데, 판매장의 판매시점에서 발생하는 판매 정보를 컴퓨터로 자동 처리하는 시스템이다. POS 시스템에서는 상품별 판매정보가 컴퓨터에 보관되고, 그 정보는 발주, 매입, 재고 등의 정보와 결합하여 필요한 부문에 활용된다. 기출 17

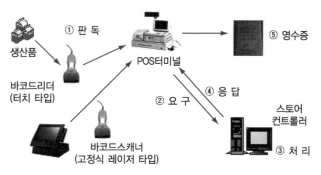

[POS시스템의 흐름]

② POS 시스템의 목적 `기출 14`

ㄱ 고객이 원하는 상품을 원하는 시기에 원하는 양만큼 구매할 수 있도록 하여 고객의 상품 구매 만족도를 높이는 것이다.

ㄴ 기업은 팔릴 수 있는 상품을 그 양만큼 공급할 수 있도록 하여, 매출과 이익을 극대화하는 데에 목적이 있다.

③ POS 시스템의 기능 `기출 23 · 17 · 15 · 14 · 13`

ㄱ 단품 관리 : 상품을 제조 회사별, 상표별, 규격별로 구분하여 상품마다의 정보를 수집, 가공, 처리하는 과정에서 단품 관리가 가능하다. 이를 위해서는 바코드(Bar Code)가 상품에 인쇄되어 있어야 한다.

지식 in

- 단품 : 지속적인 재고통제가 가능한 최소의 단위라는 의미를 갖는다.
  예 남성용 280mm사이즈의 붉은색 운동화 한 켤레 `기출 15`
- 단품 관리 : 상품의 품목별 관리를 말한다. 인기 상품과 비인기 상품의 파악이 쉽고 종업원 적정 배치나 적정 재고 유지가 가능하다.

ㄴ 판매 시점에서의 정보 입력 : 상품에 인쇄되어 있는 바코드를 신속하고 정확하게 자동 판독함으로써 판매 시점에서 정보를 곧바로 입력할 수 있다. 이것은 금전등록기에서 일일이 자료를 입력하는 것에 비하면 시간과 노력을 절약할 수 있음을 알 수 있다.

ㄷ 정보의 집중 관리 : 단품별 정보, 고객 정보, 매출 정보, 그 밖의 판매와 관련된 정보를 수집하여 집중적으로 관리할 수 있다. 이러한 정보는 필요에 따라 처리 또는 가공되어 필요한 부문에 활용되는 것은 물론 경영상의 의사결정을 하는 데에도 활용된다.

POS 시스템 발급 보고서
• 상품 정보 : 상품 원장, 거래처별 상품 등록 현황, 분류별 상품 등록 현황
• 발주 정보 : 발주 원장, 기간별 발주 현황, 거래처별 발주 현황 및 미입고 현황
• 매입 정보 : 매입 원장, 기간별 매입 현황, 거래처별 매입 현황 및 분석
• 재고 정보 : 수불 원장, 재고 현황, 거래처별 재고 현황, 재고 조사
• 고객 정보 : 고객 마스터, 고객별 판매 현황, 기간별 고객 매출표
• 판매 정보 : 판매 현황, 영업 일보, 판매 분석, 세일 가격 조정

④ **POS 시스템의 적용분야** : POS 시스템은 판매장, 음식점, 전문점, 그 밖의 여러 유통 분야에 적용되고 있다.

ㄱ **판매장** : 편의점, 슈퍼마켓, 백화점, 창고형 매장인 백화점, 양판점, 할인점, 하이퍼마켓, 쇼핑센터 등이 있다.

ㄴ **음식점** : 소형 음식점, 고급 음식점, 대형 음식점이 있다.

ㄷ **전문점** : 서적, CD 판매점, 의류 전문점, 문방구, 팬시, 화장품 등이 있다.

⑤ **POS 시스템의 구성** 기출 14

ㄱ **POS 단말기** : POS 단말기는 판매장에 설치되어 있는 POS 터미널(terminal)을 말하며, 금전 등록기의 기능, 통신 기능이 있다. 단말기는 본체, 키보드, 고객용 표시 장치, 조작원용 표시 장치, 영수증 발행용 프린터, 컬러 모니터, 금전관리용 서랍, 매출 표시 장치 등으로 구성되어 있다.

[각종 POS 단말기]

ㄴ **스캐너(Scanner)** : 상품에 인쇄된 바코드를 자동으로 판독하는 장치로 고정 스캐너(Fixed Scanner)와 핸디 스캐너(Handy Scanner)가 있다. 판매량이 많은 판매장에서는 고정 스캐너를, 판매량이 적은 판매장에서는 핸디 스캐너를 사용하는 것이 경제적이다.

ㄷ **스토어 컨트롤러(Store Controller ; 메인서버)** : 판매장에서의 판매 정보가 POS 터미널로부터 전송되어 보관되는 대용량의 컴퓨터 또는 미니컴퓨터로서 호스트 컴퓨터(Host Computer)이다.

• 스토어 컨트롤러 안에는 마스터 파일(Master files)이 있어서 상품명, 가격, 구입처, 구입 가격, 구입 일자 등에 관련된 모든 정보가 저장되어 있다.

• 판매장에서 판매가 이루어지면 이곳에서는 자동적으로 판매 파일, 재고 파일, 구매 파일 등을 갱신하고 기록한다.

• 점포가 체인 본부나 제조업체와 연결된 경우에는 스토어 컨트롤러에 기록된 각종 정보를 온라인으로 본부에 전송한다.

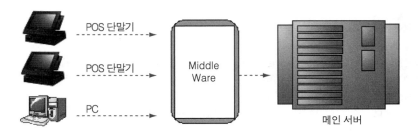

[메인 서버(스토어 컨트롤러)]

⑥ POS 시스템의 운용과정 〔기출 14〕

　ⓐ 소비자가 판매장에서 상품을 구입하고 정산할 때 계산대에 있는 직원은 스캐너를 이용하여 상품 또는 상품의 포장이나 포장용기에 인쇄되어 있는 바코드를 판독한다.

　ⓑ 판매관련정보는 스캐너에서 POS 터미널로 전송되고 다시 스토어 컨트롤러에 전송된다.

　ⓒ 스토어 컨트롤러에는 상품명, 가격, 재고 등의 각종 파일이 있어서 송신된 자료를 처리 가공한다.

　ⓓ POS 터미널로부터 스토어 컨트롤러에 수집된 판매정보는 단품별 정보, 고객정보, 가격정보, 매출 정보 등이 있는데 이를 다시 POS 터미널로 보낸다.

　ⓔ POS 터미널에서는 고객에게 영수증을 발급해주고 판매 상황을 감사테이프에 기록한다. 고객용 표시장치에는 상품의 구입 가격이 표시된다.

　ⓕ 하루의 영업이 끝나면 스토어 컨트롤러는 그날의 상품별 목록, 발주 상품별 목록 등의 각종 표를 작성한다. 영업시간 동안에도 영업개시부터 현재시각까지의 판매 상황을 확인할 수 있다. 판매장이 여러 곳 있는 경우에는 본부의 호스트 컴퓨터와 연결해서 각종 판매정보를 교환한다.

⑦ POS 시스템의 효과 〔기출 21·20·17·16〕

　ⓐ 계산원의 관리 및 생산성 향상

　　• 계산원은 금전등록기에서 상품의 혼동, 가격 변동, 잘못된 기억, 가격 입력 시 오타 등으로 가격입력이 틀릴 수 있으나 POS 시스템은 스캐너로 판독하기 때문에 이러한 일을 방지할 수 있다.

　　• 스캐너에 의한 판독으로 계산하는 경우 가격을 입력해서 계산하는 경우보다 시간이 많이 절약된다. 고객이 신용카드를 사용하는 경우 별도의 기기가 필요 없고, 일과 후 정산 작업도 자동으로 하므로 정산표를 작성할 필요가 없다.

　ⓑ 점포 사무작업의 단순화

　　• POS 시스템을 도입하면 정산 업무, 매출 보고서 등의 서류를 일일이 작성할 필요가 없어서 사무 작업이 줄어든다. 점포에서 사무 작업이 줄어들면, 본부에서도 역시 사무 작업이 줄어든다.

　　• 절약되는 시간에 고객에게 부가적인 서비스를 할 수 있다.

　ⓒ 가격표 부착 작업의 절감

　　• POS 시스템에서는 바코드를 판독하면 되므로 상품에 가격표를 일일이 부착할 필요가 없다.

　　• 각종 품목에 가격표를 붙이는 작업은 많은 인력을 필요로 하지만 POS 시스템에서는 고객이 고객용 가격표시장치의 가격과 영수증에 찍히는 가격을 확인하면 된다.

　ⓓ 고객의 부정방지

　　• 어떤 고객이 값싼 상품에 부착된 바코드를 비싼 상품에 붙여서 계산대를 통과하는 경우 : 바코드에 점선을 넣으면 바코드를 떼 낼 때 바코드가 조각나서 결국 부정행위를 방지할 수 있다.

- 상자를 바꿔치기 해서 값싼 상품의 상자에 비싼 상품을 넣는 경우 : 각 상품의 중량을 제어기기에 입력해서 계산이 끝난 상품의 총중량과 제어기기에서 합계한 중량을 비교하는 방법을 사용하면 이런 행위를 방지할 수 있다.
- ⑩ 품절방지 및 상품의 신속한 회전
  - POS 정보를 보면 인기 상품과 비인기 상품을 쉽게 파악할 수 있다.
  - 잘 팔리는 상품에 대해서는 신속하게 발주하거나 진열량을 늘려 품절을 최대한 방지할 수 있다.
  - 인기 상품은 품절되지 않도록 신속히 주문하고, 비인기 상품은 일정한 기간이 지난 뒤에 바겐세일 등의 촉진 행사를 통해 신속히 처분한다. ⇒ 상품의 회전이 빠르고 재고 비용이 절감된다.

(2) POS 데이터의 분류 및 활용

① POS 데이터의 특성
  - ㉠ 정보가 매우 상세하고 정확하며 실시간 처리로 데이터를 작성할 수 있기 때문에 신속히 정보를 활용할 수 있다.
  - ㉡ 시간의 흐름에 따라 계속 발생하는 정보를 지속적으로 수집·활용할 수 있어 정보량이 매우 크다.

② POS 데이터의 분류
  - ㉠ POS 시스템을 통해 얻는 정보 [기출] 16·15
    - 상품정보
      - 금액정보 : 관심을 가지는 기간 동안 또는 대상에 대해 금액으로 환산하여 얼마를 판매했는가 하는 정보
      - 단품정보 : 구체적으로 어떤 상품이 얼마나 팔렸는가를 나타내주는 정보
    - 고객정보
      - 객층정보 : 유통기업을 이용하는 고객정보는 어떤 사람들인가를 나타내는 정보
      - 개인정보 : 고객개인이 구매실적, 구매성향 등에 관한 정보를 나타내는 정보

데이터 구분	관리목적	데이터의 종류	데이터의 항목
기본 데이터	언제	년, 월, 일 시간대별 데이터	시간별 데이터
	어디서	점별, 부문별 데이터	점별, 부문별 데이터
	무엇을	상품코드별 데이터	상품코드/데이터
	얼마나	판매실적 데이터	판매수량/매출액
	누가	고객별 데이터	고객속성
	어떻게	거래·지불방법	영수증 분석
원인 데이터	왜	상권속성, 점포속성, 매장연출, 매체연출, 판촉연출, 상품속성, 기타	경합상황, 입지조건, 매장면적, 취급상품, 광고/POP, 특매행사, 기타
	어디서	매대별 데이터	점포/매대
	누구에게서	담당자별 데이터	매입·판매·물류담당자 및 계산원별 데이터
	기타	POO 데이터, POR 데이터, SA 데이터 등	발주, 매입, 재고조사 및 계량 등

ⓒ POS 데이터의 분류

- **매출분석** : 부문별, 단품별, 시간대별, 계산원별 등
- **고객정보분석** : 객수, 객단가, 부문별 객수, 부문별 객단가 등
- **시계열분석** : 전년 동기 대비, 전월 대비, 목표대비 등
- **상관관계분석** : 상품요인분석, 관리요인분석, 영업요인분석 등

③ POS 데이터의 활용단계

ⓐ 제1단계 : 단순 상품 관리 단계로서 기본적인 보고서만을 활용하는 단계이다. 부문별·시간대별 보고서, 매출액의 속보, 품목별·단품별 판매량 조회 등이 이에 속한다.

ⓑ 제2단계 : 상품 기획 및 판매장의 효율성 향상 단계이다. 이 단계에서는 날씨, 기온, 시간대, 촉진 활동, 선반 진열의 효율성, 손실, 재고 회전율 등의 정보와 연계하여 판매량 분석을 통해서 상품을 관리한다.

ⓒ 제3단계 : 재고 관리 단계로서 내부의 재고 관리를 하며, 수·발주 시스템과 연계해서 판매 정보를 분석하고, 재고 관리를 하며, 발주량을 자동적으로 산출한다.

ⓓ 제4단계 : 마케팅 단계로서 상품 정보와 고객 정보를 결합해서 판매 증진을 위한 마케팅을 실시하는 단계이다.

ⓔ 제5단계 : 전략적 경쟁 단계로서 POS 정보를 경영 정보와 결합해서 전략적 경쟁 수단으로 활용하는 단계이다.

〈자료 : 최재섭·배두환, 유통정보론, 현학사, 2003, P.289〉

구 분	POS 데이터의 활용	비 고
제5단계	• 경영정보시스템으로 활용	• 제5단계에 가까울수록 활용이익 (Soft Merit)이 높다. → POS 활용을 통해 얻을 수 있는 효과
제4단계	• 고객정보와 결합하여 활용 – 고객정보활용, Area Marketing 가능	
제3단계	• 상품정보와 관련된 다른 시스템과 결합하여 활용 – 재고관리, 자동발주 등에 활용	
제2단계	• POS 데이터 외에 비교적 쉽게 얻을 수 있는 데이터와 결합하여 활용 – 판촉효과분석, 진열관리 등	• 제1단계에 가까울수록 단순이익 (Hard Merit)만을 향유하는 상태임 → POS 설치를 통해 기기 자체에서 얻을 수 있는 효과
제1단계	• POS로부터 수집 가능한 데이터를 활용 – 판매부진품 철수, 판매우수상품 확대 – 세일가격 설정 – 계산원관리 등	

[POS 데이터 활용의 단계]

④ POS 정보 활용 `기출` 22·15·14·13

ⓐ 상품정보관리

- POS 시스템을 통해 얻어진 데이터를 토대로 가공된 정보는 기존의 유통전략을 수정하는데 활용된다. 데이터에 담겨진 소비자의 욕구에 맞게 점포의 이미지를 설정하고, 그 이미지에 적합한 상품 구색, ISM, 판촉 계획 등이 만들어진다.
- 상품정보관리는 상품계획을 위한 정보를 통해서 철수상품과 신규취급 또는 취급확대상품을 결정하는 데서 기업의 효율성을 제고한다.

[상품정보관리사이클]

ⓛ ABC 분석 : ABC 분석은 각각의 상품이 현재의 유통경영성과에 기여하는 정도를 평가하는 가장 일반적인 방법이다.

- **ABC 분석과 상품관리** : 각각의 상품이 매출에 기여하는 정보를 A, B, C 군으로 다음과 같이 분류하여 A 상품군을 집중 육성하고 Z 상품군의 취급은 중단하여 매장의 생산성을 증대하고자 하는 것이다.
  - A 상품군 : 매출의 80%를 차지하는 상품들
  - B 상품군 : 매출의 15%를 차지하는 상품들
  - C 상품군 : 매출의 5%를 차지하는 상품들
  - Z 상품군 : 매출에 전혀 기여하지 못하는 상품들

매출액 \ 총이익		총이익에 대한 기여		
		A	B	C
총매출에 대한 기여	A	인기/고수익상품	인기/고매출상품	인기/저수익상품
	B	이익상품	준인기상품	취급/철수 검토상품
	C	기본/고수익상품	계속 취급상품	사양상품
	Z		사양상품	

[ABC 분석과 상품관리]

- **결합 ABC 분석과 진열관리** : 매출에 기여하는 인기상품인 동시에 이익에도 기여하는 상품을 통해 기업의 이익을 추구하는 동시에 품절방지에 노력하고, 매출은 높으나 이익은 낮다면 미끼상품(Loss Leader)으로 활용하는 등의 전략적 활용이 필요하다.
  - A 상품군 : 이익의 80%를 차지하는 상품들
  - B 상품군 : 이익의 15%를 차지하는 상품들
  - C 상품군 : 이익의 5%를 차지하는 상품들
  - Z 상품군 : 이익에 전혀 기여하지 못하는 상품들

지식 in

진열관리
매출을 기준으로 하는 ABC 분석의 결과와 이익을 기준으로 하는 ABC 분석을 결합한 ABC 분석은 상품관리와 함께 진열관리에 활용될 수 있다. 진열관리는 ISM의 일종으로, POS 정보로부터 얻어진 상권 및 객층의 특성에 맞추어 매장배치와 동선을 연계하여 진열을 관리하는 것을 의미한다. 유통기업은 진열관리를 통해 진열량, 위치 등을 결정하게 된다.

ⓒ 재고관리와 자동발주

- **재고관리** : POS 시스템으로부터 얻어지는 데이터의 활용을 통해 단품관리가 가능해지고, 단품관리를 통해 재고관리가 가능해진다. 즉, POS로부터 얻은 단품별 판매수량에 근거하여 매입을 하고, 단품별 단전재고, 진열단위 등을 고려하여 재고를 증가시키지 않으면서 품절을 방지하는 적정발주가 가능해지는 것이다.

- **자동발주** : POS 데이터가 통신회선을 이용하여 본부나 배송센터의 컴퓨터에 전송되어 중앙집중식으로 집계 관리함으로써 자동발주시스템을 구축할 수 있다.

ⓔ 인력관리
  - POS 데이터는 시간과 장소, 부문과 상품에 관한 종합적인 데이터를 제공한다. 따라서 POS 데이터를 통해 작업량을 도출하여 업무할당 및 관리에 이용하면 효율적인 인력관리가 가능해진다.
  - 현재 인력의 생산성, 성과관리 등도 가능해진다.

ⓜ 고객관리 : POS 데이터를 통해 얻는 고객속성정보(성별, 연령, 주소, 직업 등 고객 신상에 관한 정보), 상품이력정보(구입상품, 수량, 금액, 거래횟수 등에 관한 정보) 등은 고객별 관리 및 판촉활동을 위한 고객정보의 확보에도 활용될 수 있다.

분 야		목 적	필요한 가공 분석
상품 정보 관리	매출 관리	부문별 매출 관리 매출 총이익 관리 시간대별 매출 관리	시간대별 매출 분석
	상품 계획 상품 구매 계획	상품 관리 인기 상품, 비인기 상품 관리 신상품 도입 평가	상품의 판매 동향 분석
	진열 관리	판매장 배치 계획	장바구니 분석
	판촉 계획	적절한 판촉 계획 적절한 판매 가격 결정	판촉 효과 분석
	발주 재고 관리	발주 권고 자동 보충 발주 판매량 예측	적정 발주량 산출 판매 요인 분석
종업원 관리		계산원 관리 자금 계획의 자동화	계산원별 생산성 분석
고객 관리		지역 마케팅	지역별, 연령별 판매 분석

[POS 정보의 활용분야] 기출 18 · 14

⑤ POS 정보와 전략정보시스템
  ㉠ 전략정보시스템을 구성하는 자료의 원천은 POS 시스템이 된다. POS 시스템은 전략정보시스템에서 생산되는 다양한 정보의 재료가 되는 데이터를 제공하는 원천이 된다.
  ㉡ POS 데이터를 통해 가공되는 정보가 제공하는 이익
    - 단순이익(Hard Merit)
      - 생산성 향상을 중심
      - 유통기업의 비용절감, 정보처리의 효율화, 서비스 향상에 기여
    - 활용이익(Soft Merit)
      - 상품력 강화와 단품관리를 추구
      - 유통기업의 품질향상, 가격의 적정화, 소비자의 욕구를 충족시키는 상품구색 확보, 부가가치의 제공 등에 기여

⑥ POS 시스템과 물류

　㉠ POS 시스템의 역할 : POS 시스템은 상품 매출동향을 파악하여 유통기업은 물론 제조업체의 재고
　　부담의 경감에 기여하고 계획생산, 계획배송 등을 통해 물류업무를 효율화하고 연관업무를 경감시
　　킨다.

　㉡ 유통기업의 물류효율화 방안

　　• CRS(Computerized Reservation System) : 컴퓨터단말기를 통해 항공편의 예약, 발권, 운송,
　　　호텔 및 렌터카 등 여행에 관한 종합적인 서비스를 제공하는 컴퓨터예약 시스템을 말한다.

　　• VMI(Vandor Managed Inventory) 기출 22

Definition
CAO (Computer Assisted Ordering) 자동발주시스템

　　　– VMI(Vandor Managed Inventory)는 점포의 POS 시스템 데이터
　　　　를 거래선(Vandor, 협력업체로 통칭됨)과 직접 연결하고, 거래선
　　　　이 직접 각 점포에 맞는 CAO를 이용하여 재발주량을 결정하는 일
　　　　종의 자동발주 기법이다.

　　　– 소매업체를 대신해서 공급자가 소매업의 재고관리를 수행하는 공급망관리를 의미한다.

　　　– 유통기업은 각 점의 발주업무를 생략할 수 있고, 제조업체 또는 협력업체는 최종소비자의 반응
　　　　을 빠르게 파악하면서 효율적인 생산계획 및 물류계획을 수립하고 시행할 수 있다.

　　　– VMI를 통해 공급체인상의 전·후방 연관업체간의 원활한 정보유통이 가능하여 상호 신뢰관계
　　　　를 구축할 수 있고 표준화와 공동화에 기여할 수 있다.

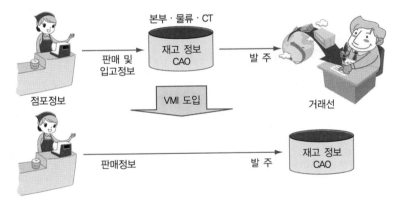

자료 : 최재섭 · 배두환, 유통정보론, 현학사, 2003

[VMI의 개념]

1 프로모션믹스 관리 및 전략적 활용 [기출] 13

(1) 프로모션믹스 전략의 개념

마케팅 목표의 효과적인 달성을 위하여 마케팅 활동에서 사용되는 여러 가지 방법을 전체적으로 균형이 잡히도록 조정·구성하는 활동을 말한다.

> **지식 in**
>
> STP 전략 [기출] 17
> • 기업이 개별 고객의 선호에 맞춘 제품 혹은 서비스를 제공하여 타사와의 차별성과 경쟁력을 확보하는 마케팅 기법이다.
> • STP 전략의 단계
>   – 첫 번째 단계(시장세분화) : 시장을 세분화하는 작업으로서 상이한 제품 또는 프로모션믹스를 요구하는 독특한 구매자 집단으로 분할하는 활동이다.
>   – 두 번째 단계(표적시장 선택) : 목표시장을 선정하는 작업으로서 여러 세분시장의 매력성을 각각 평가하고 진출할 하나 또는 그 이상의 세분시장을 선정하는 것이다.
>   – 세 번째 단계(제품 포지셔닝) : 시장에서의 위치를 선정하는 작업으로서 소매점의 경쟁적 포지셔닝과 구체적인 프로모션믹스를 설정하는 것이다.

(2) 프로모션믹스 구성요소 [기출] 21·20·19·18·17·15·14

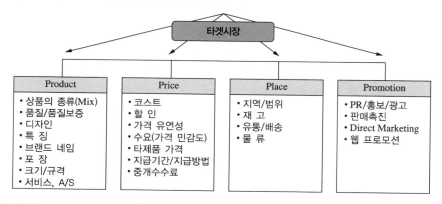

① 가격계획(Price Planning) : 상품가격의 수준 및 범위, 판매조건, 가격결정방법 등을 결정하는 것을 의미한다.

EDLP 전략과 High/Low 가격전략 기출 14

EDLP 전략	• 상시 저가격을 유지하는 가격전략(Every Day Low Price) • 규모의 경제, 효율적 물류시스템의 구축, 경영의 개선 등을 통한 저비용의 결과물 • 대형마트에서 주로 사용
High/Low 가격전략	• EDLP전략보다 높은 가격을 제공하면서 때로는 낮은 가격으로 할인하기도 하는 가격전략 • 백화점이나 슈퍼마켓에서 주로 사용

② 제품계획(Product Planning) : 제품, 제품의 이미지, 상표, 제품의 구색, 포장 등의 개발 및 그에 관련한
의사결정을 의미한다.

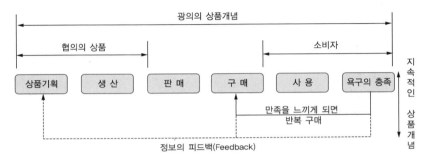

③ 촉진계획(Promotion Planning) : 인적판매, 광고, 촉진관리, PR 등을 통해서 소비자들에게 제품에 대
한 정보 등을 알리고 이를 구매할 수 있도록 설득하는 일에 대한 의사결정을 의미한다.

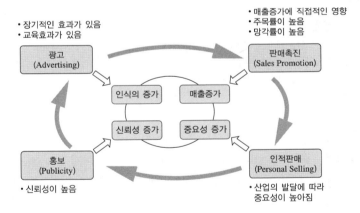

④ 유통계획(Place Planning) : 유통경로를 설계하고 재고 및 물류관리, 소매상 및 도매상의 관리 등을
위한 계획 등을 세우는 것을 의미한다.

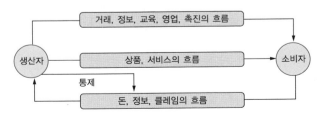

확장된 서비스 프로모션믹스(7P) 기출 22 · 21 · 19 · 16 · 14

서비스 마케팅에서는 기존의 프로모션믹스를 그대로 적용하는 데 한계가 있어 기본 프로모션믹스(4P)에 확장적 프로모션믹스 요소 3P를 추가하였다.

- 사람(People) : 구매자의 지각에 영향을 주는 모든 행위자(직원, 고객, 서비스 환경 내의 다른 고객들)
- 물리적 증거(Physical evidence) : 서비스가 전달되고 기업과 고객이 접촉하는 환경, 즉 서비스 성과나 커뮤니케이션을 용이하게 해주는 유형적 요소
- 프로세스(Process) : 서비스가 실제로 수행되는 절차와 활동의 메커니즘과 흐름

2 촉진관리전략의 이해

(1) 촉진관리의 개념 및 기능

① 촉진관리의 개념

    ㉠ 마케팅전략의 핵심은 상품, 가격, 유통과 촉진이다. 여기서 촉진이란 고객에게 자사상품을 알려서 사고 싶은 욕구가 생기도록 만들어 판매로 연결되게 하는 활동이다.

    ㉡ 촉진은 상품을 판매하기 위해서는 여러 가지 방법으로 소비자의 구매의욕을 높이는 활동을 말하며, 그 방법으로는 광고, 홍보, 촉진관리, 인적 판매 등이 있다.

    ㉢ 광의로는 상품, 가격 및 유통전략을 세우는 것도 촉진이라고 할 수 있다.

> **지식 in**

촉진관리 유형 기출 21 · 20 · 17

- 가격형 촉진관리 : 쿠폰, 할인, 마일리지, 상환 등
- 프리미엄형 촉진관리 : 1 + 1, 추첨, 당첨, 퀴즈 등
- 제도형 촉진관리 : 회원제도, 환불제도 등

② 촉진관리의 기능 기출 14

    ㉠ **정보의 전달기능** : 기업이 수행하는 촉진활동의 주요 목적은 정보를 널리 유포하는 것으로 이러한 촉진활동은 커뮤니케이션의 기본적인 원리에 따라 이루어진다.

    ㉡ **설득의 기능** : 촉진활동은 소비자가 그들의 행동이나 생각을 바꾸도록 하거나 현재의 행동을 더욱 강화하도록 설득하는 기능도 하는데, 대부분의 촉진은 설득을 목적으로 한다.

    ㉢ **상기의 기능** : 상기목적의 촉진은 자사의 상표에 대한 소비자의 기억을 되살려 소비자의 마음속에 유지시키기 위한 것이다.

    ㉣ **결론** : 촉진활동은 기업이 표적시장에 자신의 존재를 알리고, 자신의 상품을 적절히 차별화하며, 자신의 상표에 대한 소비자의 충성도를 높이는 데 목적이 있다.

(2) 촉진관리의 수단 기출 23 · 22 · 14 · 13

① 광의적 촉진관리의 형태

　㉠ 인적 판매(Personal Selling)

　　• 창조적 판매

　　• 서비스적 판매(Service Selling)

　㉡ 광고(Advertising)

　　• 소비자광고와 업무용 광고, 미는 광고와 끄는 광고

　　• 기본적 광고와 선택적 광고, 개척적 광고와 유지적 광고

　　• 직접적 광고, 간접적 광고, 제도적 광고

　　• 광고의 종류와 특성

종류	장점	단점
TV	• 시각·청각에 동시에 소구하기 때문에 자극이 강하다. • 대개 집안에서 시청에 전념하는 상태이기 때문에 수용성이 넓다. • 움직임, 흐름 등의 표현이 가능하다. • 반복소구에 따른 반복효과가 크다.	• 광고비의 부담이 크다. • 특정층만을 대상으로 하는 선택 소구에는 적절하지 않다. • 소구는 순간적이고, 기록성이 없다. • 광고의 노출기회가 시간적으로 제약되고, 받는 측의 자의에 의한 접촉이 불가능하다.
잡지	• 기록성이 뛰어나다 • 매체의 신용을 이용할 수 있다. • 고도의 인쇄기술을 구사할 수 있다. • 선택소구에 적합하다. • 여러 페이지에 걸친 설득력 있는 광고가 가능하다. • 광고의 수명이 길다.	• 시간적 융통성이 결여된다. • 지역적인 조성이 불가능하다.
라디오	• 광고비가 비교적 저렴하다. • 내용의 변경이 비교적 쉽고 융통성이 있다. • 받는 측은 일을 하는 중에도 광고 내용의 수용이 가능하다. • 이동성이 있기 때문에 청취의 기회가 많다.	• 시각적 제한이 있기 때문에 받는 측의 자의에 의한 메시지의 접촉은 불가능하다. • 메시지의 생명은 순간적이며 기록성이 없다. • 청자의 주의가 산만해지기 쉽다.
옥외 광고	• 특정 지역에 대한 소구가 가능하다. • 광고의 설치장소가 고정되어 있으므로 장기에 걸친 소구가 가능하다. • 표현에 변화를 갖게 할 수 있다.	• 장기에 걸쳐 동일한 광고가 노출되는 경우가 많기 때문에 신선한 인상이 없다. • 장소적 제한이 있다.
인터넷 광고	• 광고의 전달 범위가 넓다. • 고객정보 수집이 용이하다. • 고객과의 쌍방향 커뮤니케이션이 가능하다.	• 정보의 수명이 짧고 깊이가 얕다. • 지나치게 광고할 경우 소비자에게 거부감을 줄 수 있다.

　㉢ 그 밖의 방법

　　• 진열(Display)

　　• 실연(Demonstrations)

　　• 견본배포(Samples)

　　• 콘테스트(Contests)

　　• 프리미엄(Premiums)

　　• 전시회, 쇼와 견본시장(Exhibits, Shows and Fairs)

　　• 회합과 협의회(Meetings and Conventions)

- 시위선전(Stunts)
- 전문업자에 의한 선전(Advertising Specialties)
- 선전(Publicity)
- 특매(Special Sales)
- 팸플릿과 리플릿(Pamphlets and Leaflets)
- 운동단체(Athletic Teams)
- 공장견학과 점내 구경(Plant and Store Tours)

② 협의적 촉진관리의 형태(3가지 영역)

㉠ 판매액의 증가를 위하여 중간판매업자에 대하여 하는 활동
- 판매점의 경영 원조 : 점포설계, 점포설비, 회계 등에 관한 원조
- 판매점의 판매 원조 : 장식창, 판매대, 점내 등의 진열재료, 우송용 또는 배포용의 책자나 광고, 인쇄물, 간판 등의 준비와 공급
- 직접지면광고 : 카탈로그, 소책자, 편지, 광고의 복사지 등을 배부한다.
- 판매점 회의 : 판매점의 경영자 또는 판매원을 초치하여 회의를 개최하고 그 자리에서 신제품·광고·콘테스트 등에 관하여 설명을 하여 관심을 갖게 하는 동시에 협력을 구한다.
- 판매점 광고의 원조 : 판매점 자체에서 하는 광고 또는 서로 협력해서 하는 광고에 관한 조언 또는 재료를 제공한다.
- 판매원 거래의 원조 : 판매점을 통하여 소매점에 실연선전품의 파견, Show의 제공, 라디오 프로그램의 제공, 선전용 인쇄물의 준비, 콘테스트 투표용지의 배부 등

㉡ 소비자의 관심을 높이고 수요를 환기, 증진시키기 위한 촉진활동(단, 광고와 상품 정책은 제외한다)
- 견본배포
- 콘테스트(Contests)
- 경품권부 판매
- 소비자교육

㉢ 판매부문, 광고부문, 상품정책부문 등 기업 내의 제 부문에 협력하여 그 업무능률을 증진시키기 위한 촉진활동 : 기업 내 각부문과 관련된 것으로 판매부문, 상품부문, 광고부문 등에 협력하고 원조하여 그러한 여러 부문의 업무활동을 적극화시키고 업무능력을 향상시킴으로써 촉진관리의 기능을 수행한다.

지식 in

판촉수단 [기출] 22 · 21 · 19 · 17 · 16 · 15 · 14
- 노벌티(Novelty) : 사은품의 개념으로 광고주의 이름이나 브랜드가 붙여진 물품을 뜻하며, 가두에서 불특정 다수에게 돌리거나, 개점기념 혹은 창립기념 등 특정 시기에 무료로 돌리는 판촉수단
- 프로모툴(Promotool) : 촉진목표를 달성하기 위해 마케터가 구사할 수 있는 도구 또는 촉진분야에서 마케터가 당면하는 의사결정 변수
- 샘플(Sample) : 전체 물건의 품질이나 상태를 알아볼 수 있도록 그 일부를 뽑아 놓거나 미리 선보이는 물건
- 프리미엄(Premium) : 추첨권과 같이 손님이 상품을 샀을 때 서비스로 주는 경품
- 쿠폰(Coupon) : 소매상이 백화점 등의 대규모 판매점에 대항하기 위한 수단으로 발전시킨 신용판매방법 또는 여기에 사용되는 표를 의미

③ 판매업자에 대한 촉진작업
  ㉠ 경영 지도
    • 상품관리상의 지도
    • 상품구매 지도
    • 경리상의 각종 지도 등
  ㉡ 판매업자를 위한 회합의 기회 마련
    • 신제품전시회, 공장시찰, 각종 연구회, 강습회 등에 점주(店主)·점원(店員)을 출석시켜 판매업자의 향상을 꾀하고 회사와 상품에 관하여 관심과 밀접한 관계를 갖도록 힘쓴다.
    • 지구별 판매업자의 회합을 개최한다.
    • 회합의 대상자를 구별하여 특수한 회합을 마련한다(점원만의, 주부만의, 어린이만의 회합 등).
  ㉢ 가족적인 접촉 : 자기 회사와 관계있는 판매업자들의 집에서 일어나는 관혼상제(冠婚喪祭)에 회사로서 출석하고, 문병 등의 가족적인 접촉으로 정신적인 면에 친밀감을 높이도록 한다.
  ㉣ 매출경쟁(Contest) : 업자 단위로 판매경쟁을 하고 해당 판매량의 달성 정도에 따라 등급을 정하고 그들에게 시상을 하도록 하면 업자의 경쟁의식에 대응하여 효과를 올릴 수 있다.
④ 소비자에 대한 촉진작업
  ㉠ 일반소비자에 대한 상품전시
    • 백화점, 그 밖의 곳에서 견본전시회를 개최한다.
    • 주요 판매업자의 점포를 이용하여 상품전시회를 개최한다.
    • 선전 차에 의한 가두선전 등으로 일반소비자에게 상품지식을 보급하고 수요 환기에 힘쓴다.
  ㉡ 소비자에 대한 콘테스트 : 상품의 이름결정, 표어결정 등에 관하여 현상모집을 한다.
  ㉢ 소비자에 대한 계몽
    • 상품설명회를 갖는다.
    • 강습회 등을 개최한다.
    • 상품안내 등을 개별적으로 우송한다.
  ㉣ 그 밖의 서비스
    • 소비자에게 제조업자의 공장을 견학시킨다.
    • 매점을 설치하여 자가 상품을 계몽한다.
    • 반품·교환의 자유, 외상, 무료배달, 구매상담 등의 접대를 잘한다.
⑤ 기업 내부에 대한 촉진작업
  ㉠ 조직의 분화와 업무의 전문화에서 일어날 상호 연락의 결여가 없도록 긴밀한 관련성을 유지시켜 과학적인 판매활동이 되도록 한다.
  ㉡ 판매원의 교육과 훈련을 실시한다.
  ㉢ 광고계획을 사내에 널리 알리도록 한다.

② POP(Point Of Purchase) 진열을 활용한다.

구 분	장 점	단 점
광 고	• 자극적 표현 전달 가능 • 장·단기적 효과 • 신속한 메시지 전달	• 정보전달의 양이 제한적 • 고객별 전달정보의 차별화가 곤란 • 광고효과의 측정 곤란
홍 보	• 신뢰도가 높음 • 촉진효과가 높음	• 통제가 곤란
촉진관리	• 단기적으로 직접적 효과 • 충동구매유발	• 장기간의 효과 미흡 • 경쟁사의 모방 용이
인적판매	• 고객별 정보전달의 정확성 • 즉각적인 피드백	• 대중상표에 부적절 • 촉진의 속도가 느림 • 비용 과다소요

[촉진관리믹스의 구성요소별 장·단점] 기출 23·20·19·18

지식 in

IMC(Integrated Marketing Communication) 기출 19·18·17
통합 마케팅 커뮤니케이션으로, 1989년 미국 광고대행사협회는 IMC를 광고, DM, 촉진관리, PR 등 다양한 커뮤니케이션 수단들의 전략적인 역할을 비교·검토하고, 명료성과 정확성 측면에서 최대의 커뮤니케이션 효과를 거둘 수 있도록 이들을 통합하는 총괄적인 계획의 수립과정으로 정의하고 있다.

---

3 접객판매기술 기출 14·13

(1) 청 결

① 청결의 개념 : 산뜻한 청결감, 마음으로부터 느껴지는 청결감은 청소의 결과로 나타난다. 열심히 정성을 들여 정돈한 청결감을 유지하는 것이야 말로 청결이라고 할 수 있다.

② 청결해야 하는 이유
  ㉠ 항상 깨끗하고 잘 정돈된 청결한 점포는 들어가고 싶은 충동을 야기시킨다.
  ㉡ 쇼핑에 쾌적한 공간을 만들어 준다.

(2) 선도관리

① 선도관리의 개념
  ㉠ 윤이 나는 신선함
  ㉡ 마음을 호소하는 신선함
  ㉢ 싱싱한 신선함을 유지하는 것

② 중요한 선도 체크
  ㉠ 고객은 뭐니뭐니해도 상품이 신선한가 어떤가, 품질이 좋은 것인가를 최대의 체크 포인트로 하고 있다.
  ㉡ 선도 체크가 빈틈없는 점포는 안심하고 쇼핑할 수 있는 점포로서 고객에게 충분한 만족을 제공한다.

③ 매장에서의 체크 포인트
  ㉠ 부문별 체크 포인트를 나타내어 지식 부족에 의한 대손품의 판매를 방지한다.
  ㉡ 날짜 체크를 함으로써 선입선출의 철저성을 꾀하고 로스를 막는다.
  ㉢ 상품 선도관리의 레벨을 높여 서비스 향상을 꾀한다.

(3) 친절한 서비스

① 친절한 서비스의 정의
  ㉠ 친근감이 듬뿍 담겨있는 말을 사용하며 고객에게 좋은 느낌을 주는 몸가짐과 마음가짐, 다정하고 시원스런 웃음과 미소를 띤 얼굴이다.
  ㉡ 고객과의 다정하고 마음속에서 우러나오는 진실하고 친절한 태도가 되어야만 비로소 친절한 서비스가 이루어진다.

② 친절해야 하는 이유 : 고객은 마음의 만족을 요구하고 있는데 친절함이란 마음의 만족을 가져다 준다.

③ 친절한 서비스의 기본
  ㉠ 고객을 맞을 때의 올바른 접객방법
    • 고객은 언제 어느 때 당신을 보고 있는지 알 수 있기 때문에 언제나 또렷하고 힘찬 태도로 작업을 해야 한다.
    • 고객과는 미소 띤 얼굴로 밝고 명랑하게 인사를 해야 한다.
    • 고객의 옷차림이나 나이의 많고 적음으로 차별해서는 안 된다.
    • 일을 하고 있을 때라도 "어서 오십시오", "대단히 감사합니다"라는 말을 항상 할 수 있도록 마음의 준비를 해야 한다.
    • 고객이 부르면 "예" 또는 "어서 오십시오"라고 또렷한 목소리를 내며 가도록 해야 한다.
    • 고객은 누구라도 여유를 가지고 자유로이 매장을 돌아다니며 상품을 고르고 싶은 기분이 있기 때문에 불친절하고 성의 없는 목소리로 말을 한다든지, 고객의 행동을 지나치게 살펴보는 태도를 절대 하여서는 안 된다.
  ㉡ 매장안내
    • 고객이 매장의 각 코너에 대해서 물어보면 그 코너까지 직접 안내하는 것이 원칙이다.
    • 카운터의 계산 작업 등으로 틈이 나지 않는 경우에는 다른 사람에게 도움을 청하든지 그 코너의 부근까지라도 안내하여 주어야 한다.
    • 손가락으로 가리키는 식의 불친절한 행동을 하여서는 안 된다.
  ㉢ 상품설명
    • 상품의 명칭, 취급방법, 용도, 유효기간에 관해서 질문을 받은 경우 변경된 부분이 있으면 친절히 설명해 주어야 한다.
    • 항상 상품의 사용법, 보존방법, 관계되는 상품의 진열된 장소 등은 완전히 알 수 있도록 하고 그것을 능숙하게 표현하는 기술을 익혀두어야 한다.
    • 고객이 찾는 상품이 없을 때에는 그 상품과 성질이 비슷한, 또는 다른 회사상품을 고객에게 권할 수 있도록 해야 한다.
    • 반품·변상 : 고객이 구입한 상품에 불만이 있어 반품을 요구한 경우에는 친절하게 조치하는 것이 원칙이지만, 부득이 고객의 요구를 들어주지 못할 경우에는 빨리 상급자와 상의하여 해결해야 한다.

④ 카운터에서의 접객 기본요령
　㉠ 정확함 : 상품을 정확하게 등록하고 거스름돈을 건네는 것을 정확히 하는 것이 중요하다.
　㉡ 속도 : 계산대 앞에서 고객들이 기다리는 행렬을 만들지 않도록 빠르고 정확하게 처리하는 것이 중요하다.
　㉢ 미소 : 미소를 띤 얼굴로 손님을 맞이하는 것이 기본이다.

지식 in

물건을 포장할 때의 마음가짐
• 무거운 물건, 큰 물건, 단단한 물건, 사각인 물건을 밑에 넣는다.
• 부서지기 쉬운 물건을 위에 넣는다.
• 음료, 유지방 음료는 주의해서 포리백에 넣는다.
• 냄새가 심한 것과 냄새가 없는 것을 구별한다.
• 따뜻한 것과 찬 것은 구별한다.
• 적당한 크기의 주머니를 사용한다.
• 상품은 빠르고 조심스럽게 넣는다.
• 작은 것은 빠지지 않도록 주의한다.
• 포장지에 넣은 후 입구를 테이프로 봉한다.

---

(4) 품절방지

① 품절방지의 의의 : 고객이 구입할 상품이 없는 점포는 그 고객에게 있어서는 존재가치가 없다. 고객에게 언제라도 찾고 있는 상품은 제공할 수 있는 것이야말로 품절방지인 것이다.
② 품절을 방지하는 방법
　㉠ 매장관리 철저
　　• 작업지시를 철저히 하고, 전진입체진열을 항상 행하고, 반드시 보충진열을 행한다.
　　• 품절되어 있는 장소에 다른 상품을 채울 수 없다.
　　• 어떠한 이유로 인해 이동된 상품은 확실히 있어야 할 진열장소(원위치)로 되돌린다.
　　• 가격표는 정해진 가격표에 따라 붙인다.
　　• 전진입체진열의 경우 가격표와 상품을 일치시킨다.
　　• 가격표의 교체는 신속하면서도 확실하게 행한다.
　　• 창고는 매장과 똑같이 생각해서 항상 정돈하고 재고를 알기 쉽게 해둔다. 즉시 보충진열이 될 수 있도록 창고에서의 상품분류를 명확히 하고 선반에 표시를 한다.
　　• 재고상품은 가격표를 붙이고 반드시 정해진 장소에 둔다.
　　• 작은 상품은 정확하게 정리를 하고 알기 쉽도록 해둔다.
　㉡ 확실한 발주 작업
　　• 사무실을 항상 정리정돈하고 발주대장, 기기조작(매뉴얼)을 보관해 둔다.
　　• 발주기기 조작의 매뉴얼을 숙독하고 작업절차를 바르게 이해한다.
　　• 발주대장은 항상 정비해 둔다.
　　• 발주대장은 항상 비치해 둔다.

- 거래처의 휴무 등에 의한 발주일 변경, 납품일 변경 등의 연락문서는 항상 확인한다.
- 발주 담당자의 명확화와 급한 질병으로 담당자가 결근했을 때의 대응을 철저히 한다.
- 발주일, 발주시간, 발주처, 발주부문 일람표를 확인한다.
- 지시서를 확실히 이해하고 신규 도입상품을 확실히 도입한다.
- 선반구분표(Lay-out표)를 확인하고 진열장소를 생각해 본다. 진열장소가 떨어져 있더라도 동시에 발주하지 않으면 안 되는 상품도 생각해 보아야 한다.
- 발주 작업의 순서를 명확히 한다.
- 발주 작업 종료 후 송신완료를 확인한다.

ⓒ 정확한 발주량의 설정
- **판매량의 파악** : 정확한 발주량의 설정을 위해 판매량을 파악하기 위해서는 발주량, 폐기자료, 품절 상황을 체크한다.
- **판매예측** : 현 상태의 판매량을 파악했다고 하면 판매예측을 행하고 발주량을 결정한다.
- **발주량 설정의 주의점**
  - 조달기간(리드 타임), 발주 사이클의 확인 : 발주로부터 납품일까지의 기간(조달기간)과 발주로부터 다음 회 발주까지의 기간(발주 사이클을 확인해서 발주수량을 결정하지 않으면 안 된다) 사이에도 상품이 팔린다는 것을 잊어서는 안 된다.
  - 최저진열량의 설정 : 항상 점두에 최저진열을 해두어야 할 수량을 생각하면서 발주량을 결정한다.
  - 현재 재고량의 확인 : 점두재고, 창고재고의 정확한 파악이 필요하다. 재고를 누락해서 발주하면 과잉재고가 되고 상품의 가치저하, 재고금액의 증가 등이 일어난다.

4 구매시점(POP) 광고 기출 16 · 13

(1) 개 요 기출 21 · 19

① POP 광고는 'Point Of Purchase'의 약어로 고객의 구매시점에 행하는 광고를 말한다.

② POP 광고는 소비자들이 구매하는 입장에서의 광고를 말한다.

③ POP 광고의 경우 소비자들이 상품을 구매할 때 편리함을 도모하는 것이므로 이익액 또는 매출액 등을 좌우하는 힘을 지니고 있다.

(2) POP 광고의 역할 기출 23 · 20 · 13

① 종업원 대신에 소비자들의 질문에 응답한다. 식품매장의 경우 '이 상품은 방금 수확한 계절상품' 또는 '물 맑고 공기 좋은 강원도의 감자' 등의 계절 및 고품질의 산지 등으로 소비자들에게 소구하는 것이 좋다.

② 점포에 방문한 소비자들에게 부담 없이 상품들을 자유로이 선택 가능하도록 해 준다.

③ 경쟁의 경우 소비자들에게 명확하게 인식되게 하여 타 점포와 차별화 기능을 담당한다.

지식 in

POP 광고의 기능 기출 22 · 14
- 한정판매, 특가판매 등의 상품의 구매조건을 제안한다.
- 포스터, 현수막, 계절 POP 등으로 점포 내부의 이미지를 조성한다.
- 상품명, 가격, 사용방법 등을 알려주어 상품의 특징을 알기 쉽게 전달한다.
- 배달, 고객카드 등의 서비스 제고의 범위를 알려준다.

(3) POP 광고의 종류 기출 23

POP 광고의 종류로는 현수막, 스탠드, 간판, 롤, 블라인드, 모바일 깃발, 벽면에 붙이는 광고물, 포스터, 알림보드, 장식 등이 있다.

① **점포 밖 POP** : 고객의 시선을 집중하고 호기심을 유발하여 판매점의 이미지 향상과 고객을 점포내로 유도하는 역할을 한다. 예 윈도우 디스플레이, 연출용 POP, 행사포스터, 현수막, 간판 등

② **점포내 POP** : 고객에게 매장 안내와 상품코너를 안내해주고, 이벤트 분위기를 연출하여 충동구매를 자극하는 역할도 한다. 예 사인보드, 일러스트 모빌류, 행거 안내 사인, 상품코너 포스터 등

③ **진열 POP** : 가격, 제품비교, 제품 정보 등을 안내하며, 타 상품과의 차별화를 주는 이익 및 장점을 안내하여 고객의 구매결정을 유도하는 역할을 한다. 예 제품안내카드, 가격표 등

지식 in

POP 광고
- 소비자들에게 상품 선택을 부담없이 해 주기 위한 것으로 POP의 활용은 상당히 중요하다.
- POP 광고는 소비자들에게 어필(Appeal)하고 싶은 상품이 있을 경우에는 충분한 주의를 기울여야 한다.
- POP 광고는 시기 및 장소에 맞게 적절하게 이루어져야 한다.

(4) POP 광고의 구축방법

① 서비스의 개시
　㉠ 자점의 특징을 소비자들에게 정확하게 전달해주어야 한다.
　㉡ 상품 라이프스타일에 대한 패션성 및 소비자들이 필요로 하는 서비스에 보다 더 정확하고 빠르게 대응해야 한다.

② 안내의 게시
　㉠ 엘리베이터, 비상구, 에스컬레이터, 계산대, 화장실, 입구 및 출구 그리고 매장 및 테넌트점의 위치 등을 표시하는 게시를 말한다.
　㉡ 이 같은 경우 어느 하나 크게 게시하는 것보다는 각각의 요소에 많이 게시하는 편이 좋다.

③ 분류의 게시
　㉠ 매장의 안내, 부문의 표시 및 사이즈 표시가 해당된다.
　㉡ 소비자들이 점포 내 상품을 눈으로 보고 무엇이 어디에 있는지 상품분류표시가 없어도 상품자체로 분류를 할 수 있는 것이 이상적인 방식이다.

④ 품명 및 가격표 : 상품을 구입하는 소비자들의 시선에서 보면 옳지 못한 것은 품명 및 가격을 표시한 카드 및 태그라 할 수 있다.

⑤ 쇼카드 : 소비자들의 자유로운 쇼핑이 가능하도록 도와주는 조수와 같은 것을 의미한다.

⑥ 광고 물건의 게시 : 광고 상품에 붙이는 것이 바람직하다.

지식 in

POP 광고물 작성 시에 고려해야할 사항 기출 20 · 15 · 14
- 소비자들이 제품을 선택함에 있어 도움을 줄 수 있어야 한다.
- 점포의 이미지를 높이는 기능을 수행할 수 있도록 점포의 특성을 고려해야 한다.
- POP 광고는 내방한 소비자들의 시선을 순간적으로 집중시킬 수 있어야 하며, 더불어 소비자들에게 제품에 대한 충동구매의 의욕을 불어 넣어주고 실질적인 구매가 이루어질 수 있도록 유인하여야 한다.
- 시선을 끌 수 있는 크기 및 색상을 선택하되 3가지 색상 이내로 사용하는 것이 효과적이다.
- 레이아웃은 적당히 여백을 남긴다.
- 다른 제품 진열에 방해가 되지 않는 크기로 작성한다.
- 가격과 상표명을 명시하는 편이 좋다.

---

03 고객만족을 위한 판매기법

1 고객유치와 접근

(1) 고객 대기 기출 19

① 고객 대기의 마음가짐

㉠ 고객 대기의 의의 : 고객 대기란 언제, 어떠한 경우에도 고객을 맞이할 수 있는 준비와 마음가짐이 되어 있는 만전의 판매 체제를 시행하는 것으로 머천다이징, 쾌적한 공간 관리, 매장 연출 그리고 적정한 판매원의 배치와 판매원 각자의 마음가짐에 달려있는 문제이다. 즉, 대기는 효과적인 접근이 이루어지도록 하기 위한 사전 준비단계로서의 판매담당자가 제품구매의 의지와 능력을 가진 고객을 탐색하고, 이들에게 접근하기 위한 기회를 포착하는 과정이다. 이를 위한 바른 대기자세는 단정한 용모와 밝은 표정의 연출이다.

㉡ 시간대에 의한 업무 배치
- 시간대에 의한 내점 경향은 인간들의 유형적인 생활의 리듬이 보여주는 현상이며, 이러한 경우에도 불의의 내점에 대한 대비가 있어야 한다.
- 내점 객수가 많은 피크 타임에는 자칫 대기가 폭주해서 한 사람이 여러 역할을 하는 작업의 다중 현상이 있게 되는데, 그런 경우에도 접객 업무에 일사불란의 체제를 유지할 수 있도록 평상시의 훈련을 통해서 구축해 둘 필요가 있다.
- 내객이 한산한 시간대에는 자칫 긴장이 풀려 판매원의 기분이 해이되기 마련인데 마음의 한가로움은 무방하다 하더라도 그것이 부질없는 농담이나 게으름으로 흘러버린다면 통솔상 좋은 현상이 되지 못한다.

ⓒ 판매 관리자의 경영 관리
- 매장 관리자는 강력한 리더십 아래 매장 및 물적·인적 요소를 장악하여 고객 대기의 체제를 항상 유지해 가는 제도를 갖추도록 지도·관리해 나가야 한다.
- 머천다이징이 적절한 상황에서 최대의 서비스란 고객을 기다리게 하지 않는다는 것이며, 그러기에 피크 타임의 판매원의 배치는 어떠한 타입과 패턴이 가장 좋은가를 판매 관리 전술로서 고려하고 전개해 가는 것이 판매 관리자로서의 중요한 경영 관리이다.

② 판매담당자의 대기 요령 : 가장 바람직한 대기 자세란 고객이 판매담당자에게 다가가고 싶은 마음이 생길 수 있도록 하는 것이다.
　ⓐ 바른 자세 : 양손을 겹쳐서(여자의 경우는 오른손이 위, 남자는 왼손이 위에 두거나 주먹을 가볍게 쥐고 재봉선에 밀착한다.) 앞에 모으고 똑바로 서 있는다. 부드럽고 밝은 표정을 담은 채 시선은 고객의 태도나 동작을 관찰한다. 고객을 관찰할 때는 고객이 부담을 느끼지 않는 부드러운 눈초리로 조심스럽게 살피는 것이 중요하다.
　ⓑ 바른 위치 : 고객에 신속히 응대할 수 있는 가장 편리한 장소에 있는 것이다.
　ⓒ 상품 점검
- 상품이 제자리에 잘 진열되어 있는지, 진열량이 적절한지, 더렵혀진 상품이 없는지 확인한다.
- 상품마다 정확한 가격이 정해져 있는지, 정해진 위치에 있고 가격표가 더러워지거나 망가져 있지는 않는가 확인한다.
- 입체적인 진열이 되어 있을 경우 상품을 꺼내기 쉽게 되어 있는지를 점검한다.
　ⓓ 효과적인 진열연출 : 판매담당자는 보기 좋고 쉽게 고객이 선택하기 쉬운 진열방법에 대한 연구를 해야 한다.
　ⓔ 매장의 청결 유지 : POP와 진열대, 그리고 매장 바닥을 항상 깨끗하게 청소하여 고객이 매장 밖에서 구경하거나 매장에 들어섰을 때 깔끔하고 상큼한 기분을 갖도록 한다.

③ 대기과정의 금지사항 **기출** 22 · 15
　ⓐ 한 곳에 여러 명이 몰려 있다.
　ⓑ 고객을 흘긋흘긋 쳐다본다.
　ⓒ 고객의 시선을 회피한다.
　ⓓ 고객을 보고 웃거나 수군수군 이야기한다.
　ⓔ 손님이 오는데 큰소리로 이야기한다.
　ⓕ 무관심한 표정으로 손님을 쳐다본다.
　ⓖ 다른 생각으로 고객에게 집중하지 못한다.
　ⓗ 매대나 행거, 기둥 등에 기대고 있다.
　ⓘ 주머니에 손을 넣거나 팔짱을 끼고 있다.
　ⓙ 주간지나 다른 서적을 보고 있다.

지식 in

대기관리를 위한 고객의 인식관리 기법 기출 21

• 서비스가 시작되었다는 느낌을 주어라.
• 총 예상 대기시간을 알려 주라.
• 고객을 유형별로 대응하라.
• 이용되고 있지 않은 자원은 보이지 않도록 하라.
   – 일을 하지 않고 있는 직원은 보이지 않게 하라.
   – 고객과 상호작용하지 않는 활동은 고객이 볼 수 없는 곳에서 수행하라.
   – 대기선의 끝 지점에 가장 가까운 창구부터 우선적으로 처리하라.
   – 사용되지 않는 물리적 시설을 보이지 않게 하라.

(2) 접 근 기출 13

① **접근의 의의** : 접근(Approach)이란 판매를 시도하기 위해서 고객에게 다가가는 것, 즉 판매를 위한 본론에 진입하는 단계를 말한다. 접근은 실질적인 판매의 출발점으로서 이 접근에서 고객이 판매담당자에 대해 짧은 순간에 느끼는 감정(첫 인상)이 판매활동의 진행에 매우 크게 영향을 미친다. 판매원의 운명은 고객을 만난 최초 30초 내에 결정되고 그것은 판매원 자신의 수중에 달려있으며, 넓은 뜻에서 판매는 클로징에 이르기까지의 전체 과정에서 보다 가깝게 고객에게 접근해야 하므로 처음부터 끝까지 어프로치의 연속이라고 생각할 수 있다.

[예상 고객의 마음]

[세일즈맨의 기술]

지식 in

어프로치(Approach ; 접근)의 성패는 그 50%가 첫마디에 의해 결정된다고 해도 과언이 아니다. 그 이유는 고객을 향해 하는 최초의 말이 매장이라고 하는 특수 조건을 바탕으로 자기의 위치를 굳혀주는 효과를 갖기 때문이다.

② 접근을 위한 준비 단계

    ㉠ 필요한 사전 공작 : 사전 공작이란 고객이 최초의 반응을 보일 때까지의 과정을 쉽게 하는 것이다. 예를 들면, 먼저 회사가 하는 광고나, P. R 활동 등은 확실히 항간의 평판을 높여준다. 약국에서 세상에 잘 알려져 있는 상표의 약을 바꾸어서 무명 약제사가 조제한 약을 팔려고 했을 때는 반드시 적지 않은 저항에 부딪친다. 그러나 같은 약국이라 하더라도 내점한 부인에게 오랜 동안 정평이 있는 약, 혹은 화장품 등의 제품을 보이면 판매에 따른 저항을 받지 않는다. 이것은 상품의 명칭과 그 명칭이 의미하는 것이 판매를 지극히 간단하게 해주기 때문이다.

    ㉡ 간접 판매술 : 판매원이 먼저 사고 싶은 마음을 일으킬 만한 활동을 충분히 하고 어떻게 하면 고객이 기꺼이 판매에 관한 이야기에 귀를 기울여 줄 것인가 하는데 가장 좋은 수단·방법을 가려내는 일이다.

    ㉢ 접근 준비를 위한 스토리(Story) : 어느 정도 화술이 좋은 사람이라 하더라도 사람을 설득하려고 할 때에는 듣고자 하는 기분을 고객이 가지고 있을 때 말을 건네는 것이 가장 소망스러운 것이다. 물론 듣는 이가 없다면 말은 못한다. 그러나 말을 한다는 것보다 훨씬 나쁜 것은 말을 하기 전에 듣는 사람으로 하여금 심증을 상하게 해서 적개심을 갖게 하는 일이다.

    ㉣ 예상 고객과의 일체감 형성 : 상담을 훌륭하게 이끌어 가는 것은 반드시 고객이 관심을 기울이고 있는 문제만을 이야기하기 때문만은 아니다. 때로는 판매원 자신에게 고객이 주의를 기울이도록 하는 것도 한 가지 수단이다. 즉 예상 고객의 가족의 안부, 사업상의 성공, 혹은 예상 고객의 취미나 식도락에 대해서도 큰 관심을 기울이고 있다는 것을 나타내는 것이다.

지식 in

판매담당자가 고객과의 만남에서 달성해야 할 구체적인 목표
• 고객의 경계심을 빨리 제거하고 편안하게 느낄 수 있도록 하는 것이다.
• 만약 고객과의 대화가 시작된다면 곧 고객한테서 호감과 신뢰감을 획득하는 것이다. 판매 지향이 아닌(No Sales-oriented) 고객의 이익을 우선하는 고객 지향(Customer-oriented)의 높은 서비스 정신과 긍정적인 태도가 중요하다.
• 활발한 대화를 통해서 고객이 어떤 동기를 갖고 있는지, 또 그의 욕구와 필요가 무엇인지 찾아내는 것이다.

---

③ 접근기술 : 접근에 성공하여 다음의 발전된 판매단계로 진입하기 위해서는 우선 성실하게 미소 띤 얼굴로 부드러운 분위기를 조성하여 예의바른 세련된 화술 등의 기능이 발휘되도록 하여야 한다.

    ㉠ 호의적인 인상 : 단정한 복장과 예의를 갖추어야 하고, 3S, 즉 Smile(미소), Sincerity(성실성), Soft Touch & Smooth Mood(부드러운 분위기)를 갖추어야 한다.

        • 미소(Smile) : 미소는 돈이 들지 않는 가장 비싼 치장으로서 훌륭한 인격이기도 하다. 고객에게 "나는 친절하고 성의 있는 인간으로서 당신하고 친구가 되고 싶습니다. 나는 당신에게 도움을 드리려고 여기에 온 것입니다. 나는 당신을 더욱 잘 알고 싶고, 좋아합니다"라고 말하는 듯한 「스마일」이라야 한다. 따라서 판매담당자는 평소의 표정이 온화하며 얼굴 전체에 자연스러운 미소를 띠도록 스스로 훈련하여야 한다. 왜냐하면, 미소는 상품과 판매담당자의 부가가치를 높여주는 또 다른 고객가치의 원천이기 때문이다.

- **성실성(Sincerity)** : 성실한 판매담당자는 고객을 사랑하고 고객의 이익을 존중하는 고객 지향의 마음가짐 속에서 원칙에 충실하며 고객접객에 열의를 다한다. 그렇게 함으로써 고객은 대접받고 있다는 느낌을 받으며 그로 인해 그 판매담당자를 신뢰하여 좋아하게 된다.
- **부드러운 분위기**
  - **소프트 터치** : 판매원은 외유내강(外柔內剛)해야 한다. 상대가 응대하는 것을 보아가며 거기에 맞추어서 부드럽게 나가야 한다. 물론 너무 유연하기만 해도 안 되는데 그것은 클로징단계에서는 대단히 강한 일면이 필요하기 때문이다. 그러므로 강하게, 약하게, 굳게, 무르게, 서서히, 서둘러서 … 이 같이 두 개의 극한이 무리 없고 자연스럽게 구사되어 나가는 것이 판매의 기술이다.
  - **스무드 무드** : 부드러운 분위기를 조성하기 위한 좋은 방법은 칭찬의 활용이다. 칭찬은 말의 꽃다발이라고 한다. 인간의 욕망 중 가장 강렬한 것이 바로 사회적 승인욕이고 우월감이므로 이 욕망이 어필 되도록 추켜 주면 고객은 기분이 좋아질 것이며, 이로써 분위기는 무르익게 되어 고객의 마음의 문은 서서히 열려나가게 될 것이다.

대담 찬사	장점이나 자랑할 점이 있으면 아낌없이 대담하게 칭찬한다.
반복 찬사	한 번 한 찬사를 몇 번이고 되풀이하면 더욱 빛난다.
부분 지적 찬사	막연한 칭찬이 아니고, 특징을 포착하여 집중적으로 하여야만 진실성이 있고 효과가 크다.
간접 찬사	다른 사람으로부터 들은 소문, 찬사를 인용하여 칭찬하는 방법은 자연스럽고 상대방의 사회적 승인욕을 만족시켜 준다.
비교 찬사	이런 점은 시원치가 못하지만, 이런 점이 훌륭하다는 식의 방법도 매우 유용한 방법 중의 하나이다.
자아 확장 찬사	소유물을 치켜 주면 그것은 자기의 연장으로 생각되어 기분이 좋아지게 마련이다.
당신 강조 찬사	어떤 칭찬이나 말이 칭찬 받는 사람의 절대성에 두는 것을 말한다.

[칭찬화법] 기출 22 · 14 · 13

지식 in

고객 응대의 마음가짐
- 고객의 이익을 우선적으로 생각한다.
- 고객에게 애정으로 대한다.
- 고객에게 따뜻한 느낌을 준다.
- 고객의 편익을 우선한다.
- 미소가 아름답다.
- 고객의 말을 진지하게 경청한다.
- 고객을 반갑게 맞이하고 기분 좋게 배웅한다.

ⓒ **세련된 화술** : 판매란 결국 말로 상대를 설득하는 직업이라고 할 수 있으므로 세련된 화술이 판매에서 커다란 비중을 차지한다. 세련된 화술의 기본 원칙은 다음과 같이 다섯 가지로 요약된다.
- 이야기는 인격의 투영이다. 이야기를 들으면 퍼스낼리티(Personality)를 알 수 있다. 그러므로 인격을 도야하고 성실 일관하여야 한다.
- 이야기는 기교만이 문제가 아니다. 너무 잘하려고 애쓰지 않는 것이 좋다.
- 상대의 입장을 존중하여 이야기한다.

- 알기 쉽게, 기분 좋게 대하도록 한다. 듣기 좋게 하는 이야기가 제일이다.
- 효과적인 화술의 기법을 사용한다. 상대를 고려하고 요점을 포착해서 이야기한다.
- ⓒ 후광 효과(Halo Effect) : 판매원의 좋은 점, 뛰어난 점이 눈에 뜨이면 그것은 끝까지 고객의 인상에서 사라지지 않고 판매원의 이미지를 부각시키는데 큰 힘이 되기 때문에 응분의 자기 P.R을 점잖고 자연스럽게 삽입하는 것도 좋은 아이디어가 될 것이다. <u>기출</u> 22
- ⓔ 경청 : 이야기를 진행시켜 나감에 있어서는 가끔 맞장구도 치고 가벼운 질문도 삽입해서 고객의 이야기를 잘 듣도록 하는 것이 좋은 방법이다. <u>기출</u> 23

지식 in

접근 타이밍 <u>기출</u> 16 · 15 · 14
- 판매담당자를 찾고 있는 태도가 보일 때
- 고객이 말을 걸어오거나 고객과 눈이 마주쳤을 때
- 같은 진열 코너에서 오래 머물러 있을 때
- 매장 안에서 상품을 찾고 있는 모습일 때
- 고객이 상품에 손을 댈 때

---

④ 접근 방법 <u>기출</u> 13
- ㉠ 상품 접근법 : 판매원이 판매하고자 하는 상품을 예상 고객에게 제시하며, 주의와 관심을 환기시키는데 있어서 상품의 독특한 특징에 의존하거나 흥미 있는 상품의 품질을 지적하는 것을 말한다.
- ㉡ 서비스 접근법 : 예상 고객에게 이전에 구매한 상품에 대하여 수리나 정보 제공 그리고 조언을 해주면서 예상 고객에게 접근하는 것을 말한다.
- ㉢ 상품 혜택 접근법 : 구매자에게 제공될 상품 혜택, 예상 고객을 연관시키는 설명이나 질문을 갖고 면담을 시작하는데 사용된다.
- ㉣ 환기 접근법 : 예상 고객의 호기심을 환기시켜 그의 관심과 흥미를 유발시켜 접근해 나가는 방법이다.
- ㉤ 프리미엄 접근법 : 예상 고객에게 가치 있는 무엇인가를 무료로 제공하면서 접근하는 방법이다.
- ㉥ 칭찬 접근법 : 예상 고객의 주의와 관심을 끌기 위하여 사실에 근거한 진지한 칭찬을 줄 수 있는데 대부분의 사람들은 남으로부터 진지한 찬사를 받기를 좋아하며, 더욱이 계속 경청하려고 드는 경향이 있다.
- ㉦ 공식적 접근법 : 판매원이 예상 고객에게 명함을 주며 접근하는 방법으로 산업 구매자, 도매상 또는 소매상의 방문에 널리 사용되고 있다. 이러한 접근법은 너무 빈번히 많은 사람들에 의해 사용되고 있으므로 판매원이 유명한 회사나 신뢰받는 기업을 대리하지 않는다면 거의 관심이나 흥미를 끌기 어렵다.
- ㉧ 친지 소개 접근법 : 상호 친지로부터의 편지, 메모, 소개장을 예상 고객에게 제시하는 것이다.
- ㉨ 금전 제공 접근법 : 인간의 욕망에 근거를 둔 것으로 돈을 벌려는 욕망은 우리 사회에 있어서 너무나 팽배되어 있는 동기이므로 대부분 사람을 접촉함에 있어서 금전 제공이 성공적으로 이용될 수 있다.

⑤ 접근의 기본동작 및 금지사항
- ㉠ 기본동작 : 고객이 부르면 즉시 대답하면서 '어서 오십시오. 손님'이라는 인사말로 접근한다. 이때 음성은 약간 높게 하고, 표정은 밝고 환해야 한다.

ⓛ 금지사항
- 고객이 부르는데 마지못해 오거나, 즉각 응답을 안 하는 경우
- 고객의 외형적인 복장이나 언어 등으로 판단하여 차별하는 표정을 짓고 접근하는 경우
- 무표정한 얼굴로 다가가는 경우
- 인사말이 없는 경우
- 귀찮은 듯한 표정과 피곤한 얼굴
- 고객에게 접근할 때 신발을 끌며 천천히 오는 경우

지식 in

고객을 응대하는 순서 기출 14
고객유치와 접근 → 고객욕구의 파악 및 결정 → 판매제시 → 판매결정 → 상품포장 → 판매 마무리 → 고객유지를 위한 사후관리

2 고객욕구의 결정

(1) 고객 구매욕구의 파악 기출 21

① 판매를 성공시키기 위해서 판매담당자는 고객욕구의 이해와 그 욕구를 충족시킬 수 있는 상품을 발견하는 것이 무엇보다도 중요하다.
② 판매담당자는 고객과의 접촉을 통해 욕구와 구매계획 등에 대해 가능한 많은 지식과 정보를 획득하여야 한다.
③ 판매담당자가 고객의 욕구를 최상으로 만족시켜줄 수 있는 상품을 발견할 때 판매가 성공할 수 있다.

(2) 고객 구매욕구의 결정방법 기출 23·13

① 질문 : 고객의 욕구파악은 질문으로부터 시작된다. 고객으로 하여금 자신을 자랑할 수 있는 기회를 주면서 그가 말하는 것을 경청하여 고객의 욕구를 파악하는 것이다. 이 때 판매담당자의 대화법은 질문 → 경청 → 동감 → 응답하는 과정을 반복하는 것이다.
ⓐ 질문의 효과
- 고객의 주요 관심사와 그의 구매문제를 인식하게 된 강력한 동기를 파악할 수 있다.
- 그의 개성이나 사회적 지위 등의 파악이 가능해진다.
- 대화의 실마리를 제시해 주어 좋은 분위기를 조성할 수 있다.
- 고객의 마음을 열게 하고 고객 자신의 생각을 정리시킬 수 있다.
ⓛ 질문의 원칙
- 질문을 연발하지 않는다.
- 질문하고 회답을 듣고 회답과 관련시켜 대화한다.
- 긍정적이고 적극적으로 응답할 수 있도록 질문을 유도한다.
- 고객이 얻고자 하는 혜택을 판단하기 위해서 질문한다.

ⓒ 질문의 종류 `기출` 20 · 13
- 개방형 질문 : 고객과의 심리적 거리, 즉 경계심을 완화시키고자 할 때 사용하는 매우 일상적인 질문이다. 또한 일반적인 정보를 필요로 할 때, 대화를 지속시켜 나가고자 할 때 하는 질문이다.
- 선택형 질문 : 고객으로부터 특정부분의 확인(선물용 구매인지 아니면 자신이 사용하기 위해서인지 등)이 필요할 때, 보다 구체적인 정보를 필요로 할 때(구매동기, 기대하는 혜택, 사용용도 등), 사용하는 질문형태이다.

② 경 청 `기출` 15 · 14
ⓐ 적극적 경청 : 적극적 경청이란 감정의 상호교환에 있어서 고객의 방어적인 태도와 행동을 줄이게 하는 대화기법으로서, 고객에 의해서 표현된 감정을 확인하고, 그 내용을 파악하고 정의하며, 정확하게 반응하는 능력을 의미한다.
ⓑ 경청의 목적
- 고객으로부터의 신뢰감 획득이다. 만일 판매담당자가 적극적이고 진지한 경청태도를 보인다면 고객으로부터 신뢰감을 얻게 될 것이다.
- 고객의 필요와 욕구의 파악과 더불어 이러한 욕구가 발생하게 된 동기의 파악, 구매스타일의 파악, 그리고 고객욕구를 결정하기 위한 주변적 정보의 획득, 예컨대 직업, 소득수준의 정도, 개성, 취미 등의 파악이 가능해진다.
- 고객의 욕구충족을 도와주는데 집중할 수 있는 적절한 상품의 선택 및 설명의 기회포착과 이를 통한 구매결정의 시간단축이 가능해진다.
ⓒ 경청방법 `기출` 16 · 14
- 적극적인 경청태도이다.
- 고객이 말하고자 하는 의미와 의도를 파악하여 듣는 태도이다.
- 상호간에 이해를 촉진하기 위해 고객의 발언내용을 확인하고 감정을 제시하면서 화제를 유도해 나가야 한다.
- 고객과의 대화 중에 긍정적인 감정을 제시하고, 판매담당자가 의도한 화제로 유도한다.
- 고객의 이야기 중에 끼어들거나 비판하거나 어느 경우에도 대화를 중단시켜서는 안 된다.

[욕구의 결정방법]

지식 in

적극적 경청의 표현들
- –라는 말씀이지요?
- 다시 말하면 …?
- 그렇군요.
- 대단하십니다. 저는 거기까지는 미처 생각을 못해 보았거든요.

- 그런가요? 그래서요?
- 아하 ……
- 과연 ……

- 예, 그렇군요.
- 네에!,
- 말씀대로입니다.

판매원의 적극적인 경청을 통해 얻는 이점 [기출] 14
• 고객의 욕구를 정확히 파악해서 고객이 원하는 제품을 제시함으로써 구매결정의 시간 단축이 가능하다.
• 고객으로부터 신뢰감을 얻어 고객이 판매원에게 편안해지는 느낌과 더불어 호감을 지니게 된다.
• 고객의 필요 및 욕구와 더불어 욕구발생에 대한 동기까지 파악할 수 있어 고객의 핵심목적에 대한 파악이 가능하다.

(3) 고객과의 거리

① **고객의 공간** : 고객의 공간이란 고객이 상품 선택을 자유롭고 손쉽게 할 수 있는 연출 공간을 말하며, 거기에는 선택에 필요한 충분한 상품 구색 갖춤과 쇼핑을 보조하는 기능이 상비되어 있어야 한다는 것이 조건이 된다.

② **판매원과 고객과의 거리** [기출] 15

　㉠ 매장은 발상과 기능으로 구성되어 있는데, 응대하는 판매원의 위치에 따라서는 모처럼의 공간을 가리고 좁혀버릴 우려가 있다. 접객 기술로서 고객의 시야를 차단해서는 안 된다는 것은 필수 조건이다.

　㉡ 고객과의 거리는 매장에서 판매원이 고객공간을 침범하지 않을 뿐만 아니라, 접객 효과를 높이는데 있어 알맞은 간격이어야 한다. 이것은 바로 매너임과 동시에 판매원의 상식으로서 알아 두는 것이 절대 요청되는 일이다.

　㉢ 고객과의 거리는 어느 정도가 적절한가 하는 것은 그 상점의 레이아웃과도 관련을 갖게 된다. 이 앞 간격에 대하여는 일률적으로 말할 수는 없지만, 거의 심리적인 고찰로 1m 이내 50cm 이상의 거리를 가져야 한다고 되어 있다. 요컨대 이것은 고객으로 하여금 의식케 하지 말고 그러면서도 대화가 가능한 거리인 것이다.

　㉣ 부하에게는 모의 연습을 통하여 고객의 위치에 서게 하고 어느 정도의 접근이 의식되는가를 인지한 뒤에 알맞은 간격을 갖도록 하면 이해가 빠르다.

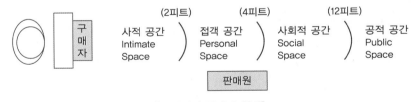

[구매자의 공간의 형태]

(4) 고객 본위의 응대

① **고객 본위의 의미** : 고객 본위의 응대란 접객에 있어서 고객이 갖는 우위성을 보증하면서 고객의 동기에 재빨리 호응해서 고객의 가치관에 부응한 상품 제시와 정보 제공을 고객의 수준에서 행하는 것을 말한다.

② **고객 본위의 접객 기술** 기출 15

　　⊙ 전문 용어를 남용하지 않아야 하며, 사용하는 경우에는 반드시 해석을 붙여서 고객이 이해하기 쉽도록 힘써야 한다.

　　⊙ 고객이 어떠한 특성을 가진 상품을 바라고 있는가를 이해하고 그 패턴에 합치한 얼마간의 상품을 갖추어 제시해야 한다.

　　⊙ 접객 중에는 다른 업무를 보지 않도록 해야 한다. 매장은 고객을 위해 존재하는 것이며, 판매원도 또한 고객을 위해 대기하고 존재하는 것이기 때문에 고객에게 직접적인 관계가 없는 행위는 접객 중에는 피하여야 한다.

　　⊙ 흥허물 없다고 해서 무례한 태도를 취하지 말아야 한다.

지식 in

응대의 포인트
• 많은 손님이 내점하더라도 반드시 일인 일객의 자세로 응대한다.
• 먼저 오신 손님 순으로 응대한다(선객우선).
• 고객의 타입, 연령에 따라서 적절한 응대를 한다.

---

3 판매 제시 기출 13

(1) 판매 제시의 정의 기출 15

판매 제시는 고객접근과 욕구결정 단계에서 파악된 고객의 욕구를 충족시켜주기 위해 상품을 고객에게 실제로 보여 주고 사용해 보도록 하여 상품의 특징과 혜택을 이해시키기 위한 활동으로서, 상품의 실연(제시)과 설명(Explaining)이 핵심이다.

(2) 판매 제시의 의의

판매 제시를 함에 있어서 판매원은 효과적으로 의사 전달을 하기 위하여 담화, 경청, 제스처, 전시 및 그 밖의 행동에 관한 어떤 결합에 의존하면서 예상 고객에게 설득적인 소구(Appeal)를 행한다.

(3) 판매 제시의 목적 및 요소

① **판매 제시의 목적** : 판매 제시에서의 판매원의 임무는 제공하는 제품 또는 서비스를 가지도록 예상 고객 욕망을 환기하는 것이다. 그러므로 판매 제시의 목적은 예상 고객이 어떤 문제를 가지고 있다는 것을 인식하게 하고 판매원의 제품이 이 문제를 어떻게 해결할 것인가를 보여주고, 판매원의 회사의 판매원 자신에 관하여 예상 고객에게 판매하는 것이다.

② 판매 제시의 요소
- ㉠ 판매원은 고객 접촉 및 판매 제시의 실행을 위한 전체적인 계획을 개발하지 않으면 안 된다.
- ㉡ 판매원은 고객 접촉을 실행하며, 현실적으로 특정한 판매 방문과 함께 그것을 사용한다.
- ㉢ 판매원은 판매 방문의 목적을 달성하기 위하여 판매원은 예상 고객으로부터 피드백(Feedback)을 관찰하며, 그것은 원래의 계획된 고객 접촉 및 판매 제시의 방법의 변경에 귀착할 수 있다.

[판매 제시의 4요소]

(4) 판매 제시의 특성

① **완전성(Complete)** : 판매 제시가 완전하기 위해서는 상품이 현재의 상황에 대한 예상 고객의 불만 해소에 기여하거나, 판매 제의를 수용함으로써 어떻게 이러한 상황을 극복할 수 있는지를 보여주기 위하여 필요한 모든 정보를 포괄해야 한다.

② **경쟁심의 배제** : 판매 제시는 판매자의 주장을 수립하고 있는 상황으로부터 고객과의 경쟁심을 제거해야 한다.

③ **명확성(Clear)** : 판매 제시는 오해되지 않도록 예상 고객에 대하여 명확해야 한다. 즉 예상 고객의 마음에 오해의 어떤 흐릿함을 남기지 않아야 한다는 것이다.

④ **예상 고객의 신뢰 획득(Confidence)** : 예상 고객은 판매원이 말하고 있는 것이 사실이라는 확신을 갖지 못하면 구매하지 않을 것이므로 판매 제시에 있어서는 예상 고객의 신뢰를 얻는 것이 대단히 중요하다. 신뢰는 제조업자에 있는 또는 예상 고객에게 판매하는 사람 또는 판매업자에 있는 판매되고 있는 상품이나 제품에 놓여 질 것이다.

(5) 상품 제시의 매너

① **상품 제시의 매너** : 상품 제시의 매너는 에티켓임과 동시에 성의를 표현하는 행위로서 고객의 우위성을 보증해 가는 것이어야 한다. 고객의 욕망을 확인하여 얼마간의 상품을 갖추고 상품 선택의 편의를 도모한다고 하는 기능적인 문제가 아니라, 제시하는 동작의 자세가 매너이다.
- ㉠ **매너가 고객에게 주는 영향** : 매너는 언어 이상의 작용을 하는 것이며, 고객은 언어보다도 판매원의 접객 태도에 의해 그 점포를 평가하는 것이므로 이 점에 대하여 주의할 필요가 있다.
- ㉡ **매너의 지도** : 교육과 실습을 통해서 지도하며 관리자로서는 부하의 접객 태도에 주의하면서 수시로 고쳐야 할 점을 가르쳐 나가야 한다. 그러기 위해서는 우선 자기가 학습하고 경험하면서 기술을 몸에 익혀두는 것이 필요하다.

② **상품 제시방법** 기출 14 · 13
- ㉠ **제시할 상품을 점검** : 접근단계에서 파악된 고객의 욕구에 맞는 상품모델과 색상을 제시하기 위해 제시할 상품의 준비여부 및 상태를 확인한다.
- ㉡ **즉각적으로 상품을 제시** : 예상 고객의 요구나 판단된 욕구에 따라 상품을 신속하게 제시하여야 한다.

ⓒ **고객 자신이 직접 상품을 실연** : 상품을 보여주고 실제로 직접 사용해 보도록 하는 것이 중요하다. 고객이 실제로 실연해 봄으로서 구매에 따른 연상효과가 높아지게 되고 이로 인한 구매욕망이 더욱 강하게 자극될 수 있다.

ⓔ **짧은 시간 내에 끝맺음** : 상품에 대해 욕망을 일으킬 수 있는 5분에서 10분 정도면 충분하다.

③ **상품 제시의 기본동작**

ⓐ 고객이 지적하는 상품이 있으면 명쾌한 목소리로 '네 잘 알겠습니다. 손님'하고 말하고는 즉시 두 손으로 꺼내서 '이것 말씀이지요. 여기 있습니다. 손님'하고 정중한 자세로 인사하고 양손으로 공손하게 보여준다.

ⓑ 상품을 보여줄 때는 고객이 보기 쉽도록 하는 것이 기본이다.

지식 in

상품 제시의 포인트
• 사용하는 상태로 해서 상품을 직접 만지게 한다.
• 표준가격의 상품에서부터 제시한다(가격이 낮은 상품부터).

---

④ **상품 제시의 금지사항** 기출 20

ⓐ 상품을 한 손으로 꺼내 보여주거나 느린 동작을 취하는 경우

ⓑ 상품을 꺼내어 아무 말 없이 고객 앞에 미는 경우

ⓒ 낮은 금액인 것은 무성의하게 보여주는 경우

ⓓ 상품을 여러 가지 꺼내어 골라잡으라는 경우

ⓔ 질문에 무뚝뚝하거나 퉁명스럽게 대답하는 경우

ⓕ 고객의 말에 부정적으로 응대하는 경우

ⓖ '그 제품은 없습니다.'라고 말하고는 더 이상의 설명이 없는 경우

구매심리 단계	실연방법	고객서비스	점포연출	효과의 분류
주의 ↓	• 주목시킨다. • 고객욕구에 부합되는 판매 상품을 겨냥한 실연	• 호소력이 있는 진열 • 가격표 · 쇼카드 첨부 • 접촉 · 시각의 효과	• 색채, 조명, 진열, 점포, 배치, 음악 등 • 다이내믹한 POP광고 • 전시 및 연출	(전시효과) 점포설계, 전시기술
흥미 ↓	• 관심을 끈다. • 공감을 불러일으킨다.	• 동적인 연출 • 사용해 보인다. 사용시킨다. • 판매호소점과 상품지식의 표시	• 의외성 강조 • POP광고(상품설명)	
연상 ↓	• 구입에 의한 사용상의 행복한 모습을 연상시킨다.	• 실감나는 진열 • 계절감의 표현 • 사용상의 혜택	• 모델 룸 코너 · 보조기구의 활용 • 장식 · 사진판넬 · 장식 • POP광고(특징, 혜택)	

욕망 ↓	• 기대만족의 촉구 및 환기 • 준거집단 포함 제3자의 인식 • 미 충족 욕구의 충족으로 인한 즐거움	• 판매호소점의 반복적 강조 • 희소가치로 설득 • 빨리 사지 않으면 손해 본다는 인식 • 감성적 욕구에 호소	• POP광고(매스컴 광고와의 관련) • 가치창조의 연출 • 특매의 연출	
비교 ↓	• 차별적 강점과 높은 가치 • 명성과 고유성	• 유사품과의 비교설명 • 욕구상품의 특징과 혜택 명시 • 가격에 대한 납득	• 분류 진열 • POP광고(이점의 강조) • POP광고(가치를 부각시킴)	(진열효과) 진열기술, 접객판매 기법
확신 ↓	• 확신을 갖게한다. • 결정을 유도한다.	• 품질의 보증 • 반품교환의 약속 • 아프터 서비스의 명시	• 메이커명 · 브랜드 · 보증표 첨부 • POP광고(기업이미지) • POP광고(서비스 장소 기일 명시)	
구매	• 구매하도록 행동화한다.	• 신속한 포장과 계산 • 추가판매에의 유도 • 마음에서 우러나오는 인사	• 관련 진열 • 관련 추가 구매상품의 적소 배치	

[구매심리단계와 실연] 기출 20 · 17 · 14 · 13

(6) 상품설명

① 상품설명의 기본원칙

　㉠ 상품설명은 요점을 남기지 않고 순서 있게 한다.
- 1단계 : 상품을 소개한다.
- 2단계 : 예상고객의 주의를 끌도록 유도한다.
- 3단계 : 예상고객에게 필요한 것임을 강조하고 동의를 얻어낸다.
- 4단계 : 소유함으로써 얻게 될 이점을 강조하여 구매의욕을 불러일으킨다.
- 5단계 : 고객실연과 증거를 제시함으로써 예상고객에게 신뢰감을 준다.
- 6단계 : 구매결정을 촉구하여 구매토록 한다.

　㉡ 상품의 특징이 가져다주는 혜택(가치, 이점)을 강조한다.
- 판매담당자는 특징을 강조하려 하지 말고 먼저 혜택을 제시하고 왜 그 혜택이 우리 상품과 관련되는지를 설명해야 한다.
- 고객의 필요에 가장 밀접하게 관련된 이점 혹은 혜택을 먼저 강조하여 고객으로 하여금 욕구를 환기시키고 이를 특징으로 연결해서 확신을 심어줄 때 소기의 목적을 효과적으로 달성할 수 있다.

　㉢ 성의 있고 친절하게 설명한다.

② 상품설명의 유도화법 기출 21 · 15 · 13

　㉠ **판매 포인트 열거법** : 상품의 주요 특징과 혜택의 핵심 부분인 판매 포인트를 열거하면서 말을 꺼내는 방법이다.

　㉡ **장점 강조법** : 상품의 고객에게 주는 이점(가치 혹은 혜택)을 들어 말을 꺼내는 방법이다.

　㉢ **수치 표시법** : 특정의 판매 포인트가 되는 가치를 수치로 표현하여 말을 꺼내는 방법이다.

　㉣ **사례 소개법** : 판매 포인트를 사례로서 설명하여 흥미를 돋우는 방법이다.

　㉤ **문제해결 제안법** : 고객이 의심스러워하는 문제점의 해결책을 제안하는 방법이다.

ⓑ 실연법 : 실제로 판매 포인트를 실연해 보이면서 상품설명을 하는 방법이다.

ⓢ 호기심 유발법 : 상품과 관련된 잘 알려진 전문가가 애용하고 있음을 들어 호기심을 유발하면서 상품설명을 하는 방법이다.

ⓞ 의뢰 제시법 : 상품을 제시하고 고객이 상품에 대해 자유롭게 질문하도록 하는 방법이다.

지식 in

제품유익(FABE) 기법 `기출` 14

상품을 먼저 특징(Feature) 별로 분류해서 그 특징들이 어떠한 기능 내지 역할을 수행하고 있다는 장점(Advantage)을 열거하고, 그것이 고객의 이익(Benefit)에 어떻게 연결되느냐를 명확하게 설명하거나 증거(Evidence)를 가지고 증명해 보이는 방법으로 상품설명에 매우 효과적인 방법이다.

---

③ 판매 포인트(Selling Point) `기출` 17 · 16 · 15 · 13

㉠ 판매 포인트의 정의 : 판매 포인트는 잠재고객에게 가장 효과적으로 어필할 수 있는 상품의 특성을 꼬집어 내어, 그것이 고객의 구매동기와 일치하여 기대하는 욕구를 충족시킬 수 있다는 사실을 인상 깊은 판매화법으로 간단명료하게 제시해 놓은 상품설명 문구이다. 판매호소점(Sales Appealing Point)이라고도 한다.

㉡ 판매 포인트의 작성 요령 : 판매 포인트는 고객주의와 구매욕망을 환기시킬 수 있도록 작성되어야 하고, 확실한 판매 포인트가 제시될 수 있도록 정리해 두어야 한다.

• **고객의 주의 환기** : 판매담당자는 고객의 관심을 끌만한 간단한 문구를 제시하여 일단 고객의 주의를 환기시키는 것이 중요하다.

• **고객의 구매욕망 환기** : 상품에 대한 관심이나 흥미를 환기시켜 놓고 그것을 구매욕망으로 발화시켜나가는 효과적인 방법은 상품의 이름 → 특징 → 역할 → 이익(가치) 순으로 포인트를 제시하는 것이다. `기출` 14

– 상품의 제조회사 이름과 상표명을 서두에서 말한다.

– 상품의 재질, 제조공법, 디자인 설계 등의 특색이나 장점을 경쟁제품과 비교해서 설명한다.

– 상품의 역할로서 상품의 특징이나 장점이 갖고 있는 기능이나 문제해결 능력을 말한다.

– 잠재고객이 그 상품을 소유함으로써 얻는 이익 혹은 혜택과 소유하지 못함으로써 생기는 손실이나 불이익을 말한다.

• **판매 포인트의 파악과 설명요령**

– 판매담당자는 고객이 그 상품을 구입하게 되면 어떤 이익을 얻을 수 있는지 고객의 입장에서 제시, 설명하여야 한다.

– 판매담당자는 다양한 고객의 욕구에 대응하기 위해 안정성(Safety), 성능(Performance), 안락성(Comfort), 스타일(Appearance), 경제성(Economy), 내구성(Durability) 등과 조작성, 수리보수의 용이성, 촉진관리 지원의 내용, 기타 서비스 등이 포함된 판매 포인트를 정리해 두어야 한다.

단 계	정리방법
1단계	① 판매 포인트를 선택한다. • 판매 포인트를 2~3개 항목으로 요약한다. • 매력적이고 설명이 용이한 포인트를 선택한다.
2단계	② 효과적으로 설명하는 방법을 개발한다. • '○○cm 작습니다.'라고 숫자화 한다. • '○○ 재료 혹은 재질을 사용했습니다.'라고 이유를 설명한다. • '작아서 휴대하기 편리합니다.'라고 장점을 강조한다.
3단계	③ 판매도구로 입증하는 방법을 고안한다. • 장점이 시각적으로 표현된 팜플렛이나 신문이나 잡지 기사를 보인다. • 상품의 장점을 보이면서 '○○ 재료 혹은 재질'임을 보인다.
4단계	④ 실연방법을 연구한다. • 판매담당자가 양손에 들고 비교한다. • 고객에게 직접 비교시켜 본다. • 고객에게 비교한 느낌을 물어본다.
5단계	⑤ 화법, 판매도구, 동작을 조화롭게 반복하여 판매 포인트를 완성한다. • 판매 포인트를 1단계에서 4단계까지 자연스럽게 설명될 수 있도록 수정·보완하여 완성한다.

[판매 포인트(판매소구점)의 정리방법]

④ 상품지식 기출 20

　㉠ 상품지식의 효용

　　• 완전한 상품설명을 할 수 있다.

　　• 효과적인 상품제시와 실연을 할 수 있다.

　　• 상품구입 후의 불안감을 해소시켜줄 수 있다.

　　• 풍부한 상품지식은 고객의 반론이 줄어들 뿐만 아니라 상담 분위기를 부드럽게 이끌어 갈 수 있다.

　㉡ 상품지식의 습득방법

　　• 상품자체

　　• 고객의 의견

　　• 선배 및 동료 판매담당자, 판매담당자 자신의 경험

　　• 제조업자, 매입본부의 구매자

　㉢ 상품지식의 접근방법(5W1H) 기출 16

　　• **사용자** : 누가 사용하는가?(Who)

　　• **사용처** : 어디서 사용하는가?(Where)

　　• **사용시기** : 언제 사용하는 것인가?(When)

　　• **사용용도** : 무엇에 사용되는 것인가?(What)

　　• **사용목적** : 왜 사용하는 것인가?(Why)

　　• **사용방법** : 어떻게 사용하는 것인가?(How)

⑤ **상품설명의 기본동작** : 상품지식을 충분히 활용하여 상품의 소재, 디자인, 색상, 기능 등과 생활정보도 부가시킨 판매 포인트를 정확하게 설명해야 한다.

⑥ **상품설명의 금지사항** 기출 20·13

　㉠ 과장하거나 거짓말을 하는 경우

　㉡ 지나치게 장황하게 설명을 하는 경우

ⓒ 자세하게 설명하지 않는 경우

ⓔ 고객과 논쟁하는 경우

ⓜ 모르면서 적당하게 대답하는 경우

ⓗ 그냥 좋다고만 대답하는 경우

ⓢ 도중에 설명을 중단하는 경우

ⓞ 시간이 좀 오래 걸리면 싫어하는 표정을 보이는 경우

ⓩ 더듬거리면서 설득하지 못하는 경우

ⓒ 어려운 말이나 전문용어를 사용하는 경우

4 판매결정

(1) 판매결정의 의의 `기출` 21

판매결정(Closing the Sale)단계는 고객이 구매결정의 결단을 내리도록 판매담당자가 유도하는 과정에서부터 고객에게 대금을 수령·입금하기 전까지이다. '결정(Closing)'이라는 용어는 판매 계약에 대한 고객의 동의를 사실상 획득하는 행위를 나타내기 위하여 사용한다. 판매 결정은 판매 단계의 만족스러운 완성에 대한 단순한 논리적 결론이다. 판매 결정의 주요 부분은 가격의 결정에 할당되기 때문에 판매원들이 어려움을 갖게 된다. 판매원은 결정을 고객에게 맡기지 말고 고객의 구매 결정이 확정되었다는 의사 표시나 행동을 유심히 관찰하여 결정을 해야 한다.

(2) 판매결정의 촉구 `기출` 20·14

판매결정을 내리기 위해서는 고객의 반응을 올바르게 포착하여 판매결정을 촉구하여야 한다. 판매결정의 촉구에서 가장 중요한 것은 타이밍(Timing)이다. 판매결정을 위한 좋은 기회는 고객이 다음과 같은 표정, 동작, 말투를 보였을 때가 가장 적절한 타이밍이 된다.

① 질문이 하나의 제품이나 한 곳으로 집중될 때

② 말없이 생각하기 시작할 때

③ 되풀이하여 같은 질문을 하거나 한 제품을 유심히 살필 때

④ 갑자기 팔짱을 끼거나 몇 번이고 고개를 끄덕일 때

⑤ 판매담당자를 뚫어지게 쳐다볼 때

⑥ 상품에 대한 가격을 물어올 때

⑦ 얼굴에 갑자기 웃음이 퍼진다거나 또는 굳어질 때

⑧ 애프터서비스를 문의할 때

(3) 판매결정의 촉구방법 기출 22

① **추정 승낙법(가정적 종결법)** : 대부분의 판매원이 가장 많이 사용하는 방법이며, 가장 응용 범위가 넓은 '클로징'의 정석이다. 이 방법은 두 가지 안 중에서 어느 것인가를 택하도록 하게 하는 방법이다. 즉, 고객이 상품을 앞에 놓고 선택을 하고 있는데 좀처럼 결단을 못 내릴 경우 판매원은 다음과 같은 두 가지의 질문을 한다.

ㄱ 그러면 다색으로 하실까요, 백색으로 하실까요?

ㄴ 배달을 해드릴까요? 포장해 드릴까요? 하는 식으로 유도하면 고객은 어느 쪽이든 택하게 될 것이고, 그 택하는 것이 바로 사는 결과가 된다.

실제로 많은 고객은 이러한 질문으로서 "살 것인가, 말 것인가"를 생각하지 않고 "어느 쪽으로 해야 할 것인가"를 진지하게 생각하게 되므로 효과가 큰 방법이다. 이 방법은 양자택일법, 또는 이중 질문법이라고도 한다.

② **교묘 질문법** : 이 방법은 은폐를 한 질문으로 고객이 그 물건을 갖게 됨으로써 얻게 되는 여러 가지 이점을 납득시킨다. 이익의 증가, 시간의 절약, 경비의 절감, 개인의 기쁨 등은 고객을 움직이게 하는 동기가 들어있다.

③ **테스트 질문법** : 판매원은 고객이 어느 정도 사고 싶은 마음이 있는가를 알기 위하여 "그 점은 충분히 알아 들으셨죠?"와 같은 질문을 한다. 이 방법은 고객의 심중을 탐지할 뿐만 아니라 불안이나 의심이 있으면 찾아 낼 수 있고 그것을 알게 되면 대책을 세울 수가 있게 된다.

④ **손득 비교법** : 제안의 이점과 불리한 점을 표로 만들어 고객이 결정하기 좋게 이 둘을 비교하여 주문을 구한다. 이 방법은 사무적이고 지금 바로 사는 것이 이익이라는 점을 여러 가지 시각 설득식으로 알려줄 수 있게 되어 납득시키는 힘이 크다.

⑤ **직접 행동법** : 이 방법은 물리적 동작법 또는 주문서법이라고도 한다. 고객이 사겠다는 심정을 뚜렷하게 찾아 볼 수 있을 때에 판매원이 신청서를 꺼내서 간단한 것부터 기입하는 방법으로 고객은 이러한 판매원의 동작을 중단시켜 버리지 않는 한 자기가 사게 되어버린다는 사실을 알고 있으면서도 대개의 경우 반대하기 힘들게 되는 것이다.

⑥ **전환법** : 이 방법은 고객을 수세로 몰아넣어 어느 정도 머리의 혼란을 일으킴으로서 반대하기 힘들게 한다.

⑦ **요약 반복법** : 이 방법은 고객에게 '어필'할 수 있다고 생각되는 가장 중요한 이익을 요약·반복하여 설명하는 것이다. 이 요약은 고객과의 호흡을 맞추고 승인하고 있는지 잘 알고 있는지 모르는 점은 없는지를 확인하면서 이익의 요약을 반복해 가는 이 방법으로 널리 쓰여지고 있는 상식적인 방법이므로 판매원은 당연히 이 방법의 요령도 체득하여 활용해야 할 것이다.

(4) 판매결정의 기본자세 기출 23·20·14

① 성공할 것이라는 자신감과 태도가 필요하다.
② 신중하지만 신속한 판매 종결이 시도되어야 한다.
③ 고객이 원하는 방법으로 판매결정을 시도한다.
④ 지금이 구매의 적기라는 강한 근거를 사용한다.

(5) 판매결정 시 주의사항

① 감사의 인사를 잊어서는 안 된다.

② 가격표를 재확인 한 후 가격을 제시한다.

③ 받은 금액은 반드시 고객 앞에서 확인의 말을 한다.

④ 포장을 위하여 '선물용인지', '직접 사용하실 것인지'를 반드시 물어야 한다.

⑤ 배달 여부도 확인하여 차질이 없도록 한다.

⑥ 마무리 한 후 관련 상품을 권한다. 관련 상품을 권할 때에는 절대로 강요가 아닌 도와준다는 기분으로 하여야 한다.

지식 in

코센(Kossen)의 판매저항 처리방법 [기출] 22 · 16 · 14
- 보증법 : 결단을 못 내리고 망설이고 있는 고객에게 판매담당자가 품질에 대한 확신을 주어 효과적일 수 있는 방법
- 타이밍 지적법 : 지금 사지 않으면 손해 본다는 사실을 알려 고객의 반론을 해소시키는 방법
- 실례법 : 추상적이고 구체적이지 못한 반론을 제기하는 고객에게 제3자의 실례를 들어 설득하는 방법
- 비교대조법 : 반론을 솔직히 인정한 다음 경쟁상품에 대한 우리 제품의 특징이나 이점을 비교해 보이고 우리 제품이 고객에게 얼마나 중요한가를 인정시키는 방법
- 자료전환법 : 고객의 반론에 적절한 자료로 고객의 시각이나 청각에 호소하면서 반론을 제기하는 방법

---

5 상품 포장 [기출] 13

(1) 포장의 정의 및 목적

① **포장의 정의(한국산업규격)** : 포장이란 물품의 수송·보관 등에 있어 가치 및 상태를 보호하기 위해 적절한 재료, 용기 등을 물품에 덧붙이는 기술 및 덧붙인 상태를 말하며, 이것은 개장(個裝), 내장(內裝), 외장(外裝)의 3종으로 나누어진다.

② **포장의 목적** : 포장은 물품의 보호, 저장, 이동 등의 유통 과정에서 물품의 가치 및 상태를 유지하기 위해 행해진다.

지식 in

개장이란 물건을 직접 싸는 포장이고, 내장은 개장한 것을 상자 등의 용기에 넣는 포장이며, 외장은 수송을 위한 포장이다. 사탕을 예로 들면, 1알씩 싼 비닐은 개장, 이것을 여러 개 담은 봉지가 내장, 수송을 위해 이 사탕봉지를 담은 상자가 외장이다.

---

(2) 포장의 종류

① 포장 재료의 사용하는 장소 및 형태에 의한 분류

　㉠ 낱포장(개장 ; Item Packaging) : 물품의 개개의 포장을 말하며, 물품의 상품 가치를 높이거나 물품 개개를 보호하기 위하여 적합한 재료와 용기 등으로 물품을 포장하는 방법 및 포장한 상태를 말한다.

　㉡ 속포장(내장 ; Interior Packaging) : 포장된 화물 외·내부의 포장을 말하며, 물품에 대한 수분, 습기, 광열 및 충격 등을 방지하기 위하여 적합한 재료와 용기 등으로 물품을 포장하는 방법 및 포장한 상태를 말한다.

　㉢ 겉포장(외장 ; Exterior Packaging) : 화물의 외부 포장을 말하며, 물품을 상자나 나무통 및 금속 등의 용기에 넣거나, 용기를 사용하지 않고 그대로 묶어서 기호 또는 화물을 표시하는 방법 및 포장한 상태를 말한다.

② 산업별 포장 목적에 의한 분류　기출 22

　㉠ 공업 포장 : 수송하기 위한 포장으로 각종 소량의 물품을 수송 또는 배달하기 위해 실시하는 수법을 일컬으며, 수송 포장이라고도 한다. 공업 포장은 무엇보다도 비용 감소에 크게 이바지해야 하고 취급상 간편해야 한다. 미국에서는 물적 유통이 Unit Load System을 원칙으로 하여 발전되고 있다.

　㉡ 수송 포장
　　• 수송 기관에 따른 분류 : 철도 화물 포장, 트럭 화물 포장, 선박 화물 포장, 항공 화물 포장
　　• 도착지에 따른 분류 : 국내 포장, 수·출입 포장
　　• 포장 물품의 특성에 따른 분류 : 액체물 포장, 중량물 포장, 완충 고정 포장, 집합 포장, 방청포장, 멸균 포장, 냉동 포장 등

　㉢ 상업 포장
　　• 상업 포장은 촉진관리를 위한 기능을 갖고 있으며, 포장 내용물의 보호와 아울러 포장 자체가 판매 확대에 크게 기여한다.
　　• 분량(Quantity) 면에서 하나의 단위로 된 포장으로서 과거처럼 저울에 달아서 파는 방법보다는 판매량 증대에 효과적이다.

③ 산업별 포장 목적에 따른 포장의 기능

　㉠ 상품 보호(Protection) : 상품 품질 보호의 사일런트 가드맨(Silent Guardman)의 역할

　㉡ 취급상 편리(Handling Convenience) : 수송, 보관, 판매원의 취급상의 편리성을 부여해주는 사일런트 헬퍼(Silent Helper)의 역할

　㉢ 판매의 촉진(Sales Promotion) : 상품 촉진관리에 있어서 사일런트 세일즈맨(Silent Salesman)의 역할

(3) 소매업의 상품 포장 기출 22 · 14

① 소매업에서 상품 포장의 목적
 ㉠ 상품의 보호(Protection)
 ㉡ 취급상의 편리(Handling Convenience)
 ㉢ 판매의 촉진(Sales Promotion)
 ㉣ 선물 가치(Gift Value)
 ㉤ 상품의 관리(Control)

② 상품 포장의 중요성
 ㉠ 전통적으로 포장에 관한 의사결정에 있어서 주로 원가와 생산측면에 치중하여 포장의 주기능을 제품보호로만 보아 왔다.
 ㉡ 최근에는 포장을 중요한 마케팅 수단으로 인식하는 사람이 많아지고 있다.
 ㉢ 기업에서는 자신의 상표에 대한 소비자들의 즉각적인 구매 욕구를 창출해낼 수 있는 수단으로서 포장을 인식하고 있다.
 ㉣ 좋은 포장은 제품의 통합된 일부인 동시에 소비자들에게 많은 호감을 주도록 제품을 투영하는 가장 효과적인 수단의 하나이다.
 ㉤ 좋은 포장은 판매자와 구매자 모두에게 이익을 준다.
 ㉥ 소매점들의 소비패턴과 소비자들의 구매패턴이 변화함에 따라 셀프서비스에 의한 상품의 판매가 확대되고 있다.
 ㉦ 소비자들이 경제적으로 풍요해지고 여유가 생김에 따라 소비자들은 편의성, 매력적인 디자인, 유용성, 긍지, 지위 등을 제공하는 제품포장을 원한다.
 ㉧ 뛰어난 제품포장은 제품이미지와 기업이미지를 향상시킴으로써 마케팅 목표의 달성뿐만 아니라 호의적인 대중관계와 여론을 조성하는 데까지 공헌을 한다.

③ 포장이라는 측면에서 소매업의 판매 활동의 변화
 ㉠ 소매업에서 상품 포장은 판매 활동의 일부이므로 판매 활동의 변화에 대응하여 전개되어야 한다.
 ㉡ 판매 활동 변화의 배경은 소비자의 생활수준의 향상과 가치관이나 구매 행동의 변화에 기인하며, 대량 생산의 실현, 신제품의 개발, 유통 구조의 변화 등도 들 수 있다.
 ㉢ 판매 방식이나 형태도 셀프서비스 판매나 신용 판매 등 복잡 · 다양성을 더해왔다.
 ㉣ 판매 활동에서 중심적 위치를 가지는 것은 상품 그 자체이기 때문에 포장 역시 상품의 다양화 · 고급화 · 고도화에 맞추어 행해져야 한다.
 ㉤ 1950년대의 초기까지는 의류품, 식료품 등 주요 상품의 대부분이 대면 판매에 의해 이루어졌으므로 상품 포장도 그 판매 형태에 적합한 방식이 필요했다.
 ㉥ 1950년대 이후 제조업에서의 공업 포장은 자사 제품의 브랜드 제고나 촉진관리를 도모하기 위해서 급속히 발달하게 되었고, 소매업에서도 판매 효율을 높이기 위해 프리패키지(Pre-package ; 사전 포장)가 보급되었다.
 ㉦ 셀프서비스 판매의 탄생과 발전에 수반하여 이 판매 방식에 적당한 프리패키지 시스템의 보급이 눈부시게 되었다.

④ 상품 포장의 형식과 형태

　㉠ 포장지에 의한 포장 형식 : 「사면 포장」과 「합해서 싸기」로 크게 나눠지며, 대상 상품의 형상, 특성, 용도에 따라 포장을 해야 한다.

　㉡ 포장의 형태

　　• **기초포장** : 제품을 직접 덮고 있는 용기를 말한다.

　　• **2차 포장** : 기초포장을 보호하며 제품 사용시 분리되는 포장재를 말한다.

　　• **운송포장** : 운송과정을 위해서 제작되는 포장이며, 보관, 식별, 운송이 용이해야 한다.

　　• **표찰** : 포장의 겉면에 부착되어 제품정보를 제공한다.

　㉢ 포장용 지대에 의한 포장

　　• 포장용 지대는 쇼핑백과 슈퍼 백으로 대별되며, 다양한 사이즈를 가지고 있어 포장이 간단하고 특별한 포장 기술을 필요로 하지 않는다.

　　• 포장하는 데에 시간이 거의 걸리지 않으므로 신속한 포장 처리가 가능하며, 손님이 일시에 몰려들 경우에 효과적이다.

　　• 고객의 입장에서도 쇼핑백은 들고 가기가 편리하며, 포장지로 포장된 것도 함께 넣어갈 수 있어 인기가 높다.

　㉣ 선물 용품의 포장

　　• 현대의 선물 형식은 외래의 의식 행사에 사용될 뿐만 아니라, 최근에는 생일 축하, 결혼 축하, 졸업 축하, 취직 축하 등 그 범위와 용도가 광범위해지고 있기 때문에 그 목적과 용도에 따른 적합한 포장이 필요하다.

　　• 선물을 한층 돋보이게 하는 것으로 리본과 카드가 있다. 축하의 말을 기입한 예쁜 카드를 끼워 리본으로 맨 선물은 보내는 사람의 정성을 전하는데 아주 효과적이다.

지식 in

포장지, 포장대를 이용한 포장에서의 주의 사항
포장하려는 상품 속에는 습기나 기름기가 배기 쉬운 것, 냄새가 심한 것, 부피가 큰 것, 중량이 무거운 것 등이 있다. 또는 손님이 장·단거리, 장시간에 걸쳐 가져가야 할 경우도 있다.

　• **다른 상품이나 옷을 더럽히기 쉬운 물기나 기름기가 많은 것, 냄새가 심한 것** : 따로 따로 파라핀지로 싼 뒤 다시 포장지로 쌀 필요가 있다.

　• **파손되기 쉬운 것** : 완충 고정을 한 후 포장하여야 한다.

　• **부피가 큰 것, 중량이 있는 것** : 가져가기 쉽고 도중에서 포장이 찢어지거나 풀리지 않도록 조심해서 포장해야 한다.

　• **과잉 포장** : 포장 기능의 본질을 초월한 과잉 포장은 비판의 대상이 된다.

⑤ 상품 포장의 기능 `기출` 17 · 15 · 14
　㉠ 제품기능
　　• 제품을 담는 기능 : 제품이 액체나 가루로 되어 있는 경우 담아야 함
　　• 제품의 보호기능 : 제품이 훼손되는 것을 방지하는 기능
　　• **제품의 사용을 편리하게 하는 기능** : 소비자의 사용을 편리하게 하는 기능을 말하는 것으로, 예를 들면 음료수의 캔 등이 있다.
　㉡ 의사전달기능 `기출` 20 · 19
　　• 제품의 식별기능 : 포장의 형태나 색상을 독특하고 개성 있게 디자인한다.
　　• 제품의 인상을 심어주는 기능 : 제품이 원하는 이미지를 형성한다.
　　• 정보제시 기능 : 구매를 유도하기 위한 각종 정보를 포함한다.
　　• 태도변화 기능 : 소비자의 제품에 대한 태도를 바꾸게 한다.
　㉢ 가격기능
　　• 대형포장 구매유도 기능 : 대형포장을 통하여 가격을 낮춘다.
　　• 다수량 구매유도 기능 : 낱개로 구매하기보다는 다수량 포장을 통한 대량구매를 유도한다.
　㉣ 가격표시 기능 : 가격표시를 쉽게 찾을 수 있도록 한다.

지식 in

포장의 기능 `기출` 14
• 1차적 기능(보호성) : 외부의 충격이나 환경으로부터 내용물을 보호해 주는 기능
• 2차적 기능(편리성) : 내용물의 운송, 보관, 사용 및 폐기에 이르기까지 취급을 편리하게 하는 기능
• 3차적 기능(촉진관리성) : 상품의 외형을 미화하여 소비자로 하여금 구매의욕을 불러일으키도록 하는 기능

---

(4) 포장 재료의 조건과 제작

① 포장 재료의 조건
　㉠ 포장을 위한 표면 디자인의 재료
　　• 포장의 외관과 감촉은 고객에게 상품에 대한 좋은 인상을 주고, 갖고 싶은 충동을 불러일으킨다.
　　• 재료의 구성과 시각적인 표현으로서 상품에 대해 좋은 인상을 갖도록 하는 것이 중요하다.
　㉡ 6R 체크 포인트(Check Point)
　　• 라이트 퀄리티(Right Quality) : 적정한 품질 보호
　　• 라이트 퀀터티(Right Quantity) : 적정한 수량 확보
　　• 라이트 타임(Right Time) : 적정한 시간
　　• 라이트 플레이스(Right Place) : 적정한 지점
　　• 라이트 임프레션(Right Impression) : 적정한 인상
　　• 라이트 프라이스(Right Price) : 적정한 가격

② 포장 재료(Package Material)의 특성

　㉠ 지류(Paper Materials) 포장재의 특성

　　• 지재의 장단점

장 점	• 가격이 저렴하다. • 디자인하기에 용이하다. • 가볍고 운반하기에 유리하다. • 진열 효과가 좋다. • 내용물의 보호가 잘된다. • 대량 생산이 가능하며, 품질을 균일하게 낼 수 있다. • 자동 포장기(자동 충전기)에 걸 수 있다. • 상품이 좋게 보이며, 사용이 편리하다. • 냄새와 독이 없다. • 공해 문제에 있어서 폐기성이 좋다.
단 점	• 특수 가공지를 제외하고는 방습성이 약하다. • Gas, 냄새, 향기 등을 투과시킨다. • 투명성이 없다.

　　• 가공지의 특성
　　　– 포장용 가공지는 펄프(Pulp)로부터 종이를 만드는 과정에서 또는 종이가 된 다음에 도공(Coating), 라미네이팅(Laminating), 변형, 착색 등의 물리적, 화학적 또는 기계적 가공을 시행하여 본래 종이의 단점을 보완한 것이다.
　　　– 방수, 방습, 내한, 내열, 차광, 유연성 등과 같은 특색이 있다.

　　• 가공지를 이용하는 효과
　　　– 포장의 물리적 효과(Physical Effect) : 내용물 보호를 위한 방수, 방습 등
　　　– 경제적 효과(Economical Effect) : 포장비의 절감을 가져오게 되며, 플라스틱, 필름포, 금속박 등과 병용함으로써 고도의 내성, 방성을 갖게 되어 포장의 합리화를 가져올 수 있다.
　　　– 심리적 효과(Psychological Effect) : 가공지의 이용에 의하여 아름답고도 광택이 있는 또는 강인하면서도 유연한 상품이 된다. 또한 내용물의 특성, 맛, 냄새, 향기, 기타에 대해서 충분히 고객을 만족시킬 수 있는 상품이 되어 점두에 전시하였을 때 충동 구매를 느끼게 한다.

　㉡ 목상재(Wooden Box)의 장단점

장 점	• 높은 강도를 갖고 있으므로 귀금속, 중량품 및 기계류의 포장, 겉이나 포장 용기로서 적합하다. • 목재를 고정재로 사용하여 내용물을 받쳐주는데 편리하며, 고도의 내용물 보호성이 있다. • 부분적으로 판 두께를 변경하거나 보강목을 쉽게 설치할 수 있어 사용 목적에 따라 맞출 수 있다. • 재사용의 효과가 크며, 필요한 수량에 따라서 용이하게 구입·제작할 수 있어 높은 경제성을 가지고 있다.
단 점	• 내용물의 중량 및 체적에 비해 용기의 중량 및 체적의 증가율이 크다. • 사용 목재의 함유 수분이나 옹이 또는 기타 결점에 의하여 제품에 미치는 영향이 크며, 보관이 좋고 나쁨에 따라서 섞거나 강도가 저하되기 쉽고, 수분을 내포하고 있어 녹이 슬거나 미생물의 번식 등으로 내용물에 손상을 줄 우려가 있다.

　㉢ 합성수지의 특성(Plastic Cellophane)
　　• 유명한 필름이므로 상품 가치를 높인다.
　　• 포장 작업성이 극히 양호하다.
　　• 내용품 보호성이 우수하다.
　　• 착색이 자유롭다.

- 표면의 광택이 좋다.
- 대전성이 없어 먼지가 잘 부착되지 않는다.
- 인쇄가 용이하다.
- 방습 셀로판은 열 접착성이 있다.
- 방향성이 있어 개봉성을 부여한다.

  ㉣ 유리 용기의 특징
- 화학 변화(Chemical Change)를 일으키지 않는 성질 : 드링크류, 의약품, 필크로스, 케첩, 마요네즈 등의 식품, 위스키나 주류 등에 적합하다.
- 내용물이 투시되는 성질 : 제품을 보았을 경우 깨끗해야 한다든가, 제품의 형태·품질·양이 일목요연해야 할 경우에 적합하다.
- 강도·경도 및 진열의 내구력 : 유통 기간이나 사용 기간 중에 오래도록 진열해 두어야 하는 상품의 경우에 유리 자체의 변화가 없으므로 매우 좋다.
- 경제성 : 내용물을 사용하고 난 후에 다시 사용할 수 있는 맥주병, 우유병 따위는 가장 저렴한 비용이 든다.
- 개성있는 포장 : 1,300종 이상의 형태를 가진 용기를 마음대로 사용할 수 있다.
- 개폐의 자유 : 한꺼번에 몽땅 써버리지 않는 제품의 경우에도, 개폐가 자유로운 뚜껑이 있기 때문에 유리 용기가 적격이라 할 수 있다.

  ㉤ 알루미늄 박(Aluminium Foil ; Al-Foil)의 특성 및 용도
- 알루미늄 박(Al-Foil)의 장단점

장 점	· 방습, 방수, 불투명, 보향, 차광성이 우수하고 광택이 나며, 열 반사율이 높다. · 무취, 무해성이 있다. · 매혹적인 금속광택과 아름다운 인쇄 효과가 있다. · 가벼우며, 가공이 용이하다. · 열에 안전하다. · 자동 포장화가 가능하다. · 열전도성이 좋다. · 내열성이 있다.
단 점	· 기계적 강도가 약하다. · 바늘구멍(pin-hole)이 많이 생긴다.

- 알루미늄 박(Al-Foil)의 용도
  - 유연 포장(Flexible Package) : 과자, 연초, 인스턴트, 식품, 커피, 차, 화장품, 버터, 치즈, 약품, 필름 등의 포장
  - 강성 용기(Rigid Container) : 두꺼운 박을 프레스하여 접시, 캡 등의 형태로 간이 용기를 만들어 즉석 식품(Instant Food)이나 냉동식품(Frozen Food)을 포장하여 고급품의 품위를 보여준다.

 ③ 포장지의 구성 요건
  ㉠ 용지 : 포장지의 지질에 필요한 조건은 '포장하기 쉬운 것, 잘 찢어지지 않는 것, 외관상 아름다운 것'이다.
- 포장하기 쉬운 것은 종이의 부드러움에 의해 결정되고, 잘 찢어지지 않는 것은 잡을 때의 강도와 충격 강도에 의해 결정된다.

- 외관상의 아름다움은 인쇄상의 아름다움이 있어야 하고, 더럽혀지지 않으며, 구김살이 잘 가지 않는 것이어야 한다.
- 인쇄의 아름다움은 종이의 특성으로서 평활성, 백색도에 관련이 있다.
- 포장지에 요구되는 부드러움, 강도(强度), 아름다움의 조건과 경제적 조건에서 포장지의 용지로 서는 순백롤지, A모조지, 양면 크라프트지(kraft), 상질지 등이 적합하다.

ⓛ 포장지의 종류
- 순백 롤지는 순백상질의 종이로 화학, 펄프를 원료로 한 편염지이다. 그 특질은 백색도가 높으며, 지질의 강도도 높다. 치수는 사륙판(788 × 1,091mm)이 보통이나 국판(636 × 939mm)도 있다.
- 모조지는 지질이 단단하며 백색도, 강도, 평활성이 높은 특성이 있다. 화학 펄프를 원료로 하고 백토를 섞지 않은 종리로 A모조와 B모조가 있다. A모조는 강조택이 있고, B모조는 백색도, 표면 강도, 내절도가 강하며, 인쇄 효과가 매우 좋다. 치수는 A판(625×880mm), 사륙판, 국판 등이 있으며, 박구 모조, 후구 모조별로 구분한다.
- 양면 크라프트지는 갈색으로 지질 강도가 높은 편염지, 말쇄아류산 펄프가 원료로 사용된다. 치수 는 하드롱판(900×1,200mm)이다.
- 상질지는 화학 펄프와 백토만으로 만들어진다. 백색도가 높고 A판, B판(765×1,085mm), 국판, 사륙판이 있다.

ⓒ 인 쇄
- 凸판 인쇄 : 볼록판 인쇄는 약간 압력이 가해지며, 농도 있는 인쇄 표현이 되므로 강력한 표현을 필요로 하는 디자인에 적합하다. 반면에 섬세한 문자나 모형은 망가지는 수가 있다.

[볼록판식 인쇄(凸版式, Letting Press)]

- 평판 인쇄(옵셋트) : 옵셋트 인쇄는 섬세한 패턴이나 세자가 정확히 인쇄되며, 쇠판으로 간단히 만들어져 판재료가 비교적 싸다. 옵셋트의 인쇄 효과는 중간색을 주체로 한 무드 표현에 좋은 결과를 얻을 수 있으나, 용지의 평활성이 중요한 포인트로 아트지, 코트지가 적당하다.

[평판식 인쇄(平版式, Lithographic)]

- 凹판 인쇄(그라비아) : 화선부가 오목하게 되어 있어 잉크가 오목한 곳에 들어차면 비화선부의 잉크를 닦아내고, 상당한 압력을 가하여 인쇄하면 두꺼운 피막이 되어 힘있는 인쇄물이 된다. 그라비아 인쇄는 잉크가 속건성이므로 흡수성이 좋지 않은 용지로도 인쇄가 가능하다.

[오목판식 인쇄(凹版式, Intgolio)]

- 공판식 인쇄(stencil printing) : 잉크 층이 두꺼워 중량감이 있는 인쇄 표현을 할 수 있다. 금, 은쇄나 형광 잉크 등 잉크 층이 두꺼운 것이 요구될 때 효과적이다.

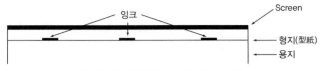

[공판식 인쇄법(Stencil Printing)]

- 정전 인쇄법(Electrostatic Printing) : 피 인쇄물에 접촉이나 압력이 필요치 않고 오목한 곳이나 울퉁불퉁한 곳에도 인쇄가 가능하며, 압력이 필요치 않으므로 과자, 과일은 물론 달걀 반숙이나 생과자와 같이 말랑말랑한 물질에도 인쇄가 가능하다.

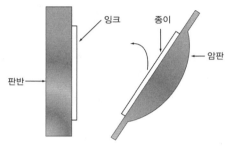

[정전 인쇄법(Electrostatic Printing)]

지식 in

포장 인쇄가 일반 인쇄와 다른 점
- 인쇄 대상 재료가 다양하다.
- 상품에 대해 악영향을 주어서는 안 된다.
- 같은 여러 가지 특성 중 그 일부가 품질 설계에 요구되며, 여러 면이 다 같은 효과를 보아야 한다. 그렇지 않으면 상품 가치가 떨어진다.
- 인쇄 후에는 여러 가지 가공을 하여 적합한 인쇄를 해야 한다. 각 재질의 결점을 커버하기 위하여 라미네이팅이나 기타 표면 가공을 하여 고급화시키고 있다.

ㄹ 디자인
- 포장 디자인의 의의 : 상품의 용기, 상자, 포장지 등의 디자인이며, 재료 및 구조의 합리성에 의하여 진열 효과를 높이고, 소비자의 구매 의욕을 자극하며, 사용에 있어서는 기능적으로 편리하게끔 조형 계획(Modeling Planning)을 하는 것이다.
- 포장 디자인의 중요성
  - 디자인의 3요소 : 선(Line), 형(Form), 색채(Color)

평면적 디자인(Flat Design)	표면상에 디자인의 3요소가 조화된 것
입체적 디자인(Round Design)	선과 형이 입체적 공간에 배열되어 형에 조명과 색상이 작용하여 그 효과를 나타내는 것이다.

- 포장 디자인의 목적 : 포장의 본래의 기능을 발휘하면서도 시장성이 있고 아름다운 형태를 만드는 데 있다.
- 셀프서비스 기능의 하나로서 포장의 중요성

> • 잠재 구매자의 판매 저항을 약화 또는 제거시키고 그들의 관심을 얻게 해준다.
> • 상품 소구력의 증대로 고가격 유지가 가능하다.
> • 중간상이 상품을 서로 취급하려 하므로 신판로 개척이 가능하다.
> • 취급상은 적극적으로 상품을 진열·광고하여 판매 활동을 하도록 자극을 받게 된다.
> • 소매 점원을 그 상품 판매에 주력하게 한다.
> • 광고 부문에 강력한 판매 강조점(Selling Point)을 제공한다.
> • 무료 공표, 즉 뉴스 제공(Free Publicity)의 기회를 얻을 수 있다.
> • 어떤 경우에는 생산비가 인하된다.

• 포장 디자인의 조건
  - 포장은 재료나 구조에 있어서 내용물을 보호하게끔 만들어져야 한다.
  - 포장은 구조적으로 수송과 저장에 적합하여야 한다.
  - 포장은 소비자가 사용에 편리하여야 한다.
  - 포장 디자인은 경쟁 상품과 뚜렷하게 식별이 되어야 한다.
  - 포장 디자인은 주목성이 높고, 강력한 인상을 주어야 한다.
  - 포장 디자인은 점두에 있어서 진열 효과를 잘 나타내어야 한다.
  - 포장 디자인의 요소인 형태, 상품명, 설명문, 삽화(Illustration) 등은 자체가 구매 의욕을 불러일으킬 수 있어야 한다.
  - 포장 디자인은 소비자의 취향이나 호기심에 연합되고 구매욕을 자극하는 것이어야 한다.
  - 포장 디자인은 메이커와 품질을 나타내고 레이블은 품질과 가격을 표시하는 것이 좋다.
  - 포장 디자인은 내용 상품에 알맞고 시대적인 개성미를 가져야 한다.
  - 포장 디자인이 광고로 이용될 때, 인쇄 효과, 사진 효과, TV 효과가 있어야만 한다.
  - 포장은 디자인 등록 등 법적 안전 조치를 취해 두어야만 한다.
• 포장 디자인과 색채 전략 : 포장 계획에 있어서 색채 계획은 상품화 계획의 심리적·P시각적 소구 효과를 고려해서 진행해야 한다.
  - 보는 사람의 주의를 끌 수 있는 색채 계획을 할 것
  - 제품의 특성을 색채에 의해서 강조할 것
  - 식료품의 포장을 청결하게 해서 식욕을 돋우게 할 것
  - 자사의 관련 제품 포장에는 동종의 외관적 인상을 주도록 할 것
  - 포장의 배색에 있어서는 주요색을 다른 색채와 명확히 대비되게 할 것
  - 문안은 가능한 작게 할 것
  - 냉동식품에는 밝은 난색을 사용할 것
  - 가격을 뚜렷하게 보이도록 할 것
  - 내용품이 보이지 않는 포장에는 삽화(Illustration)를 그릴 것
  - 디자인과 색채는 조형적으로 아름답고 조화가 이루어지게 할 것

- **디자인에 의해 표현되는 특성**
  - **독창성** : 일반적으로 소비자의 디자인 감각은 의외로 보수성이 강하기 때문에 디자인 속에서 독창성을 강조하여 표현할 경우 그 정도가 높아질수록 소비자의 공감을 얻지 못하고 거부당하기 쉽다. 이것은 패션 의류의 디자인에서도 흔히 찾아볼 수 있다. 그러나 너무나 평범하면 독창적인 소구성을 상실하게 될 뿐만 아니라, 개성이 없는 것이 되고 만다.
  - **심미성** : 심미성이 높은 디자인이라 해서 반드시 소비자의 공감을 얻을 수 있는 것은 아니다. 따라서 공감을 얻지 못하는 것은 그만큼 소비자에 대한 전달성이 약해지는 것이 된다. 이것은 삽화 등에서 그 예를 볼 수 있다.
  - **포장 디자인 시의 주의 사항** : 업종에 따라 금기로 되어 있는 도안이나 색채가 있음에 주의해야 한다. 왜냐하면 포장지 그 자체가 아무리 우수해도 업종에 따라 용인되는 것이 아니면 안 되기 때문이다.

④ 포장대의 제작
  ㉠ **포장대의 종류와 용도**
  - **쇼핑 백** : 끈이 달린 포장대로 편리하고 스마트해서 인기가 높아 백화점이나 전문점 등에서 많이 사용되고 있다. 사이즈는 대형·중형·소형의 3종으로 분류된다.
  - **슈퍼 백** : 끈이 없는 포장대로 경비가 적게 들기 때문에 대량으로 소비되는 슈퍼마켓을 비롯하여 식료품점 등 실용 상품에 많이 사용되고 있다. 사이즈는 중형·소형·극소형 등 여러 가지 종류가 있다.
  ㉡ **포장대 제작 시의 주의 사항**
  - **지질** : 쇼핑백의 용지는 강도가 높고 취급하기 좋으며, 아름다움이 요구되므로 슈퍼 백보다 고급이며 양질의 용지가 사용된다.
  - **디자인**
    - 점격, 객층, 업태에 맞추어 만드는 것이 바람직하다. 경영자의 기호나 일방적인 사고방식으로는 좋은 것이 되지 못한다.
    - 포장대의 도안은 긴 안목에서 보아 완연히 구분할 수 있도록 제작되어야 한다.
    - 센스와 신선함을 팔려는 것이 점포이므로 그 느낌을 나타내기 위해서 우선 밝은 분위기를 조성하고 쓸데없는 장식을 배제하면 자연히 현대적인 느낌이 표현된다.
    - 측면에 상호, 전화 번호 등을 보아서 좋지 않을 정도로 크게 써서는 안 된다. 측면은 정면의 색채에 대해서 반대색을 사용하는 것이 효과적이다.

(5) 포장 재료의 발주와 관리

① **발주와 리드 타임(Lead Time)**
  ㉠ **발주** : 포장지의 발주는 가능한 한 대량으로 주문하는 것이 경제적이다. 통상 1년간의 사용량을 한 번에 발주하며, 판은 인쇄소에 보관한다. 대형점, 특히 백화점인 경우에는 3개월 사용량의 발주가 보통이며, 지업사도 3사쯤으로 나누어 발주하여 화재 등의 재해에 대비한다.
  ㉡ **리드 타임(Lead Time ; 납품 소요 시간)** : 처음 인쇄를 발주할 경우 납품까지 1개월 이상의 시간적 여유를 둘 필요가 있다. 제판, 판의 교정, 인쇄, 인쇄물 건조기간, 재단, 운반 등에 요하는 시간이 필요하기 때문이다. 이러한 발주에서 납품까지의 기간을 리드 타임이라고 한다. 아직 발주하지 않아도 된다고 생각할 경우 발주하여 곧 입하되는 것이 아니므로 리드 타임의 고려가 중요하다.

② 포장 재료의 관리

　ㄱ 적정 재고의 필요성
　　• 적정 재고 : 포장 재료는 수시로 사용할 수 있도록 적량을 확보해 두어야 한다는 점과 과잉 재고의 손실이 발생될 수 있다는 이율배반적인 성격을 가지고 있다. 이러한 의미에서 적정 재고가 필요하다.
　　• 포장지의 관리 : 포장지를 콘크리트로 된 바닥에 쌓아두면 곰팡이가 슬어 부패하고 만다. 따라서 포장지는 공기의 유통이 잘되도록 각목을 밑에 괴고 그 위에 놓지 않아야 한다. 또 봉지 등에 사용하는 화지의 경우는 적당한 온기가 있는 장소에 보관해야 한다.

　ㄴ 발주 방법
　　• 정기 발주 : 포장지는 보통 1연(=500매)을 단위로 주문하기 때문에 10연을 사용한다면 처음에 10연을 발주한다.
　　• 기타 포장 재료의 발주 : 그때그때의 사정에 따라 변화하므로 정량 발주할 필요는 없다. 즉, 재고가 없어지면 리드 타임을 계산에 넣고 발주해야 한다.

　ㄷ 포장 재료의 배치
　　• 괘지는 통상 8호, 9호를 사용한다. 조품, 축하 고급품 등 목적별로 정리해 두어야 한다.
　　• 상자는 재고 관리에서 볼 때 부피가 큰 화장 상자가 적어지고, 접는 식의 상자가 많아졌다.
　　• 점포에서는 사용하는 포장 재료의 2일분을 준비해 둘 필요가 있다.
　　• 포장대는 중앙, 즉 점두와 안쪽 두 곳에 배치하고 괘지, 셀룰로이드 끈 등은 한 곳에 둔다.
　　• 불량품은 미리 정리한다.
　　• 선물용 재료는 긴급을 요하는 경우가 많기 때문에 정기 발주가 필요하다.
　　• 손이 늦은 재료는 부족이 일어나지 않도록 매달마다 또는 시즌(Season) 전에 점검한다. 즉, 적정 재고가 유지되도록 담당자를 정해두는 시스템도 필요하다.

　ㄹ 포장 재료의 폐기 문제
　　• 어느 나라에서든지 포장 재료의 출하액은 그 나라 GNP의 2% 정도가 된다고 한다. 따라서 이 폐기 포장 재료를 자원 또는 에너지로 이용하는 것이 커다란 당면 문제가 된다.
　　• 포장 재료의 재활용

종이 재료	골판지의 원료로 이용
유리	잘게 부수어 고온에서 용해하여 유리 제품 원료로 활용
플라스틱	특수 세균에 의한 분해, 열 분해에 의하여 원유화, 연료유로서 재생하거나 또는 단순한 소각에 의한 열 이용으로 활용
금속 재료	그 용도가 다양한 자원이 됨

　　• 폐기 포장 재료의 효율적인 이용은 기업 자체의 자금 회수와 직결되는 문제인 동시에 국가적인 자원의 2차적인 공급원으로서 중시될 문제이다.

(6) 포장 방법

① 방수포장기법 : 수송·보관·하역 과정에서 방수접착, 봉함재 등을 사용하여 포장 내부에 물이 침투하는 것을 방지하기 위한 것이 방수포장이다. 방수포장에서 방습포장을 병용할 경우 방습포장은 내면에, 방수포장은 외면에 하는 것이 원칙이다.

② 방습포장기법 : 습기가 물류 과정의 제품을 손상하지 않게 습기를 방지하는 포장을 말한다.

③ 완충포장기법 : 물류과정의 제품 파손을 방지하기 위해 외부로부터의 힘을 완화시키는 포장을 말한다.

④ 방청포장기법 : 기계류 등 금속제품은 물류과정에서 녹이 생기는 경우가 있는데, 모든 금속의 부식을 방지하기 위한 포장기술·수단 또는 금속포장 시에 있어서 부식을 방지하기 위한 기술·수단을 방청포장이라고 한다.

⑤ 집합포장기법 : 집합포장은 수송포장을 취급함에 있어서 기계 하역의 대상이 되는 비교적 대형화물의 집합체로 이루어지며, 복수의 물품 또는 수송포장을 한데 모아 적재함으로써 하나의 단위화물을 형성하는 것을 말한다.

⑥ 식품포장기법 : 식품포장의 목적은 품질과 안전성의 보존, 작업성·간편성의 부여, 내용식품의 표시, 유통수송의 합리화와 계획화, 상품가치의 향상 등인데, 특히 식품의 부패방지와 품질보존은 중요한 포장의 역할이다.

지식 in

선물포장시 주의사항 기출 18·15·14·13

선물은 증정하는 사람의 성의를 물품을 통하여 나타내려는 것이므로 틀림없도록 신중해야 한다. 특히 「선물을 매는 끈」은 정성을 들이지 않으면 안 된다.

- 가격표는 반드시 뗄 것
- 주름살이 있거나 때가 묻은 포장지는 절대로 사용하지 말 것
- 「선물을 매는 리본 끈」의 용도를 틀리지 않도록 주의할 것
- 글씨는 가급적 손님이 쓰도록 할 것
- 글씨를 쓰고 나면 손님에게 보일 것
- 글씨는 충분히 건조시킨 후 포장할 것
- 포장지는 옷깃 방향으로 할 것(왼쪽을 앞으로 할 때는 근조의 경우 뿐)
- 포장지가 빠져 나올 때는 밑에서부터 접어 끼울 것(자르는 것은 불길하다고 함)
- 근조의 경우나 선물 내용이 고기나 생선 등 1차 산품일 때에는 선물 위에 얹는 색종이를 붙이지 말 것
- 상품에 오손·파손은 없는지 충분히 확인할 것

---

6 판매 마무리 기출 14

소매점에서의 판매의 최종 마무리는 고객의 구매결정 후 대금을 수령·입금하고, 상품의 포장과 인계, 그리고 전송까지이다.

(1) 입 금

① **정의** : 입금이란 고객에게 수령한 대금을 캐셔(Casher)에게 입금, 확인하며 포장준비를 하는 단계로서 먼저 기다리는 고객에게 '죄송합니다만, 잠깐만 기다려 주십시오.'라고 예의를 표시해야 한다.

② **기본동작** : 고객이 구매한 상품을 양손으로 들고 가볍게 목례한 후 신속하게 금전등록기 쪽으로 간다.

　ㄱ 현금일 경우

　　• "감사합니다. … 받았습니다."라고 현금을 확인하고 레지스터에 품번, 금액을 펀칭한다.

　　• 금전등록기에 표시된 금액과 등록한 금액에 차이가 없는 가를 확인한다.

　　• "감사합니다. 거스름돈 ○○입니다. 거스름돈은 꼭 접시에 담아서 드린다.

　ㄴ 크레디트 카드일 경우

　　• 블랙리스트를 확인한다.

　　• 크레디트카드 종류에 따라 전표에 복사한다.

　　• 가맹점명, 품명, 날짜를 확인하고 품명과 금액을 기록한다.

　　• 손님에게 볼펜과 함께 전표 밑에 받침대를 받쳐서 공손하게 "손님, 서명해 주시겠습니까?"라고 의뢰한다.

　　• 전표와 카드상의 사인이 동일한가를 확인한다.

　　• 고객용 카드전표와 상품을 공손히 내어 드린다.

③ **금지사항**

　ㄱ 상품을 겨드랑이에 끼거나 한 손으로 들고 가는 경우

　ㄴ 입금 시 투덜대거나 잡담을 하는 경우

　ㄷ 쇼케이스 위에 다른 상품을 남겨두는 경우

　ㄹ 가격표와 영수증의 대조 없이 포장을 시작하는 경우

　ㅁ 손님의 특징을 기억해 두지 않는 경우

(2) 포 장

포장은 상품의 가치를 더욱 빛나게 하고 판매 후 일정기간 이후에도 점포나 상표의 이미지를 지속시킬 수 있는 역할을 한다.

① **포장의 목적** `기출 14 · 13`

　ㄱ 운반하기 쉽게 한다.

　ㄴ 상품을 보호한다.

　ㄷ 상품의 구별을 위해서 한다.

　ㄹ PR의 효과가 있다.

　ㅁ 우월감을 충족시킨다.

② **포장의 원칙** `기출 15`

　ㄱ 포장의 크기가 적당해야 한다.

　ㄴ 깔끔한 포장이어야 한다.

　ㄷ 신속하게 포장한다.

　ㄹ 구매자의 의사타진을 한다.

ⓜ 상품의 더럽혀진 부분이나 파손된 부분이 없는지를 확인한 후 포장한다.

ⓗ 고객은 제품을 결정한 후에는 자기 소유로 생각하므로 소중하게 성심 성의껏 포장하여야 한다.

③ 기본동작

㉠ 상품의 크기에 맞는 포장지로 신속하고 보기 좋게 포장한다.

㉡ 고객에 대한 감사의 뜻을 담아 휴대하기 간편하게 포장한다.

④ 금지사항

㉠ 포장할 장소를 번잡하게 해놓는 경우

㉡ 잡담을 하면서 포장하는 경우

㉢ 곁눈질을 하면서 포장하는 경우

㉣ 느린 동작으로 포장하는 경우

㉤ 수량을 빠뜨리고 포장하는 경우

ⓗ 선물용 상품을 가격표를 부착한 채 포장하는 경우 `기출 15`

(3) 전달(인계)

전달(인계)이란 상품 및 영수증, 거스름돈을 확인하고 고객에게 건네주는 과정을 말한다.

① 기본동작

㉠ '기다려주셔서 감사합니다.'라고 말하면서 가볍게 목례를 한 후, '영수증과 거스름돈은 ㅇㅇㅇ입니다. 확인해 주십시오.'라고 말하고 영수증과 거스름돈을 먼저 건네준 후 상품을 전달한다.

㉡ 상품을 건네줄 때는 고객이 거스름돈과 영수증을 지갑이나 호주머니에 넣은 다음에 양손을 공손하게 건네주어야 한다.

② 금지사항

㉠ 느린 동작으로 접근하는 경우

㉡ 한 손으로 상품을 건네주는 경우

㉢ 거스름돈을 잘못 거슬러 주는 경우

㉣ 다른 고객의 영수증을 건네주는 경우

㉤ 영수증, 거스름돈, 상품을 동시에 건네주는 경우

(4) 전 송

전송은 고객만족판매의 마무리이며 고객의 다음 방문을 있게 하는 새로운 판매과정이다.

① 기본동작 : "대단히 감사합니다. 안녕히 가십시오."라고 하면서 뒷모습에 가볍게 머리 숙여 인사한다.

② 금지사항

㉠ 고객이 코너를 떠나기 전에 자기 위치로 되돌아오는 경우

㉡ 인사를 안 하는 경우

㉢ 무표정한 얼굴의 표정으로 그냥 쳐다보는 경우

㉣ 등 뒤에서 소곤거리는 경우

㉤ 설명한 상품을 그대로 방치해 두는 경우

7 고객유지를 위한 사후관리 기출 15 · 14

(1) 반품 취급

① **반품 접수** : 해당 영수증을 첨부하는 것을 원칙으로 해야 할 것이지만, 너무나 그것에 구애되면 도리어 양심적인 고객의 마음을 거스르는 것이 되므로 고객의 상황을 확인한 뒤에 쾌히 반품에 응하는 편이 좋다.

② **반품 원인**

 ㉠ 상품 자체에 결함이 있는 경우이다. 상품에 결함이 있다는 것은 명백히 상점 측의 책임이다.
- 제조상의 잘못이건 유통 과정에서 발생한 결함이건 간에 그것은 납품시의 검수에서 체크할 수 있다.
- 점내에서 발생한 결함이라면 상품 관리에 문제가 있는 것이므로 그 원인을 철저히 추구해서 관리 체제의 개선에 피드백 시키도록 해야 한다.
- 고객에 의해서 상점의 관리 체제의 결함이 지적된 셈이니까 정중한 사과와 동시에 감사드려야 한다.

 ㉡ 고객의 상품 선택이 소홀했기 때문에 귀가 후 마음에 들지 않는다는 이유로 반품되는 경우
- 고객이 상품 선택을 소홀히 했거나 고객 자신의 가족에 대한 일방적인 선택이 원인이 되는 경우가 많은데 이 점에 대해서는 반품 응대를 할 때 상대방의 실수를 책한다던가 하는 행위는 피하여야 한다.
- 이 경우 반품된 상품을 다시 매장에 진열하면 판매될 가망이 있는 상품인가 아닌가, 다시 말해서 상품 가치가 유지되고 있는가 어떤가를 확인해 둘 필요가 있다.

③ **반품시의 접객 기술** : 반품은 판매의 실패가 아니라, 접객의 계속이다. 따라서 그 취급에 있어서는 평상시의 접객과 마찬가지로 고객 본위의 응대가 필요하며, 대체 판매를 한 뒤 반품에 의해 지적된 결함 원인을 관리 시스템의 개선에 도움이 되도록 원인을 파악해 보고하지 않으면 안 된다.

(2) 고객 컴플레인 관계 기출 13

고객의 컴플레인에 대해서는 구매 후 불만족 감소와 재방문 및 구매, 장기적인 고객관계의 유지 차원에서 고객 지향성에 입각한 적극적인 처리 자세가 요구된다.

① **정보로서의 컴플레인** : 점포 입지, 구조, 레이아웃, 머천다이징, 상품, 조명, 전열 기구, 판매 지식, 사인보드, POP, 프라이스 카드 등 고객의 불평은 경영의 모든 면에 미친다.

② **컴플레인의 종류와 판매원의 자세**

 ㉠ 불평의 정도는 "이렇게 하면 좋을 것이다."라는 의견에서부터 불평불만 그리고 더 나아가서는 경영 자세에 대한 공격에 이르기까지 각양각색이며, 판매원은 그 업무의 성격에 비추어 이들 불평의 전부를 받아들여야 할 입장에 있다.

 ㉡ 불평 중에는 감정적인 것도 있지만, 그 대부분은 상점의 결함에 대한 비판으로 그것을 정중히 듣고 무엇이 원인이 되어 그렇게 되었는가를 고려해 볼 필요가 있다.

 ㉢ 상품에 관한 문제 내지 접객 서비스에 관한 사항은 직접 상점에 대한 고객의 기대에 관계되는 문제인 만큼 신중히 다루지 않으면 안 된다.

ⓔ 판매원은 고객의 불평을 판매 증진을 위한 절호의 기회로 삼는다. 다시 말하면 그 고객과 보다 유리한 관계를 맺는 계기로 삼는다는 것이다.

ⓜ 불평이나 충고를 제시하는 고객은 아직도 상점을 필요로 하는 소비자이다.

(3) 정보제공 서비스 기출 14 · 13

고객관계의 유지는 고객과의 신뢰성 형성이 무엇보다 중요한데 다음과 같은 방법으로 고객과의 신뢰를 쌓을 수 있다.

① 컴플레인의 신속한 처리 : 불평하는 고객의 문제를 고객의 입장에서 능동적으로 신속한 처리를 해준다면 그 고객은 구매 후의 불안감이 감소되거나 해소되어 판매회사와 판매담당자를 신뢰하게 될 것이다.

② 고객과의 지속적인 커뮤니케이션 : 구매가 이루어진 2~3일 후에 전화를 통해 구매 후의 만족도를 확인하는 것이다.

③ 정보제공의 서비스 : 신제품 안내, 상품 전시회, 판매뉴스나 회사정보의 PR지(사보, 고객통신, 사외판촉지, 판매회보 등), 촉진행사 정보 등을 제공한다.

④ 특별한 서비스의 제공 : 고객을 초우량고객, 우량고객, 보통고객, 잠재우량고객 등으로 구분하여, 고객의 기여도에 따라 차별적인 서비스를 제공하는 것이다.

⑤ 고객의 특별한 이벤트에 관심 : 고객의 생일, 결혼기념일, 자녀입학, 졸업, 승진, 자녀결혼, 신년인사 등의 축하인사를 하는 것이다.

지식 in

고객의 가격저항에 대한 판매원의 처리방법 기출 14 · 13

• 제품에 대해 지출이 아닌 투자로써 이해시킨다(해당 제품에 대한 구매를 통해 고객이 이익을 얻고 또한 절약하게 되는 금액을 구체적으로 제시).

• 제품에 대해 가격이 아닌 결과로써 비교한다(이는 잠재고객들이 제품에 대해 특별히 호감이 가는 부분을 강조하는 기법으로써 이를 통해 소비자들에게 중요한 것은 제품 가격에 대해 얼마를 지불하느냐가 아닌, 제품을 통해 어떠한 기능을 얻느냐에 있음을 인지시켜주는 것).

• 제품에 대한 추가적인 혜택을 제시한다(그동안 알리지 않은 해당 제품의 유용성에 대해서 강조).

• 고가의 제품과 비교한다(소비자가 구입한 제품이 그 보다 훨씬 더 고가의 제품이나 가지고 있는 우수한 기능을 보유하고 있다는 점을 강조).

• 잠재적인 고객에게 제품에 대한 도전거리를 던져준다(잠재고객이 자사의 제품 사양을 정확히 비교하고 있는지를 알아야 하므로 자사 제품의 독자적인 특징 및 기능 등을 고객에게 설명하고 잠재 고객이 스스로 제품에 대한 품질을 비교하게 할 것).

• 잠재적인 위험요소를 부각한다(저가의 제품 및 서비스를 구매했을 경우의 문제점 지적).

• 가격이 아니라 가격 차이에 초점을 맞춘다(가격은 언제나 상대적이므로 제품의 가격 자체를 두고 에누리보다는 타 제품의 가격을 조사해보고 그러한 차이에 초점을 맞춰 가격을 쪼개어 알려줌).

※ 본 문제를 풀면서 이해체크를 이용하시면 문제이해에 보다 도움이 될 수 있습니다.

01 제품과 서비스의 차이점으로 가장 거리가 먼 것은? [2012.07]

① 제품은 물건이며 서비스는 행위라 할 수 있다.
② 서비스는 생산과정에 고객의 참여 미흡하다.
③ 서비스는 고객이 상품의 일부분을 차지한다.
④ 제품에 비해 서비스는 품질통제가 어렵다.
⑤ 서비스는 시간요인이 중요하다.

해설 서비스는 고객과 종업원 간의 인적 상호작용을 요구한다.

02 서비스의 본질적 특성에 대한 내용 중 가장 옳지 않은 것을 고르시오. [2012.10 | 2013.07]

① 비확장성
② 무형성
③ 재고보관의 어려움
④ 생산과 소비의 동시성
⑤ 이질성

해설 서비스의 4가지 특성은 무형성, 비분리성(생산과 소비의 동시성), 소멸성(재고보관의 어려움), 이질성(변동성) 등이다.

03 서비스의 특성에 대한 설명으로 가장 옳지 않은 것은? [2014.04]

① 제품의 경우 정보탐색 시 인적 정보원천과 비인적 정보원천 두 가지 모두를 이용하는데 반해 서비스의 경우는 상당부분 인적 정보원천에만 의존하게 된다.

② 제품의 경우 소비자는 여러 브랜드를 비교하여 마음에 드는 상품을 선택하여 구매하지만 서비스는 대부분이 직접 경험하기 전에는 평가가 힘든 경향이 있다.

③ 한 번 거래하게 되면 장기적으로 지속하여 거래관계를 유지하는 거래의 충실성이 제품 거래에 비해 크다.

④ 서비스는 경험이므로 제품에 비해 정서와 분위기가 인지된 효용을 형성하는데 매우 중요한 역할을 한다.

⑤ 서비스는 무형적인 속성이 있으므로 소비자들은 구매를 하기에 앞서 특정 서비스에 대한 기대를 형성하기 어렵다.

> **해설** 서비스의 무형성은 크게 2가지의 의미를 지닌다. 첫 번째는 실체를 보거나 또는 만질 수 없다는 객관적인 의미이며, 두 번째는 보거나 만질 수 없기 때문에 그 서비스가 어떤 것인가를 상상하기 어렵게 된다는 주관적인 의미이다.

 04 무형성(無形性)과 관련된 마케팅 문제로 볼 수 있는 것은? [2009.11 | 2012.10 | 2014.04]

① 특허 등으로 보호가 어렵고 진열이나 유통이 어렵다.

② 대량생산이 불가능하다.

③ 소비자가 서비스 생산과정에 참여하여야 한다.

④ 재고관리가 불가능하다.

⑤ 표준화와 품질관리가 힘들다.

> **해설** 무형성이란 사용자에게 성과에 대한 만족을 주지만 소유, 수송, 저장할 수 없는 무형적 활동을 말한다. 무형성은 형태가 없으므로 구매 전 확인이 불가능하고 특허 등으로 보호가 어려우며 진열이나 설명이 어렵다.

 05 상품을 이해하는 차원은 좁은 것부터 넓은 것까지 크게 3단계로 나누어 이해할 수 있다. '판매후 서비스'는 다음 중에서 어디에 해당하는가? [2016.11]

① 물리적 상품 ② 확장상품

③ 유형상품 ④ 고유상품

⑤ 핵심상품

확장상품은 실체상품의 효용가치를 증가시키는 부가서비스 차원의 상품을 말한다. 실체상품에 보증, 반품, 배달, 설치, 애프터서비스, 사용법 교육, 신용, 상담 등의 '판매후 서비스'를 추가하여 상품의 효용가치를 증대시킨 것이다.

06 서비스품질 측정모형인 SERVQUAL과 가장 거리가 먼 것은?　　　　　[2010.04 | 2012.07 | 2013.04]

① 신뢰성　　　　　　　　　　　② 응답성
③ 공감성　　　　　　　　　　　④ 무형성
⑤ 확신성

서비스 품질을 결정짓는 것은 유형성(물리적 시설, 장비, 직원, 커뮤니케이션 자료의 외양)이다.

07 다음은 서비스 특성에 따른 마케팅 시사점을 짝지은 것이다. (㉠), (㉡)에 들어갈 내용으로 옳은 것은?　　　　　[2016.07]

> 소멸성 – (㉠)
> (㉡) – 개별화 혹은 표준화 선택

① ㉠ 유형적 특성 강조, ㉡ 이질성
② ㉠ 다양한 정보제공, ㉡ 무형성
③ ㉠ 서비스 아웃소싱, ㉡ 생산과 소비의 동시성
④ ㉠ 예약시스템 활용, ㉡ 이질성
⑤ ㉠ 상호작용 중시, ㉡ 무형성

- 서비스는 시간적인 소멸성을 가진 상품으로 관리에 어려움을 겪는다. 이 경우 수요완화(예약제도, 가격인센티브 제도, 수요억제를 위한 선전)나 서비스 능력 조정(파트타임 노동력, 근무교대조의 일정조정, 고객의 셀프서비스 제도) 등을 대안으로 선택한다.
- 서비스는 변동적이어서 규격화, 표준화하기 어렵다. 따라서 서비스의 표준화 또는 개별화 전략을 시행해야 한다.

08

서비스에 대한 설명으로 옳지 않은 것은? [2015.11]

① 서비스는 생산과 소비가 동시에 일어나지 않는다는 특징이 있다.
② 서비스는 무형성의 특징이 있다.
③ 서비스는 소멸성의 특징이 있다.
④ 서비스는 균일하지 않다는 특징이 있다.
⑤ 서비스는 저장되거나 재판매될 수 없다.

> **해설** 서비스는 생산과 소비가 동시에 일어난다(비분리성).

09

서비스의 품질을 평가하는 요소와 그에 대한 설명으로 옳지 않은 것은? [2014.11]

① 신뢰성(Reliability) : 약속한 서비스를 믿을 수 있고 정확하게 수행하는 능력
② 확신성(Assurance) : 고객에 대해 직원들의 자신감과 안전성을 전달하는 능력
③ 공감성(Emphathy) : 고객에게 제공하는 개별적인 배려와 관심
④ 대응성(Responsibility) : 고객에게 언제든지 준비된 서비스를 제공하려는 자세
⑤ 인지성(Awareness) : 고객의 욕구나 불편함을 사전에 알아차리는 능력

해설 서비스 품질의 평가 요소

서비스 품질 평가 10개 차원	SERVQUAL 차원	SERVQUAL 차원의 정의
유형성	유형성	물리적 시설, 장비, 직원, 커뮤니케이션 자료의 외양
신뢰성	신뢰성	약속한 서비스를 믿을 수 있고, 정확하게 수행할 수 있는 능력
대응성	대응성	고객을 돕고 신속한 서비스를 제공하려는 태세
능력	확신성	직원의 지식과 예절, 신뢰와 자신감을 전달하는 능력
예절		
신빙성		
안전성		
가용성	공감성	회사가 고객에게 제공하는 개별적 배려와 관심
커뮤니케이션		
고객이해		

10 사회의 경제 활동은 사람들이 소비에서 얻은 만족이 최대가 되도록 행동하는 것이 바람직하다거나 또는 시장 기구에 있어서 생산을 결정하는 것은 결국 소비자의 수요라는 사실 관계를 말하는 용어로 옳은 것은? [2015.07]

① 고객 애호도
② 소비자 웰빙
③ 소비자 주권
④ 소비자 관계
⑤ 고객 서비스품질 강화

> **해설** 소비자 주권은 시장경제에서 상품과 서비스의 소비자가 궁극적으로 지속적인 생산과 생산에서의 변화를 결정한다는 개념을 말한다.

11 서비스 상품의 특징으로 옳지 않은 것은? [2015.05]

① 서비스 상품의 경우 정보탐색비용이 상대적으로 높다.
② 서비스 상품을 구매할 때 일반제품보다 지각 위험이 높다.
③ 서비스 상품의 대안평가시 가격과 서비스시설 같은 요소에 의존하게 된다.
④ 서비스 상품은 경험적 특성과 신념적 특성이 일반 제품보다 강하다.
⑤ 서비스 상품의 무형성을 보완하기 위해서는 인적 정보원에 의존하기보다 대중매체를 통한 가시적 광고에 집중해야 한다.

> **해설** 서비스 상품의 무형성의 약점을 보완하기 위해서는 상징과 간판, 물리적 증거, 복장과 용모 등 실체적 단서와 신뢰와 공감을 높일 수 있는 구매 후 소통 강화가 필요하고, 서비스 전달 방식에 있어서 고객의 요구에 응대하는 종업원과의 상호작용이 필요하므로 대중매체를 통한 가시적 광고보다는 인적 정보원에 집중해야 한다.

12 서비스 품질 평가가 어려운 이유로 옳지 않은 것은? [2016.11]

① 서비스 품질은 표준화의 어려움으로 인해 측정이 어려워진다.
② 서비스 품질의 평가는 고객이 기대했던 서비스와 실제 서비스의 제공과정에서 지각된 서비스와의 비교에 의해서 평가되기 때문에 객관적인 측정이 어렵다.
③ 서비스 고객의 욕구나 행동이 다양하기 때문에 고객이 필요로 하는 정확한 서비스의 제공은 어려워지고, 이로 인해 품질 평가는 어려워진다.
④ 기업에서 제공되는 서비스 품질의 평가는 제품과 관련되어 산출되는 경우가 많기 때문에 제품 구매 후 만족/불만족에 따라 평가가 이루어져 신속한 측정이 곤란하다.
⑤ 마케팅관리자는 소비자의 지각된 서비스 품질을 향상시키는 것은 불가능하다.

고객의 서비스 품질 지각은 기대된 서비스와 지각된 서비스와의 비교를 통해 결정된다. 기대된 서비스는 기업의 외부적 영향요인과 과거경험 등이 주요 요인으로 작용하며, 지각된 서비스는 내부환경적 요인, 즉 고객접촉요인, 물리적 기술적 자원 및 기타 참여고객 등에 의해 영향을 받는다. 따라서 마케팅관리자는 기대된 서비스와 지각된 서비스와의 갭(gap)을 줄여 서비스 품질을 향상시켜야 한다.

13 제품 혹은 서비스의 성능이나 기능보다 사회적인 수용, 개인존중, 자아실현 측면의 불만을 의미하는 것은? [2015.05]

① 효용 불만
② 심리적 불만
③ 균형 불만
④ 상황적 불만
⑤ 고객불만처리 MTP(Man, Time, Place)

① 고객이 제품이나 서비스를 사용한 후 고객의 욕구를 충족시키지 못한 경우의 불만
③ 고객의 기대 수준보다 고객이 느끼는 혜택이 적은 경우의 불만
④ 여러 가지 형태의 소비생활과 관련한 상황적 조건(시간, 장소, 사용상황)에 따른 불만
⑤ 고객불만 발생 시 사람(Man), 시간(Time), 장소(Place)를 바꾸어 불만을 처리하는 것

14 아래에서 설명하는 원인들로 인해 서비스 품질의 Gap이 발생하는 곳으로 가장 알맞은 것은? [2013.07]

• 인사정책의 결함
• 역할을 제대로 수행하지 못하는 고객
• 서비스 중간상의 문제
• 수요와 공급을 일치시키는데 실패

① GAP1 : 고객기대에 대한 제공자의 지각과 고객기대 사이의 차이
② GAP2 : 고객중심적 서비스 설계 및 표준과 고객기대에 대한 제공자의 지각 차이
③ GAP3 : 서비스제공과 고객중심적 서비스 설계 및 표준의 차이
④ GAP4 : 고객에 대한 외부커뮤니케이션과 서비스제공 사이의 차이
⑤ GAP5 : 고객의 기대와 인지의 차이

서비스품질 격차 요인
- 격차 1 : 상향커뮤니케이션 정도, 관리 단계의 수 등
- 격차 2 : 경영층의 서비스 품질에 대한 인식 정도, 서비스 업무 표준화, 서비스 품질 목표 등
- 격차 3 : 역할모호성, 역할갈등, 직원-직무간 조화, 기술-직무간 조화, 평가와 보상체계의 적절성, 팀워크 등
- 격차 4 : 수평 커뮤니케이션 정도, 고객들이 받는 서비스를 정확히 반영하는지 여부
- 격차 5 : 고객의 기대 정도

15 서비스품질을 측정하는 SERVQUAL의 하위 차원으로 옳지 않은 것은? [2016.04]

① 협력성(Cooperativeness) ② 신뢰성(Reliability)
③ 확신성(Assurance) ④ 유형성(Tangibles)
⑤ 공감성(Empathy)

 SERVQUAL의 하위 차원은 신뢰성(Reliability), 확신성(Assurance), 유형성(Tangibles), 대응성(Responsive-ness), 공감성(Empathy) 등이다.

16 질 높은 서비스 품질전략에 대해 기술한 것으로 옳지 않은 것은? [2015.07]

① 대응성 : 고객을 돕고 신속한 서비스를 제공함
② 유형성 : 물적 시설, 장비 등 물리적 환경에 대한 세심한 배려
③ 공감성 : 고객들에게 개별적인 관심을 보일 자세
④ 확신성 : 고객에 대한 정중함, 고객과의 효과적 의사소통
⑤ 신뢰성 : 고객의 말을 듣고 그들의 비평과 제안에 따라 행동하는 일

 신뢰성은 약속한 서비스를 믿을 수 있고 정확하게 수행하는 능력을 의미한다.

17 서비스 실패 후 서비스회복(복구)에서 고객이 경험하는 공정성의 유형으로 가장 올바르게 짝지어진 것은?

[2012.04]

> A. 회복과정에서 기업의 정책, 규정이 공정한가라는 개념
> B. 서비스 실패 후 경제적 보상이 적절히 이루어졌는가 하는 개념

① A – 분배공정성, B – 절차공정성
② A – 절차공정성, B – 상호작용공정성
③ A – 절차공정성, B – 분배공정성
④ A – 분배공정성, B – 상호작용공정성
⑤ A – 상호작용공정성, B – 절차공정성

해설 절차공정성이란 어떠한 결정이었는가 보다는 어떻게 결정되었는가를 다루는 개념이다. 즉, 배분결정이 적용되는 절차 및 규칙의 공정성 등의 평가에 초점을 맞추는 것을 말한다. 분배공정성이란 조직에서 보상 및 평가 등 여러 요소들이 공정하게 배분되는지에 대한 문제를 말한다.

18 서비스품질의 개선방법 중 가장 옳지 않은 것은?

[2012.07]

① 기업 내 서비스 지향적 문화를 정착하도록 한다.
② 고객의 기대는 수시로 변화하므로 일관되게 서비스의 품질을 유지하도록 한다.
③ 고객에게 적절한 교육을 실시하여 서비스 내용을 제공한다.
④ 서비스품질의 결정요소를 사전에 파악한다.
⑤ 서비스의 유형성관리를 통해 고객의 품질평가를 개선하도록 노력한다.

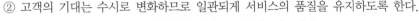

해설 변화하는 고객의 기대에 부응할 수 있도록 서비스의 품질을 개선, 발전시켜야 한다.

19 확장된 서비스 프로모션믹스(7P MIX)와 거리가 먼 것은? [2012.10 | 2013.07]

① 서비스 프로세스관리   ② 서비스 물리적 증거

③ 서비스 혁신관리   ④ 서비스 종업원관리

⑤ 서비스 고객관리

서비스 프로모션믹스(7P) = 4P + 3P

4P	Product	고객 니즈를 충족시키는 상품
	Price	객의 지불의사를 고려한 가격책정
	Place	소비자의 편의를 고려한 유통, 시간, 장소, 수량 등
	promotion	광고, 촉진관리, PR, 인적판매 등
3P	Process Management	고객관리 프로세스
	Physical Evidence	내·외부환경, 매장분위기
	People	경영자, 지식근로자, 종업원, 소비자 등

20 판매원은 판매 가능성을 높이기 위해 판매정보를 수집 및 활용한다. 다음 중 판매원이 활용할 수 있는 고객관련 정보로 가장 옳지 않은 것은? [2012.04]

① 고객 특성 – 자기 점포의 상권 안에 있는 고객의 특성을 소득, 연령, 성별, 직업, 교육정도, 가족 구성, 주거지역 등의 기준으로 파악

② 구매 관습 – 고객의 구매활동이 충동구매, 계획구매, 특정 브랜드의 지각구매, 현금구매, 소량구매 등에 관련된 고객의 구매관습에 관한 정보

③ 구매 동기 – 상품 가격, 판매원 활동, 광고 구전 등의 어느 요인이 구매 결정에 어느 정도의 영향을 주었는가를 조사

④ 소비 사용 관습 – 구입 상품의 용도, 이용 횟수, 평균소비량, 내구 년수, 새로운 사용방법, 오용 상황 등 구매 후의 사용 상황에 대해서도 정보를 수집

⑤ 시장 총수요량 – 얼마나 많은 사람들이 해당 제품을 구매할 것인가, 어느 정도의 구매력을 가진 고객들이 해당 제품을 구매할 것인가에 대한 정보

시장 총수요량은 개별 시장의 제품량은 각기 단위가 다르기 때문에 그냥은 합산할 수 없어, 개별시장의 제품량을 공통단위인 화폐단위로 환산해서 합산한다.

21

인적판매의 장점과 단점에 대한 설명 중에서 가장 옳은 것은? [2013.10]

① 서비스 및 배달과 설치 같은 구매에 영향을 미치는 요인들을 설명함으로써 제품구입 시 발생할 수 있는 소비자들의 인지적 부조화를 해결해 주는 장점이 있다.

② 판매원이 고객과 1 대 1 접촉을 하므로 낮은 비용이 소요되는 장점이 있다.

③ 판매원이 고객의 표정과 행동을 파악하여 그들의 특성에 맞는 제품을 제시하기 어렵다는 단점이 있다.

④ 다른 촉진관리 수단들과는 달리 판매행위를 현장에서 완결하기 때문에 매출액과 수익성의 측정이 어려운 단점이 있다.

⑤ 동시에 많은 고객을 상대할 수 있다는 장점이 있다.

해설
② 인적판매는 비용이 많이 든다.
③ 고객과 1 대 1로 접촉하므로 고객의 특성에 맞는 제품을 제시하는 데 수월하다.
④ 현장에서 완결하기 때문에 매출액과 수익성의 측정이 용이하다.
⑤ 많은 고객을 동시에 상대하기에는 무리가 있다.

22

판매제시를 위한 판매원의 상품지식은 다음과 같은 방법에 의해 습득할 수 있는데, 상품지식 습득의 방법이라고 할 수 없는 것은? [2015.07]

① 상품자체

② 고객의 의견

③ 물류, 하역

④ 광고, 공장견학

⑤ 선배 및 동료 판매담당자, 판매담당자 자신의 경험

해설
상품지식의 습득방법
• 상품자체
• 고객의 의견
• 선배 및 동료 판매담당자, 판매담당자 자신의 경험
• 제조업자, 도매업자(광고, 공장견학)

23

진열 방법에 대한 설명으로 가장 옳지 않은 것은? [2016.11]

① 벌크진열은 상품의 가격이 저렴하다는 인식을 줄 수 있다.
② 측면진열은 적은 수량의 상품을 앞으로 내어 쌓아 풍부한 진열감을 연출한다.
③ 평대진열은 특매상품이나 중점판매 상품을 대량으로 진열할 수 있는 방법이다.
④ 행거진열은 양감 있는 느낌을 주며 상품을 고르기가 쉽다.
⑤ 곤돌라진열은 판매동향 파악이 쉽고 페이스 관리가 용이하다.

> **해설** ②는 전진입체진열에 대한 설명이다.
> 측면진열은 엔드진열의 한쪽 측면 등을 활용하여 엔드진열한 상품과 관련성을 강조하는 진열방법이다.

24

상품진열방법에 대한 설명 중 옳지 않은 것은? [2013.10]

① 할인점, 식품점 등은 흔히 품목별로 진열한다.
② 여성의류 매장은 겨울철 동안 하얀색 의상만 진열하는 색상별 진열을 시도한다.
③ 상품을 높게 쌓아 놓고 파는 것을 적재진열이라고 한다.
④ 고객의 시선을 끌기 위해, 가능하면 상품 전체를 노출하고자 하는 것이 전면 진열이다.
⑤ 벽과 곤돌라를 이용하여 수건 등의 상품을 위에서 아래로 수평적 진열을 한다.

> **해설** 곤돌라진열은 많은 양의 상품들이 고객들에게 잘 보여짐과 동시에 풍요함을 느끼게 하면서 상품을 가장 편하게 고를 수 있도록 한 입체식 진열이다. 지문에서 상품을 위에서 아래로 진열하는 방식은 수직적 진열에 해당한다.

25

아래 박스의 (   ) 안에 들어갈 알맞은 단어는 무엇인가? [2015.07]

> (   )은(는) 가장 판매가 잘되는 장소를 말하는 것으로서, 진열범위 내에서 상품이 가장 잘 보이고 손이 쉽게 닿을 수 있는 높이의 범위를 말한다. 구체적으로는 눈높이로부터 20° 내려간 선을 중심으로 위로 10°, 아래로 20°~30° 자리를 말한다.

① POP(Point Of Purchase)　　　　② POS(Point Of Sales)
③ 골든 라인(Golden line)　　　　④ 판매제시
⑤ 디스플레이(Display)

26 엔드진열을 잘 활용한 것으로 가장 보기 어려운 것은?

① 일정한 시기마다 새로운 테마로 교체한다.
② 친근한 테마로 관련 진열한다.
③ 단품의 처분에 치중하여 구성한다.
④ 주매대로 고객을 유인할 수 있게 연관 구성한다.
⑤ 양감 연출로 고객의 주목률을 높인다.

27 매대를 구성함에 있어 연관상품을 함께 진열하면 시너지 효과를 얻을 수 있다. 다음 중 연관상품을 선정하는 방법으로 가장 올바르지 않은 것은?

① 연관상품이 서로 용도나 사용방법에 있어 관련이 있어야 한다.
② 구입에 부담이 없도록 부수적인 상품은 주된 상품보다 더 싼 상품이어야 한다.
③ 부수적인 상품은 주된 상품의 가치를 증가시킬 수 있어야 한다.
④ 부수적인 상품은 주된 상품과 같이 구매해도 가격에 부담이 없어야 한다.
⑤ 부수적인 상품은 회전율이 높은 상품으로 매출이익률이 좋아야 한다.

28 점포 매장의 디스플레이(Display)원칙에 대한 설명으로 적합하지 않은 것은? [2014.04]

① 점내 판매대의 배치와 조명의 색깔 및 밝기를 고려하여 상품을 배열한다.

② 매장 복도에 하는 상품배치는 고객의 구매욕구를 자극시킬만한 궁극적인 의도를 가지고 조성한다.

③ 저렴하고 저급하다고 생각되는 상품이라도 고객의 마음을 사로잡을 수 있도록 하는 것이 궁극적인 디스플레이의 목적이다.

④ 고객으로 하여금 상품의 선택을 용이하게 하고, 진열 상품에 대한 구매 욕구를 향상시킴으로써 충동구매를 촉진시킨다.

⑤ 디스플레이의 원칙으로는 주의(Atention) – 흥미(Interesting) – 욕구(Desire) – 기억(Memory) – 행동(Action)의 단계를 거친다.

> **해설**
> 주의(Atention) – 흥미(Interesting) – 욕구(Desire) – 기억(Memory) – 행동(Action)의 단계를 거치는 것은 광고의 AIDMA원칙이다.

29 서비스는 시간적인 소멸성을 가진 상품으로 관리에 어려움을 겪는다. 이 경우 수요완화나 서비스 능력 조정을 대안으로 택하는데 다음 중 수요완화로만 짝지어진 것은? [2015.07]

① 예약제도 – 가격인센티브제도

② 고객의 셀프서비스제도 – 가격인센티브제도

③ 파트타이머 이용 – 고객의 셀프서비스제도

④ 수요억제를 위한 선전 – 파트타이머 이용

⑤ 예약제도 – 파트타이머 이용

> **해설**
> 서비스의 시간적 소멸성에 대한 대안
> • 수요완화 : 예약제도, 가격인센티브제도, 수요억제를 위한 선전
>   **예** 저녁이나 주말에 할인 혜택, 피크타임 쇼핑을 피하도록 선전
> • 서비스 능력 조정 : 파트타임 노동력, 근무교대조의 일정조정, 고객의 셀프서비스제도
> • 고객으로 하여금 기다리게 하는 것 : 가장 소극적인 방법

30 상품판매 기능을 중점으로 한 디스플레이에 대한 설명으로 가장 옳지 않은 것은? [2012.04]

① 장식장 디스플레이 - 점두 및 점포 안의 요소에 설치하여 통행인의 주의를 끌고 또 점포 안으로 유도하는데 활용한다.

② 무대 디스플레이 - 일반적으로 부문의 색인적인 디스플레이 또는 대형 상품의 디스플레이에 적당한 방식이다.

③ 마루 디스플레이 - 점포 마루에 직접 설치하는 디스플레이방식(판매대, 진열장)이다.

④ 천정 디스플레이 - 천정에서 늘어뜨리는 형태의 디스플레이이다.

⑤ 카운터 디스플레이 - 선반을 이용하여 상품을 대량으로 수납할 수 있으므로 전반적인 상품의 디스플레이로서 가장 적당하다고 할 수 있다.

> **해설** 카운터 디스플레이는 매장 안 카운터, 쇼케이스 위에 놓이는 디스플레이를 말한다. 이는 POP광고에서 많이 활용된다. 통상적으로는 작은 상품 또는 견본 등을 전시하지만, 형식으로는 종이로 만든 작은 것으로부터 플라스틱이나 금속제로서 동력으로 움직이는 것, 조명이 명멸하는 것 등의 여러 가지가 있다.

31 디자인에 있어서 색채 활용의 원칙으로 옳지 않은 것은? [2012.07]

① 문자수를 되도록 많게 한다.

② 필요한 경우에는 사진을 활용한다.

③ 상품의 진열을 배려한 색채를 쓴다.

④ 기업이미지 향상에 도움이 되는 색채를 쓴다.

⑤ 지배적인 바탕색을 사용해서 색의 조화를 효과적으로 한다.

> **해설** 디자인은 현실적으로 정서성과 기능성의 균형이 맞아야 한다. 문자수가 많거나 색상수가 너무 많으면 오히려 가독성이 떨어진다.

32 카테고리 수명주기의 변화상 여러 시즌에 걸쳐 특정 상품의 판매가 일어나며 특정 시즌에서 다음 시즌으로 바뀔 때 극적인 판매 변화가 일어나는 상품은? [2016.07]

① 일시성상품   ② 유행성상품

③ 지속성상품   ④ 계절성상품

⑤ 소비성상품

해설 특정한 계절이 상품 판매량에 영향을 주는 상품으로 대표적으로 아이스크림, 팥빙수 등 빙과류 상품과 에어컨, 히터 등 냉·난방 상품 등이 있다. 계절성상품은 날씨에 따라 판매성과가 영향을 받는 전형적인 상품이다.

33 슈퍼마켓의 상품군에 따른 배치방식에 대한 설명으로 옳지 않은 것은? [2016.11]

① 소비빈도가 높고 매일 먹는 생식품은 보조동선에 진열하도록 한다.
② 계산대에서 가까운 곳에는 깨지기 쉽고 무거운 것을 배치하여 쇼핑 후 마지막으로 구매할 수 있도록 한다.
③ 냉동식품은 한 곳에 밀집시켜 원활한 쇼핑을 돕도록 한다.
④ 행사상품은 주동선에 인접하게 진열하고 고객의 통행을 방해하지 않도록 한다.
⑤ 치즈, 우유, 낙농제품, 냉장을 요하는 상품 등은 주동선 쇼케이스에 진열한다.

해설 일반적으로 소비빈도가 높고 매일 먹는 생식품은 가장 먼저 구입하므로 주동선에 진열하도록 한다.

34 판매를 위한 정보 중 고객에 관한 정보에 해당하지 않는 것은? [2016.07]

① 고객의 특성에 관한 정보
② 고객의 소비, 사용의 관습에 관한 정보
③ 경쟁사의 고객유인에 관한 정보
④ 구매자, 구매결정자, 소비 및 이용자에 관한 정보
⑤ 고객의 구매동기에 관한 정보

해설
고객에 관한 정보
• 고객의 특성, 구매 관습, 구매동기 등에 관한 정보
• 고객의 소비, 사용의 관습에 관한 정보
• 구매자, 구매결정자, 소비 및 이용자에 관한 정보

35 다음 소매점 판매과정을 순서대로 올바르게 나열한 것은? [2015.11]

> ㄱ. 판매제시　　　　　　　　　　ㄴ. 고객욕구의 결정
> ㄷ. 고객에게 접근　　　　　　　　ㄹ. 판매결정
> ㅁ. 고객유지를 위한 사후관리　　　ㅂ. 판매마무리

① ㄷ - ㄴ - ㄱ - ㄹ - ㅂ - ㅁ
② ㄷ - ㄱ - ㄴ - ㄹ - ㅁ - ㅂ
③ ㄴ - ㄱ - ㄷ - ㄹ - ㅂ - ㅁ
④ ㄴ - ㄱ - ㄷ - ㄹ - ㅁ - ㅂ
⑤ ㄷ - ㄴ - ㄱ - ㅂ - ㄹ - ㅁ

> **해설**
> 소매점 판매과정(6단계)
> 고객에게 접근 → 고객욕구의 결정 → 판매제시 → 판매결정 → 판매마무리 → 고객유지를 위한 사후관리

36 다음 글상자에서 설명하고 있는 이론은 무엇인가? [2016.04]

> 소비자들은 상품을 구매하기 전에 기대감을 형성한다. 이러한 기대감은 광고나 사전 경험에서 형성된다. 구매하기 전의 기대와 구매 후 결과를 비교하여 기대했던 것보다 상품의 성능이 좋으면 긍정적인 불일치(만족)가 발생하여 재구매 의도가 강화된다. 그러나 기대했던 것보다 상품의 성능이 나쁘면 부정적인 불일치인 불만족 감정이 형성된다.

① 전망이론　　　　　　　　　　② 기대불일치이론
③ 공정성이론　　　　　　　　　　④ 조절초점이론
⑤ 인지부조화이론

> **해설**
> ① 잠재적인 이익과 손실을 평가할 때 사람들의 판단기준이 달라짐을 설명하는 이론, 즉 이익을 선택하는 경우에는 기대수익이 적더라도 안전한 것을 선택하고, 손실 중에서 선택하는 경우에는 기대손실이 크더라도 모험적인 선택을 한다는 이론
> ③ 소비자 자신과 거래 상대방의 투입(가격) 대비 결과(제품 성과)의 비율이 같으면 공정한 상태로 인식하여 비교적 만족을 느끼지만 비율이 적다고 느낄 때는 불공정성을 인식하고 불만족을 가지게 된다는 이론
> ④ 사람들은 크게 두가지 사고, 즉 '향상(promotion)'과 '예방(prevention)'를 전제로 이 중 하나의 사고에 초점을 맞추어 자신의 행동을 조절한다는 이론
> ⑤ 구매결정이 내려진 후에 다양한 인지, 태도 혹은 신념 사이에 심리적인 내적 갈등(인지부조화)을 해소하지 못하면 구매한 제품이나 서비스를 반품하거나 부정적인 태도가 형성되어 재구매가 발생되지 않을 뿐만 아니라 타인들에게 부정적인 구전효과가 발생한다는 이론

37

노인이나 유아들과 같이 특정 연령층이나 당뇨, 비만환자 등과 같이 특별한 음식을 먹어야 하는 사람들을 대상으로 각각의 체질이나 요구에 맞게 만들어진 음식을 일컫는 말로서 가장 적합한 것은?

[2010.04 | 2013.04]

① 뉴트리셔널 푸드　　　　　　　② 슬로우 푸드
③ 디자이너 푸드　　　　　　　　④ 실버 푸드
⑤ 저칼로리 푸드

해설

디자이너 푸드(Designer Foods)란 신기능성 식품으로 목적에 맞게 여러 가지를 조제한 영양보강식품을 말한다.
① 비타민, 무기질, 식이섬유 등이 함유된 다이어트 및 웰빙 영양식
② 패스트 푸드(Fast Food)에 대립하는 개념으로, 지역의 전통적인 식생활 문화나 식재료를 다시 검토하는 운동 또는 그 식품 자체를 가리키는 말이다.
④ 기존의 노인식을 편리성, 질감, 맛, 영양, 포장, 분위기까지 노인들의 취향에 맞게 개발한 식품이다.

38

상황요인과 소비자 구매행동에 대한 설명으로 옳지 않은 것은?

[2013.07]

① 소비가 일어나는 시간도 특정 제품 구매에 영향을 미친다.
② 상표충성도가 클수록 상황요인에 영향을 더 많이 받는다.
③ 백화점은 행사제품을 고객통행이 많은 곳에 배치하여 충동구매를 유발한다.
④ 상황에 대한 이해를 통하여 시장을 세분화할 수 있다.
⑤ 소비상황을 적절히 묘사한 구매시점광고를 실시하면 구매를 유발할 수 있다.

해설

상표충성도가 높으면 그렇지 않은 경우보다 상황의 변화에 영향을 적게 받는다.

39

서비스를 평가할 때 고려할 수 있는 품질의 속성은 평가의 난이도에 따라 탐색품질, 경험품질 그리고 신용품질로 나뉘어진다. 다음 중 각 품질평가에 해당하는 대표적인 서비스의 연결로 가장 옳지 않은 것은?

[2012.04]

① 탐색품질 - 신발, 보석
② 탐색품질 - 냉장고, 화장품
③ 경험품질 - 음식, 이발, 오락, 성형수술
④ 경험품질 - 원료, 부품, 사무용품, 공구
⑤ 신용품질 - 세무회계 서비스, 교육, 병원 서비스

40 상품을 구매하려고 하는 고객 행동의 순서가 가장 올바르게 나열된 것은?

[2012.07]

① 문제의 인식 → 정보의 탐색 → 대안의 평가 및 태도형성 → 구매행동 → 구매 후 행동
② 정보의 탐색 → 대안의 평가 및 태도형성 → 구매행동 → 구매 후 행동 → 문제의 인식
③ 대안의 평가 및 태도형성 → 구매행동 → 구매 후 행동 → 문제의 인식 → 정보의 탐색
④ 구매행동 → 구매 후 행동 → 문제의 인식 → 정보의 탐색 → 대안의 평가 및 태도형성
⑤ 구매 후 행동 → 문제의 인식 → 정보의 탐색 → 대안의 평가 및 태도형성 → 구매행동

41 소비자의 구매행동에는 문화적 요인, 사회적 요인, 개인적 요인, 심리적 요인이 영향을 미친다. 다음 중 소비자의 심리적 요인에 해당하지 않는 것은?

[2012.10]

① 동 기　　　　　　　② 학 습
③ 가 족　　　　　　　④ 지 각
⑤ 태 도

42 정장과 넥타이, 삼겹살과 쌈장 등 서로 연관된 상품을 함께 진열하거나 연관된 상품을 취급하는 점포들을 인접시켜 고객의 연관 구매를 유도하는 것은? [2016.04]

① VMD(Visual Merchandising)

② POP(Point-Of-Purchase)

③ Cross-Merchandising

④ Product Assortment

⑤ Category Management

해설
① 브랜드가 전달하고자 하는 이미지를 시각적으로 전달하는 목적으로 상품을 진열하는 것
② 점두나 계산대 등에 전시, 즉각적인 구매 욕구를 자극해 상품구매로 연결시키려는 촉진관리 수단
④ 상품의 폭과 깊이에 따라 상품을 구성하는 것(상품구색)
⑤ 소비자 욕구를 충족시키기 위해 상호 대체할 수 있다고 뚜렷이 확인되는 상품 및 서비스를 한 그룹으로 묶어 관리하는 기법(상품군관리)

43 특정 환경에서 제공되는 제품과 서비스의 묶음인 서비스 패키지는 지원시설(Supporting Facility), 서비스 포함 상품(Facilitating Goods), 정보, 명시적 서비스 및 묵시적 서비스로 구분할 수 있다. 다음 중 구성 요소와 그 예로 바르게 짝지어진 것은? [2015.11]

① 지원 시설 - 비행기의 여유좌석 여부

② 포함 상품 - 고급레스토랑의 스테이크

③ 정보 - 대출사무실의 사생활 보호

④ 명시적 서비스 - 치과 치료 중 들려오는 클래식 음악

⑤ 묵시적 서비스 - 정비 후 부드럽게 달리는 자동차

해설
서비스 패키지
• 서비스 지원시설 : 서비스 제공 이전에 반드시 갖추어야 하는 물리적 자원들 예 호텔, 레스토랑, 병원
• 서비스에 포함되는 상품 : 서비스 제공과정에서 소비되는 제품이나 자재 예 고급레스토랑의 스테이크
• 정보 : 고객에 제공되는 운영 데이터 또는 정보 예 비행기의 여유좌석 여부
• 명시적 서비스 : 가격을 지불하고 얻은 서비스에서 충족되는 직접적 편익
　예 정비 후 부드럽게 달리는 자동차
• 묵시적 서비스 : 종업원들의 태도나 예절, 서비스 시설의 안정성, 편의성, 분위기, 서비스를 받기 위해 대기하는 시간, 서비스를 통해 느끼는 어떤 대우감 등 심리적인 편익
　예 대출사무실의 사생활 보호, 치과 치료 중 들려오는 클래식 음악

44 POS 시스템에 대한 설명으로 가장 올바르지 않은 것은?　　　　　　　[2013.04]

① 'Point of Sale'의 머리글자를 딴 것으로 판매시점 정보관리시스템을 뜻한다.

② 점포 내에 진열되어 있는 상품의 판매 및 재고 현황을 파악하기가 용이하다.

③ 바코드가 판독되는 순간 상품의 정보가 즉시처리 방식으로 작성되어 입력된다.

④ 시간대별로 상품의 매출현황을 파악하여 분석목적에 따라 가공하여 출력할 수 있다.

⑤ 수집된 각종 정보는 매입처로 일목요연하게 분산 처리되어 개별제품의 판매관리나 재고관리에 유용한 정보로 활용된다.

> **해설** POS 시스템은 분산 처리하는 것이 아니라 단품별 정보, 고객정보, 매출정보, 그 밖의 판매와 관련된 정보를 수집하여 집중 처리한다.

45 판매시점(POS ; Point of Sale)의 효과에 대한 설명으로 옳지 않은 것은?　　　　　[2012.10]

① 매장의 정보를 정확하고 신속하게 파악할 수 있다.

② 매출상황에 따라 상품을 정확히 진열할 수 있다.

③ 매출현황을 실시간으로 파악함으로써 신선도를 요하는 야채, 생선 등의 적절한 가격조정이 가능하다.

④ 계산대의 작업능률이 향상되어 인건비를 절감하고 계산실수가 방지된다.

⑤ 종업원의 교육시간이 대폭 늘어나는 효과가 있다.

> **해설** 신규직원 채용에 따른 교육시간 단축 효과가 있다.

46 POS(Point of Sales) 시스템을 통하여 얻을 수 있는 정보가 아닌 것은?　　[2012.07 | 2015.07]

① 실시간 상품식별 및 위치 추적 데이터　　　② 고객별 지불 관련 데이터

③ 상품부문별 매출 및 고객 데이터　　　④ 담당자별 판매 데이터

⑤ 점포별 매출 및 고객 데이터

> **해설** 위치 추적 데이터를 얻는 시스템은 위성추적시스템(GPS)을 말한다.
>
> ※ POS 시스템으로 수집되는 데이터
> - 기본 데이터 : 시간별 데이터, 거래·지불방법, 점별·부문별 데이터, 상품코드별 데이터, 고객별 데이터, 판매실적 데이터 등
> - 원인 데이터 : 담당자별 데이터, 매대별 데이터 등

47 POS 시스템을 활용하여 파악할 수 있는 내용에 해당되지 않는 것은? [2012.04]

① 상품의 판매동향
② 시간대별 판매량 분석
③ 매출 부진한 퇴출대상 상품 파악
④ 대체상품 판매경향 비교
⑤ 다른 소매점보다 경쟁력 있는 상품 파악

> **해설** POS 시스템을 활용하여 파악할 수 있는 내용으로는 수집된 데이터를 기반으로 구입 소비자별 분석, 판촉상품 및 신제품의 판매추세, 시간대별 분석, 판매량과 판매가격의 상관분석 등이다.

48 POS 도입시 장점으로 옳지 않은 것은? [2016.04]

① 교차 판매, 상향판매, 대량고객화가 가능해진다.
② 매상등록시간이 단축되어 고객대기시간이 감소할 수 있으며, 또한 계산대의 수를 줄일 수도 있다.
③ 판매원의 입력오류가 줄어든다.
④ 단품관리에 의해 잘 팔리는 상품과 잘 팔리지 않는 상품을 즉각 파악할 수 있다.
⑤ 재고의 적정화, 판촉전략의 과학화를 가져올 수 있다.

> **해설** 교차 판매, 상향판매, 대량고객화는 CRM(고객관계관리) 전략으로 가능하다.

49 POS(Point Of Sales) 시스템이 대두된 배경으로 가장 옳지 않은 것은? [2015.05]

① 소비자 욕구가 획일화, 단순화되어 상품의 라이프사이클이 짧아짐에 따라 소비자 욕구를 단품수준에서 신속하게 포착하여 즉각 대응할 수 있는 시스템이 필요하게 되었다.
② 매상등록시간을 단축시키고 입력오류를 방지할 시스템이 필요하게 되었다.
③ 급변하는 소매환경 속에서 상세한 판매정보를 신속, 정확하게 수집할 수 있는 시스템이 필요하게 되었다.
④ 변화무쌍한 소비자의 욕구를 포착하여 판매관리, 재고관리 등에 반영할 수 있는 시스템이 필요하게 되었다.
⑤ 판매 상품을 파악하여 상품구색에 반영할 수 있는 시스템이 필요하게 되었다.

50 만약 어느 소매점이 각 제품별로 하루에 얼마나 팔렸는지에 대한 정확한 데이터를 매일 뽑아내지 못한다면, 이는 그 소매점이 다음 보기의 활동 중 어느 활동을 원활히 수행하지 못하고 있기 때문이라고 할 수 있는가?   [2014.11]

① 가치사슬관리   ② 단품관리
③ 공급자 재고관리   ④ 고객관계관리
⑤ 카테고리 매니지먼트

해설 단품관리는 적절한 단위품목(Unit)을 설정하여 품목마다 매입, 판매, 재고의 수량을 파악하고 수량판매계획을 실적과 일치시키는 재고관리의 일종이다.
• 매장효율의 향상 : 상품을 품목별로 관리하므로 불필요한 재고나 비인기상품을 자연스럽게 제거
• 과다 입점의 감소 : 상품매출, 발주계획에 따라서 발주가 이루어지므로 불필요한 발주가 없어지게 되어 자금운용에 긍정적 역할
• 품절방지 : 상품이 팔리는 것에 따라 매대 할당이 이루어지므로 자연적으로 품절로 인한 로스(Loss) 방지
• 적정 매장면적 관리 : 품목별로 진열면적이 어느 정도인지 계산 가능
• 부문별 진열면적의 조절 관리 : 부문별(또는 대분류, DPT, P/C)로 진열면적을 할당

51 유럽상품코드에 대한 내용으로 옳지 않은 것은?   [2016.04]

① 유럽상품코드는 EAN이라고 한다.
② 유럽상품코드의 표준 자리수는 13자리이다.
③ 유럽상품코드의 대한민국 국가코드는 978이다.
④ 유럽상품코드의 단축형은 8자리이다.
⑤ 유럽상품코드의 마지막 한자리는 체크숫자로 판독 오류방지를 위해 만들어진 것이다.

해설 대한민국 국가코드는 880이다.

52 판매원 성과지표 중 과정지표가 아닌 것은? [2016.11]

① 제안서 제출건수　　　　　　　② 1일 방문 고객수
③ 주문건수　　　　　　　　　　④ 방문당 소요시간
⑤ 판매활동 시간비중

해설
③ 회사차원의 결과지표
①·②·④·⑤ 영업사원의 판매활동을 나타내는 과정지표
※ 성과지표
　• 과정지표 : 과정지표는 크게 영업사원의 능력(기술, 지식, 자질)을 나타내는 지표와 영업사원의 활동(판매활동, 지원활동, 지출)을 나타내는 지표로 나누어진다.
　• 결과지표 : 결과지표는 크게 고객차원의 결과지표와 회사차원의 결과지표로 나누어진다. 고객차원의 성과지표에는 고객전환율, 고객유지율, 고객만족도, 순추천지수 등이 있으며, 회사차원의 결과지표는 수익, 수주(주문건수), 계정 등의 영역으로 세분화될 수 있다.

53 로스리더(Loss Leader)로 가장 적절하지 않은 것은? [2012.04]

① 소비자의 신뢰도가 높은 유명브랜드 제품
② 가격에 대한 수요탄력성이 큰 제품
③ 재고가 많아 저가판매로 회전율을 높이고자 하는 제품
④ 계절, 시즌, 절기상품이나 인기제품
⑤ 낱개 상품을 몇 개씩 묶어서 판매할 수 있는 제품

해설
로스리더 제품은 타 제품에서 많은 이익을 취하기 위해 손해를 보면서 파는 미끼제품을 말한다.

54 제품개발과 관련 신제품 개발과정의 6단계 순서가 가장 옳게 나열된 것은? [2015.05]

① 개발 → 테스팅 → 상업화 → 아이디어 도출 → 아이디어 선별 → 제품 분석
② 테스팅 → 상업화 → 아이디어 도출 → 아이디어 선별 → 제품 분석 → 개발
③ 상업화 → 아이디어 도출 → 아이디어 선별 → 제품 분석 → 개발 → 테스팅
④ 아이디어 도출 → 아이디어 선별 → 제품 분석 → 개발 → 테스팅 → 상업화
⑤ 제품 분석 → 개발 → 테스팅 → 상업화 → 아이디어 도출 → 아이디어 선별

해설
신제품 개발과정 6단계
아이디어 도출(개발) → 아이디어 선별(심사) → 사업성 분석(제품분석) → 제품개발 → 시장 테스팅(Testing) → 상업화(시판)

55

소매상과 고객 간에 발생할 수 있는 전환비용(switching cost)에 대한 설명으로 옳지 않은 것은?

[2016.07]

① 전환비용은 실제로 있을 수도 있고, 지각된 비용일 수도 있다.
② 전환비용은 금전적, 비금전적 비용 모두를 포함한다.
③ 전환비용은 시작비용, 탐색비용, 학습비용, 계약비용 등으로 나누어진다.
④ 서비스가 경험재일 경우보다 탐색재일 경우 탐색비용이 더 높아진다.
⑤ 소매상은 고객이 이탈하는 것을 방지하기 위해 소비자의 전환비용을 증가시키려 한다.

경험재는 직접 구입을 해서 체험을 해봐야만 품질을 알 수 있는 상품이고, 탐색재는 구매를 하지 않고도 정보 수집을 통해 제품의 품질을 미루어 짐작할 수 있는 상품이므로 탐색재일 경우보다 경험재일 경우 탐색비용이 더 높아진다.

56

기업과 고객 간의 관계발전 모형이다. (　　　) 안에 들어갈 용어가 올바르게 나열된 것은?

[2016.04]

예상고객(Prospector) → 고객(Customer) → (　㉠　) → 옹호자(Advocate) → (　㉡　)

① ㉠ : 단골 고객, ㉡ : 동반자
② ㉠ : 희망 고객, ㉡ : 최우수 고객
③ ㉠ : 우수 고객, ㉡ : 최우수 고객
④ ㉠ : 희망 고객, ㉡ : 우량 고객
⑤ ㉠ : 우수 고객, ㉡ : 우량 고객

기업과 고객 간의 관계발전 모형
불특정 다수(Suspect) → 잠재고객(Potential Customer) → 예상고객(Prospect) → 고객(Customer) → 단골(Client) → 지지자(Supporter) → 옹호자(Advocate) → 동반자(Partner)

57

다음 보기는 시장세분화 변수에 대해 나열한 것이다. 이 중 그 성격이 다른 하나는 무엇인가?

[2015.07]

① 라이프스타일
② 사회계층
③ 개 성
④ 가치관
⑤ 인 성

①·③·④·⑤ 심리분석적 변수
② 인구통계학적 변수

※ 시장세분화 변수
- 지리적 변수 : 인구밀도, 도시의 규모, 국가, 기후, 지역
- 인구통계학적 변수(고객특성 변수) : 성별, 소득, 직업, 종교, 나이, 가족 규모
- 심리분석적 변수 : 관심, 개성, 활동, 라이프스타일
- 행동분석적 변수(고객행동변수) : 추구 편익, 사용량, 사용경험, 상표애호도

---

58 편의점이나 일부 슈퍼마켓 체인이 표준화된 진열형태를 활용할 때 본사가 얻을 수 있는 이점으로 가장 옳지 않은 것은? [2016.04]

① 점포의 건설과 중앙 구매 방식을 쉽게 할 수 있다.
② 공사비를 감소시켜 운영방식을 표준화시킬 수 있다.
③ 점포의 탄력성이 늘어나 매출과 이익을 최대화 할 수 있다.
④ 각 점포 간의 종업원 이동을 원활하게 한다.
⑤ 일관성 있는 점포 이미지를 유지할 수 있다.

표준화된 진열형태는 점포의 탄력성을 제한할 수 있으므로 매출과 이익이 감소할 수 있다.

---

59 제품수명주기와 관련된 설명 중 옳은 것은? [2013.10]

① 도입기에는 인지도 확보와 제품차별화가 중요하다.
② 성장기에는 침투가격전략을 활용하여 시장점유율을 방어하여야 한다.
③ 성숙기에는 경쟁이 과도하므로 브랜드충성도를 유지할 수 있는 전략을 활용한다.
④ 쇠퇴기에는 판매가 감소하므로 이익이 줄어든 브랜드는 모두 철수한다.
⑤ 패션(Fashion) 제품은 유행성이 강하여 급격히 성장하고 급격히 쇠퇴한다.

① 제품차별화는 성장기 전략이다.
② 성장기에는 시장점유율을 확대하여야 한다.
④ 쇠퇴기에는 유지 전략, 철수 전략, 재활성화 전략을 선택할 수 있다.
⑤ 패션 제품은 일정 주기를 가지고 성장과 쇠퇴를 반복한다.

---

60 고객을 유지하기 위하여 소매업체가 시행하는 방법들을 적절하게 나열한 것은? [2013.10]

> 가. 다빈도 구매자 프로그램
> 나. 고객 우대 서비스
> 다. 개인화
> 라. 커뮤니티
> 마. 특별고객서비스

① 가, 나, 라   ② 나, 다, 라, 마
③ 다, 라, 마   ④ 가, 나, 마
⑤ 가, 나, 다, 라, 마

해설 보기의 내용 모두 고객을 유지하기 위해 시행되는 방법들로, 중요한 촉진기법이다.

61 표적고객의 구매를 유발하기 위해 소매상은 제조업자와 마찬가지로 광고, 인적판매, 촉진관리, PR 등의 촉진믹스를 이용한다. 다음 중 소매상의 성과목표와 그 수단을 가장 올바르게 연결한 것은?

[2012.04]

	장기성과 개선	단기성과 개선
①	점포 이미지 개선을 위한 PR	신고객 유인을 위한 소매광고
②	기존고객 구매량 증가를 위한 판촉	기존고객 구매빈도 증가를 위한 광고
③	점포 포지션 개선을 위한 PR	고객서비스 확대를 위한 인적판매 강화
④	기존고객 구매빈도 증가를 위한 광고	점포 이미지 개선을 위한 PR
⑤	기존고객 구매량 증가를 위한 판촉	신고객 유인을 위한 소매광고

해설 소매상은 단기적으로 새로운 고객창출을 위한 광고를 많이 시행하고, 장기적으로는 그러한 (기존)고객들을 유지시키는 전략을 취하게 된다.

※ **소매상의 촉진믹스**
 • 장기성과 개선 : 점포 이미지의 포지션 개선, 고객서비스의 확대
 • 단기성과 개선 : 신고객 유인, 기존고객 구매량과 구매빈도 증가

62 판매원을 조직화할 때 제품별로 판매원을 배치하는 제품별 조직의 장점이라고 보기 어려운 것은?

[2012.07]

① 제품지식 축적으로 인한 판매기회 확대가 이를 위한 비용보다 높을 때 효과적이다.
② 상이한 제품계열을 동일한 고객에게 판매하려 할 때 특히 효과적이다.
③ 판매원이 제품지식을 축적하여 그 분야에 전문적 지식을 키울 수 있다.
④ 기술적으로 복잡한 제품일 때 제품별 조직이 효과적이다.
⑤ 제품계열이 다양하고 상호관련성이 낮은 경우에 성과가 높다.

> **해설**
> 상이한 제품계열을 동일한 고객에게 판매하려 할 때 효과적인 판매조직은 고객별 판매조직이다.
> ※ 제품별 판매조직
>   제품이 기술적으로 복잡하거나 서로 연관관계가 없거나, 또는 제품종류가 많은데도 불구하고 한 유통경로로
>   판매될 때는 제품별로 판매하는 것이 좋다. 이 조직은 판매원이 제품에 대해서 전문지식을 갖추게 된다는
>   장점을 가지고 있지만 지역의 중복으로 인한 낭비가 발생할 수 있다.

63 선물용 광고물로서 서비스 성격을 띠며, 그 의미는 원래 새로운 물건, 진기한 상품이었지만 장식품에
회사명이나 상품명을 넣어 소비자나 판매자에게 무료로 배포하여 마케팅 효과를 높이려는 판촉 수단으
로 옳은 것은?

[2015.07]

① 노벨티(novelty)
② 인트라넷(interanet)
③ 통합적 마케팅 커뮤니케이션(Intergrated Marketing Communication, IMC)
④ 제품삽입(Product placement)
⑤ 디매니지먼트(demanagement)

> **해설**
> **노벨티(novelty)**
> 노벨티에는 열쇠고리, 볼펜, 라이터, 캘린더, 수첩, 메모지, 볼펜, 재떨이, 찻잔, 수건, 엽서, 편지봉투 등 다양한
> 종류가 있다. 이러한 물품들 위에 광고주나 브랜드의 명칭, 로고마크 등을 새겨 배포하는 것이 보통이다. 평소
> 자주 사용하는 이용가치가 있는 것일수록 광고효과가 높다.

64 할인판매 대상 상품으로 가장 적절하지 않은 것은? [2012.10]

① 소비자의 신뢰도가 높은 유명 브랜드 인기상품
② 소비자들이 가격수준을 어느 정도 인식하고 있는 제품
③ 구입 빈도가 높고 수요탄력성이 큰 제품
④ 신선식품으로서 유통기한이 다 되어가는 제품
⑤ 취미상품으로 가격이 다소 비싼 고관여 제품

> **해설** 할인판매 대상상품으로는 비싼 고관여 제품보다는 가격이 저렴한 저관여 제품이 적절하다.

65 소비자를 대상으로 한 촉진관리방법에 대한 설명으로 옳지 않은 것은? [2016.07]

① 샘플은 제품을 한 번 사용하도록 유도하기 위한 촉진방법으로 효과적이지만 비용이 많이 드는 방법이다.
② 쿠폰은 쿠폰소지자에게 일정기간 동안 정상가격에서 일정한 금액을 할인해 주는 방법이다.
③ 프리미엄은 소비자가 제조회사에게 구매와 관련된 증빙서류를 보내면 회사는 구매한 금액의 일부를 반환해 주는 방법이다.
④ 현상경품은 일정한 기간 동안에 어떤 상품을 구입한 소비자 중에서 일부를 추첨하여 현금이나 물건을 주는 것을 말한다.
⑤ 광고판촉물은 광고주의 이름, 로고, 메시지 등을 표시하여 고객에게 주는 물건으로 티셔츠, 펜, 잔, 열쇠고리 등의 아이템을 활용한다.

> **해설** 프리미엄은 소비자가 상품을 구매했을 때 서비스로 주는 경품을 말한다.

66 가격지향형 촉진관리 수단에 해당하는 것은? [2015.07]

① 프리미엄 ② 샘 플
③ 상 환 ④ 경 연
⑤ 경 품

촉진관리 수단

소비자 촉진관리		중간상 촉진관리	
가격수단	비가격수단	가격수단	비가격수단
할인쿠폰	샘플과 무료 시용	중간상 공제	판매원 훈련 판매보조자료 제공
리베이트	사은품	대금지급조건 완화와 리베이트	판촉물 제공 판매원 파견
보너스팩	현장경품, 게임, 콘테스트		인센티브 및 콘테스트
보상판매	고정고객 우대프로그램		반품 및 JIT
세 일	구매시점 디스플레이		

67 POP 광고의 특징과 효과에 대한 설명으로 올바르지 않은 것은? [2013.04]

① 고객에게 상품의 사용가치를 크게 인식시킨다.
② 판매원의 접객판매활동을 도와준다.
③ 고객이 상품을 충동구매 하도록 한다.
④ 다른 판촉활동과의 상승효과를 꾀할 수 있다.
⑤ 상품에 대한 설명으로 소비자교육이 된다.

POP 광고는 내방한 소비자들의 시선을 순간적으로 집중시킬 수 있어야 하며, 더불어 소비자들에게 제품에 대한 충동구매의 의욕을 불어 넣어주고 실질적인 구매가 이루어질 수 있도록 유인하여야 한다.

68 다음 중 POP의 효과라 보기 어려운 것은? [2012.07]

① 계획하지 않았던 상품들을 사게 한다.
② 시각적으로 구매 욕구를 이끌어낸다.
③ 판매원을 대신해 상품정보를 고객에게 알려준다.
④ 다른 판촉 수단보다 1인당 구입액을 늘리는데 크게 기여한다.
⑤ 판매단가가 낮은 제품에 가치를 부여해 준다.

POP란 즉각적인 구매욕구를 자극해 상품구매로 연결시키려는 촉진관리수단이다.
즉, 제품 자체에 가치를 부여해 주는 것은 아니다.

69 소매점에서는 점포내의 방문고객을 대상으로 POP광고를 수행하는 경우가 많다. 다음 중에서
POP(Point of Purchase)광고의 기능이라고 보기 어려운 것은? [2012.07]

① 구매를 유발하는 기능
② 매장 내 위치나 이벤트를 안내하는 기능
③ 소비자에게 정보를 제공하는 기능
④ 고객의 구매시점에서 구매만족도를 높이는 기능
⑤ 점포 외부의 접객분위기를 높이는 기능

POP 광고란 고객에게 판매하는 시점에서의 광고라는 뜻으로, 고객이 상품을 구입하려는 점포 내부의 접객분위기를 높이는 기능을 한다.

70 판촉 수단으로서 POP을 부착해야 하는 상품과 거리가 먼 것은? [2012.04]

① 무료샘플을 제공하는 상품
② 상품정보가 아직 널리 알려지지 않은 신상품
③ 대중매체를 통해 최근 광고하는 상품
④ 판매단가가 높은 상품
⑤ 고객이 자주 질문하는 상품

POP광고는 소비자들에게 제품에 대한 충동구매 의욕을 불어넣어주고, 실질적인 구매가 이루어질 수 있도록 유인하는 것이므로 무료샘플을 제공하는 상품에는 POP광고를 부착할 필요가 없다.

71 전단을 만들 때 고려해야 할 사항에 해당되지 않는 것은? [2012.04]

① 같은 상품이 여러 가지 규격이 있을 경우 작은 규격의 상품을 선택하여 행사한다.
② 목적을 달성하는 데 가장 적합한 타깃 고객에 맞춰 전단내용을 선별한다.
③ 행사목적의 의미를 살리고 1초안에 눈에 띄도록 강렬한 단어를 사용한다.
④ 농산물 중 선호도가 높은 상품을 파격적으로 할인해 미끼상품으로 활용한다.
⑤ 전단발행의 목적과 목표를 확실히 하고 일상적으로는 사용하지 않는다.

동일한 제품이 여러 가지 규격이 있을 경우 큰 규격의 제품을 선택하여 행사한다.

72

POP의 작성요령에 해당하지 않는 것은?   [2013.07]

① 간단명료하고 쉬운 표현을 사용한다.
② 긍정적이고 기분 좋은 표현을 사용한다.
③ 고객의 입장에서 중요한 정보만 강조한다.
④ 크기, 색깔 및 표현방법에 있어 통일성과 일관성을 유지한다.
⑤ 가능한 많은 정보의 제공을 위해 여백을 최소화하고 글자 간격을 넓힌다.

> **해설**
> POP광고는 테두리를 설정하고 적당한 여백을 남김으로써 전체적으로 보기에 좋고 한눈에 이해가 되도록 구성하여야 한다.

73

효과적인 판매단계를 순서대로 가장 잘 나열한 것은?   [2012.04]

① 사전준비 및 접근 → 잠재고객 발굴 → 판매제시 및 실연 → 판매종결 → 이의극복 → 사후관리
② 사전준비 및 접근 → 잠재고객 발굴 → 판매제시 및 실연 → 이의극복 → 판매종결 → 사후관리
③ 잠재고객 발굴 → 사전준비 및 접근 → 판매제시 및 실연 → 이의극복 → 판매종결 → 사후관리
④ 잠재고객 발굴 → 판매제시 및 실연 → 사전준비 및 접근 → 판매종결 → 이의극복 → 사후관리
⑤ 판매제시 및 실연 → 잠재고객 발굴 → 사전준비 및 접근 → 판매종결 → 이의극복 → 사후관리

> **해설**
> 효과적인 판매단계
> 잠재고객 발굴 → 사전준비 및 접근 → 판매제시 및 실연 → 이의극복 → 판매종결 → 사후관리

74

고객의 편안한 쇼핑을 위한 요소들에 대한 설명으로 가장 옳지 않은 것은?   [2012.04]

① 마음 놓고 자유롭게 구경할 수 있는 가게 구조와 상품배치가 손님을 끌어들인다.
② 점원이 가게를 정리하거나 상품을 진열하는 모습은 손님의 경계심을 풀어주는 안심신호로 작용한다.
③ 가게는 상품을 파는 현장이 아니라 보여주는 현장이 되어 소비자의 감성적 만족을 충족시켜 주어야 한다.
④ 손님이 매장에 들어가자마자 접객을 시작해야 손님을 매장 안으로 끌어들일 수 있으며 고객과의 관계 형성에 용이하다.
⑤ 점원은 매장 입구에 서서 손님을 기다리기 보다는 손님이 매장 안쪽으로 들어오는 것이 용이하도록 안쪽에서 유인하는 것이 좋다.

> **해설**
> 통상적으로 고객은 반드시 판매원에 대해 경계심을 지니게 된다. 그러므로 손님이 매장에 들어가자마자 기다렸다는 듯이 접객을 시작하게 되면 고객은 부담을 느끼고 해당 매장을 떠나게 된다.

75 접객서비스에 대한 내용 중에서 가장 옳은 것은? [2012.10]

① 매장에서는 자신만의 개성을 최대한 발휘하여 맵시 있게 의상을 갖추어야 한다.
② 소비자는 보다 많은 정보를 원하므로 판매원은 무엇보다도 충분한 상품지식과 사용방법 등을 숙지하고 있어야 한다.
③ 판매원이 고객에게 상품을 제시할 때는 암송형 방식(Canned Approach)이 가장 바람직하다.
④ 고객은 자신이 구입한 상품이 마음에 들기만 하면 만족한다.
⑤ 판매원은 무엇보다도 회사가 목적하는 바를 충실히 이행하고 있는지를 항상 체크하고 기업의 이익이라는 관점에서만 고객을 보아야 한다.

> **해설** 판매원이 기본적으로 갖추어야 할 요건은 지식(Knowledge), 태도(Attitude), 기술(Skill), 습관화(Habit) 등이다.
> ① 옷차림은 판매담당자의 첫인상을 좌우하므로 단정해야 한다.
> ③ 판매원이 고객에게 상품을 제시할 때는 상품의 실연(제시)과 설명이 핵심이다.
> ④ 구입한 상품뿐만 아니라 판매원의 태도, 점포 분위기 등 전반적인 사항을 고려한다.
> ⑤ 기업의 이익도 중요하지만 고객본위의 응대가 더 중요하다.

76 판매원이 고객에게 상품을 제시하는 방법으로 올바르지 않은 것은? [2013.04]

① 높은 가격의 상품부터 제시한다.
② 사용하는 상태로 하여 보인다.
③ 상품에 손을 대보게 한다.
④ 상품의 특징을 확실하게 보인다.
⑤ 고객에게 시험하도록 해본다.

> **해설** 상품 제시는 가격이 낮은 것에서부터 높은 가격대의 상품 순으로 하는 것이 원칙이다.

77 판매원의 접객 기술로 가장 옳지 않은 것은? [2013.07]

① 판매원은 호의적인 자세와 몸에 익힌 기술을 갖고 첫인상을 좋게 심어주어야 한다.
② 소매점이 갖고 있는 인상을 보다 효과적으로 소구하여 판매에 결부시켜 나가는 것이 좋다.
③ 충분한 전문지식이 있더라도 고객의 요구를 알기 위해 경청의 자세를 가져야 한다.
④ 판매원이 고객을 응대하는 접객 동선을 길게 하여 고객이 매장에 오래 머물도록 유도하는 것이 좋다.
⑤ 제품에 대한 조언은 단순히 상품선택 뿐만 아니라 고객의 사회적인 욕구와 같은 고도의 내용도 포함한다.

78 판매제시의 여러 가지 유형 중에서 대부분의 시간동안 고객이 이야기하도록 유도하여 고객의 문제를
해결해 주는 방식으로 판매제시하는 방법은?　　　　　　　　　　　　　　　　　　[2016.11]

이해
체크

○

△

×

① 욕구충족형 방식(need satisfaction approach)

② 합성형 방식(formula approach)

③ 암송형 방식(canned approach)

④ 판매실연 방식(demonstration approach)

⑤ 제안판매 방식(presentation approach)

해설　판매제시의 유형
- 욕구충족형 방식 : 고객으로 하여금 얘기를 많이 하도록 유도하는 방식
- 합성형 방식 : 구매자와의 대화를 통해 고객욕구를 파악하는 형식
- 암송형 방식 : 간추린 핵심적 판매문안을 암기하듯 제시하는 방식
- 판매실연 방식 : 상품을 보여주고 실제로 직접 사용해 보도록 함으로써 고객의 이해를 증가시키는 방식

79 판매결정 단계는 판매완결의 핵심이며 가장 극적인 단계라고 할 수 있으므로 판매결정의 기회를 포착해
제대로 마무리 지어야 한다. 판매결정을 촉구할 때 판매담당자의 기본자세로 옳지 않은 것은?
　　　　　　　　　　　　　　　　　　　　　　　　　　　　　　　　　　　　　　[2015.11]

이해
체크

○

△

×

① 고객의 구매욕망을 돋구고 판매결정으로 유도하는 자신의 능력에 대해 자신감과 확신을 가진다.

② 판매담당자가 원하는 방법으로 판매결정을 시도하여 그 상품을 판매함으로써 판매자가 얻게 될 혜택,
가치를 고객에게 이해시켜야 한다.

③ 신중하지만 신속한 판매종결을 시도한다.

④ 구매를 망설이는 고객에게는 지금이 구매의 적기라는 근거를 준비하여 제시한다.

⑤ 판매를 성공시키기 위해서 고객의 반대의사를 두려워하지 말고 극복하여야 한다.

해설　판매담당자가 원하는 방법이 아니라 고객이 원하는 방법으로 판매결정을 시도한다.

80 다음은 판매의 어느 단계에 해당 하는가? [2013.04]

> 이 단계에서 판매원은 외양에서부터 서두의 인사말 및 본론에 이르기까지 세심한 주의를 기울여야 한다. 또한 이 단계에서 판매원은 정중하고 주의를 집중해야 하며 서두의 인사말은 긍정적 표현 위주로 하여야 한다.

① 이견의 해소 단계　　　　　　　　② 상품제시 및 실연 단계
③ 접근 단계　　　　　　　　　　　④ 잠재고객 파악 단계
⑤ 판매 종결 단계

> **해설** 접근(Approach) 단계는 판매를 시도하기 위해서 고객에게 다가가는 것, 즉 판매를 위한 본론에 진입하는 단계이다. 실질적인 판매의 출발점으로서 고객이 판매담당자에 대해 짧은 순간에 느끼는 감정(첫 인상)이 판매에 매우 크게 영향을 미친다. 따라서, 다음의 판매단계로 진입하기 위해서는 우선 성실하게 미소 띤 얼굴로 부드러운 분위기를 조성하여 예의바른 세련된 화술 등의 기능이 발휘되도록 하여야 한다.

81 예상고객의 주의와 관심을 끌기 위한 접근방법과 가장 거리가 먼 것은? [2013.07]

① 직접접근법 : 고객이 관심을 보인 상품의 특징이나 우수성을 지적하면서 관심을 끄는 방법이다.
② 서비스접근법 : 판매담당자가 차별화된 서비스 정책을 설명하면서 접근하는 방법이다.
③ 상품혜택접근법 : 구매자에게 제공될 상품혜택에 예상고객을 연관시키는 설명을 통해 접근하는 방법이다.
④ 환기접근법 : 판촉행사나 예상고객의 호기심을 자극할 수 있는 정보를 제공하는 방법이다.
⑤ 칭찬접근법 : 예상고객에게 칭찬을 해주면서 친근하게 접근하는 방법이다.

> **해설** 고객이 관심을 보인 상품의 특징이나 우수성을 지적하면서 관심을 끄는 방법은 상품접근법에 해당한다.

82 셀링 포인트(selling point)에 대한 설명으로 가장 옳지 않은 것은? [2016.04]

① 제품이나 서비스가 지니고 있는 특질, 성격, 품격 등으로 제품의 가장 중요한 특성이나 컨셉을 뜻한다.
② 상품판매 계획을 세울 때 특히 강조하는 점으로 고객의 욕구에 맞추어 상품의 설명을 응축하여 전달하는 것이다.
③ 판매의 과정에서 셀링 포인트를 포착하는 시점은 구매심리과정의 7단계 중에서 '신뢰'의 단계이다.
④ 상품의 특징이나 효용 중에서 구매결정에 가장 영향을 미치는 점을 짧고 효과적으로 전달하는 것이다.
⑤ 셀링 포인트를 문자화 하여 조그만 카드에 기입하여 고객의 눈에 호소하는 것이 POP라 할 수 있다.

해설 셀링 포인트는 제품이나 서비스가 지니고 있는 특질, 성격, 품격 가운데 사용자에게 편의나 만족감을 주는 부분을 말한다.

83 매장으로 들어온 고객에게 접근하여 대화를 시도해야 하는 효과적인 타이밍으로 보기 어려운 것은?

[2016.04]

① 고객이 매장으로 들어와 특정 상품 코너로 직진할 때
② 고객이 같은 진열코너에서 오래 머물러 있을 때
③ 고객이 다른 진열대로 발을 옮긴 뒤 다시 원래 장소로 돌아올 때
④ 고객이 함께 온 다른 고객과 상품에 대해 이것저것 이야기할 때
⑤ 고객이 특정 상품을 주시하다가 상품을 들어 살펴볼 때

해설 고객이 상품에 대해 이것저것 물어볼 때가 접근 타이밍이다.

제2과목

84 고객 설득을 위한 제안의 형태로 가장 옳지 않은 것은?

[2012.04]

① 라이프스타일 제안이란 이런 사람들이 주로 입는 옷이라는 스타일링 제안방식이다.
② 관념운동성 제안이란 '지금 사시면 할인도 받고 여러 혜택을 누릴 수 있습니다.'라고 제안하여 판매를 종결하는 것을 말한다.
③ 명성제안이란 유명 야구선수가 야구글러브를 소개하는 광고에 출연한 것을 보여주며 구매를 권유하는 것을 말한다.
④ 자기제안이란 겨울철이 되면 스스로 내복이 필요하다는 사실에 입각하여 제안하는 것을 말한다.
⑤ 행위를 통한 제안이란 판매원이 직접 옷을 입어보거나 하여 제안하는 것을 말한다.

해설 라이프스타일 제안이란 개인 또는 가족의 가치관으로 인해 나타나는 여러 생활양식·행동양식·사고양식 등 생활의 모든 측면의 문화적·심리적인 차이를 전체적인 형태로 제안하는 것을 말한다.

85

고객 응대를 위한 판매원의 커뮤니케이션에 관한 내용으로 가장 옳지 않은 것은?　　　[2015.11]

① 구매자가 상품에 대한 지식과 정보가 부족하여 상품 선택이 어려운 경우에는 판매담당자의 전문가적인 도움이 필요하므로 매장에서 판매담당자의 커뮤니케이션 능력은 매우 중요하다.

② 판매담당자가 훌륭한 커뮤니케이터로서의 역할을 올바르게 수행하기 위해서 상품에 대한 지식과 정보를 구비해야 한다.

③ 고객이 구매상황에서 가지고 있는 욕구상태를 파악할 수 있는 자질을 구비해야 한다.

④ 표현, 태도 면에서 고객에게 전달하는 커뮤니케이션 능력을 겸비해야 한다.

⑤ 판매담당자는 단순히 매장을 정리정돈하거나 상품을 보충 및 포장하는 일만을 수행할 수 있으면 되므로 커뮤니케이션은 중요하지 않다.

> **해설** 판매담당자가 훌륭한 커뮤니케이터로서의 역할을 올바르게 수행하기 위해서는 기본적으로 지식과 정보의 구비, 고객욕구의 파악 능력, 정보전달능력(커뮤니케이션 기술) 등 3가지 요건을 갖추어야 한다.

86

신제품에 대한 상담을 성공적으로 이끌기 위한 제품 유익(FABE) 상담에 대한 내용으로 옳지 않은 것은?

[2016.11]

① 제품의 특징(Feature)

② 제품의 장점(Advantage)

③ 제품의 사용상의 혜택(Benefit)

④ 제품이 주는 사용상의 혜택 증거자료(Evidence)

⑤ 제품의 효율적인 사용법(Efficiency)

> **해설** FABE 기법은 상품을 먼저 특징(Feature)별로 분류해서 그 특징들이 어떠한 기능 내지 역할을 수행하고 있다는 장점(Advantage)을 열거하고, 그것이 고객의 이익(Benefit)에 어떻게 연결되느냐를 명확하게 설명하거나 증거(Evidence)를 가지고 증명해 보이는 방법으로 상품설명에 매우 효과적인 방법이다.

87

판매담당자가 고객과의 만남에서 달성해야 할 구체적인 목표와 예시에 관한 내용으로 옳지 않은 것은?

[2015.11]

① 고객의 경계심을 빨리 제거하고 편안하게 느낄 수 있도록 한다.

② 고객을 뒤따라 다니지 말고 자유스러운 분위기를 보장해 주는 것이 효과적이다.

③ 고객과의 대화가 시작된다면 곧 고객에게서 호감과 신뢰감을 획득하여야 한다.

④ 전문가답고 친절한 태도를 겸비하여 고객의 동기와 욕구 등을 파악하여야 한다.

⑤ 고객 지향 서비스 정신이 아닌 판매 지향 서비스 정신과 적극적인 태도로 고객을 대한다.

88 상품의 설명을 위한 셀링 포인트(Selling Point)로 가장 적절하지 않은 것은? [2013.10]

① 요즘 가장 잘나가는 유행 상품이다.
② 품질대비 가격이 적당하다.
③ 취급이 용이하고 편리하다.
④ 색이나 재료가 좋다.
⑤ 나무랄 데 없는 상품이다.

89 고객에 대한 판매원의 효과적인 경청 방법으로 옳지 않은 것은? [2016.04]

① 감정적 표현은 피하고 중립적인 자세를 취하며 논쟁하지 않도록 주의한다.
② '동감입니다', '알겠습니다' 등과 같은 말로 반응하여 대화에 주의를 기울이고 있다는 것을 나타낸다.
③ 고객이 말을 할 때, 사실적인 정보뿐만 아니라 그들이 어떻게 느끼는지도 구분하며 커뮤니케이션 하도록 한다.
④ 고객의 말투, 외모로 고객을 미리 판단하지 말고 고객이 말하고 있는 것에 집중하도록 한다.
⑤ 불확실한 사항이나 고객이 한 말을 이해하지 못할 때가 있더라도 이해하고 있는 척 한다.

90 판매저항의 유형으로 보기 어려운 것은? [2015.05]

① 고객의 입장에서 질문을 통한 저항
② 말없이 침묵하는 형태를 지닌 저항
③ 고객이 자신의 주장을 고집하려고 여러 가지 이유를 대는 저항
④ 보증기간 경과 후에도 무상 A/S를 신청하는 저항
⑤ 변명의 형태를 지닌 저항

판매저항의 유형
- 고객의 입장에서 질문을 통한 저항 : 가장 근거 있는 진정한 판매저항으로 판매담당자는 고객의 입장에서 문제를 해결해야 한다.
- 말없이 침묵하는 형태를 지닌 저항 : 가장 까다로운 판매저항의 형태로 판매담당자는 질문법을 활용하여 대답을 유도하여야 한다.
- 구실의 형태를 지닌 저항 : 고객이 자신의 주장을 고집하려고 여러 가지 이유를 대는 판매저항으로 판매담당자는 적극경청법을 활용하여 고객의 저항 이유를 알아내야 한다.
- 변명의 형태를 지닌 저항 : 판매담당자와 진지하게 대응할 생각이 없는 상태에서 나오는 판매저항이므로 판매담당자의 진지한 노력에 의해서 충분히 제거할 수 있다.

91 충동구매를 하는 고객의 구매심리 단계에 대해 가장 옳게 나열된 것은?

[2013.07]

① 욕망 – 흥미 – 주의 – 연상 – 비교선택 – 확신 – 구매
② 욕망 – 주의 – 연상 – 흥미 – 비교선택 – 확신 – 구매
③ 주의 – 흥미 – 연상 – 욕망 – 비교선택 – 확신 – 구매
④ 연상 – 욕망 – 주의 – 비교선택 – 흥미 – 구매 – 확신
⑤ 흥미 – 연상 – 욕망 – 주의 – 확신 – 비교선택 – 구매

소비자의 구매심리단계(8단계)
주목단계 → 흥미단계 → 연상단계 → 욕망단계 → 비교검토단계 → 확신단계 → 행동(구매)단계 → 만족단계

92 상품실연의 특징과 효과에 대한 설명으로 가장 옳지 않은 것은?

[2013.07]

① 고객에게 상품의 사용가치를 인식시키고 수요를 일으킨다.
② 의심이 많은 고객에 대해 납득시키기 쉽고 신뢰를 가지게 한다.
③ 관심 없이 지나가던 고객의 주의를 이끌어 흥미를 갖게 한다.
④ 새로운 식품이나 음료 판매에서의 시음도 실연의 한 가지 방법이다.
⑤ 팜플렛이나 설명서 배부 또는 강연회도 실연의 한 가지 방법이다.

실연법은 실제로 판매 포인트를 실연해 보이면서 상품설명을 하는 방법으로, 팜플렛 배부나 설명서 배부는 실연의 방법에 해당되지 않는다. 강연회의 경우에는 일률적으로 실연에 해당한다 해당하지 않는다를 판단할 수 없고, 상대적으로 접근하여야 한다.

93 포장의 일반적인 기능에 대한 내용 중에서 가장 옳지 않은 것을 고르시오. [2012.10]

① 내용물의 보호
② 하역의 용이성
③ 내용물의 식별
④ 환경친화성
⑤ 유행확산성

해설 상품 포장의 목적은 내용물의 보호성, 취급상의 편리성, 하역의 용이성, 촉진관리성, 환경친화성, 경제성, 식별성 등이다.

94 고객이 구매한 상품을 포장할 때의 주의사항으로 옳지 않은 것은? [2013.04]

① 신속하게 포장해서 고객이 기다리지 않도록 한다.
② 포장시점부터 고객은 자신의 물건으로 생각하기 때문에 최대한 고급스럽게 포장하여야 한다.
③ 포장의 크기가 적당해야 한다.
④ 깔끔하고 예쁜 포장은 상품의 가치를 높여주므로 이를 위한 기술을 익혀두는 것이 바람직하다.
⑤ 구매동기나 용도 등을 고객에게 묻고 이에 알맞은 포장을 하여야 한다.

해설 고객은 '포장시점'이 아니라 '제품을 결정한 후'에는 자기 소유로 생각하므로 정성스럽게 포장하여야 한다.

95 포장에 대한 설명으로 가장 옳지 않은 것은? [2016.04]

① 모든 내용물을 한눈에 알아 볼 수 있어야 한다.
② 운반하기 쉬워야 한다.
③ 상품을 보호할 수 있어야 한다.
④ 고객의 운반과정에서 포장지나 쇼핑백으로 인해 홍보효과를 누릴 수도 있다.
⑤ 포장에 따라 상품의 가치가 달라지기에 고객의 우월감을 충족시킬 수도 있다.

해설 포장의 목적은 물품의 보호, 저장, 이동 등의 유통 과정에서 물품의 가치 및 상태를 유지하는 것이므로, '모든' 내용물을 한눈에 알아 볼 수 있어야 하는 것은 아니다.
※ 패키지 디자인의 경우 외관을 나타내는 디자인이므로 '어떤' 내용물인지 한눈에 알아 볼 수 있어야 한다.

96

포장재료의 발주와 리드타임에 대한 설명으로 옳지 않은 것은?　　　　　　[2012.10]

① 포장지의 발주는 가능한 한 대량으로 주문하는 것이 경제적이며, 통상 1년간 사용량을 한꺼번에 발주하며 원판은 인쇄소에 보관시킨다.

② 백화점과 같은 대형유통점의 경우에는 3개월 사용량의 발주가 보통이며, 관계사도 2개 이상의 복수회사로 나누어 골고루 발주하여 불확실한 상황에 대비한다.

③ 처음으로 인쇄를 발주할 경우 납품까지 1개월 이상의 시간적 여유를 둘 필요가 있다.

④ 판의 재제작, 판의 교정, 인쇄, 인쇄물 건조기간, 재단, 운반 등에 요하는 시간은 고려치 않아도 된다.

⑤ 발주에서 납품까지의 기간을 리드타임(Lead time, 납품 소요시간)이라고 하며, 아직 발주하지 않아도 된다고 생각할 경우, 발주하면 곧 입하되는 것이 아니므로 리드타임의 고려가 매우 중요하다.

> **해설** 처음으로 인쇄를 발주할 경우 납품까지 1개월 이상의 시간적 여유를 둘 필요가 있다. 제판, 판의 교정, 인쇄, 인쇄물 건조기간, 재단, 운반 등에 요하는 시간이 필요하기 때문이다.

97

좋은 포장의 요소와 거리가 먼 것은?　　　　　　[2013.07]

① 경쟁사들 사이에서 자사 상표가 두드러지게 보이도록 하여야 한다.

② 제품의 사용법, 편익 등의 정보를 제공하여야 한다.

③ 소비자에게 좋은 느낌을 제공할 수 있어야 한다.

④ 제품을 사용하기 편리하게 하여야 한다.

⑤ 환경친화성보다는 제품의 심미성을 더 강조하여야 한다.

> **해설** 좋은 포장이 되기 위해서는 편리성, 환경, 제품의 심미성을 동시에 고려하여 균형감있게 이루어져야 한다.

98

칭찬화법의 기본원칙에 해당하지 않는 것은?　　　　　　[2013.10 | 2015.07]

① 고객이 알아채지 못한 곳을 발견하여 칭찬한다.

② 지속적으로 추상적인 칭찬을 한다.

③ 고객의 호의적인 이야기에 동의하여 칭찬한다.

④ 감동을 가지고 성의를 담아 칭찬하다.

⑤ 구체적인 근거를 가지고 칭찬한다.

> **해설** 추상적인 칭찬보다는 구체적인 사실을 칭찬해야 한다.

99 소비자의 이견 제시, 즉 구매저항의 원인은 여러 가지가 있다. 그 중에서 가격저항이 있을 때 판매원이 대응하는 방법으로 가장 적절치 않은 것은?

[2013.04]

① 가격이 적정하다는 것을 입증할 수 있는 데이터를 준비해 둔다.

② 구매시기 지연에 따른 위험을 강조한다.

③ 고객에게 상품을 저렴한 가격에 파는 것이 아니라 효용을 파는 것이라는 사실을 인지시킨다.

④ 제품설명 중에 암시적으로 선수를 쳐 '이 제품은 결과적으로 매우 싸게 구입하시는 것입니다'라고 설득한다.

⑤ 품질이나 디자인 등 비가격요소에서의 장점을 함께 제시한다.

> **가격저항이 있을 때 판매원이 대응하는 방법**
> • 후광화법 : 유명인이나 매출자료(즉 후광자료)를 제시하여(등에 업고) 고객의 반대저항을 감소시켜나가는 심리적 화법
> • 보상화법 : 비싼 것은 더 좋은 것을 창조한다는 식으로 '비싸다'는 저항요인을 해소시키는 화법
> • 아론슨 화법 : 고객이 단점(저항요인)을 지적하면 곧바로 다른 한편의 장점을 제시함으로써 저항의 강도를 낮춰가는 화법
> • 부메랑화법 : '지적된 약점(저항요인)이 바로 우리의 강점(구매이유)이다'라고 역전시키는 저항완화화법
> • 막차 좌석법 : 지금 떠나면 내일에나 승차할 자동차가 온다는 압박감을 주어 저항자체를 스스로 소화하도록 유도하는 화법

100 소매점에서 고객들에게서 자주 발생할 수 있는 판매저항에 관한 설명으로 가장 거리가 먼 것은?

[2013.07]

① 가격저항이 있을 경우 가격이 절감될 수 있는 방법들을 제시해 주어야 한다.

② 제품저항의 경우 판매담당자의 진지한 설명과 효과적인 실연을 통해 극복 가능하다.

③ 판매담당자의 저항이 있을 경우 시간을 지연시킴으로써 판매를 성사시킬 수 있다.

④ 촉진관리저항의 경우 제품의 경쟁적 신뢰도와 명성을 강조함으로써 효과를 볼 수 있다.

⑤ 서비스저항의 경우 실명보증을 통해 극복할 수 있다.

> 판매저항은 판매과정에서 고객의 망설임, 거절행위, 저항심, 갈등, 불안감 등을 말한다. 판매담당자 반대는 예상고객이 판매담당자에 대해 마음이 들지 않는다고 여겨 판매저항을 하는 경우이다. 이러한 저항은 극복하기 어렵지만 판매과정에서 단순히 일어날 수도 있기 때문에 시간을 지연시키는 것은 좋지 않다.

02 적중예상분석

※ 본 문제를 풀면서 이해체크를 이용하시면 문제이해에 보다 도움이 될 수 있습니다.

01 많은 대형마트에서 주말 오후의 붐비는 시간을 피하면 편안하게 쇼핑을 할 수 있다고 선전하는 것과 관련 있는 서비스의 특성은?

① 서비스 프로세스의 고객참여
② 시간소멸적인 서비스능력
③ 서비스의 무형성
④ 서비스의 이질성
⑤ 생산과 소비의 동시성

해설

시간소멸적인 서비스능력

서비스는 저장될 수 없기 때문에 사용되지 않으면 영원히 사용될 기회를 잃어버린다는 특성이 있다. 수요변동과 소멸서비스에 대해 다음 세 가지 대안을 선택할 수 있다.

- 수요완화
  - 예약이나 약속을 이용
  - 저녁이나 주말에 할인 혜택을 주는 가격 인센티브
  - 수요억제를 위한 선전
- 서비스 능력 조정
  - 파트타이머 이용
  - 군무교대조의 일정조정
  - 셀프서비스 확대
- 고객으로 하여금 기다리게 함(가장 최악의 선택)

02 서비스의 비분리(속)성을 가장 잘 표현해 주고 있는 것은?

① 서비스는 구매하기 전에 그 결과를 미리 볼 수 없다.
② 서비스는 생산과 소비가 동시에 이루어지는 속성을 가지고 있다.
③ 서비스는 소유로 귀결되지 않는다.
④ 서비스는 물질적인 제품과 연결되어 있다.
⑤ 서비스는 실체를 보거나 또는 만질 수 없다.

해설

서비스의 비분리성

서비스는 생산과 소비가 동시에 일어난다. 즉, 서비스 제공자에 의해 제공되는 것과 동시에 고객에 의해 소비되는 성격을 가진다.

03 서비스는 생산과 소비가 동시에 일어난다는 동시성이라는 특성을 갖고 있다. 다음 중 동시성으로 인한 문제를 극복하기 위한 방법이라 할 수 있는 것은?

① 실체적 단서를 강조한다.　　　　　② 서비스제공자의 선발을 신중히 한다.

③ 서비스를 기계화, 자동화한다.　　　④ 개인적 접촉을 강화한다.

⑤ 기업이미지의 중요성을 인식한다.

동시성(비분리성)을 극복하기 위한 마케팅 전략
• 서비스 제공자의 선발과 교육에 세심한 노력이 필요하다.
• 고객관리의 중요성을 잊지 말아야 한다.
• 고객접점에서의 효과적인 상호작용(Interaction)이 필요하다.

04 서비스의 가장 큰 특징으로 무형성을 들 수 있지만 유형적 요소가 포함된다. 다음 중 서비스의 무형성의 정도가 가장 높은 것은?

① 패스트푸드 레스트랑　　　　　　　② 광고대행사

③ 컨설팅　　　　　　　　　　　　　④ 항공사

⑤ 출판사

통상적으로 무형성은 2가지의 의미를 지닌다. 첫 번째 실체를 보거나 만질 수 없다는 객관적 의미, 둘째로 보거나 만질 수 없기 때문에 그 서비스가 어떤 것인가를 상상하기 어렵다는 주관적인 의미이다. 그러므로 무형성의 정도가 가장 큰 것은 컨설팅이다.

05 서비스 품질을 측정/평가하는 다양한 기준이 있다. 다음 중 "고객에게 빠른 서비스를 제공하려는 판매원 또는 종업원의 의지와 능력"에 대한 평가는 무엇을 평가하기 위한 기준과 가장 가까운가?

① 보장성　　　　　　　　　　　　　② 공감성

③ 신뢰성　　　　　　　　　　　　　④ 반응성

⑤ 유형성

① 직원의 지식과 예절, 신뢰와 자신감을 전달하는 능력
② 회사가 고객에게 제공하는 개별적 배려와 관심
③ 약속한 서비스를 믿을 수 있고 정확하게 수행할 수 있는 능력
⑤ 물리적 시설, 장비, 직원, 커뮤니케이션 자료의 외양

06 서비스의 품질을 평가하기 위한 다양한 기준이 있다. 다음 중 "고객의 개인적인 요구에 대한 배려와 보살핌을 보이는 판매원 또는 종업원의 의지와 능력"을 가장 잘 표현해 주고 있는 기준은 어느 것인가?

① 보장성
② 공감성
③ 신뢰성
④ 반응성
⑤ 유형성

> **해설** 공감성 : 회사가 고객에게 제공하는 개별적 배려와 관심

07 다음 중 서비스의 품질을 결정하는 요인에 해당하지 않는 것은?

① 서비스는 형태가 없고 사라져 버리기 때문에 확실하게 해 주어야 되는 보증성
② 서비스의 물적 증거를 의미하는 유형성
③ 서비스 실행의 믿음성과 일관성을 의미하는 신뢰성
④ 서비스 제공에 대한 자발성과 준비성을 의미하는 응답성
⑤ 직원의 지식과 예절, 신뢰와 자신감을 전달하는 확신성

> **해설** 서비스는 무형적이고 비표준화되어 있으며 품질 보증 없이 판매된다.

08 다음 중 고객서비스 품질평가 모형 중의 하나인 GAP분석 모형에서 말하는 '갭1'에 맞는 내용은?

① 고객기대를 반영하지 못하는 서비스 품질기준을 명기할 때
② 기업에서 고객이 기대하는 바를 알지 못할 때
③ 약속한 서비스 수준을 서비스 성과가 따르지 못할 때
④ 고객이 기대한 서비스와 인식된 서비스가 일치하지 않을 때
⑤ 고객에 대한 외적 커뮤니케이션이 일치하지 않을 때

> **해설** 고객의 기대를 잘못 파악해서 발생한 갭을 '갭 1'이라 한다. 즉, 갭 1은 고객의 기대와 경영자의 인식의 차이이다. 기업이 고객만족을 달성하기 위해서는 고객의 기대가 무엇인지를 정확히 파악하여야 한다. 고객의 기대를 정확히 파악하지 못하면 이후 활동을 아무리 잘해도 잘못된 정보에 의해 움직이기 때문에 고객 갭이 발생하게 된다.

09 인간의 욕구를 채워주기 위한 수단으로서의 재화는 일반적으로 물적 재화, 서비스 재화, 에너지 및 권리로 나눌 수 있다. 다음 중 서비스 재화에 대한 설명으로 옳지 않은 것은?

① 대고객 워랜티(Warranty)

② 저장 불가능성

③ 서비스 재화는 눈에 보이지 않고 소비자가 만질 수 없다는 무형성이 특징이다

④ 서비스 재화는 제공하는 내용은 동일할지라도 품질은 동일(일정)하지 않다.

⑤ 매장방문고객이 제품품질의 차이에 대하여 질문하고 유통매장의 점원이 이 질문에 대한 대답을 하는 행위는 제품판매행위로서 서비스 재화에 해당되지 않는다.

> **해설** 서비스는 고객과 서비스 기업 종업원 간의 인적 상호작용을 요구하고 있으며, 이러한 상호작용은 고객의 서비스 품질에 대한 지각에 크게 영향을 미친다. 따라서 고객이 제품품질의 차이에 대하여 질문하고 매장점원이 질문에 대한 대답을 하는 행위도 서비스 행위로 볼 수 있다.

10 다음 중 서비스 실패 후 서비스회복(복구)에서 고객이 경험하는 공정성 중 '서비스 실패에 따른 각종 손실이 제대로 보상되었는가'의 개념을 뜻하는 것은 어떠한 공정성에 해당하는가?

① 절차공정성

② 분배공정성

③ 상호작용공정성

④ 감정공정성

⑤ 정보공정성

> **해설** 분배공정성이란 의사결정과정을 거쳐 최종적으로 지급되는 결과물에 대해서 지각하는 공정성을 말하는 것으로 자원이나 보상이 거래 당사자 간에 분배되는 방법에 대한 설명을 해준다.

11 판매담당자가 방문고객의 욕구를 정확하게 파악하기 위해 사용하는 질문과 관련된 원칙들 중 가장 옳지 않은 것은?

① 질문을 연발하지 않는다.

② 질문하고 회답을 듣고 회답과 관련시켜 대화한다.

③ 고객이 얻고자 하는 혜택을 판단하기 위해 질문한다.

④ 고객과의 경계심을 완화시키고자 할 때는 선택형 질문이 효과적이다.

⑤ 일반적인 정보를 필요로 할 때나 대화를 지속시켜 나가고자 할 때는 개방형 질문이 좋다.

> **해설** 고객의 경계심을 완화시키고자 할 때는 개방형 질문이 효과적이다. 선택형 질문은 고객으로부터 특정 부분의 확인이 필요할 때나 이해를 고객에게 확인하고자 할 때 사용하는 질문형태이다.

12 판매원이 활용할 수 있는 상품지식과 판매 전략으로 가장 옳지 않은 것은?

① 소비자에게 정보를 제공하는 데에 정확한 상품지식을 활용해야 한다.
② 상품정보 뿐만 아니라 유행정보, 제품과 관련된 생활정보를 제공하는 것이 좋다.
③ 과시욕이나 제품의 희소성과 같은 제품 이외의 정보는 활용하지 않는 것이 좋다.
④ 구매 관습 또는 라이프 사이클에 의한 상품의 특성에 따라 다른 판매방법을 고려한다.
⑤ 매입과 상품의 취급 및 관리를 하는 데에 있어서도 상품지식은 필요하다.

> **해설** 판매원은 제품의 일반적인 지식뿐만 아니라 판매하려는 제품이 희소가치가 높아서 소유할 경우 과시하고 싶은 욕구를 만족시켜 주는지의 여부, 즉 감정상의 특성에 대한 정보도 활용해야 한다.

13 상품수요를 예측하기 위해서 사용되는 측정 및 정보획득방법과 가장 거리가 먼 것은?

① 중심지역 및 배후지에 있어서 특정상품에 대한 가격 조사
② 소득 및 개별 품목에 대한 지출액 조사
③ 지역상권의 규모에 대한 조사
④ 경쟁업자의 전략에 관한 조사
⑤ 중심지역 및 배후지에 대한 인구·세대수의 조사

> **해설** 중심지역 및 배후지에 있어서는 인구의 특성 파악이 중요하다. 즉, 배후지 인구의 연령대·주요 직업군·소득수준 파악을 통한 소비주력군의 성향 분석이 필요하며, 특정상품에 대한 가격 조사는 거리가 멀다.

14 상품의 진열방식에는 개방진열과 폐쇄진열이 있다. 다음 중 폐쇄진열의 장점은?

① 질서정연한 분위기를 준다.
② 가격이 싸고 부피가 작은 제품판매에 효과적이다.
③ 판매원의 수를 줄일 수 있다.
④ 자유롭게 만져볼 수 있어 고객만족에 도움이 된다.
⑤ 손님을 매장 안으로 유도하기 쉽다.

> **해설** ②·③·④·⑤ 개방진열의 장점

15

중점상품의 진열에 있어 생각해야 할 2대 효과는 어떤 것인가?

① 싸다는 느낌과 편리성
② 가격 효과와 광고 효과
③ 심리적 효과와 광고적 효과
④ 판촉 효과와 POP
⑤ 특징에 대한 효과

해설 중점상품을 진열함에 있어서 먼저 생각하여야 할 것은 그 상품의 광고적인 효과와 심리적인 효과이다.

16

다음의 괄호 안에 들어갈 적절한 단어는?

( )은(는) 어떤 점포에서 어떤 시기에 특정한 상품을 강하게 호소하는 것, 즉 일정기간 목표수량을 판매한다는 관점에서 테마를 정하고 상품의 범위를 결정하는 것이 필요한 상품이다.

① 주력상품
② 보충상품
③ 보조상품
④ 중점상품
⑤ 미끼상품

해설 중점상품의 전시진열을 전개하려면 우선 광고적 효과와 심리적 효과를 생각해야 한다.

17

상품이 보기 쉽고 손에 닿기 쉬운 높이, 단기간에 판매하고 싶은 중점상품의 진열에 가장 적당한 진열방식은?

① 선반 진열
② 쇼케이스 진열
③ 웨건(Wagon) 진열
④ 스테이지 진열
⑤ 곤돌라 진열

해설 웨건(Wagon)은 특가품 등의 판매대로서 이용한다.

18 다음 중 유효진열범위를 적절히 설명한 것은?

① 바닥에서 30cm에서 120cm까지의 사이를 말한다.

② 바닥에서 100cm에서 200cm까지의 사이를 말한다.

③ 눈높이에서 아래쪽 20°를 의미한다.

④ 눈높이에서 아래위 20° 사이를 의미한다.

⑤ 바닥에서 60cm에서 150cm까지의 사이를 말한다.

해설 상품을 진열해서 그 부분이 유효하게 되는 부분, 즉 팔릴 수 있는 진열의 높이라는 뜻으로 보기 쉽고 사기 쉬운
위치라는 의미를 내포하며 수치로는 바닥에서 60~150cm 사이에 해당된다.

19 상품진열 범위 내에서 가장 판매가 잘되는 진열 위치로서 상품이 가장 잘 보이고 손에 닿기 쉬운 진열범
위를 뜻하는 용어는?

① 셀링 포인트　　　　　　　　　　② 골든 라인

③ 매스 디스플레　　　　　　　　　④ 집시 포인트

⑤ 코너 디스플레이

해설 골든 라인(Golden Line)
상품을 진열해서 그 부분이 유효하게 되는 부분, 즉 팔릴 수 있는 진열의 높이라는 뜻으로 보기 쉽고 사기 쉬운
위치라는 의미를 내포한다.

20 다음 중 선반을 이용해서 상품을 대량으로 진열할 수 있는 진열 형태는?

① 마루진열(Floor Display)

② 천장진열(Ceiling Display)

③ 엔드진열(End Display)

④ 자가진열(Self-standing Display)

⑤ 서가진열(Shelf Display)

해설 서가진열은 선반을 이용하는 것으로 슈퍼마켓의 곤돌라가 대표적이다.

21 다음의 진열에 대한 설명 중 틀린 것은?

① 마루 진열(Floor Display) : 마루 바닥에 진열하는 것으로 바닥에 스티커를 붙이는 것 등이다.
② 벽면 진열(Wall Display) : 벽면을 활용하는 진열로 자유롭고 다양한 진열을 할 수 있다.
③ 카운터 진열(Count Display) : 계산대 옆에 진열하는 것으로 계산하면서 손쉽게 살 수 있는 일상품을 진열하는 것이다.
④ 서가 진열(Shelf Display) : 선반을 이용하는 것으로 슈퍼마켓의 곤돌라(Gondola)가 대 표적이다.
⑤ 악센트 진열(Accent Display) : 주 진열상품에 관련되는 상품을 함께 진열함으로써 액 센트를 주는 방법이다.

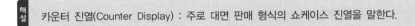

카운터 진열(Counter Display) : 주로 대면 판매 형식의 쇼케이스 진열을 말한다.

22 상품진열(Display)은 고객서비스적 의미와 예술적 의미를 함께 갖고 있다. 아래의 내용 중에서 고객서비스적 의미에 대한 내용으로 옳은 것은?

① 조명, 색채, 디자인 등으로 이루어진 연출을 하는 것
② 유행을 반영하고 다양성을 조화시키는 것
③ 빠른 시간 안에 상품종류를 쉽게 식별할 수 있도록 하는 것
④ 정리정돈과 청결의 이미지를 느끼게 하는 것
⑤ 계절성 변화를 연출하는 것

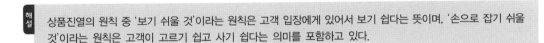

상품진열의 원칙 중 '보기 쉬울 것'이라는 원칙은 고객 입장에게 있어서 보기 쉽다는 뜻이며, '손으로 잡기 쉬울 것'이라는 원칙은 고객이 고르기 쉽고 사기 쉽다는 의미를 포함하고 있다.

23 다음은 연출력을 증대시키는 방법들에 대한 설명이다. 옳지 않은 것은?

① 쇼킹한 표현을 사용
② 정적인 이미지를 활용
③ 계절감을 살릴 것
④ 보조도구를 적절히 활용
⑤ 조명효과를 이용할 것

연출력은 의외성을 주어야 하므로 동적인 이미지를 활용한다.

24 하부에서 상부로 빛을 비추어 상부에서의 조명과 함께 진열면 전체를 밝게 하는 조명방식은?

① 스포트라이트

② 다운라이트

③ 풋라이트

④ 백라이트

⑤ 액센트 라이트

> **해설**
> ① 특정 상품을 집중적으로 조명해서 그 상품을 부각시키는 방법으로 광원이 고객의 눈에 뜨이지 않도록 각도를 고려하여야 한다.
> ② 밑 부분을 중점적으로 조명하는 방법으로 점포나 윈도우 또는 상품조명으로서 전체조명의 밝기에 플러스하는 보조적인 역할을 한다.
> ④ 점내 정면이나 집시 포인트 등 특히 눈길을 끌게 하고 싶은 장소의 벽면에 밝게 반사시키는 조명방법
> ⑤ 조명기구 그 자체를 장식적으로 활용하는 방법

25 빛이 상·하 주위에 확산되는 조명방식으로, 최고급 전문점과 다방 등에서 간접조명과 병용해서 이용하는 것은?

① 직접조명

② 간접조명

③ 후반확산조명

④ 반직접조명

⑤ 전반확산조명

> **해설**
> 전반확산조명은 샹들리에나 밸런스 라이트와 같이 빛이 상하, 좌우로 비치는 조명 방식으로 명도를 보다 필요로 하는 비교적 고급점에 적당한 조명이다.

26 다음은 유통에 있어서 어떤 활동에 대한 효과와 관련이 있는가?

> 제품진열이 되어 있는 매대에 각종 제품이 진열되어 있을 경우 각 제품들의 바코드를 스캔해서 읽어 들이고, 각 제품의 매입가와 판매가에 대한 자료가 있으면 각 제품별로 이익 공헌도를 파악할 수 있다.

① 카테고리 매니지먼트

② 점포 내 머천다이징

③ 단품관리

④ 유닛 로드 시스템

⑤ 공급사슬관리

카테고리 매니지먼트(CM ; Category Management)
유사 아이템 집단을 카테고리로 분류한 뒤 이를 중심으로 각종 마케팅과 영업활동을 하는 새로운 경영기법을 말한다. 즉, 유통업체에서 가지고 있는 고객 정보와 제조업체가 보유하고 있는 고객정보를 서로 공유함으로써 고객 필요에 맞는 상품구색, 진열, 가격, 행사 등에 대한 전략을 세우는 것이다. 카테고리 매니지먼트를 통해 다양한 경제적·부가적 효과가 기대된다. 즉, 매출 및 이익, 객단가 등 수입 측면과 재고 및 관리비용 등의 비용 측면에서 뚜렷한 실적개선이 가능하다.

27 어떤 때에는 하이패션이었던 것이 정착하여 다음 시즌이나 2~5년 가량 계속해서 판매되는 것을 무슨 패션이라고 하는가?

이해
체크
○
△
×

① 베이식 또는 뉴 패션
② 스테이플 패션
③ 매스패션
④ 하이패션
⑤ 로우 패션

패션의 종류 및 내용	
하이패션	새롭고 대담한 디자인으로 일반인 따라가기 힘든 패션 아주 고가의 소재, 디자인료, 가공임 등을 들여 만든 작품을 말하는데, 공통점은 일부 사람만을 위한 것이다.
매스패션	대중패션으로 대량생산된 기성품을 말한다.
베이식 또는 뉴 패션	어떤 때에는 하이패션이었던 것이 정착하여 다음 시즌이나 2~5년 가량 계속해서 판매되는 것
스테이플 패션	일반적으로 긴 주기, 보통 5~10년 간 변하지 않는 것.

28 다음은 신선식료품의 유통구조를 살펴본 것이다. 틀린 것은?

이해
체크
○
△
×

① 생산단위가 일반적으로 영세하고 지역적·시간적으로 편재되어 있다.
② 생산단계의 표준화는 상당히 뒤떨어져 있다.
③ 소비 내지 구매의 최종단위는 영세하여 생산단계와는 지역적, 시간적으로 상당한 격차가 있다.
④ 유통단계에 나타나는 수요는 상당히 탄력적이다.
⑤ 신선 식품 중에는 필수품화의 정도에 따라 최종 수요의 가격탄력성이 높은 것도 있다.

수송성의 결여로 인하여 실제 유통단계에서 나타나는 수요는 매우 비탄력적이다.

29 다음 중 식육(食肉)의 품질저하를 막기 위한 방지책이라고 보기 어려운 것은?

① 냉장과 냉동 같은 저온보존
② 가열, 살균, 훈연 같은 열처리
③ 소량화, 규격화 같은 표준화
④ 건조, 밀봉과 같은 진공포장
⑤ 소금에 의한 염장

> **해설** 식육(食肉)의 품질저하를 막기 위해서는 저온처리(냉장과 냉동), 열처리(가열, 살균, 훈연), 밀봉(진공포장), 염장 등의 방법이 사용된다.

30 매입상품 선정 시 일반적으로 고려해야 할 상품 변수 중 특히 농산물의 경우에 더욱 중요한 것은?

① 상품의 단가　　　　　　　② 유통망의 확충
③ 취급 방법　　　　　　　　④ 표준화 정도
⑤ 부패 가능성

> **해설** 농산물은 기후 조건에 가장 영향을 많이 받는다.

31 다음 중에서 우리나라 청과물 유통의 특징은 무엇인가?

① 기후조건에 큰 영향을 받는다.
② 유통비용이 적게 든다.
③ 표준화와 등급화가 잘되어 있다.
④ 수급과 가격이 안정적이다.
⑤ 운반 및 저장에 별다른 관리노력이 필요 없다.

> **해설** 청과물 유통의 특징
>
> • 청과물 유통은 기후조건에 가장 큰 영향을 받는다.
> • 청과물은 부피가 크고 무겁기 때문에 유통비용이 많이 든다.
> • 청과물의 신선도를 유지하기 위해서는 운반과 저장에 특별한 관리가 필요하다.
> • 대부분 생산규모가 영세하고 적은 양이 소비되기 때문에 수집과 분산과정이 복잡하다.
> • 청과물의 종류와 품질이 다양하기 때문에 표준화나 등급화가 어렵다.

32 농산물의 경우 수확 후에도 호흡을 하기 때문에 체내 당분이 소모되고 증산작용으로 인해 수분이 방출되어 시들어간다. 따라서 증산작용을 억제하여 신선도를 유지하려면 저온에서 보관하는 것이 좋다. 다음의 작물 중에서 저온보관을 하면 증산작용이 극도로 저하되는 것은?

① 밤   ② 아스파라거스

③ 오 이   ④ 사 과

⑤ 바나나

> **해설** 저장기간 중 사과는 호흡작용과 증산작용 그리고 에틸렌이라는 성숙호르몬의 발생에 의해 신선도가 떨어지게 되는데 이러한 호흡작용은 온도가 낮을수록 증산작용은 습도가 높을수록 저하된다. 따라서 수확한 사과는 가능한 빨리 0℃~3℃인 저온에서 보관하는 것이 바람직하다.

33 다음은 냉동식품의 저장·수송·배송 등 물적 유통 상의 조건이다. 옳지 않은 것은?

① 냉동식품의 입·출고 작업은 신속하여야 한다.

② 냉동식품은 최종판매 시까지 −20℃ 이하의 상품온도를 유지하여야 한다.

③ 수송차량은 상품온도를 −15℃ 이하로 보존하는 능력을 갖추어야 하며, 특히 온도가 계 속 유지되도록 조작되어야 한다.

④ 입·출고에 있어서는 식품 상호간의 오염방지를 위해 플랫폼을 구분해야 한다.

⑤ 냉동식품의 경우에는 온도계가 필수적이다.

> **해설** 냉동식품은 저장·수송·배송·판매 등 전 과정을 걸쳐 마지막으로 판매될 때까지 상품온도를 −15℃ 이하로 유지하여야 한다.

34 소비자의 수요에 영향을 미치는 요소 중에서 가장 개념이 포괄적이고 종합적인 요소는 다음 중 무엇인가?

① 가족(Family)   ② 문화(Culture)

③ 준거집단(Reference Group)   ④ 사회계층(Social Class)

⑤ 학습(Learning)

> **해설** 문화는 사람의 욕구와 행동을 결정해주는 가장 기본적인 요소이다.
> ①·③·④ 사회적 요인
> ⑤ 개인적 요인

35 소매유통에서 제공하는 대 고객서비스의 유형은 구매 전 서비스, 구매 후 서비스 그리고 판매보조 서비스로 나눌 수 있다. 다음 중에서 판매보조 서비스에 가장 적합한 것은?

① 윈도우 진열
② 영업시간 연장
③ 교환 허용
④ 고객 휴게실 설치
⑤ 정보제공

해설 판매보조 서비스는 해당 점포의 제품판매를 함에 있어서의 보조수단을 의미한다. 예를 들어 소비자들이 제품구매를 위해 잠시 쉴 수 있는 공간 등의 제공이 대표적인 예이다.

36 다음 중 바코드에 기록되는 정보를 모두 고르면?

| ㉠ 국가코드 | ㉡ 제조업체코드 |
| ㉢ 유통기한코드 | ㉣ 상품코드 |

① ㉠, ㉡, ㉢
② ㉡, ㉢, ㉣
③ ㉠, ㉡, ㉣
④ ㉠, ㉢, ㉣
⑤ ㉠, ㉡, ㉢, ㉣

해설 표준형 바코드(GS 1)
• 국가식별코드(3자리)
• 제조업체코드(6자리)
• 상품품목코드(3자리)
• 체크디지트(1자리)

37 다음 중 표준바코드에 대한 설명으로 바르지 않은 것은?

① 바코드는 각 숫자에 따라 선의 굵기와 개수가 다른 줄무늬의 배열이다.
② 바코드는 일반적으로 국가식별코드, 제조업체코드, 상품코드, 검사숫자 등으로 구성된다.
③ 국가식별코드 3자리, 제조업체코드 6자리, 상품코드 3자리, 검사숫자 1자리로 구성된다.
④ 바코드의 크기는 가로 3.74cm, 세로 2.7cm이지만 필요에 따라 0.5~2.5배까지 확대 또는 축소가 가능하다.
⑤ GS1 13 바코드는 표준 크기로부터 최대 200% 확대하여 출력할 수 있다.

해설 상품에 표시하는 바코드의 크기는 표준형의 경우는 가로 3.73cm, 세로 2.7cm를 기준으로, 단축형의 경우는 가로 2.66cm, 세로 2.20cm 크기를 기준으로 하여 각각 0.8~2.0배의 범위 내에서 축소, 확대하여 사용할 수 있다.

38 다음 중 1차원 바코드에 해당되지 않는 것은?

① UPC Code
② EAN Code
③ CODABAR Code
④ CODECONE Code
⑤ Code 39 코드

해설
CODECONE Code는 1991년 레이저라이트 시스템즈사의 테드 윌리엄즈에 의해 개발된 이차원 매트릭스 심벌로지이다.

39 EAN CODE에 대한 설명으로 틀린 것은?

① EAN-13(표준형)과 EAN-8(단축형)이 있다.
② EAN 코드는 UPC 코드보다 하위레벨이다.
③ 세 자리의 국가번호와 네 자리의 제조업체 번호로 좌측 7자리를 표현한다.
④ EAN 코드의 각 캐릭터는 두 개의 바와 두 개의 여백으로 형성된 7개의 모듈로 이루어져 있다.
⑤ 바코드로 표현이 가능한 것은 12자리이고, 맨 좌측의 문자는 수치로 표현된다.

해설
EAN 코드는 UPC 코드보다 상위레벨의 코드로 EAN 코드를 판독할 수 있는 판독기는 UPC 코드로 읽을 수 있으나 그 반대는 성립되지 않는다.

40 POS(Point Of Sales) 시스템에 대한 다음의 내용 중에서 옳지 않은 것은?

① 상품판매시점에 상품판매관련 정보를 수집, 처리하여 경영활동에 이용하는 시스템을 말한다.
② 금전등록기능과 통신기능을 갖춘 컴퓨터 본체와 스캐너로 구성되어 있다.
③ 바코드(Bar Code)시스템은 상품정보와 가격정보를 기계로 판독하기 위한 시스템으로서 POS 시스템과 서로 경쟁관계에 있는 대체시스템의 하나이다.
④ 부가가치 통신망(VAN)과 같은 네트워크에 연결되어 유통업의 정보네트워크가 이루어져야 한다.
⑤ 스캐너에 의해 자동 판독된 상품코드와 금전등록기의 키보드에 의해 입력된 관계정보가 스토어 콘트롤러에 송신되면, 스토어 콘트롤러는 데이터베이스화 되어 있는 마스터파일을 검색하여 상품명, 가격 등을 POS 터미널로 재송신해준다.

해설
POS 시스템의 원활한 운영을 위해서는 단품별 상품에 바코드를 부착하는 것이 기본이자 가장 중요한 조건이므로 서로 경쟁관계에 있는 대체시스템으로 볼 수 없다.

41 POS 시스템(Point Of Sales System)에 대한 설명으로 옳지 않은 것은?

① POS 시스템이란 판매시점 정보관리 시스템을 지칭한다.
② POS 시스템은 키인(Key-in) 방식만을 사용한다.
③ POS 시스템은 판매시점정보로부터 다양한 조사목적, 경영목적에 따라 데이터의 이용이 가능하다.
④ POS 시스템 도입에 따른 직접적인 효과를 하드 메리트(Hard Merit)라고 하며, 데이터 활용으로 실현된 경영의 체질개선과 전략형성효과를 소프트 메리트(Soft Merit)라고 한다.
⑤ POS 시스템은 고객이 구입한 상품정보를 다양한 조사목적, 경영목적에 따라 마케팅 데이터로 이용이 가능하다.

> **해설**
> POS 시스템은 바코드, 판독기, 단말기 등으로 구성되며, 종래의 직접 손으로 입력하는 키인(Key-in) 방식이 아닌 광학판독 방식의 판독기를 통해 자동으로 상품의 판매정보를 수집하고, 상품의 매입·배송 등에서 발생하는 각종 정보를 각 업무별로 활용 가능하도록 컴퓨터로 가공·전달하는 시스템이다.

42 POS 시스템으로부터 수집한 정보의 활용에 해당하지 않는 것은?

① 고객들의 구매빈도 분석
② 시간대별 매출분석
③ 판촉효과 분석
④ 효과적인 진열기법 분석
⑤ 물류비 분석

> **해설**
> POS 정보의 활용
> • 상품정보 관리 : 매출관리(시간대별 매출분석), 상품계획, 상품구매계획, 진열관리(효과적인 진열기법 분석), 판촉계획(판촉효과 분석), 발주 재고관리
> • 종업원 관리 : 계산원 관리
> • 고객관리 : 고객들의 구매빈도 분석

43 다음 중 POS(Point Of Sales) 시스템의 도입 및 활용을 통해 유통업체가 획득할 수 있는 장점에 대한 설명이다. 가장 거리가 먼 것은?

① 소매입지선정을 효율적으로 할 수 있으며 소매상권의 확장을 가능하게 한다.
② 구매상품들의 계산시간이 단축되어 고객대기시간과 계산대의 수를 줄일 수 있다.
③ 판매원교육 및 훈련기간이 짧아지고 입력오류를 방지할 수 있다.
④ 전자주문시스템과 연계하면 구매의 신속성과 편리성을 추구할 수 있다.
⑤ 단품관리에 의해 잘 팔리는 상품과 잘 팔리지 않는 상품을 즉각 찾아낼 수 있다.

44

다음 중 박스 안의 내용과 가장 관련이 깊은 것은?

> 생산에서 판매에 이르는 전 과정의 정보를 초소형 칩(IC칩)에 내장시켜 이를 무선 주파수로 추적할 수 있도록 한 기술로서 전자 태그 혹은 스마트 태그, 무선 식별 등으로 불린다.

① QR 시스템   ② 바코드 시스템
③ POS 시스템   ④ RFID 시스템
⑤ SCM 시스템

45

다음 박스 안의 내용과 가장 일치하는 것을 고르시오.

> 컴퓨터 정보기술을 활용하여 원재료 공급업체, 제조업체, 유통업체, 물류업체가 서로 협력하여 상품의 흐름을 통합적으로 관리하는 시스템

① POS 시스템   ② SCM
③ 로지스틱스   ④ RFID
⑤ CAO

46 마케팅정책적 수단의 하나로서 '커뮤니케이션(촉진관리) 활동의 의사결정내용'에 해당되지 않는 것은?

① 신제품 광고활동
② PR활동
③ Coupon 및 사은품(Premium)
④ 영업사원을 통한 판매
⑤ 온라인쇼핑몰 구축활동

해설

커뮤니케이션(촉진관리) 활동
• 광고 : 신제품 광고활동(매체사용료 지불)
• PR : 무료의 형태
• 촉진관리 : 쿠폰(Coupon) 및 사은품(Premium) 등
• 인적 판매 : 영업사원을 통한 판매

 47 촉진관리의 주된 역할에 대한 내용 중 가장 옳지 않은 것은?

① 소비자들에게 재구매를 설득하여 구매패턴을 확립한다.
② 기업의 제품생산을 촉진시킨다.
③ 자사제품의 판매를 증가시킨다.
④ 소비자들로 하여금 신제품을 시용(trial)하게 한다.
⑤ 가격에 민감한 소비자들의 구매를 유도한다.

 해설

② 촉진관리는 소비자에게 실제 구매나 점포에 들어오도록 자극하는 역할을 하는 것으로 기업의 제품생산을 촉진시키는 것은 주된 역할이라고 할 수 없다.
① 자사의 상표에 대한 소비자의 기억을 되살려 소비자의 마음속에 유지시킴으로써 재구매의 구매패턴을 확립한다.
③ 판촉은 광고보다 즉각적인 반응을 유발시킬 수 있고, 신속한 판매 증가를 통해 수익증대를 가져온다.
④ 판촉은 소액할인, 샘플, 경품 등을 제공받게 함으로써 소비자들의 신제품 사용을 유도할 수 있다.
⑤ 경쟁상표 수의 증가나 제품 간의 차이가 점점 없어지고, 소비자가 가격에 민감하게 반응하고 있는 상황에서 촉진관리는 단기간에 소비자들에게 제품이나 점포를 인식시킬 수 있는 수단으로 많이 활용된다.

 48 다음 중 주로 생필품을 취급하는 점포, 즉 슈퍼마켓이나 백화점에서 소비자들의 매장방문량을 늘릴 목적으로 취급품목의 일부가격을 인하시키는 방법은?

① 유인가격
② 비선형가격
③ 묶음가격
④ 단수가격
⑤ 관습가격

② 제품 또는 서비스의 단가가 고객이 구입하는 양에 따라 달라지는 가격체계
③ 소매점, 백화점 등에서 대량구매를 촉진하기 위해 제품을 몇 개씩 묶어 하나로 상품화한 다음 이 묶음에 별도로 정한 가격
④ 시장에서 경쟁이 치열할 때 소비자들에게 심리적으로 저렴하다는 느낌을 주어 판매량을 늘리려는 심리적 가격 결정의 한 방법
⑤ 오랫동안 같은 가격으로 시장을 지배할 때 발생하는 가격으로 소비자들에게 그 상품은 얼마라는 등식이 고정화된 가격

49 기본전략으로서 상표구축전략이 유용한 제품수명주기 단계는?

① 쇠퇴기   ② 성장기
③ 성숙기   ④ 도입기
⑤ 정체기

> 해설 도입기의 기본전략은 상표구축전략이다. 즉, 유통경로를 확보하여 소비자들이 제품을 쉽게 구매할 수 있도록 하는 것이다.

50 다음 제품수명주기 단계에서 도입기의 내용과 거리가 먼 것은?

① 판매량은 낮은 데 비하여 소비자에게 제품을 알리기 위해 드는 광고비·유통비 등이 많이 들어서 기업의 이익구조는 적자를 기록하는 경우가 많다.
② 경쟁사는 거의 없거나 있어도 소수만이 존재한다.
③ 도입기의 기본전략은 상표구축 전략이다.
④ 보통 도입기의 제품에 대한 가격은 매우 낮은데, 그 이유는 시장 확보를 위하여 출혈을 하기 때문이다.
⑤ 주로 제품수정이 이루어지지 않은 기본형 제품이 생산된다.

> 해설 보통 도입기의 제품에 대한 가격은 매우 높은데, 그 이유는 적은 생산량으로 인한 높은 제품개발비용, 초기 시설투자비용, 광고비 등을 충당하기 위해서이다.

51 다음 제품수명주기 중 성장기의 내용으로 옳지 않은 것은?

① 성장기에는 대량생산이 이루어지기 때문에 제품원가는 도입기보다 줄어든다.
② 성장기에는 지속적으로 판매량이 늘어날수록 각종 비용이 줄어들어 이익이 증가한다.
③ 제품이 시장에 수용되어 정착되는 단계이다.
④ 판매량이 증가할수록 이러한 제품을 모방한 경쟁제품이 시장에 진출하게 되어 전체적인 시장의 크기가 커져서 시장이 성장기에 접어들게 된다.
⑤ 성장기 제품의 마케팅 전략은 기존 소비자를 지키는 데 적극적으로 방어하여야 한다.

> **해설** 성장기 제품의 마케팅 전략은 상표의 강화를 통한 시장점유율의 급속한 확대 전략이 효과적이다. 이는 기존 소비자의 구매와 새로운 소비자의 구매를 유도한다.

52 제품의 수명주기단계 중 성숙기에 대한 설명이 아닌 것은?

① 성숙기는 도입기나 성장기보다 수명기간이 짧다.
② 높은 판매량 성장을 지속하던 제품이 어느 시점에 이르러 판매량의 성장률이 떨어지기 시작한다.
③ 시장에서 경쟁력이 강한 기업들만이 살아남는다.
④ 일반적으로 성숙기에는 다른 수명주기보다 제품가격을 낮게 한다.
⑤ 주로 제품개선 및 주변제품개발을 위한 R&D 예산을 늘리게 된다.

> **해설** 성숙기는 도입기나 성장기보다 상당히 오랜 기간 동안 계속되고, 많은 제품들이 이 시점에 속해 있게 된다.

53 상품 매입 시 상황에 따라 여러 가지로 제공되는 할인에 대한 설명으로 틀린 것은?

① 거래할인 : 장기간 단골로 거래한 사람에 대한 할인
② 현금할인 : 물건 값을 미리 지불하는 것에 대한 할인
③ 리베이트 : 판매가격의 일정비율을 반환해 주는 것
④ 수량할인 : 일시에 대량 구매 시 제공되는 할인
⑤ 계절할인 : 비수기에 제품을 구입하는 소비자에게 할인

> **해설** 거래할인이란 일반적으로 제조업자가 해야 할 업무의 일부를 중간상인이 하는 경우에는 이에 대한 보상으로 경비의 일부를 제조업자가 부담해 주는 것이다.

54

다음 중 '지면에 표시되어 있는 액수만큼 제품가격에서 할인해 주는 형식의 소매촉진방법'을 무엇이라 하는가?

① 트레이딩 스탬프　　　　　　　　　② 쿠 폰
③ 프리미엄　　　　　　　　　　　　　④ 샘플링
⑤ 리베이트

> **해설**
> 할인쿠폰은 소비자에게 일정한 기간을 정해 쿠폰상에 제시된 내용만큼의 가격을 할인하여 주겠다고 약속한 증서이다. 쿠폰은 우편으로 우송하기도 하고, 제품의 포장에 부착하거나 제품 자체에 부착하기도 하고, 신문과 잡지에 절취선을 넣어 오려서 사용하게 하기도 하며, 신문에 끼워 넣기도 한다.

55

토크쇼나 퀴즈쇼 등을 통해 소비자에게 재미와 함께 상세한 정보를 제공하는 형태의 광고를 일컫는 말은?

① 프리미엄　　　　　　　　　　② 인포머셜(Informercial)
③ 협찬 광고　　　　　　　　　　④ 컨테스트
⑤ 배너 광고

> **해설**
> 인포머셜(Informercial)
> - 인포메이션(Information)과 커머셜(Commercial)의 합성어
> - 30초 이내에 짧게 이루어지는 일반 TV광고와 달리 10분, 20분, 30분 단위로 상품을 집중적으로 광고하는 방식
> - 드라마 · 토크쇼 · 전화질의 및 응답 등의 형식으로 상품의 설명 · 기능, 사용자의 경험담 등을 소개

56

광고목표를 설정하는 데 이용되는 AIDA 모델의 단계는?

① 관심 > 주의 > 욕망 > 행동　　　　② 주의 > 관심 > 욕망 > 행동
③ 욕망 > 주의 > 관심 > 행동　　　　④ 관심 > 욕망 > 주의 > 행동
⑤ 욕망 > 관심 > 주의 > 행동

> **해설**
> AIDA의 원리
> - Attention(주의)　　　　　　　　・Interest(관심 · 흥미)
> - Desire(욕구)　　　　　　　　　　・Action(행위)

57

POP 광고의 역할이 아닌 것은?

① 기업을 PR하는 역할을 한다.

② 상품을 설명하고 구매를 촉진하는 역할을 한다.

③ 고객의 합리적 소비를 돕는 역할을 한다.

④ 일반광고와 연계시켜 판매를 촉진하는 역할을 한다.

⑤ 매장의 이미지를 향상시키는 역할을 한다.

> **해설**
> POP 광고는 소비자들에게 제품에 대한 충동구매의 의욕을 불어 넣어주고 실질적인 구매가 이루어질 수 있도록 유인하는 역할을 한다.

58

고객의 입장에서 본 POP 광고의 효과에 대한 설명으로 맞는 것은?

① 판매담당자의 접객행동을 도와준다.

② 신제품의 존재를 알게 되고, 그 제품의 내용을 알 수 있다.

③ 고객에게 충동구매를 유발시켜 판매증가를 가져온다.

④ 매장에 풍부함과 즐거움, 그리고 활기를 불어 넣는다.

⑤ 상품의 특징 및 사용방법의 교육 도구 역할을 한다.

> **해설**
> ① · ③ · ④ · ⑤ 매장 측 입장에서 본 POP 광고의 효과

59

판매실습을 통해 고객과 판매사원의 역할을 교대로 실시해 보고 그런 가운데 미숙한 용어 사용이나 판매동작, 습관을 개선해가는 실습교육을 무엇이라고 하는가?

① OJT(On the Job Training) ② 롤플레잉(Role Playing)

③ 제안활동 ④ TQM(Total Quality Management)

⑤ Off JT(Off the Job Training)

> **해설**
> 롤플레잉(Role Playing)의 목적은 특정한 상황에 있어서의 어떤 역할을 자발적인 연기를 통해 토의장에서 행함으로써 상황에 대한 원인, 과정, 결과를 검토하고 궁극적으로 참가자들의 태도변용과 리더십의 함양, 그리고 토의주제에 대한 분석적 결론을 얻어내는 데에 있다. 그러므로 롤플레잉은 집단과 더불어 의사를 나누고 집단 구성원 각 개인의 잠재적 참여 동기를 유발할 수 있는 가장 효과적인 수단의 하나이다.

60 올바른 접객 판매 기술로 보기 어려운 것은?

① 질문 - 경청 - 공감 - 응답하는 과정을 반복하며 고객의 욕구를 파악한다.
② 고객의 시야를 차단하거나 고객공간을 침범하지 않으며 대화한다.
③ 전문용어를 남용하지 않고 고객이 이해하기 쉽게 해설을 붙여가며 설명한다.
④ 상품의 특징과 혜택을 이해시키기 위해 상품의 실연과 설명을 곁들이며 제시한다.
⑤ 접객 중에 다른 업무를 보는 것이 좋으며, 고객이 구매결정을 내릴 수 있도록 접객 중 잠시 거리를 두며 대기하는 것이 좋다.

 접객 중에는 다른 업무를 보지 않도록 해야 하며, 고객과의 거리는 매장에서 판매원이 고객의 시야를 차단하거나 고객공간을 침범하지 않을 정도의 거리를 유지하여 접객 효과를 높이는데 있어 알맞은 간격이어야 한다.

61 다음 중 접객기술에 대한 설명으로 적절하지 못한 것은?

① 판매원은 자신의 개성과 몸에 익힌 기술을 갖고 첫인상을 좋게 심어 주어야 한다.
② 판매원은 고객이 바라는 것을 파악하기 위해서는 고객의 말을 듣는 신중한 청취의 솜씨가 필요하다.
③ 고객은 상품에 대한 많은 정보를 필요로 하고 있기 때문에 판매원은 이에 적절한 조언을 해야 한다.
④ 신속하고 민첩한 종업원 이동은 판매효율성을 높일 수 있으므로 고객 동선과 관계없이 짧게 구성한다.
⑤ 고객을 맞이하여 판매에 성공하려면 고객 본위의 응대를 하여야 한다.

 고객 동선은 되도록 길게 하고 판매원 동선은 짧게 하는 합리적이고 이상적인 점 내 동선의 레이아웃이 이루어져야 한다.

62 대기의 기본동작과 거리가 먼 것은?

① 언제, 어떤 경우에도 고객을 맞이할 준비와 마음가짐이다.
② 부드럽고 밝은 표정을 담은 채 시선은 고객의 태도나 동작을 관찰한다.
③ 상품이 제자리에 잘 진열되어 있는지, 진열량은 적절한지, 더럽혀진 상품은 없는지 점검한다.
④ 고객이 선택하기 쉬운 진열방법에 대해 연구한다.
⑤ 고객에 신속히 응대할 수 있는 위치보다는 고객을 잘 볼 수 있는 장소에 있어야 한다.

바른 위치는 고객에 신속히 응대할 수 있는 가장 편리한 장소에 있는 것이다.

63

아래의 문장은 판매원의 판매단계 중 다음의 어느 단계와 관련된 내용인가?

> 판매원은 외양에서부터 서두의 인사말 그리고 본론에 이르기까지 세심한 주의를 기울여야 한다. 정중하고 주의를 집중해야 하며 서두의 인사말은 긍정적 표현 위주로 하여야 한다.

① 대 기
② 상품제시 및 실연
③ 접 근
④ 잠재고객 파악
⑤ 이견의 해소

해설 접근(Approach)이란 판매를 시도하기 위해서 고객에게 다가가는 것, 즉 판매를 위한 본론에 진입하는 단계를 말한다. 접근에 성공하여 판매단계로 진입하기 위해서는 우선 성실하게 미소 띤 얼굴로 부드러운 분위기를 조성하여 예의바른 세련된 화술 등의 기능을 발휘하도록 하여야 한다.

64

다음 중 판매직원이 판매를 위해 고객에게 다가가기 위한 효과적 접근 타이밍으로 가장 적절하지 않은 것은?

① 고객이 매장으로 들어올 때
② 판매담당자를 찾고 있는 태도가 보일 때
③ 고객이 말을 걸어올 때
④ 같은 진열 코너에서 오래 머물러 있을 때
⑤ 고객과 눈이 마주쳤을 때

해설 접근 타이밍
• 판매담당자를 찾고 있는 태도가 보일 때
• 고객이 말을 걸어오거나 고객과 눈이 마주쳤을 때
• 같은 진열 코너에서 오래 머물러 있을 때
• 매장 안에서 상품을 찾고 있는 모습일 때
• 고객이 상품에 손을 댈 때

65

다음의 접근방법 중 예상 고객에게 이전에 구매한 상품에 대하여 수리나 정보 그리고 조언을 해주면서 접근하는 방법은?

① 서비스 접근법
② 상품혜택 접근법
③ 공식적 접근법
④ 환기 접근법
⑤ 프리미엄 접근법

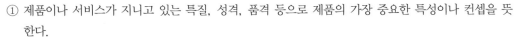

66 셀링 포인트(Selling Point)에 대한 설명으로 가장 옳지 않은 것은?

① 제품이나 서비스가 지니고 있는 특질, 성격, 품격 등으로 제품의 가장 중요한 특성이나 컨셉을 뜻한다.
② 상품판매 계획을 세울 때 특별히 강조하는 점으로 고객의 욕구에 맞추어 상품의 설명을 응축하여 전달하는 것이다.
③ 판매의 과정에서 셀링 포인트를 포착하는 시점은 구매심리과정의 7단계 중에서 '신뢰'의 단계이다.
④ 상품의 특징이나 효용 중에서 구매결정에 가장 크게 영향을 미치는 점을 짧고 효과적으로 전달하는 것이다.
⑤ 셀링 포인트를 문자화 하여 고객의 눈에 호소하는 것이 POP라 할 수 있다.

해설 셀링포인트는 판매점 또는 판매기점, 상품판매 계획을 세울 때 특히 강조하는 점으로서, 제품이나 서비스가 지니고 있는 특질, 성격, 품격 가운데서 사용자에게 편의나 만족감을 주는 것을 말한다.

67 고객이 원하는 상품이면서 가격도 적정하다고 느끼는 경우라고 생각되는 것은?

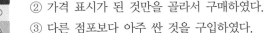

① 표시된 가격보다 10% 할인하여 구매하였다.
② 가격 표시가 된 것만을 골라서 구매하였다.
③ 다른 점포보다 아주 싼 것을 구입하였다.
④ 원하는 상품은 아니지만, 이월상품으로 50% 할인해서 구매하였다.
⑤ 비싼 대가를 지불하였으나 크게 만족하였다.

해설 고객이 원하는 상품을 구입할 때 비싸지만 고객의 욕구를 만족시키는 경우 그 가격도 그 나름대로 적당하다고 여기게 된다.

68 고객욕구의 결정에 있어 질문을 통해 얻을 수 있는 효과가 아닌 것은?

① 고객의 개성이나 사회적 지위 등의 파악이 가능해진다.
② 대화의 실마리를 제시해 주어 좋은 분위기를 조성할 수 있다.
③ 고객의 마음을 열게 하고 고객 자신의 생각을 정리시킬 수 있다.
④ 고객의 주요 관심사와 그의 구매문제를 인식하게 된 동기를 파악할 수 있다.
⑤ 질문을 활용하는 대화법은 질문하고 → 경청하고 → 동감하고 → 질문하는 과정을 반복하는 것이다.

> **해설**
> 고객의 욕구파악은 질문으로부터 시작된다. 고객으로 하여금 자신을 자랑할 수 있는 기회를 주면서 그가 말하는
> 것을 경청하여 고객의 욕구를 파악하는 것이다. 이 때 판매담당자의 대화법은 질문 → 경청 → 동감 → 응답하는
> 과정을 반복하는 것이다.

69 판매제시의 여러 가지 유형 중에서 대부분의 시간동안 고객이 이야기하도록 유도하여 고객의 문제를 해결해 주는 방식으로 판매제시하는 방법은?

① 제안판매방식(Presentation)
② 합성형 방식(Formula Approach)
③ 암송형 방식(Canned Approach)
④ 판매실연방식(Demonstration)
⑤ 욕구충족형 방식(Need Satisfaction Approach)

> **해설**
> 판매제시의 4가지 유형
> • 욕구충족형 방식 : 고객의 진실된 Need를 파악하여 그를 만족시킬 수 있는 새로운 해결책을 제시(문제해결형)
> • 합성형 방식 : 고객의 유형이나 Need를 파악하여 몇가지 주요 포인트를 제안(세일즈기법형)
> • 암송형 방식 : 판매화법을 시나리오로 작성하여 모든 고객에게 공통적으로 적용(표준화법)
> • 판매실연방식 : 고객에게 제품구매를 유도하기 위해 직접 상품을 사용하면서 설명하는 것

70 다음 중 상품 제시의 금지 사항이 아닌 것은?

① 고객의 말에 부정적으로 응대하는 경우
② 상품을 꺼내어 아무 말 없이 고객 앞에 미는 경우
③ 상품을 여러 가지 꺼내어 골라잡으라는 경우
④ 상품을 한 손으로 꺼내 보여주거나 느린 동작을 취하는 경우
⑤ 사용하는 상태로 해서 상품을 직접 만지게 하는 경우

71 스포츠용품 매장에서 다음과 같이 사용되는 상품설명의 유도화법에 해당하는 것은?

> 이 축구화는 레알마드리드의 호날두가 주로 사용하는 것으로 …

① 의뢰제시법   ② 문제해결제안법

③ 호기심유발법   ④ 실연법

⑤ 장점강조법

해설 상품설명의 유도화법
- 판매포인트 열거법 : 상품의 주요 특징과 혜택의 핵심 부분인 판매 포인트를 열거하면서 말을 꺼내는 방법이다.
- 장점강조법 : 상품이 고객에게 주는 이점(가치 혹은 혜택)을 들어 말을 꺼내는 방법이다.
- 수치 표시법 : 특정의 판매 포인트가 되는 가치를 수치로 표현하여 말을 꺼내는 방법이다.
- 사례소개법 : 판매 포인트를 사례로서 설명하여 흥미를 돋우는 방법이다.
- 문제해결 제안법 : 고객이 의심스러워하는 문제점의 해결책을 제안하는 방법이다.
- 실연법 : 실제로 판매 포인트를 실연해 보이면서 상품설명을 하는 방법이다.
- 호기심유발법 : 상품과 관련된 잘 알려진 전문가가 애용하고 있음을 들어 호기심을 유발하면서 상품설명을 하는 방법이다.
- 의뢰제시법 : 상품을 제시하고 고객이 상품에 대해 자유롭게 질문하도록 하는 방법이다.

72 판매결정을 위한 타이밍으로 적절하지 않은 것은?

① 하나의 제품으로 질문이 집중될 때
② 판매담당자를 뚫어지게 쳐다볼 때
③ 상품에 대한 가격을 물어올 때
④ 말없이 생각하기 시작할 때
⑤ 상품을 무뚝뚝하게 쳐다볼 때

해설 판매결정을 내리기 위해서는 고객의 반응을 올바르게 포착하여 판매결정을 촉구하여야 한다.

고객이 판매 결정을 하도록 하기 위한 판매원의 기본자세로 가장 옳지 않은 것은?

① 성공할 것이라는 자신감과 태도가 필요하다.
② 신중하지만 신속한 판매종결이 시도되어야 한다.
③ 고객이 원하는 방법으로 판매결정을 시도한다.
④ 지금이 구매의 적기라는 강한 근거를 사용한다.
⑤ 관계를 강조하여 구매거절이 어렵도록 한다.

 판매원의 개인적인 감정을 강조하여 고객에게 판매결정을 강요하는 자세는 옳지 않다.

74

다음은 상품대금의 수령 시 금지 사항이다. 틀린 것은?

① 입금 시 투덜대거나 잡담을 하는 경우
② 쇼케이스 위에 다른 상품을 남겨두는 경우
③ 가격표와 영수증의 대조 없이 포장을 시작하는 경우
④ 손님의 특징을 기억해두지 않은 경우
⑤ 신용카드 결제 시 블랙리스트를 확인하는 경우

 신용카드 결제 시 블랙리스트를 확인하는 것은 판매원이 당연히 해야 하는 의무이다.

75

포장의 목적에 대한 설명 중 가장 옳지 않은 것은?

① 운반하기 쉽게 한다.
② 심리적 가치의 통일성을 만든다.
③ 상품을 보호한다.
④ 상품의 구별을 위해서 한다.
⑤ PR 효과를 위해 한다.

 고급스러운 포장은 심리적 가치를 증대시키긴 하지만, 통일성보다는 타 상품과의 차별성을 목적으로 한다.

76

포장의 기능에서 의사전달기능에 속하지 않는 것은?

① 제품의 식별기능
② 제품의 보호기능
③ 제품정보의 제시기능
④ 제품의 인상을 심어 주는 기능
⑤ 태도변화 기능

해설

포장의 기능
- 제품기능 : 제품을 담는 기능, 제품을 보호 하는 기능, 제품의 사용을 편리하게 하는 기능
- 의사전달기능 : 제품을 식별하게 하는 기능, 제품의 인상을 심어주는 기능, 정보를 제공 하는 기능, 고객의 태도를 변화시키는 기능
- 가격기능 : 대형 포장에 의한 상품 대형 용량의 유도기능, 다량구매 유도기능, 가격표시 유도기능

77

다음과 같은 포장(Packaging)의 여러 기능 중 제품기능에 해당하는 것을 모두 고르면?

㉠ 제품을 담는 기능	㉡ 제품의 이미지를 만드는 기능
㉢ 제품을 보호하는 기능	㉣ 제품의 사용을 편리하게 하는 기능

① ㉠, ㉡, ㉢
② ㉠, ㉡, ㉣
③ ㉠, ㉢, ㉣
④ ㉡, ㉢, ㉣
⑤ ㉠, ㉡, ㉢, ㉣

해설

㉡ 포장의 의사전달기능

78

다음 중 2차 포장(Secondary Packaging)의 목적과 기능이라고 보기 어려운 것은?

① 촉진관리
② 상품의 가치 상승
③ 진열의 용이함
④ 상품의 보호
⑤ 기초포장 보

해설

2차 포장은 기초포장을 보호하며, 제품사용 시 분리되는 포장재를 말한다. 이러한 2차 포장의 목적 및 기능으로는 상품가치의 상승, 촉진관리, 상품진열의 용이성 등이 있다.

79 포장 재료 중 유리 용기의 장점이 아닌 것은?

① 인쇄가 쉽다.
② 화학변화를 일으키지 않는다.
③ 개폐의 자유가 있다.
④ 강도, 경도 및 진열의 내구성이 좋다.
⑤ 재활용으로 경제성이 있다.

해설
유리 용기는 인쇄가 쉽지 않으며, 인쇄가 용이한 재료는 합성수지이다.

80 다음 중 포장 재료의 종류별 설명으로 맞지 않는 것은?

① 종이는 디자인하기 용이하고 운반하기 유리한 장점이 있다.
② 목재는 내용품의 중량 및 용적에 비해 용기의 중량과 용적이 큰 단점이 있다.
③ 합성수지는 포장작업성이 불량하고 내용물 보호성이 약하다.
④ 유리용기는 내용물이 투시되는 성질이 있고 진열의 내구성이 있다.
⑤ 쇼핑백은 끈이 달린 포장대로 편리하고 스마트해서 인기가 높아 백화점이나 전문점에서 많이 사용하고 있다.

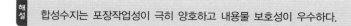

해설
합성수지는 포장작업성이 극히 양호하고 내용물 보호성이 우수하다.

81 다음은 포장 재료의 관리에 관한 설명이다. 옳지 않은 것은?

① 포장지는 콘크리트로 된 바닥에 쌓아 두어도 된다.
② 포장 재료는 적정재고의 보유가 필요하다.
③ 점포에는 매일 사용되는 포장 재료의 2배, 즉 2일분을 준비해 둘 필요가 있다.
④ 재고가 없어지면 리드타임을 계산에 넣고 발주해야 한다.
⑤ 재료의 구성과 시각적인 표면으로서 상품에 대해 좋은 인상을 갖도록 하는 것이 중요하다.

해설
포장지를 콘크리트 바닥에 그냥 쌓아두게 되면 곰팡이가 생기기 쉬우므로 공기가 잘 통하도록 각목을 밑에 괴고 그 위에 놓아야 한다.

82 다음 포장대 제작에 관한 설명으로 틀린 것은?

① 포장대 정면의 색채에 대하여 측면은 반대색을 사용하는 것이 효과적이다.
② 디자인은 점격, 객층, 업태에 맞추어 제작하는 것이 바람직하다.
③ 쇼핑백은 편리하고 스마트해서 백화점이나 전문점 등에서 많이 사용된다.
④ 슈퍼백의 용지는 쇼핑백보다 고급이며 양질의 용지가 사용된다.
⑤ 포장대의 도안은 긴 안목으로 보아 완연히 구분할 수 있도록 제작되어야 한다.

> **해설** 쇼핑백 용지는 강도가 높고 취급하기 좋으며 아름다움이 요구되므로 슈퍼백보다 고급이며, 양질의 용지가 사용된다.

83 다음 중 포장방법에 대한 설명으로 옳지 않은 것은?

① 포장법에는 비스듬히 싸기와 마주 싸기가 있다.
② 난이도에서 마주 싸기가 비스듬히 싸기보다 쉽다.
③ 마주 싸기의 경우 더 큰 상품의 포장이 가능하다.
④ 포장 후 견고성은 비스듬히 싸기가 좋다.
⑤ 포장속도에서는 마주 싸기가 빠르다.

> **해설** 비스듬히 싸기가 더 속도가 빠르다.

84 선물포장에 대한 내용으로 가장 옳지 않은 것은?

① 가격표는 제거할 것
② 글씨는 되도록 판매원이 쓰도록 할 것
③ 선물 받는 사람의 특성을 포장 시에 고려할 것
④ 글씨를 쓰고 나면 손님에게 보여줄 것
⑤ 글씨를 완전히 말린 후 포장할 것

> **해설** **선물 포장 시 주의사항**
> • 가격표는 반드시 제거 할 것
> • 글씨는 가급적 손님이 쓰도록 할 것
> • 선물 받는 사람의 특성을 고려할 것
> • 글씨를 쓰고 나면 손님에게 보일 것
> • 글씨는 충분히 건조시킨 후 포장할 것

85 매장에서의 판매원 활동 중 클로징(Closing)이란 무엇을 말하는가?

① 고객에게 당일에는 더 이상 판매하지 않는 행위
② 고객과의 상담을 마무리 짓는 행위
③ 할인 판매 품목이 품절 되어 더 이상 그 품목을 팔지 않는 행위
④ 당일 매출 목표를 달성한 것을 의미함
⑤ 고객이 제품에 대한 반품을 요구하는 것

해설
'Closing'이라는 용어는 고객과의 상담을 마무리하고 판매 계약에 대한 고객의 동 의를 사실상 획득하는 행위를 나타내기 위해 사용한다.

86 소매점포경영과 관련된 내용으로 가장 옳은 것은?

① 판매동선은 길수록 좋다.
② 고객은 항상 정보의 수용자이며, 스스로 정보의 원천이 되지는 않는다.
③ 반품고객에게는 가능한 범위 내에서 설득하여 반품을 줄일 수 있도록 하여야 한다.
④ 상품이 기능적으로 복잡하지 않아서 고객에게 사용방법에 대한 교육이 필요 없는 상품일수록 각 상품별로 판매원을 배정하는 것이 좋다.
⑤ 클로징은 고객의 구매의사를 최종적으로 확인하고 대금수수를 정확히 하는 것이다.

해설
① 판매동선은 짧을수록 좋다.
② 고객은 정보의 수용자인 동시에 정보를 제공하는 원천이 되기도 한다.
③ 반품은 당연한 것으로 받아들여 신속하게 처리함으로써 결국 반품을 줄이고 재구매율을 높일 수 있다.
④ 기능적으로 복잡한 상품일수록 각 상품별로 판매원을 배정하는 것이 좋다.

87 다음 반품 취급(返品取扱)에 대한 설명 중 옳지 않은 것은?

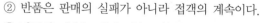

① 상품에 결함이 있다는 것은 명백히 상점 측의 책임이다.
② 반품은 판매의 실패가 아니라 접객의 계속이다.
③ 반품의 접수는 해당 영수증을 첨부하는 것을 원칙으로 해야 한다.
④ 고객에 의해 상점의 관리체제의 결함이 지적된 셈이므로 정중한 사과와 동시에 감사드려 야 한다.
⑤ 고객 측의 이유로 반품된 경우는 상대방의 실수를 지적하고 바꾸어 주지 말아야 한다.

해설
고객 측의 이유로 반품 응대를 할 때 상대방의 실수를 지적하는 행위는 피해야 한다.

88 고객들이 가격저항을 할 경우를 대비한 방법이나 그러한 상황에 알맞은 처리방법으로 가장 옳지 않은 것은?

① 제품의 이점에 비해 가격이 적정하다고 생각할 만한 증거를 사전에 미리 준비해 둔다.

② 판매자 자신부터 가격에 대한 신뢰감을 갖고 있어야 한다.

③ 제품의 효용보다 가격으로 인한 지위과시가 더 중요함을 설명한다.

④ 가격보증 데이터를 사전에 준비해두고 고객을 설득한다.

⑤ 고객이 제품의 가치가 높음을 인정할 때 가격제시 타이밍을 잡는다.

해설 가격을 파는 것이 아니라 제품의 효용을 파는 것이라고 고객에게 인식시킨다.

03 · 고객관리와 응대

Key Point

- 고객관계관리(CRM ; Customer Relationship Management)
- 고객응대 및 커뮤니케이션 기법
- 고객만족과 고객충성도 관리
- 고객 컴플레인 원인 및 처리 방법

---

01 고객의 이해

1 고객의 욕구와 심리 이해 기출 13

(1) 고객의 개념

① 고객의 정의 : 고객에는 전통적으로 외부고객과 내부고객이 있지만, 오늘날 고객의 개념은 이해관계자(Stakeholder)의 개념으로 확장되었다. 이해관계자란 자사의 성공과 발전에 이해관계가 걸린 모든 구성원(종업원, 고객, 주주, 협력업체, 지역사회 등)을 지칭한다.

고객의 단순개념	고객의 확대개념	
사내고객	중간고객	최종고객

② 고객의 역할
  ㉠ 고객은 직접 찾아오든지 편지를 보내오든지 회사에서 가장 중요한 사람이다.
  ㉡ 고객이 우리에게 의지하는 것이 아니라 우리가 고객에게 의지하고 있는 것이다.
  ㉢ 고객은 우리 일을 방해하는 것이 아니며, 그들이 우리 일의 목적이다.
  ㉣ 우리가 그들에게 서비스를 무조건 제공하는 것이 아니라 그들이 우리에게 서비스를 제공할 수 있는 기회를 주는 것이다.
  ㉤ 고객은 논쟁을 하거나 함께 겨룰 수 있는 상대가 아니다. 누구도 고객과의 논쟁에서 이길 수 없다.
  ㉥ 고객은 우리에게 그가 원하는 것을 가르쳐 주는 사람으로 고객과 우리에게 이익이 되도록 일을 하는 것이 우리의 직무이다.

③ 시대변천에 따른 고객개념의 변화
  ㉠ 경쟁이 거의 없었던 시대(수요 > 공급의 시대) : 고객은 봉이다.
  ㉡ 경쟁이 서서히 나타나기 시작하는 시대(수요 = 공급의 시대) : 고객은 단순한 소비자일 뿐이다.

ⓒ 경쟁이 심화된 시대(수요 < 공급의 시대)
- 고객은 왕이다.
- 고객은 스승, 은인, 신이다.
- 고객은 우리 사업의 가장 중요한 인물이다.

(2) 고객 심리

① 보통 고객은 반드시 판매원에 대하여 경계심을 가지고 있다. 판매원에 대한 경계심 때문에 그들은 냉대하고, 저항하고, 거절하게 마련이므로, 이것을 다루어서 고객의 굳게 닫힌 마음의 문을 열게 해야 한다.

② 고객은 면접의 초기에 반드시 판매원을 평가한다. 판매원의 차림으로부터 몸짓을 관찰하여 시험하고 채점하기 때문에 여기에서 좋은 점수를 받을 수 있어야 한다.

③ 고객들은 자기의 이익을 생각하고 있다. 자기에게 플러스가 되는 일이라고 느끼게 될 것 같으면 반드시 관심을 가지고 나오게 될 것이므로 먼저 "이것이야말로 나에게 도움이 되는 이야기다."라는 인상을 주도록 노력해야 한다.

④ 고객들은 자기의 체면을 중하게 생각하고 타인으로부터 존경을 받고자 한다. 판매원은 이에 대응하여 그 자존심을 만족시켜 주도록 각별히 머리를 써야 할 것이다.

⑤ 고객은 신기한 것, 미지의 것에 끌려 들어가게 마련이다. 판매원은 언제나 멋있는 배우, 능숙한 연출가로서의 신선한 어프로치를 하도록 하는 연구해야 한다. 판매원에게서 가장 무서운 것은 매너리즘에 빠지는 것이다. 항상 새로운 아이디어로 참신하게 어프로치 하는 판매원이 발전하는 판매원이다.

(3) 동기부여이론

① 매슬로우의 욕구단계이론 `기출` 21 · 19 · 16 · 15
ⓐ 1단계 : 생리적 욕구(주로 의·식·주에 해당하는 욕구)
ⓑ 2단계 : 안전에 대한 욕구(인간의 감정적·신체적인 안전을 추구하는 욕구)
ⓒ 3단계 : 애정과 소속에 대한 욕구(어떠한 집단에 소속되어 인정을 받고 싶어 하는 욕구)
ⓓ 4단계 : 자기존중의 욕구(자신의 만족 및 타인으로부터의 인정과 존경 등을 받고 싶어 하는 욕구)
ⓔ 5단계 : 자아실현의 욕구(자기계발을 통한 발전 및 자아완성을 실현하기 위한 욕구)

② 맥그리거의 X-Y이론
ⓐ X이론 : 인간은 작업을 통해서는 본질적인 만족을 느낄 수 없고, 가능한 한 작업을 피하려고 하며 야망이나 독청성이 거의 없다고 보는 이론
ⓑ Y이론 : 사람을 긍정적으로 파악하여 사람은 일을 즐기고 조건여하에 따라서 자기만족의 근원이 된다고 보는 이론

③ 앨더퍼의 ERG이론 : 생존욕구(Existence Needs), 관계욕구(Relatedness Needs), 성장욕구(Growth Needs)

④ 허즈버그의 2요인이론
ⓐ **동기요인** : 성취감, 안정감, 책임감, 도전감, 성장, 발전 및 보람 있는 직무내용 등과 같이 개인으로 하여금 보다 열심히 일하도록 성과를 높이는 요인
ⓑ **위생요인** : 보수, 작업조건, 승진, 감독, 대인관계, 관리 등과 같이 주로 개인의 불만족을 방지해 주는 효과를 가져오는 요인

2 고객의 유형분석

(1) 고객 기질에 따른 분류

① 기질의 4가지 유형

　㉠ 담즙질(膽汁質) : 사소한 일에 흥분하고 취미가 자주 바뀌나 강직하다.

　㉡ 다혈질(多血質) : 쉽게 흥분하고 취미가 자주 바뀌는 것은 담즙질과 같으나, 성격이 매우 낙천적이다.

　㉢ 점액질(粘液質) : 취미는 변하지 않으나, 기질이 약하고 흥분하는 일이 별로 없다.

　㉣ 우울질(憂鬱質) : 취미가 변하지 않고, 기질이 강하여 흥분을 억제한다.

② 기질에 따른 고객의 성격

　㉠ 수용적 성격 : 낙천적이며 친밀성이 있으나 권위에는 약하고 남의 말을 잘 듣는 형

　㉡ 착취적 성격 : 지적인 반면 독창성이 없고 흔히 말하는 재사(才士)적인 사람으로서 회의와 냉담, 선망과 질투가 강한 형

　㉢ 저축적 성격 : 완고한 면이 있어서 주위와 잘 어울리려 들지 않고, 자기에 대하여는 충실한 면이 있다.

　㉣ 시장적 성격 : 지적이며 순응성이 있고, 호기롭고 인정미도 있다. 그러나 타인에 대해서는 무관심하고, 개인주의적 감정에 지배되어 있으며, 변덕스러운 점도 있다.

(2) 고객의 특성에 따른 분류

① 결단형 고객(Decisive Customer) : 이러한 고객은 자기가 필요한 상품이 무엇인지 분명히 알고 있으며, 정의심이 매우 강하고, 또한 판매원의 반대 의견에 화를 내지 않는다. 따라서 판매원은 응대를 함에 있어 목적이 판매를 위한 것이지 논쟁을 위한 것이 아니라는 것을 명심해야 한다. 판매원은 고객으로 하여금 스스로 셀프서비스하도록 하거나, 판매 제시를 하는 동안 고객의 욕구나 의견을 기술적으로 주입시켜 상품을 제시하여야 한다.

② 의구형 고객(Suspicious Customer) : 이러한 고객은 매사에 의구심이 많아 남에게 이용당한다는 생각을 가지며, 성격상 고분고분해지는 것을 매우 싫어할 뿐만 아니라, 구매 의사 결정을 할 때 판매원의 말을 신뢰하려고 하지 않으며 의심이 많다. 판매원의 이러한 고객에 대한 대응은 가능한 한 상품의 사용 방법은 물론 제조업체의 Tag Label(꼬리표)을 설명하면서 상품의 특징을 지적해 주어야 한다.

③ 다혈질적 고객(Angry Customer) : 이러한 고객은 보통 심성이 고약하며, 아주 사소하고 조그마한 일에도 화를 잘 낼뿐만 아니라, 마치 일부러 사람을 괴롭히는 것처럼 보인다. 따라서 판매원은 응대를 함에 있어 논쟁을 피하고 명백한 사실에 관해서만 언급하고, 여러 가지 상품을 기분 좋게 보여주어야 한다.

④ 논쟁적 고객(Argumentative Customer) : 이러한 고객은 보통 논쟁하기를 좋아하며, 판매원의 진술 한마디 한마디에 대하여 이의를 제기한다. 판매 주장을 얻지 않으며, 판매원의 말 가운데 약점을 찾으려고 한다. 구매 결정하는데 조심성이 있으며 시간이 걸린다. 따라서 판매원은 응대를 함에 있어서 제품이나 서비스에 대한 충분한 지식을 가져야 하며, 이런 타입의 고객에 대한 접근은 간접적인 부인 접근법이 매우 효과가 있다.

⑤ 사실추구형 고객(Fact Finder Customer) : 이러한 고객은 대체로 상세하고 정확한 사실에 흥미를 가지며, 판매원의 진술 가운데 틀린 것이나 실수를 놓치지 않고 관찰하거나 제품이나 서비스에 대한 상세한 설명을 듣고자 한다. 따라서 판매원은 사실에 입각한 제시를 하며, 또한 제조업자의 라벨(Label)이나,

태그(Tags) 혹은 제품 번호에 대한 정보를 제고함으로써 효과적인 응대를 할 수 있다.

⑥ 내성적인 고객(Timid Customer) : 이러한 고객은 보통 자제심이 강하고 감수성이 예민하다. 이따금 보통 가격보다 비싼 가격의 품목을 구매한다. 자신의 판단에 확신을 가지지 못한다는 특성이 있다. 따라서 판매원은 고객이 스스로 구매 결정에 따른 만족감을 갖도록 친절과 존경으로 접객해야 한다.

⑦ 충동적 고객(Impulsive Customer) : 이러한 고객은 보통 결정이나 선택을 재빨리 하며, 인내심이 없으며, 갑작스럽게 거래를 취소하기도 한다. 판매원은 응대를 함에 있어 과다 판매나 판매를 지연시키지 말고 판매를 빨리 종결지어야 한다.

⑧ 주저형 고객(Wavering Customer) : 이러한 고객은 자신이 결정할 능력이 결여되어 있거나, 잘못된 결정에 대한 근심과 두려움을 가지며, 판매원의 조언이나 협조를 바란다. 따라서 판매원은 고객의 필요를 분석하여 이에 부응하는 제품의 장점을 지적해 줌으로써 고객이 표현한 필요나 의혹에 하자가 없음을 인식시킨다.

⑨ 연기형 고객(Procrastinating Customer) : 이러한 고객은 대체로 구매 결정을 뒤로 미루거나 자신의 판단에 확신이 부족하며, 자신감이 결여되어 있다. 따라서 판매원은 긍정적 제의를 하여 고객의 판단이 옳다는 것을 인식시켜 의사 결정을 하도록 도와준다.

⑩ 전가형 고객(Back-Passing Customer) : 이러한 고객은 보통 판매원 이외의 가족 구성원이나 기타 사람의 조언을 원하며, 사실의 불확실성을 인정하지 않는다. 따라서 판매원은 사실에 동의하고, 고객으로 하여금 의견을 진술하도록 하여 판매 종결을 유도한다.

⑪ 침묵형 고객(Silent Customer) : 이러한 고객은 대체로 말은 없어도 생각은 많이 하며, 관찰력이 뛰어나며, 또한 자신과 판매원의 의견, 생각의 차이에 걱정을 하나 판매원의 진술에 귀를 기울이기도 하여, 대체로 무관심한 것처럼 보인다. 따라서 판매원은 이들 고객에게 직접 질문을 시도하거나, 제품이나 서비스의 특징을 지적하여 판매하도록 한다. 여기서 한 가지 주의해야 할 것은 고객이 구매 신호를 하는지 살펴보아야 한다는 것이다.

⑫ 오락형, 여가형 고객(Just Shopping Customer) : 이러한 고객은 단순히 쇼핑이나 점포에 진열된 상품에 관한 정보를 얻고자 한다. 따라서 이들은 매우 충동적이며, 구매 계획은 보통 세우지 않는다. 여가 시간을 가지기 좋아하며, 또한 이들은 점포 분위기가 점포 내 상품 진열에 매력을 느낀다. 판매원은 고객을 환영해 주며, 진지하게 제품의 특징을 설명해 주고, 고객이 표출한 특별한 관심사에 신경을 써 놓음으로써 효과적인 응대를 할 수 있다.

지식 in

판매원이 알아야 할 고객의 주요한 특성
- 고객의 타입으로서 특히 고객이 갖는 기호성을 잘 파악해야 한다.
- 구매관습으로서 상품을 구입하는 법이 제각기 다르므로 그것들을 잘 알도록 주지한다.
- 상점에 오는 빈도로서 일정기간의 내점 횟수와 주기성 그리고 이용하는 다른 점포의 수와 그 빈도를 살핀다.
- 상점에 대한 정착성으로서 그 손님이 부동고객인가, 유동고객인가, 고정고객인가를 구별하고 그 움직임과 경향을 살피도록 한다.
- 고객의 외출패턴으로서 쇼핑을 다니는 특성, 여가시간을 즐기는 방법 등을 주시하도록 한다.

3 구매동기와 구매행동

(1) 구매동기

① 감정적 제품동기 : 소비자가 합리적인 이유를 생각하지 않고, 막연한 기분이나 무드에 끌려 물건을 살 때 일어난다.

② 합리적 제품동기 : 소비자가 물건을 살 때 경제성 내지 저가격 등과 같은 논리적 타당성을 이리저리 생각해 보고 사는 경우에 일어난다.

③ 감정적 애고동기 : 소비자가 특정상점을 애고하는 이유를 깊이 생각함이 없이 감정에 의해 애고(愛顧)하게 되는 경우에 일어난다.

④ 합리적 애고동기 : 합리적인 판단을 거쳐서 애고하게 되는 것으로 여러 가지 이유를 잘 생각해 보고 사는 경우에 이 동기가 작용한다.

(2) 고객의 욕구 형태에 따른 구매 `기출 13`

① 구매 행동을 일으키는 욕구

   ㉠ 인간은 상품을 소유하고자 해서만 사는 것이 아니라, 욕망의 만족, 상품을 사용해서 얻는 이익 또는 상품의 소유에서 생기는 성과를 위하여 그것을 사는 것이다.

     • 상인은 레지스터라는 기계를 사는 것이 아니라, 사업을 유리하게 하는 자료를 제공받고자 또는 그 기계가 제공하는 서비스를 사는 것이다.

     • 보험 판매원은 보험을 판다는 사업을 강조하는 것이 아니라 보호, 퇴직, 노후의 안정, 만일의 경우에 대한 안심을 파는 것이다.

   ㉡ 인간은 건전하고 합리적인 사고의 결과로만 물건을 구매하는 것이 아니고, 이해하기 곤란한 불합리한 욕망을 만족시키기 위해서도 구매할 수 있다.

     • 자동차나 밍크 코트 등은 편리, 위안, 보온 등의 이점만을 생각하여 사는 것이 아니라, 소유의 자랑, 타인의 상찬(賞讚)을 받고자 하는 욕망의 충족을 위하여 사는 때가 있다.

     • 판매원은 기본적인 인간의 욕망을 생각함에 있어서 건전하고 이치에 맞는 생각으로 만족을 채울 수 있는 것과 그렇지 않은 것이 있음을 인식해야 한다.

② 욕구의 다양화

   ㉠ 고객의 욕구는 소득, 생활수준, 취미, 지식, 교양, 가족 구성 그리고 직장이나 고객 자신의 성격에 따라 다르다.

   ㉡ 최근에는 가처분 소득의 상승과 여가화의 영향, 즉 TPO(시간, 장소, 상황)에 의한 소비 배분의 경향이 현저해서 상황과 용도에 상응한 상품 특성이 뚜렷하게 요망되고 있다.

   ㉢ 욕구의 다양화는 단순히 소득 수준이나 취미, 교양, 세대구성이라고 하는 일차적인 요소에 따라 경향이 바뀌는 것이 아니라, 생활구조라든가 생활양식의 변화에서 오는 소비의 배분이 크게 영향을 미치고 있다.

③ AIO 변수(행동, 관심, 사고) : 여러 가지 욕구를 가진 타입을 정량화 하려는 사고방식의 하나이며, 그 자체 확률 이론상으로 보아 경향 예측 면에서 신빙성이 높은 기법이다.

   ㉠ A(Action) : 소비자들이 구매 또는 소비행위로 나타내는 행동양식 등은 직장생활 또는 취미활동 등의 그들이 시간을 소비하는 방법을 나타내는 활동을 말한다.

ⓛ I(Interest) : 어느 특정한 대상 및 사건 또는 화제에 대하여 강력하면서도 지속적인 주의를 기울이는
정도를 의미한다.

ⓒ O(Opinion) : 소비자들이 그들 주위 세상과 그들 스스로를 생각하는 것으로서 자신과 타인 또는
환경 등에 대해 지니는 의견을 말한다.

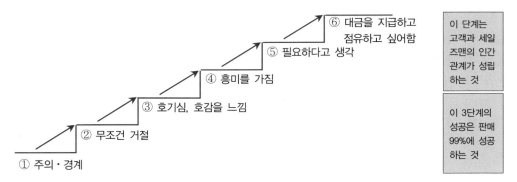

[고객 심리의 6단계(고객 반응의 6단계)]

④ 패션에 대한 욕망

㉠ 자기 자신에 대한 직접적인 욕구 : 고객이 바로 당사자로서 고객의 취미, 교양이 의사 결정에 큰
비중을 차지한다.

㉡ 가족, 친구, 소속 직장에 대한 순종 : 그 집단 내에서 영향력을 행사하는 특정인의 취미, 욕구에
따라 의사 결정 요인이 변하게 된다.

㉢ Dynamic Consumer : 골프 웨어에 대해서 사이즈, 비용 이외에 소재, 무늬, 디자인 등 일정한 상품
특성을 요구하는 층에는 취미, 환경, 교양 등이 있어서 AIO 변수를 낳은 근거가 된다. 여기에 자극
적인 광고, 선전 등에 따라 보다 높은 욕구 수준을 유지하기 위해 Dynamic Consumer가 생겨난다.
패션의 대중화는 이것에 따라 실현된다.

(3) 예상 고객의 발견 방법(창조적 고객 발견 방법)

① 거래선 : 전에 한 번 산 일이 있는 사람은 제일 먼저 손꼽아야 할 고객의 보고이다.

② 우인(友人) : 우인지기(友人知己)에 대하여 자기의 일을 비밀로 해서는 안 된다. 기회 있을 때마다
자랑하고 부탁하도록 하여야 한다.

③ 유력자 : 어느 직장이나 단체이든 그룹 리더가 있다. 이들을 친해두는 것은 판매 활동의 유력한 단서가
된다.

④ 판매원 : 다른 상품을 파는 판매원과 고객을 교환한다는 것도 기발한 아이디어의 하나가 될 것이다.

⑤ 사지 않는 고객 : 사지 않는 고객은 내심 미안감을 가지고 있다. 그러므로 소개를 받기는 수월하므로
이러한 심리를 활용하여야 한다.

⑥ 신문 : 그날 뉴스를 보고 찾아가서 판매를 성공시키는 것은 유능한 판매원들의 상투 수단이다.

⑦ 업계지·유지 : 회사나 업계 뉴스 중 확장 계획·합병 증자·제휴 등의 기사는 새로운 판로 개척을
하는데 좋은 도움이 된다.

⑧ 신축 : 회사이든 개인이든 빌딩이나 주택을 신축하면 거기에 따라서 여러 가지의 수요가 생기는 것이다.

⑨ 승진이나 전임 : 승진한 사람은 헌 차(車)를 새 차(車)로 바꾸려고 할는지도 모른다. 신문 기사의 인사란을 주목하면 재미있는 개척의 길이 열린다.

⑩ 출생 : 이 경우 어린애를 키우는데 소요되는 것은 모두 거래의 대상이 될 것이고, 생명 보험 저축 계획도 유력한 고객원이 된다.

⑪ 약혼과 결혼 : 결혼식장, 피로연, 신가정용품 등 판매원이 활약할 분야는 얼마든지 많이 생긴다.

⑫ 편지 : 우편을 효과적으로 이용하면 새로운 수요와 고객을 개발할 수 있고, 아울러 시간도 절약된다.

⑬ 전화 : 전화의 활용은 시간 절약을 위하여 약속을 해두기 위하여 또는 직접 주문을 받는 방법 등으로 무한한 가능성이 있다. 이것은 단골손님에 대하여 통신이나 전화로 신규 발매품이나 수입품에 관한 판매를 알리고 거기에 대한 답변이나 반응으로 그 손님이 다시 고객이 될 것인가 아닌가를 발견한다. 이러한 방법들을 이용하여 예상 고객을 발견하면 그들이 과연 고객으로서의 자격과 고객으로 삼을 가능성이 있는가, 고객이 되었을 경우 그 예상 고객의 구매 동기와 습관은 어떠하고 지급 능력은 어느 정도이며, 누가 구매를 결정하는가 등에 관하여 조사를 한 다음 접객에 대한 준비를 한다.

⑭ 무한연쇄법 : 한 번 거래한 손님으로부터 다른 손님의 이름을 듣거나 또는 직접 소개를 받거나 하여 끊임없이 다음 손님을 발견하여 가는 방법이다.

⑮ 견문법 : 각 방면으로 돌아다니면서 정보를 얻어 소비자 측의 어떤 사태 변화 등을 실지로 보고 자기 상점의 고객이 될 만한 대상을 발견하는 방법이다.

⑯ 세력 중심법 : 각계 각층에 걸쳐 그 중요 인물을 방문 접근하여 그 중심 인물의 주위에 있는 사람들을 소개받음으로써 고객이 될 만한 예상 고객을 발견하는 방법이다.

⑰ 후배 이용법 : 제1차로 후배 되는 판매원이 적당한 사람을 예상 고객으로 발견하고 거기에 대한 정보를 수집해오면 선배 되는 판매원이 실제의 판매 활동을 전개해 나가는 방법이다.

⑱ 미지인(未知人) 방문법 : 소개장에 의한 방문으로, 모르는 사람을 방문하려 할 때는 그 사람을 잘 아는 이의 소개장을 갖고 가면 거절 없이 접촉하기 쉽다.

지식 in

고객 구매행동의 심리적 요인 **기출** 22
- 동기 : 어떤 목표를 달성하기 위하여 개인의 에너지가 동원된 상태
- 지각 : 내적·외적환경으로부터 오는 자극을 받아들이고, 그 자극의 의미를 도출하는 과정
- 학습 : 경험으로 인한 개인의 행동 변화
- 태도 : 소비자들이 일정 제품이나 상표 또는 점포를 지속적으로 싫어하거나 좋아하는 경향

4 고객관계관리(CRM)

(1) 고객마인드

① 마케팅 사고의 변천과정 _{기출} 21 · 20 · 17

고객 지향적 사고 (마케팅 콘셉트)	• 수요 < 공급 • '팔릴 수 있는 제품을 만든다'는 사고 • 경쟁심화, 고객의 니즈 다양화 • 판매는 마케팅의 한 분야이며 마케팅은 보다 포괄적 기능 수행 • Total Marketing System – 통합적 마케팅
판매 지향적 사고	• 수요 = 공급 • '제품은 판매되는 것'이라는 사고로 팔려고 노력하기 시작 • 판매량 증가를 위한 판매기법 개발(대인판매, 전화판매, 방문판매, 광고) • 딜러에 대한 중요성을 인식하게 됨 • 효과적인 촉진활동 및 강력한 판매조직 구축
생산 지향적 사고	• 수요 > 공급 • '만들면 팔린다'는 사고 • 생산이 기업활동의 중심과제 • 기업의 과업 – 고품질의 제품을 공급하는 제품지향경영 • 고객의 관심 – 저렴한 가격, 취득가능성 • 영업사원의 역할 – 단순한 제품전달 기능수행

② 판매 지향적 사고와 고객 지향적 사고의 비교

구 분	시발점	초 점	수 단	목 적
판매 지향적 사고 (제품생산 이후에 관심)	기 업	제 품	판매와 촉진 활동	판매를 통한 기업이익
고객 지향적 사고 (제품생산 이전 및 이후에 관심)	시 장	고 객	통합적 고객 지향 활동 (전사적 마케팅)	고객만족을 통한 기업이익

(2) 고객관리 _{기출} 17 · 13

① 정의 : 고객관리란 고객에 관한 정보를 수집하여 분류·정리하고, 가공·활용하는 일을 말한다.

② 고객관리의 태도 : 고객에 대해서는 고객이 바라고 있는 서비스를 파악하여 철저히 대비해야 하며, 고객의 정보수집이나 활용에 그치는 것이 아니라, 고객에게 도움을 주는 고객관리를 하여 대리점의 이미지를 높여주고, 더불어 판매신장을 도모해야 한다.

③ 고객관리의 방법

ㄱ 방문 활동

• 방문 판매에서 방문 활동으로

– 일상 활동의 자세를 애프터서비스나 비포서비스(Before Service)를 포함한 방문 활동을 주력으로 만들어 행동 패턴을 그 방향으로 해 나가야 한다.

– 한 집이라도 더 많은 고객에게 한 집 당 소요 시간을 단축, 그 대신 횟수를 늘려서 고객을 육성해 나가는 방문 활동이 효과적이다.

– 방문 때마다 강매를 하는 것이 아니라, 고객에게 가벼운 마음으로 자주 접촉할 의사가 생기도록 사용하는 상황을 묻거나 생활 정보 등을 제공하여 궁극적으로 상품 판매에 이어지도록 한다.

- 단일 업무에서 다목적 업무로
  - 적은 인원을 가지고 방문 활동을 의욕적으로 전개하기 위해서는 한 집 한 집 방문할 때 요령 있게 일을 함으로써 효율을 높일 필요가 있다.
  - 수리, 수리 대금의 회수, 고객 정보 수집, 생활 정도 제공, 상품 구입 권유 등의 일을 한 차례의 방문으로 간단하게 실행할 수 있도록 습관화 내지는 습성화할 때까지 수련할 필요가 있다.
  - 1회당 방문 시간을 단축하기 위해서는 수리를 하면, 고객 카드를 기입해 달라고 하거나 D.M, 카탈로그 등을 미리 준비해 두었다가 건네준다.
- 서비스 활동 : 가망 고객에 대해서는 Before Service이며, 기존 고객에 대해서는 After Service가 되는 진단 방문은 고객과의 유대를 강화하는 역할을 하는 외에 정보를 모으는데도 유효하다.
- 순회 방문 계획 수립 : 오늘날은 소비자가 개성화 되고 더구나 절약하는 방식이나 정도가 다르기 때문에 언제 무엇을 바꾸려 하는가의 예측은 쉽지 않다. 그만큼 고정 고객을 두루 순회한다는 일이 무엇보다도 중요하다. 그러므로 방문 활동의 방식을 연구, 개선하여 합리화를 꾀하여야 한다.
- 하루의 행동을 패턴화 : 주기적인 방문을 실시하기 위해서는 상권 정비나 지역 담당 제도도 중요하지만, 일상생활을 얼마나 패턴화 하는가를 우선 결정해야 한다.
  - 오전 중에는 주기적인 방문을 실시한다.
  - 오후에는 수주(受注) 업무를 한다.
  - 저녁부터 판매 정리를 한다.
- 일정 고객 수의 확보 : 일정한 고객 수를 확보하여 주기적 방문을 실시하되 새로운 대체 수요를 확실하게 포착하는 동시에 그 밖의 일부는 신규 수요를 개발함으로써 일부 서비스나 수리 매상으로 평균 이상의 개인당 매출을 유지할 수 있다.
- 정보의 질 : 상권 정비를 한다거나 행동을 패턴화 하여 주기적 방문을 실시할 때는 보다 효율적인 방법으로 가전품에 대한 안내나 서비스 정보를 제공해야 한다. 그래서 고객에게 제공되는 정보는 계절적으로 적절하고 또 그 질이 중요시됨을 알아야 한다.
- 정보 제공의 체계

이미지를 높이는 정보	• 대리점의 경영 방침 • 대리점의 힘과 상품의 힘 • 종업원의 이력이나 담당 지구	• 대리점의 영업 방침 • 서비스의 힘 • 고객에 대한 친절한 응대
구매 정보	• 일반 상품 정보 • 신제품 정보 • 지출 방법에 관련된 정보	• 입하 정보 • 점포, 점두 정보
서비스 정보	• 상품별 사용 상황 문의 • 올바른 사용법 시리즈 • 경제성을 호소하는 시리즈 • 교육 효과를 호소하는 시리즈	• 무료 순회 서비스에 관한 통지 • 요령 있는 사용법 시리즈 • 정서면을 호소하는 시리즈 • 감사하다는 시선

- **고객의 호기와 관심의 유지**
  - 고객이 바라고 있는 것이 무엇인가에 대해서 항상 마음을 쓴다.
  - 적당한 양을 생각한다.
  - 감사한 마음을 태도에 나타낸다.
  - 고객의 불평을 신속히 처리한다.
  - 고객에게 언제나 최신 정보를 제공한다.
  - 고객을 소홀히 하지 않는다.

ⓛ D.M(Direct Mail Advertising) : 직접 광고는 예상 구매자에게 개별적으로 전달되는 광고 형식으로 서 특정 광고물이 지명된 개인의 수중에 직접 전달된다는 점이 특징이다.

- **D.M의 특성**
  - D.M을 받은 사람은 일종의 선민의식을 가져 호감을 지니고 광고물을 대하게 된다.
  - 지면상의 제약이 없으므로 다양한 기획을 할 수 있다.
  - 대상을 임의로 선정할 수 있으므로 광고물 배포를 융통성 있게 조정할 수 있고 특정계층만을 선정할 수도 있기 때문에 배포상의 낭비가 없다.

- **D.M의 종류**

판매 서한	개인 서신과 같은 성격으로 대리점의 신장, 개장시 널리 쓰인다. 판매 서한과 비슷한 것으로는 판매 엽서, 안내장 등이 있는데 적절한 시기는 예를 들어 냉장고 성수기를 대비하여 5, 6월에 냉장고나 에어콘에 대한 제품 설명이나 대리점이 구비하고 있는 제품 등에 대해 안내해 주면 효과적이다.
카탈로그	카탈로그는 대리점이 판매하는 모든 품목 혹은 주력 상품에 대하여 기재·설명하는 광고물로서 보통 실물 설명을 하고 가망 고객이 주문하는데 필요한 정보를 제공하는 것이다.
살포지	한 면뿐이거나 또는 양면에 인쇄된 것으로 대량 살포시에 주로 많이 쓰인다. 단색으로 인쇄됨이 보통이며, 다른 광고물의 보완으로서도 사용된다.
광고절지(팜플렛)	제본을 하지 않은 소형 책자로서 한 장의 종이를 접어서 책자와 같이 만든 것으로 기획에 따라 수취인의 호기심을 유발할 수가 있다. 카탈로그와 비슷한 효용으로 쓰인다.
소책자(小册子)	완전한 책의 형태를 갖춘 것으로 메이커에서 상품 포장 안에 삽입하는 제품 설명서 등으로 많이 쓰인다.

- **D.M의 효율화**
  - D.M의 발송시에는 수취인의 성명이 정확한지, 또 고객 카드 작성 후에 변동 사항이 없는지를 체크하여야 한다. 또 전달되는 광고물은 흥미롭고, 시기에 적합하고, 독창적이어야 하며, 읽는 사람으로 하여금 뭔가를 얻었다는 느낌이 들도록 해야 한다.
  - D.M은 배포만으로 큰 효과를 거둘 수 없으므로 배포 후에 방문을 통해 D.M 수취나 반응에 대한 확인을 해야 한다. 또 D.M이 받는 사람들에게 충분히 도움이 되었다고 생각되면 전화로 확인하는 것도 좋은 방법이다.

ⓒ 고객 카드
- **고객 카드의 기재 사항**
  - 주소·성명을 비롯하여 직업이나 가족 구성 사항은 필히 기재되어야 한다.
  - 소유한 가전제품에 관해서 기재해야 한다. 또 그 제품의 구입 시기, 갖고 있는 제품을 자사와 타사 제품으로 구분하여 기재하면 더욱 좋다.

- 고객이 앞으로 구입하려고 생각하고 있는 제품을 구입한다. 또 고객의 취미나 특기 등도 기재하는 것이 좋다.
- 고객 카드의 작성시 유의 사항
  - 사용하기 쉬워야 한다.
  - 장래를 생각하여 만들어져야 한다.
  - 추가 기입할 수 있어야 한다.
  - 모두가 사용할 수 있어야 한다.
  - 정확하게 기재되어야 한다.
  - 고객 이탈을 막는 고객에 대한 완전한 관리와 이들에 대한 대책이 있어야 한다.
- **고객 카드의 활용**
  - 평소의 방문 때 지참하여 활용한다.
  - 구입 실적의 기록을 확실하게 한다.
- 고객 카드 활용의 이점
  - 판매원이 매일 만나고 응대하는 여러 계층의 사람들은 판매원의 영토라 할 수 있으며, 판매원의 최대 자산이 된다. 그리고 인간관계의 목록은 곧 고객 카드가 된다.
  - 방문이 용이해진다.
  - 계획을 세우기가 쉬워진다.
  - 실행력이 강화된다.
  - 기술이 향상된다.

(3) 고객관계관리(CRM ; Customer Relationship Management) 기출 21 · 16 · 14 · 13

① CRM의 개념

㉠ CRM은 우리 회사의 고객이 누구인지, 고객이 무엇을 원하는지를 파악하여 고객이 원하는 제품과 서비스를 지속적으로 제공함으로써 고객을 오래 유지시키고 이를 통해 고객의 평생가치를 극대화하여 수익성을 높이는 통합된 고객관계관리 프로세스이다. 즉, 고객데이터와 정보를 분석 · 통합하여 개별 고객의 특성에 기초한 마케팅활동을 계획 · 지원 · 평가하는 과정이다.

㉡ CRM은 소비자들을 자신의 고객으로 만들어 이를 유지하고자 하는 경영기법이며, 기업들이 고객과의 관계를 관리, 고객 확보 그리고 고객, 판매인, 협력자와 내부 정보를 분석하고 저장하는 데 사용하는 광대한 분야를 아우르는 방법으로서 4가지 측면으로 볼 수 있다

- **지속적인 관계를 통한 고객관리** : 습관적으로 자사의 제품이나 서비스를 구매하도록 하는 마케팅 행위
- **개별고객 관리** : 개별적인 고객에 대한 1:1 마케팅 기출 18
- **정보기술에 의한 관리** : 데이터베이스를 이용하여, 고객의 정보를 관리
- **전사적 차원에서의 관리**

② CRM의 중요성 _{기출} 18 · 17 · 15

    ㉠ 시장점유율보다는 고객점유율에 비중 : 기존고객 및 잠재고객을 대상으로 고객유지 및 이탈방지, 타 상품과의 연계판매(Cross-Sell) 및 수익성이 높은 상품을 판매하기 위한 상승판매(Up-Sell) 등 1 : 1 마케팅 전략을 통해 고객 점유율을 높이는 전략이 필요하다.

    ㉡ **고객획득보다는 고객유지에 중점** : 한 사람의 우수한 고객을 통해 기업의 수익성을 높이며, 이러한 우수한 고객을 유지하는 것에 중점을 두고 있다.

    ㉢ **제품판매보다는 고객관계**(Customer Relationship)에 중점 : 기존의 마케팅 방향은 기업의 입장에서 제품을 생산한 것이었다면, CRM은 고객과의 관계를 기반으로 고객의 입장에서 상품을 만들고, 고객의 니즈를 파악하여 그 고객이 원하는 제품을 공급하는 것이다.

지식 in

교차 판매(Cross Selling)와 상승판매(Up Selling) _{기출} 22 · 21 · 17

• 교차 판매(Cross Selling) : 자체 개발한 상품에만 의존하지 않고 관련된 제품까지 판매하는 적극적인 판매방식으로, 고객이 선호할 수 있는 추가제안을 통해 다른 제품을 추가 구입하도록 유도하는 판매방법을 말한다. 따라서 대체재나 보완재가 있는 상품과 서비스에 더 효과적이다.

    예 카메라 구입 시 렌즈와 필름, 그리고 액세서리까지 구매유도

• 상승판매(Up Selling) : 동일한 분야로 분류될 수 있는 제품 중 소비자가 희망하는 제품보다 단가가 높은 제품의 구입을 유도하는 판매방법을 말한다. 따라서 교차 판매와 같이 대체재나 보완재가 있는 상품과 서비스에 더 효과적이다.

---

③ CRM의 특성 _{기출} 13

    ㉠ 고객들과의 장기적인 관계를 유지한다.

    ㉡ 데이터베이스 마케팅을 적극적으로 활용한다.

    ㉢ 고객 지향적이며, 쌍방향 커뮤니케이션이다.

    ㉣ 고객생애가치를 추구한다.

④ CRM의 유형과 구성

    ㉠ CRM의 유형

운영적 CRM	• 기업 조직 및 고객 간의 관계향상, 기업 조직의 전방위적인 업무를 지원하는 시스템 • 프론트오피스에 초점을 두고 구체적인 실행을 지원하는 시스템
분석적 CRM	• 고객들의 정보 활용을 위해서 고객에 대한 데이터를 추출 및 분석하는 시스템 • 백오피스를 지향하며, 고객의 정보를 분석하고 마케팅 활동을 지원하는 시스템
협업적 CRM	• 고객 및 기업 조직 간 상호작용을 촉진하기 위하여 만들어진 고객 접점 도구를 포함하는 서비스 애플리케이션 • 분석 및 운영 시스템의 통합

ⓛ CRM의 구성

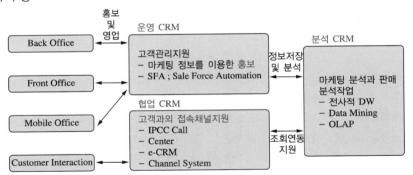

⑤ CRM의 구축을 위한 전제조건 기출 17

　　㉠ 고객 **통합 데이터베이스의 구축** : 기업이 보유하고 있는 고객, 상품, 거래 등에 관련된 데이터를 데이터웨어하우스 관점에 기초하여 통합한다. 즉, CRM을 위해서는 고객과 관련된 전사적인 정보의 공유체제가 확립되어야 한다.

　　ⓛ 고객 **특성을 분석하기 위한 마이닝 도구** : 구축된 고객 통합 데이터베이스를 대상으로 마이닝 작업을 통해 고객의 특성을 분석한다.

　　㉢ **마케팅 활동을 대비하기 위한 캠페인 관리용 도구** : 분류된 고객 개개인에 대한 특성을 바탕으로 해당 고객에 대한 적절한 캠페인 전략을 지원, 관리하는 도구가 애플리케이션, OLAP, Web 등의 다양한 형식으로 관련 부서 및 사용자의 목적에 따라 이용될 수 있다.

⑥ CRM 구현단계 기출 20

　　㉠ **고객 획득의 단계** : 고객에게 해당 기업의 제품을 판매하고 최초로 고객들과의 관계가 형성되는 단계이다.

　　ⓛ **고객 강화의 단계** : 고객들이 스스로 기업에 대해서 알고자 하는 것이며, 기업으로부터 고객 스스로의 정보에 대한 만족을 요청하게 되는 단계이다.

　　㉢ **고객 유지의 단계** : 고객들이 해당 기업과 계속적으로 관계를 유지하게 되는 단계이다.

　　㉣ **고객 성장의 단계** : 기업 조직이 고객으로 하여금 현 수준보다 더더욱 강화된 관계를 형성시키게 되는 단계이다.

⑦ CRM의 도입효과

　　㉠ **수익향상** : 기존고객유지, 기존고객의 수익성 향상, 수익성 있는 신규고객확보 등이 필요하다.

　　ⓛ **비용절감** : 마케팅/고객확보캠페인 비용 감소, 마케팅 캠페인으로부터 오는 반응률 증가 등을 들 수 있다.

⑧ CRM의 활용

　　㉠ **판매** : 소매점 판매, 현장 판매, 통신 판매, 웹 판매

　　ⓛ **마케팅** : 캠페인, 컨텐츠 개발

　　㉢ **서비스** : 콜센터, 웹서비스, 무선서비스

　　㉣ **개발** : 신상품개발, 사업개발

02 │ 고객응대

1 접점 이해 [기출 13]

(1) MOT의 개념 [기출 23·22·19·18·16·14]

① 'MOT(Moment Of Truth)'이라는 용어를 최초로 주창한 사람은 리차드 노먼이며 이 개념을 도입하여 성공을 거둔 사람은 스칸디나비아 에어라인시스템(SAS)항공사의 사장 얀 칼슨(Jan Carlzon)이다.

② 고객접점서비스란 고객과 서비스요원 사이의 15초 동안의 짧은 순간에서 이루어지는 서비스로서 이 순간을 '진실의 순간(MOT ; Moment Of Truth)' 또는 '결정적 순간'이라 한다. 이 15초 동안에 고객접점에 있는 최일선 서비스요원이 책임과 권한을 가지고 우리 기업을 선택한 것이 가장 좋은 선택이었다는 사실을 고객에게 입증시켜야 한다는 것이다.

③ 즉, '결정적 순간'이란 고객이 기업조직의 어떤 한 측면과 접촉하는 순간이며, 그 서비스의 품질에 관하여 무언가 인상을 얻을 수 있는 순간이다. 따라서 고객이 서비스상품을 구매하기 위해서는 들어올 때부터 나갈 때까지 여러 서비스요원과 몇 번의 짧은 순간을 경험하게 되는데, 그때마다 서비스요원은 모든 역량을 동원하여 고객을 만족시켜주어야 하는 것이다.

④ 이를 뒷받침하기 위해서는 고객접점에 있는 서비스요원들에게 권한을 부여하고 강화된 교육이 필요하며, 고객과 상호작용에 의하여 서비스가 순발력 있게 제공될 수 있는 서비스전달시스템을 갖추어야 한다. 고객은 윗사람에게 결재의 여유를 주지 않을 뿐만 아니라 기다리지도 않기 때문이다.

정 의	고객이 조직의 어떤 일면과 접촉하는 일로 비롯되며 조직의 서비스 품질에 관하여 어떤 인상을 얻을 수 있는 사건
중요성	• 고객과의 많은 접점에서 단 한가지라도 나쁜 인상을 준다면 그것으로 고객은 기업의 이미지를 결정 • 서비스 기업의 최고의 목표는 최고의 고객 서비스이므로 가장 우선적으로 고객과 기업의 접점에 대한 배려가 중요
목 표	접점의 관리를 통해 고객이 우리 기업을 선택한 것이 최선의 대안임을 증명할 수 있도록 하는 것
권한 위임	고객과의 접점에서 종업원의 신속한 대응을 위해 필요
고객에 대한 배려	기업이 세부까지 신경을 쓰고 있다는 사실을 고객이 느낄 수 있도록 하는 것
MOT 개선시 고려 사항	처음부터 탁월하게 수행하는 것도 중요하지만, 서비스의 불량 발생시 빠른 회복은 역전의 기회

[고객접점(MOT ; Moments of Truth)]

(2) 고객 마케팅과 MOT 분석

① 고객만족을 위해 실제로 고객 이탈을 5% 줄이면 최소 25%의 수익 증대를 얻을 수 있다.

② 만족한 고객은 약 4~5명의 친지에게 언급하는 반면 불만 고객은 평균 9~10명의 친지에게 이야기하고, 그 중 13%는 20명에게 언급한다고 한다.

③ 고객 5명이 불만이 있으면 그 중 한명의 고객은 잃는다.

④ 불만 고객 중 50%는 전혀 이야기하지 않으며, 불만 토로 고객 중 45%는 현장 담당자에게 이야기하며, 나머지 5%만이 회사에게 불만을 이야기한다고 한다.

⑤ 불만이 없었던 고객보다 신속하게 불만이 해결된 고객의 충성도가 가장 높다.

⑥ 적기에 불만이 해결되지 않으면 충성도는 25% 감소하며, 불만처리에 만족하면 75%가 계속 거래를 한다.

⑦ 신규 고객의 창출을 위해서는 기존 고객 관리의 5배의 비용이 든다.

2 고객응대 및 접객화법

(1) 효과적인 대화

① 호감을 주는 말씨 : 다른 사람으로부터 호감을 받을 수 있게 말하는 방법은 언제나 상대방의 입장에 서서 그를 존중한다는 자세에서 비롯된다.

    ㉠ 교양 있게 이야기 한다.

    ㉡ 요령 있게 이야기 한다.

    ㉢ 재치 있게 이야기 한다.

    ㉣ 상황에 맞게 이야기 한다.

    ㉤ 성실하게 관심을 표명한다.

    ㉥ 듣는 태도의 성실성을 갖는다.

    ㉦ 진실하게 칭찬을 해준다.

② 상대를 설득하는 말씨

    ㉠ 논쟁을 피한다.

    ㉡ 결점을 들추지 않는다.

    ㉢ 온화하게 대화를 한다.

    ㉣ 상대의 입장에서 생각한다.

③ 인간관계를 두텁게 하는 말씨 : 인간관계를 두텁게 하는 방법은 상대가 받기 쉽고 받기 좋아하는 말씨를 사용하는 것이다. 그러기 위해서는 화제가 풍부해야 하며 공통된 화제를 이끌어내야 한다.

    ㉠ 풍부한 화제 : 주고받을 만한 화제를 풍부하게 하기 위해선 예리한 관찰력, 많은 사물을 접하고 예리하게 생각하는 습관, 문제의식 등을 길러야 한다.

    ㉡ 공통된 화제 : 대화가 즐겁게 되려면 화제가 공통적이면서 상대방에게 흥미를 주어야 한다.

        • 할 일(의무)   • 여행

        • 출신지   • 계절, 날씨

        • 동료, 아는 사람   • 가족, 가정

        • 뉴스   • 건강(병)

        • 취미, 잡기   • 성(Sex), 연애, 결혼

④ 상대방의 페이스를 무너뜨리는 말씨

    ㉠ 헛기침을 한다.

    ㉡ 자세를 바꾼다.

    ㉢ 이야기와 관계가 없는 행동을 한다.

    ㉣ 시선을 급하게 피한다.

ⓜ 상대의 목소리를 누르는 것 같은 느낌으로 손을 든다.

ⓗ 자리를 뜬다.

(2) 경 어

적절한 경어의 사용법은 익혀두면 품위 있는 말씨를 구사하는 데 필요하다.

① **존경어** : 존경어는 말하는 상대, 즉 듣는 사람이나 또는 화제 중에 등장하는 인물에 대한 경의를 나타내는 말이며 그 사람의 소지품이나 행동에 대해서 사용한다.

> - ○○ 씨
> - 귀하
> - 사장님께서 가십니다.
>
> - ○○ 여사
> - 어느 분
> - 훌륭하신 말씀입니다.

② **겸양어** : 겸양어는 말하는 사람의 입장을 낮추고 상대방이나 화제에 등장하는 사람에게 경의를 나타내는 말이다.

> - 우리들
> - 저희들
> - 저희
>
> - 여쭙다.
> - 뵙다.
> - 드리다.

③ **공손어** : 공손어는 상대방에게 공손한 마음을 표현할 때 또는 말하는 사람의 자기품위를 위하여 쓰는 경우를 의미한다.

> - 보고 드립니다.
> - 말씀해 주십시오.
> - 안녕하십니까?

(3) 호 칭

호칭은 특정의 사람을 가리켜 말하는 명칭으로 상대의 주의력을 한 곳으로 유도하거나 자기를 상대에게 인식시키거나 대화 중에 특정의 대상에 대한 인식을 높이기 위해 쓰인다. 따라서 호칭은 상대의 유형에 따라 다르고 같은 사람이라도 누구에게 그 사람을 말하느냐에 따라 달라진다.

① 직장에서의 호칭

㉠ 상급자에 대한 호칭

- **부장님·과장님** : 직속 상급자는 직급의 명칭에다 '님'을 붙여 부르고 말한다.
- **○○ 부장님, ○○ 과장님** : 다른 부서의 상급자는 직책과 직급의 명칭에다 '님'을 붙여 부르고 말한다(경리 과장님, 총무 과장님).
- **○ 부장님, ○ 과장님** : 직속이 아니고 직책이 없이 직급만 있는 상급자는 직급 위에 성을 붙이고 직급 아래에 '님'을 붙여 부르고 말한다(김 부장님, 박 과장님).

ⓛ 하급자에 대한 호칭
- **과장·계장** : 같은 직급의 사람이 여럿이 아닐 때의 직속 하급자는 직급명만 부르고 말한다.
- **○○ 과장, ○○ 계장** : 직속 하급자나 타부서 하급자에 같은 직급명의 경우에는 직책명과 직급명을 부르고 말한다(경리과장, 서무계장).
- **○ 과장, ○ 계장** : 직책이 없이 직급만 있는 하급자는 '성'을 붙여 직급명을 부르고 말한다(김 과장, 이 계장).
- **○○ 씨, ○ 여사** : 직책과 직급명이 없는 하급자는 성과 이름에 '씨'를 붙여 부르고 말한다. 기혼여성은 '여사'를 붙인다.
- **○ 군, ○ 양, ○○○ 군, ○○○ 양** : 나이가 10년 이상 아래이며 미혼인 남녀 하급자의 경우 남자는 성이나 이름에 '군'을 붙이고, 여자는 '양'을 붙여 부르고 말한다.

ⓒ 동료·동급자의 호칭
- **○○ 과장님** : 동급자라도 연령이 위이면 직급에 '님'을 붙인다.
- **선생님** : 나이가 10년 이상 위이면 '선생님'이라 부른다.
- **선배님** : 나이가 10년 이내의 위이면 '선배님'이라 부른다.
- **○○○ 씨** : 같은 또래로서 친숙한 사이면 성이나 성명에 '형'을 붙인다.
- **○ 군, ○ 양** : 나이가 10년 이상 아래인 미혼자 또는 미성년자는 남자는 '군', 여자는 '양'이라 부른다.

② 사회생활에서의 호칭
ⓐ 아는 사람에 대한 호칭
- **어르신네** : 부모의 친구 또는 부모같이 나이가 많은 어른
- **선생님** : 학교의 선생님이나 존경하는 어른
- **노형(老兄)** : 11년 이상 15년까지의 연상자
- **형** : 6년 이상 10년까지의 연상자, 또는 아직 친구 사이가 되지 못한 아래위로 10년 이내에 드는 상대
- **이름, 자네** : 아래위로 10년 이내의 나이 차로 친구같이 지내는 사이
- **○○○ 씨** : 친숙한 관계가 아닌 10년 이내의 연상자와 기혼·성년의 연하자
- **○○ 님** : 상대가 위치한 직책·직급명에 '님'을 붙인다(사장님, 박사님, 교수님).
- **○○ 아버님, ○○어머님** : 친구의 부모는 친구의 이름에 아버님, 어머님을 붙인다.
- **○○ 형님, ○○ 누님** : 친구의 형이나 누이도 친구의 이름을 붙여 말한다.

ⓑ 모르는 사람의 호칭
- **노인어른, 노인장** : 할아버지, 할머니 같이 나이가 많은 어른
- **어르신네** : 부모 같이 나이가 많은 어른
- **선생님** : 존경할 만큼 점잖거나 나이가 많은 어른
- **노형, 선생** : 자기보다 10년 이상 연상자인 상대(남자끼리)
- **형씨** : 자기보다 아래위로 10년 이내에 드는 상대(남자끼리)
- **부인** : 자기의 부모보다는 젊은 기혼의 여자
- **댁** : 같은 또래(10년 이내)의 남자와 여자
- **젊은이, 청년** : 자기보다 15년 이하인 청년
- **총각** : 미성년자

- **아가씨** : 미성년인 여자 또는 미혼인 젊은 여자
- **학생** : 학생신분의 남녀
- **소년, 애** : 초등학생 이하의 아이들

(4) 음성이미지

이상적인 목소리는 맑고, 부드럽고, 거침이 없고, 톤과 음량도 좋고, 속도도 다양하다. 좋은 음성은 낮고 차분하면서도 음악적인 선율이 있다고 한다.

좋은 음성을 관리하는 방법은 다음과 같다.

① 자세를 바로 하라.
    ㉠ 가슴을 올리고 배를 집어넣는다.
    ㉡ 서 있는 자세에서는 양발에 체중을 균등하게 분배한다.
    ㉢ 앉은 자세에서는 양발을 벌리고 절대로 꼬지 않는다.
    ㉣ 바른 자세에서 복식호흡을 한다.
② 내용과 상황에 따라서 음성을 다양하게 사용한다.
③ 생동감 있게 하라.
④ 음성을 낮추라.
⑤ 콧소리와 날카로운 소리를 없애라.

(5) 고객응대화법 기출 23 · 22 · 21 · 20 · 15

고객응대화법은 전달하려는 뜻을 고객에게 명확하게 이해시키고 그 과정을 통해서 친절함과 정중함이 동시에 전달되어야 한다.

① **공손한 말씨를 사용한다.** : 고객과의 만남에서는 평소에 쓰는 말씨가 아닌 존댓말과 상대에 따른 호칭과 경어를 사용해야 한다.
② **고객의 이익이나 입장을 중심으로 이야기한다.** : 자기의 이익을 생각하기 전에 고객의 이익과 행복을 우선한다는 서비스 정신에 입각하여 대화를 전개한다.
③ **알기 쉬운 말로 한다.** : 고객이 이해하기 쉬운 말을 사용한다.
④ **고객응대에 예의를 갖춘다.** : 예의는 정성스런 마음과 올바른 태도가 기본이다. 마음은 없고 형식만 갖춘 응대라면 결코 고객에게서 호감을 이끌어낼 수 없을 것이다.
⑤ **명확하게 말한다.** : 명확한 요점을 정확한 발음과 적당한 속도와 크기로 느끼기 쉽게 이야기하는 것이 고객에게 호감을 주는 좋은 응대법이다.
⑥ 대화에 감정을 담는다. : 같은 내용의 말이라도 감정이 어떻게 담겨져 있느냐에 따라 전달효과가 달라진다. 감정이 담긴 대화는 표정이 담겨있다. 표정에는 얼굴뿐만이 아니라 손짓, 몸짓에 의해서도 표현된다.

(6) 설득 화법

① 기본 원칙

    ⊙ 고객 파악

- 접객상황에서 직업, 사회적 배경, 취미, 성격 등이나 고객의 의도를 잘 파악하는 것이 설득을 위한 접객화법의 우선이다.
- 고객의 특성이나 의도를 정확하고 신속하게 파악하는 것이 필요하다.

    ⓛ 고객의 이야기에 경청

- 전문 판매담당자는 고객의 말에 귀를 기울이고 고객의 반응을 보면서 이야기해야 한다. 자기의 입장에 집착해서 일방적으로 대화를 이끌어 가서는 결코 고객을 설득할 수 없을 것이다.
- 대화의 기본은 7 : 3 원리와 1 : 2 : 3 화법에 입각한다. 7 : 3 원리는 고객으로 하여금 일곱 마디 말하게 하고 판매담당자는 세 마디 이야기한다는 것이다. 1 : 2 : 3 화법은 1분 동안 말하고, 2분 동안 말하게 하고 3분 동안 긍정하는 것이다.

    ⓒ 고객이 이해하기 쉬운 말

- 고객의 수준에 적합한 표현을 한다.
- 어려운 표현, 번거로운 표현은 오히려 오해를 불러일으켜 고객의 마음을 닫게 하기도 한다.

    ⓔ 사상과 종교에 대한 이야기 금지 : 정치적인 사상이나 신앙은 신념이 기본이 되어 있으므로 충돌이나 논란의 근거가 된다. `기출 20`

    ⓜ 칭찬과 감사의 말

- 고객의 장점이나 아름다운 점을 인정하여 칭찬할 경우 대부분의 사람들은 호감을 산다.
- 고객이 상품을 탐색하는 동안에는 사냥하게 접객하다가 구매를 하지 않는 경우에 태도가 바뀌는 식의 행동은 절대로 삼가야 한다.
- 판매담당자는 언제 어떠한 경우라도 마음에서 우러나오는 고객에게 봉사한다는 기본적인 정신에 입각해서 친절과 감사의 말을 아낌없이 사용하는 기본적인 자세가 반드시 요구된다.

    ⓗ 올바른 시선접촉 : 고객응대 시 밝고 명랑한 모습으로서의 안정된 시선, 표정이 풍부한 시선, 바른 시선은 고객과의 계속관계를 유지시켜 주며 보다 밀도 있는 대화를 이끌어나갈 수 있게 한다.

지식 in

올바른 시선의 접촉 요령
- 듣는 사람의 눈동자에 시선을 맞추되 가끔 입 언저리를 바라본다. 이것은 듣는 사람으로 하여금 마음이 흩어지지 않게 하는 효과도 있다.
- 고객이 손 위일 경우에는 고객의 눈의 위치보다 높으면 거만한 인상을 주기 쉽고, 너무 아래를 보면 비굴한 인상을 주므로 고객의 눈과 목 사이의 위치에 시선을 맞춘다.
- 판매결정을 촉구하거나 뭔가 부탁을 할 경우에는 말의 요점이 되는 부분에 악센트를 넣어야 하며, 그 때마다 고객의 눈동자를 마주 본다.
- 듣는 입장에서는 고객의 눈을 보면서 들어야 한다. 그러나 너무 오랫동안 눈동자를 주시하면 말하는 고객이 부담을 느낄 수 있으므로 간혹 입이나 목을 본다. 고객의 말에 맞장구를 쳐야 할 때는 고객의 눈동자에 시선을 맞추게 되면 진지한 경청이 된다.

ⓐ 다른 점포에 대한 악평 금지 : 다른 점포에 대해 악평을 하는 것은 자신의 인격을 의심받게 되어 오히려 나쁜 결과를 초래할 수 있다.

ⓞ 반복 연호의 원리 : 상품 설명 도중 자기점포에서 판매하는 제품의 브랜드명이나 회사명을 반복적으로 이야기하면, 고객은 잠재의식적으로 제품에 대해 친숙하게 인식하게 되는 효과가 있다.

ⓩ 명령문(지시형) 금지 : '~하세요.' 문장보다는 '~하실까요.'하는 청유형 형식으로 말하는 것이 고객 중심 대화의 기본이다.

ⓩ 긍정적인 표현 : 부정형의 대답은 고객을 불쾌하게 하여 결국 판매에 부정적인 결과를 초래한다.

② 설득적 표현 방법 `기출 13`

㉠ 음성이 명확하며 부드러운 목소리여야 한다.
- 판매에서 음성을 사용한 대화의 기본은 명확하고 뚜렷하게 그리고 강력하게 호소하는 것이다.
- 낮고 작은 목소리로 말하는 것이 설득효과가 크다.

㉡ 상황에 적당한 음량과 템포를 유지한다.
- 고객의 인품이나 주위 분위기에 맞춰 알맞은 음율(Rhythm)·음조(Tempo)·음속(Speed)으로 음성에 연기를 가미하므로 지루하지 않게 이야기의 뜻을 올바르게 전달하게 한다.
- 판매담당자의 이야기에 고객이 공감할 수 있도록 대화에 적당한 간격을 주어야 한다. 판매담당자의 말에 고객이 깊이 공감할 수 있는 시간적 여유가 필요하다.

㉢ 시각에 호소하는 언어를 활용한다.
- 시각에 호소한다는 것은 표정이나 미소 등의 몸짓 언어를 사용하여 고객의 눈에 호소하는 표현방법이다.
- 표정, 미소, 자세, 동작 등이 상대방에게 주는 느낌에 매우 크게 영향을 미치므로 대화에서 어떤 어휘를 사용하는가 보다 그 어휘를 어떻게 사용하는가가 더 중요하다.

㉣ 품위 있는 유머를 한다.
- 품위 있는 유머는 고객의 닫힌 마음과 긴장을 푸는 역할을 한다. 따라서 고객의 속마음을 털어놓게 하고 상담도 원만하게 진행시킨다.
- 센스 있는 판매담당자는 유머의 소재를 잘 포착하여 정황에 맞는 유머를 잘 조화시켜 대화를 함으로써 판매효율을 높인다.

3 커뮤니케이션(Communication)

(1) 커뮤니케이션의 개념

① 언어·몸짓 등의 물질적 기호를 매개수단으로 하는 정신적·심리적인 전달 교류를 말한다.

② 정보전달, 의사소통, 정보교환, 감정이입을 뜻하며, 의견·정보·지식·가치관·감정 등을 전달하거나 교류함으로써 상대방의 행동을 변화시키는 과정이다.

③ 효과적인 커뮤니케이션이란 커뮤니케이션의 목적을 분명히 파악하고 목적에 부응하는 역할과 기능을 수반해야 한다.

(2) 커뮤니케이션의 필요성

① **정보량의 비약적인 증대** : 기업경영 활동으로 조직에 유입·유출되는 정보량이 비약적으로 증대하였으며, 조직구성원은 유입된 정보의 신속한 활용과 정보의 정확한 선별을 위해 역할을 수행해야 한다.

② **분화현상의 가속화** : 조직구성원의 직무범위와 업무영역이 명확하게 확정되어 있으므로 조직구성원 간의 의사소통이 필요하게 되었다.

③ **의사소통의 증대** : 커뮤니케이션이란 보내는 사람과 받는 사람간의 상호작용이므로 상대방에게 책임을 일방적으로 전가시키는 것은 바람직하지 않다. 원활한 커뮤니케이션은 보내는 사람과 받는 사람이 서로 그 책임을 일부 맡아서 이루어진다.

(3) 커뮤니케이션의 종류

① 역할에 의한 분류
  ㉠ **정보의 교환** : 정보는 의사결정을 하기 위한 필요한 지식으로 커뮤니케이션에는 정보가 반드시 내재되어 있다.
  ㉡ **의사의 소통** : 다른 사람과의 커뮤니케이션을 통해 사람 각자의 내면욕구를 충족시킨다.
  ㉢ **감정의 교류** : 커뮤니케이션은 희노애락의 감정적인 체험을 교류시킨다.

② 목적에 의한 분류
  ㉠ 공식·비공식 뉴스를 알리는 것
  ㉡ 자신의 의사·감정·정보를 알리고 이해시키는 것
  ㉢ 참여·협력·노력을 구하는 것
  ㉣ 필요한 지식·기술·상식을 가르치는 것
  ㉤ 동기를 부여시키는 것
  ㉥ 행동하게 하는 것
  ㉦ 느끼게 하는 것

③ 흐름의 방향에 의한 분류
  ㉠ **상향식 커뮤니케이션** : 상위계층에서 수용하는 것을 전제로 하는 보고·제안 등의 커뮤니케이션으로 조직내의 하부에서 상부로 전달되는 형태
  ㉡ **하향식 커뮤니케이션** : 관리계층별로 하부조직의 구성원에게 하달되는 지식·명령 등의 커뮤니케이션으로 조직내의 상부에서 하부로 전달되는 형태
  ㉢ **수평적 커뮤니케이션** : 수평적인 관계(동료)를 갖고 있는 조직구성원간의 커뮤니케이션

④ 공사(公私)에 의한 분류
  ㉠ **공식적인 커뮤니케이션** : 권한의 체계를 수립하고 조직구성원간에 항상 존재하는 형태의 커뮤니케이션
  ㉡ **비공식적 커뮤니케이션** : 직무의 기능, 권한과는 분리된 상태에서 알게 된 조직구성원간이나 친구 사이에서 발생되는 커뮤니케이션

(4) 효과적인 커뮤니케이션

① 상대방의 이야기를 정성으로 들어준다.
　㉠ 편안한 자세를 취한다.
　㉡ 상대방을 정면으로 바라본다.
　㉢ 개방적인 자세를 취한다.
　㉣ 시선을 계속 접촉한다.
　㉤ 가끔 상대방 쪽으로 몸을 기울인다.
② 상대방의 감정, 감정상태의 원인을 파악한다.
③ 상대방의 의사를 확인한다.
④ 자신의 생각과 의사를 전달한다.
⑤ 적절한 화제를 선택한다.
　㉠ 지나치게 자기 일변도의 대화가 아니면서 적절한 화제를 선택하려면 보다 많은 지식을 습득해야 한다.
　㉡ 사람들이 싫어하는 화제(타인의 결점, 자신의 자랑, 험담 등)는 피한다.
⑥ 화법의 전개를 생각한다.
　㉠ **연역법** : 순서에 따라 이야기를 전개시킨다.
　㉡ **귀납법** : 결론부터 먼저 이야기 한 후 결론이 나오게 된 이유와 경과의 순서로 구성한다.
　㉢ **요약법** : 이야기를 요약하여 먼저 말한 다음 상세한 연역법의 순서로 진행한다.
⑦ 상대방의 턱의 각도로 진의를 읽어 낸다.
　㉠ **턱을 들고 있는 경우** : 교만한 성격이면서 우월감을 갖게 된다. 상대방을 부정적으로 보고 있으며 적의를 가질 수도 있다.
　㉡ **턱을 끌어당기는 경우** : 소심한 성격으로 의심이 많은 사람처럼 보인다. 스스로 마음을 열려고 하지 않으며, 상대방의 말에 대해서도 신용하지 않는다.

(5) 적극적 경청

① **적극적 경청의 개념** : 적극적 경청이란 상대방이 전달하고자 하는 말의 내용은 물론 그 내면에 깔려 있는 동기나 정서에 귀를 기울여 듣고 이해된 바를 상대방에게 피드백시켜 주는 것이다.
② 적극적 경청의 기능
　㉠ 부정적인 감정에 대하여 두려움을 감소시켜 준다.
　㉡ 상대방이 스스로 문제를 해결할 수 있도록 한다.
　㉢ 상대방에게 적극적 경청을 할 수 있는 능력을 키워 준다.
　㉣ 상호간에 만족스럽고 지속적인 상호작용을 가능하게 한다.
③ 적극적 경청의 대상
　㉠ **비언어적 표현** : 신체적 행동, 얼굴표정, 목소리, 생리적 변화, 신체적 특징, 외모 등
　㉡ **언어적 표현** : 상대방의 언어적 표현들을 듣고 이해하기 위해서는 경험, 행동, 감정 등에 비추어서 경청하는 것이 도움이 된다.

ⓒ 표현되지 않은 감정과 동기
- 상대방이 언어적 또는 비언어적 표현을 통해 암시하고 있는 것
- 상대방이 표현한 것 이면에 전달하고자 하는 메시지
- 상대방이 혼돈된 방식으로 표현하고자 한 것
- 상대방의 객관적 표현

④ 적극적 경청의 자세
㉠ 눈 : 상대를 정면으로 보고 시선을 자주 마주친다.
㉡ 몸
- 손이나 다리를 꼬지 않고 정면을 향해 조금 앞으로 내민다.
- 고개를 끄덕이거나 메모하는 태도를 취한다.
㉢ 입
- 맞장구를 치거나 복창을 한다.
- 질문을 섞어가면서 모르면 물어본다.
㉣ 마음가짐
- 흥미와 성의를 가지고 상대방의 마음을 편안하게 해준다.
- 말하고자 하는 의도가 느껴질 때까지 참는다.

⑤ 적극적 경청의 방법
㉠ 남의 이야기는 귀를 기울여 듣는다.
㉡ 감정이입을 한다.
㉢ 이야기의 요점을 파악한다.
㉣ 커뮤니케이션에 책임을 진다.
㉤ 감정적으로 논쟁하지 않는다.
㉥ 이야기를 도중에 끊지 않는다.
㉦ 찬사를 적절히 활용하고 반응을 나타낸다.
㉧ 들은 이야기를 이해하고 질문을 적절히 한다.
㉨ 상대방의 퍼스낼리티보다는 그 사람의 사고에 마음을 반응시킨다.

4 전화응대 예절과 고객칭찬 기출 21 · 14

(1) 전화의 효용

① 짧은 시간에 용건을 마칠 수 있다.
② 일부러 가지 않아도 된다.
③ 곧바로 상대방의 의견과 대답을 들을 수 있다.
④ 거리에 관계없이 말을 주고받을 수 있다.
⑤ 만나서 이야기하는 것이 곤란할 경우에 편리하다.

특 징	유의사항
목소리만의 커뮤니케이션	언어는 정확히, 천천히, 정중히, 밝게, 적당한 음량으로 인사를 잊지 말아야 한다.
상대방의 표정, 태도, 주변 환경을 알기 어렵다.	통화가 길어질 때는 상대방의 형편을 반드시 물어보아야 한다("약간 더 시간을 주실 수 있겠습니까?"라는 등).
비용이 든다.	• 통화는 간결하게 • 필요한 자료와 메모는 곁에 갖추어 둔다. • 조사하는데 시간이 걸릴 듯한 경우, 상대방을 기다리게 할 경우 등에는 일단 끊은 다음에 다시 건다.
증거를 남기기 어렵다.	• 용건의 확인이나 복창은 반드시 한다. • 상대방의 성명, 소속부서를 확인한다. • 메모는 반드시 한다. • 자기이름을 알린다(특히, 전달을 의뢰받았을 때).
아무런 예약도 없이 불시에 걸려 온다.	• 형편이 나쁠 때는 정중히 그 뜻을 전달하고 다음에 이쪽에서 다시 건다. • 초조하더라도 목소리로는 나타내지 않는다.

[전화의 특징과 유의사항]

(2) 전화응대의 기본자세

전화응대는 보이지 않는 회사의 첫인상이며, 서비스 창구이고 고객만족의 첫걸음임을 인식하고, 고객과 자리를 하고 있다는 생각을 가지고 예의바르게 하여 친절한 이미지를 향상시킬 수 있도록 전화응대예절을 몸에 익혀 실천해야 한다.

① 회사를 대표하고 있다는 책임의식과 주인의식을 가지고 전화주신 분께 감사하는 마음을 갖는다.

② 한 사람의 전화응대가 회사전체의 이미지와 서비스의 좋고 나쁨을 좌우한다는 의식을 갖고 응대한다.

③ '바로 앞에 고객이 계신다.'라는 마음으로 응대한다.

(3) 전화응대의 3요소

① 신 속

㉠ 신속히 받고 간결하게 통화한다.

㉡ 인사나 필요한 농담이라도 길어지지 않도록 한다.

㉢ 전화를 걸기 전에 용건을 5W1H로 써서 말하는 순서와 요점을 결정한다.

㉣ 불필요한 말은 반복하지 않는다.

② 정 확

㉠ 발음을 명확히 또박또박한다.

㉡ 천천히, 정확히 하여 상대가 되묻는 일이 없어야 한다.

㉢ 상대가 이해하지 못할 전문용어나 틀리기 쉬운 단어는 사용하지 않는다.

㉣ 중요한 부분은 강조한다.

㉤ 상대의 말을 지레짐작하여 응답하지 않는다.

③ 친 절

　　㉠ 친절을 느끼도록 하려면 정성을 다해야 한다.

　　㉡ 상대가 누구이건 차별하지 말고 경어를 쓰도록 한다.

　　㉢ 상대의 말을 끊거나 가로채지 않는다.

　　㉣ 필요 이상으로 소리를 크게 낸다든지 웃지 않는다.

　　㉤ 상대의 기분을 이해하도록 하여 상대의 심리를 긍정적으로 만들어야 한다.

　　㉥ 상대의 언성이 높아지거나 불쾌해하면, 한발 물러서서 언쟁을 피한다.

지식 in

중요한 응대 말씨
- 예 – 솔직한 마음
- 미안합니다. – 반성의 마음
- 덕분으로 – 보은의 마음
- 예, 그렇게 하겠습니다. – 봉사의 마음
- 감사합니다. – 감사의 마음
- 오래 기다리셨습니다. – 상대방의 시간을 존중하는 마음
- 죄송합니다만 – 겸양의 마음

---

(4) 전화 응대 예절 [기출 14]

① 전화 응대의 에티켓

　　㉠ 해서는 안 되는 말

• 기다리세요.	• 모릅니다.	• 할 수 없습니다.
• 없습니다.	• 뭐라구요.	

　　㉡ 도중에 끊겼을 경우

- 원칙적으로 건 쪽에서 다시 건다.
- 전화가 끊긴 것을 사과한다.

　　㉢ 자신의 업무에 관한 열의를 의심하게 하는 요인

- 통화도중 주변 사람들의 이야기를 듣고 함께 웃거나 하지는 않는가.
- 필기도구로 책상의 끝을 두드리지는 않는가.
- 담배를 입에 물고 있거나 껌을 씹고 있지는 않는가.

　　㉣ **전화를 빌려 쓸 때** : 업무관계나 사적인 일로 남의 직장을 방문해서 그 직장의 전화를 빌려 써야만 할 상황이면, 먼저 그 직장의 직원에게 "급한 일이 있어서 그러는데 전화를 좀 쓸 수 있겠습니까"라고 정중하게 먼저 양해를 구한 다음 용건만 간단히 짧게 사용한다.

② 휴대전화 예절

    ㉠ 공공장소에서는 휴대전화를 잠시 꺼두자.

    ㉡ 볼륨을 최대한 줄이자.

    ㉢ 걸려오는 전화는 바로 받자.

    ㉣ 전화를 먼저 건 사람이 먼저 전화를 끊도록 하자.

    ㉤ 항공기와 주유소, 병원에서는 휴대전화 사용을 삼가자.

    ㉥ 운전 중에는 반드시 핸즈프리 사용을 하자.

(5) 전화응대 화법

① 전화응대 기본 방법 기출 17

상 황	사무실 및 매장	교환실
전화 받는 인사	"안녕하십니까? ○○부 ○○○입니다." "안녕하십니까? ○○○코너 ○○○입니다."	"안녕하십니까? ○○ 백화점입니다."
상대 확인할 때	"죄송합니다만, 존함을 말씀해주시겠습니까?" "죄송합니다만, 어디시라고…전해드릴까요?"	
돌려줄 때	"네, 연결해 드리겠습니다. 혹시 끊어지면 ○ ○○번으로 하시면 됩니다. 고맙습니다."	"네, 곧 연결해 드리겠습니다, 고맙습니다."
기다리게 할 때 (부득이 기다리게 되어 양해를 구할 때)	"죄송합니다. 통화중이신데, 잠시만 기다려 주시겠습니까?" "통화가 길어지고 있는데, 죄송합니다만 잠시 후에 다시 걸어 주시겠습니까?"	"죄송합니다만, 통화중이신데, 잠시만 기다려 주시겠습니까?"
기다리게 했을 때	"기다려 주셔서 고맙습니다. 곧 연결해 드리겠 습니다."	"기다려 주셔서 고맙습니다. 곧 연결해 드리겠 습니다."
끊을 때	"전화 주셔서 고맙습니다. 안녕히 계십시오."	
벨이 울린다.	① 마음을 가다듬고 미소를 짓는다. ② 메모지와 펜을 준비한다. ③ 벨이 울리고 2~3회 내에 신속히 받는다.	
전화를 받는다.	① 잘 쓰지 않는 손으로 받는다(왼손). ② 즉시 밝은 목소리로 자기의 소속과 이름을 명확하게 밝힌다.	
인사하고 자신을 밝힌다.	③ 밝게 첫 인사를 하고, 부서명, 자신의 이름 을 또박또박 천천히 말한다.	"안녕하십니까? ○○ 백화점 ○○부 ○○○ 입니다."
지명인을 확인한다.	필요하다면, 정중하게 상대방의 신분(성명)을 여쭈어 본다.	
지명인이 자신인 경우	곧 자신임을 다시 말한다.	"네, 제가 바로 ○○○입니다."
지명인이 다른 사람일 경우	① 같은 姓과 직책일 경우 부서명을 붙여서 이름을 확인하여 바꿔준다. ② 바꿔줄 경우 전화기만 건네주지 말고 전화 건 사람의 이름과 회사를 말해주도록 한다.	"네, 총무과 김승철 과장님 말씀이십니까? 곧 바꿔드리겠습니다."(HOLD BUTTON 누르고) "김과장님 ○○○氏 전화입니다."
용건을 듣는다.	5W1H로 메모하면서 듣는다.	"어느 분을 찾으십니까? 실례지만 존함이 어 떻게 되십니까? 김, ○字, ○字, 맞습니까?"

통화 내용을 확인 한다.	간단히 5W1H로 복창한다.(이름, 숫자, 장소, 일시, 회사명 등)	"네, 확인해 드리겠습니다."
전언을 부탁받을 경우	책임 있는 전언을 위해서 자신의 이름을 다시 말하고, 안심시킨다.	"네, 전해드리겠습니다. 저는 ○○부 ○○입니다."
끝인사를 한다.	① 상대방의 용건이 끝난 것을 확인한 후 ② 용건에 맞는 인사말을 한다.	"전화 주셔서 고맙습니다."

② 전화 거는 방법

　㉠ 전화걸기 전의 준비
　　• 상대의 상황을 예측해 본다.
　　• 상대의 전화번호, 소속과 성명을 확인한다.
　　• 통화하고자 하는 용건을 정리한다.
　　• 통화 중 필요한 서류와 자료를 준비한다.

　㉡ 전화 거는 순서

상 황	사무실 및 매장	교환실
준비한다 (MEMO한다.).	① 상대방의 번호, 소속, 직위를 확인한다. ② 용건, 대화할 내용의 순서를 5W1H에 의거 미리 정리·메모한다. ③ 필요한 서류, 자료는 미리 준비한다.	
전화를 건다.	바른 자세와 미소를 띠고 번호 하나하나 정확히 누른다.	
상대가 받으면 자신을 밝힌다.	즉시 밝은 목소리로 자신의 소속과 이름을 밝힌다(만일, 상대가 먼저 밝힐 경우, 메모하며 잘 듣고 인사 후 자신을 소개한다.).	사외 : "안녕하십니까? ○○ 백화점 ○○ 코너 ○○○입니다." 사내 : "안녕하십니까? ○○과 ○○○입니다."
통화하려면 상대를 확인하고 요청한다.	① 용건에 맞는 상대를 찾는다. ② 찾는 사람의 이름을 공손히 말한다.	"죄송합니다만, ○○담당자를 부탁드립니다." "죄송합니다만, ○○○氏(또는 직함)부탁드립니다."
찾는 상대가 있는 경우	① 간단한 인사를 한다. ② 용건을 메모에 따라 명확하게 말한다. ③ 목적을 분명히 하며 명확하게 말한다.	"전화로 먼저 인사드립니다." "항상 신세를 지고 있습니다." "휴가는 다녀오셨는지요." "바쁘신데 죄송합니다." "다름이 아니라 전일에 말씀하신 건입니다만"
찾는 상대가 없는 경우 (MEMO를 전한다.)	① 전화 건 목적을 분명히 한다. ② 자신이 다시 걸 것인지 아니면 회신을 원하는 것인지를 분명히 한다. ③ 자신의 이름, 회사 소속과 전화번호를 다시 한번 말해준다.	"실례지만, 언제 돌아오실 예정입니까?" "○○건 입니다만 돌아오시는 대로 저에게 전화 주시면 감사하겠습니다. 저는 ○○회사 ○○부 ○○○입니다. 번호는 *** – ****입니다. 부탁드립니다."
통화내용 확인 후 끊는다.	내용을 확인하여 착오를 방지한다(숫자, 일시, 장소 등을 강조한다.).	"다시 한번 말씀드리겠습니다."

③ 메모용지 사용법 : 메모지는 담당자가 볼 때에 쉽게 내용을 파악할 수 있도록 상대의 전달내용을 간단, 명료하게 메모용지에 정리한다.

④ 상황별 응대요령

㉠ 혼선이 되어 전화가 잘 들리지 않을 때
- 한 번 더 말해 줄 것을 요청하거나 다시 걸어주도록 정중히 요청한다.
  → "죄송합니다. 잘 들리지가 않습니다. 다시 한 번, 전화해 주시겠습니까? 지금 제가 먼저 전화를 끊겠습니다."
- 상대방의 탓이 아닌 전화기 탓으로 돌린다.
  → "전화상태가 좋지 않습니다. 좀 더 큰 소리로 말씀해 주시겠습니까?"

㉡ 전화가 잘못 걸려왔을 때 : 친절하고 정중하게 상대방이 무안하지 않도록 응대한다.
  → "실례지만 몇 번으로 전화하셨습니까?"라고 번호 확인한다.

㉢ 통화 도중에 전화가 끊길 때
- 원칙적으로 건 쪽에서 다시 건다.
- 기다려도 오지 않을 때 번호를 아는 경우엔 먼저 건다.
- 끊긴 것을 사과한다.
  → "손님, 죄송합니다. 전화가 잠시 끊겼습니다."

㉣ 잠시 통화를 중단할 때
- 상대방의 문의사항이나 조회사항으로 전화를 잠시 중단할 경우 먼저 양해를 구한다.
  → "네, 확인해 드리겠습니다."
- 조회 후 중단시간에 관계없이 사과를 한다.
  → "네, 오랫동안 기다리겠습니다."
    "기다리게 해서 죄송합니다."

㉤ 통화 도중에 고객이 올 때
- 먼저 눈인사나 가벼운 목례로 곧 응대할 것을 말한다.
- 가능한 통화는 빨리 끝낸다.
- 통화가 길어질 경우 양해를 구한다.
  → "손님, 죄송합니다. 지금 다른 손님이 계시니까 제가 곧 다시 전화를 드리겠습니다. 번호를 남겨주시겠습니까?"
- 불평고객의 전화이거나 급하게 전화처리를 해야 할 경우 다른 직원에게 방문고객을 응대할 수 있도록 한다.

㉥ 불평전화를 받았을 때
- 고객 불평의 말을 끝까지 듣는다.
- 사실을 확인하기 전에 먼저 사과하고 불만사항을 조사한다.
  → "손님, 정말 죄송합니다."
    "착오가 있었던 것 같습니다. 불편을 드려 죄송합니다."
    "당장 확인(조사)하여 답변을 드리도록 하겠습니다."
- 불평사항의 처리시간을 정확히 한다.
- 전화를 끊기 전에 다시 사과하거나 인사를 한다.

[상황에 따른 전화응대 요령]

상 황	응대 요령	적절한 용어
찾는 사람이 부재중일 때	① 언제 돌아오는지를 묻는다. ② 상대방의 전화를 대신 받아주는 사람의 이름을 묻는다. ③ 부재의 사유를 전하고 정중하게 미리 양해를 얻는다. ④ 상대방의 부탁사항을 묻는다. ⑤ 용건에 따라서는 대행자가 나선다. ⑥ 다른 전화로 통화중이어서 기다리게 할 때는 오른편과 같이 전한다. ⑦ 오랫동안 기다리게 할 때에는 미리 양해를 구한다.	• 몇 시쯤이면 돌아오실까요? • 그러면 ○시쯤 다시 한번 이쪽에서 전화를 걸 겠습니다. • 돌아오시거든 전화주시도록 전해주십시오. • 돌아오시면 ○○의 건을 좀 전해주십시오. • 실례합니다만 누구십니까? • 지금 외출중입니다만 ○시에는 돌아올 것입니다. 다시 한번 전화 주십시오. • 뭔가 부탁 말씀이라도 있으십니까? • 제가 대신해서 받아둘까요? • 대신해서 다른 사람이 말씀을 듣도록 할까요? • ○○은 지금 다른 전화를 받고 있습니다. 잠깐만 기다려 주십시오. • 대단히 죄송합니다만 조금만 더 기다려 주십시오.
전갈을 부탁 받았을 때	① 용건을 메모하여 … (5W1H로 생각하여)… ② 간단하게 복창한다. ③ 빨리 확실하게 상사에게 보고한다.	• 잘 알았습니다. ○○에게 틀림없이 전해 드리 겠습니다.
호출을 의뢰할 때	① 불러낼 곳의 번호를 분명히 파악한다. ② 상대편이 상사보다 지위가 높을 경우 상대방이 나오기 전에 상사에게 수화기를 건네준다. ③ 상대편이 상사보다 지위가 낮을 경우 상대방이 나온 후에 수화기를 상사에게 넘긴다.	• 사외 … ‘○○국 ××번’ • 사내 … ‘사내의 ○○번’ • ○○님이 나오셨습니다.
회사 내부 이야기·보고·연락 등으로 상대방을 기다리게 할 경우	① 정중하게 미리 양해를 구한다. ② 오래 기다리게 하지 않는다. 만약 오래 기다리게 할 때에는 오른쪽과 같이 알려 준다. ③ 반드시 송화기를 손으로 가리든가, 책상 위에 엎어 놓는다.	• 지금 ○○ 하겠사오니 잠깐만 기다려 주십시오. • 정말 죄송합니다만 조금만 기다려주십시오.
방문객이 와있을 때의 전화인 경우	① 정중하게 미리 양해를 얻는다. ② 자기가 방문객과 이야기하는 중이면 “실례합니다.”하고 방문객에게 양해를 구하고 수화기를 든다.	• 대단히 죄송합니다. 지금 손님이 계시니까 잠시 후에 전화 드리겠습니다.
회사·사원의 업무에 관한 것을 물어왔을 때	① 신중하게 취급한다. 알고 있어도 말하지 않는다. ② 상사의 지시를 요청한다.	• 잘 모르겠으니 상사나 담당자를 바꿔드리겠습니다.
윗사람에게 걸 때	① 반드시 상대편보다 먼저 전화를 한다. ② 대리임을 미리 말한 뒤에 이야기한다.	• 지금 ○○이 ○○이기 때문에 대신해서 말씀드리겠습니다만 … • ○○로부터 ○○에 관하여 ○○님께 연락해 두라는 부탁말씀이 있어서
상대편이 통화중에 불쾌한 감정이 되었을 경우	① 상대방의 입장이 되어 냉정을 추구한다. ② 온화하게 이야기를 진행한다.	• 현재로서는 이 이상 다른 말씀을 드릴 수가 없기 때문에 돌아오시면 상의하여 바로 전화 드리도록 하겠습니다. 양해하여 주시기 바랍니다.

상대편의 말을 잘 모를 경우	① 의미를 모를 때에는 그 일을 잘 아는 사람을 바꾼다. ② 전화기 고장인지, 상대방의 말이 분명하지 않 을 때	• 실례합니다만 말씀내용을 잘 몰라서 잘 아는 사람을 바꿔드리겠습니다. 잠시만 기다려 주 십시오. • 전화의 감이 먼 것 같은데요. • 조금 더 큰 소리로 말씀해 주십시오.

5 고객만족과 충성도 관리

(1) 고객 지향적 마인드

① 고객만족의 중요성
  ㉠ 마케팅 활동의 궁극적인 목적은 고객을 만족시키고 이를 통하여 기업목표를 달성하는 데 있다.
  ㉡ 고객만족을 통한 기업성장을 하고 있는 미국, 일본 등의 외국 기업으로부터 자극을 받았다.
  ㉢ 고객만족이 앞으로의 경영의 최고 과제라는 인식이 새롭게 대두되고 있다.
  ㉣ 과포화 성숙시장 상황에서의 고객욕구 다양화에 능동적 대응을 하기 위함이다.
  ㉤ 고객들에게 좋은 이미지를 심어줄 수 있는 새로운 기업문화 구축이 용이해 지기 때문이다.
  ㉥ 경쟁력 제고로 기존의 사업영역 뿐만 아니라 새로운 사업진출을 용이하게 한다.

② 고객에 대한 마음가짐
  ㉠ 감사하는 마음
  ㉡ 봉사하는 마음
  ㉢ 솔직한 마음
  ㉣ 겸허한 마음

③ 고객에 대한 태도
  ㉠ 고객의 니즈를 정확히 파악하고 충족시켜 주려는 태도
  ㉡ 고객에게 진정으로 만족을 주려는 태도
  ㉢ 고객의 입장에 서서 이해하고 도와주려는 태도
  ㉣ 지속적으로 고객에게 유익한 정보를 제공하고 친해지려고 노력하는 태도
  ㉤ 고객을 존중하고 체면을 손상시키지 않으려는 태도

(2) 고객만족 경영의 추진

① 고객만족 경영 추진시 유의사항
  ㉠ 경영층의 강력한 추진 및 지속적 지원이 필요하다.
  ㉡ 조직구성원의 혁신하는 행동이 절실히 필요하다.
  ㉢ 고객만족은 '나'로부터 시작된다는 생각과 자발적 참여가 필요하다.
  ㉣ 외부고객만족에 앞서 내부고객만족에 관심을 우선적으로 가져야 한다.
  ㉤ 단기적 관점 보다는 장기적 차원의 CS경영 추진 계획을 수립한다.
  ㉥ 고객의 사전기대치를 비현실적으로 높게 하지 말아야 한다.

② 고객만족의 삼각형

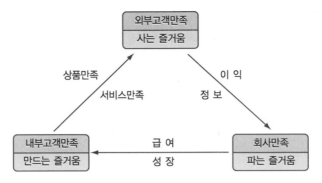

　　㉠ 내부고객이 만족하게 되면 외부고객에게 좋은 상품과 서비스를 제공한다.
　　㉡ 외부고객이 만족하면 회사에 필요한 정보와 이익을 제공한다(만족한 외부고객 = 회사자산).
　　㉢ 회사가 만족하게 되면 내부고객에게 높은 급여과 성장을 제공한다.
　　㉣ 삼각형의 각 상황은 매우 밀접한 관계를 갖고 있다.

③ 고객만족의 주요소 기출 13

④ 고객만족 경영 추진을 위한 기본 프로세스
　　㉠ 1단계 : 고객의 니즈 파악 - 시장 및 고객에 대한 조사
　　㉡ 2단계 : 고객의 니즈에 대한 신속한 해결을 위한 활동
　　　　• 상품
　　　　• 서비스 등으로 고객의 사전기대치 충족
　　　　• 기업이미지
　　㉢ 3단계 : 고객 만족도 측정
　　　　• 계속성
　　　　• 정량성의 원칙에 입각하여 측정
　　　　• 정확성
　　㉣ 4단계 : 업무 프로세스 혁신을 통하여 고객에 대한 가치 제공 - 고객의 사전기대치와 사용 실감치
　　　　간의 GAP을 최소화하기 위하여 업무처리 방법 적극 혁신

⑤ 사전기대와 사용실감과의 상관관계

　　㉠ 고객이 만족하게 되는 상황

　　㉡ 고객의 사전 기대 결정

　　　• 전혀 거래해 보지 않았을 경우
　　　　– 광고, 상담, 정보, 홍보
　　　　– 이용한 제 3자의 의견(구전효과)
　　　• 한번 거래해 본 경우 : 자신의 체험
　　　• 여러 번 거래했을 경우 : 경험의 평균치

　　㉢ 고객만족도 갭(GAP) 발생원인 : 아무리 고객에게 최선을 다하여 판매 활동을 한다하여도 고객의 사전 기대치와 실제의 사용실감치와는 GAP이 발생할 확률이 항상 존재하게 된다.

　　　• 고객의 기대와 기업 입장에서 보는 고객의 기대간의 차이
　　　• 고객이 실제로 제공받은 상품 및 서비스의 질과 광고, 홍보된 상품 및 서비스 간의 차이
　　　• 상품 및 서비스에 대한 사양과 실제로 고객에게 제공되는 상품 및 서비스질 간의 차이

⑥ 고객만족이 매출에 미치는 영향 : 고객이 만족한 상태와 불만족한 상태의 결과는 전혀 다르게 나타난다.

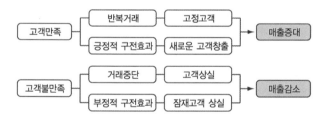

⑦ 고객만족(CS) 조사의 3원칙

　　㉠ 계속성의 원칙

　　　• 정기적으로 계속해서 실시(최소 연간 1회 정도)
　　　• 비교기준 설정
　　　• 일정시기, 일정방법으로 조사
　　　• 시계열적 변화 파악기능

　　㉡ 정량성의 원칙

　　　• 조사결과를 숫자로 표현
　　　• 고객만족도 파악기능
　　　• 3점~5점 척도 사용

　　㉢ 정확성의 원칙

　　　• 조사 대상자의 선정방법
　　　• 조사항목이 경영실태를 충분히 조사할 수 있는 내용인지의 여부
　　　• 조사방법, 조사 담당자의 적절성

(3) 고객만족을 위한 창조적 고객관리

① 단계별 고객관리 활동

㉠ 1단계 : 고객 확보
- 신시장 개척
- 신규고객 및 신규수요 개척
- 새로운 정보시스템 구축
- 새로운 영업력 개발
- 신제품 개발 : 아이디어 도출(개발) → 아이디어 선별(심사) → 사업성분석(제품분석) → 제품개발 → 시장테스팅(Testing) → 상업화(시판) 기출 15

㉡ 2단계 : 고객 보존(유지)
- 반복주문 시스템 구축
- 고객정보 데이터베이스화
- 각종 제안활동 강화
- 각종 촉진관리 활동
- 영업담당자에 대한 지원 시스템

㉢ 3단계 : 고객 고정화
- 고객만족의 추구
- 고객만족에 의한 고객고정화
- 고객만족 경영추진
- 서비스 질의 향상
- 고객만족 프로그램 개발
- 정보의 제공 및 수집

② 거래 시기별 고객관리 활동

㉠ 거래 전 고객관리
- 잠재고객 및 가망고객의 관리
- 거래동기 유발을 위한 정보의 제공

㉡ 거래시점 고객관리
- 상담(Sales Talks)
- 상품 및 서비스의 효용과 신뢰의 제공

ⓒ 거래 후 고객관리
- 클레임 처리
- 고객 고정화 관리
- 지속적인 만족의 제공

③ 고객고정화를 위한 고객유지 노력의 중요성
ⓐ 신규 고객을 지속적으로 설득하는 것보다 기존 고객의 재거래율을 높이는 것이 보다 효과적이다.
ⓑ 신규고객의 창출에 소요되는 비용이 기존고객의 유지비용보다 훨씬 더 많이 소요된다.
ⓒ 기업간의 경쟁이 치열해 질수록 자사의 기존 고객의 가치를 더욱 높게 평가하여야 한다.
ⓓ 소비자 단체의 압력으로 특히 거래 후에 나타나는 불만사항 개선 등 고객에 대한 배려 를 한층 세심한 관심을 기울여야 한다.
ⓔ 점차 신제품 개발이 한층 어려워지고 매력적인 신제품이 개발되는 많은 기법들이 진입하게 됨으로 써 시장의 유지가 힘들게 된다.

④ 고객의 불평 처리
ⓐ 고객의 불평은 적극적으로 장려해야 한고 성심 성의껏 경청해야 한다.
- 문제점 조기 파악 및 해결 가능
- 부정적 구전효과 확산의 최소화
ⓑ 고객 불평의 장려를 위한 최대한의 유도방안을 모색한다.
- 정기적인 고객만족도 조사
- 고객 무료 직통 전화의 설치 운영
- 고객 건의함 설치
- 수취인 부담 엽서 활용
- 정기적인 고객 간담회 개최
ⓒ 고객 불평에 대한 적극적인 관리 방안 강구되어야 한다.
- 고객 불평 빈도에 대한 평가기준 및 인식 전환
- 고객 불평을 기업의 이익창출과 연결시키는 전략적 기회로 인식

(4) 고객만족 경영

① 고객만족 경영을 효율적으로 추진하기 위한 조건
ⓐ 기업 차원
- 최고경영자(책임자)의 강력한 실천의지와 리더십 필요
- 기업 중심 사고에서 고객중심 사고로의 마인드 전환
- 고객에 대한 새로운 정의 및 그들의 기대와 요구에 대한 명확한 평가
- 명확한 추진 목표설정 및 합리적인 실적평가 방법 활용
- 직원들의 사기진작 및 동기부여로 자발적 참여 유도
- 현재까지의 상황에서 과감히 탈피할 수 있는 내부개혁 적극 실천
- 기업 차원의 지속적인 선행투자 필요

ⓛ 조직구성원 차원
- 고객 지향적인 마인드의 확립
- 지금까지 고객을 대해왔던 자세의 변화
- 고객이 왜 불만을 표시하는지 명확하게 파악하여 해결방안 수립 및 실천
- 고객에 대한 지속적인 관심 표명과 그들에게 유익한 정보제공
- 고객에 대한 서비스 개선으로 만족도 향상
- 고객과의 지속적인 인맥유지로 효율적인 고객정보 수집

② 고객만족 경영의 효과
  ㉠ Customer Loyalty 향상
  ㉡ 매출향상
  ㉢ 경쟁우위 확보
  ㉣ 불필요한 지출의 감소
  ㉤ 판매 비용 절감
  ㉥ 광고 및 홍보효과
  ㉦ 신상품 성공확률 향상

> **Definition**
>
> Customer Loyalty
> 고객의 충성도를 어떻게 높이느냐 하는 것

지식 in

고객만족 경영의 실천(10단계)
- 1단계 : 고객만족의 이념 확립
- 3단계 : 고객만족도 조사
- 5단계 : 고객만족이념을 전사원이 공유
- 7단계 : 상품 및 서비스 개선
- 9단계 : 성과에 대한 인식과 보상
- 2단계 : 고객만족책임자 선정
- 4단계 : 목표설정 및 중점사항
- 6단계 : 실천프로그램 구성
- 8단계 : 결과에 대한 점검
- 10단계 : 고객 지향적 문화형성

---

(5) 고객충성도 관리 기출 13

① 고객충성의 의의
  ㉠ 고객충성은 On-Line, Off-Line 할 것 없이 기업이 포기해서는 안 되는 가장 중요한 자산이다. 웹상에서의 고객충성은 제품가치 이외의 많은 변인의 영향을 받는다.
  ㉡ 고객충성을 형성하는 가장 중요한 두 축은 상대적 가치와 관성이다.
    - **상대적 가치(Relative Value)** : 브랜드 자체가 보유하고 있는 자산과 가격 요인이 결합하여 시장 내의 여러 브랜드들과의 경쟁상황하에서 평가되는 가치를 말한다.
    - **관성(Inertia)** : 소비자들이 기존의 구매행동을 계속 유지하려는 힘을 의미한다.

② 고객만족과 충성도 기출 17
  ㉠ 고객만족의 궁극적인 기업목표는 고객에게 양질의 제품과 서비스를 제공하고, 이를 통해 재구매를 유도함으로써 기업의 안정적인 수익을 확보하는 데 있다.
  ㉡ Hirschman의 'Exit-Voice Theory(1970)'에 따르면, 증가된 고객만족의 즉각적인 효과는 고객불평률의 감소와 고객충성도의 증가로 나타난다. 불평이 발생할 때, 고객은 이탈(경쟁자제품, 서비스 구매)을 하거나 보상을 받기 위해서 불평을 토로하는 선택권을 갖게 된다. 따라서 고객만족의 증가는 불평의 요소를 감소시키고, 고객충성도를 높이게 된다.

③ 충성고객형성 7단계 [기출] 23

　　㉠ 1단계(구매용의자) : 구매용의자는 자사의 제품이나 용역을 구매할 능력이 있는 모든 사람을 포함한다.

　　㉡ 2단계(구매가능자) : 구매가능자는 당신의 제품이나 용역을 필요로 할 수 있고, 구매 능력이 있는 사람을 가리킨다. 이들은 이미 우리의 제품에 대한 정보를 알고 있다.

　　㉢ 3단계(비자격 잠재자) : 비자격 잠재자는 구매가능자 중에서 제품에 대한 필요를 느끼지 않거나 구매할 능력이 없다고 확실하게 판단이 되는 사람으로 목표고객에서 제외시킬 수 있다.

　　㉣ 4단계(최초구매 고객) : 최초구매고객이란 우리의 제품을 1번 구매한 사람을 의미한다. 이들은 당신의 고객이 될 수도 있고, 경쟁사의 고객이 될 수도 있다.

　　㉤ 5단계(반복구매고객) : 반복구매고객은 우리의 제품을 적어도 2번 이상 구매한 사람들이다. 이들은 같은 제품을 2번 구매한 사람일 수도 있고, 다른 제품이나 용역을 번갈아 구매한 사람일 수도 있다.

　　㉥ 6단계(단골고객) : 단골고객이란 우리가 파는 제품 중 사용할 수 있는 모든 제품을 우리로부터 구매하는 사람이다. 이들은 우리와 지속적이고 강한 유대관계를 가지고 있어 경쟁사의 유인전략에도 동요되지 않을 사람들이다.

　　㉦ 7단계(지지고객) : 지지고객은 단골고객 중에서도 다른 사람들에게도 우리 제품을 사서 쓰도록 권유하는 사람이다.

지식 in

고객생애가치(LTV ; Life Time Value) [기출] 23 · 17 · 15
• 고객생애가치는 한 고객이 평균적으로 기업에 기여하는 미래수익의 현재가치를 의미한다.
• 고객생애가치는 한 시점에서의 단기적인 가치를 말하는 것이 아닌, 고객과 기업 간에 존재하는 관계의 전체가 가지는 가치이다.
• 고객생애가치는 관계마케팅의 여러 가지 효익을 계량적으로 정리한 개념이다.
• 고객이탈률이 낮을수록 고객생애가치는 증가한다.
　－ 고객이탈률(Defection Rate) : 기존 고객 중 1년 동안에 떠나 버린 고객의 비율
• 고객생애가치는 매출액을 말하는 것이 아닌 이익을 의미한다.
• 고객생애가치는 기업의 입장에서 우량고객을 선정할 시, 중요하게 생각하는 것은 고객의 회사에 대한 잠재적 이익기여도를 척도의 기준으로 삼는다.
• RFM(Recency Frequency Money) : 고객생애가치를 분석하는 기법으로 Recency, Frequency, Monetary 의 약자로 고객이 얼마나 최근에 구입했는가(Recency), 고객이 얼마나 빈번하게 우리 상품을 구입했나 (Frequency), 고객이 구입했던 총금액은 어느 정도인가(Monetary Amount) 등에 관한 정보를 축약하여 구입 가능성이 높은 고객들을 추려내는 간단하고 편리한 모델링 기법이다.

1 고객의 소리(VOC) 대응 및 관리

(1) 컴플레인의 정의

컴플레인이란 고객이 상품을 구매하는 과정에서 또는 구매한 상품에 관하여 품질, 서비스, 불량 등을 이유로 불만을 제기하는 것으로 매장 내에서 종종 발생하는 사항이다. 고객의 불만, 오해, 편견 등을 풀어주는 일을 컴플레인 처리라고 하며, 이것은 판매담당자의 중요한 임무 중의 하나이다.

(2) 컴플레인의 의의

① 고객의 컴플레인은 성의껏 처리해 주었을 때 고객은 크게 만족하게 되어 자사의 계속구매고객이 될 가능성이 크다.

② 성의를 다하는 컴플레인의 처리는 매장(회사)의 신뢰도를 높여주고 고객과의 관계를 효과적으로 유지시켜 주는 지름길이 된다.

③ 소비자의 컴플레인은 기업에 막대한 손실을 입힐 수 있으며, 경영자에게도 중요한 영향을 미친다.

> **지식 in**
>
> 고객의 소리(VOC ; Voice of Customer) 관리를 통한 기대 효과 기출 21
> • 고객 불만과 클레임에 대한 신속한 대응
> • 고객의 욕구 파악을 통한 향후 마케팅에 활용
> • 기업의 고객응대 프로세스의 개선
> • 서비스 마인드 재정립 및 브랜드 이미지 쇄신 기회

(3) 컴플레인의 발생원인 기출 13

① **판매자 측 원인** : 판매자 측의 잘못으로 인한 컴플레인은 판매담당자의 고객에 대한 인식부족, 무성의한 고객응대 태도, 제품지식의 결여, 제품관리의 소홀, 무리한 판매권유, 단기간의 이해집착, 약속의 불이행, 보관물품의 소홀한 관리, 일처리의 미숙이나 착오 등에 의해 발생된다.

　㉠ **판매담당자의 고객에 대한 인식부족** : 불량품이나 불만족스런 제품을 구매한 고객은 불만과 더불어 교환을 요구한다. 이 당연한 요구를 무시하거나 교환을 회피하려 할 때 컴플레인이 발생한다.

　㉡ **무성의한 고객대응태도** : 고객의 질문에 답변을 하지 않거나 고객의 요구에 대한 일방적인 무시행위, 무성의한 답변, 불친절 등은 컴플레인을 발생시킨다.

　㉢ **제품지식의 결여** : 판매담당자의 부족한 제품지식으로 인한 잘못된 제품설명은 제품 사용상의 문제점을 야기함은 물론 컴플레인을 발생시킨다. 정확한 상품지식, 올바른 상품설명으로 불평을 예방할 수 있다.

　㉣ **제품관리의 소홀** : 제품의 이동 및 진열 중에 불량품이 발생할 수 있는데, 이러한 불량품을 최종점검 없이 판매할 경우 컴플레인이 발생한다.

　㉤ **무리한 판매권유** : 무리한 강매나 강권은 고객이 쇼핑을 통해 얻는 즐거움의 감소는 물론 매장에 대한 신뢰감을 떨어뜨리고 컴플레인을 발생시킨다.

ⓑ **단기간의 이해집착** : 단기간의 이해에만 집착하여 교환이나 환불을 회피할 경우 컴플레인을 발생시키고 고정고객을 잃게 된다.

ⓢ **약속불이행** : 판매사원과 고객과의 약속은 회사의 고객에 대한 약속이며 개인 간의 약속이 아니다. 회사가 약속하였다는 입장에서, 회사의 신뢰성을 지킨다는 입장에서, 고객과의 약속을 지키기 위해 최선을 다해야 한다. 약속을 지키지 않으면 회사를 믿고 행동한 고객은 자신의 시간 및 금전적인 손실에 대한 보상을 요구한다.

ⓞ **보관물품의 소홀한 관리** : 고객으로부터 받은 보관물품을 소홀히 취급하여 파손 또는 분실하였다면 그 고객은 당연히 보상을 요구할 것이다. 이렇듯 보관물품의 소홀한 관리는 고객의 컴플레인을 발생시킨다.

ⓩ **일처리의 미숙** : 서투른 포장이나 계산의 착오 등의 일처리 미숙은 컴플레인을 발생시킨다.

② **고객 측 원인**

ⓐ 고객 측의 잘못에 의한 발생원인은 제품, 상표, 매장, 회사 등에 대한 잘못된 인식, 기억의 착오, 성급한 결론, 독단적인 해석, 고압적인 자세, 할인의 구실을 찾기 위한 고의성 등이다.

ⓑ 고객의 잘못이나 고객의 착오 등에 의한 컴플레인의 발생은 고객이 잘 납득할 수 있도록 설명하여 이해시킨다. 이 때 고객을 일방적으로 밀어붙이는 설명은 고객의 반발을 야기할 수가 있다.

ⓒ 판매담당자의 잘못이 없다고 하더라도 잘못된 대응은 고객을 적으로 만들 수 있으므로 인내심을 갖고 겸손하고 정성스러운 설명으로 설득해야 한다.

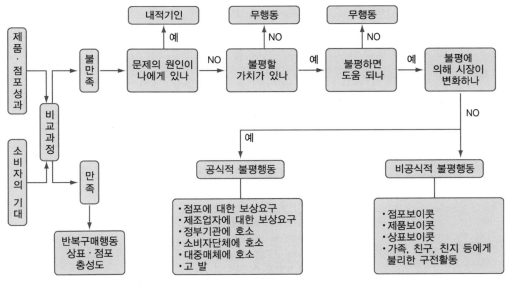

[구매 후의 소비자 행동과정]

(4) 컴플레인 처리 단계 기출 20·13

① 제1단계 : 고객의 불만이나 불평을 듣고, 고객의 불평내용과 원인에 대한 정보를 수집한다.
  ㉠ 먼저 사과하고 고객의 흥분을 진정시킨다.
  ㉡ 선입관을 갖지 말고 관심을 가지고 듣는다.
  ㉢ 자기의 의견을 개입시키지 말고, 전체적인 사항을 듣는다.
  ㉣ 중요사항을 메모한다.

② 제2단계 : 불만의 원인을 분석하며, 고객의 불평이나 불만에 대한 사실 확인과 원인을 확인한다.
  ㉠ 사실 확인과 문제점을 정의한다.
  ㉡ 원인을 확인한다.

③ 제3단계 : 해결책을 검토하며, 문제해결을 위한 고객요구사항에 대한 파악과 만족할 만한 해결방안의 모색단계이다.
  ㉠ 고객의 요구사항을 듣는다.
  ㉡ 자기의 권한 내에서 할 수 있는가를 검토한다.
  ㉢ 고객을 만족시킬 수 있는 방안을 검토한다.
  ㉣ 신속한 해결의 일정을 검토한다.

④ 제4단계 : 만족스런 해결방안을 결정하고 고객에게 해결책을 제안한다.
  ㉠ 정중하고 성의있게 해결책을 설명한다.
  ㉡ 신속하게 처리한다.
  ㉢ 차이가 있을 때 새로운 타결방안을 제시한다.
  ㉣ 권한 이외의 것은 해결과정을 충분히 설명하고 양해를 구한다.

⑤ 제5단계 : 처리결과를 검토한다.
  ㉠ 다시 한 번 사과하고 처리결과의 수용에 대해 감사 인사한다.
  ㉡ 고객불평이 재차 발생치 않도록 미연에 방지한다.

단 계	유의할 점
① 불평을 듣는다.	• 불평의 모든 면을 듣는다. • 진지한 관심을 가지고 귀를 기울인다. • 편견(선입관념)에 사로잡히지 않는다. • 문제점을 메모한다.
② 불평의 원인을 분석한다.	• 중심 문제를 파악한다. • 중심적으로 배열한다. • 전례와 비교한다. • 회사 방침을 조사한다. • 속답할 수 있는가 없는가, 권한 내에서 처리할 수 있는가 등을 검토한다.
③ 해결책을 찾아낸다.	• 회사 방침에 맞았는가를 재검토한다. • 권한 외의 경우는 이관한다. 그러나 충분한 설명·연락을 취해 자기가 진행역이 된다.
④ 해결책을 전한다.	• 친절하게 설명하여 납득시킨다. • 권한 외의 경우는, 특히 그 과정 및 수속을 충분히 설명한다.
⑤ 결과를 검토한다.	• 자기 혼자서 처리했을 때는 그 결과를 검토한다. • 권한 외의 경우에는 해결책의 내용과 상대방의 반응을 대조해서 검토한다. • 다른 판매점의 영향을 검토한다.

[고객불만 처리단계]

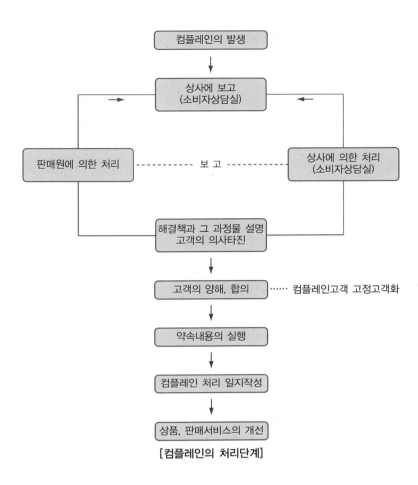

[컴플레인의 처리단계]

(5) 컴플레인 처리시 유의사항 기출 21 · 14

① 고객의 말에 동조해 가면서 끝까지 충분히 듣는다.

② 논쟁이나 변명은 피한다.

③ 고객의 입장에서 성의 있는 자세로 임한다.

④ 감정적 표현이나 노출을 피하고 냉정하게 검토한다.

⑤ 솔직하게 사과한다.

⑥ 설명은 사실을 바탕으로 명확하게 한다.

⑦ 신속하게 처리한다.

(6) 컴플레인 처리방법(MTP법) _{기출} 22 · 21 · 17 · 13

고객의 컴플레인에 대한 처리방법은 더 높은 고객만족향상이라는 차원에서 고려되어야 한다. 고객불평이나 불만의 처리방법으로 MTP법이 자주 사용되고 있는데 사람(Man), 시간(Time), 장소(Place)를 바꾸어 컴플레인을 처리하는 방법이다.

① **사람을 바꾼다** : 불만고객의 최초 응대를 교체하여 불만의 경중에 따라 되도록 상사가 응대하도록 한다 (판매사원 → 판매담당).

② **장소를 바꾼다** : 불만고객을 오래 서있거나 기다리게 하면 더욱 화가 날 수 있고, 다른 고객들까지 불만이 터져 나올 수 있으므로 이러한 상황을 미연에 방지하기 위하여 장소를 바꾸어 조용한 곳에서 응대한다(매장 → 사무실, 소비자상담실).

③ **시간을 바꾼다** : 고객이 잠시 진정할 시간을 주고, 응대하는 직원 역시 진정할 시간을 줌으로써 차분하게 원인을 파악하고 해결할 수 있도록 시간을 주는 것이다.

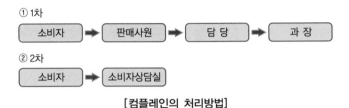

[컴플레인의 처리방법]

지식 in

컴플레인에 대한 기업의 대응 _{기출} 19 · 13

• 소비자의 불평행동을 촉진하기 위하여 기업이 소비자들의 불만족과 불평에 관심을 가지고 있다는 것을 소비자에게 널리 홍보한다.
• 기업 안에 소비자 상담실을 설치 · 운영한다.
• 소비자에게 정확한 정보를 제공하여 준다.
• 공정한 불평처리기준과 불평처리절차를 마련한다.
• 판매원과 같은 종업원에게 불평처리방안을 교육한다.
• 정부 및 소비자단체와 협력한다.

---

(7) 컴플레인의 예방 _{기출} 16

컴플레인의 예방을 위해서는 판매담당자는 겸손, 정확, 신속, 성의, 적극성의 소양을 바탕으로 고객 지향적인 근무자세의 정립이 필수적이다. 즉, 단기적인 이해득실보다 장기적인 안목으로 고객의 이익을 우선하는 자세로 고객을 응대하며, 또 회사를 대표한다는 긍지를 가지고 고객과의 약속사항은 반드시 지키고 상품관리를 철저히 한다면, 컴플레인은 방지될 수 있을 것이다.

① **상 품**
ㄱ **식 품**
• 철저한 품질관리(선도, 냉동, Show Case 점검)
• 여러 표시 점검(제조일 또는 출고일, 중량, 가격표 등)
• 정확한 계량(정확한 양과 가격으로 판매) : 고객이 원하는 양을 적정한 가격으로 판매
• 판매시점에서의 상품 재점검(파손, 변질, 포장의 오염 등)

ⓛ 잡화, 가전용품
- 판매시점에서의 상품 재점검(부품, 작동, 파손, 포장 등)
- 파손품(도자기, 전자제품)의 배달 시 안전한 포장
ⓒ 의류(봉제제품)
- 판매시점의 재점검(봉제, 실매듭, 단추, 부자재 등)
- 품질표시, 세탁방법표시 등의 점검(탈색, 오염) : 순모, 실크 등 반드시 드라이를 요한다는 세탁방법 설명
- 사이즈 확인

② 접객태도
ⓐ 취급상품의 상품지식습득 – 완벽한 상품설명
ⓑ 약속기일 엄수(완성일, 납기일 등) – 하루 전 확인절차
ⓒ 호객, 강매를 피할 것
ⓓ 금전상의 재확인 – "얼마 받았습니다. 거스름돈이 얼마입니다."는 확인을 위해서도 필요하지만 컴플레인 방지를 위해서도 필요하다.
ⓔ 선물상품인 경우 – 가격표 제거 철저
ⓕ 폐점 직전 고객께 특히 친절히 접객
ⓖ 노골적인 감정표시 삼가

③ 배 달
ⓐ 주문 상품의 재고 확인(배달 직전에 현품과 전표를 비교 확인하고 주소를 확인)
ⓑ 전표와 상품의 대조 확인
ⓒ 파손방지 배려(도자기, 전자제품, 주방용품을 배달 시 재점검)
ⓓ 기일, 시간의 엄수 – 불가피하게 약속을 어기게 될 때는 사전 사과 및 양해를 구할 것

④ 사 고
ⓐ 고객소지품 분실방지에 유의
ⓑ Show Case 등 집기파손 점검
ⓒ 매장 내 핸드카 등 운반 시 주의
ⓓ 장치물, 시설물의 점검
ⓔ 엘리베이터, 에스컬레이터

2 고객불만 대응 및 관리 `기출 17·14`

(1) 고객불만의 중요성

① 고객불만은 상품의 결함이나 문제점을 조기에 파악하여 그 문제가 확산되기 전에 신속히 해결할 수 있게 해준다. `기출 20·19`

② 고객불만은 부정적인 구전(口傳) 효과를 최소화한다. 불만족 고객은 흔히 친구, 이웃, 친지 등 제3자에게 자신의 불만족스러운 경험에 대해 이야기하곤 하므로 부정적인 구전을 최소화하기 위해서는 불만족 고객이 직접 기업, 판매업자나 종업원에게 불평하도록 유도해야 한다.

③ 불평하는 고객이 침묵하는 불만족 고객보다 낫다는 것이다. 불평이 없다고 해서 아무런 문제가 없다고 생각하는 것이 흔히 많은 기업들이 갖고 있는 착각이다.

④ 불만을 제기한 고객은 유용한 정보를 제공한다. 고객 불평을 통해 기업은 고객의 미 충족 욕구를 파악할 수 있으며 제품이나 서비스를 어떻게 개선할 수 있는가에 대한 중요한 자료로 수집할 수 있다.

(2) 불만고객 대응의 기본원칙 `기출 22·13`

① 피뢰침의 원칙

  ㉠ 고객은 나에게 개인적인 감정이 있어서 화를 내는 것이 아니라 일처리에 대한 불만으로 복잡한 규정과 제도에 대해 항의하는 것이라는 관점을 가져야 한다.

  ㉡ 불만고객의 상담자도 피뢰침과 같이 직접 불만 섞인 다양한 고객들을 맞이하여 몸으로 흡수하고 회사나 제도에 반영한 후 다시 땅속으로 흘려보내야 한다. 이런 피뢰침과 같은 역할을 성실히 수행함으로써 회사와 조직은 상처를 입지 않고 내용을 충만히 할 수 있을 것이다.

② 책임 공감의 원칙

  ㉠ 고객의 비난과 불만이 나를 향한 것이 아니라고 하여 고객의 불만족에 대해서 책임이 전혀 없다는 말은 아니다. 우리는 조직구성원의 일원으로서 내가 한 행동의 결과이든 다른 사람의 일처리 결과이든 고객의 불만족에 대한 책임을 같이 져야만 한다.

  ㉡ 고객에게는 누가 담당자인지가 중요한 것이 아니라 나의 문제를 해결해 줄 것인지 아닌지가 중요한 것이다.

③ 감정통제의 원칙

  ㉠ 전화를 받거나 거친 고객들을 만나다 보면 자신도 모르게 자신의 감정을 드러내는 경우가 발생하게 된다.

  ㉡ 사람을 만나고 의사소통하고 결정하고 집행하는 것이 직업이라면 사람과의 만남에서 오는 부담감을 극복하고 자신의 감정까지도 통제할 수도 있어야 한다.

④ 언어절제의 원칙

  ㉠ 고객상담에 있어서 말을 많이 하는 것은 금기시 되어 있다. 왜냐하면 고객보다 말을 많이 하는 경우 고객의 입장보다는 자신의 입장을 먼저 고려하게 되기 때문이다. 말을 많이 한다고 해서 나의 마음이 고객에게 올바로 전달되는 것은 아니다.

  ㉡ 고객의 말을 많이 들어주는 것만으로도 우리는 고객들이 돌아가면서 좋은 느낌을 가지게 된다.

⑤ 역지사지의 원칙

    ㉠ 고객을 이해하기 위해서는 반드시 그의 입장에서 문제를 바라봐야 한다. 고객은 우리의 규정을 알지도 못하고 그 규정의 합리적 이유도 알지 못하며 업무가 처리되는 절차는 더더욱 알지 못한다. 우리는 고객이 마치 우리의 업무프로세서나 규정들을 모두 알고 있다는 것을 전제로 상담하고 있는 오류를 범하고 있다.

    ㉡ 고객은 자신에게 관심을 가져주는 사람에게 관심을 갖는다. 고객에게 관심을 보여야만 우리의 말과 설명들이 고객의 귀에 들어가며 마음으로 이해해줄 수 있다. 그렇지 않으면 아무리 합리적인 이유를 말하고 훌륭한 미사여구를 사용한다 할지라도 고객은 결코 자신의 의견을 굽히지 않을 것이다.

(3) 고객 특성에 따른 불만처리 방법 기출 23 · 19

유 형	특 성	응대요령
A그룹 (권위형 과시형 추진형)	• 결단력이 있고 요구적이며 완고하고 엄격하며 능률적이다. • 남의 얘기를 경청하는 것이 소홀하다. • 자신의 행동과 결정에 도움을 주는 사람에게 호감을 갖는다.	• 다혈질적으로 빨리 화를 내고 빨리 식으므로 요점만을 제시하고 결정은 본인 스스로 내리게 한다.
B그룹 (표현형 신경질형 짜증형)	• 충동적이며 열성적이고 비규율적이며 사교적이다. • 수다스럽고, 세밀하게 숙고해야 할 내용에는 싫증을 낸다. • 자기 주장을 받아들여지게 하기 위해 감정에 호소하는 수도 있다. • 자신의 직관에 도움을 주는 사람에게 호의적이다.	• 화를 내기 시작하면 자제를 하지 못하고 인신공격을 많이 하므로 무조건 들어 주는 것이 좋다. • 관심을 갖는 시간이 짧기 때문에 흥미를 잃지 않도록 유의하여야 한다.
C그룹 (친화형 매너형 우유부단형)	• 수동적이고 우유부단하며 내향적이고 우호적이다. • 남의 얘기를 주로 듣고 질문을 받아야 의견을 말한다. • 경쟁보다 양보를 택하고 단결력이 강해 집단에서 분쟁을 완화시키는 역할을 한다. • 호의적인 사람에게 긍정적이다.	• 평소에는 온화하며 화가 나거나 불만이 있어도 말을 잘하지 않는 편이나 화가 나거나 불만을 제기하기 시작하면 끝까지 해결 보는 유형이다. • 반박을 하지 않도록 주의하고 편안하게 친근감 있게 대한다.
D그룹 (이성형 분석형 전문가형)	• 신중하고 비판적이며 고집이 세다. • 경청하는 형이며, 상황을 철저히 분석하려 한다. • 발언이 너무 깊고 자세한 경우가 있다. • 정확성을 중요시하므로 충실한 자료와 근거를 제시하는 사람에게 호의적이다.	• 일단 화가 나면 화가 난 이유에서부터 무엇이 불만인지 또 그 내용까지 조목조목 따지므로 시간적 여유를 두고 응대하는 것이 좋다. • 자료를 제시하고 애매한 일반화는 피한다.

(4) 불만고객의 유도방안

① 수신자부담서비스

    ㉠ 고객직통전화선은 불만족한 고객을 흡족하게 바꿀 수 있다.

    ㉡ 고객직통전화는 대기업을 인간적으로 느끼게 해주는 이점이 있다.

    ㉢ 고객직통전화는 기업의 보증에 따른 비용을 절감할 수 있다.

② 인터넷

    ㉠ 인터넷 이용의 효용은 시간에 관계없이 보다 적극적인 쌍방향의 의사소통이 가능해져 고객이 자신의 불만문제를 구체적으로 제시할 수 있고, 기업은 이 문제의 처리를 상황에 따라 즉각적으로 대처할 수 있다.

ⓛ 고객만족의 문제해결을 위한 시장조사도 손쉽게 가능함으로써 고객 불평의 근본적인 문제해결의 접근에 용이한 자료를 폭넓게 획득할 수 있다. ⇒ 마케팅전략의 수립에도 유용하게 활용

③ 고객의 소리(VOC ; Voice of Customer)를 통한 고객관리 [기출] 23

　ⓐ VOC의 의의
　　• 고객의 소리청취제도란 고객의 소리에 귀를 기울여 그들의 욕구를 파악하고 이를 수용하여 경영활동을 함으로써 고객만족을 추구하는 제도이다.
　　• 고객불만을 최소화하여 궁극적으로 고객불평을 제로(ZERO)화 하자는 것이다.
　ⓑ VOC 시스템의 효과
　　• 여러 고객의 집합체인 시장의 욕구와 기대의 변화를 알 수 있다.
　　• 고객의 결정적인 순간을 이해하고 고객의 입장에서 바라봄으로써 서비스 프로세스의 문제점을 알 수 있다.
　　• 예상 밖의 아이디어를 얻을 수 있다.
　　• 고객과의 관계유지를 더욱 돈독하게 할 수 있다.
　　• 고객접점에서 고객의 욕구에 근거하여 표준화된 대응서비스가 가능하다.

④ VOC 시스템의 구축(4단계)
　ⓐ 1단계 : 고객이 쉽게 의견을 제시할 수 있는 창구 개설
　ⓑ 2단계 : 체계적인 고객의 소리 분석
　ⓒ 3단계 : 각 부서에 신속한 피드백을 통한 문제해결
　ⓓ 4단계 : 처리결과 고객에게 통보 또는 경영활동에 반영

(5) 불만고객관리의 성공 포인트 [기출] 21

① 고객 서비스에 대한 오만을 버려라.
고객 불만 관리의 최대 적은 고객 서비스에 대한 '오만'이다. 기업들은 자신들이 생각하는 자사 제품과 서비스의 수준과 실제로 고객이 인지하는 수준 간에 큰 차이가 존재한다라는 사실에 주목할 필요가 있다.

② 고객 불만 관리시스템을 도입하라.
고객 불만 관리의 핵심은 사전에 불만 요인을 인지해서 조기에 제거하는 것이다. 그러기 위해서는 시스템적으로 고객 불만을 식별하여 원인을 분석하고 대응 방안을 수립할 수 있도록 해야 한다. 또한 개선사항을 정기적으로 모니터링 할 수 있는 고객 불만 관리 체계의 구축이 필수적이다.

③ 고객만족도와 직원 보상을 연계하라.
기업이 고객 불만을 관리하기 위해서는 현장에서 직접 서비스를 제공하는 직원들을 어떻게 교육시키고, 동기부여 할 것인가가 매우 중요하다. 따라서, 고객 서비스 수준을 높이기 위해서는 고객만족도와 직원들의 보상을 연계시킬 필요가 있다.

④ 'MOT(Moment of Truth)'를 관리하라.
흔히 '진실의 순간'이라고 번역되는 'MOT(Moment of Truth)'란 현장에서 고객과 접하는 최초의 15초를 의미한다. 스칸디나비아항공의 CEO였던 얀 칼슨은 현장에 있는 직원과 고객이 처음 만나는 '15초' 동안의 고객 응대 태도에 따라 기업 이미지가 결정된다고 주장하였다. 결국 '15초'는 기업의 운명을 결정짓는 가장 소중한 순간이며, 고객의 불만을 초래해서는 안 되는 순간인 것이다.

⑤ 고객의 기대 수준을 뛰어넘어라.

고객의 기대를 뛰어넘는 서비스로 고객을 감동시킴으로써 고객의 불만을 줄이는 적극적인 방법도 있다. 통상 고객의 기대 수준을 뛰어넘는 일은 매우 어려워 보인다. 대부분의 기업들은 고객의 기대 수준을 맞추는 것도 쉽지 않다고 말한다. 하지만, 실제로는 아주 사소한 아이디어 하나로, 또는 경쟁사가 제공하지 않는 서비스를 제공함으로써 고객에게 감동을 주는 사례도 적지 않다.

고객 불만 관리의 성공 포인트	• 고객 서비스에 대한 오만을 버려라. • 고객 불만 관리 시스템을 도입하라. • 고객만족도와 직원 보상을 연계하라. • MOT(Moment of Truth)를 관리하라. • 고객의 기대 수준을 뛰어넘어라.

[출처] LG경제연구원, 주간경제 918호(2007. 1. 5)

※ 본 문제를 풀면서 이해체크를 이용하시면 문제이해에 보다 도움이 될 수 있습니다.

01 매슬로(Abraham Maslow)가 제시한 인간의 욕구에 대한 설명으로 가장 옳지 않은 것은? [2016.07]

① 의식주 해결에 관한 생리적 욕구가 있다.
② 생활 안정과 안전 등 안전성에 대한 욕구가 있다.
③ 집단 소속감 등의 사회적 욕구가 있다.
④ 자존심이나 명예, 지위 등 자아실현의 욕구가 있다.
⑤ 최상위 욕구로 자아실현의 욕구가 있다.

 자존심이나 명예, 지위 등은 자기존중(자긍심)의 욕구이다.

02 매슬로우의 욕구단계설에서 말하는 낮은 차원의 욕구에서부터 높은 차원의 요구에 대한 순서가 바르게 나열된 것은?

[2012.10 | 2015.11]

① 생리적 욕구 - 자존욕구 - 사회적 욕구 - 안전욕구 - 자아실현욕구
② 생리적 욕구 - 안전욕구 - 자존욕구 - 사회적 욕구 - 자아실현욕구
③ 생리적 욕구 - 사회적 욕구 - 자존욕구 - 안전욕구 - 자아실현욕구
④ 생리적 욕구 - 안전욕구 - 사회적 욕구 - 자존욕구 - 자아실현욕구
⑤ 생리적 욕구 - 사회적 욕구 - 안전욕구 - 자존욕구 - 자아실현욕구

 매슬로우의 욕구단계설
- 1단계 : 생리적 욕구(주로 의·식·주에 해당하는 욕구)
- 2단계 : 안전에 대한 욕구(인간의 감정적·신체적인 안전을 추구하는 욕구)
- 3단계 : 애정과 소속에 대한 욕구(어떠한 집단에 소속되어 인정을 받고 싶어 하는 욕구)
- 4단계 : 자기존중의 욕구(자신의 만족 및 타인으로부터의 인정과 존경 등을 받고 싶어 하는 욕구)
- 5단계 : 자아실현의 욕구(자기계발을 통한 발전 및 자아완성을 실현하기 위한 욕구)

03 고객의 욕구에 대한 내용으로 옳지 않은 것은? [2015.05]

① 소매고객의 욕구는 기능적 욕구와 심리적 욕구 등으로 구분할 수 있다.

② 기능적 욕구는 상품의 성능과 직접적으로 관련된다.

③ 심리적 욕구는 상품 구매 및 소유로부터 얻게 되는 개인적인 만족과 관련된다.

④ 상품의 쇼핑과 구매를 통해 충족될 수 있는 심리적 욕구에는 자극, 사회적 경험, 새로운 유행의 습득, 자기보상, 지위와 권력 등이 있다.

⑤ 기능적 욕구는 흔히 감정적이라고 인식되며 심리적 욕구는 합리적이라고 인식된다.

> **해설** 기능적 욕구는 상품의 성능과 직접적으로 관련된 것으로 흔히 합리적이라고 인식되는 반면, 심리적 욕구는 상품구매 및 소유로부터 얻게 되는 개인적인 만족과 관련된 것으로 감정적이라고 인식된다.

04 고객만족에 대한 내용으로 옳지 않은 것은? [2015.11]

① 고객만족은 고객의 제품이나 서비스에 대한 사용경험이 구매 이전에 가지고 있던 기대수준을 미달하는 정도라고 할 수 있다.

② 고객만족 수준은 고객이 제품, 서비스에 대해 사용 이전에 가지고 있던 기대(Expectation)와 사용 후에 지각하게 된 성과(Perceived Performance)와의 비교에 의해 결정된다.

③ 기대와 인지된 성과 수준에 따라 '기대<지각된 성과'인 경우 만족 상태라고 할 수 있다.

④ 고객만족경영은 기업 운영을 고객만족에 초점을 맞추어서 실행하고자 하는 경영기법을 말한다.

⑤ 기업은 고객만족도를 정기적이고 지속적으로 파악하여 고객만족을 제고시키고자 한다.

> **해설** 고객만족은 고객의 제품이나 서비스에 대한 사용경험이 구매 이전에 가지고 있던 기대수준과 일치하거나 초과하는 수준이라고 할 수 있다(기대수준 ≤ 지각수준).

05 소비자의 구매심리 7단계상에서 판매자가 상품을 자세히 설명하는 응대에 가장 적당한 단계는?

[2016.11]

① 주 의   ② 흥 미

③ 연 상   ④ 욕 망

⑤ 비 교

구매심리 7단계

- 제1단계(주의) : 고객을 주목하여 대기한다.
- 제2단계(흥미) : 고객에게 관심을 갖고 상품에 대해 흥미를 갖도록 유도한다.
- 제3단계(연상) : 고객에게 상품을 제시하며 연상시킨다.
- 제4단계(욕망) : 고객에게 상품의 설명이나 효용성을 설명하면서 권유하며 구매욕망을 일으키게 한다.
- 제5단계(비교) : 고객에게 유사품의 차이점, 특징, 가격 등 납득이 되게 설명하고 고객 스스로 비교하도록 한다.
- 제6단계(확신) : 고객에게 상품의 가치, 이익, 만족감을 인식시켜 구입하고자 하는 상품에 대해 확신을 갖게 한다.
- 제7단계(결정) : 고객이 상품 구매를 결정하면 신속하게 포장하고 계산 및 추가 판매를 유도하거나 다시 방문해 달라는 인사를 한다.

06 고객 유형별 대응기법으로 적절하지 않은 것은?

[2012.04]

① 수다스러운 사람은 욕구불만으로 남에게 동조를 얻고 싶어 하므로 가능한 한 따뜻하게 수용한다.

② 이치를 따지기 좋아하는 사람은 머리가 좋은 타입이므로 논리적인 화법으로 이론적으로 응대한다.

③ 흥분을 잘하는 고객은 감정을 모두 표현하는 사람이므로 침묵을 지키면서 고객의 말을 끝까지 듣도록 한다.

④ 내성적인 고객은 자신의 의사표현을 잘하지 않으므로 지나친 관심을 피하면서 조용한 상태로 느긋하게 응대하는 것이 좋다.

⑤ 생각에 생각을 거듭하는 사람은 신중하나 판단력이 부족하므로 판매원이 결론을 유도하는 화법으로 응대하는 것이 좋다.

②의 고객 유형의 경우 통상적으로 논쟁하는 것을 좋아하며, 판매원의 진술 한마디 한마디에 대해 이의를 제기한다. 판매주장을 얻지 않으며, 판매원의 말 가운데 약점을 찾으려고 한다. 구매 결정하는데 조심성이 있으며 시간이 걸린다. 따라서 판매원은 응대를 함에 있어서 제품 및 서비스에 대한 충분한 지식을 가져야 하며, 이런 타입의 고객에 대한 접근은 간접적인 부인 접근법이 상당한 효과가 있다.

07 쇼핑하거나 상품을 구매하려고 하는 고객의 욕구 중 심리적 욕구에 해당하지 않는 것은?

[2012.10]

① 자 극

② 사회적 경험의 욕구

③ 새로운 유행의 습득

④ 지위와 권력

⑤ 상품재질

08 소비자의 쇼핑 동기 중 그 종류가 가장 다른 것은? [2012.04]

① 쇼핑은 일상적인 매일의 생활로부터 어떤 기분전환의 기회를 제공하며 오락의 한 형태가 되어 즐거움을 준다.
② 소비자들이 소매점을 찾아 쇼핑할 때의 감정적 상태는 각기 다를 수 있으나 모든 소비자들이 자기만족을 위한 동기에서 쇼핑을 즐긴다.
③ 소비자는 소매점을 출입함으로써 라이프스타일을 보여주는 새로운 추세나 유행을 배우게 되어 쇼핑한다.
④ 소매점은 시각적 즐거움이나 음악 및 상품을 뒤적이는데서 오는 촉각적 즐거움 등을 제공하므로 소비자들이 감각적 이득을 추구하여 쇼핑한다.
⑤ 쇼핑경험은 개인이 남으로부터 주의와 존경을 받을 수 있는 좋은 기회를 제공함으로서 소비자들은 그들의 권위와 파워를 향유할 수 있는 기회를 얻기 위해 쇼핑한다.

09 Parasuraman 등이 제시한 서비스품질 차이 모형(Gap Model)에 해당하지 않는 차이(Gap)는?

[2016.04]

① 고객의 정확한 기대를 알지 못한 인식차이(Knowledge Gap)
② 경쟁력 있는 가격을 알지 못한 가격차이(Price Gap)
③ 고객이 기대하는 서비스표준을 알지 못한 표준차이(Standards Gap)
④ 만들어진 서비스를 제대로 전달하지 못한 인도차이(Delivery Gap)
⑤ 과잉약속이나 과장광고 등을 실행한 커뮤니케이션 차이(Communication Gap)

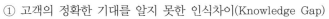

서비스품질의 격차모형 요약

Gap 1	인식 차이 (Knowledge Gap)	서비스 제공자가 생각하는 고객기대와 실제 고객기대 사이의 차이
Gap 2	표준 차이 (Standard Gap)	경영자의 고객기대 지각과 서비스 품질표준 사이의 차이
Gap 3	인도 차이 (Delivery Gap)	서비스 표준과 실제 제공된 서비스 사이의 차이
Gap 4	내부 커뮤니케이션 차이 (Internal Communication Gap)	판매원이 생각하는 서비스와 실제 배달 가능한 서비스의 차이
	지각 차이 (Perception Gap)	실제 배달된 서비스와 고객의 배달된 서비스에 대한 지각 사이의 차이
	해석차이 (Interpretation Gap)	회사가 약속한 서비스와 고객이 생각하는 약속된 서비스의 차이
Gap 5	서비스 차이 (Service Gap)	고객이 기대하는 서비스와 고객의 배달된 서비스에 대한 지각 사이의 차이

10 고객의 구매심리단계별 행동유형에 대한 설명으로 가장 옳지 않은 것은? [2014.04]

① 쇼윈도 또는 쇼케이스 안의 상품을 들여다보면 고객이 상품에 주목하는 것이다.
② 상품을 다시 한 번 관찰하고 만져본다면 상품에 흥미를 느끼는 것이다.
③ 상품을 손으로 재어 본다던가 보는 각도를 바꾸어 본다면 연상하는 것이다.
④ 상품이 자신에게 최선인지 하는 의문과 제품에 대한 기대가 생기게 되면 욕망하는 것이다.
⑤ 다른 점포에서의 상품이나 주위의 아는 사람이 사용하고 있는 다른 상품을 상기했다면 신뢰하는 것이다.

해설 다른 점포에서의 상품이나 주위의 아는 사람이 사용하고 있는 다른 상품을 상기했다면 비교하는 것이다.

11 고객의 구매심리 단계에 따른 대응으로 가장 옳은 것은? [2015.11]

① 특정 상품을 주시하는 단계 - 밝은 표정과 예의바른 자세로 대기한다.
② P.O.P 광고를 읽는 단계 - 자신감을 가지고 고객에게 권한다.
③ 구매의사를 말로 표현하는 단계 - 구체적인 견본을 제시하고 질문을 한다.
④ 구매하는 단계 - 고객의 시선을 주목하고 접근한다.
⑤ 가격표를 보거나 질문하는 단계 - 잘 보이는 매력적인 진열을 연출한다.

② P.O.P 광고를 읽는 단계 – 구체적인 견본을 제시하고 질문을 한다.
③ 구매의사를 말로 표현하는 단계 – 자신감을 가지고 고객에게 권한다.
④ 구매하는 단계 – 배려와 감사함이 깊게 담긴 배웅을 한다.
⑤ 가격표를 보거나 질문하는 단계 – 고객의 욕망에 따른 적절한 상품을 사용 상태를 보여주며 설명한다.

※ 특정상품을 주시하는 단계(1단계)의 대응
• 밝은 표정과 예의바른 자세로 대기한다.
• 잘 보이는 매력적인 진열을 연출한다.
• POP, 전단, 쇼카드로서 호응한다.

12 다음은 상품을 알고 나서 구입을 결정하기까지 소비자의 심리적인 과정(AIDMA모형)을 기술한 것이다. 이 과정에 대한 법칙의 내용과 용어를 잘못 짝지은 것은? [2016.04]

> 고객은 어떠한 상품을 ① 눈여겨 보고 그 상품에 ② 관심을 갖는다. 그리고 ③ 원한다고 느끼고 구매 전까지 그 상품을 ④ 생각하게 되다가 ⑤ 구매를 하게 된다.

① 주의(Attention)
② 관심(Interest)
③ 욕망(Desire)
④ 의미(Meaning)
⑤ 행동(Action)

 ④ 의미(Meaning) → 기억(Memory)

13 소비자들의 최근 구매성향 및 소비심리에 해당하는 내용 중 가장 올바르지 않은 것은?
[2012.10 | 2013.10]

① 양보다 질을 추구한다.
② 비교 구매형 소비를 지향한다.
③ 가치보다는 가격을 중심으로 소비한다.
④ 창조적이고 감각적인 제품을 선호한다.
⑤ 소비의 개성화와 다양화 경향이 강하다.

 가격보다는 가치를 중심으로 소비한다. 가치소비란 질 좋은 제품을 보다 합리적인 가격에 구매하려는 꼼꼼한 소비 행태를 말한다.

14 고객응대의 기본자세에 대한 설명으로 옳지 않은 것은? [2015.05]

① 예절바르고 상냥한 느낌을 주도록 적절한 어휘 및 제스처를 선택한다.

② 올바른 자세로 응대한다. 실제 바르지 못한 자세는 정신상태도 올바르지 못한 것 같아 신뢰감이 생기지 않기 때문이다.

③ 살아 있는 얼굴표정은 상대방의 진지성 및 응대성을 읽을 수 있게 하는 바, 적절한 표정으로 표현해야 한다.

④ 제스처에 신경을 써야 한다. 왜냐하면 제스처는 대화를 유효적절하게 이끌어 주며, 보다 만족스러운 인간관계를 만들어 주기 때문이다.

⑤ 반가운 인사는 필요하지만 소비자가 부담을 느끼지 않도록 고개를 숙여 인사할 필요는 없다.

> **해설** 고객을 최대한 반갑게 맞이해야 하며, 45도의 각도를 유지하여 인사한다. 숙이는 정도가 너무 깊어도, 얕아도 좋지 않다.

15 소비자들은 서비스의 구매와 소비에 의해 초래될 수 있는 예기치 않은 결과에 대하여 인지된 위험을 느끼게 된다. 인지된 위험의 종류와 그 내용에 대하여 가장 잘못 설명하고 있는 것은? [2012.07]

① 성능 위험 – 서비스의 결과가 목적한 바대로 제공되지 못할 가능성에 대한 위험

② 시간적 손실위험 – 서비스 실패로 소비자가 입게 되는 시간 손실량

③ 기회 위험 – 소비자가 특정 서비스를 선택함으로서 포기해야 하는 다른 서비스의 기회손실

④ 사회적 위험 – 소비자가 구매하는 서비스가 개인의 자아개념과 맞지 않을 가능성

⑤ 신체적 위험 – 제공되는 서비스로 인한 신체적 위해 가능성 및 그로 인한 불안감

> **해설**
> • 사회적 위험 : 구매한 제품이 남들로부터 인정을 받지 못할 가능성으로 인하여 지각되는 위험
> • 심리적 위험 : 소비자가 구매하는 서비스가 개인의 자아개념과 맞지 않을 가능성
> ※ 구매시 인지된 위험의 종류
>   금전적 위험(재무적 위험), 기능적 위험(성능 위험), 신체적 위험, 사회적 위험, 심리적 위험, 기회 위험, 시간적 손실 위험 등

16 판매담당자가 가져야 할 자세와 행동으로 가장 옳지 않은 것은? [2016.07]

① 상품지식이나 업무지식을 꾸준히 습득한다.

② 자신만의 독특한 개성을 살려 노하우를 정립한다.

③ 자신만의 접객 경험을 확대 해석하여 일반화한다.

④ 창의적이고 적극적인 사고와 행동을 습관화한다.

⑤ 더 나은 판매기술을 익히고 실행한다.

17 판매담당자가 하는 친절한 말 한마디가 고객의 구매여부를 결정지을 수 있는 중요한 역할을 담당하기도 한다. 다음 중 고객에게 호감을 줄 수 있는 바람직한 대고객 응대화법으로 가장 옳지 않은 것은?

[2015.05]

① 공손한 말씨를 사용한다.
② 고객의 이익이나 입장을 중심으로 이야기 한다.
③ 고객이 모르는 전문용어를 사용하여 전문가다운 모습을 보여준다.
④ 고객응대에 예의를 갖춘다.
⑤ 명확하게 말한다.

18 고객을 대상으로 측정하는 서비스 품질이 측정하기 쉽지 않은 이유에 대한 설명으로 옳지 않은 것은?

[2016.07]

① 서비스 품질의 개념이 객관적이기 때문에 주관화하여 측정하기가 어렵기 때문이다.
② 서비스 특성상 생산과 소비가 동시에 이루어지기 때문에 서비스 품질은 서비스의 전달이 완료되기 이전에는 검증되기가 어렵기 때문이다.
③ 서비스 품질을 측정하려면 고객에게 물어봐야 하는데, 고객으로부터 데이터를 수집하는 일이 시간과 비용이 많이 들며 회수율도 낮기 때문이다.
④ 고객은 서비스 프로세스의 일부이며 변화를 일으킬 수 있는 중요한 요인이기도 하므로 서비스 품질 측정에 본질적인 어려움이 있기 때문이다.
⑤ 모든 경우에 적용될 수 있는 서비스의 품질을 정의하는 것은 어렵기 때문이다.

19 고객관리의 특성이 아닌 것은? [2013.07]

① 고객유지
② 고객점유율 향상
③ 고객관계의 강화
④ 고객자아의 실현
⑤ 고객만족의 실현

해설
고객관리의 특성
• 시장점유율보다는 고객점유율에 비중
• 고객획득보다는 고객유지에 중점
• 제품판매보다는 고객관계(Customer Relationship)에 중점
• 고객 지향적이며, 고객 만족을 위해 고객의 입장에서 상품을 만듦

20 고객관계관리에 대한 전략으로 올바르게 짝지어진 것은? [2013.10]

가. 은행에서 고객을 상대로 보험상품을 판매한다.
나. 휴면고객을 분석하여 재고객화를 실시한다.

	가	나
①	교차 판매 전략	고객활성화 전략
②	고객충성도 제고 전략	고객활성화 전략
③	고객 유지 전략	고객활성화 전략
④	교차 판매 전략	과거 고객 재활성화 전략
⑤	고객 충성도 제고 전략	과거 고객 재활성화 전략

해설
가. 금융회사들이 자체적으로 개발한 상품에만 의존하던 방식에서 벗어나 보험상품이나 투자신탁 등 타 금융 부분의 상품으로까지 영역을 확대해가는 전략은 교차 판매 전략이다.
나. 휴면고객은 과거 기업의 고객이었으나 현재는 활동하고 있지 않은 고객으로, 이들을 재고객화하는 것은 과거 고객 재활성화 전략이라 할 수 있다.

21 고객관계관리(CRM)에 대한 설명으로 잘못된 것은? [2013.04]

① 기존 고객유지보다는 신규 고객확보에 더욱 중점을 두고 수익성 증대를 위하여 지속적인 커뮤니케이션을 수행한다.

② 고객에 대한 매우 구체적인 정보를 바탕으로 개개인에게 적합하고 차별적인 상품 및 서비스를 제공하는 것이다.

③ 상거래관계를 통한 고객과의 신뢰형성을 강조하고, 단기적인 영업성과향상보다 중·장기적인 마케팅 성과향상에 중점을 둔다.

④ 경쟁자보다 탁월한 고객가치와 고객만족을 제공함으로써 수익성 있는 고객관계를 구축, 유지하는 전반적인 과정이다.

⑤ 특히 고객강화에 중점을 두고 있으므로 불특정 다수를 상대로 하는 것은 CRM의 주관심이 아니다.

 신규 고객확보보다는 기존 고객유지에 더욱 중점을 두고 수익성 증대를 위하여 지속적인 커뮤니케이션을 수행하는 것이다.

22 고객관리에 대한 다음의 내용 중에서 옳은 설명을 짝지은 것을 고르시오. [2012.07]

> ㉠ 고객관계관리(CRM)의 궁극적인 목적은 신규고객 증가를 통한 시장점유율 확대에 있다
> ㉡ 교차 판매란 한 제품을 구입한 고객이 다른 제품을 추가로 구입할 수 있도록 유도하는 것이 목적이다.
> ㉢ 과거 구매 고객은 휴면고객으로 고객관계관리의 대상에서 제외된다.
> ㉣ 고객관계관리를 효과적으로 수행하기 위해서는 고객, 상품 등의 자료를 확보하는 것이 중요하다.

① ㉠, ㉢　　　　　　　　　　　　② ㉡, ㉢
③ ㉡, ㉣　　　　　　　　　　　　④ ㉠, ㉣
⑤ ㉠, ㉡

 ㉠ 신규고객 창출 보다는 기존 고객의 관리에 초점을 맞추고 있다.
㉢ 과거 구매 고객 중 휴면고객을 다시 충성도 높은 고객으로 전환시키는 것도 고객관계관리의 전략에 포함된다.

23 올바른 고객유치와 거리가 먼 것을 고르시오. [2012.10]

① 충성도 높은 고객을 유치한다.
② 고객자원이 부족하더라도 관계마케팅을 지속한다.
③ 호전형, 도둑형 고객 등의 불량고객은 선별적으로 관리하거나 퇴출한다.
④ 고객정보시스템을 활용하여 불량고객을 관리한다.
⑤ 역선택 위험이 있는 고객을 파악하여 관리한다.

> 관계마케팅은 고객과의 유대관계를 형성하고 유지하며 발전시키는 마케팅 활동이므로 고객자원이 부족하다면 단기적인 수익성뿐 아니라 기업의 장기적 이익 창출에 기여하는 고객을 유치해야 한다.

24 교환형 거래와 관계형 거래에 대한 설명으로 옳지 않은 것은? [2012.04]

① 지속적인 교환형 거래에 의해 고객신뢰가 높아지면 관계형 거래가 생성된다.
② 판매자에 대한 구매자의 신뢰가 어떤 수준을 넘으면 거래는 교환형 거래에서 관계형 거래로 질적으로 변한다.
③ 관계형 거래는 고객탐색의 과정을 생략할 수 있고 경우에 따라 교섭과정도 간소화되어 거래효율성이 크게 상승한다.
④ 교환형 거래를 강화함으로써 고객에 대한 파악이 용이해지며 그 결과 탐색, 교섭, 이행의 거래과정이 한 방향으로 진행된다.
⑤ 교환형 거래에서 거래 대상은 상품 그 자체이나 관계형 거래에서는 거래대상이 상품만이 아니라 물류 서비스 등의 부대서비스로까지 확대된다.

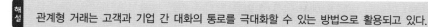

> 관계형 거래는 고객과 기업 간 대화의 통로를 극대화할 수 있는 방법으로 활용되고 있다.

25 진실의 순간(MOT)에 대한 내용 중 가장 옳지 않은 것은? [2012.07]

① 고객접점에서는 덧셈의 법칙보다는 곱셈의 법칙이 작용한다.
② 결정적 순간은 고객이 종업원과 접촉하는 순간에만 발생한다.
③ 결정적 순간은 고객이 서비스를 받는 전 과정에서 발생할 수 있다.
④ 서비스 제품에 있어 종업원의 무례함은 기능적 품질로 작용한다.
⑤ MOT를 적용할 때는 MOT사이클 전체를 관리해야 한다.

해설 결정적 순간이란 고객이 기업조직의 어떤 한 측면과 접촉하는 순간을 일컫는다.

26 진실의 순간(Moments Of Truth : MOT)에 대한 설명으로 가장 옳지 않은 것은? [2016.07]

① 고객의 서비스 품질 인식에 결정적 역할을 하기 때문에 결정적 순간으로 불린다.
② 진실의 순간을 관리하기 위해서 조직의 상층부에 권한을 집중하고, 명령계통을 일원화한다.
③ 지극히 짧은 순간이지만, 고객의 서비스 인상을 좌우한다.
④ 기업의 여러 자원과 고객이 직접 혹은 간접적으로 만나는 순간이며, 고객이 기업의 서비스를 평가하는 순간이다.
⑤ 고객접점에 있는 직원의 동기부여와 고객응대력을 높이는 것이 중요하다.

해설 고객접점(MOT)은 고객접점에 있는 서비스 요원들에게 권한을 부여하고 강화된 교육이 필요하며, 고객과 상호작용에 의하여 서비스가 순발력 있게 제공될 수 있는 서비스 전달시스템을 갖추어야 한다.

27 매체별 상담기법 중 방문 상담의 장점으로 옳지 않은 것은? [2015.05]

① 상담시간 절약효과가 있다.
② 상담사와 즉시 상담에 임할 수 있다.
③ 고객이 상담사를 직접 대면하면서 많은 문제를 상담하기에 용이하다.
④ 방문 상담은 상담사에게 다른 계획된 업무를 처리하는 데 지장을 주지는 않는다.
⑤ 상담사가 즉시 문제해결에 필요한 자료, 사례, 법규를 신속하게 찾아서 해결할 수 있고, 고객의 동의나 협조를 구할 수 있다.

해설 방문 상담은 서로 편한 시간에 약속되어야 하나, 고객이 가능한 시간이 우선되어야 하므로 상담사가 다른 계획된 업무를 처리하는 데 지장을 줄 수 있다.

28 고객 응대의 기본 요건에 대한 설명 중 가장 옳지 않은 것은? [2012.04]

① 상대의 입장이 된다.

② 올바른 자세로 응대한다.

③ 친절한 서비스를 행동으로 보여 주어야 한다.

④ 응대의 3원칙은 정확, 신속, 근면이다.

⑤ 자기의 입장에만 집착해서 응대하는 사람은 호감을 받을 수 없다.

> **해설** 고객응대의 기본원칙
> • 고객우선   • 고객평등
> • 선객우선   • 일인일객

29 고객관리의 목적과 가장 거리가 먼 것은? [2013.10]

① 고객점유율 향상   ② 고객유지

③ 고객관계의 강화   ④ 고객만족의 실현

⑤ 고객가치의 평가

> **해설** 고객가치의 평가는 고객관리의 목적을 달성하기 위한 고객관계관리(CRM) 구축 방안이다.

30 판매원이 사용하는 부적절한 용어를 변경한 것 중 가장 올바르지 않은 것은? [2012.07]

① 없는데요. → 죄송합니다만 품절되었습니다. 현재는 **만 준비되어 있습니다.

② 교환은 안 됩니다. → 교환 안 되는 점 미리 양해드립니다.

③ 이 상품이 좋습니다. → 이 상품이 좋지 않을까 생각됩니다.

④ 가격은 비싸지만 품질은 아주 좋습니다.→ 품질은 좋으나 비쌉니다.

⑤ 여기 서명해 주세요. → 여기 서명해 주시겠습니까?

> **해설** 고객응대화법은 부정적인 표현보다는 긍정적인 표현을 사용한다. 즉 '~하세요.' 문장보다는 '~하실까요.'하는 청유형 형식으로 말하는 것이 고객중심 대화의 기본이다.

31 대면상담시 말하기 기법과 관련된 설명으로 옳지 않은 것은? [2012.07]

① 고객이 바라는 핵심을 파악하여 정확하고 구체적으로 응답한다.
② 상담 시 즐겁고 명랑한 목소리로 고객이 공감할 수 있도록 상담한다.
③ 부정적인 단어는 문제해결에 심리적으로 어려움을 주게 되므로 가능하면 긍정적인 용어를 사용한다.
④ 고객에게 존댓말을 이용하여 고객이 존중받고 있다는 마음을 가질 수 있도록 한다.
⑤ 외국어나 전문용어의 약어 등의 어휘를 선택하여 상담을 한다.

 전문용어를 남용하지 않아야 한다.

32 고객응대화법 중에서 설득화법의 표현방법으로 가장 옳지 않은 것은? [2013.10]

① 품위 있는 유머를 사용한다.
② 시각에 호소하는 방법을 활용한다.
③ 반복적으로 질문하여 설득한다.
④ 음성이 명확하며 부드러운 목소리여야 한다.
⑤ 상황에 맞는 음량과 템포를 유지한다.

 반복적으로 질문을 하거나 일방적으로 대화를 이끌어 가서는 결코 고객을 설득할 수 없다.

33 고객의 구매과정에서 발생하는 '진실의 순간(Moments Of Truth)'에 대한 설명으로 옳은 것은?
[2016.04]

① 진실의 순간은 고객이 종업원과 접촉하는 결정적인 한 순간에만 발생한다.
② 서비스를 경험하는 고객은 진실의 순간에 서비스를 덧셈법칙에 입각하여 평가한다.
③ 진실의 순간은 짧기 때문에 기업 수익에 크게 영향을 미치지는 않는다.
④ 진실의 순간에 대응하기 위해서는 CALS모형이 일반적이다.
⑤ 진실의 순간을 관리하려면 고객 접점별로 발생할 수 있는 문제를 진단하는 것이 중요하다.

① 고객이 종업원과 접촉하는 데 여러 번의 순간을 경험할 수 있다.
② 서비스를 경험하는 고객은 진실의 순간에 서비스를 덧셈법칙이 아니라 곱셈의 법칙에 입각하여 평가한다. 즉 서비스의 프로세스(과정)에서 한 번 또는 한 가지 행동이나 서비스라도 '0'점이나 마이너스 점수를 받게 되면 다른 어떤 노력으로도 만회하기 어렵기 때문이다.
③ 진실의 순간은 15초로 짧지만 이 순간에 고객을 평생고객으로 만드느냐 아니면 불만고객으로 만드느냐에 따라 기업 수익에도 많은 영향을 미치게 된다.
④ 진실의 순간에 대응하기 위해서는 CRM모형이 일반적이다.

34

Egan(1994)이 상담자가 피상담자에게 관심을 기울일 때 사용할 수 있는 미시적 기술로서 제시한 'SOLER'에 대한 설명으로 옳지 않은 것은?　　　　[2012.10]

① S(Squarely Face) – 피상담자를 정면으로 마주하여 피상담자에게 관심을 갖고 있다는 것을 보여 준다.
② O(Openly Face) – 개방적인 자세를 취하여 마음을 열어 돕고 있다는 인상을 준다.
③ L(Lean Forward) – 가끔 피상담자 쪽으로 몸을 기울여서 친밀감을 주도록 한다.
④ E(Eye Contact) – 좋은 시선의 접촉을 유지하여 심도 있는 대화를 하고 있다는 인상과 피상담자에게 관심을 가지고 있다는 것을 느끼게 된다.
⑤ R(Refresh) – 피상담자에게 항상 상담자가 새롭다는 느낌을 가지게 한다.

Egan(1994)의 SOLER
피상담자를 정면(Squarely)으로 보고, 개방적인 자세(Open Posture)를 가지며, 상체를 피상담자 쪽으로 약간 기울이고(Lean Forward), 눈 맞춤(Eye Contact)을 자연스럽게 하며, 편안한 자세(Relaxed)를 가지는 것이 중요하다고 하였다.

35

고객 커뮤니케이션의 목적과 방법에 대한 설명으로 옳지 않은 것은?　　　　[2012.07]

① 소매업체가 제공하는 서비스에 대해 고객들에게 정보를 제공하는 것이다.
② 고객이 소매업체의 상품과 서비스를 구매하도록 동기를 부여한다.
③ 소매업체는 고객들에게 소매업체가 제공하는 이익에 대해 상기시킴으로써, 고객의 반복적인 구매와 충성도를 높인다.
④ 고객들에게 별도의 가치와 인센티브를 제공하는 비인적 커뮤니케이션 중 가장 일반적인 촉진관리는 경연대회이다.
⑤ 비용을 지불하지 않는 비인적 커뮤니케이션의 방법 중 가장 대표적인 것은 홍보이다.

비인적 커뮤니케이션이란 개인적인 접촉이나 피드백이 없이 메시지를 전달할 수 있는 매체를 말하는데 신문, 방송, 라디오 같은 매스컴 등이 이에 속한다.

36

판매원이 고객 응대시 사용할 수 있는 비언어적 커뮤니케이션에 대한 설명으로 가장 적합한 것은?

[2012.04]

① 고객과의 커뮤니케이션은 대부분 언어적으로 이루어지므로, 언어적 커뮤니케이션에 보다 집중한다.
② 눈맞춤은 성실성을 나타내므로 고객과의 눈맞춤을 연습하여야 한다.
③ 대화하는 동안 판매원은 팔짱을 끼고 있는 것이 능동적인 표현방식으로 적합하다.
④ 좋은 음성과 마찬가지로 말을 빠르게 하는 것이 고객에게 신뢰성을 준다.
⑤ 일상생활에서 경청하는 자세를 유지하되, 고객이 길게 말할 경우에는 끼어들어야 한다.

 ① 고객과의 커뮤니케이션에서 언어적 커뮤니케이션도 중요하지만, 더불어 표정·동작 등의 비언어적 커뮤니케이션도 집중해야 한다.
③ 팔짱을 끼는 자세는 고객과의 소통에 있어 올바르지 못한 자세이다.
④ 상황에 맞는 적당한 음량과 템포를 유지해야 한다.
⑤ 고객이 길게 말할 경우에도 끼어들어서는 안 된다.

37

스포츠용품 매장에서 다음과 같이 사용되는 상품설명의 유도화법에 해당하는 것은?

[2015.07]

> 이 축구화는 세계적인 축구 스타 리오넬 메시가 주로 사용하는 것으로.....

① 의뢰제시법
② 문제해결제안법
③ 호기심유발법
④ 실연법
⑤ 장점강조법

 ③ 상품과 관련된 잘 알려진 전문가가 애용하고 있음을 들어 호기심을 유발하면서 상품설명을 하는 방법이다.
① 상품을 제시하고 고객이 상품에 대해 자유롭게 질문하도록 하는 방법이다.
② 고객이 의심스러워하는 문제점의 해결책을 제안하는 방법이다.
④ 실제로 판매 포인트를 실연해 보이면서 상품설명을 하는 방법이다.
⑤ 상품이 고객에게 주는 이점(가치 혹은 혜택)을 들어 말을 꺼내는 방법이다.

38 고객관계관리(Customer Relationship Management)에 대한 설명으로 가장 옳지 않은 것은?

[2016.04]

① 고객을 단순 구매자가 아닌 공동 참여자 또는 능동적 파트너로 인식한다.
② 개별 고객과의 쌍방향 의사소통을 통한 고객 관계의 강화를 목적으로 한다.
③ 영업이나 판매 위주의 서비스가 아닌 전사적 차원의 정교한 대응을 지향한다.
④ 시장점유율 보다는 고객점유율을 높이는 것에 중점을 두고 있다.
⑤ 타겟에게 맞는 효익을 제공하여 제품의 단기적 판매를 높이는 데 주안점을 두고 있다.

> **해설** 고객관계관리는 '단기적' 판매보다는 '장기적' 고객관계를 유지하는 데 초점을 두고 있다.

39 경청의 효용으로 가장 올바르지 않은 것은?

[2012.07 | 2014.04]

① 들어준다고 실감하면 본심의 속마음이 나온다.
② 들어줌으로써 호의와 공감이 높아진다.
③ 잘 들음으로써 자연스럽게 효과적으로 리드할 수 있다.
④ 들어줌으로써 서로의 대화가 활발해진다.
⑤ 들어줌으로써 고객 스스로 구매의 셀링 포인트를 찾게 된다.

> **해설** 판매자가 고객의 욕구충족에 적절한 상품의 선택 및 설명의 기회를 포착할 수 있다.

40 고객의 욕구를 결정하기 위해서는 고객에게 질문을 잘해야 하고, 동시에 고객의 이야기를 잘 경청하여야 한다. 이 중에서 질문에 대한 내용 중 가장 옳지 않은 것은?

[2012.07]

① 고객이 이야기하는 도중에 끼어들지 말고 고객의 이야기가 모두 끝난 후 한꺼번에 모아서 질문하는 것이 좋다.
② 고객이 더 많이 이야기할 수 있도록 만드는 질문을 하는 것이 좋다.
③ 고객이 얻고자 하는 혜택을 알아내기 위한 질문을 하는 것이 좋다.
④ 적극적이고 긍정적인 응답이 나오도록 질문하여야 한다.
⑤ 질문을 연발하지 않아야 한다.

> **해설** 이야기를 진행시켜 나감에 있어서는 가끔 맞장구도 치고 가벼운 질문도 삽입해서 고객의 이야기를 경청하고 있다는 것을 인식시키는 것이 좋다.

41 대면상담 시 경청을 잘 할 수 있는 방법으로 옳지 않은 것은? [2012.10]

① 열린 마음으로 경청한다.
② 경청하고 있음을 알려야 한다.
③ 공감하고 있음을 보여 주어야 한다.
④ 상담자는 연속해서 질문을 하거나 계속 말하지 않는다.
⑤ 문장전체의 상황은 이해를 하되, 개념은 듣지 않도록 한다.

> 경청은 고객이 말하고자 하는 의미와 의도를 파악하여 듣는 태도이다. 즉 경청은 주의를 기울여 잘 듣고, 이해한 바를 토대로 반응하는 과정까지를 포함한다.

42 단골고객관리(Loyalty Management)에 대한 설명으로 가장 옳지 않은 것은? [2015.05]

① 일반적으로 신규고객을 확보하는 비용이 단골고객을 유지하는 것보다 훨씬 높다.
② 모든 단골고객은 VIP고객으로 볼 수 있다.
③ 단골고객을 적극적으로 관리해야 한다.
④ 단골고객을 파악하고 세분화해야 한다.
⑤ 단골고객 유지여부를 지속적으로 점검해야 한다.

> 다수의 사람들이 단골고객을 VIP고객과 동일시하나, 반드시 일치하지는 않는다. 예를 들면, 은행의 VIP고객은 은행과 거래 시 대규모 금액을 예치하지만 막상 은행의 서비스 이용에 있어서는 간혹 기본적인 입금금 서비스만 이용할 수 있다. 반면에 어떤 고객은 예금규모는 작지만 은행에 자주 방문하여 은행의 수익(수수료 등)을 가져다주는 거래를 빈번하게 발생시킨다. 이러한 고객은 VIP고객이라고는 할 수 없지만 은행의 수익창출에 크게 기여하는 중요한 단골고객이다.

43 전화상담의 듣기 기법과 관련된 설명으로 옳지 않은 것은? [2012.10 | 2020.06]

① 주위를 산만하게 하는 것을 제거한다.
② 고객의 모든 말에 집중하는 습관을 들인다.
③ 전화로 받은 주요 용건은 복창하여 확인할 필요까지는 없다.
④ 기꺼이 듣고 있음을 알리기 위해 적당한 응대의 말을 진행한다.
⑤ 중요한 숫자를 전할 때는 읽는 방법을 바꾸어 두 번 말하는 것이 좋다.

> 전화는 증거를 남기기 어렵기 때문에 주요 용건은 복창하여 반드시 확인해야 한다.

44 전화상담의 말하기 기법과 관련된 설명으로 옳지 않은 것은? [2012.10]

① 목소리는 높이거나 너무 날카롭거나 너무 낮지 않은 중간 음이 가장 효과적이며 의식적으로 가볍고 깊은 음조로 말하는 것이 좋다.

② 말의 속도가 너무 빠르거나 너무 느리면 메시지가 정확하게 전달되지 않게 된다. 그러나 전화상담시 는 의식적으로 조금 빠르게 말하는 습관을 드리도록 한다.

③ 전화상담시 상대방이 화가 나서 큰 소리로 말하더라도 똑같이 큰 소리로 맞대응하지 않고 그 대신 상대방의 목소리보다 조금 낮은 소리로 이야기를 시작해 상대의 목소리에 점차 맞추어 가도록 한다.

④ 메시지 전달을 명확하게 하기 위해서는 정확한 발성법이 필요하다.

⑤ 앞뒤가 맞는 문법은 고객상담자에게 신뢰를 제고시킴은 물론 의사소통을 용이하게 한다.

> **해설** ②, ③ 복수정답
> 전화응대시 천천히, 정확히 하여 상대가 되묻는 일이 없어야 한다. 또한 상대의 언성이 높아지거나 불쾌해하면, 한발 물러서서 언쟁을 피해야 한다.

45 고객만족에 대한 설명으로 가장 옳은 것을 고르시오. [2012.10]

① 힘이 있는 제조업체의 영업사원은 중간상의 욕구를 이해하기 위한 별다른 노력이 요구되지 않는다.

② 기업과 판매사원과의 마케팅을 상호작용마케팅이라 한다.

③ 기대보다 성과가 클 경우 부정적 불일치로 고객만족이라 한다.

④ 산업체 고객의 의사결정과정과 이에 관여하는 사람들의 욕구도 파악하여야 한다.

⑤ 고객충성도는 고객만족을 결정하는 중요 변수다.

> **해설** 외부고객 만족에 앞서 내부고객 만족에 관심을 우선적으로 가져야 한다. 즉 고객만족은 내부고객과 외부고객의 욕구와 문제를 해결함으로써 얻어지는 결과이자 기업의 목표이다. 고객의 기대보다 성과가 클 경우 긍정적 불일치로 고객만족이 증가한다.

46 고객관계관리의 특성으로 옳지 <u>않은</u> 것은? [2016.11]

① 고객관계 유지
② 고객점유율 향상
③ 고객관계의 강화
④ 고객만족의 실현
⑤ 고객자아의 실현

> **해설** 고객관계관리는 '고객자아의 실현'이 아니라 '고객생애가치'를 추구한다.

47 고객관계관리(CRM ; Customer Relationship Management) 기법의 몇 가지 특성 및 설명으로 옳지 <u>않은</u> 것은? [2015.11]

① CRM은 시장점유율보다 고객확보율을 더 중요시 한다.
② CRM은 고객의 획득보다는 고객의 유지에 중점을 둔다.
③ CRM은 단순한 제품 판매보다는 고객 관계에 중점을 두고 있다.
④ CRM은 고객과의 관계를 통해 고객의 욕구를 파악하여 상품을 만들고, 적시에 공급하여 기업의 높은 경영 성과를 거두려는 전략이다.
⑤ CRM은 경영성과를 거두기 위해 고객에 관한 데이터베이스가 구축되어야 할 필요가 없지만, 그 데이터를 분석하고 가치화하기 위해서는 마케팅의 우위를 확보해야 한다.

> **해설** 통합된 고객정보의 실시간 접근 및 분석을 위해 고객에 관한 데이터베이스가 구축되어야 한다.

48 이탈고객에 대한 설명으로 가장 옳지 <u>않은</u> 것은? [2015.05 | 2016.07]

① 고객이탈율은 1년 동안 떠나는 고객의 수를 신규고객의 수로 나눈 값이다.
② 이탈고객이 제공하는 정보를 활용하여 이탈고객이 발생하지 않도록 노력해야 한다.
③ 완전히 이탈한 고객만이 아닌 어느 정도 이용률이 떨어진 고객도 관리해야 한다.
④ 고객이탈율 제로문화를 형성하기 위해 노력해야 한다.
⑤ 휴면고객의 정보를 활용하여 고객으로 환원시키도록 노력해야 한다.

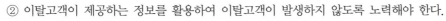
> **해설** 고객이탈율(Defection Rate)은 기존 고객 중 1년 동안에 떠나 버린 고객의 비율이다.

49 고객만족경영에 대한 설명 중에서 옳지 않은 것은? [2012.10]

① 고객불평을 중시하여 이를 잘 해결하고 피드백시켜야 한다.
② 고객만족의 선행지수로 종업원만족지수, 내부고객만족지수 등이 있다.
③ 고객창출 – 고객유지 – 고객관계발전의 순서로 진행하는 것이 좋다.
④ 기존고객의 유지보다는 신규고객의 창출이 더욱 중요하다.
⑤ 고객만족지수 등을 개발하여 성과를 계량화하여야 한다.

해설 신규고객을 창출하는 것보다 기존 고객을 관리하고 유지하는 것이 상대적으로 비용이 적게 들기 때문에 고객마케팅 관점에서 더욱 중요시 된다

50 고객이 다속성모형을 사용하여 소매점을 선택한다는 가정 하에 적절한 전략과 거리가 먼 것은?

[2013.07]

① 최고로 중요하게 생각하는 하나의 속성에 집중하여 차별화를 시도한다.
② 새로운 편익을 추가한다.
③ 고객이 생각하는 편익의 가중치를 여러 개 선정한다.
④ 자사 소매점의 전반적 성과를 향상시킨다.
⑤ 경쟁 소매점의 성과에 대한 신념을 감소시킨다.

해설 다속성모형은 소비자의 신념과 중요시 하는 상품의 속성(성능, 가격, AS, 인지도, 디자인 등)을 판단기준으로 하여 상품을 선택할 것이라는 것에 기초해 소비자의 만족도를 측정하는 모형을 말한다. 다속성모형은 상품의 여러 속성을 동시에 비교하고 선택하므로 하나의 속성에 집중하여 차별화를 시도한다는 것은 옳지 않다.

51 신규고객을 유치하는 방법 중 고객의 부정적 반응이 가장 강하게 나타날 수 있는 것은? [2015.07]

① 경쟁기업의 고객을 겨냥하여 상표전환 유도하기
② 구전을 통해 고객 유치하기
③ 타 업종과의 전략적 제휴를 통해 고객접촉 시도하기
④ 먼저 접촉해 온 고객을 유치하기
⑤ 리스트공급업체를 통해 제공받은 자료를 가지고 직접적으로 고객접촉 시도하기

해설 신규고객 유치를 위해 리스트공급업체를 통해 고객 데이터를 구입할 수는 있으나, 오늘날의 고객들은 직접적으로 고객에게 접촉을 시도하는 업체들에 대해 부정적인 반응을 보인다.

52

[2016.04]

다음 사례의 A홈쇼핑이 고객만족 혹은 불만족을 조사하기 위해 사용한 조사기법은?

> 최근 A홈쇼핑은 고객들이 자사의 텔레마케터들과의 통화에서 느낀 불편함이나 불쾌한 느낌, 서비스에 대한 만족감, 서비스 실패나 회복과정에서의 경험 등을 이야기하도록 하는 심층 인터뷰를 실시하였다. 특히, 가장 기억에 남는 경험에 초점을 두어 그 상황에서의 만족과 불만족을 조사하였다.

① 사후거래조사　　　　　　　　　　② 불평조사
③ 결정적 사건기법　　　　　　　　　④ 미스터리 쇼퍼
⑤ 고객 요구사항조사

결정적 사건기법(CIT ; Critical Incident Technique)
결정적 사건기법은 소비자들의 언어를 통해 소비자들이 기억하고 있는 인상적인 서비스의 속성을 분석하기 위한 연구에서 사용되는 기법이다.
결정적 사건기법은 특정한 자극이나 사건을 경험자의 시각에서 평가할 수 있다는 점에서 최근 들어 서비스 계통의 연구에서 많이 활용되고 있다. 다양한 서비스접점에서의 소비자경험을 통하여 만족과 불만족의 원인을 밝혀내거나(Bitner, 1990), 외식업이나 관광업에서 소비자가 겪은 서비스실패의 원인과 서비스회복(service recovery)에 대한 연구(Smith & Bolton, 1998)들에서 주도적인 방법론으로 사용되고 있다.

53

[2012.04 | 2013.04]

고객 충성도 프로그램에 대한 설명으로 옳지 않은 것은?

① 고객 충성도는 고객이 특정 소매업체의 점포에서만 쇼핑하겠다고 스스로 약속하는 것을 의미하며 고객 애호도라고도 하는데, 충성도는 단순히 하나의 소매업체를 다른 소매업체보다 선호한다는 의미 이상이다.
② 상표의 이미지를 선명하고 뚜렷하게 개발하고 상품과 서비스를 통해 계속적으로 이를 강조함으로써 고객 충성도를 구축한다.
③ 높은 수준의 고객서비스 제공을 통해 고객 충성도를 구축한다.
④ 고객에 관한 자료와 구매 유형에 대한 데이터베이스 자료를 활용하여 충성도를 구축하는 소매 프로그램의 개발과 실행을 의미한다.
⑤ 자신의 점포에서만 구입할 수 있는 브랜드를 개발할 경우 지속적인 경쟁우위를 실현시킬 수 없다.

고객충성도는 기업이 지속적으로 고객들에게 탁월한 가치를 제공함으로써 해당 고객으로 하여금 기업 또는 브랜드에 호감 및 충성심을 갖게 함으로써 지속적인 구매활동이 유지되도록 하는 것이다. 이로 인한 높은 수준의 고객충성도로부터 초래되는 경제적 이득은 상당하며, 더불어 지속적인 고객 충성도 획득은 해당 기업의 매출 및 시장점유율 향상과 고객유지비용의 감소를 가져오게 되며 이를 통한 추가분의 이익을 활용해서 고객가치 증대나 타 부문에의 투자, 종업원들의 보수 향상 등에 활용할 수 있게 된다. 또한 이러한 고객충성도 중심에 역점을 둔 경영을 지속하는 경우에 기업의 재정적인 능력은 더더욱 커지게 되며, 고객들이 신뢰하는 점포에서의 유일한 브랜드를 개발하면 자점 충성고객들로부터의 두터운 지지로 인한 경쟁우위의 실현이 가능하게 된다.

54 고객관계관리 및 고객충성도에 관한 내용으로 옳지 않은 것은?

[2016.11]

① RFM 분석법은 최근 구매일(Recency), 구매기능(Function), 구매금액(Monetary value)을 토대로 고객 가치를 평가한다.

② 고객생애가치는 고객이 자사에 전 생애에 걸쳐 제공하는 이익을 현재가치로 환산한 개념이다.

③ 충성도 프로그램은 이미 알고 있는 고객을 상대로 지속적인 마케팅 강화, 유대 형성 등을 통해 고객 가치를 증대시키는 관계마케팅활동이다.

④ 스탬프를 모아서 제시하면 경품이나 사은품을 받을 수 있게 하는 스탬프제도는 충성도 프로그램에 속한다.

⑤ 여러 혜택을 얻을 수 있는 회원제도에 가입하게 함으로써 고객을 고정화시키려는 회원제도는 충성도 프로그램에 속한다.

> **해설**
> RFM 분석법은 고객이 언제 제품을 구입했는가(Recency ; 구매시점), 얼마나 자주 제품을 구입하는가(Frequency ; 구매빈도), 제품 구입에 얼마나 사용했는가(Monetary ; 구매금액)라는 세 가지를 토대로 고객 가치를 평가한다.

55 고객 유지를 위한 사후관리에 대한 설명으로 가장 옳지 않은 것은?

[2015.05]

① 판매 종결로 모든 것이 끝나기 때문에 가치제안에서 약속한 내용들이 충실하게 수행되었는지는 확인할 필요가 없다.

② 사후관리 차원에서 정확한 대금 결제 수행 여부를 확인해야 한다.

③ 사후관리 차원에서 정확한 배송 수행 여부를 확인해야 한다.

④ 사후관리 차원에서 필요한 경우, 장비의 적절한 설치를 위해 원활한 지원을 하여야 한다.

⑤ 사후관리 차원에서 공급하는 제품의 정상적 기능 수행을 확인해야 한다.

> **해설**
> 구매가 이루어진 2~3일 후에 전화를 통해 구매 후의 만족도를 확인하는 고객과의 지속적인 커뮤니케이션이 이루어져야 한다.

56 고객의 불평 또는 컴플레인에 대한 내용 중에서 옳지 않은 것은?

[2013.04]

① 컴플레인을 하는 고객이 침묵하는 불만족고객보다는 오히려 낫다고 보아야 한다.

② 고객의 컴플레인은 상품이나 서비스의 문제점을 조기에 파악하여 해결할 수 있게 하는 기능이 있다.

③ 고객 컴플레인은 가급적 현장에서 즉각 해소하도록 하는 것이 좋다.

④ 고객이 가능하면 불평을 토로하지 못하도록 하는 것이 최선이다.

⑤ 불평고객에 대한 효과적 대응은 부정적인 구전효과의 파급을 최소화하는 기능을 한다.

해설 고객의 불평은 적극적으로 장려해야 하고 성심 성의껏 경청해야 한다.

57

소비자의 불평행동에 대한 기업의 일반적인 대응으로 가장 옳지 않은 것은? [2013.07]

① 기업이 소비자들의 불평에 관심이 있다는 것을 널리 홍보한다.
② 기업이나 소매점 안에 소비자 상담실을 설치 및 운영하며 판매원에게 불평처리방안을 교육한다.
③ 컴플레인 응대 및 처리 시 소비자에게 정확한 정보를 제공해주며, 설명은 사실을 바탕으로 명확하게 한다.
④ 이미 발생한 컴플레인에 대해서는 문제 확대를 예방하기 위하여 소비자가 원하는 보상을 제공하여 신속히 처리한다.
⑤ 정부 및 소비자단체와 협력하여 회사정책 차원에서 뿐만 아니라 사회적으로 소비자의 불만이 확산되지 않도록 한다.

해설 컴플레인은 고객의 입장에서 능동적으로 신속한 처리를 하여야 하나, 무조건 소비자에게 보상을 해줌으로써 문제를 회피하는 방식의 대응은 옳지 않다. 공정한 컴플레인 처리기준과 절차를 통해 해결하도록 하여야 한다.

58

다음은 서비스 제공 실패로 인해 발생하는 고객 불평에 효과적으로 대응하는 공정성에 관한 내용이다. (㉠), (㉡)에 들어갈 용어로 올바르게 짝지어진 것은? [2016.07]

(㉠) : 서비스 회복에 있어서 고객 불만족 수준에 적절한 보상(금전, 사과 등)을 제공함
(㉡) : 불만족한 고객에게 접점 직원이 사려 깊고 성실하며 친절한 설명으로 문제를 해결함

① ㉠ 절차 공정성, ㉡ 상호작용 공정성
② ㉠ 절차 공정성, ㉡ 분배 공정성
③ ㉠ 결과 공정성, ㉡ 절차 공정성
④ ㉠ 분배 공정성, ㉡ 절차 공정성
⑤ ㉠ 결과 공정성, ㉡ 상호작용 공정성

해설
• 절차 공정성 : 어떠한 결정이었는가 보다는 어떻게 결정되었는가를 다루는 개념이다. 즉, 배분결정이 적용되는 절차 및 규칙의 공정성 등의 평가에 초점을 맞추는 것을 말한다.
• 분배 공정성 : 조직에서 보상 및 평가 등 여러 요소들이 공정하게 배분되는지에 대한 문제를 말한다.

59 컴플레인 처리의 방법 중 MTP(Man, Time, Place) 법과 관련이 없는 것은?

[2007.06 | 2009.07 | 2013.04]

① 컴플레인 접수를 한 사람이 처리할 것인지, 혹은 전담부서를 둘 것인지를 결정한다.
② 고객이 흥분해 있으므로 냉각기간을 가질 필요가 있다.
③ 매장에서 처리할 것인지, 응접실 등으로 안내하여 처리할 것인지를 결정해야 한다.
④ 컴플레인 처리의 중요성을 강조하고 사전에 판매원들에게 충분한 교육을 실시한다.
⑤ 컴플레인을 처리하는 데 소요되는 최소한의 기간을 공지한다.

 MTP법은 사람(Man), 시간(Time), 장소(Place)를 바꾸어 컴플레인을 처리하는 방법이다.
• 사람을 바꿈 : 불만고객의 최초 응대를 교체하여 불만의 경중에 따라 되도록 상사가 응대(판매사원 → 판매담당)
• 장소를 바꿈 : 불만고객을 오래 서있거나 기다리게 하면 더욱 화가 날 수 있고, 다른 고객들까지 불만이 터져 나올 수 있으므로 이러한 상황을 미연에 방지하기 위하여 장소를 바꾸어 조용한 곳에서 응대(매장 → 사무실, 소비자상담실)
• 시간을 바꿈 : 고객이 잠시 진정할 시간을 주고, 응대하는 직원 역시 진정할 시간을 줌으로써 차분하게 원인을 파악하고 해결할 수 있도록 시간을 주는 것

60 고객의 불만처리 방법으로 가장 적절하지 못한 것은? [2012.10]

① 자사가 잘못한 경우에는 상대방 입장을 동조하여 긍정적으로 듣고, 사실 중심으로 명확하게 설명한다.
② 고객에게 문제가 있을 경우에는 고객의 잘못을 직접적으로 지적하여 정확하게 인지시킨다.
③ 불만처리 4원칙은 원인파악 철저, 신속 해결, 우선 사과, 불논쟁 원칙이다.
④ 고객에게 문제가 있는 경우에도 고객이 빠져나갈 길을 터주고 자존심이 상하지 않도록 배려한다.
⑤ 고객불만처리 방법의 MTP법은 누가(Man), 언제(Time), 어느 장소(Place)에서 처리할 것인가를 결정하여 효율적으로 고객불만을 처리하는 방법이다.

 고객에게 문제가 있을 경우에도 고객의 잘못을 일방적으로 지적하면 고객의 반발을 일으킬 수 있으므로 고객이 잘 납득할 수 있도록 설명하여 이해시켜야 한다.

61 고객 불만 처리과정 및 불만처리 원칙에 대한 설명으로 가장 옳지 않은 것은? [2012.07]

① 문제 제품을 직접 살펴서 책임소재를 확인한다.
② 클레임의 원인을 정확히 알아야 한다.
③ 가능한 빠른 시간 내에 해결하는 것이 회사로서도 바람직하다.
④ 클레임을 건 고객은 우선 화가나 있는 상태라는 점을 잊지 말고 사과를 먼저 하도록 한다.
⑤ 회사의 잘못이 아닌 경우, 고객과 논쟁은 필요하며 고객의 말꼬리 잡기나 트집에 대응하여야 한다.

62 고객 불평에 대한 대응방안에 대한 설명으로 가장 옳지 않은 것은? [2012.07]

① 부정적인 구전을 최소화하기 위해 기업은 적절한 접수창구를 마련해야 한다.
② 상품의 결함을 조기에 발견하여 리콜 하도록 해야 한다.
③ 고객이 토로한 불평을 제품의 개선에 반영하도록 해야 한다.
④ 불만내용과 관련된 해당부서에서 처리하면 고객불평이 조기에 해결되어 만족도가 증가할 수 있다.
⑤ 서비스 실패의 상당 부분은 고객의 잘못으로 일어나므로, 고객에게 책임을 물어야 한다.

63 고객의 컴플레인 제기에 대한 훌륭한 판매원의 대응자세로 가장 거리가 먼 것은? [2012.07]

① 고객이 제기하는 컴플레인의 중요성을 고객의 입장에서 이해하여야 한다.
② 앞으로 지속적인 구매를 이어갈 가능성이 있는 잠재 고객으로 여기며 고객의 가치를 이해한다.
③ 고객이 여러 핑계를 제시하더라도 일단 수용적인 자세를 보이는 것이 바람직하다.
④ 호전적인 고객은 논쟁을 즐기므로 정확한 자료로 반박하는 것이 고객만족으로 이어진다.
⑤ 컴플레인 제기에 대하여 친절한 태도를 유지하며 고객의 불만을 경청하려 애쓴다.

64 고객불평행동에 대한 설명으로 옳지 않은 것은? [2013.07]

① 가벼운 불만의 소비자는 별다른 행동을 취하지 않을 가능성이 높다.
② 자동차와 같이 중요한 제품은 강한 불평행동을 할 가능성이 높다.
③ 사적인 불평행동으로 부정적 구전이 있다.
④ 소비자가 점포나 판매원에게 책임이 있다고 귀인하면, 강한 불평행동을 할 가능성이 높다.
⑤ 공적인 불평행동으로 구매보이코트가 있다.

고객의 불평행동의 유형
- 사적 불평행동 : 개인적인 구매 중지(구매보이코트), 부정적 구전
- 공적 불평행동 : 회사에 해결을 요구, 정부기관 및 민간단체에 해결을 요구, 법적 조치를 취함

65

불만족한 고객에게 서비스를 회복하기 위하여 소매점이 취할 전략으로 거리가 먼 것은?   [2014.04]

① 불평을 토로하도록 전화조사, 고객센터를 운영한다.

② 서비스 실패 시 일선 종업원보다는 고위 직급자가 문제를 해결하는 것이 바람직하다.

③ 신속하게 즉각적으로 해결하는 것이 바람직하다.

④ 상황에 대처하기 위해 적절한 직원교육과 훈련이 필요하다.

⑤ 고객이 때로는 옳지 않을 수도 있으므로, 이 경우에는 고객을 이해시킬 필요가 있다.

 해설

고객 클레임에 대한 전담자를 따로 두는 것 보다는 문제가 발생했을 때 이를 해결할 수 있도록 일선 종업원들을 훈련시키고 권한을 부여해야 한다.

66

불만을 느낀 고객이 불평행동을 취할 것인가의 여부는 고객불만의 원인을 어디에 두는가에 따라 결정된다는 이론은 무엇인가?   [2015.11]

① 귀인 이론   ② 비용과 이익분석 이론

③ 인지 이론   ④ 지각 이론

⑤ 균형 이론

 해설

귀인이란 개인이 다른 사람이나 혹은 자신의 행동 원인을 추정하는 인지적 과정을 일컫는 하나의 이론적 구성 개념을 말한다. 불평행동에 관한 귀인적 접근은 문제상황의 원인이 소비자 자신에게 있느냐(내적 귀인), 혹은 제조 업자나 판매자 또는 기타 다른 요인에 있느냐(외적 귀인)에 대한 지각에 따라 불만족 후의 불평행동이 달라진다는 것이다. 귀인 이론에 의하면, 불만에 대한 고객의 반응을 결정하는 것은 단순히 제품이 실패했다는 판단만이 아니고, 고객은 왜 그 제품이 실패했는지를 알고 싶어 한다는 것이다. 그리고 그렇게 추론된 이유는 그들이 불만족스러운 경험에 어떻게 반응할 것인가에 영향을 미친다고 한다.

※ 귀인이론(Weiner)

귀인이론이란 인간 행동의 원인을 설명하고 예언하려는 이론으로서, 사건이나 행동 결과에 대해 인간이 내리는 원인론적 해석을 다루는 이론이다. 이 이론은 귀인양식이 그 자신의 행동에 어떤 영향을 미치는가에 관심을 두고 있다. 사람들이 성공과 실패를 어디에 귀인하며, 그에 따라 개인의 성취 수준과 행동 및 정서와 어떠한 관계를 가지는가를 밝히려는 데 초점을 두고 있다. 즉, 성공이나 실패의 원인을 찾으려고 하고 그 원인을 무엇으로 귀인하느냐에 따라 후속 행동과 정서적 반응에 영향을 준다고 본다.

67 불만처리에 있어 대응상의 단계를 설명한 것이다. 그 내용에 있어 올바른 것만 나열한 것은?

[2012.04]

> ㉠ 일차적으로 불만에 대한 사과를 하나 무조건 잘못을 인정하지는 않는다.
> ㉡ 고객의 불만과 욕구를 파악하고 불만을 누그러뜨리기 위해 진지하게 경청한다.
> ㉢ '예, 그러셨군요.' 또는 '많이 속상하셨겠네요.'하며 공감을 표현한다.
> ㉣ '제 생각에는 이렇게 하는 게 좋을 것 같은데 어떠신지요.'하며 대안을 제시한다.
> ㉤ 고객이 보상에 대한 대안 수긍 시 바로 조치하여 신속한 조치가 이루어지게 한다.
> ㉥ 전화나 방문을 통하여 조치결과에 대하여 만족여부를 확인한 후 불만처리 응대를 마무리한다.

① ㉠, ㉡, ㉢, ㉣, ㉤, ㉥　　　　② ㉡, ㉢, ㉣, ㉤, ㉥

③ ㉢, ㉣, ㉤, ㉥　　　　　　　　④ ㉣, ㉤, ㉥

⑤ ㉤, ㉥

해설 불평처리단계
불평을 듣는다 → 불평의 원인을 분석한다 → 해결책을 찾아낸다 → 해결책을 전한다 → 결과를 검토한다

68 불량고객의 관리 원칙 중 가장 옳지 않은 것은?

[2015.07]

① 고객과의 관계에서 신뢰를 유지하기 위해 판매원의 입장에서 해석, 대응한다.
② 불량고객의 행동을 유형별로 분석하고 대처법을 종업원들에게 알려 주어야 한다.
③ 불량고객의 특성을 파악하여 신규고객 유치 단계에서의 예방이 최선책이다.
④ 고객정보시스템을 가동하여 불량고객에 대해 개별화된 대응을 할 수 있게 한다.
⑤ 고객에게 올바른 제품이나 서비스 사용법을 제공한다.

해설 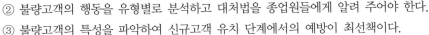 판매원의 입장에서 해석, 대응하기 보다는 모든 것을 고객의 입장에서 생각해야 한다.

※ 불량고객의 관리 원칙
- 예방이 최선책
- 올바른 제품/서비스의 사용법 제공
- 고객접점에 있는 종업원의 철저한 교육
- CRM 고객정보 시스템 정비
- 선량한 고객을 불량한 고객으로 대하지 않음
- 모든 것을 고객의 입장에서 생각

69

고객참여증대방안에 대한 설명으로 가장 올바른 것은? [2012.10]

① 셀프서비스는 대부분의 고객이 좋아하므로 호텔 등에 적합하다.

② 고객의 공헌도에 따라 차별적 보상을 실시한다.

③ 고객의 과업을 결정할 때 통일된 참여규격을 적용한다.

④ 셀프서비스의 영역은 주로 보조서비스에서 이루어진다.

⑤ 고객의 참여선호도보다는 보상도를 높이면 참여도는 높아진다.

> **해설** 고객은 어떤 역할을 수행함으로써 보상을 받게 된다면 그 역할을 좀 더 효율적으로 수행할 것이고 적극적으로
> 참여 할 것이다. 보상에는 금전적, 시간적, 심리적 보상 등이 있다.
> ① 컴퓨터나 인터넷 사용이 익숙치 않은 경우 셀프서비스를 싫어하는 고객도 있다.
> ③ 서비스마다 고객 참여 수준이 다르므로 고객 과업 수준의 설정이 필요하다.
> ④ 셀프서비스의 영역은 다양한 분야에서 이루어진다.
> ⑤ 고객의 참여선호도를 높이면 참여도는 높아진다.

70

개인의 고객능력은 유년기 시절부터 성장 발달되면서 주위 환경요인과 상호작용으로 학습과정을 통하여 형성된다는 고객불평행동이론은? [2012.10]

① 귀인 이론

② 비용과 이익분석 이론

③ 사회학 이론

④ 심리적 접근 이론

⑤ Richins의 고객불평행동 모델

> **해설** ① 인간 행동의 원인은 개인의 특성, 환경이 아닌 자신이 어떻게 생각하느냐에 따라 달라진다는 이론
> ② 의사결정을 하는 데 있어 가능한 모든 비용과 가능한 모든 편익을 따져 대안들 중 최적대안을 선정한다는
> 이론
> ④ 불평행동의 비용과 효익의 소비자의 심리적 평가와 호의 또는 비호의(Favorableness or Unfavorableness)의
> 반응자체가 소비자 불평행동의 주요한 결정요인이라는 이론
> ⑤ Marsha L. Richins는 모든 잠재적이 관련변수들을 포함시켜 실증연구를 할 수 있도록 변수들을 구분한 다음,
> 포괄적인 모형을 구축하였다. 이 모형은 세 가지의 인지화 과정, 즉 불만족평가, 귀인평가, 대체안 평가를 중심
> 으로 하여 기타의 외생변수들, 그리고 불평행동과정의 결과 등으로 구성되어 있다.

03 적중예상분석

※ 본 문제를 풀면서 이해체크를 이용하시면 문제이해에 보다 도움이 될 수 있습니다.

01 유통매장을 찾아온 고객의 구매심리에 해당하지 않는 것은?

① 언제나 신속한 서비스와 환영을 원한다.
② 판매사원들이 자신을 누구보다도 기억해주길 원한다.
③ 진열되어 있는 상품을 독점하고 싶어 한다.
④ 차례를 기다려서 응대 받고 싶어 한다.
⑤ 고객들은 자기의 체면을 중하게 여긴다.

 고객은 차례를 기다려서 응대 받기보다는 판매사원이 자신을 기억하고 특별한 대우를 해주길 원한다.

02 고객이 상품의 쇼핑과 구매를 통하여 충족될 수 있는 기능적 욕구에 해당되는 것은?

① 자극적인 경험 – 배경음악, 향기, 전시
② 가치 – 적정 가격의 제품 구매
③ 새로운 유행 파악 – 유행과 아이디어 학습
④ 사회적 지위 – 점포에서 존경
⑤ 모험 – 흥정과 신상품 발견

 ① · ③ · ④ · ⑤ 심리적 욕구에 해당된다.

03 다음 중 욕구와 관련된 Maslow의 주장을 올바르게 설명하지 못한 것은?

① 인간의 욕구는 특정 문화와 시대에 따라 상이할 수 있다는 것을 주장하고 있다.

② 인간의 욕구는 가장 낮은 계층의 욕구로부터 가장 높은 계층의 욕구에 이르는 계층을 형성한다.

③ 어떤 욕구가 충족되면 이 욕구는 더 이상 동기를 유발하지 못한다.

④ 욕구를 단계적으로 정리하고 있으며 또한 하위욕구가 충족된 후 보다 상위의 욕구로 발전한다.

⑤ 하위욕구는 부족해서 생기는 욕구이고 상위욕구는 더 성장하고 싶어서 생기는 욕구이다.

> **해설** 인간의 기본적인 욕망과 욕구는 문화와 시대에 따라서도 달라지지 않는다.

 04 고객과의 관계에도 단계가 있다. 아래의 내용 중에서 고객과의 관계가 약한 것부터 강력한 것의 순서로 제대로 나열되어 있는 것은?

① 예상고객(Prospect) – 고객(Customer) – 단골(Client) – 옹호자(Advocate) – 동반자(Partner)

② 예상고객(Prospect) – 고객(Customer) – 옹호자(Advocate) – 단골(Client) – 동반자(Partner)

③ 예상고객(Prospect) – 고객(Customer) – 단골(Client) – 동반자(Partner) – 옹호자(Advocate)

④ 예상고객(Prospect) – 고객(Customer) – 옹호자(Advocate) – 동반자(Partner) – 단골(Client)

⑤ 예상고객(Prospect) – 단골(Client) – 고객(Customer) – 옹호자(Advocate) – 동반자(Partner)

> **해설** 고객과의 관계 단계
> 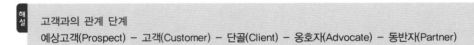 예상고객(Prospect) – 고객(Customer) – 단골(Client) – 옹호자(Advocate) – 동반자(Partner)

 05 소비자 구매의사결정을 바르게 연결한 것을 고르시오.

① 필요인식 → 대안평가 → 정보탐색 → 구매 → 불만족

② 필요인식 → 정보탐색 → 대안평가 → 구매 → 만족

③ 필요인식 → 대안평가 → 정보탐색 → 만족 → 구매

④ 노출 → 주의 → 태도 → 평가 → 구매 후 보조화

⑤ 주의 → 노출 → 태도 → 평가 → 구매 후 보조화

> **해설** 소비자의 구매의사결정
> 문제의 인식 → 정보의 탐색 → 대체안의 평가 → 구매의사의 결정 → 구매 후 행동

06 소비자가 구매에 대한 의사결정과정에서 보이는 행태 중 소위 일상적 구매의사결정(Routinized Problem Solving)에 가장 가까운 상품은?

① 식·음료품　　　　　　　　　② 헤어드라이어
③ 주방용품　　　　　　　　　　④ 스포츠 의류용품
⑤ 자동차

> **해설** 일상적 구매의사결정은 이미 정해진 상표가 있어서 습관적으로 해당 상표의 제품을 구매한다. 주로 저관여일 때 일어나고 구매를 바꿀 이유가 없는 한 상표전환이 없다.

07 소비자 구매행동의 영향변수 중 소비자의 심리적 변수에 해당하지 않는 것은?

① 태 도　　　　　　　　　　　② 나 이
③ 욕 구　　　　　　　　　　　④ 구매의도
⑤ 제품의 평가기준

> **해설** 나이는 인구통계변수에 해당한다.
>
> ※ 소비자 구매행동의 영향변수
> - 소비자의 특성 변수 : 소비자의 주변환경이나 소비자를 묘사해 주는 변수로서 인구, 직업, 사회 계층, 소득, 주거지, 가족관계, 나이 등과 같은 인구통계변수와 소비자의 라이프스타일, 퍼스낼리티, 가치관 등과 같은 변수들이 있다.
> - 소비자의 심리적 변수 : 소비자의 의사결정 및 정보처리과정에 영향을 미치는 변수들로서 소비자의 구매행동에 대한 태도, 구매의도, 제품이나 대체안의 평가기준 등과 같은 변수들이 이에 속한다.

08 다음 중 상품구매자가 구매하고자 하는 특정제품 범주 내에서 상표차이를 거의 지각하지 못하거나 상표차이를 거의 지각하지 못하지만 크게 관여하는 경우의 소비자 구매반응을 가장 잘 나타낸 것은?

① 학습 → 느낌 → 행동　　　　② 학습 → 행동 → 느낌
③ 행동 → 학습 → 느낌　　　　④ 행동 → 느낌 → 학습
⑤ 느낌 → 학습 → 행동

> **해설** 고관여제품의 구매는 전체적·포괄적 문제해결 방식이 적용된다. 즉, 소비자행동은 인지(정보탐색, 능동적 학습) → 태도(상표 대안평가) → 행동(구매결정)으로 나타난다. 저관여 제품의 구매는 일상적인 문제해결 방식이 적용된다. 즉, 소비자행동은 인지(반복노출, 수동적 학습) → 행동(상표 친숙도에 따른 구매) → 태도(구매 후 평가의 결과)로 나타난다.

09 소비자의 라이프스타일 변수의 AIO란?

① Action, Intention and Operations
② Action, Interest, and Operations
③ Activities, Interest, and Opinions
④ Activities, Intention and Opinions
⑤ Action, Information and Operations

> A는 행동(Activities), I는 관심(Interest), O는 의견(Opinion)을 의미한다. 행동에는 일·취미·사회적 사건·휴가· 오락·공동사회 등이 있고, 관심에는 가족·가정·직업, 의견에는 그 자신·사회적 쟁점·정치 등이 주요한 차원이 된다.

10 고객의 욕구를 파악하기 위한 라이프스타일의 분류에 관한 내용에 맞지 않는 것은?

① AIO 변수를 분석하는 방법이 있다.
② 라이프스타일을 연구함으로써 상품에 대한 수요 예측을 할 수 있다.
③ AIO 변수의 정도에 따라 라이프스타일을 개방형, 폐쇄형으로 나눈다.
④ 패션 의식, 가정 지향성, 가격 의식, 정보 탐색도 등에 따라 라이프스타일이 달라진다.
⑤ AIO 변수는 각각 Activity(행동), Interest(흥미), Opinion(의견)을 의미한다.

> 라이프스타일은 AIO 변수의 정도에 따라 여유 안정형, 개방 혁신형, 견실 정면형, 향락 감각형, 고립형, 폐쇄형 등으로 나누어진다.

11 소비자의 구매심리 7단계상에서 판매자가 상품을 자세히 설명하는 응대에 가장 적당한 단계는?

① 주 의   ② 흥 미
③ 연 상   ④ 욕 망
⑤ 비 교

> 욕망 단계에서는 판매자가 판매호소점의 반복적 강조와 상품의 희소가치로 설득하는 고객 서비스로 응대한다.

12 다음 중 '기업이 제품을 만들어 놓기만 하면 소비자들은 구매한다는 사고방식'을 가리키는 것은?

① 판매 지향적 경영   ② 사회 지향적 경영

③ 고객 지향적 경영   ④ 생산 지향적 경영

⑤ 마케팅 지향적 경영

> **해설**
>
> 생산 지향적 사고
> - 수요 > 공급
> - '만들면 팔린다'는 사고
> - 생산이 기업활동의 중심과제
> - 기업의 과업 : 고품질의 제품을 공급하는 제품지향경영
> - 고객의 관심 : 저렴한 가격, 취득가능성
> - 영업사원의 역할 : 단순한 제품전달 기능수행

13 다음 중 관계마케팅(Relationship Marketing)의 내용과 직접적인 관련이 없는 것은?

① 일대일 마케팅(One-to-one Marketing)

② 거래 마케팅(Transaction Marketing)

③ 데이터베이스 마케팅(Database Marketing)

④ 데이터웨어하우스(Data Warehouse)

⑤ RFM(Recency Frequency Money) 분석

> **해설**
>
> 관계 마케팅(Relationship Marketing)은 고객과의 관계를 형성, 유지, 발전시키는 것을 강조하는 마케팅인 반면 기존의 거래 마케팅(Transaction Marketing)은 고객과의 지속적인 관계를 형성하려는 노력 없이 그저 한 거래를 이루는 것을 강조하는 마케팅이다.
>
> ※ RFM(Recency Frequency Money)
>   RFM은 Recency, Frequency, Monetary의 약자로 고객이 얼마나 최근에 구입했는가(Recency), 고객이 얼마나 빈번하게 우리 상품을 구입했나(Frequency), 고객이 구입했던 총금액은 어느 정도인가(Monetary Amount) 등에 관한 정보를 축약하여 구입가능성이 높은 고객들을 추려내는 간단하고 편리한 모델링 기법이다.

14 **고객관계관리(Customer Relationship Management)에 대한 설명으로 가장 옳지 않은 것은?**

① 고객을 단순 구매자가 아닌 공동 참여자 또는 능동적 파트너로 인식한다.

② 개별 고객과의 쌍방향 의사소통을 통한 고객 관계의 강화를 목적으로 한다.

③ 영업이나 판매 위주의 서비스가 아닌 전사적 차원의 정교한 대응을 지향한다.

④ 시장점유율 보다는 고객점유율을 높이는 것에 중점을 두고 있다.

⑤ 타겟에게 맞는 효익을 제공하여 제품의 단기적 판매를 높이는데 주안점을 두고 있다.

> **해설** 고객관계관리(CRM)는 고객이 원하는 제품과 서비스를 단기적이 아닌 지속적으로 제공함으로써 고객을 오래 유지
> 시키고 이를 통해 고객의 평생가치를 극대화하여 수익성을 높이는 통합된 고객관계관리 프로세스이다.

15 **다음은 무엇에 관한 설명인지 고르시오.**

> 은행이 여러 가지 금융상품을 판매하고 있는 경우, 적금상품의 고객에게 펀드를 판매하도록 하는 것이다.

① 순환판매   ② 매출증대

③ 상품판매   ④ 교차 판매

⑤ 상향판매

> **해설** 교차 판매(Cross Selling)
> 금융회사가 자체적으로 개발한 제품에 의존하지 않으며, 타 금융회사가 개발한 제품까지 판매하게 하는 적극적인
> 판매방식을 말한다.

16 **다음 중 Cross-selling과 Up-selling에 대한 설명으로 거리가 먼 것은?**

① Cross-selling은 고객이 기존에 구매한 품목 이외의 새로운 상품을 구매하도록 유도하는 활동이다.

② Up-selling은 특정한 상품범주 내에서 상품 구매액을 늘리도록 유도하는 활동이다.

③ Cross-selling은 여러 가지 상품라인을 가지고 고객에게 다양한 상품을 판매하는 경우에 유리하다.

④ Up-selling은 고객의 생애가치에 기반을 두고 있는 마케팅활동에는 적합하지 않다.

⑤ Cross-selling과 Up-selling은 CRM과 연결되는 마케팅기법이다.

해설 Cross-selling과 Up-selling
- Cross-selling : 하나의 제품이나 서비스를 제공하는 과정에서 고객에게 비슷한 상품군이나 서비스에 대해 추가 판매를 유도하는 마케팅 기법
- Up-selling : 하나의 제품이나 서비스를 제공하는 과정에서 고객에게 더 높은 상품군이나 서비스판매로 유도하는 마케팅 기법으로 Cross- selling이나 Up-selling은 고객생애 가치에 기반을 두고 있다.

17 **고객접점(Moment Of Truth ; MOT)에 대한 설명 중 가장 옳지 않은 것은?**

① 조직의 상층부에 권한을 집중함으로써 수직적으로 조직화된다.
② 고객만족의 대부분은 고객접점에서 결정된다고 한다.
③ 고객접점에서 기업의 승부가 대개 결정된다.
④ 기업과 고객이 만나는 순간이며 고객이 기업을 처음으로 평가하는 순간이다.
⑤ 고객접점에 있는 직원의 동기부여와 만족도를 높이는 것이 특히 필요하다.

해설 고객 접점은 고객과 서비스요원 사이에 15초 동안의 짧은 순간에서 이루어지는 서비스로, 이 15초 동안에 고객접점에 있는 최일선 서비스요원이 책임과 권한을 가지고 우리 기업을 선택한 고객에게 최선의 응대를 해야 한다.

18 **다음 중 MOT의 증거를 모두 고르면?**

㉠ 물리적 증거	㉡ 절 차
㉢ 자 금	㉣ 사 람

① ㉠, ㉡, ㉢ ② ㉠, ㉡, ㉣
③ ㉠, ㉢, ㉣ ④ ㉡, ㉢, ㉣
⑤ ㉠, ㉡, ㉢, ㉣

해설 MOT(고객접점)의 세 가지 증거
- 물리적 증거(Physical Evidence)
- 절차(Process)
- 사람(People)

19 다음 중 MOT의 개념에 대한 설명으로 가장 거리가 먼 것은?

① MOT(Moments Of Truth)는 고객이 기업의 종업원 또는 특정 자원과 접촉하여 제공 서비스의 품질에 대한 인식에 영향을 미치는 상황으로 정의할 수 있다.

② 고객과의 모든 접촉이 같은 비중으로 중요한 것은 아니다.

③ MOT는 서비스 품질에 대한 인식에 결정적인 역할을 하기 때문에 흔히 결정적 순간으로도 부른다.

④ MOT는 고객접점 서비스로서 사후관리 개념은 포함되지 않는다.

⑤ MOT에 있어 서비스 제공자가 고객에게 서비스 품질을 보여줄 수 있는 기회는 지극히 짧은 순간에 이루어지기 때문에 서비스 품질에 대한 인상을 좌우하지는 않는다.

 진실의 순간(MOT ; Moment Of Truth) 또는 결정적 순간이란 고객이 기업조직의 어떤 한 측면과 접촉하는 순간이며, 그 서비스의 품질에 관하여 무언가 인상을 얻을 수 있는 순간을 말한다.

20 서비스 품질관리에 있어서 MOT에 관한 설명 중 옳지 않은 것은?

① 고객접점(Moments Of Truth)이란 조직의 서비스품질에 관하여 어떤 인상을 얻을 수 있는 사건을 말한다.

② 고객과의 모든 접촉이 같은 비중으로 중요한 것은 아니다.

③ 서비스 품질관리에서 MOT 또는 결정적 순간이란 고객이 매장을 들어선 순간을 뜻한다.

④ 일반적으로 MOT는 고객이 종업원과 접촉하는 순간에 발생하지만 '광고를 보는 순간'에도 발생한다.

⑤ MOT는 고객과의 많은 접점에서 단 한 가지라도 나쁜 인상을 준다면 그것으로 고객은 기업의 이미지를 결정한다.

 MOT 또는 결정적 순간이란 '고객이 매장을 들어선 순간'이 아니라 '고객과 종업원 사이의 짧은 순간에서 이루어지는 고객접점서비스'라고 할 수 있다.

21 다음 중 고객 본위의 접객 태도로 올바른 것은?

① 판매원의 의견을 특히 강조한다.

② 가능한 한 전문적인 용어를 사용한다.

③ 접객 중에는 다른 잡무를 하지 않는다.

④ 흉허물 없이 대화함으로써 친근감을 나타낸다.

⑤ 고가의 제품만을 취급한다.

해설 접객 중에는 다른 업무를 보지 않도록 해야 한다. 매장은 고객을 위해 존재하는 것이며, 판매원도 또한 고객을 위해 대기하고 존재하는 것이기 때문에 고객에게 직접적인 관계가 없는 행위는 접객 중에는 피해야 한다.

22 고객응대 시 올바른 시선의 접촉 요령으로 잘못된 것은?

① 듣는 사람의 눈동자에 시선을 맞추되 가끔 입 언저리를 바라본다.
② 듣는 입장에서는 고객의 눈을 보아서는 안 된다.
③ 판매결정을 촉구할 경우에는 고객의 눈동자를 마주 본다.
④ 고객이 손 위일 경우에는 고객의 눈과 목 사이의 위치에 시선을 맞춘다.
⑤ 무언가 부탁을 할 경우에는 고객의 눈동자를 마주본다.

해설 듣는 입장에서는 고객의 눈을 보면서 들어야 한다.

23 판매원이 고객을 칭찬할 경우, 바른 화법과 가장 거리가 먼 것은?

① 마음속에서 우러나오는 감동을 가지고 칭찬한다.
② 고객이 알아채지 못한 곳을 발견하여 칭찬하는 것 보다는 일반적인 칭찬이 더욱 효과적이다.
③ 비교, 대조하여 칭찬하는 것이 효과적이다.
④ 추상적인 칭찬보다는 구체적인 근거를 가지고 칭찬한다.
⑤ 고객의 선택에 대해 찬사와 지지를 보낸다.

해설 막연하고 일반적인 칭찬보다는 고객이 미처 알아채지 못한 특징을 포착하여 하는 칭찬이 진실성 있고 더욱 효과적이다.

24 판매는 설득활동이므로 설득력은 판매담당자가 갖추어야 할 기본요건이다. 다음 중 상대방을 설득하기 위한 원칙에 부합하지 않는 것은?

① 고객을 잘 알아야 한다. 그래야만 고객별로 특화된 고객 중심의 응대가 가능하다.
② 7 : 3의 원칙이 있듯이 판매원이 일곱 마디 말하고 고객이 세 마디 말하는 정도로 대화하며 응대하여야 상품지식도 제대로 전달하고 설득시킬 수 있다.
③ 올바른 시선접촉이 이루어져야 한다. 고객의 눈동자에 시선을 맞추되 가끔 입언저리를 바라보는 것이 좋다.
④ 다른 점포에 대해 악평을 하는 것은 오히려 설득력을 떨어뜨릴 수 있다.
⑤ 판매담당자의 이야기에 고객이 공감할 수 있도록 대화에 적당한 간격을 주어야 한다.

25 고객 접객 시의 매장 내 판매원의 행동이나 자세에 대한 다음의 내용 중 옳지 않은 것은?

① 접객 중에는 다른 업무를 보지 않도록 해야 한다.
② 고객과의 거리는 매장에서 판매원이 고객공간을 침범하지 않을 뿐 아니라 접객효과를 높이는 데 알맞은 간격이어야 한다.
③ 고객 응대시 전문용어를 남발하지 말아야 하며, 사용하는 경우에는 반드시 해석을 붙이도록 한다.
④ 많은 고객이 갑자기 몰려 왔을 경우 순서대로 응대하는 것보다 모든 고객을 동시에 상대하는 것이 더욱 바람직하다.
⑤ 클로징은 고객의 최종 의사 확인과 금전수수의 정확성을 기하는 것이다.

26 다음 중 긍정적 신체 언어의 형태와 가장 거리가 먼 것은?

① 밝은 마음으로 눈 맞추기
② 육체적으로 강한 인상의 몸짓
③ 미소를 담은 얼굴 표정
④ 동의의 표현으로 머리 끄덕이기
⑤ 당당하고 자신 있는 태도

27 판매원들은 고객의 말을 잘 경청하여야 하지만, 일반적으로 사람들은 타인의 말을 잘 듣지 않는다. 경청을 방해하는 요인들에 대한 아래의 설명 중에서 사실이 아닌 것은?

① 사람들은 생각보다 말을 더 빨리 하기 때문이다.

② 상대방이 말하는 동안 답변을 생각하기 때문이다.

③ 상대방의 감정, 태도, 역할에 대한 기대 및 가정을 갖고 듣기 때문이다.

④ 상대방의 시각에서 문제를 보지 않고 자신의 시각만 고집하기 때문이다.

⑤ 상대방의 마음을 미리 짐작하거나 읽으려고 하기 때문이다.

해설

경청을 방해하는 요인
- 다른 사람과 계속 비교
- 자신의 말할 내용을 준비
- 미리 판단하기
- 자기의 경험과 관련짓기
- 언쟁하기
- 주제 이탈하기
- 상대방의 마음을 미리 짐작
- 걸러 듣기
- 공상하기
- 충고하기
- 자기만 옳다고 주장하기
- 비위 맞추기

28 다음 중 효율적인 의사소통의 중요성에 대한 설명으로 옳지 않은 것은?

① 현장의 판매원은 고객에게 양질의 서비스를 전달하는 최전선에 있으므로 기업의 흥망성쇠에 중요한 영향을 미치고 있다.

② 판매원은 세련되고 전문적인 이미지를 제시하고, 판매원 자신이 즐겁고 성공적인 방법으로 고객과 대화를 해야 한다.

③ 고객들과 상호 의사소통을 하는 판매원의 외모, 행동, 말투 혹은 능력은 회사의 고객 서비스 전략보다 판매원 자신의 고객 서비스 전략에 초점을 두어야 한다.

④ 판매담당자는 유머의 소재를 잘 포착하여 정황에 맞는 유머를 잘 조화시켜 대화를 한다.

⑤ 판매원은 고객에게 부정적 이미지를 줄 수 있는 행동을 개선하려고 계속적으로 노력해야만 한다.

해설

판매담당자는 회사를 대표해서 고객과 상담하는 역할을 수행하기 때문에 회사의 고객 서비스 전략에 초점을 두어야 한다.

29

전화응대의 기본예절 중 가장 옳지 않은 것은?

① 맺는말은 분명하고 확실하게 한다.
② 지루한 느낌이 들지 않도록 빠르게 말한다.
③ 위치를 묻는 전화일 경우 알기 쉬운 건물을 중심으로 알려준다.
④ 표준어를 사용하도록 한다.
⑤ "잠깐만요"와 같은 말들은 가능한 사용하지 않는다.

해설 전화응대를 할 때는 천천히, 정확히 하여 상대가 되묻는 일이 없도록 해야 한다.

다음 중 고객만족에 대한 설명으로 옳지 않은 것은?

① 고객만족이란 고객이 상품 또는 서비스에 대해 기대수준과 실제의 성과 차이에서 발생하는 것을 말한다.
② 만족은 공급자 또는 판매자에 대한 고객의 기대수준이 충족되거나 초과하는 경우에 나타나는 호의적인 태도를 말한다.
③ 고객만족을 위해서 상품기획, 가격결정, 광고, 촉진관리, 유통경로관리 등의 모든 마케팅활동이 고객의 관점에 초점을 맞추어 일관성 있게 통합되고 조정되어야 한다.
④ 고객만족을 우선으로 하는 기업조직에서는 고객을 접촉하는 현장 종업원 위에 관리층이 있어 고객만족이 잘 되도록 관리 감독을 철저히 해야 한다.
⑤ 고객만족경영이란 기업이 제공하는 상품, 기업 이미지 등에 대하여 고객의 만족을 얻기 위해 정기적이고 지속적으로 만족도를 조사하고 그 결과에 기초해서 불만족스런 점을 신속히 개선하여 고객만족을 제공하는 활동이다.

해설 고객은 자기가 만나는 고객의 접점에서 만족하길 원하므로 기업은 MOT를 최우선으로 중시해야 한다. 고객만족을 우선으로 하는 기업조직에서는 고객을 접촉하는 현장 종업원의 고객접점에 대한 교육이 더 중요하다.

31

다음 중 고객만족에 대한 설명이 바르지 않은 것은?

① 고객만족은 기대가치(E)와 인식가치(P)의 차이분석을 통해 측정이 가능하다.
② 기대가치(E)보다 인식가치(P)가 더 높을 경우 '매우 만족'이라 한다.
③ 기대가치(E)보다 인식가치(P)가 더 낮을 경우 '매우 만족'이라 한다.
④ 기대가치(E)와 인식가치(P)가 같을 경우 '대체로 만족'이라 한다.
⑤ 고객만족은 고객이 기대하는 바와 고객이 지각한 것의 차이를 반영한다.

해설 고객만족은 고객의 욕구(Needs)와 기대(Expect)에 최대한 부응하여 그 결과로서 상품과 서비스의 재구입이 이루어지고 아울러 고객의 신뢰감이 연속적으로 이어지는 상태로 고객을 만족시켜 주는 사원이 최상의 영업사원이고 만족한 고객을 늘려 나가는 것이 최상의 서비스전략이다. 기대가치(E)보다 인식가치(P)가 더 낮을 경우 '불만족'이라 한다.

32 다음 중 고객만족의 주요소에 대한 설명으로 옳지 않은 것은?

① 고객만족의 주요소에는 제품(직접 요소), 서비스(직접 요소), 기업 이미지(간접 요소)가 있다.
② 하드적 가치, 소프트적 가치 등의 상품이 고객만족의 주요소이다.
③ 점포 내의 분위기, 판매원의 접객 서비스, 애프터 정보 서비스 등의 서비스가 고객만족의 주요소이다.
④ 사회기여활동, 환경보호활동 등의 기업 이미지가 고객만족의 주요소이다.
⑤ 고객이 잘 이해하고 정보를 수집할 수 있도록 세일행사, 홍보활동, 판촉활동 등에 대한 정보제공이 고객만족의 주요소이다.

해설 ⑤는 고객만족의 주요소가 아니라 업체의 홍보활동의 일환이다.
고객만족의 주요소에는 제품(직접 요소), 서비스(직접 요소), 기업 이미지(간접 요소)가 있다. 세분해서 살펴보면, 제품요소에는 상품의 하드적 가치, 상품의 소프트적 가치가 해당되고, 서비스 요소에는 점포·점내 분위기, 판매·접객원서비스, 애프터서비스가 해당된다.

33 고객만족의 간접적 요소에 해당하는 것은?

① 상품의 하드적 가치   ② 회사 분위기
③ 고객응대 서비스   ④ 정보 서비스
⑤ 사회공헌활동

해설 사회공헌활동, 환경보호활동 등은 기업이미지로서 간접적 요소에 속한다.

34 고객마케팅과 관련하여 다음 설명 중 틀린 것은?

① 고객만족을 위해 실제로 고객 이탈을 5% 줄이면 최소 25%의 수익 증대를 얻을 수 있다.

② 고객 5명이 불만이 있으면 그 중 한명의 고객은 잃는다.

③ 불만이 없었던 고객보다 신속하게 불만이 해결된 고객의 충성도가 가장 높다.

④ 신규 고객의 창출보다 기존 고객 관리에 5배의 비용이 든다.

⑤ 관계마케팅은 고객이 가치를 찾아 제공자를 계속 바꾸는 것보다는 한 조직과 지속적으로 유대를 맺는 것을 선호한다고 한다.

> **해설**
> 신규 고객의 창출을 위해서는 기존 고객 관리의 5배의 비용이 든다.

35 고객 충성도(Loyalty)의 유형을 구분할 때, 상대적 애착 정도와 반복구매의 정도에 따라 4가지 유형의 충성도로 구분할 수 있다. 다음 중 반복구매의 정도는 높으나 상대적으로 애착 정도가 낮은 유형의 충성도(Loyalty)에 해당하는 것은?

① 잠재적 충성도

② 우량 충성도

③ 타성적 충성도

④ 비충성도

⑤ 초우량 충성도

> **해설**
> 고객 충성도의 4가지 유형
> • 비충성도 : 제품이나 서비스에 대해 고객 충성도가 없는 상태이다.
> • 타성적 충성도 : 습관적으로 구매하는 상태로 태도와는 관계없는 상황요소가 구매의 중요한 이유가 될 수 있으며, 구매자는 가시적 이익이 있는 경쟁사 제품으로 언제든지 옮겨갈 수 있다.
> • 잠재적 충성도 : 기업에 긍정적인 태도는 지니고 있으나, 주변 상황요소에 의해 타사의 제품을 구매를 하게 되는 경우로, 그러한 상황적 요소를 이해하면 충성고객으로 만들 수 있다.
> • 초우량 충성도 : 그 제품을 사용하는 데 자부심을 느끼며, 주위 사람에게 구전으로 제품을 전파하는 옹호이다.

36 고객의 불평을 받아들이는 판매원의 자세로 가장 바람직한 태도는?

① 고객의 불평은 아무런 도움이 안 된다.

② 고객의 불평은 관련 부서에서 알아서 처리하게 한다.

③ 고객의 불평은 원인이 고객 측에 있다.

④ 고객의 불평은 주로 상품의 결함에 있다.

⑤ 고객의 불평은 귀중한 정보로 취급해야 한다.

고객의 불평을 성의껏 처리해 주었을 때, 고객은 크게 만족하게 되어 자사의 계속 구매고객이 될 가능성이 크다.

37 고객 컴플레인의 원인은 판매자 측의 잘못에 의해 발생할 수 있고, 구매자 측의 잘못에 의해 발생할 수도 있다. 다음 중 고객 측의 잘못에 의해 컴플레인이 발생할 여지가 가장 큰 것은?

① 고객에 대한 인식 부족 　　　　　　② 제품, 상표, 회사 등에 대한 잘못된 인식

③ 무성의한 고객응대 태도 　　　　　　④ 잘못된 상품 설명

⑤ 제품지식의 결여

 고객 측의 잘못에 의한 발생 원인은 제품, 상표, 매장, 회사 등에 대한 잘못된 인식, 기억의 착오, 성급한 결론, 독단적인 해석, 고압적인 자세, 할인의 구실을 찾기 위한 고의성 등이다.

38 판매자 측의 잘못으로 인한 컴플레인의 발생 원인이 아닌 것은?

① 판매담당자의 고객에 대한 인식부족 　　② 무성의한 고객대응 태도

③ 회사 등에 대한 잘못된 인식 　　　　　④ 제품관리의 소홀

⑤ 제품지식의 결여

 ③은 고객 측의 컴플레인 발생 원인이다.

39 고객 컴플레인 처리 시 유의사항과 가장 거리가 먼 것은?

① 논쟁이나 변명은 피한다.

② 솔직하게 사과한다.

③ 설명은 감정에 호소한다.

④ 신속히 처리한다.

⑤ 고객의 입장에서 성의 있는 자세로 임한다.

해설 고객 컴플레인 중에는 감정적인 것도 있지만, 그 대부분은 상품의 결함에 대한 비판이므로 감정에 호소하여 설명하기 보다는 불평을 정중히 듣고 무엇이 원인이 되어 그렇게 되었는가를 신중히 고려해볼 필요가 있다.

40 다음 중 불평고객(응대)에 대한 설명으로 적합하지 않은 것은?

① 불평하는 고객을 더 존중해야 한다.
② 불평하는 고객은 우리 기업을 위한 컨설턴트다.
③ 고객의 불평은 또 다른 기회다.
④ 불평하는 고객은 자신만의 남다른 특성을 가진 사람이다.
⑤ 불평고객은 경영자에게도 중요한 영향을 미친다.

> **해설** 고객 불평을 통해 기업은 고객의 미충족 욕구를 파악할 수 있으며, 제품이나 서비스를 어떻게 개선할 수 있는가에 대한 중요한 자료를 수집할 수 있다.

41 불평고객 응대 4단계로 가장 올바른 것은?

① 신뢰구축을 위한 경청 – 해결안 제시 – 문제해결을 위한 질문 – 감사하기
② 신뢰구축을 위한 경청 – 사실 확인을 위한 질문 – 해결안 제시 – 감사하기
③ 감사하기 – 해결안 제시 – 사실 확인을 위한 질문 – 신뢰구축을 위한 경청
④ 신뢰구축을 위한 경청 – 감사하기 – 해결안 제시 – 사실 확인을 위한 질문
⑤ 감사하기 – 사실 확인을 위한 질문 – 신뢰구축을 위한 경청 – 해결안 제시

> **해설** 불평고객 처리단계
> • 1단계 : 사유를 듣는다.
> • 2단계 : 원인을 규명한다.
> • 3단계 : 해결책을 강구한다.
> • 4단계 : 결과를 알려주고 효과를 검토한다.
>
> ※ 불평고객 응대 9단계
> 사과 → 경청 → 공감 → 원인분석 → 해결책 제시 → 고객의견 청취 → 대안 제시 → 거듭 사과 → 감사 표시

42 고객컴플레인 처리방법 중 하나인 MTP법과 관련해서 가장 바르게 설명한 것은?

① M은 Method, 즉 고객응대방법을 바꿈으로써 고객의 불만을 해결하고자 하는 것이다.
② T는 Time으로 즉각처리보다 약간의 여유시간을 두고 처리하여 고객의 감정을 조절하게 하는 것이다.
③ P는 People로 고객을 접점 종업원보다 판매관리자를 통해 응대하는 것이다.
④ MTP법, 즉 고객응대방법, 시간, 사람을 바꾸어 고객만족을 꾀할 수 있다.
⑤ 고객의 불만은 판매관리자보다 해당직원이 끝까지 해결해야 한다.

43

다음 중 불평을 표현하는 고객에 대한 응대(해결 또는 처리) 결과에 관한 설명으로 가장 바르지 않은 것은?

① 불평접수 및 처리과정이 손쉽고 편리하면 불평은 발생하지 않는다.

② 소비자 불평에 대해 빠르고 적극적으로 반응한 기업은 불평 소비자를 충성고객으로 만들 수 있다.

③ 불평에 대한 반응으로서 기업으로부터 고객이 얻을 수 있는 실질적 이익이 있도록 하는 것이 필요하다.

④ 불평한 고객에게 사과를 하는 것은 기업이 문제를 인식하고 주의를 기울이고 있다는 의사표시를 의미하기도 한다.

⑤ 부정적인 구전을 최소화하기 위해서는 불만족 고객이 직접 기업, 판매업자나 종업원에게 불평하도록 유도해야 한다.

 불평은 고객이 상품을 구매하는 과정에서 또는 구매한 상품에 관하여 품질, 서비스, 불량 등을 이유로 종종 발생하는 사항이며, 불평접수 및 처리과정이 손쉽고 편리하다고 해서 불평이 발생하지 않는다고 볼 수는 없다.

44

다음 중 고객 불만 처리 단계로 가장 적절한 것은?

> ㉠ 판매자의 선입관을 버리고 고객의 불만사항을 주의 깊게 듣고 공감하는 자세를 취한다.
> ㉡ 불만의 원인을 묻고 판단한다.
> ㉢ 고객의 컴플레인 내용을 이해했다는 것을 표현하고 해결책을 마련한다.
> ㉣ 해결책을 고객에게 제시하고 동의를 구한다.
> ㉤ 고객의 반응과 결정을 주의 깊게 검토하고 동의했다면 그에 대한 감사로 고객의 자존심을 세워준다.

① ㉠ → ㉡ → ㉢ → ㉣ → ㉤

② ㉡ → ㉢ → ㉣ → ㉤ → ㉠

③ ㉢ → ㉣ → ㉤ → ㉠ → ㉡

④ ㉣ → ㉤ → ㉠ → ㉡ → ㉢

⑤ ㉠ → ㉡ → ㉢ → ㉤ → ㉣

45 고객불만목록(Customer Bug List)에 대한 설명으로 옳지 않은 것은?

① 고객불만목록은 서비스의 품질을 높이기 위해 할 수 있는 가장 간단하면서도 효과적인 방법들 중의 하나이다.
② 고객불만목록은 서비스에 대하여 고객이 느끼는 불만을 표시한 목록이다.
③ 고객불만목록은 상품을 통해 고객이 얻고자 하는 욕구나 가치를 파악할 수 있도록 한다.
④ 고객이 제기한 불만뿐만 아니라 서비스제공자가 느꼈던 것까지 포함되어야 한다.
⑤ 고객불만목록은 고객관점에서 본 가치를 파악할 수 있게 해준다는 관점에서 중요하지만 항목들에 대해 서열을 정할 필요는 없다.

해설 **고객불만목록(Customer Bug List)**
서비스에 대한 고객의 불만을 표시한 단순한 목록으로, 여기에는 고객이 제기한 불만뿐 아니라 서비스제공자가 느꼈던 것까지 포함되어야 한다. 이를 통해 문제점과 개선점이 파악되며, 고객이 인지하는 중요도에 따라 순위를 부여함으로써 무엇을 먼저 개선해야 하는지 결정할 수 있다.

46 소매점포에 있어서 소비자 불만처리는 소매점포뿐만 아니라 소비자와 메이커에 피드백된다는 의미에서 매우 중요하다. 다음 중 소비자 불만처리가 메이커에 피드백되는 상황이 아닌 것은?

① 사회적 책임수행 ② 소매점의 메이커 선택조건
③ 상품개량의 제안 ④ 상품개발에 활용
⑤ 업무의 개선조치

해설 소비자의 불만을 처리함으로써 기업의 사회적 책임을 수행하는 것은 결과론적인 내용이다. 소비자의 불만처리를 함으로써 기업은 상품의 결함이나 문제점을 조기에 파악하여(피드백) 신속히 해결할 수 있도록 한다. 소비자 불만 처리과정은 먼저 소비자의 불만이 접수되면 기업의 관련 부서에 피드백되고, 제품이나 업무의 개선조치가 이루어진 다음, 소비자에게 결과를 통보해주는 순으로 이루어진다.

47 다음 중에서 고객의 불만을 경청하고 이를 고객만족경영을 위해 피드백시킬 때 사용할 수 있는 도구, 즉 피드백 도구로 보기 어려운 것은?

① 품질기능전개(QFD)

② 고객만족지수(CSI)

③ 고객의 소리전달경로(VOC Line)

④ 종업원의 소리전달경로(VOE Line)

⑤ CSS(고객만족서비스)

> **해설** 품질기능전개(QFD ; Quality Function Deployment) : QFD는 고객의 요구사항을 제품의 설계특성으로 변환하고, 이를 다시 부품특성, 공정특성, 그리고 생산을 위한 구체적인 사양으로까지 변환시키는 방식이다.
>
> ※ CSM(Customer Satisfaction Management)
> 계획실행과 평가 및 차기전략에 피드백하는 단계로서 CSP(고객만족상품), CSS(고객만족서비스), CSI(고객만족도), CSR(고객만족규정)을 추진 및 실행한다.

많이 보고 많이 겪고 많이 공부하는 것은 배움의 세 기둥이다.

– 벤자민 디즈라엘리 –

최근
기출문제

1회 최근기출문제

※ 본 문제를 풀면서 이해체크를 이용하시면 문제이해에 보다 도움이 될 수 있습니다.

01 유통상식

01 아래 글상자가 설명하는 중간상의 필요성에 대한 원칙으로 옳은 것은?

> 수급조절, 보관, 위험부담, 정보수집 등을 제조업자가 모두 수행하기보다는 전문성을 갖춘 유통업체에게 맡기는 것이 보다 경제적일 수 있다. 즉, 유통업자는 유통을 전문화함으로써 보다 경제적이고 효율적인 유통기능의 수행이 가능하다.

① 총거래수 최소의 원칙
② 분업의 원칙
③ 변동비 우위의 원칙
④ 집중준비의 원칙
⑤ 시간효용의 원칙

> ① 총거래수 최소의 원칙 : 중간상의 개입으로 거래의 총량이 감소하게 되어 제조업자와 소비자 양자에게 실질적인 비용이 감소한다는 원칙이다.
> ③ 변동비 우위의 원칙 : 유통업은 상대적으로 변동비의 비중이 크므로 무조건적으로 제조와 유통 기관을 통합하여 대규모화하기보다는 각각의 유통기관이 적절한 규모로 역할분담을 하는 것이 비용 면에서 훨씬 유리하다는 논리이다.
> ④ 집중준비의 원칙 : 유통경로상에 도매상이 개입하여 소매상의 대량 보관기능을 분담함으로써 사회 전체적으로 상품의 보관 총량을 감소시킬 수 있어, 소매상은 최소량만을 보관하게 된다는 원칙이다.

02 최근 우리나라 유통산업의 환경변화로 가장 옳지 않은 것은?

① 고령화현상 가속화로 고령자층의 특성을 분석해 이들을 대상으로 한 서비스의 개발이 필요한 상황이다.
② 여성의 사회진출 증가로 여성들의 취향을 자극할 수 있는 아이템을 발굴하기 위해 노력해야 한다.
③ 1인 가구의 증가로 1인 가구 맞춤형 제품 및 서비스를 제공하는 매장이 계속 증가하고 있다.
④ 인구 감소현상으로 앞으로는 유통업체를 찾는 고객의 수도 감소하게 될 것이다.
⑤ 정보통신기술의 발전으로 유통 채널이 온라인 및 모바일에서 오프라인 중심으로 변화하고 있다.

> 정보통신기술의 발전으로 유통 채널이 오프라인에서 온라인 및 모바일 중심으로 변화하고 있다.

03 고객을 대하는 태도로 가장 옳지 않은 것은?

① 고객을 응대할 때 적극적이고 성실한 태도
② 고객을 존중하는 태도
③ 고객에게 신뢰를 주려는 태도
④ 고객의 입장에서 도와주려는 태도
⑤ 고객이 원하지 않아도 친절을 베풀려는 태도

해설 고객이 원하지 않는 친절을 베풀려는 태도는 고객에게 오히려 거부감을 줄 수 있으므로 고객이 원하는 적절한 선에서 친절을 베푸는 것이 좋다.

04 경로시스템 내 단속형 거래(discrete transaction)와 관계형 교환(relational exchange)의 비교 설명으로 옳지 않은 것은?

구 분	구 분	단속형 거래	관계형 교환
㉠	거래처에 대한 관점	단순고객으로서의 거래처	동반자로서의 거래처
㉡	거래경험의 중요성	낮 음	높 음
㉢	신뢰의 중요성	낮 음	높 음
㉣	잠재거래선의 수	소수의 잠재거래선	다수의 잠재거래선
㉤	거래선의 차별화 정도	낮 음	높 음

① ㉠　　　　　　　　　　　　② ㉡
③ ㉢　　　　　　　　　　　　④ ㉣
⑤ ㉤

해설 단속형 거래의 잠재거래선 수는 다수이며, 관계형 교환의 잠재거래선 수는 소수이다.

05 소매상이 소비자에게 제공하는 기능으로 옳지 않은 것은?

① 소비자가 원하는 상품구색을 제공한다.

② 소비자에게 필요한 정보를 제공한다.

③ 자체의 신용정책을 통하여 소비자의 금융부담을 덜어주는 금융기능을 수행한다.

④ 소비자에게 배달, 설치, 수리 등의 서비스를 제공한다.

⑤ 소비자에게 제품 사용 방법에 대한 교육을 제외한 정보 전달 서비스를 제공한다.

> 해설 소매상은 소비자에게 제품 사용 방법에 대한 교육을 포함한 상품정보, 유행정보, 생활정보라는 무형의 가치도 제공한다.

06 아래 글상자는 소비자기본법(법률 제17799호, 2020.12.29., 타법개정) 제58조 한국소비자원의 피해구제와 관련한 내용이다. 괄호 안에 들어갈 일자가 순서대로 나열된 것으로 옳은 것은?

> 원장은 제55조 제1항 내지 제3항의 규정에 따라 피해구제의 신청을 받은 날부터 (㉠)일 이내에 제57조의 규정에 따른 합의가 이루어지지 아니하는 때에는 지체 없이 제60조의 규정에 따른 소비자분쟁조정위원회에 분쟁조정을 신청하여야 한다. 다만, 피해의 원인규명 등에 상당한 시일이 요구되는 피해구제신청사건으로서 대통령령이 정하는 사건에 대하여는 (㉡)일 이내의 범위에서 처리기간을 연장할 수 있다.

① ㉠ 30, ㉡ 30

② ㉠ 30, ㉡ 60

③ ㉠ 60, ㉡ 60

④ ㉠ 60, ㉡ 90

⑤ ㉠ 90, ㉡ 120

> 해설 원장은 피해구제의 신청을 받은 날부터 **30일** 이내에 합의가 이루어지지 아니하는 때에는 지체 없이 소비자분쟁조정위원회에 분쟁조정을 신청하여야 한다. 다만, 피해의 원인규명 등에 상당한 시일이 요구되는 피해구제신청사건으로서 대통령령이 정하는 사건에 대하여는 **60일** 이내의 범위에서 처리기간을 연장할 수 있다(소비자기본법 제58조).

07 귀금속이나 자동차와 같이 고가의 품목에 알맞은 유통경로로 가장 옳은 것은?

 이해
체크

○
△
×

① 선택적 유통경로
② 개방적 유통경로
③ 일시적 유통경로
④ 간접적 유통경로
⑤ 전속적 유통경로

 해설

전속적 유통경로는 자사의 제품만 취급하는 도매상 또는 소매상을 의미하며, 귀금속, 자동차, 고급의류 등 고가품에 적용된다.
① 선택적 유통경로 : 개방적 유통경로와 전속적 유통경로의 중간 형태로, 일정 지역에서 일정 수준 이상의 자격요건을 지닌 소매점에만 자사 제품을 취급하도록 하며, 의류, 가구, 가전제품 등에 적용된다.
② 개방적 유통경로 : 자사의 제품을 누구나 취급할 수 있도록 개방한 유통경로로, 식품, 일용품 등 편의품에 적용된다.

 08 마이클 포터의 가치사슬에서 나타내는 본원적 활동으로 가장 옳지 않은 것은?

이해
체크

○
△
×

① 자원투입
② 판매 및 마케팅
③ 서비스
④ 인적자원관리
⑤ 물류산출

 해설

인적자원관리는 지원활동에 해당한다.

※ 마이클 포터의 가치사슬
모든 조직에서 수행되는 활동은 본원적 활동과 지원활동으로 나뉜다.
• 본원적 활동 : 자원유입, 생산운영, 물류산출, 마케팅 및 판매, 서비스
• 지원활동 : 재무회계관리, 인적자원관리, 기술개발, 자원확보(조달프로세스)

 09 매장 내에서 판매원이 담당하는 일반적인 역할로 가장 옳지 않은 것은?

이해
체크

○
△
×

① 정보를 전달하는 역할
② 수요를 창출하는 역할
③ 서비스를 제공하는 역할
④ 정보를 창출하는 역할
⑤ 상담자의 역할

매장 내 판매원의 역할

- 정보 전달자의 역할 : 회사에게는 고객의 소리를 전달하여 경쟁력이 높은 제품이나 서비스의 개발 및 제공에 필요한 피드백 활동을 수행하고, 고객에게는 더 높은 만족이 실현될 수 있도록 하기 위한 각종 제품 및 서비스에 대한 정보와 회사의 촉진전략이나 프로세스 및 제도 등에 대한 정보전달의 역할을 수행한다.
- 수요 창출자의 역할 : 고객의 잠재적 욕구를 발견하고 설득행위를 통해 잠재고객의 수요를 창출하여 판매를 성사시키고, 판매과정에서 높은 만족을 제공함으로써 지속적인 교환관계가 유지되도록 하는 역할을 한다.
- 상담자의 역할 : 판매담당자는 상품이나 서비스와 관련한 지식뿐만 아니라 사회전반에 관련된 다양한 정보 및 해박한 지식을 가지고 있어야 하며, 이를 바탕으로 고객이 인식하고 있는 문제들을 고객의 입장에서 해결해주려는 상담능력을 겸비해야 한다.

10 판매원의 기본적인 자세와 관련된 설명으로 가장 옳지 않은 것은?

① 잡담을 배제하고 필요한 대화를 간결하고 명확하게 한다.
② 공무로 자리를 비우는 경우에도 다른 직원에게 행선지나 용건을 알린다.
③ 짙은 화장이나 염색으로 고객에게 강한 인상을 심어준다.
④ 고객이 말을 하고 있는 중에는 집중해서 경청한다.
⑤ 매장이나 환경을 깨끗하게 유지한다.

 짙은 화장이나 염색은 금한다.

11 판매원이 알아야 할 시장지식으로서 가장 옳지 않은 것은?

① 주요 고객의 인구 통계적 요소
② 전반적인 소비자 구매 행동의 특성
③ 상권의 규모와 경쟁 매장
④ 매장 주변의 교통환경
⑤ 판매제품의 당기순이익

 판매제품의 당기순이익은 회사지식에 해당한다.

12 유통의 기능에 대한 설명으로 가장 옳지 않은 것은?

① 유통의 기능은 크게 상적유통기능과 물적유통기능, 유통조성기능으로 나뉜다.
② 상적유통은 거래유통이라고도 하며 수량적 조정기능, 품질적 조정기능을 포함한다.
③ 시간적 조정기능인 보관, 하역, 포장, 유통가공 등은 물적유통기능에 해당한다.
④ 금융, 위험부담 기능은 유통조성기능에 포함된다.
⑤ 소비자에게 도착할 때까지 모든 과정에서의 물류정보 및 시장정보 처리기능은 유통조성기능에 해당한다.

> **해설** 유통조성기능은 소유권 이전 기능과 물적 유통 기능이 원활히 수행될 수 있도록 지원해 주는 기능으로 표준화 기능, 시장 금융 기능, 위험 부담 기능, 시장 정보 기능 등 크게 네 가지로 구분할 수 있다.

13 짧은 유통경로가 선호되는 경우만을 옳게 나열한 것은?

① 거래되는 규모가 작을수록, 제품의 부패와 진부화 속도가 빠를수록 짧은 유통경로가 선호된다.
② 시장의 지리적 집중도가 높을수록, 제품의 표준화 정도가 높을수록 짧은 유통경로가 선호된다.
③ 구매 빈도가 높을수록, 제품의 기술적 복잡성이 높을수록 짧은 유통경로가 선호된다.
④ 평균 주문 규모가 클수록, 기업의 규모와 재정 능력이 부족할수록 짧은 유통경로가 선호된다.
⑤ 제품의 단가가 낮을수록, 유통경로에 대한 통제 욕구가 강할수록 짧은 유통경로가 선호된다.

> **해설** ① 거래되는 규모가 작을수록 긴 유통경로가 선호된다.
> ② 제품의 표준화 정도가 높을수록 긴 유통경로가 선호된다.
> ④ 자금력이 충분한 기업들은 비용이 많이 들더라도 많은 이익과 경로통제가 가능한 직접유통경로, 즉 짧은 유통 경로를 선호하지만, 재정 능력이 부족한 기업들은 중간상을 이용할 수밖에 없으므로 긴 유통경로를 선호한다.
> ⑤ 제품의 단가가 낮을수록 긴 유통경로가 선호된다.

14   직업과 직업윤리에 대한 설명으로 가장 옳지 않은 것은?

① 직업에 종사하는 사람들의 의식 속에 내재화된 사회적 규범이다.
② 직업인에게 공통으로 요구되는 정신적 자세나 행위규범이다.
③ 일반윤리의 한 특수한 형태로 일반적인 국민윤리에 우선하는 가치체계이다.
④ 직업을 통해 사회나 국가의 발전에 공헌한다는 점에서 모든 직업에 요구되는 공인규범이다.
⑤ 직업인으로서 마땅히 지켜야 하는 도덕적 가치관으로 사회와 직업에 대한 관점에 따라 변화한다.

> **해설** 직업윤리는 국민윤리나 일반윤리보다는 좁은 의미의 직업에 대한 가치체계이다.

15 판매자와 구매자와의 관계에서 윤리적으로 문제가 되는 판매자의 행위가 아닌 것은?

① 구매자에게 금품이나 뇌물을 제공하는 경우
② 구매자에게 필요 이상의 고가품을 권하는 경우
③ 구매자에게 지키지 못할 약속을 남발하는 경우
④ 판매 목표를 달성하기 위하여 유통업자(보통, 대리점)에게 제품을 떠안기는 경우
⑤ 구매자에게 명확한 정보를 제공하는 경우

> **해설** 구매자에게 명확한 정보를 제공하는 것은 판매자가 당연히 해야 할 행위에 해당한다.

16 아래 글상자에서 설명하는 용어로 가장 옳은 것은?

> 유통경로상에서 물적 소유, 촉진, 협상, 위험부담, 주문, 지불 등 거의 모든 유통활동을 수행하며, 소매상 고객들을 위해 재고유지, 판매원 지원, 신용제공, 배달, 경영지도와 같은 종합적인 서비스를 제공하기도 한다.

① 직송 도매상
② 현금거래 도매상
③ 트럭 도매상
④ 완전서비스 도매상
⑤ 진열 도매상

> **해설**
> ① 직송 도매상 : 제조업자나 공급자로부터 제품을 구매한 뒤 제품을 제조업자나 공급자가 물리적으로 보유한 상태에서 제품을 고객들에게 판매하게 되면 고객들에게 직접 제품을 직송한다.
> ② 현금거래 도매상 : 배달을 하지 않는 대신 싼 가격으로 소매 기관에 상품을 공급하며, 신용판매를 하지 않고 현금만으로 거래를 한다.
> ③ 트럭 도매상 : 일반적으로 고정적인 판매루트를 가지고 있으며 트럭이나 기타 수송수단으로 판매와 동시에 상품을 배달한다.
> ⑤ 진열 도매상 : 소매점의 진열선반 위에 상품을 공급하는 도매상을 말한다.

17 유통경로의 구성원이 특별한 경험이나 전문적인 지식을 가졌을 경우에 발생하는 권력으로 가장 옳은 것은?

① 준거적 권력
② 정보적 권력
③ 보상적 권력
④ 전문적 권력
⑤ 강압적 권력

① 준거적 권력 : 한 경로구성원이 여러 측면에서 장점을 갖고 있어 다른 경로구성원이 그와 일체성을 갖고 한 구성원이 되고 싶어 하여 거래관계를 계속 유지하고자 할 때 미치는 영향력
② 정보적 권력 : 다른 경로구성원이 이전에 얻을 수 없었거나 알 수 없었던 정보와 결과를 제공해 준다고 인식하는 경우에 갖게 되는 영향력
③ 보상적 권력 : 한 경로구성원이 다른 경로구성원에게 여러 가지 물질적 또는 심리적인 도움을 줄 수 있을 때 형성되는 영향력
⑤ 강압적 권력 : 한 경로구성원의 영향력 행사에 대해서 구성원들이 따르지 않을 때, 처벌이나 부정적 제재를 받을 것이라고 지각하는 경우에 미치는 영향력

18 아래의 글상자에서 설명하고 있는 소매업태의 발전이론으로 가장 옳은 것은?

- 소비자의 소매점 선택에는 점포가 제공하는 서비스의 정도와 상품의 가격이 영향을 미친다는 가설에 기반한 이론이다.
- 시장의 다양한 소매점들이 소비자의 선호도가 가장 높은 유통업태의 형태로 전환함에 따라 비슷한 업태로 수렴되고, 자연스럽게 독특한 특성의 새로운 유통업태의 출현을 가능하게 한다는 이론이다.
- 가격파괴의 선두주자격인 대형할인마트 또는 서비스를 최소화한 창고형 매장 등이 대표적인 예이다.

① 변증법적 이론
② 진공지대 이론
③ 소매차륜 이론
④ 아코디언이론
⑤ 소매수명주기이론

 ① 변증법적 이론 : 고가격·고마진·고서비스·저회전율의 장점을 가지고 있는 백화점(정)이 출현하면, 이에 대응하여 저가격·저마진·저서비스·고회전율의 반대적 장점을 가진 할인점(반)이 나타나 백화점과 경쟁하게 되며, 그 결과 백화점과 할인점의 장점이 적절한 수준으로 절충되어 새로운 형태의 소매점인 할인 백화점(합)으로 진화해 간다는 이론이다.
③ 소매차륜 이론 : 소매기관의 진입, 성장, 쇠퇴과정을 가격(비용)에 초점을 두고 설명한 이론으로, 초기에는 혁신적인 형태에서 출발하다 성장하면서 다른 신업태에게 자리를 내주는 것을 말한다.
④ 아코디언이론 : 소매점은 다양한 상품 구색을 갖춘 점포로 시작하여 시간이 경과함에 따라 점차 전문화되고 한정된 상품 계열을 취급하는 소매점 형태로 진화하고, 이는 다시 다양하고 전문적인 제품 계열을 취급하는 소매점으로 진화해 가는 것으로 보며 그 진화과정, 즉 상품 믹스의 확대 → 수축 → 확대 과정이 아코디언과 유사하여 이름 붙여진 이론이다.
⑤ 소매수명주기이론 : 제품수명주기이론과 동일하게 소매점 유형이 도입기 → 성장기 → 성숙기 → 쇠퇴기의 단계를 거치게 된다는 것이다.

19 국가와 지방자치단체가 행하는 양성평등정책 촉진 사항으로 가장 옳지 않은 것은?

① 성인지 예산
② 성 주류화 조치
③ 여성환경 영향평가
④ 성인지 교육
⑤ 성인지 통계

> **해설** 성별 환경 영향평가는 정책과 프로그램을 추진할 때 양성의 관점 및 요구를 고르게 반영해 공정한 정책이 이뤄지도록 하는 제도이다. 정부와 지자체는 평가 결과 등에 따라 한 쪽 성에 치우쳐진 일방적으로 유리하거나 불리한 내용을 조정한다.

20 다수의 소매점이 기업으로서 독립성을 유지하면서 공동의 이익을 달성하기 위해 체인본부를 중심으로 분업과 협업의 원리에 따라 구성되는 체인 조직으로 가장 옳은 것은?

① 협동형 연쇄점
② 프랜차이즈 가맹점
③ 단독점
④ 임의형 연쇄점
⑤ 회사형 연쇄점

> **해설**
> ① 협동형 연쇄점 : 소매점 자체가 주체가 되는 연쇄점으로, 규모가 비슷한 소매점의 동업자끼리 공동으로 체인 본부를 설치하는 경우와 대규모 소매점이 체인 본부를 설치하고 비교적 소규모의 소매점이 이에 참여하는 2가지 형태가 있다.
> ② 프랜차이즈 가맹점 : 프랜차이즈 시스템에 의해 가맹한 점포로, 본부(Franchisor)가 가맹점(Franchise)과의 계약에 따라 가맹점에게 자기의 상호·상표 등을 사용토록 하고 동일한 성격의 사업을 실행하는 권리를 부여하는 동시에, 경영에 관한 지도를 하고 상품(서비스, 원자재 포함)과 노하우를 제공해서 그 대가로 가맹점으로부터 가입금·보증금·정기적인 납입금을 징수하는 제도이다.
> ⑤ 회사형 연쇄점 : 연쇄화 사업자(체인 본부)가 규모의 이익을 실현하기 위하여 여러 곳에 분산되어 있는 개별적인 소비자의 특성에 대응하여 자기자본과 자기 책임 하에서 점포를 여러 곳에 전개시키는 형태이다.

21 유통업체 브랜드(private brand)에 대한 설명으로 옳지 않은 것은?

① 주된 상표주는 중간상(주로 소매상)이다.

② 제조업체 브랜드(NB)에 비해 주로 저가격이 특징이다.

③ OEM방식보다는 자체생산이 대부분이다.

④ 제조업체 브랜드(NB)보다 마진폭이 비교적 크다.

⑤ 전국적인 규모의 광고를 하는 제조업체 브랜드(NB)에 비해 대중의 인지도가 낮다.

제조업체 브랜드(NB)는 자체생산, 유통업체 브랜드(PB)는 주로 OEM방식이다.

22 고객이 소매업체의 서비스 품질을 평가하는 다섯 가지 요소로 옳지 않은 것은?

① 형평성(fairness)

② 확신성(assurance)

③ 유형성(tangibility)

④ 공감성(empathy)

⑤ 응답성(responsiveness)

서비스 품질을 평가하는 다섯 가지 요소
- 유형성 : 물리적 시설, 장비, 직원, 커뮤니케이션 자료의 외양
- 신뢰성 : 약속한 서비스를 믿을 수 있고 정확하게 수행할 수 있는 능력
- 대응성 : 고객을 돕고 신속한 서비스를 제공하려는 태세
- 확신성 : 직원의 지식과 예절, 신뢰와 자신감을 전달하는 능력
- 공감성 : 회사가 고객에게 제공하는 개별적 배려와 관심

23 온라인 쇼핑몰과 오프라인 소매점에 공통적으로 적용할 수 있는 바람직한 설계방식으로 가장 옳지 않은 것은?

① 각 웹 페이지나 매장은 관련성이 높은 상품들로 구성한다.
② 적절한 장치를 마련하여 웹 페이지나 매장들을 둘러보기 쉽게 한다.
③ 고객에게 익숙한 표준화된 방식을 적용하여 설계한다.
④ 산만할 정도로 다채롭거나 지루할 정도로 단순한 상품진열은 피한다.
⑤ 고객의 쇼핑동기를 고려한 설계유형을 적용한다.

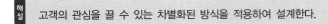

고객의 관심을 끌 수 있는 차별화된 방식을 적용하여 설계한다.

24 고객 응대에 대한 행동으로 가장 옳지 않은 것은?

① 구매 여부와 관련 없이 언제나 공손하게 예의를 갖추어 대한다.
② 자세는 바르고 태도는 자연스럽게 고객의 의도를 파악한다.
③ 고객의 요구를 받아들이고 해결하기 위해 노력한다.
④ 고객과 눈을 맞추고 속삭이는 듯한 다정한 말투로 대화한다.
⑤ 실수하지 않도록 업무에 대한 정확한 지식을 갖추고 응대한다.

고객과 눈을 맞추되 명확한 요점을 전달하기 위해 정확한 발음과 적정한 속도 및 크기로 대화해야 한다.

25 소매점 재고통제의 목적으로 가장 옳지 않은 것은?

① 고객의 수요와 합치되는 상품 구색을 갖추는 데 도움이 된다.
② 고객에게 상품 구성 및 구색이 풍부하다는 인상을 주어 충동구매를 유도할 수 있다.
③ 판매 기회 상실 및 가격 인하 압박을 감소시켜 보다 큰 이익의 실현을 보장한다.
④ 양호한 재고통제는 무엇을, 언제, 얼마만큼 매입해야 하는가에 대한 정보를 제공한다.
⑤ 상품회전율이 향상되기 때문에 상품에 투입되는 자본이 절감된다.

재고통제의 목적은 최소한도의 수량으로 최대한도의 공급효과를 낼 수 있도록 재고를 관리하는 데 있다.

26 아래 글상자의 내용이 설명하는 레이아웃으로 가장 옳은 것은?

> – 작은 매장을 여러 개 운영하는 대형점포나 많은 매장이 모여 있는 복합쇼핑몰 등에서 사용
> – 고객들이 편안하고 느긋한 마음으로 자신이 원하는 상품을 둘러보기가 용이
> – 상품의 노출도는 높으나 공간을 여유롭게 운영해야 하므로 공간 효율성은 떨어짐
> – 매장 내 고객에 대한 안내 서비스가 많이 요구됨

① 격자형 레이아웃

② 경주로형 레이아웃

③ 자유형 레이아웃

④ 그리드 레이아웃

⑤ 루프형 레이아웃

> ①·④ 격자형(그리드) 레이아웃 : 쇼 케이스, 진열대, 계산대, 곤돌라 등 진열기구가 직각 상태로 되어 있는 레이아웃으로, 고객의 동일 제품에 대한 반복구매 빈도가 높은 소매점, 즉 슈퍼마켓이나 디스카운트 스토어의 경우에 주로 쓰이고, 비용이 적게 들며 표준화된 집기배치가 가능해 고객이 익숙해지기 쉽다.
> ② 경주로형 레이아웃 : 자유형 점포배치 형태에서 나온 소매점포의 공간생산성을 높여주는 방식으로, 백화점, 선물점 등에서 널리 이용되며, 주된 통로를 기준으로 각 매장 입구들이 서로 연결되어 있다.
> ⑤ 루프형 레이아웃 : 통로를 통해 고객의 동선을 유도하여 매장 안쪽까지 고객을 유입하려는 레이아웃 형태로, 대형 매장이나 의류점에서 주로 쓰인다.

27 광고에 대한 설명으로 가장 옳지 않은 것은?

① 다양한 대중매체를 통하여 제품에 대한 정보를 커뮤니케이션한다.

② 통상적으로 고객에게 전달하기 위한 매체별 비용이 소요된다.

③ 총도달률은 광고에 노출되는 사람의 수로 광고가 노출된 평균 횟수를 말한다.

④ 제품으로 인해 소비자의 삶이 어떻게 나아질 수 있는지 교육하는 기능도 수행한다.

⑤ 기업이나 브랜드에 대한 감성적·상징적 소구를 위한 커뮤니케이션에 용이하다.

> 도달률은 특정광고 캠페인이 최소 1회 이상 노출된 타깃 고객의 비율을 의미한다.

28 서비스 실패가 일어날 경우에 실시해야 할 서비스 회복 절차와 관련된 사항으로 가장 옳지 않은 것은?

① 고객의 말을 경청하고 고객의 상황을 이해하며 의견을 구하는 질문을 한다.
② 문제에 대한 공정한 해결방안을 제시해야 한다.
③ 문제 해결의 순서상 고객의 감정적인 측면을 해결하는 것보다 금전적인 보상을 우선시해야 한다.
④ 고객의 불편이나 손해에 대해 가치부가적인 보상을 제공해야 한다.
⑤ 서비스 회복 절차가 끝난 후 사후관리를 시행해야 한다.

> **해설** 서비스 회복에 있어서 고객 불만족 수준에 적절한 금전적 보상을 제공해야 하지만, 불만족한 고객에게 접점 직원이 사려 깊고 친절한 설명을 통해 고객의 감정적인 측면을 해결하는 것도 중요하다.

29 편의품의 판매전략으로 가장 옳지 않은 것은?

① 구매 빈도가 높으므로 고객이 쉽게 구매할 수 있도록 가능한 주거지 가까이에 있는 매장을 통해 판매한다.
② 상표에 관한 관심이 비교적 높으므로 편의품 제조업체들은 광고 중심의 마케팅전략을 사용한다.
③ 판매 증대를 위해 고객이 점포에 머무르는 시간이 길어지도록 즐거운 쇼핑 분위기를 조성해야 한다.
④ 사전에 철저한 계획을 세우지 않고 구매하므로 습관적 구매를 유도하는 판매전략을 활용한다.
⑤ 단가와 마진이 모두 낮기 때문에 상품회전율을 높이는 판매전략을 사용해야 한다.

> **해설** 편의품은 회전율이 높기 때문에 고객이 점포에 머무르는 시간이 길어지도록 하는 판매전략은 옳지 않다.

30 판매활동에 대한 설명으로 가장 옳지 않은 것은?

① 판매활동의 본질은 고객과의 교환거래를 실현시키는 활동이다.
② 고객에게 상품의 효용을 알림으로써 구입을 설득하는 활동이다.
③ 고객이 이 상품을 이용하는 것이 자신에게 유익하다는 것을 알리는 활동이다.
④ 점포의 서비스 수준이나 취급 품목의 품질 수준에 대한 정보를 고객에게 전달하는 활동이다.
⑤ 고객이 현명한 구매와 쾌적한 생활을 영위할 수 있도록 도와주는 활동이다.

> **해설** 판매활동은 대금과 상품의 교환거래를 실현시키는 활동, 즉 구매자로 하여금 교환하도록 용단을 내리게 하기 위한 설득활동을 그 내용으로 하며, 상품의 효용을 고객에게 알림으로써 고객이 구매활동을 하도록 설득하는 행동이다. 따라서 단순히 점포의 서비스 수준이나 취급 품목의 품질 수준에 대한 정보를 고객에게 전달하는 활동은 판매활동과 거리가 멀다.

31 **효과적인 경청 방식에 대한 설명으로 가장 옳지 않은 것은?**

① 말하는 사람에게 공감하도록 노력하며 상대방의 입장을 이해하면서 듣는다.
② 인내심을 갖고 상대가 원하는 것이 무엇인지 집중하여 듣는다.
③ 전달자의 메시지에 관심을 집중하며 말을 삼가고 질문이나 반박은 하지 않는다.
④ 상대방의 이야기에 고개를 끄덕이거나 맞장구치는 등의 공감 표현을 한다.
⑤ 상대방이 전달하는 말의 내용은 물론, 그 내면의 동기나 정서에도 귀를 기울인다.

> **해설** 효과적인 경청방식은 이야기를 진행시켜 나감에 있어서는 가끔 맞장구도 치고 가벼운 질문도 삽입해서 고객의 이야기를 잘 듣도록 하는 것이다.

32 **브랜드 자산을 형성하는 두 가지 요인으로 가장 옳은 것은?**

① 브랜드 아이덴티티, 브랜드 확장
② 브랜드 인지도, 브랜드 이미지
③ 브랜드 인지도, 브랜드 확장
④ 브랜드 이미지, 라인 확장
⑤ 브랜드 아이덴티티, 브랜드 인지도

> **해설** 브랜드 자산은 소비자들에게 그 브랜드의 의미를 지속적으로 전달해주는 마케팅 활동을 통해서 브랜드 인지도 및 이미지를 높임으로써 보다 강화할 수 있다.

33 **서비스 실패 시 고객이 불평하지 않는 이유로 가장 옳지 않은 것은?**

① 불평이 어떤 것도 바꾸지 못할 것이라 생각함
② 누구에게 불평해야 할지 알지 못함
③ 고객 자신에게도 일정 부분 책임이 있다고 생각함
④ 욕구불만에 대한 감정적 분출
⑤ 고객 자신의 주관적 평가에 대한 불확신

> **해설** 욕구불만에 대한 감정적 분출은 고객이 불평하는 이유에 해당한다.

34 아래 글상자는 서비스의 특성 중 무엇을 설명하고 있는가?

> 서비스는 생산과정에서 소비가 동시에 이루어지는 것이기 때문에 서비스 생산에 있어 고객이 반드시 참여하여야 한다. 그렇기 때문에 서비스제공자(직원, 종업원 등)의 선발 및 교육 훈련을 통해 세심한 고객관리가 중요하다.

① 무형성　　　　　　　　　② 소멸성
③ 비분리성　　　　　　　　④ 동질성
⑤ 공감성

해설
① 무형성 : 서비스의 기본 특성은 형태가 없다는 것으로, 누구에게나 보이는 형태로 제시할 수 없으며 물체처럼 만지거나 볼 수 없기 때문에 그 가치를 파악하거나 평가하는 것이 어렵다.
② 소멸성 : 판매되지 않은 서비스는 사라지기 때문에 서비스는 재고로 보관할 수 없다.

35 구매시점광고(POP, point of purchase)에 대한 설명으로 가장 옳지 않은 것은?

① 고객에게 찾고자 하는 매장으로 안내하는 표시 기능을 제공한다.
② 판매원을 대신하여 매장에 행사나 시즌의 분위기를 연출하는 데 활용된다.
③ 상품의 특징, 가격, 소재 등 상품을 설명해주는 데 활용된다.
④ 고객들의 가시거리에 설치되어야 하므로 점포 벽면에 우선 설치하도록 해야 한다.
⑤ 설치목적에 따라 다양하게 활용되기 때문에 소요비용, 예산에 대해 신중히 검토해야 한다.

해설
POP 광고의 종류로는 현수막, 스탠드, 간판, 롤, 블라인드, 모바일 깃발, 벽면에 붙이는 광고물, 포스터, 알림보드, 장식 등 여러 가지가 있으므로 시기 및 장소, 목적에 맞는 것을 선택해서 설치해야 한다.

36 레이아웃에 대한 설명으로 가장 옳지 않은 것은?

① 레이아웃의 그룹핑(grouping)은 상품의 성격과 특성이 유사한 상품들을 그룹별로 진열하는 것을 말한다.

② 레이아웃의 페이싱(facing)은 페이스의 수량을 뜻하는 것으로 앞에서 볼 때 하나의 단품을 옆으로 늘어놓은 개수를 말한다.

③ 레이아웃의 조닝(zoning)은 그룹핑한 상품을 진열공간에 배분하여 도면상에서 상품들이 구분될 수 있도록 표시하는 것을 말한다.

④ 매장의 구성단계는 일반적으로 그룹핑 – 페이싱 – 조닝 순으로 진열한다.

⑤ 매장의 레이아웃은 소비자의 구매 행동양식과 업종 및 업태 그리고 매장 규모를 고려하여 배치하여야 한다.

해설 매장의 구성단계는 일반적으로 그룹핑 – 조닝 – 페이싱 순으로 진열한다.

37 POS(point of sales)시스템에 대한 설명으로 가장 옳지 않은 것은?

① 판매장의 판매시점에서 발생하는 판매정보를 컴퓨터로 자동 처리하는 시스템을 말한다.

② POS시스템을 통해 상품을 제조회사별, 상표별, 규격별로 구분해서 정보를 수집·가공·처리하여 단품관리가 가능하게 한다.

③ POS시스템을 통해 상품의 수량과 위치를 실시간으로 파악할 수 있기 때문에 도난과 같은 상품 손실을 막을 수 있다.

④ POS시스템을 통해 계산 실수나 상품의 혼동을 줄일 수 있다.

⑤ POS시스템은 편의점, 슈퍼마켓과 같은 유통업체뿐만 아니라 음식점과 전문점에서도 사용가능하다.

해설 POS시스템을 통해 상품을 제조회사별, 상표별, 규격별로 구분하여 상품마다의 정보를 수집, 가공, 처리하는 과정에서 단품관리는 가능하지만 상품의 위치까지는 실시간으로 파악할 수 없다.

38

아래 글상자의 괄호 안에 들어갈 용어로 옳은 것은?

> (　　　)은 단일 품목을 대량 판매하기 위해 사용하는 방식으로 가격이 저렴하다는 인식을 줄 수 있기 때문에 대량 진열과 판촉 행사가 병행되면 효과가 증가하며 신상품이나 인기 상품 또는 계절성 성수기 상품을 대상으로 실시하는 것이 바람직하다.

① 곤돌라 진열(gondola display)
② 섬 진열(island display)
③ 후크 진열(hook display)
④ 엔드 진열(end display)
⑤ 벌크 진열(bulk display)

해설
① 곤돌라 진열 : 대량의 상품을 고객들에게 충분히 잘 보이게 하면서, 고객들이 더욱 직접적으로 풍요로움을 느끼고 상품을 가장 편안하게 집을 수 있도록 고안된 일종의 입체식 진열이다.
② 섬 진열 : 매장 내 독립적으로 있는 평대에 진열하는 방법으로 고객이 사방에서 상품을 볼 수 있도록 진열하는 방식이다.
③ 후크 진열 : 제품포장의 위쪽에 구멍을 뚫고 난 후 걸개에 걸어서 활용하는 방식으로 상품을 효과적으로 고정시키고 진열하는 동시에 매장 사이의 경계를 나타내는 방법이다.
④ 엔드 진열 : 진열선 끝 엔드 곤돌라에 상품을 대량으로 쌓아 변화 진열을 하는 방식으로 엔드 진열의 최대 목적은 출구 쪽으로 돌아서는 고객을 다시 멈추게 하는 데 있다.

39

비주얼 머천다이징에 관한 내용으로 가장 옳은 것은?

① 고객들의 구매욕구를 자극할 수 있도록 시각적인 요소를 연출하고 관리하는 활동
② 연관된 상품을 함께 진열하거나 연관된 상품을 취급하는 점포들을 인접시키는 것
③ 고객들의 주통로와 직각을 이루고 있는 여러 단으로 구성된 선반들이 평형으로 늘어서 있고, 그 선반 위에 상품이 진열되어 있는 형태의 레이아웃
④ 고객들의 주통로와 여러 점포들의 입구가 연결되어 있는 형태의 레이아웃
⑤ 일정한 규칙 없이 상품이나 점포를 배치함으로써 고객들이 자유롭게 쇼핑할 수 있도록 만들어진 레이아웃

해설
비주얼 머천다이징(VMD ; Visual Merchandising)은 시각적으로 소비자의 구매를 유도해 판매에 이르게 하는 전략이다.

40 아래 글상자의 괄호 안에 들어갈 용어로 옳은 것은?

> ( )는 다양한 유통업체들이 서로 경쟁에서 뒤처지지 않기 위해서 점차 무모해지는 공격적인 판매촉진을 통해 경쟁기업으로부터 자신의 고객을 지키려는 행위로 나타나는 효과이다.

① 후광효과(halo effect)

② 눈덩이효과(snowball effect)

③ 채찍효과(bullwhip effect)

④ 밴드웨건효과(bandwagon effect)

⑤ 푸시효과(push effect)

해설 눈덩이효과는 미국의 사업가 워런 버핏(Warren Buffett)이 사용한 용어로 작은 규모로 시작한 것이 가속도가 붙어 큰 효과를 불러오는 것을 뜻한다.
① 후광효과 : 어떤 대상이나 사람에 대한 일반적인 견해가 그 대상이나 사람의 구체적인 특성을 평가하는 데 영향을 미치는 현상이다.
③ 채찍효과 : 하류의 고객주문 정보가 상류로 전달되면서 정보가 왜곡되고 확대되는 현상이다.
④ 밴드웨건효과 : 대중적으로 유행하는 정보를 따라 상품을 구매하는 현상을 말한다.

41 구매의사가 있는 고객에게 판매원이 취해야 하는 태도로서 가장 옳지 않은 것은?

① 구매자에게 제공될 상품 혜택 등을 설명하면서 고객의 질문에 성실히 응해야 한다.

② 단정한 복장과 함께 3S(smile, sincerity, smooth mood)를 갖추어야 한다.

③ 고객의 주의와 관심을 끌기 위해 사실에 근거한 진지한 칭찬을 통해 고객과의 친밀도를 높인다.

④ 구매 선택의 책임은 고객에게 있음을 확인시키면서 고객의 불만이 제기되지 않게 응대한다.

⑤ 판매원은 효과적인 의사전달을 위한 담화, 경청, 제스처 등을 통해 고객에게 설득적인 소구를 한다.

해설 고객이 원하는 방법으로 판매결정을 시도하는 것이 판매원의 기본자세이기 때문에 고객에게 구매 선택의 책임을 전가하는 태도는 옳지 않다.

42 아래 글상자의 ㉠과 관련한 설명으로 가장 옳지 않은 것은?

> ㉠은(는) 소비자가 어떤 제품을 구매한 다음 다양한 부정적인 정보나 미처 알지 못했던 정보들을 접하면서 느끼는 구매에 대한 심리적 불편함을 말한다.

① ㉠은(는) 구매 결정을 쉽게 취소할 수 없을 때 발생한다.
② ㉠은(는) 마음에 드는 대안들이 여러 개 있을 때 발생한다.
③ ㉠은(는) 선매품보다는 편의품을 구매할 때 발생한다.
④ 판매자는 소비자의 ㉠을(를) 최소화하기 위해 판매 직후 감사의 뜻과 함께 구매자에게 안내책자, 홍보지, 서신(letter) 등을 통해 구매자의 선택이 현명하였음을 확인시켜준다.
⑤ 판매자는 소비자의 ㉠을(를) 최소화하기 위해 강화 광고(reinforcement advertising)를 통해 자사 제품의 좋은 면을 강조함으로써 구매자의 선택이 현명했음을 확인시켜준다.

해설 ㉠은 인지적 부조화에 대한 설명으로, 인지적 부조화는 편의품보다는 선매품을 구매할 때 발생한다. 구매결정이 내려진 후에 다양한 인지, 태도 혹은 신념 사이에 심리적인 내적 갈등(인지부조화)을 해소하지 못하면 구매한 제품이나 서비스를 반품하거나 부정적인 태도가 형성되어 재구매가 발생되지 않을 뿐만 아니라 타인들에게 부정적인 구전효과가 발생할 수 있다.

43 제품 구성을 핵심고객가치, 실제제품, 확장제품으로 분류할 때 확장제품의 내용으로 옳은 것은?

① 핵심편익   ② 제품특성
③ 디자인   ④ 패키징
⑤ 보 증

해설 확장제품은 A/S와 고객지원서비스, 보증 등의 추가적인 소비자 서비스와 편익을 의미한다.

44 아래 글상자에서 제시하는 판매촉진 전략으로 옳은 것은?

> 제조업자가 대리점들에게 판매 목표를 부여하고 목표를 초과 달성할 경우 지급하는 것으로 중간상 판매
> 촉진에 해당된다.

① 사은품

② 할인쿠폰

③ 세 일

④ 보너스팩

⑤ 판매장려금

해설 ① · ② · ③ · ④는 소비자 판매촉진에 해당된다.

45 소비재에 대한 설명으로 가장 옳지 않은 것은?

① 편의품 – 고객이 자주 구매하며, 구매에 있어 최소한의 노력을 필요로 하는 것으로 과자, 칫솔 등이 대표적이다.

② 전문품 – 특정 제품이 갖는 독특함 혹은 식별이 가능한 제품으로 기호품, 자동차 등이 대표적이다.

③ 선매품 – 비교적 많은 노력을 통해 유사대안들을 비교 · 평가한 후 구매하는 제품으로 가구류, 의류 등이 대표적이다.

④ 미탐색품 – 소비자에게 알려져 있지 않거나, 알려져 있더라도 구매의욕이 낮은 제품을 말한다.

⑤ 핵심품 – 애프터서비스(after service)를 부가서비스로 포함하고 있는 제품을 말한다.

해설 핵심품은 소비자의 욕구를 충족시키기 위한 본원적인 기능을 수행하는 제품으로, 배고픔을 해결하기 위한 음식, 원하는 목적지에 도달하기 위한 기차표 등이 있다. 애프터서비스(after service)를 부가서비스로 포함하고 있는 제품은 확장제품에 대한 설명이다.

2회 최근기출문제

※ 본 문제를 풀면서 이해체크를 이용하시면 문제이해에 보다 도움이 될 수 있습니다.

01 유통상식

01 아래 글상자에서 설명하는 도매상으로 가장 옳은 것은?

> 유통경로상에서 물적 소유, 촉진, 협상, 위험부담, 주문, 지불 등 거의 모든 유통활동을 수행하며, 소매상 고객들을 위해 재고유지, 판매원 지원, 신용제공, 배달, 경영지도 등을 제공하기도 한다.

① 진열 도매상
② 현금거래 도매상
③ 트럭 도매상
④ 직송 도매상
⑤ 완전 서비스 도매상

① 진열 도매상 : 소매점의 진열선반 위에 상품을 공급하는 도매상으로, 선반에 전시되는 상품에 대한 소유권은 도매상들이 가지고 있으며, 소매상이 상품을 판매한 뒤에 도매상에게 대금을 지불하는 일종의 위탁방식이다.
② 현금거래 도매상 : 배달을 하지 않는 대신 싼 가격으로 소매상에 상품을 공급하며, 신용판매를 하지 않고 현금만으로 거래를 한다.
③ 트럭 도매상 : 일반적으로 고정적인 판매루트를 가지고 있으며 트럭이나 기타 수송수단으로 판매와 동시에 상품을 배달하는 도매상이다.
④ 직송 도매상 : 제조업자나 공급자로부터 제품을 구매한 뒤 제품을 제조업자나 공급자가 물리적으로 보유한 상태에서 제품을 고객들에게 판매하게 되면, 고객들에게 직접 제품을 직송하는 도매상이다.

02 유통경로의 본질적인 기능으로 가장 옳지 않은 것은?

① 거래의 촉진 및 효율성 증대
② 제품구색의 불일치 완화 및 쇼핑 편의성 제고
③ 거래의 단순화 및 거래비용 절감
④ 소비자 욕구 및 구매관련 정보탐색의 용이성
⑤ 경로 간 경쟁으로 혁신적 발전 촉진

03 유통의 기능 중 유통조성활동으로 가장 옳지 않은 것은?

① 잠재고객의 발견, 구매유발을 위한 판매상담 및 판매촉진활동
② 거래 과정에서 거래단위, 가격, 지불조건 등을 표준화시키는 활동
③ 운전 자본 및 신용을 조달하고 관리하는 금융활동
④ 유통과정에서 발생되는 물리적, 경제적 위험을 유통기관이 부담하는 위험부담활동
⑤ 기업이 필요로 하는 합법적인 소비자 정보 및 상품 정보를 수집·제공하는 활동

04 생필품을 판매하는 점포소매상의 분류별 특징에 대한 설명으로 가장 옳지 않은 것은?

세 분		특 징
점포 소매상 (생필품)	㉠ 구멍가게	소비자와 근접, 외상 판매 가능
	㉡ 편의점	고가격, 넓은 제품구색, 최상의 서비스 제공
	㉢ 슈퍼마켓	저비용, 저마진, 한정된 제품구색
	㉣ 연금매장	특정계층을 위해 구매 시 보조기능 역할을 수행
	㉤ 할인점	저렴한 가격, 유명상표 판매, 정상적 상품을 싸게 파는 상점

① ㉠
② ㉡
③ ㉢
④ ㉣
⑤ ㉤

05 판매원이 갖추어야 할 상품에 대한 지식으로 옳지 않은 것은?

① 상품의 기능, 성능, 특징, 조작 방법
② 상품의 가치, 가격
③ 상품의 구조, 장·단점
④ 원재료의 기본적인 지식
⑤ DM 작성 및 발송법

> 해설 DM 작성 및 발송법은 업무에 대한 지식에 해당한다.

 06 유통의 발생 및 진화 과정에 관한 설명으로 가장 옳지 않은 것은?

① 자급자족 사회에서는 생산과 소비가 분리되어 있어 유통기능이 발생할 여지가 없었다.
② 초기 산업사회에서 대량생산이 가능해짐에 따라 초보적인 유통기능의 발생이 이루어졌다.
③ 후기 산업사회에서는 제조업체는 생산기능을, 유통업체는 다양한 유통기능을 전문적으로 수행하는 경영기능의 분업화가 이루어졌다.
④ 초기 산업사회에서는 소비자의 욕구가 다양하지 않으므로 제조업자의 판매부서나 독립 유통업자들에 의한 단순한 재분배기능의 수행만으로도 소비자의 욕구를 충족시킬 수 있었다.
⑤ 후기 산업사회로 넘어가면서 고객의 욕구가 다양화됨에 따라 이를 충족시키기 위해 제조업체들은 다품종 소량생산 시스템과 유연생산 시스템으로 전환하였다.

> 해설 자급자족 사회에서는 공동체 범위 내에서 필요한 것을 스스로 생산해서 스스로 소비하는 사회, 즉 생산과 소비가 분리되어 있지 않기 때문에 유통기능이 발생할 여지가 없었다.

07 다음 중 유통경로 구성원에 대한 설명으로 옳지 않은 것은?

① 도매상과 소매상을 유통중간상이라고 한다.

② 소매상은 생산자로부터 제품을 구입하여 조직구매자 또는 다른 도매업자에게 판매하는 유통경로구성원이다.

③ 유통산업이란 경로구성원 중 국민경제적인 측면에서 유통 부문을 구성하는 유통기구들을 의미한다.

④ 최종소비자는 유통시스템의 구성원이라기보다는 상업적 유통시스템이 목표로 하는 표적시장이라고 할 수 있다.

⑤ 금융기관, 광고업체 등은 유통단계를 구성하는 경로구성원이 아니므로 비회원구성원이라고도 한다.

> **해설** 소매상은 생산자나 도매업자로부터 구입한 상품을 최종적으로 소비하는 소비자에게 판매하는 유통경로구성원이다.

08 아래 글상자는 유통산업발전법(법률 제19117호, 2022.12.27., 타법개정) 제2조 정의 내용이다. 괄호 안에 들어갈 용어로 옳은 것은?

> (   )(이)란 일정 범위의 가로(街路) 또는 지하도에 대통령령으로 정하는 수 이상의 도매점포·소매점포 또는 용역점포가 밀집하여 있는 지구를 말한다.

① 매 장

② 대규모점포

③ 준대규모점포

④ 상점가

⑤ 전문상가단지

> **해설**
> ① "매장"이란 상품의 판매와 이를 지원하는 용역의 제공에 직접 사용되는 장소를 말한다.
> ② "대규모점포"란 다음 각 목의 요건을 모두 갖춘 매장을 보유한 점포의 집단으로서 별표에 규정된 것을 말한다.
> 　가. 하나 또는 대통령령으로 정하는 둘 이상의 연접되어 있는 건물 안에 하나 또는 여러 개로 나누어 설치되는 매장일 것
> 　나. 상시 운영되는 매장일 것
> 　다. 매장면적의 합계가 3천제곱미터 이상일 것
> ③ "준대규모점포"란 다음 각 목의 어느 하나에 해당하는 점포로서 대통령령으로 정하는 것을 말한다.
> 　가. 대규모점포를 경영하는 회사 또는 그 계열회사(「독점규제 및 공정거래에 관한 법률」에 따른 계열회사를 말한다)가 직영하는 점포
> 　나. 「독점규제 및 공정거래에 관한 법률」에 따른 상호출자제한기업집단의 계열회사가 직영하는 점포
> 　다. 가목 및 나목의 회사 또는 계열회사가 직영점형 체인사업 및 프랜차이즈형 체인사업의 형태로 운영하는 점포
> ⑤ "전문상가단지"란 같은 업종을 경영하는 여러 도매업자 또는 소매업자가 일정 지역에 점포 및 부대시설 등을 집단으로 설치하여 만든 상가단지를 말한다.

09 고객의 유형에 따른 효과적인 응대 방법으로 가장 옳지 않은 것은?

① 방어적인 유형의 고객에게는 사실을 기초로 한 제품의 장단점으로 공감을 구한다.
② 자신에 대한 자부심으로 단호한 고객에게는 판단상의 오류를 집중적으로 공략한다.
③ 의사결정이 빠른 충동적 고객에게는 상품의 장점을 중심으로 공감을 구한다.
④ 우유부단한 고객의 경우 작은 부문에서부터 결정할 수 있게 공략한다.
⑤ 자주 판매원을 가로막으며 억지스러운 표현을 사용하는 고객에게는 신속하게 판매 포인트를 설명한다.

 자신에 대한 자부심으로 단호한 고객은 남의 얘기를 경청하는 것이 소홀하며, 본인의 판단이 옳다고 생각하는 경향이 강하므로 요점만을 제시하고 판단은 본인 스스로 내리게 하는 것이 좋다.

10 아래 글상자가 공통적으로 설명하는 소매업체로 옳은 것은?

> - 건강 및 미용용품을 집중적으로 판매하는 전문점이다.
> - 미국에서 대표적인 체인점으로는 CVS, Walgreens, Boots 등이 있다.
> - 편의성 관점에서 강점을 가지고 있다.

① 카테고리 전문점
② 전문점
③ 백화점
④ 드럭스토어
⑤ 편의점

 ① 카테고리 전문점 : 할인형 전문점으로서 특정상품계열에서 전문점과 같은 깊은 상품구색을 갖추고 저렴하게 판매하는 것을 원칙으로 한다.
② 전문점 : 특정 범위 내의 상품군을 전문으로 취급하는 소매점으로, 상품에 대한 전문적 품종 갖춤과 전문적 서비스를 고객에게 제공하는 점포이다.
③ 백화점 : 선매품을 중심으로 생활필수품, 전문품에 이르기까지 다양한 상품 계열을 취급하며 대면 판매, 현금 정찰 판매, 풍부한 인적·물적 서비스로써 판매 활동을 전개하는 상품 계열별로 부문 조직화된 대규모 소매 기관이다.
⑤ 편의점 : 보통 편리한 위치에 입지하여 장시간 영업을 하며, 한정된 수의 품목만을 취급하는 식품점이다.

11 유통경로에 대한 설명으로 가장 옳지 않은 것은?

① 최종사용자인 고객의 만족을 목적으로 한다.
② 가치의 통로이다.
③ 고객이 제품을 소비하는 과정에서 참여하는 상호의존적인 조직들의 집합체이다.
④ 경로구성원들이 수행하는 단속적인 거래과정이다.
⑤ 판매자와 구매자 간의 교환을 촉진한다.

해설 경로구성원들이 수행하는 연속적인 거래과정이다.

12 사회에서 행동의 옳고 그름을 판단하는 도덕적 행동기준이라 할 수 있는 윤리적 행동여부를 판단하기 위한 기준으로 가장 옳지 않은 것은?

① 다른 사람의 희생을 대가로 모든 것을 얻는 것인가?
② 법률이나 기업방침을 위반하고 있지는 않은가?
③ 회사의 윤리강령을 어기는 사항이 아닌가?
④ 공정하게 행동하고 있는가?
⑤ 회사의 수익을 얼마나 증진시킬 수 있을까?

해설 윤리적 기업이란 "기업 활동에 관한 의사결정을 하거나 실천에 옮길 때에 이해관계자의 권익과 기업의 경제적 이익의 균형을 취함으로써 종업원, 고객, 납품(공급)업자, 주주들의 존경과 신임을 얻는 회사"라고 할 수 있다. 따라서 ⑤는 회사의 이익만을 추구하는 기준이므로 옳지 않다.

13 소매업에 관한 내용으로 가장 옳지 않은 것은?

① 구매한 상품에 필요한 가치를 부가하여 소비자에게 판매하는 일련의 비즈니스 활동 수행
② 소비자와의 빈번한 접촉으로 니즈를 가장 잘 파악하므로 소비자나 공급업체에 필요한 정보를 제공
③ 소매업은 최종소비자들의 다양한 욕구를 충족시키기 위해 여러 형태로 끊임없이 진화 발전
④ 방문판매, 다단계판매, 카탈로그 판매, 인터넷 쇼핑몰, TV홈쇼핑 등을 포함
⑤ 고객들을 위해 재고 유지, 판매원 지원, 신용제공, 배송과 같은 종합적인 서비스 제공

해설 재고 유지, 판매원 지원, 신용제공, 배송과 같은 종합적인 서비스 제공하는 것은 도매상이 수행하는 기능에 관한 내용이다.

14 경로 커버리지 전략에 대한 설명으로 가장 옳지 않은 것은?

① 경로 커버리지란 경로 구성원의 수와 밀도를 지칭하는 것으로 유통집약도라고도 한다.
② 유통경로의 커버리지 증대는 매출의 지속적인 개선을 가져오므로 커버리지 극대화를 목표로 한다.
③ 집약적 유통경로는 유통비용의 증가와 유통경로에 대한 통제력 약화를 가져올 수 있다는 단점이 있다.
④ 전속적 유통경로는 특정 제품 카테고리에서의 충분한 전문성과 차별성을 갖추고 있어야 가능한 전략이다.
⑤ 선택적 유통경로는 일정 수준 이상의 규모와 입지, 평판, 경영 능력을 갖춘 소수의 중간상을 활용하는 전략이다.

해설 경로 내의 중간상 또는 점포수가 증가한다고 해서 반드시 시장점유율이나 매출액이 비례적으로 증가한다고 볼 수 없으므로 얼마나 많은 수의 점포를 특정 지역에 설립할 것인지, 경로 흐름에서 어떤 유형의 경로 구성원이 필요한지의 결정을 통해 실재고객과 잠재고객의 욕구를 실현하는 것이 경로 커버리지 관리의 핵심적인 관점이다.

15 서비스 과정에서 고객참여를 증대시키는 방법으로 가장 옳지 않은 것은?

① 각 서비스마다 고객이 서비스 과정에 참여하는 수준이 다르기 때문에 고객의 과업 수준을 적절히 설정해야 한다.

② 참여 고객의 공헌도에 따라 금전적, 시간적, 심리적인 보상을 효과적으로 제공해야 한다.

③ 고객이 자신의 역할을 효과적으로 수행할 수 있도록 교육할 필요가 있다.

④ 기업에서 제공하는 서비스 범위를 광고나 인플루언서 등을 통해 고객에게 알리고 고객기대를 관리해야 한다.

⑤ 기업의 수익을 증진시키기 위하여 애호도가 높은 고객에게만 참여를 권장해야 한다.

> 해설 장기적으로 기업의 수익을 증진시키기 위해서는 애호도가 높은 고객뿐만 아니라 잠재고객들에게도 참여를 권장해야 한다.

16 아래 글상자는 청렴기반 윤리규범에 대한 내용이다. 이와 관련된 설명으로 가장 옳은 것은?

> 조직의 지침과 가치관을 제시하고 윤리적으로 건전한 행동을 지지하는 환경을 조성하여 종업원들 사이의 책임을 정의하는 윤리규범

① 잘못을 범한 사람을 벌하거나 제재하여 불법적인 행위 예방을 강조

② 법이나 규제 등의 외적 기준만을 준수

③ 종업원이 범죄 행위만 피하는 것을 목적으로 함

④ 법적 준수를 넘어 정직, 상호 간 존중 등의 핵심 가치를 강조

⑤ 조직 내 윤리사무관(ethics officer)을 배치하여 내부고발을 자체적으로 해결

> 해설 윤리규범은 공동생활과 협력을 필요로 하는 인간생활에서 형성되는 공동협력의 틀을 기반으로 형성되는 것이므로 법적 준수를 넘어 정직, 상호 간 존중 등의 핵심 가치를 강조한다.

17 매장에서 근무하는 판매원이 지켜야 할 사항으로 가장 옳지 않은 것은?

① 고객 앞에서 다른 직원을 비난하지 않는다.

② 상품진열이나 청소 등으로 고객이 불편을 겪지 않게 유의한다.

③ 고객에 대한 비평이나 귓속말을 하지 않는다.

④ 고객 앞에서 동료와 논쟁하지 않는다.

⑤ 고객 앞에서 협력업체와 상담을 한다.

> **해설** 고객 앞에서는 고객응대에만 집중하고, 협력업체와의 상담 등 다른 업무는 삼가야 한다.

18 양성평등과 관련한 사항 중 가장 옳지 않은 것은?

① 여성가족부장관은 양성평등정책 기본계획을 5년마다 수립해야 한다.

② 지위를 이용한 성적 요구로 상대방에게 혐오감을 느끼게 하는 행위는 성희롱이다.

③ 상대방이 성적 언동에 따르지 않는다는 이유로 불이익을 주는 것도 성희롱이다.

④ 국가는 양성평등 실현을 위한 법적, 제도적 장치를 마련하여야 한다.

⑤ 양성평등은 성별에 따른 차별 없이 업무 중인 공적 영역에 한해 동등하게 참여하고 대우받는 것을 말한다.

> **해설** 양성평등은 성별에 따른 차별 없이 업무 중인 공적 영역뿐만 아니라 사적 영역에서도 동등하게 참여하고 대우받는 것을 말한다.

19 청소년보호법(법률 제18550호, 2021.12.7., 일부개정) 제2조 정의상 청소년출입·고용금지업소로 옳지 않은 것은?

① 체육시설의 설치·이용에 관한 법률에 따른 무도학원업 및 무도장업
② 식품위생법에 따른 식품접객업 중 대통령령으로 정하는 것
③ 게임산업진흥에 관한 법률에 따른 청소년게임제공업 및 인터넷컴퓨터게임시설제공업
④ 음악산업진흥에 관한 법률에 따른 노래연습장업 중 대통령령으로 정하는 것
⑤ 사행행위 등 규제 및 처벌 특례법에 따른 사행행위영업

> **해설**
> 「게임산업진흥에 관한 법률」에 따른 일반게임제공업 및 복합유통게임제공업 중 대통령령으로 정하는 것이 청소년 출입·고용금지업소에 해당한다.

20 제품의 구색이 넓은 구색에서 전문화된 좁은 구색으로 변화함에 따라 소매업태가 변화하는 것을 지칭하는 소매업태 변천과정에 관한 이론으로 가장 옳은 것은?

① 소매업 수레바퀴가설
② 라이프사이클이론
③ 변증법적이론
④ 자연도태설
⑤ 소매아코디언이론

> **해설**
> ① 소매업 수레바퀴가설 : 사회 경제적 환경이 변화됨에 따른 소매상의 진화와 발전을 설명하는 대표적인 이론이다.
> ② 라이프사이클이론 : 제품수명주기이론과 동일하게 소매점 유형이 도입기 → 성장기 → 성숙기 → 쇠퇴기의 단계를 거치게 된다는 이론이다.
> ③ 변증법적이론 : 소매점의 진화 과정을 변증법적 유물론에 입각하여 해석, 즉 소매점의 진화 과정을 정반합 과정으로 설명하는 이론이다.
> ④ 자연도태설 : 환경에 적응하는 소매상만이 생존·발전하게 된다는 이론이다.

21 아래 글상자에서 설명하는 서비스의 특성으로 옳은 것은?

> 같은 호텔에 근무하는 예약담당자 중 한 명은 상냥하고 효율적인 반면, 다른 한 명은 불쾌감을 주고 업무처리가 느릴 수 있다. 즉, 누가, 언제, 어디서, 어떻게 서비스를 제공하느냐에 따라 서비스품질이 크게 달라질 수 있다.

① 무형성
② 비분리성
③ 이질성
④ 동시성
⑤ 소멸성

해설
① 무형성 : 서비스의 기본 특성은 형태가 없다는 것으로, 객관적으로 누구에게나 보이는 형태로 제시할 수 없으며 물체처럼 만지거나 볼 수 없기 때문에 그 가치를 파악하거나 평가하는 것이 어렵다.
② 비분리성 : 서비스는 생산과 소비가 동시에 일어난다는 특성으로, 서비스 제공자에 의해 제공되는 것과 동시에 고객에 의해 소비되는 성격을 가진다.
⑤ 소멸성 : 판매되지 않은 서비스는 사라지기 때문에 서비스는 재고로 보관할 수 없다.

22 소매업체는 고객의 구매행동에 영향을 주기 위해 조명, 색상, 음악, 향기 등을 활용하여 매장 분위기를 조성할 수 있는데 이와 관련된 내용으로 가장 옳지 않은 것은?

① 조명은 상품을 돋보이게 하거나 점포의 분위기 및 인상을 좋게 만들 수 있다.
② 창의적인 색채 활용은 소매업체의 이미지를 향상시키고 분위기 조성에 도움을 준다.
③ 향기는 소비자의 기분과 감정에 영향을 줄 수 있다.
④ 음악은 점포 내 고객의 통행속도에 영향을 줄 수 있다.
⑤ 색상마다 가지는 공통적인 느낌을 통해 세계 어느 곳에서든 동일한 이미지를 형성할 수 있다.

해설
색상마다 가지는 이미지가 다르기 때문에 디스플레이 목적에 맞는 색배합을 통해 연출력을 높이고, 점포만의 차별화된 이미지를 형성할 수 있다.

23

다음 중 고객생애가치(customer lifetime value) 관리방안으로 옳지 않은 것은?

① 경쟁자보다 더 큰 가치를 제공하여 고객획득률을 향상시킨다.
② 고객 만족도를 높여 고객유지율을 향상시킨다.
③ 경쟁사 대비 획득비용과 유지비용을 높게 유지한다.
④ 크로스 셀링과 업셀링을 통해 고객유지율을 향상시킨다.
⑤ 전환장벽을 높여 고객유지율을 향상시킨다.

> **해설** 고객생애가치는 기업의 지속적인 수익창출을 위해 획득비용은 줄이고, 유지비용은 높게 유지하도록 마케팅 전략을 수립하는 것이 중요하다.

24

아래 글상자에서 설명하는 점포 레이아웃 유형으로 가장 옳은 것은?

> 주된 통로를 중심으로 여러 매장 입구가 연결되어 있어 고객이 매장을 손쉽게 둘러 볼 수 있기에 진열된 제품을 최대한 노출시킬 수 있다는 장점이 있다.

① 혼합형(hybrid type) 레이아웃
② 자유형(free-flow type) 레이아웃
③ 격자형(grid type) 레이아웃
④ 버블형(bubble type) 레이아웃
⑤ 경주로형(racetrack type) 레이아웃

> **해설** ① 혼합형 레이아웃 : 경주로형·격자형·자유형 방식의 이점을 살린 배치 형태로 각 부문 사이에 상품 및 설치물들의 종류에 의해 격자형 또는 자유형 배치가 사용된다.
> ② 자유형 레이아웃 : 비품과 통로를 비대칭으로 배치하는 방법으로, 사용하는 집기, 비품류의 대부분은 원형, U자형, 아치형, 삼각형과 같은 불규칙한 형으로 배치한다.
> ③ 격자형 레이아웃 : 쇼케이스, 진열대, 계산대, 곤돌라 등 상품의 진열설비가 주로 열을 지어 위치하기 때문에 쇼핑객 다수가 모든 선반의 상품들을 일정한 방식에 따라 자신이 필요하다고 생각하는 대로 이리저리 둘러볼 수 있다.

25 다음 중 고객의 소리(VOC)관리에 대한 설명으로 가장 옳지 않은 것은?

① 제품이나 서비스 문의에 대해서는 신속한 답변을 통해 고객의 궁금증을 해결한다.
② 고객의 소리는 감정이 포함된 발언 또는 문장의 형태로 나타나므로 구체적이고 측정 가능한 고객 핵심 요구사항으로 바꾸는 작업이 필요하다.
③ 채널에 따른 개별 관리를 통해 다양한 채널을 통해 유입되는 고객의 소리가 서로 중복되지 않도록 관리한다.
④ 성의 있는 답변을 통해 친밀감을 형성하고 충성도 제고의 수단으로 활용한다.
⑤ 반복된 질문이나 고객 불만 사례를 분석하여 재발 방지 대책 수립 및 직원 교육을 시행한다.

 채널을 통합하여 DB를 구축하고, 축적된 데이터를 체계적으로 관리한다.

26 아래 글상자의 괄호 안에 들어가는 소비자의 대안 평가방법으로 옳은 것은?

> (   )은 고객이 소매업체, 제품 또는 채널을 속성이나 특성의 집합으로 인식하는 개념에 기초한다. 관련 속성에 대한 성과 및 고객이 지각하는 속성의 중요성에 기초하여 제품, 소매업체 또는 채널에 대한 고객의 평가를 예측하는 모델이다.

① 습관적 문제해결모델   ② 제한적 문제해결모델
③ 편익 세분화모델   ④ 비계획적 구매모델
⑤ 다속성 태도모델

 다속성 태도모델은 소비자가 고관여 상황에서 광고에서 제시된 정보를 꼼꼼히 처리하여 제품 속성에 대한 신념을 형성하고 이를 토대로 긍정적 또는 부정적 브랜드 태도를 형성하여 구매 의도를 형성한다는 태도 모형이다.

27 소비자 구매 의사결정 단계에 대한 설명으로 가장 옳은 것은?

① 문제인식 – 정보탐색 – 선택 – 선택평가 – 구매 – 구매 후 평가
② 정보탐색 – 문제인식 – 구매 전 대안 평가 – 태도 – 선택 – 구매 후 평가
③ 문제인식 – 정보탐색 – 구매 전 대안 평가 – 구매 – 구매 후 평가
④ 정보탐색 – 대안 평가 – 문제인식 – 태도 – 구매 – 구매 후 평가
⑤ 문제인식 – 대안 평가 – 정보탐색 – 구매 – 구매 후 평가 – 태도

해설 소비자 구매 의사결정 단계
문제의 인식 → 정보의 탐색 → 대체안의 평가 → 구매의사의 결정 → 구매 후 행동

28

아래 글상자에서 공통적으로 설명하고 있는 판매촉진 유형으로 옳은 것은?

> - 동일 가격에 내용물만 증가시켜 고객이 특매품의 기분을 느끼게 하는 방법
> - 한 번 구입했으나 특별한 이유 없이 재구매하지 않은 고객에 대한 재구매 유도
> - 상품에 만족한 고객에게 가격적 혜택을 제공함으로써 추가 구매와 더불어 충성고객으로 유인하는 효과

① 쿠폰(coupon)
② 보너스 팩(bonus pack)
③ 무료 샘플링(free sampling)
④ 가격 할인(off label)
⑤ 보상 판매(trade-ins)

해설
① 쿠폰 : 제품 구매시 소비자에게 일정 금액을 할인해주는 일종의 증서로, 신제품의 사용 및 반복구매를 촉진시키고, 타사 고객들을 자사 고객으로 유인하는 데 효과적이다.
③ 무료 샘플링 : 주로 신제품의 경우 구매자들이 시험 삼아 사용할 수 있을 만큼의 양으로 포장하여 무료로 제공하는 것을 말한다.
④ 가격 할인 : 일정 기간 동안 제품의 가격을 일정비율로 할인하여 판매하는 것을 말한다.
⑤ 보상 판매 : 어떤 제품의 제조업자 또는 판매업자 등이 제품을 판매하면서 자사의 구제품을 가져오는 고객에 한하여 구제품에 대해 일정한 자산가격을 인정해주고 신제품 구입시 일정률 또는 일정액을 할인해주는 판매방법을 말한다.

29

다음 중 제품관여도에 관한 설명으로 가장 옳지 않은 것은?

① 관여도란 어떤 제품의 구매결정에 투입하는 소비자의 시간 및 정보수집 노력을 말한다.
② 고관여 제품에 비해 저관여 제품은 소비자의 동반구매욕구가 강하다.
③ 저관여 제품의 경우 적은 정보로도 짧은 시간 내에 구매결정이 가능하다.
④ 제품관여도에 따른 소비자행동의 차이는 마케팅전략과 유통전략에도 차이를 가져온다.
⑤ 저관여 제품은 여러 상표와 모델을 동시에 비교하고자 하는 소비자의 동시비교욕구가 강하다.

해설 고관여 제품은 여러 상표와 모델을 동시에 비교하고자 하는 소비자의 동시비교욕구가 강하다.

30 아래 글상자에서 설명하는 기술로 옳은 것은?

> 가구업체인 L사는 어플을 통해, 실제 고객의 거실에 가상으로 자사 제품의 그래픽을 구현하여 해당제품을 거실에 비치한 모습을 현실에서 미리보기 할 수 있게 한다.

① 가상현실(VR)
② 증강현실(AR)
③ 딥페이스(deep face)
④ 비콘(beacon)
⑤ 사물인터넷(IoT)

> **해설** 증강현실(AR)은 실제 존재하는 현실의 이미지에 가상의 부가 정보를 덧붙여서 보다 증강된 현실을 실시간으로 보여주는 기술이다.
> ① 가상현실(VR) : 컴퓨터로 만들어 놓은 가상의 세계에서 사람이 실제와 같은 체험을 할 수 있도록 하는 최첨단 기술을 말한다.
> ④ 비콘(beacon) : 저전력 블루투스(BLE)를 통한 차세대 스마트폰 근거리통신 기술이다.
> ⑤ 사물인터넷(IoT) : 인터넷을 기반으로 모든 사물을 연결하여 정보를 상호 소통하는 지능형 기술 및 서비스를 말한다.

31 다음 중 소비자의 실용적 욕구와 관련된 설명으로 옳지 않은 것은?

① 소비자의 관점에서 볼 때 실용적 욕구는 소비자의 과업과 연관되어 있다.
② 소비자의 실용적 욕구 충족을 위하여 소매점은 소비자에게 일상생활에서 벗어나 휴식을 취할 수 있는 즐거운 경험을 선사할 필요가 있다.
③ 실용적 욕구를 충족시켜주기 위하여 소매업체들은 적절한 정보와 편리한 쇼핑경험을 제공할 필요가 있다.
④ 실용적 욕구에 의해 동기부여된 소비자들은 더 신중하고 효율적인 방식의 쇼핑을 선호한다.
⑤ 소비자가 면접을 위해 정장을 구입하는 등 구체적인 업무를 수행하기 위해 쇼핑을 하는 경우는 실용적 욕구 충족과 관련이 높다.

> **해설** 소비자의 경험적(쾌락적) 욕구 충족을 위하여 소매점은 소비자에게 일상생활에서 벗어나 휴식을 취할 수 있는 즐거운 경험을 선사할 필요가 있다.

32 다음 중 매장의 이미지를 구성하는 요소로 가장 옳지 않은 것은?

① 매장 외관 및 인테리어
② 고객동선과 매장 레이아웃
③ 공간 계획과 비주얼머천다이징
④ 고객의 구매율과 제품 회전율
⑤ 구매시점광고 및 촉진물

해설 고객의 구매율과 제품 회전율은 매장의 매출과 관련된 요소에 해당한다.

33 효과적인 점포 레이아웃의 설계원칙으로 가장 옳지 않은 것은?

① 필요하면 전체 매장을 소규모의 부티크(독립된 매장)들로 분리한다.
② 표적고객층의 구매욕구 충족에 초점을 맞추어 설계한다.
③ 빠르고 효율적인 조정이 가능하도록 레이아웃의 유연성을 유지한다.
④ 고객들이 원하는 상품을 쉽게 찾을 수 있도록 설계한다.
⑤ 비용보다 매출을 우선적으로 고려한다.

해설 비용과 매출을 모두 고려하여 합리적인 점포 레이아웃을 설계해야 한다.

34 다음 중 POP(point of purchasement) 광고의 효과로 가장 옳지 않은 것은?

① 고객의 쇼핑뿐만 아니라 판매원의 접객·판매 활동에도 도움을 준다.
② 의심 많은 고객을 납득시키고 신뢰를 갖게 하기 위한 촉진 방법이다.
③ 고객이 구매를 계획하지 않았던 상품도 사도록 하는 충동구매를 유도한다.
④ 광고, 전시, 기타 다른 판매촉진 활동과 시너지효과를 꾀할 수 있다.
⑤ 상품에 관한 설명을 할 수 있으므로 소비자에게 정보 전달 효과가 있다.

해설 POP 광고는 구매시점에 행하는 광고로, 점포에 방문한 고객들에게 부담 없이 상품을 자유로이 선택 가능하도록 해주는 촉진 방법이다.

35 아래 글상자에서 설명하는 상품의 유형으로 가장 옳은 것은?

> – 독특한 특징이나 브랜드 정체성을 가지고 있어 상당한 구매노력을 기꺼이 감수하려는 특징을 가진 상품으로 가격민감도가 상대적으로 낮다.
> – 대안을 비교하지 않으며, 원하는 제품을 취급하는 소매점을 찾는 데 시간을 투자하는 편이다.

① 편의품
② 선매품
③ 전문품
④ 미탐색품
⑤ 산업용품

해설
① 편의품 : 최소한의 노력으로 적합한 제품을 구매하려는 습관적 구매행동의 특성을 보이는 제품으로 식료품·약품·기호품·생활필수품 등이 여기에 속한다.
② 선매품 : 소비자들이 제품 구매 이전에 제품에 대한 가격·품질·형태·욕구 등에 대한 적합성을 충분히 비교 검토한 후에 선별적으로 구매하는 제품을 말한다.

36 아래 글상자의 괄호 안에 들어갈 용어를 순서대로 나열한 것으로 옳은 것은?

> 제품 (㉠)은(는) 한 기업이 생산, 출시하는 모든 제품 집합을 말한다. 이 중 상호관련성이 높거나 유사한 제품들의 집합을 제품(㉡)(이)라고 한다.

① ㉠ 계열, ㉡ 믹스
② ㉠ 믹스, ㉡ 계열
③ ㉠ 너비, ㉡ 폭
④ ㉠ 믹스, ㉡ 너비
⑤ ㉠ 계열, ㉡ 폭

해설
제품 믹스는 한 기업이 생산·공급하는 모든 제품의 배합을 의미하고, 제품 계열은 성능, 기능, 고객, 유통, 가격범위 등에서 서로 밀접한 관련이 있는 제품의 집합을 말한다.

※ 상품구성의 폭·깊이·길이
• 상품구성의 폭(Width) : 소매점이 취급하는 제품계열 내의 하부 제품계열의 수, 즉 상품종류의 다양성을 말한다.
• 상품구성의 깊이(Depth) : 각 제품계열(특정 종류의 동일 상품) 안에 있는 품목의 수를 의미하는 것으로 소비자 입장에서 선택 폭의 다양성을 의미한다.
• 상품구성의 길이(Length) : 제품믹스를 구성하는 모든 제품품목의 총 수 또는 각 제품계열의 평균제품 수를 의미한다.

37 한 기업이 보유하고 있는 여러 제품에 적용되는 브랜드 유형 간의 서열을 브랜드 계층구조(brand hierarchy)라고 한다. 다음 중 브랜드 계층구조에 속하는 것으로 옳지 <u>않은</u> 것은?

① 기업 브랜드(corporate brand)
② 패밀리 브랜드(family brand)
③ 개별 브랜드(individual brand)
④ 엄브렐라 브랜드(umbrella brand)
⑤ 브랜드 수식어(brand modifier)

> **해설** 일반적으로 브랜드 계층은 기업 브랜드, 패밀리 브랜드, 개별 브랜드, 브랜드 수식어 등 4개 계층으로 구분하며, 이러한 브랜드 계층이 전략적으로 조합되어 브랜드 이름이 확정된다.

38 다음 중 제조업체가 유통업체에게 사용하는 푸시(Push) 전략으로 가장 옳지 <u>않은</u> 것은?

① 중간상광고(trade advertising)
② 협동광고(cooperative advertising)
③ 촉진공제(promotional allowances)
④ 우수고객 보상프로그램(mileage program)
⑤ 트레이드 쇼(trade show)

> **해설** 우수고객 보상프로그램은 최종 소비자를 상대로 하는 프로모션 활동이므로 풀(Pull) 전략에 해당한다.

39 점포 혼잡성과 관련한 내용으로 가장 옳지 <u>않은</u> 것은?

① 혼잡한 상황에서 대부분의 고객들은 바빠 보이는 종업원에게 제품 정보 및 서비스에 관해 물어보고 상담하기를 꺼린다.
② 점포 혼잡성은 소비자의 처리할 수 있는 정보의 양을 제한한다.
③ 점포 혼잡성을 지각한 소비자들은 그 점포에 관해 나쁜 이미지를 가지게 될 가능성이 크다.
④ 혼잡한 점포에서 제품을 구매한 소비자들의 구매 만족도는 낮은 편이다.
⑤ 점포 혼잡성을 지각한 소비자들은 구매를 연기하지 않고 반드시 충동구매를 한다.

> **해설** 점포 혼잡성을 지각한 소비자들은 구매를 연기할 가능성이 높다.

40 소비자의 구매행동에 영향을 미치는 요인들에 대한 예시로 가장 옳지 않은 것은?

① 심리적 요인 - 태도
② 인구통계적 요인 - 직업
③ 개인적 요인 - 개성
④ 문화적 요인 - 사회계층
⑤ 사회적 요인 - 라이프스타일

> **해설** 라이프스타일은 개인적 요인에 해당한다.

41 다음 중 소비자 행동에 대한 설명으로 가장 옳지 않은 것은?

① 소비자는 여러 점포 중 실제 방문 용의를 가진 고려 점포군 중 하나를 선택하게 된다.
② 소비자는 점포선택 행동에 있어 선택 결정에 따른 위험부담을 느끼게 된다.
③ 소비자는 관여도가 높은 상황에서는 좀 더 많은 상품 정보를 필요로 한다.
④ 소비자는 개인의 라이프스타일 또는 가치관과 거리가 있는 제품에 더 흥미를 느낀다.
⑤ 소비자가 만족하여 애호도가 높다면 그 브랜드만을 지속해서 구매하게 된다.

> **해설** 소비자는 개인의 라이프스타일 또는 가치관과 밀접한 제품에 더 흥미를 느낀다.

42 서비스 품질을 평가하는 SERVQUAL의 5가지 요인에 관한 설명으로 가장 옳지 않은 것은?

① 응답성(responsiveness)은 고객을 돕고 즉각적인 서비스를 제공하려는 의지와 관련되어 있다.
② 신뢰성(reliability)은 약속된 서비스를 정확하게 제공하는 것을 의미한다.
③ 확신성(assurance)은 서비스를 수행하는 데 있어 종업원들의 능력, 예절 등과 관련되어 있다.
④ 공감성(empathy)은 기업평판, 직원의 정직성 등과 같은 서비스 제공자의 진실성, 정직성을 가리킨다.
⑤ 유형성(tangibles)은 서비스의 평가를 위한 물리적 시설, 장비, 직원 유니폼 등과 같은 외형적인 단서를 의미한다.

> **해설** 공감성은 회사가 고객에게 제공하는 개별적 배려와 관심을 의미한다.

43 커뮤니케이션(communication) 과정에 관한 설명으로 가장 옳은 것은?

① 발신자(sender)는 의사교환과정에서 의사교환 메시지를 받아들이는 주체이다.
② 피드백(feedback)은 커뮤니케이션 과정에서 끼어드는 일체의 방해요인이다.
③ 반응(response)은 발신자가 메시지 전달과정에 보이는 비언어적 행동이다.
④ 해독화(decoding)란 발신자가 부호화하여 전달한 의미를 수신자가 해석하는 과정을 의미한다.
⑤ 부호화(encoding)는 의사소통의 마지막 단계로 이해 가능한 형태로 변환시키는 과정이다.

① 수신자는 의사교환과정에서 의사교환 메시지를 받아들이는 주체이다.
② 잡음은 커뮤니케이션 과정에서 끼어드는 일체의 방해요인이다.
③ 반응은 수신자가 메시지를 해독하여 받아들이고, 그 메시지에 부합하여 무언가의 행위를 하는 것이다.
⑤ 부호화는 전달내용을 메시지로 변환시키는 과정이다.

44 다음 중 PR(Public Relation)에 대한 설명으로 가장 옳지 않은 것은?

① 공중의 호의를 획득하고 높이기 위해 정보를 제공하고 커뮤니케이션하는 활동이다.
② 기본적으로 판매 및 매출 증대를 목적으로 하기에 직접적으로 판매에 기여한다.
③ 기업이나 제품과 관계된 뉴스성의 정보를 신문, 잡지 및 방송 등을 통해 전파한다.
④ 메시지 전달을 위해 사용되는 지면이나 시간에 대해 요금을 지불하지 않는다.
⑤ 기업측의 인위적 커뮤니케이션 통제가 어렵기 때문에 정보에 대한 소비자 신뢰도는 높다.

홍보의 목적은 각 조직체에 관한 소비자나 지역주민 일반의 인식과 이해 또는 신뢰감을 높이고, 합리적·민주적인 기초 위에 양자의 관계를 원활히 하려는 데 있다.

45 다음 중 고객 동선에 대한 설명으로 가장 옳지 않은 것은?

① 동선은 직선으로 유도되고 짧지 않은 것이 바람직하다.
② 점포의 동선은 고객이 외부에서 유입되는 이동 동선을 말한다.
③ 주동선은 점포의 입구에서 반대편까지의 동선을 말한다.
④ 보조동선은 매장의 중앙을 중심으로 횡으로 가로지르는 동선을 말한다.
⑤ 순환동선은 집기와 집기 사이의 동선으로 고객의 쇼핑동선을 말한다.

점포의 동선은 고객이 내부에서 통행하는 이동 동선을 말한다.

3회 최근기출문제

※ 본 문제를 풀면서 이해체크를 이용하시면 문제이해에 보다 도움이 될 수 있습니다.

01 유통상식

01 제품구색이 늘었다 줄었다하는 과정이 되풀이되면서 변화해 간다는 소매업태 변천과정 이론으로 가장 옳은 것은?

① 소매상 수레바퀴 이론
② 소매상 아코디언 이론
③ 소매상의 자연도태설
④ 소매상 수명주기 이론
⑤ 소매상의 변증법적 과정 이론

> **해설**
> ① 소매상 수레바퀴 이론 : 사회 경제적 환경이 변화됨에 따른 소매상의 진화와 발전을 설명하는 대표적인 이론이다.
> ③ 소매상의 자연도태설 : 환경에 적응하는 소매상만이 생존·발전하게 된다는 이론이다.
> ④ 소매상 수명주기 이론 : 제품수명주기이론과 동일하게 소매점 유형이 도입기 → 성장기 → 성숙기 → 쇠퇴기의 단계를 거치게 된다는 것이다.
> ⑤ 소매상의 변증법적 과정 이론 : 고가격·고마진·고서비스·저회전율의 장점을 가지고 있는 백화점(정)이 출현하면, 이에 대응하여 저가격·저마진·저서비스·고회전율의 반대적 장점을 가진 할인점(반)이 나타나 백화점과 경쟁하게 되며, 그 결과 백화점과 할인점의 장점이 적절한 수준으로 절충되어 새로운 형태의 소매점인 할인 백화점(합)으로 진화해 간다는 이론으로, 소매점의 진화 과정을 정반합 과정으로 설명한다.

02 얕고 넓은 상품구색과 관련된 설명으로 가장 옳지 않은 것은?

① 상품계열 내에 포함되어 있는 품목의 다양성은 빈약한 반면 여러 종류의 상품계열을 갖추고 있는 경우의 상품구색이다.
② 이런 유형의 상품구색은 상품의 종류가 다양하기 때문에 상권이 넓게 형성된다.
③ 일괄구매에 대한 높은 가능성으로 인해 많은 소비자를 점포로 유인할 수 있다.
④ 백화점이나 할인점과 같은 지역 밀착적인 유통업체에 적합한 상품구색이다.
⑤ 이 상품구색의 경우 유통업체는 독특한 특징을 내세워 차별화하기 힘들다는 한계가 있다.

> **해설**
> 백화점과 할인점은 깊고 넓은 상품구색을 갖추고 있다.

03 도매상의 혁신전략과 주요 내용에 대한 설명으로 옳지 않은 것은?

구 분	전 략	주요 내용
㉠	인적자원 재배치 전략	핵심사업 강화 목적의 조직 재설계 및 인적자원의 적재적소 배치
㉡	다각화 전략	다각화를 통한 유통라인 개선
㉢	수직적 통합전략	이윤과 시장에서의 지위강화를 위한 통합
㉣	자산가치가 높은 브랜드 보유전략	종합적인 구매 관리 프로그램 활용을 통한 효율증대
㉤	틈새전략	특정 범위에 특화함으로써 중요한 경쟁우위를 얻기 위함

① ㉠

② ㉡

③ ㉢

④ ㉣

⑤ ㉤

해설 자산가치가 높은 브랜드 보유전략은 시장에서의 지속적인 경쟁력을 획득하기 위한 전략이다. 종합적인 구매 관리 프로그램 활용을 통한 효율증대는 시스템 판매 전략에 대한 내용이다.

04 직업윤리에 대한 설명으로 옳지 않은 것은?

① 직업윤리란 직업인으로서 마땅히 지켜야 하는 도덕적 가치관을 말한다.

② 원만한 직업생활을 위해 필요한 올바른 직업관 및 업무를 수행함에 있어서 요구되는 태도, 매너 등을 의미한다.

③ 생활에 필요한 경제력을 얻기 위해 인간이 행하는 직업활동에서 인간이 지켜야 할 행위규범을 의미한다.

④ 직업윤리에는 공정 경쟁의 원칙, 정직과 신용의 원칙, 전문성의 원칙, 고객중심의 원칙, 그리고 합리적 객관성의 원칙 등이 기본적으로 요구된다.

⑤ 직업윤리는 사회적 규범이 직업에 적용된 것으로 개인의 윤리수준으로 내면화할 필요는 없다.

해설 직업윤리는 사회에서 직업인에서 요구하는 직업적 양심, 사회적 규범과 관련된 것으로, 사회생활을 하는 인간이 근본적으로 직면할 수밖에 없는 윤리문제이므로 개인의 윤리수준으로 내면화할 필요가 있다.

05

유통의 필요성 중 변동비우위의 원리에 대한 설명으로 가장 옳은 것은?

① 중간상이 개입함으로써 전체 거래빈도의 수가 감소하여 거래를 위한 총비용을 낮출 수 있다.

② 제조업체가 수행할 보관, 위험부담, 정보수집 등에 대한 업무를 유통업체가 대신함으로써 변동비를 낮출 수 있다.

③ 고정비 비중이 큰 제조업체와 변동비 비중이 높은 유통기관이 적절한 역할분담을 통해 비용 면에서 경쟁우위를 차지할 수 있다.

④ 생산자와 소비자 사이에 중간상이 개입함으로써 사회전체 보관의 총비용을 감소시킬 수 있다.

⑤ 도매상이 상품을 집중적으로 대량보관함으로써 제조업체가 지불해야 하는 재고비용의 절감효과를 갖는다.

> **해설** 변동비우위의 원리는 무조건적으로 제조와 유통 기관을 통합하여 대규모화하기보다는 각각의 유통기관이 적절한 규모로 역할분담을 하는 것이 비용 면에서 훨씬 유리하다는 논리로, 중간상의 필요성을 강조하는 이론이다.
> ① 총 거래 수 최소화의 원칙
> ② 분업의 원칙
> ④·⑤ 집중준비의 원칙

06

기업의 윤리경영에 대한 설명으로 가장 옳지 않은 것은?

① 경영활동의 규범적 기준을 사회의 윤리적 가치체계에 두는 경영방식을 뜻한다.

② 사회적 신뢰를 위해 투명하고 공정하며 합리적인 업무수행을 추구하는 경영정신이며 그 실천이다.

③ 기업의 이윤추구와 사회적 책임감이라는 두 축의 상호 견제와 보완을 통해 가능해진다.

④ 기업의 진정한 의무와 책임은 이윤추구이므로 사회적 책임을 다하기 위해서는 경영에 방해되는 법과 제도가 수정될 수 있도록 적극 행동해야 한다.

⑤ 기업 행위의 적법성 여부뿐만 아니라 입법의 취지와 사회통념까지 감안하여 경영활동의 규범을 수립해야 한다.

> **해설** 윤리경영은 이익의 극대화가 기업의 목적이지만, 기업의 사회적 책임도 중요하다는 의식과 경영성과가 아무리 좋아도 기업윤리 의식에 대한 사회적 신뢰를 잃으면 결국 기업이 문을 닫을 수밖에 없다는 현실적인 요구를 바탕으로 한다.

07 아래 글상자의 괄호 안에 들어갈 용어를 순서대로 나열한 것으로 옳은 것은?

> 제조업자가 생산시점에 바코드를 인쇄하는 것을 (㉠)(이)라 하고, 소매상이 제품에 점포 나름대로
> 코드를 부여해 인쇄 후 스티커 형식으로 부착하는 것을 (㉡)(이)라 한다.

① ㉠ POS시스템, ㉡ 스캐너데이터

② ㉠ 스토어마킹, ㉡ 소스마킹

③ ㉠ 소스마킹, ㉡ 인스토어마킹

④ ㉠ POS시스템, ㉡ RFID

⑤ ㉠ RFID, ㉡ POS시스템

해설 ㉠ 소스마킹 : 제조업체 및 수출업자가 상품의 생산 및 포장단계에서 바코드를 포장지나 용기에 일괄적으로 인쇄하는 것으로, 주로 가공식품·잡화 등을 대상으로 실시한다.
㉡ 인스토어마킹 : 각각의 소매점포에서 청과·생선·야채·정육 등을 포장하면서 일정한 기준에 의해 라벨러를 이용하거나 컴퓨터를 이용하여 바코드 라벨을 출력하고, 이 라벨을 일일이 사람이 직접 상품에 붙이는 것을 말한다.

08 성희롱에 관한 설명 중 옳지 않은 것은?

① 성희롱은 불쾌한 성적 접근, 부적절한 언어 및 신체적 행동을 포함한다.

② 고객도 관리자와 동료직원 만큼이나 성희롱에 연관될 수 있다.

③ 고객이 종업원에게 성희롱을 하는데도 그만두도록 아무 조치도 취하지 않았다면 고용주에게도 성희롱에 대한 책임이 있다.

④ 퇴폐적 언변, 농담, 낙서뿐만 아니라 종업원에 대한 외설적 평가 또한 성희롱에 포함된다.

⑤ 근무시간 외 근무지 밖에서 일어난 직장 상사의 부적절한 성적 접근은 성희롱으로 간주되지 않는다.

해설 근무시간 외 근무지 밖에서 일어난 직장 상사의 부적절한 성적 접근도 성희롱으로 간주된다.

09 소매업체들이 고객의 욕구 만족과 구매 결정에 영향을 미치기 위해 사용하는 핵심 의사결정변수들을 의미하는 소매믹스의 구성 요소로 가장 옳지 않은 것은?

① 상품의 형태
② 상품정보의 원천
③ 상품의 다양성과 구색의 전문성
④ 상품의 가격
⑤ 제공되는 고객서비스 수준

> **해설** 소매믹스 변수
> • 물적 시설 : 점포계획
> • 상품계획 : 소비자들의 니즈에 맞게 제품믹스를 개발, 확보, 관리
> • 가격결정 : 가격뿐만 아니라 제공되는 서비스 가격도 고려
> • 촉진 : 장기적으로는 점포 이미지 포지셔닝의 개선, 공공 서비스 확대를 위한 광고 및 홍보의 활용

10 소비자가 관심이 있거나 자기의 욕구와 관련되는 자극에는 주의를 더 기울이고, 그렇지 않은 자극에는 주의를 기울이지 않는 지각의 유형으로 가장 옳은 것은?

① 지각적 조직화(perceptual organization)
② 지각적 방어(perceptual defense)
③ 지각적 균형(perceptual equilibrium)
④ 지각적 경계(perceptual vigilance)
⑤ 지각적 유추(perceptual inference)

> **해설** 지각적 경계는 소비자가 자신을 자극하는 동기와 관련성이 높을수록 그 자극에 대하여 주의를 기울이는 것을 의미한다.
> ① 지각적 조직화 : 개인이 정보처리대상의 여러 요소들을 따로 지각하지 않고 자신의 경험과 외부 정보를 통합하여 전체적으로 그 대상에 대한 이미지를 결정짓는 것을 말한다.
> ② 지각적 방어 : 신념과 불일치하는 정보에 강제 노출되면 그 정보를 왜곡시킴으로써 자신의 신념과 태도를 보호하는 심리적 경향을 의미한다.
> ③ 지각적 균형 : 소비자가 특정 대상에 대해 가지고 있는 신념과 일관되는 정보를 찾는 것을 의미한다.
> ⑤ 지각적 유추 : 한 대상을 평가 시 직접적인 평가를 하지 않고 다른 것들로부터 추리하는 것을 의미한다.

11 카테고리킬러에 대한 설명으로 가장 옳지 않은 것은?

① 특정 제품군을 깊게 취급한다.
② Office Depot, Home Depot 등이 대표적인 카테고리킬러이다.
③ 한정된 제품군 내의 상품을 할인점보다 저렴하게 판매한다.
④ 고급스러운 분위기를 연출하며 백화점과 주요 경쟁관계에 있다.
⑤ 대형화와 체인화를 카테고리킬러의 성공요인으로 들 수 있다.

> **해설** 카테고리킬러는 셀프서비스와 낮은 가격을 바탕으로 운영되는 것이 특징이기 때문에 고급스러운 분위기를 연출하는 것과는 거리가 멀다.

12 아래 글상자의 괄호 안에 들어갈 유통경쟁의 형태로 가장 옳은 것은?

> (   )은 경로상 같은 단계이지만 다른 유형의 경로구성원과의 경쟁을 말하는 것으로 백화점과 할인점 간의 경쟁이 그 예가 될 수 있다. 제조업자는 판매를 극대화하기 위하여 다양한 유형의 소매상을 통하여 유통을 하게 되는 경우가 많은데, 예를 들어 A전자의 LCD TV를 백화점을 통해서 판매할 수도 있고, 할인점을 통해서 판매할 수도 있다.

① 수직적 마케팅 시스템 경쟁(vertical marketing system competition)
② 업태 간 경쟁(intertype competition)
③ 수직적 경쟁(vertical competition)
④ 경로시스템 간의 경쟁(distribution system competition)
⑤ 전방통합 경쟁(forward integration competition)

> **해설**
> ① 수직적 마케팅 시스템 경쟁 : 제조업자부터 소비자까지의 수직적 유통 단계를 전문적으로 관리하고 집중적으로 계획한 유통망으로, 유통경로를 강력히 통제하여 각 경로 구성원들이 수행하는 마케팅 활동이 중복되지 않도록 함으로써 일관성을 도모하고 유통질서를 확립할 수 있다.
> ③ 수직적 경쟁 : 하나의 마케팅 경로 안에서 서로 다른 경로수준에 위치한 경로구성원 간의 경쟁을 말한다.
> ④ 경로시스템 간의 경쟁 : 경로구성원들 사이에서의 경쟁이 아닌 유통경로 조직형태 간의 경쟁을 말하는 것으로, 동일시장을 목표로 하는 유통경로 시스템인 수직적 유통경로 시스템(VMS) 또는 수평적 유통경로 시스템(HMS) 간의 경쟁을 말한다.
> ⑤ 전방통합 경쟁 : 제조회사가 자사소유의 판매지점이나 소매상을 통하여 판매하는 형태의 경쟁을 말한다.

13 소비자기본법(법률 제17799호, 2020.12.29., 타법개정) 제21조 기본계획의 수립 등에 포함된 소비자정책의 목표로 옳지 않은 것은?

① 소비자안전의 강화

② 소비자피해의 원활한 구제

③ 국제소비자문제에 대한 대응

④ 사업자교육 및 정보제공의 촉진

⑤ 소비자와 사업자 사이의 거래의 공정화 및 적정화

> **해설** 소비자정책의 목표(소비자기본법 제21조 제2항 제3호)
> • 소비자안전의 강화
> • 소비자와 사업자 사이의 거래의 공정화 및 적정화
> • 소비자교육 및 정보제공의 촉진
> • 소비자피해의 원활한 구제
> • 국제소비자문제에 대한 대응
> • 그 밖에 소비자의 권익과 관련된 주요한 사항

14 유통채널 내 소매업체의 영향력이 지속적으로 증가하고 있는 이유로 옳지 않은 것은?

① 소매업체의 대형화와 집중화 현상이 영향력 증가의 주요 요인이 되었기 때문이다.

② 소비자 행동이 대형 매장을 찾아 원스톱 쇼핑(one stop shopping)을 추구하는 경향을 보이는 등 소비자 행동이 대형 소매업체에게 유리한 방향으로 변하였기 때문이다.

③ 소매업체들이 원래 그들이 가지고 있는 고유 기능에만 국한하지 않고 복합 기능까지 수행하면서 영향력이 점차 증가하고 있기 때문이다.

④ 정보기술의 발달로 소매업체들이 소비자 데이터 정보 수집 능력을 키워 제조업체에 비해 유리한 위치를 점할 수 있게 되었기 때문이다.

⑤ 효율적인 경로 기능 관리를 통해 유통채널의 구성원 간 협상력의 불균형이 해소되었기 때문이다.

> **해설** 대형 소매업체의 등장으로 그들의 구매력이 커지면서 제조업체들이 판매촉진활동을 위해 소매업체의 협력을 얻는 것이 점점 힘들어져 협상력에 불균형이 발생했기 때문이다.

15

유통산업발전법(법률 제19117호, 2022.12.27., 타법개정) 제16조 체인사업자의 경영개선사항 등에서 체인사업자가 경영개선사항으로 추진하여야 할 내용으로 옳지 않은 것은?

① 체인점포의 시설 현대화

② 체인점포에 대한 원재료·상품 또는 용역 등의 원활한 공급

③ 체인점포에 대한 점포관리·품질관리·판매촉진 등 경영활동 및 영업활동에 관한 지도

④ 개별브랜드 또는 자기부착상품의 개발·보급

⑤ 유통관리사의 고용 촉진

> **해설**
>
> 체인사업자의 경영개선사항 등(유통산업발전법 제16조 제1항)
>
> 체인사업자는 직영하거나 체인에 가입되어 있는 점포의 경영을 개선하기 위하여 다음의 사항을 추진하여야 한다.
> - 체인점포의 시설 현대화
> - 체인점포에 대한 원재료·상품 또는 용역 등의 원활한 공급
> - 체인점포에 대한 점포관리·품질관리·촉진관리 등 경영활동 및 영업활동에 관한 지도
> - 체인점포 종사자에 대한 유통교육·훈련의 실시
> - 체인사업자와 체인점포 간의 유통정보시스템의 구축
> - 집배송시설의 설치 및 공동물류사업의 추진
> - 공동브랜드 또는 자기부착상표의 개발·보급
> - 유통관리사의 고용 촉진
> - 그 밖에 중소벤처기업부장관이 체인사업의 경영개선을 위하여 필요하다고 인정하는 사항

16

고객이 제품을 구매하는 과정에서 판매원의 바람직한 활동으로 옳지 않은 것은?

① 구매 계획과 예산 등을 파악하여 효과적이고 경제적인 구매를 할 수 있도록 도움을 준다.

② 고객이 스스로 판단하여 구매의사결정을 할 수 있도록 도움이 되는 관련 정보를 제공한다.

③ 상담 시 상담 태도는 부드럽고 온화한 분위기로 대화를 조절하는 것이 바람직하다.

④ 구매 니즈에 기반한 구매대안을 제시함으로써 고객이 더 나은 대안을 선택할 수 있도록 도움을 준다.

⑤ 고객의 구매결정을 성실히 도우며 현명한 결정을 위해 계약서 작성은 가능한 지연시키는 것이 좋다.

> **해설**
>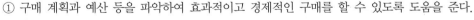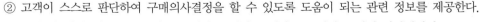
> 고객의 구매결정을 성실히 도우며 원활한 구매확정을 위해 계약서 작성도 신속하게 진행시키는 것이 좋다.

17 직원이 고객에 대응하는 여러 유형의 MOT(moment of truth : 진실의 순간) 중, 아래 글상자의 괄호 안에 들어갈 용어로 가장 옳은 것은?

> (   )은/는 서비스 제공에 있어 고객이 직면하는 문제 또는 불만사항을 해결하기 위해 직원이 대처하는 것을 뜻한다.

① 고객니즈에의 적응(adaptability)
② 문제에 대한 대처(coping)
③ 서비스 실패에 대한 대응(recovery)
④ 직원의 자발적 행동(spontaneity)
⑤ 기술적 품질(technical quality)

> **해설** ① 고객니즈에의 적응 : 고객의 특별한 니즈나 요구사항에 대해 서비스 전달 시스템이 얼마나 유연한지가 고객만족에 영향을 준다는 것을 뜻한다.
> ③ 서비스 실패에 대한 대응 : 문제에 대한 대처(coping)와 마찬가지로 고객의 불만족에 대한 대응이지만, 이는 철저히 서비스의 실패로 인한 불만족에 대한 대응을 뜻한다.
> ④ 직원의 자발적 행동 : 직원의 통제나 교육 밖의 행동 또는 태도가 고객의 인상에 영향을 미칠 수 있다는 것을 뜻한다.
> ⑤ 기술적 품질 : 기술적 프로세스 및 시스템을 통해 서비스 품질 판단의 근본을 제공할 수 있다는 것을 뜻한다.

18 불만족한 고객을 응대할 때 유의사항으로 가장 옳지 않은 것은?

① 논쟁이나 변명은 피한다.
② 고객의 항의내용을 인정하지 않아야 한다.
③ 신속하게 처리한다.
④ 잘못된 점에 대해 솔직하게 사과한다.
⑤ 상대방에게 공감하며 긍정적으로 듣는다.

> **해설** 고객의 항의내용을 인정하고 해결하기 위해 노력해야 한다.

19 유통경로의 주요 기능 설명으로 옳은 것을 모두 고르면?

> ㉠ 교환과정의 촉진 기능
> ㉡ 제품 구색의 불일치를 완화시키는 기능
> ㉢ 구매자와 제조업자를 효율적으로 연결해 주는 기능
> ㉣ 고객서비스 제공 기능

① ㉠, ㉡
② ㉠, ㉡, ㉢
③ ㉠, ㉡, ㉢, ㉣
④ ㉡, ㉢
⑤ ㉡, ㉢, ㉣

 유통경로의 주요 기능
- 교환과정의 촉진
- 제품구색 불일치의 완화
- 거래의 표준화
- 생산과 소비의 연결
- 고객서비스 제공
- 정보제공 기능
- 쇼핑의 즐거움 제공

20 고객의 구체적인 욕구를 파악하기 위한 질문기법으로 옳지 않은 것은?

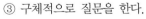

① 상대방의 말을 비판하지 않는다.
② 긍정적인 질문을 한다.
③ 구체적으로 질문을 한다.
④ 더 좋은 서비스를 제공하기 위해 고객이 확실히 원하는 것을 찾아내는 질문을 한다.
⑤ 고객의 수준에 맞추되 판매자의 주관적 견해에 기반하여 질문한다.

 고객의 수준에 맞추어 고객의 주요 관심사에 기반하여 질문한다.

21 서비스의 기본 특성에 대한 설명으로 가장 옳지 않은 것은?

① 무형성 : 서비스는 기본적으로 눈에 보이지 않기 때문에 실체를 보거나 만질 수 없다.

② 비분리성 : 서비스는 생산과 소비가 동시에 일어나기 때문에 소비되는 과정에 소비자가 참여하는 특성이 있다.

③ 이질성 : 생산 및 제공과정에 가변적 요소가 많기 때문에 한 고객에 대한 서비스가 다음 고객에 대한 서비스와 다를 가능성이 있다.

④ 소멸성 : 서비스는 재고와 저장이 불가능하기 때문에 한 번 생산된 서비스는 소비되지 않으면 곧바로 소멸된다.

⑤ 신뢰성 : 서비스는 소비자가 믿고 구매할 수 있도록 약속된 서비스를 명확하게 수행해야 한다.

해설 신뢰성은 서비스품질(SERVQUAL) 차원에 해당한다.

22 브랜드에 대해 설명한 아래 글상자의 내용 가운데 가장 옳지 않은 것은?

> 소비자가 기업제품을 경쟁제품과 구별하여 알아볼 수 있도록 돕기 위해 사용하는 ㉠ 명칭, ㉡ 기호, ㉢ 상징, ㉣ 디자인, ㉤ 라벨 또는 이러한 요소들의 결합물을 브랜드라고 한다.

① ㉠   ② ㉡

③ ㉢   ④ ㉣

⑤ ㉤

해설 브랜드는 특정 판매자 그룹의 제품이나 서비스를 드러내면서 경쟁 그룹의 제품이나 서비스와 차별화하기 위해 만든 명칭, 용어, 기호, 표지, 심볼(상징) 또는 디자인이나 그 전체를 배합한 것이다.

23 제품에 대한 안전과 품질 확보 및 정보제공을 용이하게 하기 위해 식품의약품안전처에서 가공식품의 유형 분류 시 고려하는 사항으로 옳지 않은 것은?

① 식품의 섭취대상

② 식품의 원료 또는 성분

③ 식품의 물리·화학적 변화를 유발하는 가공방법

④ 식품의 소매판매용 혹은 산업중간재 여부

⑤ 식품의 형태

식품의 유형 판단 시 고려사항
- 섭취대상 : 특정섭취대상(연령, 신체·건강상태)을 목적으로 제조
- 사용원료 : 가공식품을 특징짓게 하는 원료 또는 성분
- 제조방법 : 식품을 가공하는 데 사용되어 물리·화학적 변화를 유발하는 가공방법
- 함량 : 가공식품 제조에 사용된 원료의 배합비율
- 제품의 용도 : 제품을 사용하는 목적
- 제품형태 : 가공식품의 성상
- 섭취방법 : 가공식품을 섭취하는 방법

24

상품에 대한 촉진활동은 제조업체나 유통업체가 수행할 수 있다. 유통업체보다는 제조업체에 의한 대규모 촉진활동의 필요성이 높은 소비재의 유형으로 가장 옳은 것은?

① 기호품　　　　　　　　　　　② 전문품
③ 선매품　　　　　　　　　　　④ 편의품
⑤ 비탐색품

편의품은 높은 구매빈도를 보이고, 대량생산이 가능하므로 유통업체보다는 제조업체에 의한 대규모 촉진활동의 필요성이 높은 소비재의 유형이다.

25

아래 글상자에서 설명하는 가격할인의 유형으로 가장 옳은 것은?

> 제조업자가 일반적으로 수행해야 할 유통업무의 일부를 중간상인이 대신 수행할 경우, 이에 대한 보상으로 경비의 일부를 제조업자가 부담하는 것으로 기능할인(function discount)이라고도 한다.

① 수량할인　　　　　　　　　　② 현금할인
③ 거래할인　　　　　　　　　　④ 상품 지원금
⑤ 판매촉진 지원금

거래할인은 일반적으로 제조업자가 해야 할 업무의 일부를 중간상인이 하는 경우 이에 대한 보상으로 경비의 일부를 제조업자가 부담해주는 것이다.
① 수량할인 : 제품을 대량으로 구입할 경우에 제품의 가격을 낮추어주는 것을 말한다.
② 현금할인 : 제품에 대한 대금결제를 신용이나 할부가 아닌 현금으로 할 경우에 일정액을 차감해주는 것을 말한다.
⑤ 판매촉진 지원금 : 중간상이 제조업자를 위해 지역광고를 하거나 판촉을 실시할 경우 이를 지원하기 위해서 제조업체가 지급하는 보조금을 말한다.

26 상품라인의 하향확장이 가장 적합하지 않은 상황은?

① 저가격 시장에서 강력한 성장기회를 발견한 경우

② 기존시장으로 진출하려는 강력한 저가격 경쟁사를 방어하려는 경우

③ 고가격대 시장에서 판매가 부진하거나 쇠퇴하고 있다고 판단되는 경우

④ 더 높은 마진과 함께 제품의 고급 이미지를 강화하려는 경우

⑤ 기존상품보다 대중적인 상품을 출시하여 최대한 시장점유율을 높이려는 경우

더 높은 마진과 함께 제품의 고급 이미지를 강화하려는 경우는 상향확장에 적합한 상황이다.

27 아래 글상자 내용 중 거래지향적 판매와 관계지향적 판매에 관한 비교 설명으로 옳지 않은 것만을 모두 나열한 것은?

구 분	거래지향적 판매	관계지향적 판매
㉠	고객 욕구를 이해하기보다는 판매에 초점을 맞춤	판매보다는 고객의 욕구를 이해하는 데 초점을 맞춤
㉡	듣기보다는 말하는 데 치중함	말하기보다는 듣는 데 치중함
㉢	설득, 화술, 가격조건 등을 앞세워서 신규고객을 확보하고 매출을 늘리고자 함	상호 신뢰와 신속한 반응을 통하여 고객과 장기적인 관계를 형성하고자 함
㉣	단기적 매출보다 장기적 매출에 초점을 둠	장기적 매출보다 단기적 매출에 초점을 둠

① ㉠

② ㉠, ㉡

③ ㉡, ㉢

④ ㉢, ㉣

⑤ ㉣

거래지향적 판매는 장기적 매출보다 단기적 매출에 초점을 두지만, 관계지향적 판매는 단기적 매출보다 장기적 매출에 초점을 둔다.

28 조직의 구매 담당자가 수행하는 역할로 가장 옳지 않은 것은?

① 제품과 서비스를 실제 사용하는 조직 내의 사용자(users)

② 무엇을 구매할지 구매결정에 영향을 미치는 영향자(influencers)

③ 공급업자를 탐색하고 계약 조건을 협상하는 구매자(buyers)

④ 계약을 체결할 공급업자를 선택하고 승인하는 결정자(deciders)

⑤ 자사 공급업자의 정보를 선택적으로 외부에 공개하는 정보통제자(gatekeepers)

정보통제자는 납품업체의 출입, 접근제한 등 구매센터의 다른 구성원들에게 정보의 흐름을 통제하는 자를 말한다.

29 상품에 대한 설명으로 가장 옳지 않은 것은?

① 소비자가 받게 될 혜택의 묶음이다.
② 소비자는 상품의 사용을 통해 효용을 얻는다.
③ 시장에서 경제적 교환의 대상이 된다.
④ 유형재는 물론 무형재도 포함한다.
⑤ 상표는 상품에 포함되지 않는다.

> **해설** 상표는 상품의 구성요소에 해당하므로 상품에 포함된다.

30 아래 글상자의 소비자 판매촉진에 대한 설명과 그 종류의 연결이 가장 옳은 것은?

> ㉠ 고객의 눈앞에서 상품의 사용법과 차별화된 우위성을 납득시켜 구입과 직접적으로 연결시키기 위한 방법이다.
> ㉡ 상품을 효과적으로 전시하여 고객의 구매를 유발하고자 하는 방법이다.
> ㉢ 소비자가 상품 등을 경품으로 받기 위해 자신의 능력을 활용하여 경쟁하도록 하는 방법이다.
> ㉣ 소비자가 자발적으로 제공한 소비자의 정보를 수집하여 데이터베이스를 구축할 수 있을 뿐만 아니라 호의적인 관계구축을 할 수 있다.
> ㉤ 실제 제품에 대한 객관적인 평가가 어렵고 품질이 중요한 경우에 효과적이다.

① ㉠ 디스플레이(display)
② ㉡ 프리미엄(premium)
③ ㉢ 추첨(sweepstakes)
④ ㉣ 콘테스트(contest)
⑤ ㉤ 샘플(sample)

> **해설**
> ㉠ - 시연
> ㉡ - 디스플레이
> ㉢ - 콘테스트
> ㉣ - 추첨

31 **복수브랜딩(multibranding)에 대한 설명으로 가장 옳지 않은 것은?**

① 복수브랜딩은 소매점에서 더 넓은 진열공간을 차지해 더 높은 점유율을 차지하기 위한 방안이다.

② 복수브랜딩은 서로 다른 구매동기를 가진 세분시장에 맞추어 서로 다른 특성들과 소구점을 가진 제품을 제공한다.

③ 복수브랜딩은 동일제품 범주 내에서 여러 개의 브랜드제품을 도입하는 것이다.

④ 복수브랜딩은 개별 브랜드들 모두가 높은 시장점유율과 높은 수익을 달성할 수 있다는 장점이 있다.

⑤ 복수브랜딩을 통한 복수의 브랜드를 모두 합한 점유율은 단일 브랜드만으로 얻을 수 있는 점유율에 비해 상대적으로 높다.

> **해설** 복수브랜딩은 다양한 니즈를 가진 여러 고객층을 확보할 수 있고 경쟁사의 제품으로 고객이 유출되는 것을 막을 수 있다는 이점이 있으나, 기존 브랜드의 이미지를 약화시켜 자사 제품의 수요를 낮출 수 있는 위험 또한 존재한다.

32 **고객유지와 관리를 위한 방법에 대한 설명으로 가장 옳지 않은 것은?**

① 소매업체의 개인화전략을 통해 고객이 받게 되는 개인화된 보상이나 편익은 고객유지에 도움이 된다.

② 커뮤니티 구축은 고객들 사이의 공동체 의식을 발전시켜 고객유지와 충성도 구축에 도움이 된다.

③ 부가판매를 통해 기존 고객에게 더 많은 상품과 서비스를 제안하는 것은 고객을 우수고객으로 전환시켜 유지하는 데 도움이 된다.

④ 고객생애가치가 마이너스인 고객에게 더 이상의 부가적인 서비스를 제공하지 않는 방법은 바람직하지 않다.

⑤ 소매업체의 커뮤니티 활동에 우수 고객들을 포함시킴으로서 소매점에 대한 관여도와 충성도가 높아지게 된다.

> **해설** 고객생애가치는 기업이 마케팅 전략을 수립할 때 분기별 이익 창출에 초점을 맞추는 데에서 벗어나 장기적인 관점에서 수익성이 높은 고객과의 관계를 향상시켜 나가는 데 중점을 두기 때문에 고객생애가치가 마이너스인 고객에게 더 이상의 부가적인 서비스를 제공하지 않는 방법은 바람직하다.

33 **단골고객을 만드는 고객 응대 기법으로 가장 옳지 않은 것은?**

① 첫 방문인 고객에게도 친절히 대하며 고객에게 적절한 상품을 권한다.

② 상품 판매 후에도 고객 후기나 만족도 평가 등을 통해 애프터 케어(after care)를 실시한다.

③ 점포를 재방문한 고객에게는 이전 방문의 내용을 상기시키며 친밀감을 주는 대화를 한다.

④ 고객 등급과 누적 금액에 따른 차별화된 혜택을 친절하게 알려주어 거래에 기반한 이익 관계를 유지한다.

⑤ 상품을 구매하지 않는 고객에게도 끝까지 친절하게 대하여 다시 찾아오도록 한다.

단골고객은 특별히 대우받는다는 느낌을 받길 원하므로 차별화된 혜택을 친절하게 알려주어 신뢰에 기반한 유대관계를 유지해야 한다.

34 고객의 기대에 대한 설명으로 가장 옳지 않은 것은?

① 고객은 과거의 경험을 통해 기대가치를 형성하고, 평가를 통해 재구매를 결정한다.
② 고객은 제품 구매 시 객관적으로 동일한 기대치를 형성한다.
③ 고객의 기대는 구전커뮤니케이션에 의해 영향을 받기도 한다.
④ 고객의 기대와 실제로 경험한 바의 차이로 만족과 불만족을 결정한다.
⑤ 고객의 기대는 자신이 필요로 하는 욕구가 클수록 커진다.

고객은 제품 구매 시 주관적으로 상이한 기대치를 형성한다.

35 아래 글상자는 매장 공간계획의 내용을 기술하고 있다. 매장 공간계획의 수립 과정에 대한 순서로서 가장 옳은 것은?

> ㉠ 상품구색의 결정
> ㉡ 품목별 공간 할당
> ㉢ 상품 카테고리별 공간 할당
> ㉣ 매장 내 품목별 위치의 결정
> ㉤ 매장 안에 배치할 품목별 수량의 결정

① ㉠ - ㉤ - ㉢ - ㉡ - ㉣
② ㉡ - ㉣ - ㉢ - ㉠ - ㉤
③ ㉢ - ㉣ - ㉡ - ㉤ - ㉠
④ ㉣ - ㉢ - ㉡ - ㉤ - ㉠
⑤ ㉤ - ㉡ - ㉢ - ㉣ - ㉠

공간계획의 수립 과정
상품구색의 결정 → 매장 안에 배치할 품목별 수량의 결정 → 상품 카테고리별 공간 할당 → 품목별 공간 할당 → 매장 내 품목별 위치의 결정

36 매장 환경에 대한 설명으로 가장 옳지 않은 것은?

① 공간적 배치, 분위기, 시각적 커뮤니케이션 요소 등을 포함한다.
② 공간적 배치의 핵심은 원활한 판매서비스를 제공하는 판매원의 배치이다.
③ 매장 분위기는 오감과 관련된 환경적 쾌적성을 의미한다.
④ 매장 분위기의 주요 요소는 조명, 색상, 소리, 공기의 질과 온도, 향기를 들 수 있다.
⑤ 시각적 커뮤니케이션 요소는 고객이 매장과 상품을 쉽게 발견할 수 있도록 지원한다.

> **해설** 공간적 배치의 핵심은 소비자들이 접근하기 용이한 장소에 상품을 배치하는 것이다.

37 아래 글상자의 괄호 안에 공통으로 들어가는 소비자가 인지하는 효용으로 옳은 것은?

> (　　　)은 외상판매, 무료배달과 설치, 수리 등 유통시스템이 제공하는 다양한 부가가치를 의미한다.
> 이처럼 다양한 유통기능을 통해 더 많은 부가가치를 제공할수록 소비자들이 느끼는 (　　　)은 더 커진다.

① 시간적 편의효용　　　　　　② 구매단위효용
③ 선택효용　　　　　　　　　　④ 서비스효용
⑤ 장소적 편의효용

> **해설**
> ① 시간적 편의효용 : 재화나 서비스의 생산과 소비간의 시차를 극복하여 소비자가 재화나 서비스를 필요로 할 때 이를 소비자가 이용 가능하도록 해주는 효용을 말한다.
> ② 구매단위효용 : 대량으로 생산되는 상품의 수량을 소비지에서 요구되는 적절한 수량으로 분할·분배함으로써 창출되는 효용이다.
> ③ 선택효용 : 생산자로부터 소비자에게 재화나 서비스가 거래되어 그 소유권이 이전되는 과정에서 발생되는 효용이다.
> ⑤ 장소적 편의효용 : 지역적으로 분산되어 생산되는 재화나 서비스가 소비자가 구매하기 용이한 장소로 전달될 때 창출되는 효용이다.

38 언론의 긍정적 관심확보와 호의적인 기업이미지 구축을 위하여 기업이 다양한 대중들과 우호적인 관계를 구축하는 촉진믹스도구로 가장 옳은 것은?

① 광고(advertising)
② 판매촉진(sales promotion)
③ 인적판매(personal selling)
④ 홍보(public relations)
⑤ 직접 및 디지털 마케팅(direct & digital marketing)

해설
① 광고 : 신속한 메시지 전달로 장·단기적 효과가 있으며, 자극적 표현도 전달 가능하다.
② 판매촉진 : 단기적으로 직접적인 효과가 있으며, 충동구매를 유발시킬 수 있다.
③ 인적판매 : 고객별로 정보전달의 정확성이 높으며, 즉각적인 피드백이 가능하다.
⑤ 직접 및 디지털 마케팅 : 직접 마케팅은 광고보다 더 개인적인 형태의 촉진믹스도구로, 촉진의 대상이 되는 개인을 선정하여 응답에 대해 직접적인 접수를 수행하고, 디지털 마케팅은 인터넷을 기반으로 하는 장치를 통해 온라인 광고로 소비자들에게 제품과 서비스를 알리고 판매하는 것이다.

39 고객생애가치(CLV ; customer lifetime value)에 대한 설명으로 가장 옳은 것은?

① 고객생애가치는 인터넷쇼핑몰 보다는 백화점을 이용하는 고객들을 평가하는 데 용이하다.
② 고객생애가치는 RFM(recency, frequency, monetary) 분석을 통해 고객의 기업 기여도를 측정할 수 있다.
③ 고객생애가치는 고객과의 관계를 통해 기업에게 기여하는 미래수익을 현재가치로 환산한 금액을 말한다.
④ 고객생애가치는 고객의 점유율(customer share)에 기반하여 정확히 추정할 수 있다.
⑤ 고객생애가치는 시간이 지날수록 고객의 이탈률과 선형적 비례관계를 보인다.

해설
① 기업의 매출은 모바일과 같은 온라인 영역에서도 발생하고 있기 때문에 고객생애가치는 오프라인 매장뿐만 아니라 온라인 매장에서도 고객정보를 통합하여 관리·평가할 수 있다.
② 고객생애가치는 RFM(recency, frequency, monetary) 분석을 통해 고객이 얼마나 최근에 구입했는가 (Recency), 고객이 얼마나 빈번하게 우리 상품을 구입했나(Frequency), 고객이 구입했던 총금액은 어느 정도 인가(Monetary Amount) 등에 관한 정보를 축약하여 구입가능성이 높은 고객들을 추려낼 수 있다.
④ 고객생애가치는 고객유지율에 기반하여 추정할 수 있다.
⑤ 고객의 이탈률이 낮을수록 고객생애가치는 증가하므로 반비례관계를 보인다.

40 유통업체는 다양한 방식으로 자사 서비스품질에 대한 고객의 피드백을 수집한다. 서비스 실패 회복을 위한 고객 피드백 수집 방법으로 가장 옳지 않은 것은?

① 온라인의 고객 후기(reviews)

② 회사에 접수된 고객 불평

③ 암행평가(mystery shopping)

④ 표적 집단 인터뷰

⑤ 고객 피드백 카드

> **해설** 암행평가는 평가자가 자신의 정체를 숨기고 실행하는 평가방법으로, 평가업체의 사후관리 및 신뢰도 유지, 서비스 경쟁력과 고객 만족도를 높이기 위해 실시한다.

41 상품의 특성에 따라 매장 내 상품진열방법은 달라진다. 상품에 따른 적절한 상품진열방법의 연결로 가장 옳지 않은 것은?

① 정장스커트 – 적재진열

② 와이셔츠 – 가격대별 진열

③ 신간도서 – 전면진열

④ 식료품 – 품목별 진열

⑤ 거실용 가구 – 아이디어 지향적 진열

> **해설** 적재진열은 대량의 상품을 한꺼번에 쌓아 진열하는 방법으로 보통 계절상품을 진열해서 고객의 이목을 집중시켜 구매 충동을 유발시키며, 상품들의 가격이 저렴할 것이라는 기대를 갖게 하는 데 가장 효과적인 진열방식이다.

42 매장 내 효과적인 상품 배치에 관한 제안으로 가장 옳지 않은 것은?

① 연관구매가 이루어지는 상품들은 서로 인접한 지역에 배치한다.

② 충동구매를 일으키는 상품들은 매장의 앞쪽 지역에 배치한다.

③ 목적구매가 이루어지는 상품들은 매장의 안쪽 지역에 배치한다.

④ 고수익 상품은 할인상품과 함께 고객이 붐비는 지역에 배치한다.

⑤ 프라이버시를 필요로 하는 상품은 고객동선과 일정한 거리를 두고 배치한다.

> **해설** 고수익 상품은 할인상품과 분리하여 고객의 눈에 잘 띄는 지역에 배치한다.

43 서비스품질 격차(gap) 모형에서 나타나는 각종 격차를 해소하기 위한 방법의 연결로 가장 옳지 않은 것은?

① 격차 1 – 고객의 기대를 정확히 이해한다.
② 격차 2 – 업무를 최대한 다양화한다.
③ 격차 3 – 평가 및 보상체계를 잘 갖춘다.
④ 격차 3 – 인적자원을 잘 관리한다.
⑤ 격차 4 – 약속한 사항을 확실히 이행하도록 관리한다.

해설 격차 2의 해소방법은 업무를 최대한 표준화하는 것이다.

44 고객확보를 목적으로 평소 판매가격보다 저렴한 가격으로 판매하는 상품을 지칭하는 용어로 가장 옳은 것은?

① 중점이익상품
② 대용량상품
③ 대량진열판매상품
④ 로스리더상품
⑤ 구색상품

해설 로스리더상품은 제품을 원가 이하나 매우 저렴한 가격으로 판매함으로써 고객의 수를 증가시킨 후, 다른 제품은 정상가격에 구입하도록 유인하는 일종의 미끼상품이다.

45 소비자가 구매결정에 대한 평가를 통해 만족과 불만족을 느끼는 과정을 설명하는 공정성이론에 대한 설명으로 옳지 않은 것은?

① 투입(input) 대비 산출(output)의 개념을 사용한다.
② 자신의 투입 대비 산출 비율을 비교대상의 투입 대비 산출 비율과 비교하였을 때 자신의 투입 대비 산출 비율이 높을수록 더 만족한다.
③ 투입요소는 교환과정에 소요되는 제품과 서비스의 성과, 시간절약, 보상 등이 있다.
④ 소비자 자신의 투입 대비 산출 비율이 비교 대상의 비율과 같다고 느끼면 공정한 상태로 인식하여 비교적 만족을 느낀다.
⑤ 소비자 자신의 투입 대비 산출 비율이 비교 대상의 비율보다 낮다고 느끼면 불만족을 느낀다.

해설 투입요소는 보통 가격이며, 제품과 서비스의 성과, 시간절약, 보상 등은 결과요소에 해당한다.

우리는 삶의 모든 측면에서 항상 '내가 가치있는 사람일까?'
'내가 무슨 가치가 있을까?'라는 질문을 끊임없이 던지곤 합니다.
하지만 저는 우리가 날 때부터 가치있다 생각합니다.

– 오프라 윈프리 –

2024 SD에듀 유통관리사 3급 한권으로 끝내기

개정21판1쇄 발행	2024년 04월 05일 (인쇄 2024년 02월 28일)
초 판 발 행	2004년 08월 20일 (인쇄 2004년 08월 12일)
발 행 인	박영일
책 임 편 집	이해욱
편 저	안영일 · 유통관리연구소
편 집 진 행	김준일 · 김은영
표지디자인	김도연
편집디자인	차성미 · 하한우
발 행 처	(주)시대고시기획
출 판 등 록	제10-1521호
주 소	서울시 마포구 큰우물로 75 [도화동 538 성지 B/D] 9F
전 화	1600-3600
팩 스	02-701-8823
홈 페 이 지	www.sdedu.co.kr

I S B N	979-11-383-6856-8 (13320)
정 가	32,000

우리가 해야할 일은 끊임없이 호기심을 갖고
새로운 생각을 시험해보고 새로운 인상을 받는 것이다.

– 월터 페이터 –

유통관리사 2급
합격을 꿈꾸는 수험생들에게...

이론 파악으로
기본 다지기

기출문제 정복으로
실력 다지기

꼼꼼하게 실전 마무리

1단계

2단계

3단계

한권으로 끝내기

시험의 중요개념과
핵심이론을 파악하고
기초를 잡고 싶은 수험생!

시험에 출제되는
핵심이론부터 필수기출문제,
시험장에서 보는 최빈출 필기노트까지
한권에 담았습니다.

동영상 강의 교재

기출문제해설

최신기출문제와
상세한 해설을 통해
학습내용을 확인하고 실전감각을
키우고 싶은 수험생!

알찬 해설로 개념정리부터
공부 방향까지 한 번에 잡을 수 있으며
온라인 요약집을 통해 출제경향을
파악할 수 있습니다.

기출동형
최종모의고사

모의고사를 통해
기출문제를 보완하고
완벽한 마무리를 원하는 수험생!

최신 내용이 반영된
최종 모의고사 10회분을 통해
합격에 가까이 다가갈 수 있습니다.

정성을 다해 만든 유통관리사 2급 도서들을
꿈을 향해 도전하는 수험생 여러분들께 드립니다.

핵심이론 다잡기
'한권으로 끝내기'와
함께하면 효율성 UP!

테마별 기출지문으로
시험 완전 정복!

유통관리사
자격증 취득

4단계

5단계

단기완성

핵심이론 위주로
학습하고 싶은 수험생!

기출문제를 완벽 분석하여
엄선한 핵심유형이론과
유형별 기출문제를 담았습니다.

테마별
기출족보 총정리

테마별 기출지문을 파악하여
시험 대비를 완벽히
마무리하고 싶은 수험생!

13개년 기출지문 전면분석으로
합격을 보장합니다.

※ 본 도서의 세부 구성 및 이미지는 변동될 수 있습니다.

  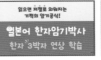